사회조사분석사

2급 필기 단기합격

시대에듀

국가전문자격은 *시대로*

카페 방문을 환영합니다.
사회조사분석사, 스포츠지도사, 심리/상담/사회복지, 무역, 관광, 빅데이터
자격증 합격을 위해 정보/자료를 공유하는 카페입니다.

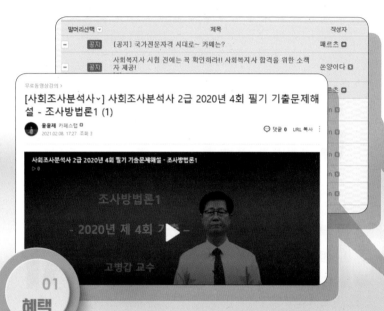

말머리선택 ▼	제목	작성자
공지	[공지] 국가전문자격 시대로~ 카페는?	패르츠
공지	사회복지사 시험 전에는 꼭 확인하라!! 사회복지사 합격을 위한 소책자 제공!	쏜양이다

무료동영상강의 >

[사회조사분석사 ~] 사회조사분석사 2급 2020년 4회 필기 기출문제해설 - 조사방법론1 (1)

윤율제 카페스탭
2021.02.08. 17:27 조회 3

💬 댓글 0 URL 복사

사회조사분석사 2급 2020년 4회 필기 기출문제해설 - 조사방법론1

조사방법론1

- 2020년 제 4회 기출 -

고병갑 교수

01 혜택

2020~ 2018년 필기, 실기 무료 동영상 강의 제공

혼자서 학습하는 모든 독자님들을 위해 준비했습니다. 무료 동영상 강의를 통해 시대에듀 특급 강사진의 시험 합격노하우를 가져가세요.

5404	[정오] 〈2018 사회조사분석사 2급 1차 필기 한권으로끝내기: 발행일1 8.3.5〉 정오표 ★업데이트	zzin
	[정오] 〈2018 사회조사분석사 2급 1차 필기 한권으로끝내기: 발행일1 8.3.5〉 정오표 ★추가	zzin
5255	[정오] 〈2018 사회조사분석사 2급 2차 실기 한권으로끝내기: 발행일1 8.2.5〉 정오표	zzin

NAVER

국가전

사회조사분

무료동영상강의 · 공지사항 | 이벤트 · SMAT 강의

★ 카페정보　　나의활동

시대로　　매니저 **패르츠**
since 2014.10.24.
카페소개

공지

인터뷰/합격

🏅 가지1단계
👥 10,906　　　초대하기

★ 즐겨찾는 멤버　　579명
📋 게시판 구독수　　151회
👥 우리카페앱 수　　22회

주제 교육 > 시험/자격증
지역 서울특별시

카페 가입하기

직장다니
청소
합격

회독때 미
시대에듀

p.247 심화체크	표본이 크면 클수록 그만큼 표본결과의 정밀도가 증가한다는 오해 **수정 후** 표본이 크면 클수록 그만큼 표본결과의 정확도가 증가한다는 오해
p.519 문제 4번 해설	첨부파일참조
p.114 기출로 확실히 15년 3회 문제 해설	**수정 전** ④사후검사 : 질문의 초안이 작성되면 마지막 단계에서 질문지의 문제점을 찾아내기 위해 하는 검사이다. **수정 후** ④사후검사 : 실험 이후에 측정하는 검사이다.
p.106 기출로 확실히 15년 3회 문제 해설	**수정 전** ④사후검사 : 질문의 초안이 작성되면 마지막 단계에서 질문지의 문제점을 찾아내기 위해 하는 검사이다. **수정 후** ④사후검사 : 실험 이후에 측정하는 검사이다.
p.65 문제 7번 해설	**수정 전** 상호주관성은 간주관성 또는 공동주관성이라고 해석되며, 많은 주관 사이에서 수집된 자료의 분석결과 관적인 것은 동일해야 한다. **수정 후** 상호주관성은 간주관성 또는 공동주관성이라고 해석되며, 많은 주관 사이

03 혜택

교재 추록 및 피드백

사회조사분석사 수험연구소에서 출간 전후로 꼼꼼히 검수하여 도서에 관련된 지속적인 피드백을 약속드립니다. 시험에 합격하는 그 날까지 여러분과 함께하겠습니다.

시대에듀 국가전문자격 네이버카페(https://cafe.naver.com/sdwssd)에서
시험과 관련된 모든 정보를 아낌없이 제공합니다. **지금 바로 접속하세요!**

02 혜택

사회조사분석사 학습의 모든 Q&A

학습하다 모르는 게 있으시다구요?
도서에 관한 모든 문의사항을 올려주세요.

22년 연속 사회조사분석사 수험서분야의 정상을 지켜낸
시대에듀 사회조사분석사 수험연구소에서 시원하게 답변해드립니다!

6018	사회조사분석사 수험생의 궁금함 TOP 5 다섯 번째 Ⓝ	사조사수험연구소
6017	사회조사분석사 수험생의 궁금함 TOP 5 네 번째 Ⓝ	사조사수험연구소
6016	사회조사분석사 수험생의 궁금함 TOP 5 세 번째 😍Ⓝ	사조사수험연구소
6015	사회조사분석사 수험생의 궁금함 TOP 5 두 번째 😍😍	사조사수험연구소
6014	사회조사분석사 수험생의 궁금함 TOP 5 첫 번째 😍Ⓝ	사조사수험연구소
5634	알려주세요!	재밌게 생각하기
5678	ㄴ 알려주세요! 😊 [재택]	zzin
5427	궁금합니다. [1]	재밌게 생각하기
5428	ㄴ 궁금합니다.	zzin

도서/강의후기   합격수기

공부방법다~알려드림
앞글자만 외우는 직상사 합격비법
▶
중요내용&암기법 등 따라가니 합격
시대에듀 합격생   -강O지-

닉네임 : 2018 사회조사분석사 2급 필기 한권으로 끝내기

Q. 교재 466페이지 첫번째 문제에서 기다리는 시간 Y에 대해서 식을 세우는 것 까지는 이해가 갔는데 그 다음에 계산하는 부분을 모르겠어요ㅠㅠ

기출문제 다잡기

어느 버스 정류장에서 매시 0분, 20분에 각 1회씩 버스가 출발한다. 한 사람이 우연히 이 정거장에 와서 버스가 출발할 때까지 기다릴 시간의 기댓값은?   ▮2016년 3회

① 15분 20초   ② 16분 40초
③ 18분 00초   ④ 19분 20초

A.

X가 승객이 버스정류장에 도착 하는 시간이라고 했을 때

0.1분~20분에 도착하면 승객은 20분 버스를 탈 수 있습니다. 이 때 승객 이 기다리는 시간은 $20 - X (0 < X \le 20)$이고 평균적으로 $\frac{20분 - 0분}{2} = \frac{20}{2}$분 기다린다고 할 수 있습니다.(이 때의 평균시간을 ㉠이라고 하겠습니다)

그리고 20.1분~60분에 도착하면 승객은 0분 버스를 탈 수 있습니다. 이 때 승객이 기다리는 시간은 $60 - X (20 < X \le 60)$이고 평균적으로 $\frac{60분 - 20분}{2} = \frac{40}{2}$분 기다린다고 할 수 있습니다(이 때의 평균시간을 ㉡이라고 하겠습니다).

기다리는 시간을 Y라 하면 Y와 X사이에 아래와 같은 식이 성립합니다.

$$Y = \begin{cases} 20 - X & (0 < X \le 20) \\ 60 - X & (20 < X \le 60) \end{cases}$$

Y의 기댓값 (㉠, ㉡의 확률) $\times$ (㉠, ㉡의 확률)로 구할 수 있습니다.

사회조사분석사는 2000년 국가자격시험(통계청 주관) 제도로 시행된 이후, 4차 산업혁명과 빅데이터의 시대로 접어들며 해마다 응시자 비율이 꾸준히 올라가고 있는 매우 가치가 높은 자격증으로 자리매김해 오고 있습니다. 공무원 시험에서의 높은 가산점, 학점인정 등이 그 증거가 될 수 있습니다.

이처럼 사회조사분석사가 주목받고 있는 것은 '통계의 힘'에 대한 인식의 확산 때문일 것입니다. 사회조사분석사는 일반 기업체를 비롯해 정당이나 지방자치단체 등 크고 작은 각종 단체에서 시장조사 및 여론조사 등에 대한 계획을 수립하고 조사를 수행하며, 그 결과를 분석해 보고서를 작성하는 전문가입니다. 따라서 우리 사회가 더욱 다원화 · 민주화 · 정보화 · 신속화 되어 여론(시장)의 흐름이 급변할수록 사회조사분석사에 대한 수요가 증가하게 되는 것은 당연한 일입니다.

그러나 이론의 방대함과 합격안내서로서의 전문교재의 부족으로 인해 수험생은 적절한 수험서를 찾기 어려워 자격시험 준비 자체에 전력을 기울일 수 없기 때문에 겪어야 하는 부담감이 큰 것이 사실입니다. 더군다나 많은 수험생이 '통계'에 부담을 느끼고 학습에 어려움을 겪고 있습니다.

이러한 문제점을 해결하고, 독자 여러분들이 시험에서 좋은 결과를 이루시길 바라는 염원에 **시대에듀**는 다음과 같은 점에 주안점을 두어 본서를 출간하게 되었습니다.

본서의 특징

- **첫 째** 방대한 양의 기본서를 볼 자신이 없는 수험생, 두꺼운 종합본이 부담스러운 수험생, 단기간에 합격을 필요로 하는 수험생들을 위해 다년간 기출을 철저히 분석하여 자주 그리고 반드시 출제되는 이론을 선정했습니다.

- **둘 째** 난해한 이론을 되도록 이해하기 쉽게 기술하려 노력했습니다. 군더더기 없는 핵심이론만 모아 효율적인 학습을 진행할 수 있습니다.

- **셋 째** 각각의 핵심이론이 끝날 때마다 OX문제로 바로 이론을 점검할 수 있으며 해당 이론에서 출제된 기출문제 풀이로 실제 시험에서 어떻게 문제를 풀어야 하는지 공략할 수 있습니다.

- **넷 째** 2023년 기출복원문제 및 2024년 기출복원문제를 수록하여 출제경향을 파악할 수 있도록 했습니다. 혼자서도 무리 없이 학습할 수 있도록 꼼꼼하고 상세한 해설을 수록했습니다.

끝으로 이 책으로 사회조사분석사 2급 필기 시험을 준비하는 모든 수험생들에게 좋은 결과가 있기를 바랍니다.

편저자 씀

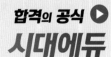

들려오는 합격소식, 쏟아지는 합격수기 REVIEW

7asph**님**

시험 2주 전에야 발등에 불 떨어져서 말 그대로 벼락치기를 했습니다. 단기합격 타이틀을 걸고 출간된 도서는 시대에듀의 이 도서뿐이어서 구매했습니다. 이 도서는 정말 단기합격 맞춤도서라고 자신 있게 말할 수 있습니다. 핵심이론만 정리되어 있을 뿐만 아니라 출제연도가 표시되어 있어서 정말 급하신 분이라면 빈출되는 이론 위주로 먼저 학습을 하시면 될듯합니다. 게다가 이론을 익히고 문제로 바로 복습하는 구성이 아주 효율적이었습니다. 너무 짧은 시간 공부해서 많이 불안했는데 오늘 확인해 보니 합격!! 했다고 하네요! 정말 감사합니다.

av**님**

사실 전 이미 대학교에서 사회조사방법론과 통계를 배웠습니다.
그러면 전공자여서 쉽게 합격한 것이 아닐까 싶으실 텐데.. 사실 완전 지식바닥이었습니다. 일단, 그래도 단기합격 교재에 따라 차근차근 학습하다 보니 큰 어려움 없이 합격 점수를 가뿐히 넘더군요! 혼자 스스로 공부를 잘하시는 분들은 문제집만으로도 충분히 합격이 가능할 것 같아요.

ggohj0**님**

1차 시험에 합격한 박○○입니다. 통계지식이 전무해서 걱정을 많이 했는데 핵심이론과 핵심문제를 차근차근 공부하면서 실력을 쌓았습니다. 이 도서의 가장 큰 장점은 시험에 나오는 부분만 학습할 수 있다는 것입니다. 군더더기 없이 출제될 내용 위주로만 학습을 하니 시간을 많이 아낄 수 있었어요. 아 그리고 타사 도서에서는 볼 수 없었던 간단하게 복습할 수 있는 OX퀴즈가 도움이 많이 되었습니다. 시험을 치르면서 공부하면서 풀었던 유형의 문제들이 많이 나와 좋은 점수로 합격할 수 있었어요.

shinse**님**

단기합격이라 하여 내용이 너무 축약되어 있으면 어쩌나 걱정을 많이 했습니다. 전공자가 아니다 보니 기본서부터 봐야 할지 고민을 하는데 친구가 이 도서를 추천해 주었습니다. 오히려 전공자기 이니기 때문에 핵심만 학습하여 출제되는 유형과 문제만 학습하는 것 또한 전략이라 생각했습니다. 핵심이론+OX문제+핵심문제의 3단 구성이 복습을 따로 하지 않아도 머리에 쏙쏙 들어와 빠른 시간 안에 1차 필기 이론을 익힐 수 있었어요. 최근 기출문제를 통해 출제경향까지 파악할 수 있으니 얇지만 정말 알찬 도서라고 생각합니다. 실제 시험장에서 막힘없이 풀고 1등으로 나왔는데 역시나 합격했더라고요. 이게 다 〈Win-Q 단기합격〉 덕분입니다^^

❖ Win-Q 사회조사분석사 2급 필기 단기합격과 함께라면 나도 합격수기의 주인공!!!

사회조사분석사 시험~ 독자들이 가장 궁금해하는 문제들!

출처 : 국가전문자격 시대로~(cafe.naver.com/sdwssd)

국가전문자격 시대로~ 카페에서는 다양한 전문자격증에 관한 정보를 제공합니다. 사회조사분석사 2급 필기시험의 정보 역시 제공하고 있습니다. 현재 사회조사분석사 도서와 강의에 대한 학습 교류뿐만 아니라 시험 정보 공유도 합격생과 수험생들 사이에서 활발하게 이루어지고 있습니다. 이미 많은 단기 합격생의 수기에서 카페에서의 학습 정보 교류의 효과가 나타나고 있답니다. 학습하시면서 교재에서 언급한 부분 외에 궁금하신 점이나 시험에 관해 합격생 및 수험생들과 정보를 공유하고 싶으시다면 카페에 방문하셔서 글을 남겨주세요!

다음은 해당 카페에서 독자들이 가장 궁금해하는 문제들을 담았습니다.

Q 인구센서스는 종단조사인가요, 횡단조사인가요?

인구센서스가 절대적으로 종단이냐 횡단이냐를 확실히 구분하기는 어렵습니다. 문제에서 요구하는 '조건'에 따라 횡단적인지 종단적인지 그 성격이 결정되기 때문이죠. 2021년 제1회 사회조사분석사 시험에서 [통계청에서 실시하는 인구센서스에 해당하는 조사방법은?]이라는 문제가 출제되었습니다. 해당 문제의 경우 '통계청에서 실시한' 인구센서스라는 조건이 있습니다. 통계청에서 인구센서스를 실시할 경우 일반적으로 일정 시점에, 넓은 지역을 대상으로, 많은 연구대상에게 실시하죠. 일정 시기에만 실시하는 인구주택총조사를 생각하시면 좋습니다. 종단조사의 하나인 추세조사에서의 인구센서스는 그 성격이 조금 달라요. 이때의 인구센서스는 '변화 관찰 및 미래 예측'이 주요 목적으로 인구주택총조사의 결과를 모아 그 변화를 비교하는 자체가 추세조사에 해당한다고 보시면 됩니다. 인구센서스 조사를 횡단이냐 종단이냐로 단순히 암기하시기보다 문제에서 요구하는 조건을 통해, 해당 조사의 성격을 파악해 구분하시면 정답 확률이 더 높아집니다!

Q 왜 우편조사에서 응답집단의 동질성을 높이면 응답률 및 회수율이 높아지나요?

동질성은 응답집단의 유사한(동일한) 성질을 의미합니다. 응답집단의 동질성이 낮다면 최대한 많은 집단을 포함하기 위해 표본을 많이 추출하게 되고 모집단이 커지게 되겠죠. 결국 표본을 많이 추출하게 되면 전체적인 응답률과 회수율이 낮아질 수밖에 없답니다. 반면 응답집단의 동질성을 높일 경우 굳이 유사한 표본을 많이 추출할 필요가 없으니 모집단도 작아지게 되고, 상대적으로 적은 수의 사람에게 우편조사를 실시하기에 전체적으로 응답률과 회수율 역시 상승하게 된답니다!

Q 비율척도는 절대영점 0 즉, 없음을 나타내는 숫자 0이 포함되는 것이라고 알고 있는데 시간이 왜 비율척도에 포함되는 것인지 궁금해요. 비율척도의 시간에서 0의 의미는 무엇인가요?

비율척도에서 시간은 일반적인 숫자 개념보다는 측정 단위를 의미합니다. 예를 들어 달걀 삶는 시간에 따른 노른자의 익힘 정도를 측정한다고 할 때, 달걀 삶는 시간은 비율척도로서 측정 단위로 설정됩니다. 달걀 삶는 시간이 0이라면 노른자가 전혀 익지 않은 것을 의미합니다. 따라서 시간은 비율척도에 포함됩니다!

Q **표본을 추출할 때 임의적 추출과 무작위 추출은 같은 개념인가요?**

임의로 추출한다는 의미는 조사자의 판단에 의해서 혹은 가중치에 따라 작위적으로 표집을 한다는 의미예요. 그러나 무작위로 표본을 추출한다는 의미는 조사자의 개입 없이, 마치 로또 번호 추첨처럼 표본을 추출한다는 의미입니다!

Q **표본의 크기를 결정하는 요인에 조사목적도 포함이 되나요?**

표본의 크기를 결정하는 요인은 매우 다양한데요, 조사목적 역시 결정요인에 해당합니다. 예를 들어 조사목적이 '전국의 사회조사분석사 2급 자격증 보유자의 분포'와 '제주도의 사회조사분석사 2급 자격증 보유자의 분포'로 다르다면, 표본의 크기 역시 각각 '전국의~보유자'와 '제주도의~보유자'로 달라진답니다!

Q **측정항목을 추가할수록 신뢰도가 높아지고 오차가 줄어드는 이유가 궁금해요. 항목을 추가할수록 측정 시간이 길어져서 오차가 늘어나지 않을까요?**

측정항목이 늘어나면 좀 더 상세하고 정확한 답을 끌어낼 수 있어요. 예를 들어 "좋아하는 음식은 무엇인가요"라는 질문과 "좋아하는 음식은 무엇인가요? 어떤 재료로 만들었나요? 조리 시간은 얼마나 걸리나요?"의 질문을 했을 때, 후자의 대답에서 좀더 정확한 답을 구할 수 있답니다. 따라서 측정항목을 추가할수록 응답의 신뢰도가 높아지고 오차가 줄어들게 됩니다!

Q **조사결과의 분석방법과 분석기법은 다른 건가요?**

용어는 매우 비슷하지만, 표본의 크기를 결정하는 요인이냐 아니냐는 부분에서 차이가 있답니다. 조사결과의 분석방법은 조사 후 그 자료의 결과를 분석하는 과정에서 표본이 대표성을 갖도록 조사결과를 분석하는 방법이에요. 예를 들어 전국의 성인을 대상으로 정당별 선호도를 조사한 결과를 분석할 때, 남성과 여성의 성별에 따른 정당 선호도를 비교할 것인지, 연령별로 정당 선호도를 비교할 것인지 등 그 조사결과의 분석방법에 따라 표본의 크기가 달라지겠죠. 반면 분석기법은 조사결과 자체를 분석하는 방법으로, 조사결과 분석을 T-test로 할지 ANOVA로 할지, 회귀분석으로 할지 등을 정하는 것이 분석기법이랍니다!

Q **단측검정인 양측검정인지 구분하는 기준은 무엇인가요?**

단측검정은 대립가설이 '~은 ~보다 크다(작다)' 혹은 귀무가설이 '~이 ~이다'라고 표현돼요. 즉, 단측검정은 대립가설이 부등호로 표시되는 것이죠. 반면, 양측검정의 경우에는 대립가설이 부등호가 아닌 '≠'로 표현이 됩니다. 따라서 양측검정에서의 대립가설은 '~은 (상수)가 아니다'로 표시됩니다. 따라서 양측검정, 단측검정을 구분하실 때는 대립가설(H_1)을 기준으로 판단하시면 된답니다!

Q **변이계수는 숫자로만 나타내나요?**

변이계수는 백분율로 나타내기도 합니다. 실제로 시험장에서 출제된 문제 중 변이계수가 백분율로 변환된 보기가 정답인 경우가 있었답니다. 참고로 동일한 수치의 변이계수가 보기에 동시에 숫자와 백분율로 제시된 경우는 단 한 번도 없었다는 점도 참고해 주세요!

Q **가설검정에서 실험 전후 차이 $\overline{D}$를 구할 때 (실험 이전 – 실험 이후) 순서로 답을 구해도 괜찮을까요?**

실험 전후 차이 $\overline{D}$값을 구할 때, (실험 이전–실험 이후)와 (실험 이후–실험 이전) 값은 부호의 차이만 있어요. 원칙은 (실험 이후–실험 이전) 분석이지만, (실험 이전–실험 이후)로 분석하더라도 검정통계량의 부호만 변경되기에 상황에 맞춰서 +/− 값으로 변경할 수 있답니다. 게다가 실제 시험에서도 +/− 부호만 다르게 보기를 제시하는 경우는 없으니 참고하시면 좋겠습니다!

Q **연속된 구간 $[a, b]$에서 확률변수 X의 평균은 어떻게 계산하죠?**

해당 문제를 풀기 위해서는 미적분 기본 개념이 필요해요. 다행히 지난 10년간 빈출된 사회통계 문제들은 아주아주 기초적인 미적분 개념만을 요구하고 있어요. 아래의 미적분 기본 계산 공식을 이해하고 연습하신다면 사회조사분석사 시험에서 출제되는 문제를 충분히 맞힐 수 있답니다!

n차항의 미분 공식

$\cdot\ \dfrac{d}{dx}\left(\dfrac{1}{n+1}x^{n+1}\right)=x^n$

$\cdot\ x^4 \xrightarrow[\text{지수와 같은 수를 항 앞에 곱한다}]{\text{Step1}} 4x^4 \xrightarrow[\text{지수에서 1을 뺀다}]{\text{Step2}} 4x^3$

n차항의 적분 공식

$\cdot\ \int x^n\,dx = \dfrac{1}{n+1}x^{n+1}+C$

$\cdot\ x^2 \xrightarrow[\text{지수에 1을 더한다}]{\text{Step1}} x^3 \xrightarrow[\text{지수와 같은 수를 항 앞에 나눈다}]{\text{Step2}} \dfrac{1}{3}x^3+C$

$+C$: 적분상수

적분 공식에서 C는 적분상수를 의미하며, 사회조사분석사 시험문제에서는 계산하면서 사라지므로 크게 신경쓰지 않으셔도 된답니다!

Q **확률밀도함수 문제를 풀기 위해 미분 · 적분 개념과 계산법도 따로 공부해야 할까요?**

최근 사회통계 문제에서 미적분 개념을 이용해 확률밀도함수의 성질을 물어보거나 계산하는 문제들이 종종 출제되고 있어요. 실제로 2021년 사회조사분석사 2급 제3회 필기시험에서는 미적분을 계산하는 신유형이 2문제나 출제되어 많은 비전공자 수험생들을 당황하게 만들었어요. 하지만! 사회조사분석사 2급 필기시험은 평균 60점만 넘으면 합격하는 시험입니다. 단 2문제를 더 풀기 위해 고등수학 책을 다시 학습하는 것보다는, 최근 2년 연속 95%의 적중률을 자랑하는 저희 시대에듀의 사회조사분석사 2급 필기 한권으로 끝내기 도서를 복습하시는 것이 더 효율적이고 확실한 합격 공부법이라고 자신 있게 말씀드립니다!

Q **표준화 공식을 적용해서 문제를 풀 때, 해설에서 $2P$, 0.5, $2X$ 등으로 왜 다르게 표현되나요?**

표준화 공식을 적용하면 0을 기준으로 그래프가 대칭인 정규분포 그래프가 된다는 것을 먼저 인지하셔야 다르게 표현되는 이유를 이해하실 수 있답니다. 0을 기준으로 그래프가 대칭이기에 그래프에서 P(Z<0)과 P(Z>0)의 면적이 각각 0.5라는 개념도 도출할 수 있어요. 분포표를 이용한 확률의 계산 방법을 참고하여 그래프를 그려보는 연습을 하시면 더 쉽게 이해가 될 것입니다!

Q **조합의 수 계산 전개 방법을 설명해주세요.**

조합 공식은 $_nC_x = \dfrac{n!}{x!(n-x)!}$ 이에요

$n! = n \times (n-1) \times (n-2) \times \cdots \times 1$을 숫자로 설명하면 $5! = 5 \times 4 \times 3 \times 2 \times 1$이랍니다.
예를 들어 7개 중에서 중복해서 3개를 선택하는 조합의 수 계산 전개 방식은 다음과 같아요.

$$_7C_3 = \frac{7!}{3! \times 4!} = \frac{7 \times 6 \times 5 \times 4 \times 3 \times 2 \times 1}{(3 \times 2 \times 1)(4 \times 3 \times 2 \times 1)} = \frac{7 \times 6 \times 5}{3 \times 2 \times 1} = 35$$

$\therefore \ _7C_3 = 35$

조합의 수를 계산하는 공식은 생각보다 자주 출제되기에 공식을 이해하고 암기하시면 시험 문제를 풀 때 도움이 많이 될 것입니다!

사회조사분석사란?

다양한 사회정보의 수집 · 분석 · 활용을 담당하는 새로운 직종으로 기업, 정당, 지방자치단체, 중앙정부 등 각종 단체의 시장조사 및 여론조사 등에 대한 계획을 수립하고 조사를 수행하며 그 결과를 분석, 보고서를 작성하는 전문가 이다.

주요업무

- 조사 기획(조사방법 및 규모, 표본추출방식 등)
- 조사표 설계(질문지 작성 등)
- 실제조사의 지시 · 감독
- 회수된 조사표 검증
- 조사결과의 처리 · 분석
- 조사보고서 작성 등

진출 가능 분야

- 정부기관, 민간통계작성기관, 리서치기관 등의 단체
- 의회, 정당, 연구기관, 언론기관, 금융기관, 컨설팅기관
- 민간대기업(연구소, 홍보 및 기획파트 등), 국 · 공영기업, 각종 단체 등
- 기타 민간중소기업, 창업지원회사, 광고회사, 마케팅회사

전 망

- 앞으로 사회조사에 관한 관심이 꾸준히 이어질 것으로 예상
- 정보화, 세계화, 지방화 등은 사회조사분석사의 활동영역 확장에 기여
- 공공부문에서도 통계 분야에 대한 관심 증가(언론에서 통계의 신뢰성에 대해 문제를 제기하는 횟수 급증)

○ 시행처

한국산업인력공단(www.q-net.or.kr)

○ 응시자격

사회조사분석사 2급	제한 없음

○ 공무원(통계직)시험 시 가산점 부여

구 분	6 · 7급	8 · 9급
사회조사분석사 2급	3%	5%

○ 검정기준

사회조사분석사 2급	• 질문지(조사표)를 체계적으로 작성할 수 있는 능력의 유무 • 조사방법에 관한 기본지식의 유무 • 회수된 조사표를 검토 · 분석하기 위한 자료 준비(편집 · 부호화 · 자료선정 등)를 수행할 수 있는 능력의 유무 • 통계프로그램을 활용하여 조사결과를 분석할 수 있는 능력의 유무 • 분석결과를 토대로 조사보고서를 작성할 수 있는 능력의 유무

⬡ 시험출제방법

구 분	시험출제방법	문항수	시험시간
1차 필기	객관식 4지 택일형	100문항	2시간 30분
2차 실기	복합형(필답형+작업형)	–	• 필답형 : 2시간 • 작업형 : 2시간 정도

⬡ 시험과목(필기)

구 분	시험과목	주요항목	세부항목	
1차 필기	조사방법과 설계 (30문항)	• 통계조사계획	• 통계조사목적 수립 • 조사내용 결정	• 조사방법 결정
		• 표본설계	• 조사대상 선정 • 표본추출방법 결정	• 표본크기 결정
		• 설문설계	• 분석설계 • 개별 설문항목 작성	• 설문지 작성
		• FGI 정성조사	• FGI 정성조사의 이해	
		• 심층인터뷰 정성조사	• 심층인터뷰 정성조사의 이해	
	조사관리와 자료처리 (30문항)	• 자료수집방법	• 자료의 종류와 수집방법의 분류 • 질문지법의 이해	• 관찰법의 이해 • 면접법의 이해
		• 실사관리	• 실사준비 • 실사진행 관리	• 실사품질 관리
		• 2차 자료 분석	• 2차 자료의 이해	
		• 측정의 타당성과 신뢰성	• 개념과 측정 • 변수의 측정 • 측정도구와 척도의 구성	• 측정오차의 의미 • 타당성의 의미 • 신뢰성의 의미
		• 자료처리	• 부호화	• 자료입력 및 검토
	통계분석과 활용 (40문항)	• 확률분포	• 확률분포의 의미 • 이산확률분포의 의미	• 연속확률분포의 의미 • 표본분포의 의미
		• 기술통계분석	• 추정 · 가설검정 • 기술통계량 산출	• 평균차이 분석 • 교차분석
		• 회귀분석	• 회귀분석의 개념 • 상관분석	• 단순회귀분석 • 중회귀분석

⬡ 시험일정(2024년 기준)

회 별	필기 원서접수	필기시험	필기시험 합격자 발표	실기 원서접수	실기시험	최종 합격자 발표
제1회	01.23~01.26	02.15~03.07	03.13	03.26~03.29	04.27~05.17	06.18
제2회	04.16~04.19	05.09~05.28	06.05	06.25~06.28	07.28~08.14	09.10
제3회	06.18~06.21	07.05~07.27	08.07	09.10~09.13	10.19~11.08	12.11

※ 시험일정은 반드시 한국산업인력공단 홈페이지(www.q-net.or.kr/)를 다시 확인하시기 바랍니다.

⬡ 검정현황

연 도	필 기			실 기		
	응 시	합 격	합격률	응 시	합 격	합격률
2023	11,310	6,454	57.1%	6,596	4,263	64.6%
2022	10,999	6,912	62.8%	7,867	4,911	62.4%
2021	14,315	9,472	66.2%	9,334	6,222	66.7%
2020	10,589	7,948	75.1%	8,595	6,072	70.6%
2019	9,635	6,887	71.5%	6,921	4,029	58.2%
2018	8,629	5,889	68.2%	5,907	3,234	54.7%
2017	7,752	5,348	69%	5,335	3,731	69.9%
2016	7,254	4,731	65.2%	4,673	3,204	68.6%
2015	7,432	5,057	68%	5,288	3,231	61.1%
2014	6,982	4,745	68%	5,041	3,745	74.3%
2013	6,263	3,596	57.4%	4,501	1,574	35%
2012	4,921	3,392	68.9%	3,960	2,094	52.9%
2011	4,316	2,688	62.3%	2,878	1,458	50.7%

이 책의 구성과 특징 STRUCTURES

이렇게 학습하세요

사회조사분석사 자격증을 공부하는 방법 중 가장 중요하고 기본이 되는 것은 바로 그동안 출제되었던 기출유형을 중심으로 공부하는 것입니다. CBT 시험으로의 전환과 변경되는 출제기준, 신규 유형의 추가를 극복할 수 있는 방법은 효과적인 계획과 성실함 뿐입니다. 이를 위해, 〈2025 시대에듀 Win-Q 사회조사분석사 2급 필기 단기합격〉은 효율적인 학습에 도움을 줄 수 있도록 노력하였습니다. 다음의 특징을 활용한다면 2025년 사회조사분석사 2급 필기시험도 완벽하게 학습하실 수 있습니다.

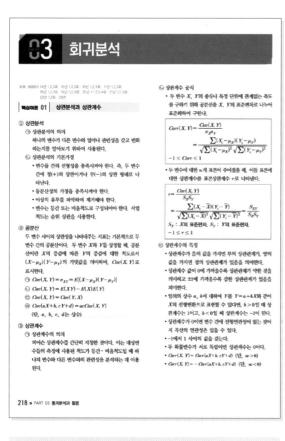

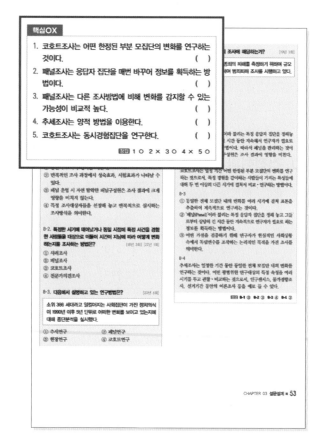

반드시 나오는 핵심이론

가장 좋은 공부방법은 빈출 유형을 파악하는 것입니다. 다년간 기출을 철저히 분석하고 분해하여 자주 그리고 반드시 출제되는 핵심이론 유형을 선정했습니다. 사회조사분석사 시험은 모든 과목 40점 이상, 평균 60점을 만족하기만 하면 합격하기 때문에 자주 출제되는 이론의 문제들만 확실히 풀어도 합격을 위한 점수를 보장할 수 있습니다.

개념 확인 OX문제

지문으로 자주 출제가 되는 내용을 중심으로 OX문제를 구성했습니다. 사회조사분석사 2급 필기시험은 객관식입니다. 특히 옳은 것과 옳지 않은 것을 고르는 문제가 대부분이므로 이론을 확실히 아는 것이 중요합니다. OX문제를 통해 부족한 개념을 다시 잡아 확실하게 자신의 것으로 만들어 보세요.

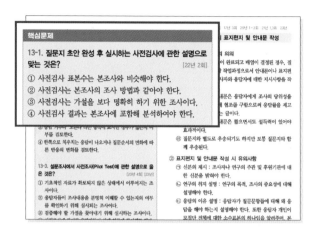

이론의 중심을 꿰뚫는 핵심문제

이론이 끝날 때마다 학습 내용을 바로 점검할 수 있도록 구성하였습니다. 해당 이론에서 출제된 기출문제 풀이로 실제 시험에서 어떻게 문제를 풀어야 하는지 공략할 수 있습니다. 학습이 정확히 됐는지, 시험에서는 어떻게 나오는지 확인하고 부족한 부분이 있다면 바로 복습해야 합니다.

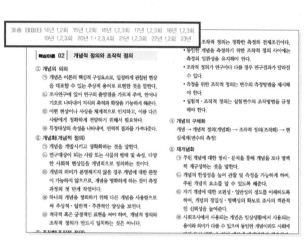

출제 빈도를 알 수 있는 기출 데이터

사회조사분석사 2급 필기시험을 완벽하게 분석하여 모든 이론에 기출현황을 하나하나 표시하였습니다. 기출 데이터를 통해 어떤 문제가 시험에 자주 나오는지 한눈에 파악할 수 있으며, 중요한 핵심이론을 확인하여 효율적으로 학습할 수 있습니다.

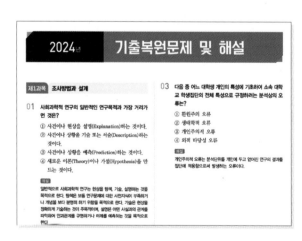

2개년 최신기출복원문제 수록

사회조사분석사 2급 필기시험을 준비할 때 꼭 확인해야 하는 것이 기출문제입니다. 최근 기출문제와 비슷한 유형이 출제되거나 심지어 똑같은 문제가 출제되는 경우도 있습니다. 따라서 본서에 수록된 2023~2024년 기출복원문제를 풀어보며 사회조사분석사 시험의 핵심을 잡아보시기 바랍니다.

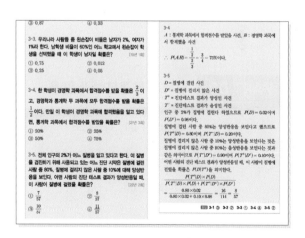

꼼꼼하고 상세한 해설

각 문제를 분석하여 PART 1, 2에서는 관련이론을, PART 3에서는 계산식을 중점적으로 자세하게 설명하여 틀린 문제도 완벽하게 짚고 넘어갈 수 있게 하였습니다. 꼼꼼하고 상세한 해설을 통해 이론 학습이 제대로 이루어졌는지 점검하며 부족한 부분에 대하여 보충 학습을 하시기 바랍니다.

PART 01 1과목 조사방법과 설계

Chapter 01 통계조사계획 · **004**

Chapter 02 표본설계 · **018**

Chapter 03 설문설계 · **042**

Chapter 04 FGI 및 심층인터뷰 정성조사 · **063**

PART 02 2과목 조사관리와 자료처리

Chapter 01 자료수집방법 · **074**

Chapter 02 실사관리 · **100**

Chapter 03 측정의 타당성과 신뢰성 · **106**

Chapter 04 자료처리 · **143**

PART 03 3과목 통계분석과 활용

Chapter 01 확률분포 · **154**

Chapter 02 기술통계분석 · **175**

Chapter 03 회귀분석 · **218**

PART 04 최신기출복원문제

2023년 기출복원문제 및 해설 · **232**

2024년 기출복원문제 및 해설 · **256**

합격에 윈크(Win-Q)하다!

Win-
Q

사회조사분석사
2급 필기 [단기합격]

CHAPTER 01	통계조사계획	회독 CHECK 1 2 3
CHAPTER 02	표본설계	회독 CHECK 1 2 3
CHAPTER 03	설문설계	회독 CHECK 1 2 3
CHAPTER 04	FGI 및 심층인터뷰 정성조사	회독 CHECK 1 2 3

PART 01

조사방법과 설계

#출제 포인트 분석   #자주 출제된 문제   #합격 보장 필수이론

기출 데이터 14년 1,3회 15년 1회 16년 1회 17년 1,2회 18년 1,2회 19년 1,2,3회
20년 1·2,3회 21년 1,2,3회 22년 1회 23년

핵심이론 01 | 과학적 연구의 유형

① 연구목적의 의의
   ㉠ 의사결정 문제를 해결하기 위한 자료와 정보를 수집하여 전략적 대안을 제시하는 것
   ㉡ 지식을 제공하고 그에 대해 이해하도록 하는 것
   ㉢ 규칙을 발견하고 일반화하여 이론으로 정립하는 것
   ㉣ 현상을 분석하고 예측 및 통제하는 것
   ㉤ 사건이나 상황을 탐색(Exploration)하는 것
   ㉥ 사건이나 현상을 설명(Explanation)하는 것
   ㉦ 사건이나 상황을 기술(Description) 또는 서술하는 것
   ㉧ 사건이나 상황을 객관적으로 평가(Evaluation)하고 가치를 규명하는 것

② 탐색적 연구
   ㉠ 조사설계를 확정하기 이전 타당도를 검증하기 위해 예비적으로 실시하는 것으로서, '기초연구' 또는 '형성연구'라고도 한다.
   ㉡ 보통 연구문제에 대한 사전지식이 부족하거나 개념을 보다 분명히 하기 위해 실시한다.
   ㉢ 연구의 우선순위를 정하고 문제의 중요 부분에 대한 실태를 파악하기 위해 실시한다.
   ㉣ 융통성 있게 운영될 수 있으며 수정이 가능하다.
   ㉤ 문헌조사, 경험자조사, 특례분석조사, 사례조사 등이 해당된다.

③ 설명적 연구
   ㉠ 어떤 사실과의 관계를 파악하여 인과관계를 규명하거나 미래를 예측하는 조사이다.
   ㉡ '진단적 조사', '인과적 조사', '예측적 조사', '가설검증적 조사'라고도 한다.
   ㉢ '왜(Why)'에 대한 대답을 제공하는 조사이다.
   ㉣ 현상에 대한 단순한 기술이 아닌 인과론적 설명을 전개한다는 점에서 기술적 조사와 다르다.
   ㉤ 사회적 문제의 발생 원인을 밝히고, 이를 해결하기 위한 정책대안을 마련하기 위해 널리 활용된다.
   ㉥ 인과관계의 규명을 위해 실험설계 등의 방법을 실시한다.

④ 기술적 연구
   ㉠ 현상을 정확하게 기술하는 것을 주목적으로 한다.
   ㉡ 어떠한 사건이나 현상의 크기, 비율, 수준 등에 대한 단순 통계적인 자료를 수집하여 문제에 대한 답을 구한다.
   ㉢ 특히 발생빈도와 비율을 파악할 때 실시한다.
   ㉣ 보통 기술적 연구는 탐색적 연구에 의해 얻어진 지식과 자료를 토대로 전개된다.
   ㉤ 탐색적 연구와 달리 연구문제 및 가설을 설정한 후 실시되므로 계획적이고 체계적으로 이루어진다.
   ㉥ 물가조사, 국제조사 등의 사회적 문제에 대해 정확한 실태 파악을 하여 정책적 대안을 마련하기 위한 목적에서 실시한다.
   ㉦ 대표적으로 횡단적 연구와 종단적 연구로 분류된다.

핵심OX

1. 탐색적 연구는 현상을 정확하게 기술하는 것을 주목적으로 한다. ( )
2. 인과관계의 규명을 위한 연구는 탐색적 연구이다. ( )
3. 기술적 연구는 탐색적 연구와 달리 연구문제 및 가설을 설정한 후 실시한다. ( )
4. '왜(Why)'에 대한 대답을 제공하는 조사는 탐색적 연구이다. ( )
5. 탐색적 연구는 예비적 조사로 실시한다. ( )

정답 1 × 2 × 3 ○ 4 × 5 ○

1-1. 사회과학적 연구의 일반적인 연구목적과 가장 거리가 먼 것은?

[18년 2회] [22년 1회]

① 사건이나 현상을 설명(Explanation)하는 것이다.
② 사건이나 상황을 기술 또는 서술(Description)하는 것이다.
③ 사건이나 상황을 예측(Prediction)하는 것이다.
④ 새로운 이론(Theory)이나 가설(Hypothesis)을 만드는 것이다.

1-2. 연구의 목적과 사례의 연결이 잘못된 것은?

[19년 2회] [21년 3회] [23년]

① 기술(Description) - 유권자들의 대선후보 지지율 조사
② 설명(Explanation) - 시민들이 왜 담배값 인상에 반대하는지 파악하고자 하는 연구
③ 평가(Evaluation) - 현재의 공공의료정책이 1인당 국민 의료비를 증가시켰는지에 대한 연구
④ 탐색(Exploration) - 단일사례설계를 통하여 운동이 체중 감소에 미치는 효과를 검증하는 연구

1-3. 사회조사의 유형에 관한 설명으로 옳은 것을 모두 고른 것은?

[20년 1·2회]

> ㄱ. 탐색, 기술, 설명적 조사는 조사의 목적에 따른 구분이다.
> ㄴ. 패널조사와 동년배집단(Cohort)조사는 동일대상인에 대한 반복측정을 원칙으로 한다.
> ㄷ. 2차 자료 분석연구는 비관여적 연구방법에 해당한다.
> ㄹ. 탐색적 조사의 경우에도 명확한 연구가설과 구체적 조사계획이 사전에 수립되어야 한다.

① ㄱ, ㄴ, ㄷ
② ㄱ, ㄷ
③ ㄴ, ㄹ
④ ㄹ

1-4. 탐색적 조사(Exploratory Research)에 관한 설명으로 옳은 것은?

[18년 1회] [23년]

① 시간의 흐름에 따라 일반적인 대상집단의 변화를 관찰하는 조사이다.
② 어떤 현상을 정확하게 기술하는 것을 주목적으로 하는 조사이다.
③ 동일한 표본을 대상으로 일정한 시간간격을 두고 반복적으로 측정하는 조사이다.
④ 연구문제의 발견, 변수의 규명, 가설의 도출을 위해서 실시하는 조사로서 예비적 조사로 실시한다.

| 해설 |

1-1

일반적으로 사회과학적 연구는 현상을 탐색, 기술, 설명하는 것을 목적으로 한다. 탐색은 보통 연구문제에 대한 사전지식이 부족하거나 개념을 보다 분명히 하는 것이며, 기술은 현상을 정확하게 기술하는 것이 주목적이며, 설명은 어떤 사실과의 관계를 파악하여 인과관계를 규명하거나 미래를 예측하는 것이다.

1-2

④ 조사연구 목적 중 탐색은 정확한 조사연구 및 가설 설계를 위한 명제 정립을 목적으로 하여 조사설계를 확정하기 이전 타당도를 검증하기 위해 실시하는 것이다. 단일사례설계를 통하여 운동이 체중 감소에 미치는 효과를 검증하는 연구는 조사설계를 이미 확정한 것으로, 탐색적 연구의 사례로 적합하지 않다.
① 어떠한 사건이나 현상의 크기, 비율, 수준 등에 대한 단순 통계적인 자료를 수집하여 문제에 대한 답을 구하는 조사연구는 기술적 연구이므로, 유권자들의 대선후보 지지율을 조사하는 것은 맞는 연결이다.
② 설명적 연구는 '왜(Why)'에 대한 대답을 제공하는 조사이므로, 시민들이 왜 담배값 인상에 반대하는지 파악하고자 하는 연구는 맞는 연결이다.
③ 평가적 연구는 사건이나 상황을 객관적으로 평가하고 가치를 규명하는 것이므로 현재의 공공의료정책이 1인당 국민 의료비를 증가시켰는지에 대한 연구는 맞는 연결이다.

1-3

ㄴ. 동년배집단조사(코호트조사)는 일정 기간 동안 어떤 한정된 부분 모집단의 변화를 연구하는 것이다. 특정 경험을 같이 하는 사람들이 가지는 특성들에 대해 두 번 이상의 다른 시기에 걸쳐서 비교·연구하는 방법으로서, 모집단으로부터 매번 다른 표본을 추출한다.
ㄹ. 탐색적 조사는 조사설계를 확정하기 이전 연구문제의 발견, 변수규명, 가설도출 등을 위해 예비적으로 실시하는 것으로 명확한 결론을 내리기 위한 조사가 아니다. 따라서 명확한 연구가설과 구체적 조사계획이 사전에 수립될 필요는 없다.

1-4

탐색적 조사는 보통 연구문제에 대한 사전지식이 부족하거나 개념을 보다 분명히 하기 위해 실시한다. 문헌조사, 경험자조사, 사례조사 등이 해당된다.

정답 **1-1** ④ **1-2** ④ **1-3** ② **1-4** ④

핵심이론 02 | 이론의 기능

① 이론의 의의
- ㉠ 현상에 대한 설명과 예측을 목적으로 변수 간의 관계를 밝힘으로써 그 현상에 대한 체계적인 견해를 제공하는 일련의 상호 연결된 개념 및 정의 또는 명제이다.
- ㉡ 경험적으로 검증이 가능하고 어느 정도의 법칙적인 일반성을 포함하는, 체계적으로 연관성을 가진 일련의 진술이다.
- ㉢ 함축적이며 연역가능성이 있는 관계에 의해 구조된 일련의 가설이다.
- ㉣ 관찰된 데이터에서 변수들 간의 관계에 대한 확률적 진술, 즉 가설을 도출하여 검증한다.

② 이론의 기능
- ㉠ 연구의 주요방향 결정 : 기존의 이론체계를 배경으로 하여 어떤 주제나 문제에 대해 조사함으로써 그 결과를 예측할 수 있는 연구의 방향을 결정하는 기능을 한다.
- ㉡ 현상의 개념화 및 분류화 : 개념 도식을 제시하여 연구대상에서 필요한 사실의 개념화를 쉽게 해주며, 현상을 적절히 분류하고 체계화하여 상호연관짓도록 하는 데 기초를 제공한다.
- ㉢ 요약 : 사실 및 연구대상에 대한 기존 지식을 요약하는 기능을 한다. 즉, 이론은 과학적 지식을 간단명료하게 표현해주기도 한다.
- ㉣ 사실의 예측 및 설명 : 조사하고 있는 현상을 설명해주며, 새로운 사실을 예측하도록 해준다.
- ㉤ 지식의 확장 : 이론의 구성 당시에는 알려지지 않았던 현상을 예측·설명할 수 있도록 하여 지식과 이해를 넓혀 준다. 즉, 이론은 과학적 지식의 근원이 되는 명제, 가설 등의 판단기준이 되기도 한다.
- ㉥ 지식의 결함 지적 : 이론은 기존의 사실을 요약하여 일반화한 것이므로, 우리가 조사·검증해야 할 부분을 제시해준다.

핵심문제

2-1. 다음 중 이론에 대한 함축적 의미가 아닌 것은? [20년 4회]
① 과학적인 지식을 증진시키는 가장 효과적인 수단을 말한다.
② 명확하게 정의된 구성개념이 상호 관련된 상태에서 형성된 일련의 명제를 말한다.
③ 구성개념을 실제로 나타내는 구체적인 변수들 간의 관계에 대한 체계적 견해를 제시한다.
④ 개념들 간의 연관성에 대한 현상을 설명한다.

2-2. 이론의 기능을 모두 고른 것은? [19년 1회]

> ㄱ. 연구주제 선정 시 아이디어 제공
> ㄴ. 새로운 이론 개발 시 도움
> ㄷ. 가설 설정에 도움
> ㄹ. 연구 전반에 대한 지침 제공

① ㄴ, ㄷ
② ㄱ, ㄴ, ㄹ
③ ㄱ, ㄷ, ㄹ
④ ㄱ, ㄴ, ㄷ, ㄹ

|해설|
2-1
이론은 현상에 대한 설명과 예측을 목적으로 변수 간의 관계를 밝힘으로써 그 현상에 대한 체계적인 견해를 제공하는 일련의 상호 연결된 개념 및 정의 또는 명제이다. 경험적으로 검증이 가능하고 어느 정도의 법칙적인 일반성을 포함하는, 체계적으로 연관성을 가진 일련의 진술이다.

2-2
이론은 과학의 주요방향을 결정하고 현상의 개념화 및 분류화를 쉽게 해준다. 또한 사실을 예측하고 현상을 설명하며 지식을 확장하는 기능을 한다. 따라서 주어진 보기는 모두 맞는 설명이다.

정답 2-1 ① 2-2 ④

기출 데이터 14년 1,3회 15년 1회 16년 1,2회 18년 3회 19년 1,2,3회 20년 3,4회
21년 1,2,3회 22년 1,2회 23년

핵심이론 03 | 조사연구의 과정

① 문제의 정립

   ㉠ 연구자가 해당 연구에서 취급하고자 하는 주제, 연구의 목적 및 연구의 실제적 중요성과 이론적 의의 등에 대해 명백한 구상을 가지고 이를 논리적으로 정립하는 단계이다.

   ㉡ 문제를 목적에 관련시킨다 → 문제의 배경을 검토한다 → 문제의 하위영역, 구성요소, 요인들을 확립한다 → 무엇을 측정할 것인가를 결정한다 → 관련 변수들을 결정한다 → 연구목적과 관련된 하위 목적을 설정한다 → 한정된 변수, 목적, 하위 목적들에 대한 예비조사를 수행한다.

② 가설의 구성(설정)

   ㉠ 가설은 보통 둘 이상의 변수 또는 현상 간의 관계를 설명하는 검증되지 않은 명제 또는 연구의 문제에 관해 검증할 수 있도록 기술된 잠정적인 응답이다.

   ㉡ 가설 설정 시 변수를 측정할 수 있는 척도를 고려해야 하며, 나타날 가능성이 있는 오차의 종류 및 정도를 명백히 파악해야 한다.

③ 연구의 설계

   ㉠ 연구문제에 대한 해답을 얻기 위해 연구를 실시하려는 계획이다.

   ㉡ 변수의 종류, 변수의 수, 변수의 성격 등을 밝히고, 연구와 시간의 관계도 명확히 해야 한다. 또한 변수 간의 관계를 검증하기 위한 통계적 방법도 강구해야 한다.

   ㉢ 표본추출의 단위, 표본의 종류, 표본의 규모와 해당 모집단에 대한 가설의 검증방법과 오차문제도 고려해야 한다.

   ㉣ 필요한 자료를 수집하기 위해서는 일정한 자료수집방법을 강구해야 한다.

④ 자료의 수집

   ㉠ 결정된 자료수집방법의 검토, 자료의 수집 및 수집된 자료의 정리와 조정이 설정된다.

   ㉡ 질문지, 면담, 참여관찰 등의 방법과 기존의 문서 또는 대중통신자료, 총합자료를 수집하는 방법이 있다.

   ㉢ 수집된 자료는 용이하게 분석할 수 있도록 일정하게 정리되어야 하며, 계획된 분석방법에 자료가 잘 부합하도록 조정 및 변화되어야 한다.

⑤ 자료의 분석

   ㉠ 연구에 의해 수집된 자료가 설정된 가설을 어느 정도로 지지하고 있는가를 평가하는 단계이다. 자료를 편집, 정정, 보완하거나 필요에 따라서 삭제하기도 한다.

   ㉡ 자료의 분석방법은 연구가설, 연구설계, 변수 간의 관계 및 그 변수의 수, 자료의 성격 등에 따라 미리 결정되는 것이 보통이다. 전체적인 자료가 정리·조정되면 미리 정해진 분석방법에 의해 처리된다.

⑥ 보고서 작성

연구결과를 연구되고 있는 영역 내의 동일한 현상, 혹은 동일한 조건이면 어느 경우에도 적용할 수 있도록 경험적으로 일반화하여 이를 일정한 형식으로 기술하는 것이다.

핵심OX

1. 과학적 연구는 일반적으로 '가설의 구성(설정) → 문제의 정립 → 연구의 설계 → 자료의 수집 → 자료의 분석 → 보고서 작성'의 순서를 따른다. ( )

2. 가설의 검증방법과 오차문제도 고려해야 하는 단계는 연구설계 단계이다. ( )

3. 자료의 분석 방법은 자료를 수집 후에 결정하는 것이 경제적이다. ( )

4. 보고서 작성은 연구결과를 일반화하여 다양한 형식으로 기술하는 것이 좋다. ( )

정답 1 × 2 ○ 3 × 4 ×

3-1. 사회조사연구의 과정을 순서대로 잘 배열한 것은?

[22년 1회]

① 가설형성 → 자료수집 → 표본선정 → 보고서작성
② 표본선정 → 연구문제 정립 → 가설형성 → 자료수집
③ 연구문제 정립 → 가설형성 → 표본선정 → 자료수집
④ 자료수집 → 연구문제 선정 → 자료처리 → 보고서작성

3-2. 다음은 조사연구과정의 일부이다. 이를 순서대로 나열한 것은?

[18년 3회] [20년 4회]

> ㄱ. '난민의 수용은 사회분열을 유발할 것이다'로 가설 설정
> ㄴ. 할당표집으로 대상자를 선정하여 자료 수집
> ㄷ. 난민의 수용으로 관심주제 선정
> ㄹ. 구조화된 설문지 작성

① ㄱ → ㄴ → ㄷ → ㄹ   ② ㄱ → ㄷ → ㄹ → ㄴ
③ ㄷ → ㄱ → ㄹ → ㄴ   ④ ㄷ → ㄹ → ㄱ → ㄴ

3-3. 과학적 조사방법의 일반적인 과정을 올바르게 나열한 것은?

[19년 3회]

> A. 조사설계
> B. 자료수집
> C. 연구주제의 선정
> D. 연구보고서 작성
> E. 자료분석 및 해석
> F. 가설의 구성 및 조작화

① A → B → C → E → F → D
② A → E → C → B → F → D
③ C → F → A → B → E → D
④ C → A → F → B → E → D

3-4. 과학적 연구의 과정을 바르게 나열한 것은? [19년 2회]

① 이론 → 관찰 → 가설 → 경험적 일반화
② 이론 → 가설 → 관찰 → 경험적 일반화
③ 이론 → 경험적 일반화 → 가설 → 관찰
④ 관찰 → 경험적 일반화 → 가설 → 이론

3-5. 사회조사 시 수집한 자료를 편집, 정정, 보완하거나 필요에 따라서 삭제하여야 할 필요성이 생겨나는 단계는? [19년 2회]

① 문제설정단계(Problem Statement Stage)
② 자료수집단계(Data Collection Stage)
③ 자료분석단계(Data Analysis Stage)
④ 예비검사단계(Pilot Test Stage)

| 해설 |

3-1
일반적인 과학적 연구 과정은 '문제의 정립 → 가설의 구성(설정) → 연구의 설계 → 자료의 수집 → 자료의 분석·해석 및 이용 → 보고서 작성'을 따른다.

3-2
일반적인 과학적 조사의 절차는 '문제의 정립(ㄷ) → 가설의 설정(ㄱ) → 연구의 설계(ㄹ) → 자료의 수집(ㄴ) → 자료의 분석, 해석 및 이용 → 보고서 작성'이다.

3-3
용어의 차이는 있을 수 있으나 일반적으로 '문제의 정립 → 가설의 구성(설정) → 연구의 설계 → 자료의 수집 → 자료의 분석 → 보고서 작성'의 절차를 따른다.

3-4
과학적 연구 과정은 '이론 → 가설 → 관찰 및 검증'을 통해 규칙을 발견하고 이를 일반화하고 논리적인 이론으로 정립하는 것이다.

3-5
자료분석단계는 연구에 의해 수집된 자료가 설정된 가설을 어느 정도로 지지하고 있는가를 평가하는 단계이다. 자료를 편집, 정정, 보완하거나 필요에 따라서 삭제하기도 한다.

정답 **3-1** ③ **3-2** ③ **3-3** ③ **3-4** ② **3-5** ③

기출 데이터 14년 3회 15년 2,3회 16년 3회 17년 1회 18년 1,3회 19년 2,3회
20년 1·2,3,4회 21년 2,3회 22년 1,2회 23년

핵심이론 04 | 가설의 의의와 종류

① 가설의 의의
  ㉠ 둘 이상의 변수 또는 현상 간의 관계를 설명하는 검증되
    지 않은 명제이다.
  ㉡ 연구의 문제에 관해 검증할 수 있도록 기술된 잠정적인
    응답이다.
  ㉢ 일반적으로 독립변수와 종속변수의 관계의 형태로 표명
    된다.
  ㉣ 잠정적인 설명으로, 연구자에 의해 하나의 가설이 제시
    될 당시만 해도 그 가설의 진위에 대해 확신할 수 없는
    것이 보통이다.
  ㉤ 제기된 가설이 거부되는 경우 새로운 가설이 성립하며,
    이는 곧 과학적 지식체계 속에 삽입된다.

② 주요 가설의 종류
  ㉠ 식별가설
    • 어떤 사실에 대한 원인의 규명이 아닌 그 사실의 성질
      과 기능 그리고 형태를 묘사하기 위한 가설이다.
    • 분석을 통해 사물의 구조 또는 구성요소 등을 식별하
      고, 종합을 통해 개개의 요소들을 합함으로써 그것이
      의미 있는 어떠한 사물임을 식별한다.
    • "그것이 무엇이냐(What)?"에 대한 잠정적 대답으로
      서, 기본적으로는 "무엇은 ~이다(What is~)"의 표현
      양식을 가진다.
  ㉡ 설명적 가설
    • 사실과 사실 간의 관계를 설명해주는 가설을 말한다.
      여기서 설명이란 어떤 사물에 관련되는 기존 지식체계
      또는 그것으로부터의 연역(귀납)에 의해 그 사물의 필
      연성이나 인과관계 등을 제시하는 것이다.
    • "왜(Why)"에 대한 대답이라고 할 수 있다.
    • 어떤 두 개 이상의 사물들 간의 관계의 양상에 일정한
      규칙성, 즉 공통점이 있음을 말하기도 한다.
    • 기본적으로 "~하면 ~하다" 또는 "~할수록 ~하다"는
      식으로 표현된다.

  ㉢ 연구가설
    • 연구문제에 대한 잠정적 대답으로서, 연구자가 제시
      한 작업가설에 해당한다.
    • 경험적으로 검증 가능하도록 진술한 가설로서 흔히
      '실험적 가설' 혹은 '과학적 가설'이라고도 한다.
    • 보통 "A는 B보다 ~이다" 또는 "A는 B와 관계(차이)가
      있다"는 식으로 표현된다.
      예 "남녀 간 월 평균소득은 차이가 있을 것이다."
  ㉣ 영가설(귀무가설)
    • 연구가설과 논리적으로 반대의 입장을 취하는 가설
      이다.
    • 처음부터 버릴 것을 예상하는 가설로서, 차이나 관계
      가 없거나 의미 있는 차이나 관계가 없는 경우의 가설
      에 해당한다.
    • 보통 "A는 B와 관계(차이)가 없다"는 식으로 표현된다.
      예 "남녀 간 월 평균소득은 차이가 없을 것이다."
    • 연구가설은 영가설이 직접 채택될 수 없을 때 자동적
      으로 받아들여지는 가설로서 직접 검증할 필요가 없는
      반면, 영가설은 직접 검증을 거쳐야 하는 가설이다.
  ㉤ 대립가설
    • 영가설에 대립되는 가설로서, 영가설이 거짓일 때 채
      택하기 위해 설정하는 가설이다.
    • 연구자가 주장하고자 하는 가설로서, 종종 연구가설
      과 동일시된다.
    • 보통 "~의 관계(차이)가 있을 것이다"라고 기술하는
      명제를 말한다.
      예 "소득수준과 복지예산의 증액에 대한 의견 차이 간에
        는 관계가 있을 것이다."
  ㉥ 통계적 가설
    • 어떤 특징에 대해 둘 이상의 집단 간의 차이나 한 집단
      내 또는 집단 간의 관계, 표본 또는 모집단 특징의 점
      추정 등을 묘사하기 위해 설정하는 것이다.
    • 표본에 의한 모집단의 확률분포를 예상하는 진술로
      서, 주로 표본의 평균비교를 통해 이루어진다.

1. "A는 B와 관계(차이)가 없다"는 식으로 표현되는 가설은 대립가설이다.　( )
2. 가설은 연구의 문제에 관해 검증할 수 있도록 기술된 잠정적인 응답이다.　( )
3. 영가설은 직접 검증을 거쳐야 하는 가설이다.　( )
4. "A는 B와 관계(차이)가 있다"는 식으로 표현되는 가설은 영가설이다.　( )
5. 가설은 둘 이상의 변수 또는 현상 간의 관계를 설명하는 검증된 명제이다.　( )

정답 1 × 2 ○ 3 ○ 4 × 5 ×

핵심문제

4-1. 연구가설의 기능과 거리가 가장 먼 것은?　[22년 2회]

① 경험적 검증의 절차를 시사해 준다.
② 현상들의 잠재적 의미를 찾아내고 현상에 질서를 부여할 수 있다.
③ 문제해결에 필요한 관찰 및 실험의 적정성을 판단하게 한다.
④ 다양한 연구문제를 동시에 해결하기 위해 많은 종류의 변수들을 채택하게 되므로, 복잡한 변수들의 관계를 표시한다.

4-2. 가설에 관한 설명으로 틀린 것은?　[21년 3회] [23년]

① '모든 사람은 죽는다.'는 좋은 가설의 예라고 할 수 있다.
② 가설은 방향성을 가질 수도 있고 그렇지 않을 수도 있다.
③ 가설은 서로 다른 두 개념이나 변수의 관계를 표시한다.
④ 가설은 아직까지 진실 여부가 확인되지 않은 사실에 대한 진술문이라고 할 수 있다.

4-3. 연구가설(Research Hypothesis)에 대한 설명으로 틀린 것은?　[20년 1 · 2회] [23년]

① 모든 연구에는 명백히 연구가설을 설정해야 한다.
② 연구가설은 일반적으로 독립변수와 종속변수로 구성된다.
③ 연구가설은 예상된 해답으로 경험적으로 검증되지 않은 이론이라 할 수 있다.
④ 가치중립적이어야 한다.

4-4. 다음에서 설명하는 가설의 종류는?　[18년 3회] [22년 2회]

- 대립가설과 논리적으로 반대의 입장을 취하는 가설이다.
- 수집된 자료에서 나타난 차이나 관계가 우연의 법칙으로 생긴 것이라는 진술로 "차이나 관계가 없다"는 형식을 취한다.

① 귀무가설
② 통계적 가설
③ 대안가설
④ 설명적 가설

|해설|

4-1

④ 가설의 기능이 아니며, 간결성에 위배된다. 기본적으로 가설은 복잡하지 않고 간단명료하게 표현되어야 한다.

4-2

가설은 두 개 이상의 구성개념 또는 변수 간의 관계를 검정 가능한 형태로 서술한 문장으로서 과학적 조사에 의하여 검정이 가능한 사실이다. 하나의 사실과 다른 사실과의 관계를 잠정적으로 나타내는 것으로 이를 검증함으로써 특정 현상에 대한 설명을 가능케 해주어 연구자가 제기한 문제의 해답을 내린다. 즉, 원인과 결과의 형태로 독립변수와 종속변수의 관계로 표명된다.

4-3

연구가설은 연구문제에 대한 잠정적 대답으로, 검증 가능하도록 진술한 가설로서 흔히 '실험적 가설' 혹은 '과학적 가설'이라고도 한다. 귀납적 연구는 가설 설정 없이 관찰과 자료의 수집을 통해 개별적인 사실들로부터 일반적인 원리를 이끌어낸다. 따라서 모든 연구가 연구가설을 설정해야 하는 것은 아니다.

4-4

② 어떤 특징에 대해 둘 이상의 집단 간의 차이나 한 집단 내 또는 몇 집단 간의 관계, 표본 또는 모집단 특징의 점추정 등을 묘사하기 위해 설정하는 것이다. 표본에 의한 모집단의 확률분포를 예상하는 진술로서, 주로 표본의 평균비교를 통해 이루어진다.
③ 대립가설이라고 하며, 귀무가설에 대립되는 가설로서 귀무가설이 거짓일 때 채택하기 위해 설정하는 가설이다.
④ 사실과 사실 간의 관계를 설명해주는 가설을 말한다. 여기서 설명이란 어떤 사물에 관련되는 기존 지식체계 또는 그것으로부터의 연역(귀납)에 의해 그 사물의 필연성이나 인과관계 등을 제시하는 것이다.

정답 4-1 ④　4-2 ①　4-3 ①　4-4 ①

핵심이론 05 | 가설의 조건과 평가기준

① 가설의 조건
  ㉠ 명료성
    가설 속의 변수들을 포함한 모든 용어들에 대한 조작적 정의가 가능할 때 가설은 실증적으로 검증될 수 있다.
  ㉡ 한정성
    • 연구자는 가설을 수립할 경우 먼저 둘 또는 셋 이상 변수들의 상관관계의 방향, 즉 긍정적 또는 부정적 관계에 대해 한정적으로 정확히 밝혀야 한다.
    • 연구자는 상관관계의 방향과 함께 상관관계가 성립하는 조건에 대해서도 명시해야 할 필요가 있다.
  ㉢ 가치중립성
    • 연구조사의 결과는 과학적 이론의 수립으로 이어진다는 점에서 연구자의 가치, 편견 그리고 주관적 견해 등을 가설 속에서 배제해야 한다.
    • 사실상 가설에서 연구자의 가치, 편견 또는 주관적 견해를 완전히 배제한다는 것은 불가능하므로 이들의 개입을 최소화하는 방향에서 최선을 다해야 한다.
  ㉣ 검증가능성
    • 가설이 명료하고, 가치중립적이며, 그리고 한정적이라 해도 이를 검증할 조사도구가 발달되어 있지 못하거나, 발달되어 있는 경우라도 사용 가능하지 못한다면 이 가설에 대한 연구는 불가능할 것이다.
    • 가설을 검증할 수 있는 도구의 존재야말로 가설을 평가하는 중요한 요소가 된다.
  ㉤ 연관성
    다른 가설과의 관계에서 새로운 가설을 검증하고 설정할 수 있어야 한다. 즉, 동일분야의 다른 이론과도 연관성이 있어야 한다.

② 가설의 평가기준
  ㉠ 경험적 검증가능성
    • 가설은 실증조사를 통해 옳고 그름을 판단할 수 있어야 한다.
    • 가설을 경험적으로 검증하기 위해서는 가설에 포함된 변수들에 대한 조작적 정의가 이루어져야 하며 관찰 및 측정이 가능해야 한다.
  ㉡ 입증의 명백성
    • 가설을 조작하여 작업가설을 구성할 경우 명백하게 입증이 가능하도록 해야 한다.
    • 입증의 명백성은 입증의 논리적 구조, 용어의 모호함 정도를 비롯하여 해당 가설이 지시하는 경험적 사실들이 그 가설에 포함되어 있는 개념들을 얼마나 명백하게 대표하느냐를 의미한다.
  ㉢ 가설 자체의 개연성
    • 가설은 연구문제의 정답에 대한 잠정적인 추정이므로 개연성이 큰 것이 좋은 가설이다.
    • 어떠한 현상의 원인이라든가 관계를 짐작하는 데 있어서 그러한 짐작이 그럴듯한 것으로 느껴져야 한다.
  ㉣ 논리적 간결성
    • 가설은 복잡하지 않고 논리적으로 간결한 것이 좋다.
    • 두 개 정도의 변수들 간의 관계를 간단한 논리로 설명할 수 있다면 좋은 가설이다.
  ㉤ 계량화 가능성
    • 계량화는 수식이나 숫자로 모두 바꿀 수 있다는 의미보다는 통계적인 분석을 할 수 있어야 한다는 의미이다.
    • 가설은 측정 가능한 변수들 간의 관계를 나타내며, 이러한 관계는 통계적인 방법에 의해 구체화될 수 있다.

핵심OX

1. 가설을 수립할 경우 변수들의 상관관계의 방향을 밝혀야 한다.
   (　)
2. 가설은 동일 분야의 다른 이론과도 연관성이 있을 필요는 없다.
   (　)
3. 가설은 논리적으로 복잡할수록 좋다. (　)
4. 가설은 동의반복적이어야 한다. (　)
5. 가설은 계량화가 가능해야 한다. (　)

정답 1 ○ 2 × 3 × 4 × 5 ○

5-1. 다음 중 좋은 가설이 아닌 것은?   [19년 1회] [22년 1회]

① 자녀 학업을 위한 가족분리는 바람직하지 않다.
② 부모의 학력이 높을수록 자녀의 학력도 높아진다.
③ 리더십 형태에 따라 직원의 직무만족도가 달라진다.
④ 고객만족도가 높을수록 기업의 재무적 성과가 더 높아진다.

5-2. 좋은 가설의 평가 기준에 대한 설명으로 가장 거리가 먼 것은?

[20년 1·2회]

① 경험적으로 검증할 수 있어야 한다.
② 표현이 간단명료하고, 논리적으로 간결하여야 한다.
③ 계량화할 수 있어야 한다.
④ 동의반복적이어야 한다.

5-3. 경험적 연구를 위한 작업가설의 요건으로 옳지 않은 것은?

[19년 3회]

① 명료해야 한다.
② 특정화되어 있어야 한다.
③ 검정 가능한 것이어야 한다.
④ 연구자의 주관이 분명해야 한다.

5-4. 가설의 적정성을 평가하기 위한 기준과 가장 거리가 먼 것은?   [18년 1회] [21년 2회]

① 매개변수가 있어야 한다.
② 동의어가 반복적이지 않아야 한다.
③ 경험적으로 검증될 수 있어야 한다.
④ 동일 분야의 다른 이론과 연관이 있어야 한다.

|해설|

5-1
종속변수와 독립변수의 관계에 대한 설명이 없어 가설의 형태가
아니다.

5-2
좋은 가설은 조작적 정의와 관찰을 통한 실증조사가 이루어져야
하며, 두 변수의 관계를 간단하고 간결한 논리로 설명하여 통계적
인 방법으로 구체화될 수 있다.

5-3
연구조사의 결과는 과학적 이론의 수립으로 이뤄진다는 점에서
연구자의 가치, 편견, 주관적 견해 등을 가설 속에서 배제해야
한다.

5-4
가설은 일반적으로 독립변수와 종속변수의 관계의 형태로 표
명된다.

정답 **5-1** ① **5-2** ④ **5-3** ④ **5-4** ①

핵심이론 06 | 연역법과 귀납법

① 연역법

  ㉠ 이미 참으로 인정된 보편적 원리를 가지고 현상에 연역
    시켜 설명하는 방법이다.
  ㉡ 법칙과 이론으로부터 어떤 현상에 대한 설명과 예측을
    도출하는 방법으로 이해할 수 있다.
  ㉢ '가설 설정 → 조작화 → 관찰·경험 → 검증'의 과정을
    거친다.
  ㉣ 모든 사람은 죽는다. → A는 사람이다. → 그러므로 A
    는 죽는다.

② 귀납법

  ㉠ 과학은 관찰과 경험으로부터 시작한다고 보는 견해에서
    비롯된다.
  ㉡ 관찰과 자료의 수집을 통해 개별 사례에서 일반적인 유
    형을 찾는다. 즉, 보편성과 일반성을 가지는 하나의 결
    론을 내린다.
  ㉢ '주제 선정 → 관찰 → 유형의 발견 → 임시결론(이론)'
    의 과정을 거친다.
  ㉣ 까마귀 1은 검다. → 까마귀 2는 검다. → … → 까마귀
    9999는 검다. → 그러므로 모든 까마귀는 검을 것이다.

③ 연역법과 귀납법의 관계

  ㉠ 연역법은 이론적 체계의 일부분에 대한 경험적 검증을
    통해 다른 부분을 실제 연구 없이 논리적으로 검증함으
    로써 경제적·효율적인 반면, 최초의 이론을 형성하는
    것이 어렵다는 단점을 지닌다.
  ㉡ 귀납법은 사회과학의 이론적 작업에서 어느 정도의 자
    료만을 가지고도 상당수준의 일반화나 법칙을 도출할
    수 있으므로 경제적·효율적인 반면, 아무런 이론적 배
    경 없이 현상의 속성을 측정하기 위한 변수들을 의미 있
    게 선택하는 데 있어서 한계를 가질 수밖에 없다.
  ㉢ 연역법과 귀납법은 서로 대비되는 장·단점으로 인해
    상호보완적인 관계를 형성한다.
  ㉣ 연역법은 구체적인 대상이나 현상에 대한 관찰에 일정
    한 지침을 제공하고, 귀납법은 경험적인 관찰을 통해 기
    존의 이론을 보충 또는 수정한다.

1. 귀납법은 '주제 선정 → 가설 설정 → 관찰 → 유형의 발견 → 임시결론(이론)'의 과정을 거친다. ( )
2. 연역법은 경험적인 관찰을 통해 기존의 이론을 보충 또는 수정한다. ( )
3. 연역법은 최초의 이론을 형성하는 것이 어렵다. ( )
4. 귀납법은 경험적 일반화를 추구한다. ( )
5. 연역적 접근법은 가설 검증에 주로 사용한다. ( )

정답 1 × 2 × 3 ○ 4 ○ 5 ○

6-1. 연구방법으로서의 연역적 접근법과 귀납적 접근법에 관한 설명으로 틀린 것은? [20년 4회]

① 연역적 접근법을 취하려면 기존 이론에 대한 분석이 필요하다.
② 귀납적 접근법은 현실세계에 대한 관찰을 통해 경험적 일반화를 추구한다.
③ 사회조사에서 연역적 접근법과 귀납적 접근법은 상호 보완적으로 사용된다.
④ 연역적 접근법은 탐색적 연구에, 귀납적 접근법은 가설 검증에 주로 사용된다.

6-2. 논리적 연관성 도출방법 중 연역적 방법과 귀납적 방법에 관한 설명으로 틀린 것은? [20년 1·2회]

① 귀납적 방법은 구체적인 사실로부터 일반원리를 도출해 낸다.
② 연역적 방법은 일정한 이론적 전제를 수립해 놓고 그에 따라 구체적인 사실을 수집하여 검증함으로써 다시 이론적 결론을 유도한다.
③ 연역적 방법은 이론적 전제인 공리로부터 논리적 분석을 통하여 가설을 정립하여 이를 경험의 세계에 투사하여 검증하는 방법이다.
④ 귀납적 방법이나 연역적 방법을 조화시키면 상호배타적이기 쉽다.

6-3. 연역법과 귀납법에 관한 설명으로 옳은 것은? [18년 3회]

① 연역법은 선(先)조사 후(後)이론의 방법을 택한다.
② 연역법과 귀납법은 상호보완적으로 사용할 수 없다.
③ 연역법과 귀납법의 선택은 조사의 용이성에 달려 있다.
④ 기존 이론의 확인을 위해서는 연역법을 주로 사용한다.

6-4. 과학적 연구의 논리체계에 관한 설명으로 틀린 것은? [19년 2회]

① 사회과학 이론과 연구는 연역과 귀납의 방법을 통해 연결된다.
② 연역은 이론으로부터 기대 또는 가설을 이끌어내는 것이다.
③ 귀납은 구체적인 관찰로부터 일반화로 나아가는 것이다.
④ 귀납적 논리의 고전적인 예는 "모든 사람은 죽는다. → 소크라테스는 사람이다. → 따라서 소크라테스는 죽는다."이다.

6-5. 귀납법에 관한 설명으로 틀린 것은? [21년 1회]

① 귀납적 논리의 마지막 단계에서는 가설과 관찰결과를 비교하게 된다.
② 특수한 사실을 전제로 하여 일반적 진리 또는 원리로서의 결론을 내리는 방법이다.
③ 관찰된 사실 중에서 공통적인 유형을 객관적으로 증명하기 위하여 통계적 분석이 요구된다.
④ 경험적 세계에서 관찰된 많은 사실들이 공통적인 유형으로 전개되는 것을 발견하고 이들의 유형을 객관적인 수준에서 증명하는 것이다.

|해설|

6-1
연역적 접근법은 '가설 설정 → 조작화 → 관찰·경험 → 검증'의 과정을 거쳐 주로 가설 검증에 사용되며, 귀납적 접근법은 관찰과 자료의 수집을 통해 개별 사례에서 일반적인 유형을 찾는 탐색적 연구에 주로 사용된다.

6-2
연역적 방법과 귀납적 방법은 서로 대비되는 장·단점으로 인해 상호보완적인 관계를 형성한다.

6-3
① 연역법은 선(先)이론 후(後)조사의 방법이다.
② 연역법과 귀납법은 서로 대비되는 장·단점으로 인해 상호보완적인 관계를 형성한다.
③ 연역법과 귀납법의 선택은 조사연구의 목적에 달려있다.

6-4
연역적 논리의 예에 해당한다. 귀납적 논리의 예는 "까마귀 1은 검다 → 까마귀 2는 검다 → … → 까마귀 9999는 검다 → 그러므로 모든 까마귀는 검을 것이다"이다.

6-5
① 연역법에 대한 설명이다.

정답 6-1 ④ 6-2 ④ 6-3 ④ 6-4 ④ 6-5 ①

핵심이론 07 │ 연구의 분석단위

① 분석단위의 의의

보다 큰 집단을 기술하거나 추상적인 현상을 설명하기 위해 수집하는 자료의 단위 또는 그 속성과 특성에 대해 자료를 수집하고 기술하고자 하는 대상이나 사물을 뜻한다.

② 분석단위의 요건

㉠ 적합성 : 설정된 단위는 연구 목적에 적합해야 한다.

㉡ 명료성 : 설정된 단위는 관련된 모든 사람들에게 동일한 의미로써 명확하고 객관적으로 정의되어야 한다.

㉢ 측정 가능성 : 설정된 단위는 현상과 반응에 대한 기술적인 분류를 위해 측정이 가능한 것이어야 한다.

㉣ 비교 가능성 : 설정된 단위는 사실관계의 규명을 위해 시간 및 장소 등의 비교가 가능해야 한다.

③ 분석단위의 분류

㉠ 개인 : 사회과학조사의 가장 일반적인 분석단위로 개개인의 특성을 수집하여 집단과 사회와의 상호작용을 기술할 때 주로 이용된다.

㉡ 집단 : 사회집단을 연구할 경우의 분석단위로서, 가족, 학급, 학과 등이 해당한다.

㉢ 조직·제도 : 제도 자체의 특성 또는 이들 조직을 구성하는 개인이 분석단위가 되며, 기업, 학교 등이 해당한다.

㉣ 사회적 생성물 : 인간이 아닌 사회적 생성물도 분석단위에 포함된다. 여기에는 음악, 노래, 서적 등의 문화적 요소와 함께 결혼, 직업생활, 정치활동 등의 사회적 상호작용 등이 해당한다.

㉤ 지역사회·지방정부·국가 : 행정학 및 정책연구 등에서 지역사회, 지방정부, 국가 등도 분석단위가 된다.

핵심OX

1. 분석단위는 적합성, 추상성, 측정 가능성, 비교 가능성을 만족해야 한다. ( )

2. 문화적 요소는 분석단위가 될 수 없다. ( )

3. 분석단위의 요건 중 적합성이란 설정된 단위가 연구 목적에 적합해야 하는 것을 의미한다. ( )

4. 학교별 학생들의 수를 조사할 때 분석단위는 '개인'이다. ( )

5. 개개인의 특성을 수집하여 집단과 사회와의 상호작용을 기술할 때 주로 이용되는 분석단위는 '개인'이다. ( )

정답 1 × 2 × 3 ○ 4 × 5 ○

핵심문제

7-1. 분석단위와 연구내용이 잘못 짝지어진 것은? [22년 1회]

① 도시 – 흑인이 많은 도시에서 범죄율이 높은 것으로 나타났다.

② 도시 – 인구가 10만 명 이상인 도시 중 89%는 적어도 종합병원이 2개 이상 있었다.

③ 개인 – 전체 농부 중에서 32%가 여성임에도 불구하고 여성은 전통적으로 농부라기보다 농부의 아내로 인식되었다.

④ 개인 – 1970년부터 현재까지 고용주가 게재한 구인광고의 내용과 강점이 어떻게 변화되었는지 파악하였다.

7-2. 다음 사례의 분석단위로 가장 적합한 것은?

[18년 2회] [20년 4회]

K교수는 인구센서스의 가구조사 자료를 이용하여 가족 구성원 간 종교의 동질성을 분석해 보기로 하였다.

① 가구원

② 가 구

③ 종 교

④ 국 가

7-3. 다음 중 분석단위가 다른 것은? [20년 1·2회]

① 65세 이상 노인층에서 외부활동 시간은 남성보다 여성에서 높게 나타난다.
② X정당 후보에 대한 지지율은 A지역이 B지역보다 높다.
③ A기업의 회장은 B기업의 회장에 비하여 성격이 훨씬 더 이기적이다.
④ 선진국의 근로자들과 후진국의 근로자들의 생산성을 국가별로 비교한 결과 선진국의 생산성이 더 높았다.

7-4. 사회과학연구에서 분석단위로 쓰이는 것과 가장 거리가 먼 것은? [21년 2회]

① 개 인
② 프로그램
③ 집 단
④ 사회 가공물

7-5. 다음 중 분석단위가 나머지 셋과 다른 하나는? [21년 1회]

① 가구소득 조사
② 대학생의 연령 조사
③ 가구당 자동차 보유현황 조사
④ 전국 슈퍼마켓당 종업원 수 조사

|해설|

7-1
④ 개인, 집단, 공식적 사회조직, 사회적 생산물 등의 분석단위 중 구인광고는 사회적 생산물에 해당한다.

7-2
인구센서스의 가구조사 자료를 이용하는 것이므로 분석단위는 가구이다.

7-3
④ 국가별로 비교하므로 분석단위는 국가이다.
①·②·③ 남성과 여성, 후보에 대한 유권자 개인의 지지율, 회장이므로 분석단위는 개인이다.

7-4
분석단위에는 개인, 집단, 조직·제도, 사회적 가공물/생성물, 지역사회·지방정부·국가 등이 주로 쓰인다.

7-5
①·③·④는 집단, ②는 개인에 해당한다.

정답 **7-1** ④ **7-2** ② **7-3** ④ **7-4** ② **7-5** ②

기출 데이터 14년 1,2,3회 15년 1,3회 16년 1회 17년 1,2회 18년 1,2,3회
19년 1회 20년 1·2,4회 21년 1,3회 22년 2회

핵심이론 08 | 분석단위에 관한 오류

① 생태학적 오류
분석단위를 집단에 두고 얻게 된 연구의 결과를 개인에게 동일하게 적용함으로써 발생하게 되는 오류
예 한 학급의 성적이 전반적으로 낮을 때, 그 학급의 어느 학생에 대해서도 성적이 좋지 못할 것이라 단정하는 경우

② 개인주의적 오류(개체주의 오류)
분석단위를 개인에 두고 얻어진 연구의 결과를 집단에 동일하게 적용함으로써 발생하는 오류
예 어느 학생의 성적이 매우 우수할 때, 그 학생이 속한 학급의 성적이 좋을 것이라 단정하는 경우

③ 환원주의적 오류(축소주의 오류)
넓은 범위의 인간의 사회적 행위를 이해하는 데 필요한 변수 또는 개념의 종류를 지나치게 한정시킴으로써 발생하는 오류
예 인류문화에 대한 광범위한 연구에 있어서 사회학자의 경우 사회학적 변수에, 경제학자의 경우 경제학적 변수에 대해서만 고려하는 경우

핵심OX

1. 분석단위를 집단에 두고 얻게 된 연구의 결과를 개인에게 동일하게 적용함으로써 발생하게 되는 오류를 개인주의적 오류라 한다. ( )

2. 생태학적 오류는 분석단위를 개인에 두고 얻게 된 연구의 결과를 집단에 동일하게 적용함으로써 발생하게 되는 오류이다. ( )

3. 광범위한 연구를 이해하는 데 필요한 변수를 지나치게 한정시킴으로써 발생하는 오류를 환원주의적 오류라 한다. ( )

4. 부잣집 비율이 높은 지역에서 자녀들의 대학진학률이 높을 때 부잣집의 어느 자녀들에 대해서도 대학진학률이 높다고 단정하는 것은 개인주의적 오류에 해당한다. ( )

정답 1 × 2 × 3 O 4 ×

8-1. 개인수준의 분석단위에서 도출된 결과를 집단수준으로 확대 해석할 때 나타날 수 있는 오류는? [21년 3회]

① 분석오류
② 생태학적 오류
③ 집단주의적 오류
④ 개인주의적 오류

8-2. 의약분업을 하게 되면 국민들이 약의 오·남용을 줄일 수 있기 때문에 국가적으로 의료비의 지출이 줄게 된다. 이 사실을 기초로 의약분업을 실시하게 되면 환자들은 적은 비용으로 치료를 받을 수 있게 된다고 주장한다면 그 주장은? [22년 2회]

① 올바른 주장이다.
② 환원주의 오류(Reductionism Fallacy)를 범할 가능성이 있다.
③ 생태학적 오류(Ecological Fallacy)를 범할 가능성이 있다.
④ 개인주의적 오류(Individualistic Fallacy)를 범할 가능성이 있다.

8-3. 개인의 특성에서 집단이나 사회의 성격을 규명하거나 추론하고자 할 때 발생할 수 있는 오류는? [20년 1·2회]

① 원자 오류(Atomistic Fallacy)
② 개인주의적 오류(Individualistic Fallacy)
③ 생태학적 오류(Ecological Fallacy)
④ 종단적 오류(Longitudinal Fallacy)

8-4. 다음 사례에 해당하는 오류는? [19년 1회]

> 전국의 시·도를 조사하여 대학 졸업 이상의 인구비율이 높은 지역이 낮은 지역에 비해 소득이 더 높음을 알게 되었고, 이를 통해 학력수준이 높은 사람이 낮은 사람에 비해 소득수준이 높다는 결론에 도달했다.

① 무작위 오류
② 체계적 오류
③ 환원주의 오류
④ 생태학적 오류

8-5. 인간의 행위를 이해하는 데 필요한 개념 또는 변수의 종류를 지나치게 한정시키려는 경향은? [20년 4회]

① 거시주의
② 미시주의
③ 환원주의
④ 조작주의

|해설|

8-1
분석단위와 관련된 오류
• 생태학적 오류 : 분석단위를 집단에 두고 얻은 연구의 결과를 개인에게 동일하게 적용함으로써 발생하는 오류
• 개인주의적 오류 : 분석단위를 개인에 두고 얻은 연구결과를 집단에게 동일하게 적용함으로써 발생하는 오류
• 환원주의적 오류 : 넓은 범위의 인간의 사회적 행위를 이해하는 데 필요한 변수 또는 개념의 종류를 지나치게 한정시킴으로써 발생하는 오류

8-2
의약분업을 실시하게 되면 환자들은 적은 비용으로 치료를 받을 수 있다는 주장은 분석단위를 집단에 두고 얻은 연구의 결과를 개인에게 동일하게 적용함으로써 발생하는 생태학적 오류에 해당한다.

8-3
개인주의적 오류는 분석단위를 개인에 두고 얻은 연구의 결과를 집단에 동일하게 적용함으로써 발생하는 오류이다.

8-4
④ 생태학적 오류 : 분석단위를 집단에 두고 얻게 된 연구의 결과를 개인에게 동일하게 적용함으로써 발생하게 되는 오류이다.
① 무작위 오류 : 비체계적 오류라고도 하며, 측정과정에서 우연히 또는 일시적인 사정에 의해 나타나는 오류이다.
② 체계적 오류 : 자료수집방법이나 수집과정에서 개입되는 오차로 조사내용이나 목적에 비해 자료수집방법이 잘못 선정되었거나 조사대상자가 응답할 때 본인의 태도나 가치와 관계없이 사회가 바람직하다고 생각하는 편향(Bias, 편견)으로 응답할 경우 발생할 수 있다.
③ 환원주의 오류 : 넓은 범위의 인간의 사회적 행위를 이해하는 데 필요한 변수 또는 개념의 종류를 지나치게 한정시킴으로써 발생하는 오류이다.

8-5
환원주의적 오류란 넓은 범위의 인간의 사회적 행위를 이해하는 데 필요한 변수 또는 개념의 종류를 지나치게 한정시킴으로써 발생하는 오류를 뜻한다.

정답 8-1 ④ 8-2 ③ 8-3 ② 8-4 ④ 8-5 ③

핵심이론 09 | 서베이조사

① 서베이조사(설문조사)
  ㉠ 기술적 연구의 일종으로서, 모집단을 대상으로 추출된 표본에 대해 설문지와 같은 표준화된 조사도구를 사용하여 직접 질문함으로써 필요한 자료를 수집하는 방법이다.
  ㉡ 서베이조사가 사회과학적 성질을 가지는 것은 사회과학적 사실, 의견, 태도로 분류될 수 있는 변수의 성질에서 잘 나타나고 있다.
  ㉢ 전수조사가 아닌 표본조사에 해당하며, 실험이 아닌 질문지나 면접조사표를 이용하는 방법이다.
  ㉣ 엄격한 표본추출절차, 조사·연구의 전체적인 설계 및 실시, 조사문제의 개념 정의 및 특정화, 자료의 분석방법 등을 통해 사회과학의 방법론에 많은 기여를 했다.
  ㉤ 편의상 정보를 얻는 방법에 따라 면접조사, 우편조사, 집합조사, 전화조사, 통제 관찰 등이 서베이조사에 해당한다.
    예 지역사회욕구조사, 갤럽여론조사 등이 해당된다.
  ㉥ 일반적으로 현장조사보다 타당도가 비교적 낮지만 신뢰도는 높다.

② 서베이조사의 장·단점
  ㉠ 장 점
    • 풍부한 자료를 얻을 수 있다.
    • 서베이조사에 의해 수집된 자료는 비교적 정확성이 높다.
    • 자료의 범위가 넓다.
  ㉡ 단 점
    • 서베이조사에 의해 획득된 정보는 피상적이다.
    • 실질적인 문제로서 실태조사는 시간과 비용이 많이 든다.
    • 면접법에 의한 서베이조사는 응답자를 일시적으로 자신의 사회적 맥락에서 끌어냄으로써 연구의 결과를 무의미하게 할 수도 있다.
    • 고도의 조사지식과 기술을 요구한다.

핵심문제

9-1. 서베이조사의 일반적인 특성에 관한 설명으로 틀린 것은?
[20년 4회]

① 모집단으로부터 추출된 표본을 대상으로 조사하는 방법이다.
② 센서스(Census)는 대표적인 서베이 방법 중 하나이다.
③ 인과관계 분석보다는 예측과 기술을 주목적으로 한다.
④ 대인조사, 전화조사, 우편조사, 온라인조사 등이 있다.

9-2. 확률표본추출방법을 적용하기에 가장 용이한 것은?
[22년 2회]

① 현지조사(Field Research)
② 델파이조사(Delphi Research)
③ 서베이조사(Survey Research)
④ 참여관찰(Participant Observation)

|해설|

9-1
서베이조사는 모집단을 대상으로 추출된 표본에 대해 설문지와 같은 표준화된 조사도구를 사용하여 직접 질문함으로써 필요한 자료를 수집하는 방법이다. 그에 반해 센서스는 인구나 주택 등의 현황을 모집단 전체에 대해 조사하는 방법이다.

9-2
현지조사, 델파이조사, 참여관찰 등은 무작위 표본추출이 어려워 대규모 조사를 실시하기에 적합하지 않다.

정답 9-1 ② 9-2 ③

기출 데이터 14년 2회 15년 2,3회 16년 1회 18년 3회 19년 2,3회 20년 3회 21년 3회 22년 2회

핵심이론 01 | 표본추출

① 표본추출의 의의와 특징

ㄱ '표본추출(Sampling)'이란 모집단으로부터 부분으로서의 표본을 선택하는 행위 또는 활동이다.

ㄴ 표본추출의 핵심쟁점은 표본의 특성이 전체 대상의 특성을 대표할 수 있는지의 여부, 즉 표본의 대표성이 중요하다.

ㄷ 조사에 있어 어떤 것이 중요한 가설인가에 따라 대표성이 달라진다.

ㄹ 무작위성이 전제되어야 하며, 우연에 의한 표본추출 시 대표성에 문제가 발생할 수 있다. 일반적으로 표본이 모집단을 잘 대표하기 위해서는 가능한 한 확률표본추출을 하는 것이 바람직하다.

ㅁ 표본조사는 표본오차와 비표본오차가 동시에 발생한다.
- 표본오차는 표본분포가 정상임을 전제로 생기는 오차로 표본조사의 경우 필연적으로 표본오차가 나타난다.
- 비표본오차는 표본오차를 제외한 모든 오차를 의미하며, 현지 조사상 면접의 실수나 기록의 잘못 등의 자료수집과정에서 발생하는 오차이다.

ㅂ 일부 표본을 대상으로 자료를 수집하는 경우에도 수집된 자료의 처리결과는 모집단을 대상으로 일반화할 수 있어야 한다.

② 표본추출의 목적

ㄱ 모집단의 특성 추론

표본추출의 주된 목적은 표본으로부터 획득한 표본의 특성인 통계(Sample Statistic)를 사용하여 모집단의 특성(Parameter)을 추론하는 데 있다.

ㄴ 시간과 비용의 절약

표본추출을 통해 선택된 모집단과 매우 유사한 표본을 분석하여 모집단에 관한 자료를 추론함으로써, 모집단 전체를 연구할 경우 예상되는 막대한 시간과 비용의 소모를 절감할 수 있다.

ㄷ 대표성과 적절성의 조화

표본추출은 조사결과가 모집단을 얼마나 잘 대표하고 있느냐 하는 대표성(Representativeness)도 중요하지만, 이에 못지않게 어느 정도 크기의 표본을 선정하는 것이 적은 비용으로도 일정한 정확성을 가질 수 있도록 해주는가 하는 적절성(Adequacy)의 문제도 중요하다.

③ 표본추출의 대표성

ㄱ 대표성의 문제란 표본이 모집단을 대표하여 일반화가 가능한 것인가의 문제이다.

ㄴ 표본의 통계적 특성이 모집단의 통계적 특성에 어느 정도 근접하느냐의 문제이다.

ㄷ 표본이 모집단이 지닌 다양한 성격을 고루 반영하느냐의 문제이다.

ㄹ 표본추출에는 우연성이 적을수록 대표성이 확보된다.

ㅁ 표본은 모집단과 변수의 특성이 유사한 분포를 갖도록 추출되어야 한다.

ㅂ 조사에 있어 어떤 것이 중요한 가설인가에 따라 대표성이 달라진다.

핵심OX

1. 표본추출에 있어서 가장 중요한 것은 경제성이다. ( )
2. 조사에 있어 어떤 것이 중요한지에 따라 표본의 대표성이 달라진다. ( )
3. 수집된 자료의 처리결과는 모집단을 대상으로 일반화할 수 있어야 한다. ( )
4. 우연에 의한 표본추출 시 대표성을 확보할 수 있다. ( )
5. 표본추출에 있어 조사결과가 모집단을 얼마나 잘 대표하고 있느냐 하는 것은 표본의 적절성이다. ( )

정답 1 ✕ 2 ○ 3 ○ 4 ✕ 5 ✕

핵심문제

1-1. 표집에서 가장 중요한 요인은? [20년 3회]

① 대표성과 경제성
② 대표성과 신속성
③ 대표성과 적절성
④ 정확성과 경제성

1-2. 표본추출(Sampling)에 대한 설명으로 틀린 것은? [19년 2회]

① 표본을 추출할 때는 모집단을 분명하게 정의하는 것이 중요하다.
② 표본추출이란 모집단(Population)에서 표본을 선택하는 행위를 말한다.
③ 확률표본추출을 할 경우 표본오차는 없으나 비표본오차는 발생할 수 있다.
④ 일반적으로 표본이 모집단을 잘 대표하기 위해서는 가능한 확률표본추출을 하는 것이 바람직하다.

1-3. 부적절한 표집틀(Sampling Frame)을 사용하여 얻은 자료가 가지는 문제점으로 맞는 것은? [22년 2회]

① 대표성을 결여하게 된다.
② 정확한 측정을 어렵게 한다.
③ 이론적인 적절성이 결여된다.
④ 정확한 가설을 설정하기 어렵다.

|해설|

1-1
표본이 모집단을 얼마나 잘 대표하고 있느냐 하는 대표성도 중요하지만, 이에 못지않게 어느 정도 크기의 표본을 선정하는 것이 일정한 정확성을 적은 비용으로도 가질 수 있도록 해주는가 하는 적절성의 문제도 중요하다.

1-2
표본조사는 표본오차와 비표본오차가 동시에 발생한다. 표본오차는 표본분포가 정상임을 전제로 생기는 오차로 표본조사의 경우 필연적으로 표본오차가 나타난다. 비표본오차는 표본오차를 제외한 모든 오차를 의미하며, 현지 조사상 면접의 실수나 기록의 잘못 등의 자료 수집과정에서 발생하는 오차이다.

1-3
대표성 있는 표집은 적절한 표집틀의 확보를 전제로 한다.

정답 1-1 ③ 1-2 ③ 1-3 ①

핵심이론 02 | 표본추출의 장점과 단점

① 표본추출의 장점
　㉠ 모집단 전체를 연구할 경우 예상되는 막대한 시간과 비용의 소모를 절감할 수 있다.
　㉡ 자료수집, 집계 및 분석과정을 신속하게 처리할 수 있다.
　㉢ 모집단 전체 조사가 불가능한 경우에 적용할 수 있다.
　㉣ 표본조사는 표본오차와 비표본오차가 동시에 발생하지만 표본오차 이외의 오차는 통제가 가능하다.
　㉤ 비표본오차의 감소와 조사대상의 오염방지를 통해 전수조사보다 더 정확한 자료를 얻을 수 있다.
　㉥ 전수조사보다 더 많은 조사항목을 포함할 수 있으므로 다방면의 정보획득이 가능하다.

② 표본추출의 단점
　㉠ 표본의 대표성 문제가 제기되는 경우 일반화의 가능성이 낮다.
　㉡ 모집단의 크기가 작은 경우 표집 자체가 무의미하다.
　㉢ 표본설계가 복잡한 경우 시간과 비용의 낭비를 가져온다.
　㉣ 정확한 전문지식이 필요하다.
　㉤ 특정 성질의 조사대상을 찾을 때 좋지 않다.

핵심OX

1. 표본조사는 표본오차와 비표본오차가 동시에 발생하여 전수조사보다 정확한 자료를 얻기 어렵다. (　)
2. 표본추출은 모집단 전체 조사가 불가능한 경우에 적용할 수 있다. (　)
3. 표본추출은 전문지식이 필요 없다. (　)
4. 표본조사는 전수조사에 비해 막대한 시간과 비용의 소모를 절감할 수 있다. (　)
5. 모집단의 크기가 작으면 시간을 절감할 수 있으므로 표본조사가 유용하다. (　)

정답 1 × 2 ○ 3 × 4 ○ 5 ×

핵심문제

2-1. 전수조사와 비교한 표본조사의 특징에 관한 설명으로 옳은 것은? [18년 2회] [22년 2회] [23년]

① 시간과 노력이 많이 든다.
② 비표본오차를 줄일 수 있다.
③ 항상 정확한 자료를 수집할 수 있다.
④ 조사 기간 동안에 발생하는 변화를 반영하지 못한다.

2-2. 전수조사와 비교한 표본조사의 장점으로 틀린 것은? [21년 1회]

① 시간과 비용을 절약할 수 있다.
② 단시간 내에 많은 정보를 얻을 수 있다.
③ 표본오류가 줄어든다.
④ 조사과정을 보다 잘 통제할 수 있어서 정확한 자료를 얻을 수 있다.

2-3. 표본추출에 관한 설명으로 옳지 않은 것은? [19년 3회]

① 전수조사에 비해 표본조사는 비용과 시간이 절약된다.
② 표본은 모집단을 대표하기에는 일정한 오차를 가지고 있다.
③ 표본조사에 비해 전수조사는 비표본오차가 발생할 가능성이 낮다.
④ 표본추출은 모집단으로부터 조사대상을 선정하는 과정이다.

|해설|

2-1
① 전수조사를 할 경우에 예상되는 막대한 시간과 비용의 소모를 절감할 수 있다.
③ 표본오차가 발생하기 때문에 항상 정확한 자료를 수집할 수는 없다.
④ 전수조사보다 더 많은 조사항목을 포함할 수 있으므로 다방면의 정보획득이 가능하다.

2-2
표본오류는 표본을 추출할 때 발생하는 오류로 전수조사에서는 표본오류가 발생하지 않는다.

2-3
전수조사는 연구대상이라고 생각되는 모든 부분을 전부 조사하기 때문에 경제성과 신속성이 떨어져 조사과정에서 비표본오차가 발생할 가능성이 높다. 표본조사는 표본오차가 발생하지만 비표본오차의 감소와 조사대상의 오염방지를 통해 전수조사보다 더 정확한 자료를 얻을 수 있다.

정답 2-1 ② 2-2 ③ 2-3 ③

핵심이론 03 | 표본추출의 주요개념(1)

① 요소(Element)
  ㉠ 정보수집의 기본이 되며, 분석의 기본이 되는 단위(Unit)를 말한다.
  ㉡ 대체로 실태조사에서 요소는 일반인들 또는 특정한 유형의 사람들이 된다. 그러나 때로는 가족, 사회적 클럽, 기업 등과 같은 단위들도 실태조사의 요소가 되기도 한다.

② 모집단(Population)
  ㉠ 조사대상이 되는 집단을 의미한다. 즉, 모든 요소의 총체로서 조사자가 표본을 통해 발견한 사실들을 토대로 하여 일반화하는 궁극적인 대상이다.
  ㉡ 표본추출에 있어서 모집단을 정의할 때는 조사의 내용, 조사의 범위, 시간 등에 대해 명확하고도 한정적으로 규정해야 한다.
  ㉢ 예를 들어 '우리나라 사람들 전체'는 그 범위가 불확실하고 무한정인 반면, '2016년 현재 대한민국에 거주하는 사람들 전체'는 한정성을 가지므로 모집단이 된다.

③ 표본추출단위(Sampling Unit)
  ㉠ 표본추출요소는 자료가 수집되는 대상의 단위이다.
  ㉡ 표본추출단위는 표본추출의 각 단계에 있어서 표본으로 선정되는 요소 또는 요소의 집합을 말한다.
  ㉢ 단순-단계 표본(1단계 표본추출)에서 표본추출단위는 요소와 동일하지만, 다단계 표본추출에서는 상이한 표본추출단위의 수준이 적용될 수 있다.
  ㉣ 예를 들어 서울시민의 정치 참여도를 조사하기 위해 먼저 '동'을 선정하고 가구에서 가장(家長)을 표본으로 선정하는 경우, '동', '가구', '가장'이 각각 표본추출단위가 된다. 다만, 이 경우 '가장'만이 요소에 해당한다.

④ 표집틀(표본프레임, Sampling Frame)
  ㉠ 표본추출 시 필요한 모집단의 구성요소와 표본추출단계별로 표본추출단위가 수록된 목록을 말한다.
  ㉡ 표본프레임오차란 모집단과 표본프레임이 일치하지 않으므로 발생하는 오차를 말한다.
  ㉢ 예를 들어 학생명부로부터 학생들의 단순표본이 추출되었을 경우, 이 학생명부가 바로 표집틀에 해당한다.

ⓔ 단순-단계 표본설계에서는 표집틀이 조사의 모집단을 구성하는 요소들의 목록이 된다.
ⓜ 표집틀과 모집단이 일치할 때 가장 이상적이다.

핵심문제

3-1. 표집틀(Sampling Frame)을 평가하는 주요 요소와 가장 거리가 먼 것은? [18년 3회] [20년 4회] [22년 2회]

① 포괄성
② 안정성
③ 효율성
④ 추출확률

3-2. 표본추출에 관한 설명으로 옳은 것은? [19년 2회] [21년 3회]

① 분석단위와 관찰단위는 항상 일치한다.
② 표본추출요소는 자료가 수집되는 대상의 단위이다.
③ 통계치는 모집단의 특정변수가 갖고 있는 특성을 요약한 값이다.
④ 표본추출단위는 표본이 실제 추출되는 연구대상 목록이다.

3-3. 다음 중 표집틀(Sampling Frame)이 모집단(Population)보다 큰 경우는? [19년 2회]

① 한국대학교 학생을 한국대학교 학생등록부를 이용해서 표집하는 경우
② 한국대학교 학생을 교문 앞에서 임의로 표집하는 경우
③ 한국대학교 학생을 서울지역 휴대폰 가입자명부를 이용해서 표집하는 경우
④ 한국대학교 체육과 학생을 한국대학교 학생등록부를 이용해서 표집하는 경우

3-4. 표집틀(Sampling Frame)과 모집단과의 관계로 가장 이상적인 경우는? [19년 1회] [22년 2회]

① 표집틀과 모집단이 일치할 때
② 표집틀이 모집단 내에 포함될 때
③ 모집단이 표집틀 내에 포함될 때
④ 모집단과 표집틀의 일부분만이 일치할 때

| 해설 |

3-1
표집틀 구성의 평가 요소
• 포괄성 : 연구하고자 하는 전체 모집단 중 얼마나 많은 부분을 포함하고 있는가
• 효율성 : 조사자가 원하는 대상만을 표집틀 속에 포함하는가
• 추출확률 : 모집단에서 개별 요소가 추출될 수 있는 확률이 동일한가

3-2
① 분석단위는 자료수집 시 표본의 크기를 결정하는 데 사용되는 기본단위이고, 관찰단위는 직접적인 조사대상이다. 분석단위와 관찰단위가 항상 일치하는 것은 아니다.
③ 표본에서 얻은 변수의 값을 요약하고 묘사한 것이다.
④ 표본추출의 각 단계에 있어서 표본으로 선정되는 요소 또는 요소의 집합을 말한다.

3-3
④ 표집틀(한국대학교 학생등록부)이 모집단(한국대학교 체육과 학생)보다 크다.
① 표집틀(한국대학교의 학생등록부)과 모집단(한국대학교 학생)이 같다.
② 표집틀(교문 앞에서 임의로 선정한 사람)이 모집단(한국대학교 학생)보다 클 수도 있고, 한국대학교 학생이 표집틀에 포함되지 않을 수도 있다.
③ 표집틀(서울지역 휴대폰 가입자)과 모집단(한국대학교 학생)은 전혀 다른 집단일 수도 있다.

3-4
모집단은 조사대상이 되는 집단을 의미하며, 표집틀은 모집단 내에 포함된 조사대상자들의 명단이 수록된 목록을 말한다. 표집틀이 모집단보다 작으면 대표성이 낮아질 수 있고, 모집단보다 크면 조사대상이 아니게 된다. 따라서 표집틀과 모집단이 일치할 때 가장 이상적이다.

정답 3-1 ② 3-2 ② 3-3 ④ 3-4 ①

핵심이론 04 | 표본추출의 주요개념(2)

① 통계치(Statistics)

　㉠ 표본에서 얻은 변수의 값을 요약하고 묘사한 것이다.

　㉡ 모집단의 모수는 대부분 통계치를 가지고 측정한다. 그러나 모집단을 완벽하게 반영하는 표본명단을 찾기는 거의 불가능하다.

　㉢ 표본명단이 연구대상 모집단과 일치하면 할수록 보다 더 선호된다.

　㉣ 연구자는 선택한 표본명단을 연구대상 모집단과 비교하여 관련이 없는 개체가 포함되어 있는지, 중요한 개체들이 빠져있는지 세심하게 검토해야 한다.

② 모수(모수치, 모치수, Parameter)

　㉠ 모집단의 어떤 특성을 지칭하는 개념을 변수로 환원하여 측정한다고 할 때, 그 변수의 값을 모집단의 구성요소들에서 추출하여 요약하고 묘사한 값을 말한다.

　㉡ 한 변수의 성격이 모집단에서 어떻게 나타나는지를 가리키는 것이다.

　㉢ 예를 들어 측정하려는 변수가 소득수준인 경우, 표본에서 구한 통계치인 평균소득수준에 대응해서 전체 모집단에서 기대되는 평균소득수준이 모수치이다. 반면에 어떤 도시의 모든 가족들의 평균소득이나 모집단의 연령분포와 같은 것은 모두 모수치라 볼 수 있다.

③ 표본오차(표집오차, 표본추출오차, Sampling Error)

　㉠ 표본을 추출하는 과정에서 나타나는 오류로, 표집에 의한 모수치의 측정값이 모수치와 다른 정도를 의미한다.

　㉡ 표본의 대표성으로부터의 이탈정도를 나타낸다.

　㉢ 표본의 분산이 작을수록 표집오차는 작아진다.

　㉣ 표본의 크기가 클수록 표집오차는 작아진다.

④ 편의(Bias)

　㉠ 본래 실제의 상태와 다르게 나타나는 평균적 차이를 의미한다.

　㉡ 표본에 입각하여 추리하는 모집단의 추정치가 모수치의 진가와 계통적으로 차이가 나도록 만드는 오차를 말한다.

핵심OX

1. 표본의 분산이 작을수록 표집오차는 작아진다.　( )
2. 표본에서 얻은 변수의 값을 요약하고 묘사한 것을 통계치라고 한다.　( )
3. 모집단의 모수는 대부분 통계치를 가지고 측정한다. ( )
4. 표본의 크기가 클수록 표집오차는 커진다.　( )
5. 모수는 한 변수의 성격이 모집단에서 어떻게 나타나는지를 가리키는 것이다.　( )

정답 1 ○ 2 ○ 3 ○ 4 × 5 ○

핵심문제

4-1. 표본추출과 관련된 용어 설명으로 틀린 것은?

[18년 3회] [22년 1회]

① 관찰단위 : 직접적인 조사 대상
② 모집단 : 연구하고자 하는 이론상의 전체집단
③ 표집률 : 모집단에서 개별 요소가 선택될 비율
④ 통계량(Statistic) : 모집단에서 어떤 변수가 가지고 있는 특성을 요약한 통계치

4-2. 표집과 관련된 용어에 대한 설명으로 틀린 것은?

[20년 3회]

① 모수(Parameter)는 표본에서 어떤 변수가 가지고 있는 특성을 요약한 통계치이다.
② 표집률(Sampling Ratio)은 모집단에서 개별요소가 선택될 비율이다.
③ 표집간격(Sampling Interval)은 모집단으로부터 표본을 추출할 때 추출되는 요소와 요소 간의 간격을 의미한다.
④ 관찰단위(Observation Unit)는 직접적인 조사대상을 의미한다.

4-3. 모집단 전체의 특성치를 요약한 수치를 뜻하는 용어는?

[19년 2회]

① 평균(Mean)
② 모수(Parameter)
③ 통계치(Statistics)
④ 표집틀(Sampling Frame)

4-4. 모든 요소의 총체로서 조사자가 표본을 통해 발견한 사실들을 토대로 하여 일반화하고자 하는 궁극적인 대상을 지칭하는 것은?

[18년 2회]

① 표본추출단위(Sampling Unit)
② 표본추출분포(Sampling Distribution)
③ 표본추출프레임(Sampling Frame)
④ 모집단(Population)

|해설|

4-1

표본추출의 주요개념에는 요소, 모집단, 표본추출단위, 표집틀(표본프레임), 표집간격, 표집률, 표본오차(표집오차), 통계량(통계치), 모수, 변수, 계층, 편의, 표본분포가 있다. 통계량은 표본에서 얻은 변수의 값을 요약하고 묘사한 것이다.

4-2

모수는 모집단의 어떤 특성을 지칭하는 개념을 변수로 환원하여 측정한다고 할 때, 그 변수의 값을 모집단의 구성요소들에서 추출하여 요약 · 묘사한 값을 말한다.

4-3

② 모수는 모집단의 특성치로서, 통계치를 근거로 추정한다.
① 어떠한 집단의 적절한 특징을 나타낸 값을 의미한다.
③ 통계치는 표본에서 얻은 변수의 값을 요약하고 묘사한 것이다.
④ 표본추출을 위한 모집단의 구성요소나 표본추출단위가 수록된 목록이다.

4-4

① 표본추출의 각 단계에 있어서 표본으로 선정되는 요소 또는 요소의 집합을 말한다.
② 동일한 크기의 표본을 반복해서 추출했을 때 각 표본의 통계량의 확률분포이다.
③ 표본추출 시 필요한 모집단의 구성요소와 표본추출단계별로 표본추출단위가 수록된 목록을 말한다.

정답 **4-1** ④ **4-2** ① **4-3** ② **4-4** ④

기출 데이터 15년 2회 16년 2회 17년 1회 18년 1,3회 19년 3회 20년 1 · 2,4회 21년 1회

핵심이론 05 | 표본조사설계의 절차

☞ 모집단의 확정 → 표집틀 선정 → 표집방법 결정 → 표집크기 결정 → 표본추출

① 모집단의 확정
　㉠ 연구결과의 일반화를 위한 대상을 확정하는 것으로서, 모집단은 조사대상이 되는 집단을 의미한다.
　㉡ 연구목적에 부합하는 자료를 얻으려면 명확하고 정밀한 모집단의 규정이 요구된다.
　㉢ 모집단을 확정하기 위해서는 연구대상, 표본단위, 연구범위, 기간 등을 명확히 한정해야 한다.

② 표집틀 선정
　㉠ 표집틀은 모집단 내에 포함된 조사대상자들의 명단이 수록된 목록을 말한다.
　㉡ 모집단이 확정된 경우 표본을 추출하게 될 표집틀을 선정해야 한다.
　㉢ 표집틀은 모집단의 구성요소를 모두 포함하는 반면 각각의 요소가 이중으로 포함되지 않는 것이 좋다.
　㉣ 표집틀 구성의 평가요소
　　• 포괄성(Comprehensiveness) : 표집틀이 연구하고자 하는 전체 모집단 중 얼마나 많은 부분을 포함하고 있는가 하는 문제이다.
　　• 추출확률(Probability of Selection) : 모집단에서 개별 요소가 추출될 수 있는 확률이 동일한가를 알아보고, 동일하지 않은 경우 이를 조정할 수 있어야 한다.
　　• 효율성(Efficiency) : 가능한 한 조사자가 원하는 대상만을 표집틀 속에 포함시켜야 한다.

③ 표집방법 결정
　㉠ 표집틀이 선정되면 모집단의 대표성을 확보할 수 있는 표집방법을 결정한다.
　㉡ 표집방법에는 크게 확률표본추출방법과 비확률표본추출방법이 있다.

④ 표집(표본)크기 결정
    ㉠ 표집방법이 결정되면 표본의 크기 또는 표집크기를 결정한다.
    ㉡ 모집단의 성격, 시간 및 비용, 조사원의 능력 등은 물론 표본오차를 나타내는 정확도와 신뢰도를 고려하여 표본의 크기를 결정한다.
⑤ 표본추출
    ㉠ 결정된 표집방법을 통해 본격적으로 표본을 추출한다.
    ㉡ 추출방식에 따라 난수표 등을 이용할 수 있으며, 결과의 일반화 가능성을 항상 염두에 두어야 한다.

핵심OX

1. 일반적으로 표본추출과정에서 가장 먼저 해야 할 일은 표집틀을 선정하는 것이다. ( )
2. 표집틀을 구성할 때는 조사자가 원하지 않는 대상도 표집틀 속에 포함시켜야 한다. ( )
3. 일반적인 표본추출과정은 '모집단의 확정 → 표집틀 선정 → 표집방법 결정 → 표집크기 결정 → 표본추출'이다. ( )
4. 표집틀이 연구하고자 하는 전체 모집단 중 얼마나 많은 부분을 포함하고 있는가 하는 문제는 표집틀 평가요소 중 포괄성에 해당한다. ( )
5. 표집틀 구성의 평가요소는 포괄성, 추출확률, 정확성이다. ( )

정답 1 × 2 × 3 ○ 4 ○ 5 ×

핵심문제

5-1. 일반적인 표본추출과정을 바르게 나열한 것은?

[20년 1·2회]

A. 모집단의 확정   B. 표본프레임의 결정
C. 표본추출의 실행   D. 표본크기의 결정
E. 표본추출방법의 결정

① A → B → E → D → C
② A → D → E → B → C
③ D → A → B → E → C
④ A → B → D → E → C

5-2. 다음 중 표본추출과정에서 가장 먼저 해야 할 것은?

[19년 3회]

① 모집단의 확정
② 표본크기의 결정
③ 표집프레임의 선정
④ 표본추출방법의 결정

5-3. 표본추출과정을 바르게 나열한 것은? [18년 3회]

ㄱ. 표본추출   ㄴ. 표본틀의 결정
ㄷ. 표본추출방법의 결정   ㄹ. 표본의 크기 결정
ㅁ. 모집단의 확정

① ㅁ → ㄷ → ㄹ → ㄴ → ㄱ
② ㅁ → ㄴ → ㄷ → ㄹ → ㄱ
③ ㄹ → ㅁ → ㄴ → ㄷ → ㄱ
④ ㄷ → ㅁ → ㄴ → ㄹ → ㄱ

|해설|

5-1
일반적인 표본추출과정
• 모집단의 확정 : 연구결과의 일반화를 위한 대상을 확정하는 것으로서, 모집단은 조사대상이 되는 집단을 의미한다.
• 표본프레임의 결정 : 모집단이 확정된 경우 표본을 추출하게 될 표집틀을 선정해야 한다. 모집단의 구성요소를 모두 포함하는 반면 각각의 요소가 이중으로 포함되지 않는 것이 좋다.
• 표본추출방법의 결정 : 표집틀이 선정되면 모집단의 대표성을 확보할 수 있는 표집방법을 결정한다. 표집방법에는 크게 확률표본추출방법과 비확률표본추출방법이 있다.
• 표본크기의 결정 : 모집단의 성격, 시간 및 비용, 조사원의 능력 등은 물론 표본오차를 나타내는 정확도와 신뢰도를 고려하여 표본의 크기를 결정한다.
• 표본추출의 실행 : 결정된 표집방법을 통해 본격적으로 표본을 추출한다. 추출방식에 따라 난수표 등을 이용할 수 있으며, 결과의 일반화 가능성을 항상 염두에 두어야 한다.

5-2
가장 먼저 연구결과의 일반화를 하기 위한 대상을 확정해야 한다. 조사대상이 되는 집단, 즉 모집단을 확정하는 것이 우선이다.

5-3
표본추출과정은 일반적으로 '모집단의 확정 → 표집틀 선정 → 표집방법 결정 → 표본크기 결정 → 표본추출'의 순서를 따른다.

정답 5-1 ① 5-2 ① 5-3 ②

핵심이론 06 | 확률표본추출과 비확률표본추출

① 확률표본추출(Probability Sampling)

　㉠ 표본이 추출될 확률이 알려져 있으며 무작위적인 방법을 통해 표본을 추출하는 방법이다. 모집단의 각 표집단위가 모두 추출의 기회를 가지고 있으며, 각 표집단위가 추출될 확률을 정확히 알고 있는 가운데 표집을 하는 방법이다.

　㉡ 확률표본추출 과정의 핵심으로서 무작위선택은 선택을 할 때마다 독립적으로 모집단의 각 요소가 표본으로 선택될 기회(확률)가 동등하도록 보장한다.

　㉢ 시간과 비용이 많이 드는 단점이 있다.

　㉣ 표본분석 결과의 일반화에 제약이 없다.

　㉤ 모수추정에 편의가 없다.

　㉥ 표본오차의 추정이 가능하다.

　例 단순무작위표본추출, 계통적(체계적) 표본추출, 층화표본추출, 집락(군집)표본추출, 연속표본추출 등

② 비확률표본추출(Non-probability Sampling)

　㉠ 표본이 추출될 확률이 알려져 있지 않으며 선택방법들에 의해, 즉 인위적으로 표본을 추출하는 방법을 말한다.

　㉡ 표본의 규모가 매우 작거나 조사의 초기단계에 문제에 대한 개략적인 정보가 필요한 경우 유익하다. 과거의 사건들에 대해 연구하거나 또는 현재의 경우라도 조사의 대상이 매우 비협조적인 경우에 적합하며 적절한 표본추출방법이 없을 경우에 사용할 수 있다. 탐색적 조사에 많이 활용된다.

　㉢ 시간과 비용이 적게 드는 장점이 있다.

　㉣ 표본분석 결과의 일반화에 제약이 있다.

　㉤ 모수추정에 편의가 있다.

　㉥ 표본오차의 추정이 불가능하다.

　㉦ 특히 사회과학자들에 의해 널리 사용되고 있으며, 그 이유는 다음과 같다.

　　• 표본추출이 용이하고 경제적이므로 시간적·금전적으로 자원 이용에 제약이 큰 경우 활용된다.

　　• 조사의 성격상 표본을 의도적으로 구성하는 것이 유효하다고 판단될 경우 활용된다. 이는 검증하고자 하는 가설의 구성에 유용한 정보를 얻기 위해, 또는 모집단을 최대한으로 대표하도록 하기 위해 극단적인 사례도 알아보고 비교해보는 것이다.

　　• 역사적 사건과 같이 확률표본추출이 불가능한 경우 활용된다.

　　• 조사자가 민속학이나 참여관찰과 같이 보다 큰 모집단에 대한 일반화에 거의 관심을 기울이지 않는 경우 활용된다.

　例 할당표본추출, 유의(판단)표본추출, 임의표본추출, 누적표본추출 등

핵심OX

1. 인위적으로 표본을 추출하는 방법을 비확률표본추출이라 한다. （　）

2. 비확률표본추출은 표본분석 결과의 일반화에 제약이 있다. （　）

3. 확률표본추출에는 계통적(체계적) 표본추출, 층화표본추출, 임의표본추출, 집락(군집)표본추출 등이 있다. （　）

4. 확률표본추출은 모수추정에 편의가 없고 표본오차의 추정이 불가능하다. （　）

5. 확률표본추출은 시간과 비용이 많이 들지 않기 때문에 사회과학자들에 의해 널리 사용된다. （　）

정답 1 ○ 2 ○ 3 × 4 × 5 ×

핵심문제

6-1. 비확률표본추출방법과 비교한 확률표본추출방법에 관한 설명으로 틀린 것은? [22년 1회]

① 무작위적 표본추출을 한다.
② 표본분석결과의 일반화에 제약이 있다.
③ 비용과 시간이 많이 든다.
④ 표본오차 추정이 가능하다.

6-2. 확률표집(Probability Sampling)에 관한 설명으로 옳은 것은? [19년 1회]

① 표본이 모집단에 대해 갖는 대표성을 추정하기 어렵다.
② 모집단이 무한하게 클 경우에 적용할 수 있는 표집방법이다.
③ 표본의 추출 확률을 알 수 있다.
④ 모집단 전체에 대한 구체적 자료가 없는 경우 사용된다.

6-3. 다음 중 사회조사에서 비확률표본추출이 많이 사용되는 이유로 가장 적합한 것은? [18년 2회]

① 표본추출오차가 적게 나타난다.
② 모집단에 대한 추정이 용이하다.
③ 표본설계가 용이하고 시간과 비용을 절약할 수 있다.
④ 모집단 본래의 특성과 차이가 나지 않는 결과를 얻을 수 있다.

|해설|

6-1
확률표본추출방법은 무작위적 표본추출을 하며, 표본오차의 추정이 가능하고 표본분석 결과의 일반화가 가능하다는 장점이 있다. 하지만 비확률표본추출방법에 비해 시간과 비용이 많이 든다는 단점이 있다.

6-2
확률표집은 표본이 추출될 확률이 알려져 있으며 무작위적인 방법을 통해 표본을 추출하는 방법이다. 모집단의 각 표집단위가 모두 추출의 기회를 가지고 있으며, 각 표집단위가 추출될 확률을 정확히 알고 있는 가운데 표집을 한다.

6-3
비확률표본추출은 표본추출오차의 측정이 불가능하며 모집단에 대한 추정과 분석결과의 일반화가 어렵지만 확률표본추출에 비해 시간과 비용이 적게 드는 장점이 있다.

정답 6-1 ② 6-2 ③ 6-3 ③

핵심이론 07 | **단순무작위표본추출**

① **단순무작위표본추출의 의의**
　㉠ 가장 기본적인 확률표본추출방법으로써 모집단을 구성하는 각 요인 또는 구성원에 대해 동등한 선택의 기회를 부여하는 과정으로 이루어진다.
　㉡ 의식적인 조작이 전혀 없이 표본을 추출함으로써 어떤 요소의 추출이 계속되는 다른 요소의 추출 기회에 아무런 영향을 미치지 않는다.
　㉢ 모집단에 대한 정확한 정의와 완전한 목록의 구비를 전제조건으로 한다.
　㉣ 추출하는 표본의 크기가 클수록 정확도는 높아진다.

② **표본추출방법**
　㉠ 모집단과 표집틀을 작성한다.
　㉡ 각 구성요소에 고유번호를 부여한다.
　㉢ 표본의 크기를 결정한다.
　㉣ 규정된 표본의 수만큼 표본추출단위를 무작위로 선정한다. 이때 난수표, 추첨법, 컴퓨터를 이용한 난수의 추출방법 등을 사용할 수 있다.

③ **표본추출 시 유의사항**
　㉠ 표본추출 도중 전체 모집단에 변화가 있어서는 안 된다.
　㉡ 표본의 선정방법이 처음에는 추첨으로, 나중에는 난수표에 의하는 등 변동되어서는 안 된다.
　㉢ 일단 추출된 요소(표본추출단위)를 마음대로 변경해서는 안 된다.
　㉣ 모집단을 형성하는 각 표출단위는 서로 독립되어야 한다.

④ **단순무작위표본추출의 장점**
　㉠ 모집단의 모든 요소가 동일하고 독립적인 추출기회를 가지므로 추출된 표본이 모집단을 잘 대표한다. 표본의 대표성이 크다.
　㉡ 모집단에 대한 사전지식을 필요로 하지 않는다.
　㉢ 표본오차의 계산이 용이하다.
　㉣ 다른 표본추출방법에서와 같이 모집단의 모수나 특성을 잘못 분류함으로써 나타나는 오차를 줄일 수 있다.
　㉤ 확률표본추출방법 중 가장 적용하기 용이하며, 다른 확률표본추출방법과 결합하여 사용할 수도 있다.

⑤ 단순무작위표본추출의 단점
  ㉠ 조사자가 모집단에 대해 가지고 있는 지식을 충분히 활용할 수 없다.
  ㉡ 보통 농일한 크기의 표본일 경우, 층화표본추출보다 표본오차가 크다.
  ㉢ 모집단에서 그 수가 적은 요소는 표본으로 추출될 보장이 없으며, 그로 인해 비교적 표본의 규모가 커야 한다는 문제점이 있다.
  ㉣ 표집틀의 작성이 어렵다.

핵심OX

1. 단순무작위표본추출은 가장 기본적인 확률표본추출방법으로서 표본의 규모가 크지 않아도 된다는 장점이 있다.
( )

2. 단순무작위표본추출은 보통 동일한 크기의 표본일 경우, 층화표본추출보다 표본오차가 크다. ( )

3. 단순무작위표본추출은 모집단의 모든 요소가 동일하고 독립적인 추출기회를 가지지 못한다. ( )

4. 단순무작위표본추출은 표본추출 도중 전체 모집단에 변화가 있어서는 안 된다. ( )

5. 단순무작위표본추출은 표본오차의 계산이 용이하다. ( )

정답 1 × 2 ○ 3 × 4 ○ 5 ○

핵심문제

7-1. 단순무작위표본추출법에 대한 설명으로 맞는 것은?
[22년 1회]

① 비확률표집방법이다.
② 표본이 모집단의 전체에서 추출된다.
③ 난수표 또는 할당표를 이용할 수 있다.
④ 모집단의 평균에 가까운 요소가 평균에 멀리 떨어진 요소보다 표본으로 추출될 확률이 더 크다.

7-2. 단순무작위표집에 대한 설명으로 틀린 것은? [20년 3회]

① 표본이 모집단으로부터 추출된다.
② 모든 요소가 동등한 확률을 가지고 추출된다.
③ 구성요소가 바로 표집단위가 되는 것은 아니다.
④ 표집 시 보편적인 방법은 난수표를 사용하는 것이다.

7-3. 다음 중 단순무작위표집을 통하여 자료를 수집하기 어려운 조사는?
[19년 2회]

① 신용카드 이용자의 불편사항
② 조세제도 개혁에 대한 중산층의 찬반 태도
③ 새 입시제도에 대한 고등학생의 찬반 태도
④ 국가기술자격 시험문제에 대한 시험응시자의 만족도

7-4. 다음 표본추출방법 중 표집오차의 추정이 확률적으로 가능한 것은?
[20년 3회]

① 할당표집
② 판단표집
③ 편의표집
④ 단순무작위표집

7-5. 확률표본추출방법에 해당하는 것은? [19년 1회]

① 판단표집(Judgement Sampling)
② 편의표집(Convenience Sampling)
③ 단순무작위표집(Simple Random Sampling)
④ 할당표집(Quota Sampling)

| 해설 |

7-1
① 가장 기본적인 확률표본추출방법이다.
③ 난수표, 추첨법, 컴퓨터를 이용한 난수의 추출 방법 등을 사용한다.
④ 모집단의 모든 요소가 동일하고 독립적인 추출 기회를 가진다.

7-2
각 구성요소에 고유번호를 부여하면서 바로 표집단위가 된다.

7-3
단순무작위표집은 모집단에 대한 정확한 정의와 완전한 목록의 구비를 전제조건으로 한다. 중산층을 정확히 정의할 수 없어 모집단의 구성이 어려우므로 단순무작위표집이 어렵다.

7-4
④ 단순무작위표집은 확률표집방법에 해당하며 표집오차의 추정이 가능하다.
①·②·③ 표집오차의 추정이 불가능한 비확률표집방법에 해당한다.

7-5
• 확률표본추출 : 단순무작위표본추출, 계통적 표본추출, 층화표본추출, 집락(군집)표본추출, 연속표본추출 등
• 비확률표본추출 : 할당표본추출, 유의(판단)표본추출, 임의(편의)표본추출, 배합표본추출, 누적표본추출 등

정답 7-1 ② 7-2 ③ 7-3 ② 7-4 ④ 7-5 ③

핵심이론 08 | 계통적 표본추출

① 계통적 표본추출의 의의

　㉠ 체계적 표본추출(Systematic Sampling)이라고도 한다. 모집단 목록에서 구성요소에 대해 일정한 순서에 따라 매 K번째 요소를 추출하는 방법이다.

　㉡ 모집단의 총수에 대해 요구되는 표본수를 나눔으로써 표집간격(Sampling Interval ; K)을 구하고, 첫 번째 요소를 무작위로 선정하여 최초의 표본으로 삼은 후 일정한 표집간격에 의해 표본을 추출한다.

　㉢ 예를 들어 100명의 학생 중 10명을 뽑는다고 할 경우, 매 10번째의 학생을 뽑는다. 다만, 최초의 표본이 3번째 학생으로 무작위 선정되었다면 '13', '23', '33', '43', … 등이 각각 표본추출될 것이다. 이때 각 요소 간의 거리에 해당하는 '10'이 표집간격이며, '1/10'이 표집비가 된다.

　㉣ 선거예측조사의 출구조사에서 주로 사용한다.

② 표본추출방법

　㉠ 표집간격(N/n)을 결정한다. 예를 들어 모집단이 '1,000'이고 추출하고자 하는 표본이 '50'인 경우 간격은 '1,000/50＝20'이 된다.

　㉡ 무작위표본추출에 의해 첫 번째 표본을 선정한다.

　㉢ 첫 번째 표본을 추출한 후 나머지 표본들을 앞서 결정된 동일한 간격(20)으로 추출한다. 예를 들어 '17'이 최초의 표본으로 추출된 경우, 나머지 표본들은 '37', '57', '77', …, '997' 등이 될 것이다.

③ 표본추출 시 유의사항

　㉠ 인위적인 편견의 개입가능성을 줄이기 위해, 최초의 사례는 반드시 무작위로 선정해야 한다.

　㉡ 목록표상의 각 요소의 배열은 일정한 체계 없이 무작위로 이루어져야 한다.

④ 계통적 표본추출의 장점

　㉠ 난수표를 사용하는 단순무작위표본추출에 비해 시간이 덜 소비된다.

　㉡ 비전문가라도 쉽게 이해할 수 있으며, 수행이 용이하다.

　㉢ 보통 모집단 전체에 걸쳐 보다 공평하게 표본이 추출되므로, 모집단을 보다 잘 대표할 가능성이 있다.

⑤ 계통적 표본추출의 단점

　㉠ 모집단의 배열이 일정한 주기성과 특정 경향성을 보일 경우 편견이 개입되어 대표성이 문제된다.

　㉡ 모집단의 구성배열에 지나치게 몰두하는 경우 오차의 개입가능성이 높아진다.

　㉢ 모집단을 구성하고 있는 구성단위들에 대한 지식이 필요하다.

핵심OX

1. 계통적 표본추출에서 최초의 사례는 반드시 무작위일 필요는 없다. ( )
2. 계통적 표본추출은 단순무작위표본추출에 비해 시간이 오래 걸리는 단점이 있다. ( )
3. 계통적 표본추출은 모집단의 배열이 일정한 주기성을 가질 경우 표본의 대표성을 확보하기 좋다. ( )
4. 계통적 표본추출은 전문가가 아닌 사람도 수행하기 용이하다. ( )
5. 계통적 표본추출은 모집단을 구성하고 있는 구성단위들에 대한 지식이 필요하다. ( )

정답 1 × 2 × 3 × 4 ○ 5 ○

핵심문제

8-1. 서울시민의 정당의식 조사를 위해 첫 번째 단계에서는 임의로 10개 동의 표본추출 지역을 선택하였다. 두 번째 단계에서는 해당 10개 동의 유권자 비율을 고려하여 주민등록명부를 기준으로 100명의 표집 간격을 두고 최종응답자를 선택하였다. 이때 각 단계에서 활용된 표본추출 방법으로 맞는 것은? [22년 2회]

① 첫 번째 단계 : 층화표집, 두 번째 단계 : 계통표집
② 첫 번째 단계 : 집락표집, 두 번째 단계 : 계통표집
③ 첫 번째 단계 : 층화표집, 두 번째 단계 : 무작위표집
④ 첫 번째 단계 : 집락표집, 두 번째 단계 : 무작위표집

8-2. 1,000명으로 구성된 모집단에서 100명을 뽑아 연구하고자 할 때, 첫 번째 사람은 무작위로 추출하고, 그다음부터는 목록에서 매 10번째 사람을 뽑아 표본을 구성한 것은 어떤 표본추출방법에 해당하는가? [22년 1회]

① 계통표집(Systematic Sampling)
② 편의표집(Convenience Sampling)
③ 층화표집(Stratified Random Sampling)
④ 단순무작위표집(Simple Random Sampling)

8-3. 모집단을 구성하고 있는 구성요소들이 자연적인 순서 또는 일정한 질서에 따라 배열된 목록에서 매 K번째의 구성요소를 추출하여 표본을 형성하는 표집방법은? [20년 1·2회]

① 체계적 표집 ② 무작위표집
③ 층화표집 ④ 판단표집

8-4. 체계적 표집(Systematic Sampling)에 대한 옳은 설명을 모두 고른 것은? [17년 1회]

> ㄱ. 체계적 오차의 개입 가능성이 있다.
> ㄴ. 모집단에서 무작위표집 이후 K번째마다 표본을 추출한다.
> ㄷ. 추출간격이 되는 K는 모집단의 크기를 표본의 크기로 나눈 값이다.
> ㄹ. 모집단의 배열이 주기성을 보일 때는 중대한 오류를 범할 수 있다.

① ㄱ, ㄴ ② ㄱ, ㄴ, ㄷ
③ ㄷ, ㄹ ④ ㄱ, ㄴ, ㄷ, ㄹ

|해설|

8-1
집락표집은 모집단 목록에서 구성요소에 대해 여러 가지 이질적인 구성요소를 포함하는 여러 개의 집락 또는 집단으로 구분한 후 집락을 표집단위로 하여 무작위로 몇 개의 집락을 표본으로 추출한 다음 표본으로 추출된 집락에 대해 그 구성요소를 전수조사하는 방법이며, 계통표집은 모집단 목록에서 구성요소에 대해 일정한 순서에 따라 매 K번째 요소를 추출하는 방법이다.

8-2
계통표집은 표집 구간 내에서 첫 번째 번호만 무작위로 뽑고 다음부터는 매 K번째 요소를 표본으로 선정하는 표집방법이다.

8-3
체계적 표집은 모집단의 총수에 대해 요구되는 표본수를 나눔으로써 표집간격(Sampling Interval ; K)을 구하고, 첫 번째 요소를 무작위로 선정하여 최초의 표본으로 삼은 후 일정한 표집간격에 의해 표본을 추출하는 방법이다.

8-4
체계적 표집은 계통적 표집이라고도 하며, 모집단 목록에서 구성요소에 대해 일정한 순서에 따라 매 K번째 요소를 추출하는 방법이다. 모집단의 총수(모집단의 크기)에 대해 요구되는 표본수(표본의 크기)를 나눔으로써 추출간격(표집간격)을 구한다. 보통 모집단 전체에 걸쳐 보다 공평하게 표본이 추출되므로, 모집단을 보다 잘 대표할 가능성이 있다. 하지만 모집단의 배열이 일정한 주기성과 특정 경향성을 보일 경우 체계적 오차의 개입 가능성이 있으며, 대표성이 문제되는 등 중대한 오류를 범할 수 있다.

정답 8-1 ② 8-2 ① 8-3 ① 8-4 ④

기출 데이터 14년 1,2,3회 16년 1회 17년 1,2,3회 18년 2회 19년 1회 20년 4회
21년 1,2,3회 22년 2회 23년

핵심이론 09 | 층화표본추출

① **층화표본추출의 의의**
ㄱ 모집단을 보다 동질적인 몇 개의 층(Strata)으로 나눈 후, 이러한 각 층으로부터 단순무작위표본추출을 하는 방법이다.
ㄴ 집단 내 동질적, 집단 간 이질적인 특성을 보인다.
ㄷ 전체 모집단에서 표본을 선정하기보다 이미 알고 있는 지식을 이용하여 모집단을 동질적인 부분집합으로 나누고 이들 각각으로부터 적정한 수의 요소를 선정한다. 예를 들어 대학생에 관한 연구에서 학년별로 몇 명씩 표본을 선정함으로써, 학년이라는 변수에서 생기는 표본오차는 없앨 수 있는 것이다.
ㄹ 동질적인 모집단일수록 이질적인 모집단보다 표본오차가 적다.

② **표본추출방법**
ㄱ 모집단을 관련변수들의 카테고리에 근거하여 두 개 이상의 상호배타적인 계층으로 분리한다. 예를 들어 '성별'이라는 변수의 카테고리에 근거하여 '남'과 '여'라는 두 개의 배타적인 카테고리 또는 계층으로 구분한다.
ㄴ 각 계층으로부터 단순무작위표본을 추출한다. 이 경우 각 계층으로부터 추출되는 표본의 수는 모집단 속의 각 변수들의 구성비에 따른다. 예를 들어 모집단 속의 성별의 구성비가 각각 55%와 45%인 경우, 표본 가운데 남자는 55%, 여자는 45%가 되도록 무작위로 표본을 추출한다.
ㄷ 각 계층으로부터 추출된 표본을 결합하여 통합된 층화표본을 작성한다. 즉, ㄴ에서 무작위로 선출된 55%의 남자표본과 45%의 여자표본을 결합하여 100%의 통합표본을 만든다.

③ 표본추출 시 유의사항

　　㉠ 층화기준이나 변수는 분석대상이 되는 변수 또는 그것과 밀접한 관계를 가지는 것이어야 한다. 또한 층화에 사용되는 기준에 대한 자료가 정확하고 이용이 가능해야 한다.

　　㉡ 층화기준을 사용함으로써 층(부분집합) 안에서는 내적으로 동질성이 확보되며, 각 층 간의 차이는 되도록 큰 것이 좋다.

　　㉢ 층화기준이 많은 경우 층의 분류자체도 어려울 뿐만 아니라 일정한 정확성을 확보하기 위해 소요되는 표본의 수까지 증대해야 하므로 곤란하다.

④ 층화표본추출의 종류

　　㉠ 비례층화표본추출

　　　• 모집단에서 각 층이 정하는 비례에 따라 각 층의 크기를 할당하여 추출하는 방법으로 모집단을 정당하게 대표하는 표본을 잡을 수 있으며, 모집단의 특성을 용이하게 파악할 수 있다.

　　　• 층이 다수인 경우 비례적인 추출이 어려우며, 각 층 간의 비교도 어렵다.

　　㉡ 비비례층화표본추출

　　　• 각 층에서 각 층의 크기와는 상관없이 같은 수의 표본을 추출하는 방법이다.

　　　• 각 층의 비교가 쉽고 경제적이며, 실험집단과 통제집단을 나눌 때 사용할 수 있다. 모집단의 특성을 파악하기가 어려우며, 특히 현지조사인 경우 같은 크기로 층을 뽑을 수 없다는 단점이 있다.

　　㉢ 최적분할 비비례층화표본추출방법

　　　• '가중표본추출'이라고도 한다. 보다 동질적인 층에서는 비교적 적은 수의 표본을 선정하는 반면, 다소 이질적인 층에서는 보다 많은 표본을 선정함으로써 결과적으로 가장 적은 표본크기로 요구되는 정확성의 수준을 유지하도록 한다.

　　　• 통계량의 표준오차가 최소가 되도록 하는 방법으로 사전에 적절한 층화기준 또는 변수에 대한 충분한 지식을 가지고 있어야만 한다.

⑤ 층화표본추출의 장점

　　㉠ 모집단을 형성하고 있는 모든 구성분자를 골고루 포함시킬 수 있으며 모집단의 구분기준이 모집단의 특수속성에 일치하므로 모집단의 대표성을 보장한다.

　　㉡ 동질적 대상은 표본의 수를 줄이더라도 대표성을 높일 수 있다.

　　㉢ 단순무작위표본추출 또는 계통적 표본추출보다 불필요한 자료의 분산을 축소하므로 시간, 노력, 경비를 절약할 수 있다.

　　㉣ 모집단의 각 층화집단의 특수성을 알 수 있으며 또한 비교할 수도 있다.

　　㉤ 표본의 크기가 같다면 단순무작위표본추출이나 집락표본추출에 비해 표본오차가 가장 작다.

⑥ 층화표본추출의 단점

　　㉠ 모집단의 각 층별에 대한 정확한 정보를 필요로 한다.

　　㉡ 층화 시 모집단에 대한 지식이 요구되며 무엇에 초점을 두어 층화하는가 하는 문제가 제기된다. 층화목록이 없는 경우 그것을 만들어내는 데 많은 시간과 비용이 요구된다.

　　㉢ 비비례층화표본추출에서 모집단의 대표치를 구하기 위해 특별한 통계적 조작이 요구되는 등 상대적으로 매우 복잡하다.

핵심OX

1. 표본의 크기가 같다면 비비례층화표본추출은 단순무작위표본추출이나 집락표본추출에 비해 표본오차가 가장 작다.
　　　　　　　　　　　　　　　　　　　　　(　)

2. 층화표본추출에서 층화한 부분집단 간은 이질적이고 부분집단 내에서는 동질적이다.
　　　　　　　　　　　　　　　　　　　　　(　)

3. 층화표본추출은 모집단의 각 층별에 대한 정확한 정보를 필요로 하지 않는다.
　　　　　　　　　　　　　　　　　　　　　(　)

4. 층화표본추출에서 동질적인 모집단일수록 이질적인 모집단보다 표본오차가 적다.
　　　　　　　　　　　　　　　　　　　　　(　)

5. 층화표본추출은 단순무작위표본추출 또는 계통적 표본추출보다 불필요한 자료의 분산이 많아 시간, 노력, 경비를 절약하기 어렵다.
　　　　　　　　　　　　　　　　　　　　　(　)

정답 1 ○ 2 ○ 3 × 4 ○ 5 ×

핵심문제

9-1. A대학 경상학부의 학생들을 대상으로 학과 만족도를 조사하려고 한다. 남학생이 800명, 여학생 200명일 때 층화를 성별에 따라 남자 80%, 여자 20%가 되게 표집하는 방법은?

[20년 4회]

① 비례층화표집
② 단순무작위표집
③ 할당표집
④ 집락표집

9-2. 층화표집(Stratified Random Sampling)에 대한 설명으로 틀린 것은?

[19년 1회]

① 중요한 집단을 빼지 않고 표본에 포함시킬 수 있다.
② 동질적 대상은 표본의 수를 줄이더라도 정확도를 제고할 수 있다.
③ 단순무작위표본추출보다 시간, 노력, 경비를 절약할 수 있다.
④ 층화 시 모집단에 대한 지식이 없어도 된다.

9-3. 층화표집(Stratified Random Sampling)에 대한 설명으로 틀린 것은?

[17년 1회] [22년 2회]

① 추정값의 표본오차를 감소시켜 표본의 대표성을 높이기 위해 사용되는 방법이다.
② 층화한 부분집단 간은 동질적이고 부분집단 내에서는 이질적이다.
③ 층화한 모든 부분집단에서 표본을 추출한다.
④ 층화 시 모집단에 대한 지식이 필요하다.

| 해설 |

9-1
비례층화표본추출은 모집단에서 각 층이 정하는 비례에 따라 각 층의 크기를 할당하여 추출하는 방법이다.

9-2
층화표집은 모집단의 각 층별에 대한 정확한 정보를 필요로 한다. 층화 시 모집단에 대한 지식이 요구되며 무엇에 초점을 두어 층화하는가 하는 문제가 제기된다.

9-3
층화한 부분집단 간은 이질적이고 부분집단 내에서는 동질적이다.

정답 **9-1** ① **9-2** ④ **9-3** ②

핵심이론 **10** 집락(군집)표본추출

① 집락표본추출의 의의

　㉠ 군집표본추출이라고도 한다. 모집단 목록에서 구성요소에 대해 여러 가지 이질적인 구성요소를 포함하는 여러 개의 집락 또는 집단으로 구분한 후, 집락을 표집단위로 하여 무작위로 몇 개의 집락을 표본으로 추출한 다음, 표본으로 추출된 집락에 대해 그 구성요소를 전수조사하는 방법이다.

　㉡ 각 집락이 모집단의 구성요소를 대표할 수 있는 이질적인 요소로 구성되며 집락과 집락 사이에 차이가 미비한 경우에 적용된다.

　㉢ 집락 내 이질적, 집락 간 동질적인 특성을 보인다.

　㉣ 집락은 학교나 공장 등과 같은 것이 될 수 있으나, 일반적으로 지역이 집락으로 취급된다. 이 경우 매 면접단위당 비용을 절약하기 위해 광범위한 지역 전체에서 표본추출을 하기보다는 몇 개의 지역(집락사례)을 추출하여 해당 지역 내에서만 표본을 선정하게 된다.

② 표본추출방법

　㉠ 집락수준의 수를 결정한다.

　㉡ 각 집락수준으로부터 결정된 수만큼 무작위적으로 선택한다.

　㉢ 최종적인 표본추출단위는 집단이다.

③ 집락표본추출의 장점

　㉠ 모집단 속의 개별적 표본이 아닌 집락을 먼저 추출한 후 규모가 작아진 집락으로부터 개별적 표본을 추출하게 되므로 시간과 비용이 훨씬 적게 든다.

　㉡ 전체 모집단의 목록표를 작성하지 않아도 된다. 즉, 전체 모집단의 목록표를 확보하기 어려울 경우 표본표집을 용이하게 할 수 있다.

　㉢ 신징된 각 집락은 나른 소사의 표본으로도 사용될 수 있다.

　㉣ 각 집락의 성격은 물론 모집단의 성격을 파악할 수 있다.

　㉤ 대규모의 모집단을 연구하거나 대규모(지리적) 지역을 세밀히 조사할 경우 사용된다.

④ 집락표본추출의 단점
  ㉠ 집락이 동질적이면 오차의 개입가능성이 높고, 표본추출 오류를 측정하기 어렵다.
  ㉡ 단순무작위표본추출보다 특정 집단(집락)을 과대 또는 과소 표현할 위험이 더 많다.
  ㉢ 모집단의 각 구성분자는 각각의 단일집락에만 속하도록 배려해야 한다. 그렇지 못할 경우 구성분자의 중복적 귀속상태 또는 결여를 초래한다.
  ㉣ 표본의 크기가 같다면 표본오차 크기의 순서는 '층화표본추출 < 단순무작위표본추출 < 집락표본추출'이다.

핵심OX

1. 집락표본추출은 집락 내 동질적, 집락 간 이질적인 특성을 보인다. ( )
2. 단순무작위표본추출보다 특정 집단(집락)을 과대 표현할 위험이 더 많다. ( )
3. 집락표본추출은 전체 모집단의 목록표와 최종집락의 목록표를 모두 작성해야 한다. ( )
4. 집락표본추출의 최종적인 표본추출단위는 집단이다. ( )
5. 집락표본추출은 소규모의 모집단을 연구할 경우 사용된다. ( )

정답 1 × 2 ○ 3 × 4 ○ 5 ×

핵심문제

10-1. 군집표집(Cluster Sampling)에 대한 설명으로 틀린 것은?
[18년 1회] [21년 2회]

① 군집이 동질적이면 오차의 가능성이 낮다.
② 전체모집단의 목록표를 작성하지 않아도 된다.
③ 단순무작위표집에 비해 시간과 비용을 절약할 수 있다.
④ 특정 집단의 특성을 과대 혹은 과소하게 나타낼 위험이 있다.

10-2. 다음 중 군집표집의 추정 효율이 가장 높은 경우는?
[18년 1회] [18년 3회] [21년 1회]

① 집락 간 평균이 서로 다른 경우
② 각 집락이 모집단의 축소판일 경우
③ 각 집락 내 관측값들이 비슷할 경우
④ 각 집락마다 집락들의 특성이 서로 다른 경우

10-3. 다음 ( )에 알맞은 것은?
[22년 1회]

군집표집(Cluster Sampling)에서 표집된 군집들은 가능한 군집 간에는 (ㄱ)이고 군집 속에 포함된 표본 요소 간에는 (ㄴ)이여야 한다.

① ㄱ : 동질적, ㄴ : 동질적
② ㄱ : 동질적, ㄴ : 이질적
③ ㄱ : 이질적, ㄴ : 동질적
④ ㄱ : 이질적, ㄴ : 이질적

10-4. 층화표집과 군집표집에 관한 설명으로 옳은 것은?
[18년 2회] [20년 4회]

① 층화표집은 모든 부분집단에서 표본을 선정한다.
② 군집표집은 모집단을 하나의 집단으로만 분류한다.
③ 군집표집은 부분집단 내에 동질적인 요소로 이루어진다고 전제한다.
④ 층화표집은 부분집단 간에 동질적인 요소로 이루어진다고 전제한다.

|해설|

10-1
군집표집은 집락 내 이질적, 집락 간 동질적인 특성을 보이며, 내부적으로 이질적인 군집을 추출하는 것이 유리하다. 집단(집락)이 동질적이면 오차의 개입가능성이 높고, 표본추출오류를 측정하기 어렵다.

10-2
군집표집은 모집단 목록에서 구성요소에 대해 여러 가지 이질적인 구성요소를 포함하는 여러 개의 집락 또는 집단으로 구분한 후, 집락을 표집단위로 하여 무작위로 몇 개의 집락을 표본으로 추출한 다음, 표본으로 추출된 집락에 대해 그 구성요소를 전수조사하는 방법이다. 따라서 추출된 집락이 모집단의 축소판일 경우 추정 효율이 높다.

10-3
군집표집은 집락 내 이질적, 집락 간 동질적인 특성을 보인다.

10-4
① 층화표집은 전체 모집단에서 표본을 선정하기보다 이미 알고 있는 지식을 이용하여 모집단을 동질적인 부분집합으로 나누고 이들 각각으로부터 적정한 수의 요소를 무작위 선정하게 된다.
② 군집표집은 모집단 목록에서 구성요소에 대해 여러 가지 이질적인 구성요소를 포함하는 여러 개의 집락 또는 집단으로 구분한 후 집락을 표집단위로 하여 무작위로 몇 개의 집락을 표본으로 추출한다.
③ · ④ 층화표집은 집단 내 동질적, 집단 간 이질적, 집락표집은 집락 내 이질적, 집락 간 동질적인 특성을 보인다.

정답 10-1 ① 10-2 ② 10-3 ② 10-4 ①

기출 데이터 14년 1,3회 15년 1회 16년 1,2,3회 17년 1,2,3회 18년 1회 19년 1,2,3회
20년 1·2회 21년 1회

핵심이론 11 | 할당표본추출

① 할당표본추출의 의의

ㄱ 모집단을 일정한 카테고리로 나눈 다음, 이들 카테고리에서 정해진 요소수를 작위적으로 추출하는 방법이다.

ㄴ 추출된 표본이 연구자의 모집단에 대한 사전지식을 기초로 하여 모집단의 특성을 나타내는 하위 집단별로 표본수를 할당한 다음 표본을 추출한다.

ㄷ 예를 들어 연령·성별·교육정도·소득·직업 등의 기준을 이용하여 몇몇 카테고리로 분류한 다음, 모집단의 특성을 나타낼 수 있도록 특성에 비례하여 각 카테고리를 대표하는 요소수를 할당하고, 할당된 사례수를 작위적으로 추출한다.

ㄹ 최종적인 표집단위의 선정은 표본설계자가 하지 않고, 일반적으로 현지조사원이 자신의 주관에 따라 한다.

ㅁ 각 범주에 할당된 응답자의 비율이 정확해야 하고, 모집단의 구성 비율은 최신의 것이어야 한다.

ㅂ 선거와 관련된 조사나 일반적인 여론조사에서 많이 활용되고 있다.

② 표본추출방법

ㄱ 모집단의 주요 속성을 대표할 수 있는 일정 수의 범주를 결정한다. 이때 연령, 성별, 교육수준, 직업, 지리적 조건 등 연구문제와 깊이 관련있는 기준을 선택한다.

ㄴ 각 범주를 대표하는 표본의 수, 즉 할당량을 결정하여 할당표를 작성한다.

ㄷ 각 범주마다 할당된 수의 표본을 추출한다.

ㄹ 조사원의 임의적 판단에 따라 표본을 선택하며, 이때 조사원은 할당표에 따라 구성비율을 유지한다.

③ 할당범주 구하기

전국 단위 여론조사를 하기 위해 16개 시도와 20대 때부터 60대 이상까지의 5개 연령층, 그리고 연령층에 따른 성별로 할당표집을 할 때 표본추출을 위한 할당범주는 몇 개인가?
16(시도) × 5(연령층) × 2(성별) = 160

④ 할당표본추출의 장점

ㄱ 비확률표본추출방법 중에서 가장 정교한 방법으로 사회과학조사에 널리 사용된다.

ㄴ 같은 크기의 무작위표본추출보다 적은 비용으로 표본을 추출할 수 있다.

ㄷ 현지에서의 표본추출 작업이 축소된다. 즉, 표본추출이 쉽고 빠르다.

ㄹ 모집단을 구성하고 있는 각 계층을 곰고루 적절히 대표하도록 함으로써 모집단의 대표성이 비교적 높다.

⑤ 할당표본추출의 단점

ㄱ 모집단의 분류에 있어서 조사자의 편견이 개입될 수 있는 가능성이 높다.

ㄴ 무작위성을 보장하는 수단의 결여로 인해 결과의 일반화에 문제가 있다.

ㄷ 분류방법이나 분류에 영향을 미치는 관련변수에 대한 지식의 부족 또는 분류의 작위성으로 인해 분류오차가 개입할 가능성이 높다.

ㄹ 모집단에 대한 지식이 부족하여 이론적으로 의미가 있는 관련변수를 통제하기가 곤란하다.

⑥ 할당표본추출과 층화표본추출의 차이점

ㄱ 모집단을 일정한 기준에 따라 분류한다는 점에서 층화표본추출과 유사하나, 할당표본추출은 작위적 표본추출임에 반해 층화표본추출은 무작위적 표본추출에 해당한다.

ㄴ 층화표본추출은 층화의 기준설정에 있어서 주로 연구초점으로 된 변수를 그 기준으로 삼는 반면, 할당표본추출은 연구변수와 관계가 깊은 것들을 그 기준으로 삼는다.

핵심OX

1. 할당표본추출은 확률표집방법에 속한다. ( )
2. 할당표본추출은 모집단을 일정한 카테고리로 나눈 다음, 이들 카테고리에서 정해진 요소수를 무작위적으로 추출하는 방법이다. ( )
3. 할당표본추출은 모집단의 분류에 있어서 조사자의 편견이 개입될 수 있는 가능성이 높다. ( )
4. 할당표본추출은 같은 크기의 무작위표본추출보다 표본을 추출할 때 비용이 많이 드는 단점이 있다. ( )
5. 할당표본추출은 표본을 추출하기 전 할당표를 작성한다. ( )

정답 1 × 2 × 3 ○ 4 × 5 ○

11-1. 무작위표집과 비교할 때 할당표집(Quota Sampling)의 장점이 아닌 것은? [21년 1회]

① 비용이 적게 든다.
② 표본오차가 적을 가능성이 높다.
③ 신속한 결과를 원할 때 사용 가능하다.
④ 각 집단을 적절히 대표하게 하는 층화의 효과가 있다.

11-2. 4년제 대학교 대학생 집단을 학년과 성, 단과대학(인문사회, 자연, 예체능, 기타)으로 구분하여 할당모집할 경우 할당표는 총 몇 개의 범주로 구분되는가? [20년 1·2회]

① 4
② 24
③ 32
④ 48

11-3. 할당표집(Quota Sampling)의 문제점과 가장 거리가 먼 것은? [17년 2회]

① 조사자들이 조사하기 쉬운 사례들을 선택하는 경향이 있다.
② 조사과정에서 조사자의 편견이 개입될 여지가 충분히 있다.
③ 확률표집이 아니기 때문에 특정 할당표집의 정확성을 평가하는 것은 어렵다.
④ 확률표집에 비해서 시간과 경비가 많이 드는 편이다.

11-4. 특정 변수를 중심으로 모집단을 일정한 범주로 나눈 다음 집단별로 필요한 대상을 사전에 정해진 비율로 추출하는 표집방법은? [20년 1·2회]

① 할당표집
② 군집표집
③ 판단표집
④ 편의표집

| 해설 |

11-1
할당표집은 비확률표집이므로 표본오차의 추정이 불가능하다.

11-2
나타날 수 있는 범주 조합의 총 경우의 수는 4(학년) × 2(성별) × 4(단과대학)＝32이다.

11-3
할당표집은 비확률표집이므로 확률표집에 비하여 시간과 경비가 적게 든다.

11-4
할당표본추출법은 모집단을 일정한 카테고리로 나눈 다음, 이들 카테고리에서 정해진 요소수를 작위적으로 추출하는 비확률표본추출방법이다.

정답 11-1 ② 11-2 ③ 11-3 ④ 11-4 ①

핵심이론 12 | 유의표본추출

① 유의표본추출의 의의
　㉠ 조사자가 그 조사의 성격상 요구하고 있는 사항을 충족시킬 수 있도록 적절한 판단과 전략을 세워, 그에 따라 모집단을 대표하는 여러 사례를 표본추출하는 방법이다.
　㉡ 연구자가 연구목적의 달성에 도움이 되는 구성요소를 의도적으로 추출한다는 점에서 '목적표본추출' 또는 '판단표본추출'이라고도 한다.
　㉢ 연구대상자의 일부는 쉽게 식별할 수 있지만 모집단 전체를 모두 확인하는 일이 거의 불가능할 경우 사용할 수 있다.
　㉣ 연구자의 주관적 판단의 기준에 의거하므로 주관적 판단의 타당도 여부가 표집의 질을 결정한다.
　㉤ 건전한 판단과 적절한 전략에 따라 표본을 선정하는 경우 확률표본추출방법에 의한 표본과 비교할 수 있을 정도의 정보를 획득할 수 있다.
　㉥ 본조사보다는 예비조사, 시험조사 등에 주로 사용된다.

② 유의표본추출의 장점
　㉠ 표본추출에 있어서 비용이 적게 들고 편리하다.
　㉡ 모집단에 대한 일정한 지식이 있는 경우 표본추출의 정확도가 높다.
　㉢ 할당표본추출보다 조사목적을 충족시키는 요소를 정밀하게 고려할 수 있다.
　㉣ 조사설계와 관련이 있는 요소는 명확히 표본으로 선정할 수 있다.

③ 유의표본추출의 단점
　㉠ 표본의 대표성을 확신할 방법이 없다.
　㉡ 표본오차의 산정이 곤란하다.

핵심OX

1. 유의표본추출은 표본추출에 있어서 비용이 적게 들고 편리하다.
　( )
2. 유의표본추출은 표본을 추출할 때는 연구자의 주관적 판단의 기준에 따른다.
　( )
3. 유의표본추출은 예비조사보다 본조사에 적합하다. ( )
4. 유의표본추출은 표본의 대표성이 항상 확보된다. ( )

정답 1 ○ 2 ○ 3 × 4 ×

12-1. 앞으로 10년간 우리나라의 경제 상황에 대한 예측을 하기 위해 경제학 교수 100명에게 설문조사를 실시하였다. 이 조사에서 사용된 표본추출방법은?　　　　　[20년 3회]

① 할당표본추출　　　　　② 판단표본추출
③ 편의표본추출　　　　　④ 눈덩이표본추출

12-2. 판단표집(Judgement Sampling)에 대한 설명으로 가장 거리가 먼 것은?　　　　　[19년 2회]

① 비확률표본추출법에 해당한다.
② 연구자의 주관적인 판단에 의한 표집이다.
③ 모집단이 크면 클수록 연구자가 표본에 대한 정확한 정보를 얻기 쉽다.
④ 연구자가 모집단과 그 구성요소에 대한 풍부한 사전지식을 갖고 있어야 한다.

12-3. 판단표본추출법(Judgement Sampling)에 대한 설명으로 옳지 않은 것은?　　　　　[19년 3회]

① 선정된 표본이 모집단을 적절히 대표하지 못할 경우에 효과적이다.
② 모집단에 대한 조사자의 사전지식을 바탕으로 표본을 추출하는 방법이다.
③ 모집단이 커질수록 조사자가 표본에 대한 정확한 정보를 얻기 힘들어진다.
④ 조사자의 개입의 한계가 있어 주관이 배제되며 결과의 일반화가 용이하다.

|해설|

12-1
② 판단(유의)표본추출은 연구목적 달성에 기준을 두고 구성요소를 의도적으로 추출하는 방법으로 경제학 교수 100명을 추출하는 데 적합한 방법이다.

12-2
③ 건전한 판단과 적절한 전략에 따라 표본을 선정하는 경우 확률표본추출방법에 의한 표본과 비교할 수 있을 정도의 정보를 획득할 수 있다.

12-3
판단표본추출법은 조사자가 적절한 판단과 전략을 세워 표본을 추출하는 비확률표본추출법이다. 비확률표본추출법은 표본분석 결과의 일반화에 제약이 있다.

정답 **12-1** ②　**12-2** ③　**12-3** ④

핵심이론 13 │ 임의표본추출

① 임의표본추출의 의의
　㉠ 우연표집, 편의표집이라고도 한다. 정해진 크기의 표본을 선정할 때까지 조사자가 모집단의 일정단위 또는 사례를 표집하며 일정한 표집의 크기가 결정되면 그 표집을 중지하는 방법이다.
　㉡ 모집단에 대한 정보가 없고 구성요소 간의 차이가 별로 없다고 판단될 때, 표본선정의 편리성에 기준을 두고 임의로 표본을 선정하는 방법이다.
　㉢ 편의표집으로 수집된 자료라 할지라도 유용한 정보를 제공할 수 있다.
　㉣ 결과의 일반화나 오차 등에 대해 관심이 없으며 시간, 편의성, 경제성을 염두에 둔다.
　㉤ 기술적 조사나 설명적 조사에서 활용하기에는 부적절하며, 아이디어나 가설을 추출하기 위한 탐색적 조사 연구나 설문지의 사전조사에 주로 활용된다.

② 임의표본추출의 장점
　㉠ 연구자가 쉽게 이용 가능한 대상을 표본으로 선택할 수 있다.
　㉡ 시간과 비용을 절약할 수 있다.

③ 임의표본추출의 단점
　㉠ 조사자의 편견이 개입될 소지가 있다.
　㉡ 표본의 편중이 발생하여 표본의 대표성이 떨어지며, 일반화 가능성도 낮아진다.

핵심OX

1. 임의표본추출은 조사자의 편견을 통제할 수 있다.　（　）
2. 임의표본추출은 일반화가 가능하다.　　　　　　（　）
3. 임의표본추출은 표본추출의 편리성에 우선순위를 둔다.
　　　　　　　　　　　　　　　　　　　　（　）

정답 1 × 2 × 3 ○

13-1. 편의표본추출(Convenience Sampling)에 관한 설명과 가장 거리가 먼 것은? [21년 2회]

① 모집단에 대한 정보가 전혀 없는 경우에 사용된다.
② 편의표집으로 수집된 자료라 할지라도 유용한 정보를 제공할 수 있다.
③ 편의표집에 의해 얻어진 표본에 대해서는 표준오차 추정치를 부여할 수 없다.
④ 표본의 크기를 확대하여 모집단의 대표성 문제를 해결할 수 있다.

13-2. 어느 커피매장에서 그 커피점에 오는 고객들을 대상으로 제품 선호도에 대한 설문조사를 실시하여 신상품을 개발한 경우, 설문조사 표본을 구성하는 과정에 해당하는 표집방법은?

[20년 1·2회]

① 군집표본추출
② 판단표본추출
③ 편의표본추출
④ 할당표본추출

13-3. 오후 2시부터 4시 사이 서울 강남역을 지나는 행인들 중 접근이 쉬운 사람을 대상으로 신제품에 대한 의견을 물어보는 경우 이에 해당하는 표집방법은? [20년 4회]

① 판단표집
② 편의표집
③ 층화표집
④ 군집표집

13-4. 우연표집(Accidental Sampling)에 관한 설명으로 옳은 것은? [15년 1회]

① 모집단의 일련의 하위집단들을 층화시킨 다음 각 하위 집단에서 적절하게 표집하는 방법
② 모집단의 전체구성요소들을 파악한 후 개별요소들을 난수표로 만들어 표본을 추출하는 방법
③ 표집대상이 되는 소수의 응답자를 찾아 면접을 하고 이들이 소개한 다른 사람들도 면접하는 방법
④ 손쉽게 이용가능한 대상만을 선택하여 표집하는 방법

|해설|

13-1
편의표본추출법은 모집단에 대한 정보가 없고 구성요소 간의 차이가 별로 없다고 판단될 때 표본선정의 편리성에 기준을 두고 임의로 표본을 선정하는 방법으로, 결과의 일반화나 오차 등에 대해 관심이 없으며 단지 시간, 편의성, 경제성을 염두에 둔다. 표본을 많이 추출한다고 해서 대표성 문제를 해결할 수 있는 것이 아니다.

13-2
문제의 사례는 편의표본추출법에 해당한다. 편의표본추출은 정해진 크기의 표본을 선정할 때까지 조사자가 모집단의 일정단위 또는 사례를 표집하며, 일정한 표집의 크기가 결정되면 그 표집을 중지하는 방법이다. 모집단에 대한 정보가 없고 구성요소 간의 차이가 별로 없다고 판단될 때 표본선정의 편리성에 기준을 두고 임의로 표본을 선정한다. 따라서 연구자가 쉽게 이용 가능한 대상을 표본으로 선택할 수 있다.

13-3
표본선정의 편리성에 기준을 두고 임의로 표본을 선정하였기 때문에 편의표집에 해당한다.

13-4
우연표집은 임의표집(편의표집)이라고도 한다. 정해진 크기의 표본을 선정할 때까지 조사자가 모집단의 일정단위 또는 사례를 표집하며, 일정한 표집의 크기가 결정되면 그 표집을 중지하는 방법이다. 모집단에 대한 정보가 없고 구성요소 간의 차이가 별로 없다고 판단될 때 표본선정의 편리성에 기준을 두고 임의로 표본을 선정한다.

정답 13-1 ④ 13-2 ③ 13-3 ② 13-4 ④

기출 데이터 14년 1,2,3회 15년 3회 16년 1,2,3회 18년 2,3회 19년 1,2회
21년 2,3회 22년 1회 23년

핵심이론 14 | 누적표본추출

① 누적표본추출의 의의
　㉠ 처음에 소수의 인원을 표본으로 추출하여 그들을 조사
　　한 다음 그 소수인원을 조사원으로 활용하여 그 조사원
　　의 주위 사람들을 조사하는 방식이다.
　㉡ 첫 단계에서 연구자가 임의로 선정한 제한된 표본에 해
　　당하는 사람으로부터 추천을 받아 다른 표본을 선정하
　　는 과정을 되풀이하여 마치 눈덩이를 굴리듯이 표본을
　　누적한다는 의미에서 '눈덩이표집' 또는 '스노우볼 표본
　　추출(Snowball Sampling)'이라고도 한다.
　㉢ 연구자가 특수한 모집단의 구성원을 전부 파악하고 있
　　지 못한 경우 또는 비밀을 확인하려는 경우 제한적으로
　　활용된다.
　㉣ 전문가들의 의견조사에 유용하며, 소규모 사회조직의
　　연구에 적합하다.
　㉤ 일반화의 가능성이 낮고 계량화가 곤란하므로 질적 조
　　사에 적합하다.

② 누적표본추출의 장점
　㉠ 응답자의 신분이 비교적 노출되지 않은 상태로 조사가 가
　　능하므로, 응답자의 사생활을 보호할 수 있다.
　㉡ 알고 있는 사람을 대상으로 조사하므로 비용 절감과 시
　　간 절약을 기대할 수 있으며, 비교적 정확한 자료를 얻
　　을 수 있다.
　㉢ 모집단을 파악하기 곤란한 대상의 표본추출에 적합하다.

③ 누적표본추출의 단점
　㉠ 최초의 표본을 추출하는 것이 쉽지 않다.
　㉡ 피조사자를 조사원으로 활용한다는 점도 쉽지 않다.
　㉢ 표본의 대표성을 확보하기 어렵다.

핵심OX

1. 눈덩이표집은 일반화의 가능성이 높다. (　　)
2. 누석표몬주줄은 확률표본추출법에 해당한다. (　　)
3. 누적표본추출은 표본의 대표성을 확보하기 어렵다. (　　)
4. 누적표본추출은 처음에 소수의 인원을 표본으로 추출하여
　그들을 조사한 다음 그 소수인원을 조사원으로 활용하여 그
　조사원의 주위 사람들을 조사하는 방식이다. (　　)
5. 눈덩이표집은 모집단을 파악하기 곤란한 대상의 표본추출
　에 적합하다. (　　)

정답 1 × 2 × 3 ○ 4 ○ 5 ○

핵심문제

14-1. 표집대상이 되는 소수의 응답자들을 찾아내어 면접하고,
이들을 정보원으로 다른 응답자를 소개받는 절차를 반복하는 표
집방법은? [22년 1회]

① 할당표집　　　　　　② 눈덩이표집
③ 판단표집　　　　　　④ 편의표집

14-2. 눈덩이표본추출(Snowball Sampling)에 관한 옳은 설명
을 모두 고른 것은? [21년 2회]

> ㉠ 모집단을 파악하기 곤란한 대상의 표본추출에 적합하
> 　다.
> ㉡ 표본의 대표성을 확보하기 어렵다.
> ㉢ 연결망을 가진 사람들의 특성을 파악할 때 적절한 방법
> 　이다.

① ㉠, ㉡　　　　　　② ㉡, ㉢
③ ㉠, ㉢　　　　　　④ ㉠, ㉡, ㉢

14-3. 도박중독자의 심리적 상태를 파악하기 위해 처음 알게 된
도박중독자로부터 다른 대상을 소개받고, 다시 소개받은 대상
으로부터 제3의 대상자를 소개받는 절차로 이루어지는 표본추
출방법은? [19년 1회]

① 판단표집(Judgement Sampling)
② 군집표집(Cluster Sampling)
③ 눈덩이표집(Snowball Sampling)
④ 비비례적층화표집(Disproportionate Stratified Sampling)

14-4. 다음 사례의 표본추출방법은? [19년 2회] [21년 3회]

> 외국인 불법체류 근로자의 취업실태를 조사하려는 경우, 모집단을 찾을 수 없어 일상적인 표집절차로는 조사수행이 어려웠다. 그래서 첫 단계에서는 종교단체를 통해 소수의 응답자를 찾아 면접하고, 다음 단계에서는 첫 번째 응답자의 소개로 면접 조사하였으며, 계속 다음 단계의 면접자를 소개받는 방식으로 표본수를 충족시켰다.

① 할당표집(Quota Sampling)
② 군집표집(Cluster Sampling)
③ 편의표집(Convenience Sampling)
④ 눈덩이표집(Snowball Sampling)

14-5. 다음 중 불법 체류자처럼 일반적으로 쉽게 접근하기 힘든 집단을 대상으로 설문조사를 할 때 가장 적합한 표본추출방법은? [18년 2회] [23년]

① 눈덩이표본추출(Snowball Sampling)
② 편의표본추출(Convenience Sampling)
③ 판단표본추출(Judgement Sampling)
④ 할당표본추출(Quota Sampling)

| 해설 |

14-1
눈덩이표집(누적표집)은 처음에 소수의 인원을 표본으로 추출하여 그들을 조사한 다음 그 소수인원을 조사원으로 활용하여 그 조사원의 주위 사람들을 조사하는 방식이다.

14-2
눈덩이표본추출은 모집단을 파악하기 곤란한 대상의 표본추출에 적합하지만 표본의 대표성을 확보하기 어렵다는 단점이 있다.

14-3
눈덩이표본추출은 주로 약물중독, 성매매, 도박 등과 같이 일탈적 대상을 연구하는 등에 사용한다.

14-4
눈덩이표집은 연구자가 특수한 모집단의 구성원을 전부 파악하고 있지 못한 경우 또는 비밀을 확인하려는 경우 제한적으로 활용된다.

14-5
눈덩이표본추출은 쉽게 접근하기 힘들고, 연결망을 가진 사람들의 특성을 파악할 때 적절한 방법이다. 주로 일탈적 대상을 연구하거나 노숙인, 불법 체류자 등 모집단의 구성원을 찾기 어려운 경우에 사용한다.

정답 14-1 ② **14-2** ④ **14-3** ③ **14-4** ④ **14-5** ①

기출 데이터 14년 1,2,3회 15년 1,2회 16년 1회 17년 1,2회 18년 2,3회 19년 1,3회 20년 1·2,3,4회 21년 3회 22년 1회

핵심이론 15 | 표본의 크기

① 표본크기의 의의
  ㉠ 표본의 크기는 모집단으로부터 표본추출단위의 수를 몇 개로 하는 것이 적절한가에 대한 문제와 연관된다.
  ㉡ 추출되는 표본은 단 한 개의 표본추출단위로 구성될 수도 있고, 모집단에서 한 개의 표본추출단위만을 제외한 전 표본추출단위로 구성될 수도 있다.
  ㉢ 표본의 크기를 정하는 데 있어서 중요한 것은 비용을 적게 들이고도 표준통계량으로 모수를 정확하게 알아내는 데 있다.
  ㉣ 표본크기가 커질수록 모수와 통계치의 유사성이 커진다. 하지만 표본의 크기가 커지면 대표성이 높아지는 대신 비용과 시간이 많이 든다. 따라서 표본이 크다고 무조건 좋은 것은 아니다.

② 표본크기의 결정방법
  표본크기를 결정하기 위한 공식은 다음과 같다.

$$\frac{Z^2\sigma^2}{e^2} \ \text{(또는} \ \frac{Z^2S^2}{e^2}\text{)}$$

  단, e는 정확도 또는 최대허용오차, Z는 신뢰수준에 따른 표준정규분포의 값, σ는 모표준편차, S는 표본표준편차

③ 표본크기의 결정에 영향을 미치는 요인
  표본크기의 결정 요인 중 외적 요인에는 모집단의 변이성, 가용한 자원, 조사자의 능력, 카테고리의 다양성, 조사결과의 분석방법 등이 있으며 내적 요인에는 신뢰도, 정밀도 등이 있다.
  ㉠ 가용한 자원
    • 연구조사에 필요한 자원은 시간, 비용 그리고 인적 자원 등을 들 수 있다.
    • 비용과 시간만을 고려할 때는 되도록이면 적은 규모의 표본이 유리하다. 이는 표본의 크기를 크게 할수록 많은 비용과 시간이 소요되기 때문이다.
    • 조사를 위한 자원이 제한적일 경우 가용한 자원의 절반은 자료의 수집을 위해, 다른 절반은 자료의 분석을 위해 사용하는 것이 좋다.
    • 자료수집에 할당된 비용과 시간을 개별적 표본수집에 들어가는 비용과 시간으로 나누면 표본의 수가 나오게 된다.

38 ■ PART 01 조사방법과 설계

ⓛ 이론과 조사설계
- 표본 선정 시 잘 구성된 이론과 조사설계방법을 개발·활용하는 경우 작은 크기의 표본으로도 유효한 결과를 도출할 수 있다.
- 특히 이론을 검증하거나 기존의 다른 조사와 연관되는 조사를 할 경우 최대의 효과를 발휘할 수 있다.
- 모집단을 적절히 대표하지 못하는 대규모의 표본보다는 편의(Bias)가 없는 소규모의 표본을 갖는 편이 더욱 바람직하다.

ⓒ 조사결과의 분석방법

ⓔ 카테고리의 다양성
- 표본의 크기는 각 변수의 카테고리가 얼마나 다양한가에 따라 다르게 결정되어야 한다.
- 변수의 카테고리가 다양하면 다양할수록 표본의 크기는 커야 한다.

ⓜ 모집단의 변이성
- 모집단 구성요소들이 일정한 특징에 대해 상호 간에 차이점을 지니고 있는 정도를 의미한다.
- 모집단 구성요소들의 변이성 정도는 상충되는 표본의 크기를 결정하는 데 있어서 고려해야 할 중요한 요소 중 하나이다.
- 모집단의 변이성을 측정하는 가장 좋은 통계수단은 표준편차이다.
- 일반적으로 모집단 구성요소들의 변이성이 높으면 높을수록 표본의 규모가 커야 모집단을 적절하게 추정할 수 있다.
- 모집단이 동질적이면 동질적일수록 보다 더 작은 표본을 가지고도 비교적 정확하게 모집단의 가치에 가깝게 추정할 수 있다.

ⓗ 위험성
- 위험성이란 표본을 근거로 한 추정치의 정확성에 대한 조사의 불확실의 정도를 나타낸다. 이는 추정치가 조사에서 요구된 정확성이 수준에 어느 정도 벗어났는가를 의미하는 것이다.
- 위험성의 최소화가 요구되는 경우, 추정치의 정확성을 높이기 위해 표본의 크기는 그만큼 커야 한다. 반면 조사에서 위험성이 조사에 크게 영향을 미치는 않는 경우, 정확성에 대한 확신이 낮아도 되므로 표본의 크기는 작아도 무방하다.

핵심문제

15-1. 표본추출 과정에서 표본크기의 결정에 영향을 미치지 않는 것은? [22년 1회]
① 신뢰구간의 크기
② 비용 및 시간의 제약
③ 조사대상 지역의 지리적 여건
④ 유의수준으로 대변되는 정확도

15-2. 표본의 크기에 관한 설명으로 틀린 것은? [20년 3회]
① 표본의 크기는 전체적인 조사목적, 비용 등을 감안하여 결정한다.
② 부분집단별 분석이 필요한 경우에는 표본의 수를 작게 하는 대신 무응답을 줄이려고 노력한다.
③ 일반적으로 표본의 크기가 증가할수록 표본오차의 크기는 감소한다.
④ 비확률표본추출법의 경우 표본의 크기와 표본오차와는 무관하다.

15-3. 표본 크기의 결정에 관한 설명으로 틀린 것은? [18년 3회]
① 표본의 크기는 작을수록 좋다.
② 조사결과의 분석방법에 따라 달라진다.
③ 조사연구에서 수집될 자료의 양은 표본의 크기에 의해 결정된다.
④ 조사연구에 포함된 변수가 많으면 표본의 크기는 늘어나야 한다.

15-4. 표본크기에 관한 설명으로 옳은 것은? [20년 1·2회]

① 변수의 수가 증가할수록 표본크기는 커야 한다.
② 모집단의 이질성이 클수록 표본크기는 작아야 한다.
③ 소요되는 비용과 시간은 표본크기에 영향을 미치지 않는다.
④ 분석변수의 범주의 수는 표본크기를 결정하는 요인이 아니다.

15-5. 표본의 크기에 관한 설명으로 틀린 것은?

[18년 2회] [21년 3회]

① 허용오차가 클수록 표본의 크기가 커야 한다.
② 조사하고자 하는 변수의 분산값이 클수록 표본의 크기는 커야 한다.
③ 추정치에 대한 높은 신뢰수준이 요구될수록 표본의 크기는 커야 한다.
④ 비확률표본추출의 경우 표본의 크기는 예산과 시간을 고려하여 조사자가 결정할 수 있다.

|해설|

15-1
표본의 크기는 모집단으로부터 표본추출단위의 수를 몇 개로 하는 것이 적절한가에 대한 문제와 연관된 것으로, 표본크기의 결정 요인으로는 가용한 자원(시간, 비용), 이론과 조사설계, 모집단의 규모 및 변이성, 표본추출형태, 조사설계 및 방법의 형태, 통계분석 기법, 카테고리의 다양성, 위험성 등이 있다.

15-2
변수의 카테고리가 다양하면 다양할수록 표본의 크기는 커야 한다. 또한 무응답을 줄일 경우 비표본추출오차가 줄어들므로 무응답의 여부는 표본의 크기와 관련이 없다.

15-3
표본의 크기가 커지면 대표성이 높아지기 때문에 표본의 크기는 작은 것보다 큰 것이 좋다. 하지만 표본의 크기가 커지면 대표성은 높아지지만 비용과 시간이 많이 들며 비표본오차가 증가한다. 따라서 표본이 크다고 반드시 좋은 것은 아니다.

15-4
② 모집단의 동질성이 높으면 표본의 크기는 작아진다.
③ 비용·시간 등은 표본의 크기에 영향을 미치는 외적 요인에 해당한다.
④ 표본의 크기는 각 변수의 카테고리(범주)가 얼마나 다양한가에 따라 다르게 결정되어야 한다. 변수의 카테고리가 다양하면 다양할수록 표본의 크기는 커야 한다.

15-5
표본의 크기는 허용오차의 제곱에 반비례한다. 즉, 허용오차가 작을수록 표본의 크기가 크다.

정답 15-1 ③ **15-2** ② **15-3** ① **15-4** ① **15-5** ①

핵심이론 16 | 오차의 유형

① 표본추출오차
　㉠ 표본추출과정에서 발생하는 오차를 말한다.
　㉡ 표본추출된 표본을 대상으로 한 조사결과와 모집단을 직접적으로 연구했을 경우에 얻을 수 있는 가정적인 결과와의 차이에 해당한다.
　㉢ 특히 표본의 크기에 대한 조건을 만족시키지 못하는 경우 표본추출오차가 발생한다.
　㉣ 표본의 분산이 작을수록, 표본의 크기는 클수록 표집오차는 작아진다.
　㉤ 모든 조사연구는 정도상의 차이만 있을 뿐 표본추출오차를 완전히 극복하는 것이 사실상 불가능하다. 따라서 각 조사연구에서 오차의 범위를 제시하는 것은 필수적이다.

② 비표본추출오차
　㉠ 표본추출 이외의 과정에서 발생하는 오차를 말하는 것으로서, 일반적으로 측정상의 오차를 의미한다.
　㉡ 표본조사와 전수조사에서 모두 발생할 수 있다.
　㉢ 체계적 오차와 비체계적 오차, 불포함 오차 등을 예로 들 수 있다.
　㉣ 비표본추출오차의 주요 원인으로는 개념정의상의 과오, 조사설계상의 오류, 질문지의 무응답, 기재상의 오류, 기계제작상의 오류, 조사자의 착오나 편견 등을 들 수 있다.
　㉤ 표본추출오차와 마찬가지로 완전히 극복할 수 없지만, 검토과정을 추가하거나 조사원을 훈련시키는 등의 방법으로써 어느 정도 감소할 수는 있다.

③ 전체오차
　㉠ 표본추출오차와 비표본추출오차로 구성된다.
　㉡ 전체오차가 클 경우 표본의 대표성에 문제가 발생한다.
　㉢ 전체오차를 극소화하기 위해서는 표본추출오차와 비표본추출오차를 동시에 극소화해야 한다.

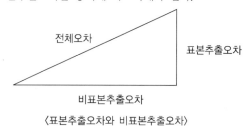

〈표본추출오차와 비표본추출오차〉

ⓐ 표본추출오차와 비표본추출오차는 상호 독립적이며, 전체오차는 표본추출오차와 비표본추출오차의 독립적인 기능에 의해 결정된다

ⓜ 표본추출오차나 비표본추출오차 가운데 어느 것 하나라도 지나치게 클 경우 전체오차는 커진다.

ⓗ 예를 들어 표본추출방법이 이상적이고 표본의 크기가 적절할 경우 표본추출오차는 극소화할 수 있지만, 만약 응답이나 면접상의 오류와 같은 비표본추출오차가 매우 크다면 전체오차상 별다른 차이가 없다. 반면 비표본추출오차를 극소화한다고 해도 표본의 크기가 너무 작아 표본추출오차가 커졌다면, 전체오차는 커질 수밖에 없다.

핵심OX

1. 표본추출오차를 완전히 극복하는 것은 불가능하지만 비표본추출오차를 완전히 극복하는 것은 가능하다. ( )
2. 표본추출오차나 비표본추출오차 가운데 어느 것 하나라도 지나치게 클 경우 전체오차는 커진다. ( )
3. 표본추출오차는 측정상의 오차를 말한다. ( )
4. 비표본추출오차는 전수조사에서는 발생하지 않는다. ( )
5. 비표본추출오차의 주요 원인으로는 개념정의상의 과오, 조사설계상의 오류, 표본의 크기, 질문지의 무응답 등이 있다. ( )

정답 1 × 2 ○ 3 × 4 × 5 ×

핵심문제

16-1. 표본추출오차와 비표본추출오차에 관한 설명으로 틀린 것은?

[21년 2회]

① 표본추출오차의 크기는 표본의 크기가 증가함에 따라 감소한다.
② 표본추출오차의 크기는 표본크기의 제곱근에 반비례한다.
③ 비표본추출오차는 표본조사와 전수조사에서 모두 발생할 수 있다.
④ 전수조사의 경우 비표본추출오차는 없으나 표본추출오차는 상당히 클 수 있다.

16-2. 다음 중 비표본오차의 원인과 가장 거리가 먼 것은?

[19년 1회] [22년 1회]

① 표본선정의 오류
② 조사설계상 오류
③ 조사표 작성 오류
④ 조사자의 오류

16-3. 다음 중 표본오류의 크기에 영향을 미치는 요인과 가장 거리가 먼 것은?

[19년 3회] [22년 1회]

① 표본의 크기
② 표본추출방법
③ 문항의 무응답
④ 모집단의 분산 정도

16-4. 표집오차(Sampling Error)에 대한 설명으로 틀린 것은?

[17년 2회]

① 표본의 분산이 작을수록 표집오차는 작아진다.
② 표본의 크기가 클수록 표집오차는 작아진다.
③ 표집오차란 통계량들이 모수 주위에 분산되어 있는 정도를 말한다.
④ 표본의 크기가 같을 때 단순무작위표집에서보다 집락표집에서 표집오차가 작다.

| 해설 |

16-1
표본추출오차는 표본으로부터 얻은 통계량으로 모집단의 모수를 추정할 때 생기는 오차로, 표본조사 통계량과 모집단의 모수와의 차이를 의미한다. 전수조사의 경우 표본추출오차는 없으나 비표본추출오차는 클 수 있다.

16-2
비표본오차란 표본추출 이외의 과정에서 발생하는 오차를 말한다.

16-3
문항의 무응답은 비표본오류의 주요 원인에 해당한다.

16-4
전체 표본의 크기가 같다고 했을 때, 단순무작위표집에서보다 집락표집에서 표집오차가 크고 단순무작위표집보다 층화표집에서 표집오차가 작게 나타난다.

정답 16-1 ④ 16-2 ① 16-3 ③ 16-4 ④

기출 데이터 15년 1,2,3회 16년 1,2,3회 17년 1,3회 18년 1,2,3회
19년 2,3회 20년 1・2,3회 21년 2,3회 22년 1회

핵심이론 01 실험적 조사설계

① 조사설계의 개념

가설을 평가하기 위한 구조, 계획 및 전략이라고 할 수 있
다. 여기서 계획은 조사에 대한 전반적인 시행방침 또는 프
로그램으로서, 조사자가 가설의 구성 및 그의 조작에서부
터 최종적인 자료의 분석에 이르기까지 무엇을 해야 할 것
인가에 대한 윤곽을 말한다.

② 인과관계의 확인

　㉠ 시간적 선후관계 : 원인이 되는 사건이나 현상이 시간적
　　으로 결과보다 먼저 발생해야 한다.

　㉡ 동시변화성(공변성)의 원칙 : 원인이 되는 현상이 변화
　　하면, 결과적인 현상도 항상 같이 변화해야 한다.

　㉢ 비허위적 관계 : 외부의 영향력을 배제한 상태에서 순수
　　하게 두 변수만의 관계를 볼 수 있어야 한다.

③ 실험적 조사설계의 의의

　㉠ 실험은 과학적 방법의 요체인 통제된 연구의 정신에 가
　　장 충실하고자 하는 연구방법으로서, 엄격히 통제된 상
　　황에서 두 변수 사이의 인과관계를 검증하는 것이다.

　㉡ 실험적 조사설계, 즉 실험설계는 인과관계에 대한 가설
　　을 검증하기 위해 변수를 조작・통제하여, 그 조작의 효
　　과를 관찰하기 위한 방법을 말한다.

④ 실험적 조사설계의 특징

　㉠ 실험설계는 기본적으로 실험집단과 통제집단 및 자극의
　　3가지 요소로 이루어진다. 즉, 인과관계를 추리하기 위
　　해 실험집단과 통제집단으로 나누고 실험집단에 자극을
　　가하여 나타난 결과를 통제집단과 비교하는 방식이다.

　㉡ 실험의 내적 타당도를 확보하기 위한 노력이다.

　㉢ 실험대상자들을 실험집단과 통제집단으로 무작위 배분
　　하여야 하며 실험설계 시 조사대상을 실험집단과 통제
　　집단으로 나누기 이전에 통제가 어려운 변수들을 찾아
　　내야 한다.

　㉣ 독립변수는 실험집단에만 투입한다.

　㉤ 변수를 찾기 위해서는 문헌조사, 경험자조사, 조작적 정
　　의와 재개념화의 방법을 사용하여 어떤 변수가 개입했
　　는가를 찾는 방법, 사회이론과 연관시켜 변수를 찾는 방
　　법, 예비조사(Pilot Study)를 통해 변수를 찾는 방법 등
　　을 사용할 수 있다.

　㉥ 사회과학에서 실험설계가 중요한 이유는 종속변수에 영
　　향을 미치는 독립변수가 너무 많고 측정 불가능하거나
　　측정이 어려운 개념이 많으며, 검증이 불가능한 경우가
　　많기 때문이다.

　㉦ 조사문제의 선정에 있어서 조사대상 및 항목 그리고 가
　　설의 요건, 기능, 종류, 평가기준 등을 이해해야 하며,
　　조사방법과 자료에 대한 접근가능성, 시간, 공간, 비용
　　등의 문제에 대해 고려해야 한다.

핵심OX

1. 실험은 통제되지 않은 상황에서 두 변수 사이의 인과관계를
　검증하는 것이다. 　　　　　　　　　　　　　　　( )
2. 실험적 조사설계는 실험집단과 통제집단의 2가지 요소로 이
　루어진다. 　　　　　　　　　　　　　　　　　　( )
3. 실험적 조사설계에서 독립변수는 실험집단에만 투입한다.
　　　　　　　　　　　　　　　　　　　　　　　　( )
4. 원인이 되는 사건은 결과보다 먼저 발생해야 한다. ( )
5. 인과관계의 일반적인 성립조건은 시간적 선행성, 공변관계,
　연속변수이다. 　　　　　　　　　　　　　　　　( )

정답 1 ✕ 2 ✕ 3 ○ 4 ○ 5 ✕

1-1. 두 변수들 사이에 인과관계가 존재하기 위해 필요한 조건과 가장 거리가 먼 것은? [22년 1회]

① 원인은 시간적으로 결과를 선행한다.
② 두 변수는 경험적으로 서로 상호 관련되어 있다.
③ 두 변수의 값은 각각 다른 변수의 값에 의하여 결정된다.
④ 두 변수의 상관관계는 제3의 변수에 의해 만들어진 것이 아니다.

1-2. 실험설계에 대한 설명으로 틀린 것은? [19년 2회] [21년 3회]

① 실험의 검증력을 극대화하고자 하는 시도이다.
② 연구가설의 진위여부를 확인하는 구조화된 절차이다.
③ 실험의 내적 타당도를 확보하기 위한 노력이다.
④ 조작적 상황을 최대한 배제하고 자연적 상황을 유지해야 하는 표준화된 절차이다.

1-3. 다음 중 실험설계가 가장 적합한 상황은? [16년 2회]

① 지역사회의 최우선 현안문제가 무엇인지 알기 위해 서베이하고자 할 때
② 국제결혼의 이혼율을 파악하고자 할 때
③ 지역아동센터의 접근성을 분석하고자 할 때
④ 무료급식 서비스를 제공받은 노숙자의 변화를 분석하고자 할 때

|해설|

1-1

인과관계의 일반적인 성립조건
• 시간적 선후관계 : 원인이 되는 사건이나 현상이 시간적으로 결과보다 먼저 발생해야 한다.
• 동시변화성의 원칙(공변관계) : 원인이 되는 현상이 변화하면, 결과적인 현상도 항상 같이 변화해야 한다.
• 비허위적 관계 : 외부의 영향력을 배제한 상태에서 순수하게 두 변수만의 관계를 볼 수 있어야 한다.

1-2
실험은 과학적 방법의 요체인 통제된 연구의 정신에 가장 충실하고자 하는 연구방법으로서, 엄격히 통제된 상황에서 두 변수 사이의 인과관계를 검증하는 것이다. 즉, 인과관계에 대한 가설을 검증하기 위해 변수를 조작·통제하여 그 조작의 효과를 관찰하기 위한 방법을 말한다.

1-3
실험설계는 두 변수 사이의 인과관계를 검증하는 설계로 ①·②·③은 현 상황의 실태를 조사하는 상황이기 때문에 적합하지 않다.

정답 1-1 ③ 1-2 ④ 1-3 ④

핵심이론 02 | 실험설계의 구성요소

① 구성요소
  ㉠ 비교(Comparison)
    • 실험설계는 기본적으로 실험집단과 통제집단에 대한 비교를 통해 변화를 입증한다.
    • 실험조치를 실시한 집단과 실시하지 않은 집단 간에 종속변수를 비교하거나, 특정 집단의 사람들에게 실험을 실행하기 전과 실행한 후의 종속변수를 비교한다.
    • 비교는 두 변수 사이에 상관관계가 존재하는지를 입증하는 과정이다.
  ㉡ 독립변수의 조작(Manipulation)
    • 인과성의 개념 속에는 "만약 X가 Y의 원인이라면, X의 변화를 유도할 때 Y의 변화가 뒤따른다."는 뜻을 함축하고 있다.
    • 양자 간 관계는 비대칭적인 것으로 가정한다.
    • 인과성과 시간적 선행성을 입증하기 위해 실험변수의 조작이 필요하다.
    • 독립변수를 의도적으로 특정 시기에 실행시켜 종속변수의 변화를 관찰하거나, 일부 집단에만 독립변수를 도입하여 다른 집단과 종속변수의 차이를 관찰한다.
    • 인위적 상황에서는 독립변수의 조작이 가능하나 자연적 상황에서는 이러한 조작이 어렵다.
  ㉢ 무작위할당(Random Assignment)
    • 가설을 타당하게 검증하기 위해 무작위할당을 통해 실험의 타당도를 저해하는 요인을 예방 또는 제거한다.
    • 실험처치 전에 실험집단과 통제집단의 상태를 동질하게 하기 위한 것이다.
    • 제3의 변수의 간섭을 통제하기 위한 방법이다.

② 실험설계의 조건
  ㉠ 독립변수의 조작 : 실험자가 독립변수를 인위적으로 변화시킨다.
  ㉡ 외생변수의 통제 : 독립변수와 종속변수 이외의 종속변수에 영향을 미칠 수 있는 변수의 영향을 제거한다.
  ㉢ 실험대상의 무작위화 : 무작위표집(무작위표본추출) 또는 무작위할당을 한다.

1. 무작위할당은 종속변수의 체계적 변이를 최대화하기 위한 것이다. ( )
2. 실험설계를 위해서는 외생변수를 통제해야 한다. ( )
3. 실험적 조사설계의 구성요소 중 두 변수 사이에 상관관계가 존재하는지를 입증하는 과정은 '일반화'이다. ( )
4. 실험의 내적 타당도를 확보하기 위해 무작위할당을 한다. ( )
5. 인과성과 시간적 선행성을 입증하기 위해 독립변수의 조작이 필요하다. ( )

정답 1 × 2 ○ 3 × 4 ○ 5 ○

핵심문제

2-1. 다음 중 실험설계의 전제조건을 모두 고른 것은?
[19년 1회]

ㄱ. 독립변수의 조작이 가능해야 한다.
ㄴ. 외생변수를 통제하거나 제거해야 한다.
ㄷ. 실험대상을 무작위로 추출해야 한다.

① ㄱ, ㄴ
② ㄴ, ㄷ
③ ㄱ, ㄷ
④ ㄱ, ㄴ, ㄷ

2-2. 다음 상황에서 제대로 된 인과관계 추리를 위해 특히 고려되어야 할 인과관계 요소는?
[19년 3회]

60대 이상의 노인 가운데 무릎이 쑤신다고 하는 분들의 비율이 상승할수록 비가 올 확률이 높아진다.

① 공변성
② 시간적 우선성
③ 외생변수의 통제
④ 외부사건의 통제

2-3. 실험설계를 위하여 충족되어야 하는 조건과 가장 거리가 먼 것은?
[19년 3회]

① 독립변수의 조작
② 인과관계의 일반화
③ 외생변수의 통제
④ 실험대상의 무작위화

2-4. 실험설계를 위한 필수요건과 가장 거리가 먼 것은?
[22년 1회]

① 통제집단과 비교집단을 함께 갖추어야 한다.
② 실험대상자들을 실험집단과 통제집단으로 무작위 배분하여야 한다.
③ 독립변수는 실험집단에만 투입하고 통제집단에서는 통제되어야 한다.
④ 독립변수의 효과를 추정하기 위해 두 집단의 종속변수 값이 비교되어야 한다.

2-5. 실험연구 설계의 원리에 해당하지 않는 것은? [22년 1회]

① 측정 과정에서 발생하는 오차를 최소화해야 한다.
② 실험설계는 조사 질문에 대한 해답을 구할 수 있도록 설계되어야 한다.
③ 실험설계의 중요한 목적 중 하나인 분석 결과의 타당성 확보를 위해서 통제과정이 중요하다.
④ 변수 간 인과관계를 도출한 실험 결과가 일반화되기 위해서 실험 대상들이 무작위 또는 작위적으로 추출되어야 한다.

|해설|

2-1
실험설계의 전제조건으로는 독립변수의 조작, 외생변수의 통제, 실험대상의 무작위화가 있다.

2-2
실험설계의 조건 중 외생변수의 통제는 독립변수와 종속변수 이외의 종속변수에 영향을 미칠 수 있는 변수의 영향을 제거하는 것으로, 60대 이상의 노인 가운데 무릎이 쑤신다고 하는 분들의 비율이 상승하는 것과 비가 올 확률 간의 관계를 확인하기 위해 외생변수를 통제하는 것이 특히 고려되어야 한다.

2-3
실험설계는 두 변수 사이의 인과관계를 검증하기 위한 것이지 일반화를 하려는 설계가 아니다.

2-4
실험설계는 외생변수의 통제, 무작위 할당, 독립변수의 조작을 기본요소로 한다. 통제집단과 비교집단을 함께 갖출 필요는 없다.

2-5
변수 간 인과관계를 도출한 실험 결과가 일반화되기 위해서는 실험 대상들을 무작위적으로 추출하여 실험의 타당도를 저해하는 요인을 예방 또는 제거해야 한다.

정답 2-1 ④ 2-2 ③ 2-3 ② 2-4 ① 2-5 ④

핵심이론 03 | 외생변수의 통제방법

① 무작위할당(무작위배정, Random Assignment)

ⓐ 어느 하나의 대상이 실험집단이나 통제집단에 할당될 동일한 기회의 조건을 가진 상태로 두 집단 중 하나에 배정하는 방법이다.

ⓑ 조사대상의 양 집단에서 뽑힐 동일한 확률을 부여함으로써 변수를 통제하는 것이다.

ⓒ 이 방법에서는 조사자의 주관, 선입관, 판단이 개입되어서는 안 된다.

② 짝짓기(Matching, 균형화)

ⓐ 실험집단과 통제집단에 균등하게 영향을 미칠 수 있도록 하기 위해 주요 변수들을 미리 알아내어 실험집단과 통제집단에서 그것들의 분포가 똑같이 나타나도록 하는 방법이다.

ⓑ 서로 적합하다고 간주되는 모든 특성·요인·조건·변수 등에서 정확하게 서로 똑같은 대상들을 둘씩 골라 하나는 실험집단에, 다른 하나는 통제집단에 배정함으로써 두 집단의 동질성을 확보한다.

③ 제거(Elimination)

외생변수로 작용할 수 있는 요인이 실험 상황에 개입되지 않도록 하는 방법이다.

④ 상쇄(Counterbalancing)

외생변수가 작용하는 강도가 동일하지 않은 상황일 때 서로 다른 실험을 실시함으로써 외생변수의 영향을 제거하는 방법이다.

핵심문제

3-1. 다음 설명은 외생변수를 통제하는 방법 중 무엇에 해당하는가? [22년 2회]

하나의 실험집단에 2개 이상의 실험변수가 가해지는 경우 사용하는 방법이다. 예를 들면, 두 가지 광고 A와 B에 대한 사람들의 선호도를 알아보자고 할 때, 광고의 제시순서가 그 광고에 대한 사람들의 선호도에 영향을 미칠 수 있다. 이때 실험집단 참여자의 반에게는 광고를 A → B의 순으로 제시하고, 나머지 반에게는 B → A의 순으로 제시하여, 각 광고에 대한 그들의 선호도를 측정한다.

① 매칭(Matching)
② 제거(Elimination)
③ 무작위화(Randomization)
④ 상쇄(Counterbalancing)

3-2. 외생변수를 사전에 아는 경우, 외생변수가 실험대상이 되는 각 집단에 균등하게 영향을 미칠 수 있도록 실험집단과 통제집단을 선정하여 외생변수의 효과를 통제하는 방법은? [20년 4회]

① 상쇄(Counterbalancing)
② 균형화(Matching)
③ 제거(Elimination)
④ 무작위화(Randomization)

3-3. 실험설계(Experimental Design)의 타당성을 높이기 위한 외생변수 통제방법이 아닌 것은? [18년 2회]

① 제거(Elimination)
② 균형화(Matching)
③ 성숙(Maturation)
④ 무작위화(Randomization)

3-4. 다음에 해당하는 외생변수의 통제방법은? [20년 4회]

하나의 실험집단에 두 개 이상의 실험변수가 가해질 때 사용하는 방법이다. 예를 들어 두 가지 정책대안의 제시순서나 조사지역에 따라 선호도에 차이가 발생한다고 판단된다면, 제시순서를 달리하거나 지역을 바꿔 재실험하는 경우가 해당한다.

① 제 거
② 상 쇄
③ 균형화
④ 무작위화

|해설|

3-1
상쇄란 외생변수가 작용하는 강도가 동일하지 않은 상황일 때 서로 다른 실험을 실시함으로써 외생변수의 영향을 제거하는 것이다. 문제에서 실험집단 참여자의 반에게는 광고를 A → B의 순으로 제시하고, 나머지 반에게는 B → A의 순으로 제시하였으므로 상쇄를 이용하여 외생변수를 통제했다고 볼 수 있다.

3-2
① 상쇄는 외생변수가 작용하는 강도가 동일하지 않은 상황일 때 서로 다른 실험을 실시함으로써 외생변수의 영향을 제거하는 방법이다.
③ 제거는 외생변수로 적용할 수 있는 요인이 실험 상황에 개입되지 않도록 하는 방법이다.
④ 무작위화는 어느 하나의 대상이 실험집단이나 통제집단에 할당될 동일한 기회의 조건을 가진 상태로 두 집단 중 하나에 배정하는 방법이다.

3-3
성숙은 시간의 흐름에 따라 연구대상이나 현상에 변화가 발생함으로 인해 결과에 영향을 미치는 것으로 내적 타당도의 저해요인 중 하나이다.

3-4
상쇄란 외생변수가 작용하는 강도가 동일하지 않은 상황일 때 서로 다른 실험을 실시함으로써 외생변수의 영향을 제거하는 것이다.

정답 3-1 ④ **3-2** ② **3-3** ③ **3-4** ②

기출 데이터 14년 1회 15년 1,2,3회 16년 1,2,3회 18년 1,2,3회 19년 1,3회 20년 1·2,3회 21년 1,2,3회 23년

핵심이론 04 | 순수실험설계(진실험설계)

① 의 의
ㄱ 실험대상의 무작위화, 독립변수의 조작, 외생변수의 통제 등 실험적 조건을 갖춘 설계유형이다.
ㄴ 내적 타당도를 저해하는 요인들을 최대한 통제한 설계유형이다.
ㄷ 상업적 연구보다 학문적 연구에서 주로 활용된다.

② 종 류
ㄱ 통제집단 사전사후검사설계
• 통제집단 전후비교설계라고도 한다.
• 무작위할당으로 실험집단과 통제집단을 구분한 후 실험집단에 대해서는 독립변수 조작을 가하고, 통제집단에 대해서는 아무런 조작을 가하지 않은 채 두 집단 간의 차이를 전후로 비교하는 방법이다. 개입 전 종속변수의 측정을 위해 사전검사를 실시한다.
• 실험집단과 통제집단의 동질성을 확보할 수 있으며, 외생변수를 통제할 수 있다.
• 검사요인을 통제할 수 없으며, 외부변수의 작용이 개입될 여지가 많다.
• 내적 타당도는 높으나, 외적 타당도가 낮다.
ㄴ 통제집단 사후검사설계
• 통제집단 후비교설계라고도 한다.
• 통제집단 전후비교설계의 단점을 보완하기 위해 실험대상자를 무작위로 할당하고 사전검사 없이 실험집단에 대해서는 조작을 가하고 통제집단에 대해서는 아무런 조작을 가하지 않은 채 그 결과를 서로 비교하는 방법이다.
• 사전검사의 영향을 제거할 수 있고, 통제집단 전후비교설계보다 간단하고 비용이 적게 소요된다.
• 종속변수의 측정결과를 단지 독립변수의 조작에 의한 결과라고 단정할 수 없다.
• 사전검사를 하지 않으므로 실험집단과 통제집단의 동질성을 확신할 수 없다.

ⓒ 솔로몬 4집단설계
- 연구대상을 4개의 집단으로 무작위할당한 것으로, 통제집단 전후비교설계와 통제집단 후비교설계를 혼합해 놓은 방법이다.
- 사전검사를 한 2개의 집단 중 하나와 사전검사를 하지 않은 2개의 집단 중 하나를 실험조치하여 실험집단으로 하고, 나머지 2개의 집단에 대해서는 실험조치를 하지 않은 채 통제집단으로 한다.
- 가장 이상적인 설계유형으로서, 사전검사의 영향을 제거하여 내적 타당도를 높일 수 있는 동시에, 사전검사와 실험처치의 상호작용의 영향을 배제하여 외적 타당도를 높일 수 있다.
- 실험집단과 통제집단의 선정과 관리가 어렵고 비경제적이다.
- 모든 외생변수의 통제가 가능하다.

ⓓ 요인설계
- 실험집단에 둘 이상의 프로그램을 실시하여 독립변수가 복수인 경우 적용하는 방법이다.
- 실험집단과 통제집단을 설정한 후 개별 독립변수와 종속변수, 복수의 독립변수와 종속변수의 인과관계를 검증한다.
- 둘 이상의 독립변수가 상호작용에 의해 종속변수에 미치는 영향을 파악할 수 있다.
- 독립변수가 많은 경우 시간 및 비용의 측면에서 비경제적이다.

핵심OX

1. 순수실험설계는 내적 타당도를 저해하는 요인들을 최대한 통제한 설계유형이다. ( )
2. 솔로몬 4집단설계는 사전검사의 영향을 제거하여 외적 타당도를 높일 수 있다. ( )
3. 종속변수의 측정을 위해 사전검사를 실시하는 것은 통제집단 후비교설계이다. ( )
4. 솔로몬 4집단설계에서 사후측정만 하는 집단은 2개이다. ( )
5. 통제집단 전후비교설계는 내적 타당도는 높으나, 외적 타당도가 낮다. ( )

정답 1 O 2 × 3 × 4 O 5 O

핵심문제

4-1. 순수실험설계(True Experimental Design)의 특징이 아닌 것은? [21년 1회] [23년]
① 비동일 통제집단의 설정
② 실험집단과 통제집단에 대한 무작위할당
③ 독립변수의 조작
④ 외생변수의 통제

4-2. 다음에서 설명하고 있는 실험설계는? [19년 3회]

> 수학과외의 효과를 측정하기 위하여, 유사한 특징을 가진 두 집단을 구성하고 각각 수학시험을 보게 하였다. 이후 한 집단에는 과외를 시키고, 다른 집단은 그대로 둔 다음 다시 각각 수학시험을 보게 하였다.

① 집단비교설계
② 솔로몬 4집단설계
③ 통제집단 사후측정설계
④ 통제집단 사전사후측정설계

4-3. 다음 중 외생변수의 통제가 가장 용이한 실험설계는? [20년 3회]

① 비동일 통제집단 사전사후측정설계
② 단일집단 사전사후측정설계
③ 집단 비교설계
④ 통제집단 사전사후측정설계

4-4. 솔로몬 연구설계에 관한 옳은 설명을 모두 고른 것은? [19년 1회] [21년 3회]

> ㄱ. 4개의 집단으로 구성한다.
> ㄴ. 사전측정을 하지 않는 집단은 2개이다.
> ㄷ. 사후측정에서의 차이점이 독립변수에 의한 것인지 사전측정에 의한 것인지 알 수 있다.
> ㄹ. 통제집단 사전사후검사설계와 비동일 비교집단설계를 합한 형태이다.

① ㄱ, ㄴ, ㄷ
② ㄱ, ㄷ
③ ㄴ, ㄹ
④ ㄱ, ㄴ, ㄷ, ㄹ

4-5. 순수실험설계에 관한 설명으로 옳은 것은? [18년 2회]

① 통제집단 사전사후설계의 경우 주시험효과를 제거하기 어렵다.

② 순수실험설계는 학문적 연구보다 상업적 연구에서 주로 활용된다.

③ 통제집단 사후실험설계는 결과변수 값을 두 번 측정한다.

④ 솔로몬 4개 집단설계는 통제집단 사전사후설계와 통제집단 사후실험설계의 결합 형태이다.

4-6. 다음 사례에서 사용한 조사설계는? [18년 1회] [21년 2회]

> 저소득층의 중학생들을 대상으로 무작위로 실험집단과 통제집단에 각각 50명씩 할당하여 실험집단에는 한 달간 48시간의 학습프로그램 개입을 실시하였고, 통제집단은 아무런 개입 없이 사후조사만 실시하였다.

① 통제집단 사전사후검사설계(Pretest-posttest Control Group Design)

② 통제집단 사후검사설계(Posttest-only Control Group Design)

③ 단일집단 사전사후검사설계(One-group Pretest-posttest Design)

④ 정태집단 비교설계(Static Group Comparison Design)

|해설|

4-1

순수실험설계(진실험설계)는 실험대상의 무작위화, 실험변수의 조작, 외생변수의 통제 등 실험적 조건을 갖춘 설계유형이다. 비동일 통제집단의 설정은 유사실험설계의 특징 중 하나이다.

4-2

유사한 특징을 가진 두 집단을 구성하고 두 집단을 각각 수학시험을 보게 하였으므로 무작위할당한 실험집단과 통제집단을 구분한 것을 알 수 있다. 조작을 가하기 전 수학시험을 보고, 한 집단에만 조작을 가한 후 수학시험을 보게 했으므로 통제집단 사전사후측정설계에 해당한다.

4-3

④ 순수실험설계로 실험집단과 통제집단에 대한 무작위할당, 독립변수의 조작, 외생변수의 통제 등 실험적 조건을 갖춘 설계유형이다.

① 유사실험설계에 해당한다.

②·③ 원시실험설계에 해당한다.

4-4

솔로몬 연구설계는 통제집단 전후비교설계와 통제집단 후비교설계를 혼합하는 것으로 가장 이상적인 실험설계 방법이다.

4-5

① 주시험효과는 내적 타당도의 저해 요인 중 하나이다. 순수실험설계는 내적 타당도를 저해하는 요인들을 최대한 통제한 설계유형이다.

② 상업적 조사는 외생변수의 통제가 어렵기 때문에 학문적 조사에서 주로 순수실험설계가 활용된다.

③ 통제집단 사후실험설계는 사전검사 없이 실험집단에 대해서는 조작을 가하고 통제집단에 대해서는 아무런 조작을 가하지 않은 채 그 결과를 서로 비교하는 방법으로 결과변수 값을 한 번 측정한다.

4-6

사전검사가 없으므로 통제집단 사후검사설계이다. 통제집단 사후검사설계는 실험대상자를 무작위로 할당한 후 사전검사 없이 실험집단에 대해서는 조작을 가하고 통제집단에 대해서는 아무런 조작을 가하지 않은 채 그 결과를 서로 비교하는 방법이다.

정답 4-1 ① 4-2 ④ 4-3 ④ 4-4 ① 4-5 ④ 4-6 ②

핵심이론 05 | 유사실험설계(준실험설계)

① 의 의

ㄱ 실험설계의 실험적 조건에 해당하는 무작위할당, 독립 변수의 조작, 통제집단, 사전·사후 검사 중 한두 가지 가 결여된 설계유형이다.

ㄴ 무작위할당에 의해 실험집단과 통제집단을 동등하게 할 수 없는 경우, 무작위할당 대신 실험집단과 유사한 비교 집단을 구성한다.

ㄷ 순수실험설계에 비해 내적 타당도가 낮지만, 현실적으 로 실험설계에 있어서 인위적인 통제가 어렵다는 점을 감안할 때, 실제 연구에서 더 많이 적용된다.

② 종 류

ㄱ 비동일 통제집단설계

• 통제집단 전후비교설계와 유사하지만 무작위할당에 의해 실험집단과 통제집단이 선택되지 않는다는 점이 다르다.

• 임의적인 방법으로 양 집단을 선정하고 사전·사후 검 사를 실시하여 종속변수의 변화를 비교하는 것이다.

• 임의적 할당에 의한 선택의 편의가 발생할 수 있으며, 실험집단의 결과가 통제집단으로 모방되는 것을 차단 하기 어렵다는 단점을 지닌다.

ㄴ 단순시계열설계

• 실험조치를 하기 이전 또는 이후에 일정한 기간 동안 정기적으로 수차례 결과변수에 대한 측정을 하여 실험 조치의 효과를 추정하는 방법이다.

• 실험조치 이전 또는 이후의 기간 동안 관찰한 값에 영 향을 미치는 사건의 유무를 확인하여야 한다.

• 통제집단을 사용하지 않으므로 중대한 변화가 과연 실 험조치에 의한 것인지 또는 역사요인이나 회귀요인에 의한 것인지 확신할 수 없다.

ㄷ 복수시계열설계

• 내적 타당도의 문제점을 개선하기 위해 단순시계열설 계에 하나 또는 그 이상의 통제집단을 추가한 것으로 서, '통제시계열설계(Control-series Design)'라고도 한다.

• 비슷한 특성을 지닌 두 집단을 선택하여 실험집단에 대해서는 실험조치 이전과 이후에 대해 여러 번 관찰 하는 반면 통제집단에 대해서는 실험조치를 하지 않은 채 실험집단의 측정시기에 따라 변화 상태를 지속적으 로 비교한다.

• 단순시계열설계에 비해 내적 타당도를 높일 수 있으 나, 실험집단과 통제집단의 구분이 무작위할당에 의 한 것이 아니므로 이질적일 수 있다.

ㄹ 회귀불연속설계

• 대상을 실험집단과 통제집단으로 배정한 후 이들 집 단에 대해 회귀분석을 함으로써 그로 인해 나타나는 불연속의 정도를 실험조치의 효과로 간주하는 방법 이다.

• 특히 정책평가에서 유용하게 사용되는 방법으로서, 정책조치를 한 집단과 하지 않은 집단에 대한 정책 행위의 결과 추정치를 계산하여 이를 비교하는 방법 이다.

• 실험집단과 통제집단의 동시발생으로 인해 역사요인 및 성장요인에 대한 통제가 가능하나 도구요인 및 실 험대상의 탈락의 문제로 인해 내적 타당도가 저하될 수 있다.

핵심OX

1. 복수시계열설계는 단순시계열설계에 비해 내적 타당도를 높일 수 있다. ( )
2. 유사실험설계는 순수실험설계에 비해 내적 타당도가 높다. ( )
3. 단순시계열설계는 통제집단을 사용하지 않는다. ( )
4. 복수시계열설계는 단순시계열설계에 하나 또는 그 이상의 통제집단을 추가한 것이다. ( )
5. 비동일 통제집단설계는 무작위할당에 의해 실험집단과 통 제집단이 선택된다. ( )

정답 1 ○ 2 × 3 ○ 4 ○ 5 ×

핵심문제

5-1. 순수실험설계와 유사실험설계를 구분하는 기준으로 가장 적합한 것은? [18년 1회] [21년 2회]

① 독립변수의 설정
② 비교집단의 설정
③ 종속변수의 설정
④ 실험대상 선정의 무작위화

5-2. 실험설계를 사전실험설계, 순수실험설계, 유사실험설계, 사후실험설계로 구분할 때 유사실험설계에 해당하는 것은? [20년 4회]

① 단일집단 사후측정설계
② 집단비교설계
③ 솔로몬 4집단설계
④ 비동일 통제집단설계

5-3. 학교에서 실시하는 금연교육이 학생들의 호흡에 미치는 효과를 알아보기 위하여 중학교 두 곳을 선정하였다. 이때 실험집단은 해당 지역의 교육청에서 금연 교육 대상으로 추천해 준 중학교이며 통제집단은 실험집단 학교와 인접해 있으면서 인구학적으로 유사한 특성을 가진 학교이다. 두 학교 모두 금연 관련 설문 조사 및 호흡 관련 검사를 허락해 주었다. 연구자가 취한 실험설계는? [21년 2회]

① 솔로몬 설계
② 비동일 통제집단설계
③ 플라시보 통제집단설계
④ 통제집단 사전사후검사설계

|해설|

5-1
유사실험설계는 무작위할당에 의해 실험집단과 통제집단을 동등하게 할 수 없는 경우, 무작위할당 대신 실험집단과 유사한 비교집단을 구성하는 것이다. 순수실험설계의 가장 큰 특징은 실험대상을 선정할 때 무작위화를 거치는 것이라 할 수 있다.

5-2
유사실험설계는 실험설계의 실험적 조건에 해당하는 무작위할당, 독립변수의 조작, 통제집단, 사전·사후 검사 중 한두 가지가 결여된 설계유형으로 비동일 통제집단설계, 단순시계열설계, 복수시계열설계, 회귀불연속설계 등이 속한다.

5-3
비동일 통제집단(비교집단)설계
• 비동일 통제집단설계는 통제집단 전후비교설계와 유사하지만 무작위할당에 의해 실험집단과 통제집단이 선택되지 않는다는 점이 다르다.
• 임의적인 방법으로 양 집단을 선정하고 사전사후검사를 실시하여 종속변수의 변화를 비교한다.
• 임의적 할당에 의한 선택의 편의가 발생할 수 있다.
• 실험집단의 결과가 통제집단으로 모방되는 것을 차단하기 어렵다.

정답 5-1 ④ 5-2 ④ 5-3 ②

핵심이론 06 | 전실험설계(원시실험설계)

① **의 의**
ㄱ 무작위할당에 의해 연구대상을 나누지 않고, 비교집단 간의 동질성이 없으며, 독립변수의 조작에 따른 변화의 관찰이 제한된 경우에 실시하는 설계유형이다.
ㄴ 인과적 추론이 어려운 설계로서, 내적·외적 타당도를 거의 통제하지 못한다.

② **종 류**
ㄱ 1회 사례연구(단일사례연구)
• 단일사례 또는 단일집단에 실험조치를 한 후 종속변수의 특성에 대한 검토를 토대로 결과를 평가하는 방법이다.
• 개입의 효과를 관찰하는 것이 주요 목적이다.
• 탐색적 목적을 위해 유용하게 사용할 수 있다.
• 비교 관찰이나 가설검증을 위한 충분한 근거가 없으므로 분석결과를 일반화할 수 없으며, 변수의 통제도 어렵다. 또한 반복적인 연구가 어려워 자료의 신뢰성을 확보하기 어렵다.
ㄴ 단일집단 사전사후검사설계(단일집단 전후비교설계)
• 조사대상에 대해 사전검사를 한 다음 독립변수를 도입하며, 이후 사후검사를 하여 인과관계를 추정하는 방법이다.
• 실험조치의 전후에 걸친 일정기간의 측정상 차이를 실험에 의한 영향으로 확신하기 어렵다.
• 역사요인, 성숙요인 등의 외생변수를 통제할 수 없다.
ㄷ 정태적 집단 비교설계(고정집단 비교설계)
• 실험집단과 통제집단을 임의적으로 선정한 후 실험집단에는 실험조치를 가하는 반면 통제집단에는 이를 가하지 않은 상태로 그 결과를 비교하는 방법이다.
• 통제집단 후비교설계에서 무작위할당을 제외한 것이다.
• 무작위할당에 의한 동등화가 이루어지지 않으므로 선택의 편의가 발생하며, 두 집단 간의 교류를 통제하지 못하므로 모방 효과가 발생한다.

1. 저실험설계는 인과적 추론이 쉽다. ( )
2. 1회 사례연구는 분석 결과를 일반화할 수 있다. ( )
3. 단일집단 사전사후검사설계는 통제집단을 구성하지 않는다. ( )
4. 1회 사례연구는 비교할 수 있는 집단이 없으므로 외생변수를 통제하기 어렵다. ( )
5. 통제집단 후비교설계에서 무작위할당을 제외한 형태는 정태적 집단 비교설계이다. ( )

정답 1 × 2 × 3 ○ 4 ○ 5 ○

핵심문제

6-1. 단일사례연구에 관한 설명으로 틀린 것은?

[18년 2회] [21년 3회]

① 외적 타당도가 높다.
② 개입효과에 대한 즉각적인 피드백이 가능하다.
③ 조사연구 과정과 실천 과정이 통합될 수 있다.
④ 개인과 집단뿐만 아니라 조직이나 지역사회도 연구대상이 될 수 있다.

6-2. 다음에 나타난 실험설계 방법은?

[22년 2회]

- 비교를 위한 두 개의 집단이 있다.
- 외부요인 효과의 발생 가능성을 배제하기 어렵다.
- 상관관계 연구와 유사한 성격을 지닌다.
- 집단 간 동질성 보장이 어렵다.

① 다중시계열(Multiple Time-series)설계
② 플라시보 통제집단(Placebo Control Group)설계
③ 통제집단 사후검사(Posttest Control Group)설계
④ 정태집단 비교(Static Group Comparison)설계

|해설|

6-1
단일사례연구는 인과적 추론이 어려워 외적 타당도의 통제가 어렵다.

6-2
정태집단 비교설계는 독립변수를 경험한 집단과 그렇지 않은 집단에 대해 사후검사를 실시하고 측정 결과를 비교하는 조사이다. 외적 사건이나 내적타당도 저해요인을 제거할 수 있다는 장점이 있으나 대상 선정이 작위적으로 이루어져 집단 자체의 차이가 통제되지 않는다는 단점이 있다.

정답 6-1 ① 6-2 ④

핵심이론 07 | 횡단적 연구와 종단적 연구

① 횡단적 연구
- ㉠ 특정 시점에서 다른 특성을 가지고 있는 집단들 사이의 차이를 측정하는 연구기법으로 대부분의 사회과학 조사연구가 여기에 해당한다.
- ㉡ 수집된 자료의 일정 시점에서의 한 집단 또는 사례들의 특징을 나타낸다.
- ㉢ 연구대상이 지리적으로 넓게 분포되어 있고 연구대상의 수가 많으며, 많은 변수에 대한 자료를 수집해야 할 필요성이 큰 경우에 유효하다.
- ㉣ 횡단적 연구의 유형으로는 언론기관의 여론조사나 인구·주택센서스 같은 현황조사(Status Survey)를 위한 설계, 어떤 변수와 다른 변수와의 관련성을 파악하기 위한 상관적 연구설계(Relational Study) 등이 있다.

② 종단적 연구
- ㉠ 하나의 연구대상을 일정 기간 동안 관찰하여 그 대상의 변화를 파악하는 데 초점을 둔 연구기법이다.
- ㉡ 둘 이상의 시점에서 동일한 분석단위를 연구하는 것으로서, 어떤 연구대상의 동태적 변화·발전과정의 연구에 적합하다.
- ㉢ 종단적 연구의 유형으로는 추세조사, 코호트조사, 패널조사 등이 있다.

1. 횡단적 연구는 일정 시점을 기준으로 모든 관련 변수에 대한 자료를 수집하는 연구로 어떤 대상의 발전과정에 대한 연구에 적합하다. ( )
2. 횡단적 연구는 엄밀한 인과관계의 검증에 유리하다. ( )
3. 패널조사는 횡단적 연구에 해당한다. ( )
4. 종단적 연구는 둘 이상의 시점에서 관찰한다. ( )
5. 추세조사는 종단적 연구에 해당한다. ( )

정답 1 × 2 × 3 × 4 ○ 5 ○

7-1. 종단연구(Longitudinal Study)에 관한 설명으로 틀린 것은?

[22년 1회]

① 추세분석은 종단연구에 속한다.
② 조사내용의 시간에 따른 변화를 분석한다.
③ 변화분석은 조사내용의 시간에 따른 변화의 원인에 대한 분석도 포함한다.
④ 패널조사란 특정 조사대상자들을 선정하여 단 한 차례만 조사를 실시하는 방법이다.

7-2. 횡단연구와 종단연구에 관한 설명으로 틀린 것은?

[20년 1 · 2회] [23년]

① 횡단연구는 한 시점에서 이루어진 관찰을 통해 얻은 자료를 바탕으로 하는 연구이다.
② 종단연구는 일정 기간에 여러 번의 관찰을 통해 얻은 자료를 이용하는 연구이다.
③ 횡단연구는 동태적이며, 종단연구는 정태적인 성격이다.
④ 종단연구에는 코호트연구, 패널연구, 추세연구 등이 있다.

7-3. 횡단조사(Cross-sectional Study)에 관한 설명으로 옳은 것은?

[19년 3회]

① 정해진 연구대상의 특정 변수값을 여러 시점에 걸쳐 연구한다.
② 패널조사에 비하여 인과관계를 더 분명하게 밝힐 수 있다.
③ 여러 연구 대상들을 정해진 한 시점에서 조사, 분석하는 방법이다.
④ 집단으로 구성된 패널에 대하여 여러 시점에 걸쳐 조사한다.

|해설|

7-1

패널조사란 특정 응답자 집단인 패널을 정해 놓고 그들로부터 상당히 긴 시간 동안 지속적으로 연구자가 필요로 하는 정보를 획득하는 방법이다.

7-2

횡단연구는 정태적이며, 종단연구는 동태적 변화 · 발전과정의 연구에 적합하다.

7-3

횡단연구는 일정 시점을 기준으로 모든 관련 변수에 대한 자료를 수집하는 기술적 조사방법이다.

정답 7-1 ④ 7-2 ③ 7-3 ③

핵심이론 08 | 종단적 연구의 유형

① 추세조사(Trend Study)
  ㉠ 동일한 전체 모집단 내의 변화를 여러 시기에 걸쳐 표본을 추출하여 계속적으로 연구하는 것이다.
  ㉡ 어떤 광범위한 연구대상의 특정 속성을 여러 시기를 두고 관찰 · 비교하는 것으로서, 인구센서스, 물가경향조사, 선거기간 동안의 여론조사 등을 예로 들 수 있다.
  ㉢ 추세연장기법을 통해 과거 · 현재의 역사적 자료를 토대로 미래의 사회적 변화를 투사한다. 즉, 과거와 현재의 자료를 토대로 미래의 변화량 · 변화율을 측정한다.
  ㉣ 질적 방법을 적용하여 브레인스토밍, 델파이기법, 정책 델파이기법으로 미래를 예측한다.

② 코호트조사 또는 동년배연구(Cohort Study)
  ㉠ 동기생 · 동시경험집단 연구에 해당한다.
  ㉡ 일정 기간 동안 어떤 한정된 부분 모집단의 변화를 연구하는 것으로서, 특정 경험을 같이 하는 사람들이 가지는 특성들에 대해 두 번 이상의 다른 시기에 걸쳐서 비교 · 연구하는 방법이다.
  예 특수목적 고등학교에 입학한 학생들을 대상으로 2012년에서 2017년까지 자존감 변화를 연구하기 위해 전체 집단(전집)으로부터 매년 다른 표본을 추출

③ 패널조사(Panel Study)
  ㉠ 동일집단 반복연구에 해당한다.
  ㉡ '패널(Panel)'이라 불리는 특정 응답자 집단을 정해 놓고 그들로부터 상당히 긴 시간 동안 지속적으로 연구자가 필요로 하는 정보를 획득하는 방법이다.
  ㉢ 시계열적 자료의 획득이 어려운 서베이, 리서치의 단점을 보완하기 위해 개발되었다.
  ㉣ 패널의 대표성 확보의 어려움, 부정확한 자료의 제공 가능성, 패널관리의 어려움, 정보의 유연성 부족 등을 단점으로 들 수 있다.
  예 공공기관의 행정서비스 만족도를 알아보기 위해 동일한 시민들을 표본으로 6개월 단위로 10년간 조사

1. 코호트조사는 어떤 한정된 부분 모집단의 변화를 연구하는 것이다. ( )
2. 패널조사는 응답자 집단을 매번 바꾸어 정보를 획득하는 방법이다. ( )
3. 패널조사는 다른 조사방법에 비해 변화를 감지할 수 있는 가능성이 비교적 높다. ( )
4. 추세조사는 양적 방법을 이용한다. ( )
5. 코호트조사는 동시경험집단을 연구한다. ( )

정답 1 ○ 2 × 3 ○ 4 × 5 ○

8-1. 패널조사에 관한 설명으로 틀린 것은? [22년 2회]

① 종단적 조사의 성격을 지닌다.
② 반복적인 조사 과정에서 성숙효과, 시험효과가 나타날 수 있다.
③ 패널 운영 시 자연 탈락한 패널구성원은 조사 결과에 크게 영향을 미치지 않는다.
④ 특정 조사대상자들을 선정해 놓고 반복적으로 실시하는 조사방식을 의미한다.

8-2. 특정한 시기에 태어났거나 동일 시점에 특정 사건을 경험한 사람들을 대상으로 이들이 시간이 지남에 따라 어떻게 변화하는지를 조사하는 방법은? [18년 3회] [22년 1회]

① 사례조사
② 패널조사
③ 코호트조사
④ 전문가의견조사

8-3. 다음에서 설명하고 있는 연구방법은? [20년 4회]

소위 386 세대라고 일컬어지는 사회집단이 가진 정치의식이 1990년 이후 5년 단위로 어떠한 변화를 보이고 있는지에 대해 종단분석을 실시했다.

① 추세연구   ② 패널연구
③ 현장연구   ④ 코호트연구

8-4. 다음은 어떤 형태의 조사에 해당하는가? [19년 3회]

A기관에서는 3년마다 범죄의 피해를 측정하기 위하여 규모 비례 집락표집을 이용하여 범죄피해 조사를 시행하고 있다.

① 사례(Case)조사
② 패널(Panel)조사
③ 추세(Trend)조사
④ 코호트(Cohort)조사

|해설|

8-1
패널조사는 '패널(Panel)'이라 불리는 특정 응답자 집단을 정해놓고 그들로부터 상당히 긴 시간 동안 지속해서 연구자가 필요로 하는 정보를 획득하는 방법이다. 따라서 패널을 관리하는 것이 어려우며, 탈락한 패널구성원은 조사 결과에 영향을 미친다.

8-2
코호트조사는 일정 기간 어떤 한정된 부분 모집단의 변화를 연구하는 것으로서, 특정 경험을 같이하는 사람들이 가지는 특성들에 대해 두 번 이상의 다른 시기에 걸쳐서 비교·연구하는 방법이다.

8-3
① 동일한 전체 모집단 내의 변화를 여러 시기에 걸쳐 표본을 추출하여 계속적으로 연구하는 것이다.
② '패널(Panel)'이라 불리는 특정 응답자 집단을 정해 놓고 그들로부터 상당히 긴 시간 동안 지속적으로 연구자가 필요로 하는 정보를 획득하는 방법이다.
③ 어떤 가설을 검증하기 위해 연구자가 현실적인 사회상황 속에서 독립변수를 조작하는 논리적인 목적을 가진 조사를 의미한다.

8-4
추세조사는 일정한 기간 동안 동일한 전체 모집단 내의 변화를 연구하는 것이다. 어떤 광범위한 연구대상의 특정 속성을 여러 시기를 두고 관찰·비교하는 것으로서, 인구센서스, 물가경향조사, 선거기간 동안의 여론조사 등을 예로 들 수 있다.

정답 8-1 ③ 8-2 ③ 8-3 ④ 8-4 ③

핵심이론 09 | 질적 연구와 양적 연구

① 질적 연구

　㉠ 주관적·해석적 사회과학의 연구방법으로서, 현상학적 사회학, 상징적 상호작용론, 민속방법론 등을 배경으로 한다.

　㉡ 사회과학의 대상은 경험적·일상적 삶의 세계 속에서 상호작용하는 사람들의 상호주관적·상징적·사회적 행위의 복합적 과정과 상황적 여건의 과정이다.

　㉢ 수집되는 자료는 일상생활 속의 행위자들의 말, 글, 몸짓, 관찰 가능한 행동, 흔적, 상호작용의 상황과 환경적 요인들이다.

　㉣ 조사에 필요한 절차나 단계를 엄격하게 결정하지 않으며, 조사초기에 설정한 분석틀이 중간에 변경될 수 있다.

　㉤ 대상에 대한 접근의 특색은 대상을 이해할 목적으로 자료에 근접하여 경험적 세계에 대한 직접적 지식을 몸소 얻고자 하는 것이다.

　㉥ 이론적 전략으로서 경험세계 자체의 성격을 존중하는 연구자의 자세를 반영하는 존재론적 입장을 방법론적으로 체계화하려 하며, 행위자들의 동기·가치·목표 등을 이해하게 해주는 사후 기술적 이론을 추구한다.

　㉦ 현지연구, 민속방법론, 불개입·무반응법, 다원적 방법론, 관찰조사 등이 속한다.

② 양적 연구

　㉠ 연구하고자 하는 대상의 속성을 일반화하기 위한 조사대상자에게 양적 척도를 활용하여 그 관계를 통계분석을 통해 밝히는 연구이다.

　㉡ 통계적으로 분석 가능한 수치자료를 산출하므로 측정기술이나 표집방법, 통계조사 등이 중요하다.

　㉢ 질문지, 구조화된 면접을 사용하여 표본으로부터 수집된 정보를 토대로 모집단으로의 일반화를 추구한다.

　㉣ 실험(실험설계와 준실험설계 등)과 서베이(횡단면적설계와 시계열설계 등)가 포함된다.

핵심문제

9-1. 질적 연구에 관한 설명으로 틀린 것은? [18년 1회] [21년 2회]

① 소규모 분석에 유리하고 자료분석 시간이 많이 소요된다.

② 주관적 동기의 이해와 의미해석을 하는 현상학적·해석학적 입장이다.

③ 수집된 자료는 타당성이 있고 실질적이나 신뢰성이 낮고 일반화는 곤란하다.

④ 연구 참여자와 연구자 간에 상호작용을 통해 연구가 진행되므로 가치지향적이지 않고 편견이 개입되지 않는다.

9-2. 질적 연구의 조사도구에 관한 설명으로 옳은 것을 모두 고른 것은?
[19년 3회]

ㄱ. 서비스평가에서 정성적 차원을 분석할 수 있다.
ㄴ. 양적 도구가 아니므로 신뢰도를 따질 수 없다.
ㄷ. 연구자 자신이 도구가 된다.
ㄹ. 구조화와 조작화의 과정을 거친다.

---

① ㄱ, ㄴ, ㄷ　　　　② ㄱ, ㄷ
③ ㄴ, ㄹ　　　　　　④ ㄹ

|해설|

9-1
질적 연구는 주관적·해석적 사회과학의 연구방법으로 편견이 개입될 가능성이 높으며, 발견지향적, 과정지향적, 탐색적, 확장주의적, 서술적, 귀납적이다.

9-2
질적 연구는 일상생활 속의 행위자들의 말, 글, 몸짓, 관찰 가능한 행동, 흔적, 상호작용의 상황과 환경적 요인들을 수집하므로 연구자 자신이 도구가 된다. 질적 연구는 정성적, 양적 연구는 정량적이며, 질적 연구와 양적 연구 모두 신뢰도를 따질 수 있다.

정답 9-1 ④ 9-2 ②

핵심이론 10 | 질적 연구와 양적 연구의 비교

① 질적 연구
- ㉠ 행위자의 준거의 틀에 입각하여 인간의 행태를 이해하려는 현상학적 입장을 취한다.
- ㉡ 자연주의적·비통제적 관찰을 이용한다.
- ㉢ 주관적이다.
- ㉣ 탐색적·확장주의적·서술적·귀납적이다.
- ㉤ 발견지향적·과정지향적이다.
- ㉥ 타당성이 있는 실질적이고 풍부한 깊이 있는 자료의 특징을 가진다.
- ㉦ 일반화할 수 없다(단일사례연구).
- ㉧ 총체론적이다.
- ㉨ 동태적 현상을 가정한다.
- ㉩ 소규모 분석에 유리하고, 연구절차가 융통적이다.

② 양적 연구
- ㉠ 사회현상의 사실이나 원인들을 탐구하는 논리실증주의적 입장을 취한다.
- ㉡ 강제된 측정과 통제된 측정을 이용한다.
- ㉢ 객관적이다.
- ㉣ 확증적·축소주의적·추론적·연역적이다.
- ㉤ 확인지향적·결과지향적이다.
- ㉥ 신뢰성 있는 반복 가능한 자료의 특징을 가진다.
- ㉦ 일반화할 수 있다(복수사례연구).
- ㉧ 특정적이다.
- ㉨ 안정적 현상을 가정한다.
- ㉩ 대규모 분석에 유리하다.

③ 실증주의적 패러다임
- ㉠ 인간행동의 일반적 형태를 예측하거나 인과관계를 설명하는 데 사용할 수 있는 일반적 법칙을 확률적 법칙에 근거하여 발견하고, 이를 확인하기 위해 논리적 유추와 경험적 관찰을 활용하여 연구하는 방법이라고 할 수 있다.
- ㉡ 조사를 진행할 때, 이론 → 가설 → 관찰 → 일반화를 반복함으로써, 사회현상에 대한 과학적 접근을 가능하게 한 패러다임이다.

- ㉢ 사회현상은 실험과 같은 자연과학의 원리를 사용함으로써 연구되어야 한다고 보며, 사회 내의 법칙, 규칙 등을 찾아내고자 한다.
- ㉣ 연구자와 연구 대상을 분리하고 가치중립성을 확보함으로써 사회적 실재를 파악할 수 있다고 본다.
- ㉤ 객관적 실재가 독립적으로 존재한다고 보면서, 경험적 관찰을 통해 이론을 재검증하고자 한다.
- ㉥ 현상의 원인을 객관적으로 측정하며, 개념의 조작화 및 일반화를 전개하는 것이 중시된다.

④ 혼합연구방법(Mixed Method)
- ㉠ 최근 질적 접근방법과 양적 접근방법의 장점을 혼합하는 접근방법이 최적의 것으로 논의되고 있다.
- ㉡ 이러한 방식은 추구되는 다양한 목적을 만족시켜 줄 수 있을 뿐만 아니라, 각 방법에 의해 얻은 결론의 의미를 더욱 분명하게 알 수 있도록 해준다.
- ㉢ 다양한 패러다임을 수용할 수 있어야 함을 전제로 하며, 다만 질적 연구와 양적 연구를 수행함에 있어 방법적 비중이 상이하고 상반된 연구결과가 나올 수 있다.

핵심OX

1. 양적 연구는 질적 연구보다 대규모 분석에 유리하다. ( )
2. 양적 연구는 과정지향적, 질적 연구는 결과지향적이다.
   ( )
3. 질적 연구는 양적 연구에 비해 결과를 일반화하기 쉽다.
   ( )
4. 양적 연구는 질적 연구에 비해 연구 과정에 융통성이 없다.
   ( )
5. 양적 연구는 확증적·축소주의적·추론적·귀납적이다.
   ( )

정답 1 ○ 2 × 3 × 4 ○ 5 ×

10-1. 양적–질적 연구방법의 비교에서 질적 연구방법에 대한 옳은 설명을 모두 고른 것은? [18년 3회] [22년 2회]

> ㄱ. 심층규명(Probing)을 한다.
> ㄴ. 연구자의 주관성을 활용한다.
> ㄷ. 연구도구로 연구자의 자질이 중요하다.
> ㄹ. 선(先)이론 후(後)조사의 방법을 활용한다.

① ㄴ, ㄹ   ② ㄱ, ㄴ, ㄷ
③ ㄱ, ㄷ, ㄹ   ④ ㄱ, ㄴ, ㄷ, ㄹ

10-2. 양적 연구와 질적 연구에 관한 설명으로 옳지 않은 것은? [20년 3회]

① 양적 연구는 연구자와 연구대상이 독립적이라는 인식론에 기초한다.
② 질적 연구는 현실 인식의 주관성을 강조한다.
③ 질적 연구는 연역적 과정에 기초한 설명과 예측을 목적으로 한다.
④ 양적 연구는 가치중립성과 편견의 배제를 강조한다.

10-3. 양적 연구와 비교한 질적 연구의 특징이 아닌 것은? [19년 3회]

① 비공식적인 언어를 사용한다.
② 주관적 동기의 이해와 의미해석을 하는 현상학적·해석학적 입장이다.
③ 비통계적 관찰, 심층적·비구조적 면접을 실시한다.
④ 자료분석에 소요되는 시간이 짧아 소규모 분석에 유리하다.

10-4. 양적 연구와 질적 연구를 통합한 혼합연구방법(Mixed Method)에 관한 내용으로 틀린 것은? [19년 2회]

① 다양한 패러다임을 수용할 수 있어야 한다.
② 질적 연구결과에서 양적 연구가 시작될 수 없다.
③ 질적 연구결과와 양적 연구결과는 상반될 수 있다.
④ 주제에 따라 두 가지 연구방법의 비중은 상이할 수 있다.

10-5. 실증주의에 관한 설명으로 틀린 것은? [22년 2회]

① 관찰결과의 일반화 가능성을 강조한다.
② 과학과 비과학을 철저히 구분하려 한다.
③ 인간 행위를 예측할 수 있는 확률적 법칙을 강조한다.
④ 인간 행위의 사회적 의미를 행위자의 입장에서 이해하려 한다.

10-6. 양적 조사와 질적 조사의 사례로 틀린 것은? [18년 2회]

① 질적 조사 – 사례연구의 기록을 분석하여 핵심적 개념을 추출한다.
② 양적 조사 – 단일사례조사로 청소년들의 흡연횟수를 3개월 동안 주기적으로 기록한다.
③ 질적 조사 – 노숙인과 함께 2주간 생활하면서 참여관찰한다.
④ 양적 조사 – 초점집단면접을 통해 문제해결방안을 도출한다.

|해설|

10-1
선(先)이론 후(後)조사의 방법은 연역법이다. 연역법은 양적 연구에서 주로 사용된다.

10-2
양적 연구는 연역적 과정에 기초한 설명과 예측을 목적으로 한다.

10-3
질적 연구는 자료분석에 소요되는 시간이 길지만 타당성이 있는 실질적이고 풍부한 깊이 있는 자료를 수집할 수 있어 소규모 분석에 유리하다.

10-4
혼합연구방법은 다양한 패러다임을 수용할 수 있어야 함을 전제로 한다. 다만 질적 연구와 양적 연구를 수행함에 있어 방법적 비중이 상이하고 상반된 연구결과가 나올 수 있다.

10-5
사회적 행동을 행위자의 입장에서 이해하려 하는 것은 해석주의이다.

10-6
초점집단면접은 전문적인 지식을 가진 면접 진행자가 동질의 소수의 집단을 대상으로 특정 주제에 대해 자유롭게 토론을 하여 필요한 정보를 얻는 방법으로 질적 조사의 사례에 해당한다.

정답 10-1 ②   10-2 ③   10-3 ④   10-4 ②   10-5 ④   10-6 ④

핵심이론 11 | 설문지 작성 시 유의사항

① 질문내용을 결정할 때 고려해야 할 사항
  ㉠ 질문이 명료하고 가능한 한 구체적인가?
  ㉡ 그 질문이 반드시 필요한가?
  ㉢ 응답자가 응답할 수 있는 질문인가?
  ㉣ 각 질문이 이중적 응답을 요구하고 있지 않는가?
  ㉤ 질문들이 편견적이거나 어떤 방향으로 반응을 유도하지는 않는가?
  ㉥ 응답이 응답형태에 의해 영향을 받고 있지는 않는가?

② 질문문항들의 배열 및 순서상 유의사항
  ㉠ 민감한 질문이나 개방형 질문은 가급적 질문지의 후반부에 배열한다(교육수준, 소득 등).
  ㉡ 계속적인 기억이 필요한 질문들을 질문지의 전반부에 배치한다.
  ㉢ 시작하는 질문은 쉽게 응답할 수 있고 흥미를 유발할 수 있는 문항으로 배열한다.
  ㉣ 질문문항들을 논리적 순서에 의거하여 배열한다.
  ㉤ 응답의 신뢰도를 묻는 질문문항들은 분리시켜야 한다.
  ㉥ 동일한 척도항목들은 모아서 배열한다.
  ㉦ 질문문항들을 길이와 유형에 따라 변화 있게 배열한다.
  ㉧ 여과질문을 적절하게 배열하여 사용한다.
  ㉨ 질문 배열에 있어서 질문들을 일정하게 연결되도록 한다든가 또는 혼동되도록 이질적인 질문들을 전후로 배열하는 것이 좋다.
  ㉩ 질문지 내의 질문들을 그 성격에 따라 깔때기 형태로 배열한다. 그리하여 처음에는 가장 일반적이고 포괄적인 질문을 놓고, 그 다음에는 보다 특수한 질문을 놓으며, 나중에는 가장 세부적이고 특수한 질문을 놓는다.
  ㉠ 응답자가 응답함에 있어서 피로를 느끼지 않도록 해야 한다. 이를 위해 질문지의 처음에는 응답자가 흥미와 자신감을 가질 수 있도록 단순한 것으로부터 시작하며, 응답자가 곤혹스러워할 질문들의 경우 분산한다거나 아예 분석에서 제외할 수도 있다.
  ㉢ 질문지 문항 배열에서 앞의 질문과 응답내용이 뒤의 질문에 대한 응답에 영향을 미치는 이전효과에 유의해야 한다.
  ㉣ 응답자의 인적사항에 대한 질문은 가능한 한 나중에 한다.

③ 질문의 유형
  ㉠ 열린 질문 : 질문받은 사람이 자유롭게 자신의 관점에서 생각하고 말할 수 있는 질문방식
  ㉡ 유도질문 : 원하는 자료를 효과적으로 유도하기 위해서 질문지의 질문문항에서 단어 하나로 어떤 응답항목에 대해 응답비율을 높이거나 낮추려는 조사자의 의도가 개입된 질문방식
  ㉢ 탐사질문 : 구체적이고 명확한 답을 얻기 위해 하는 질문방식
  ㉣ 여과질문 : 한 질문을 하고 난 후 다음 질문이 필요한지의 여부를 판별할 수 있도록 일련의 관련 질문들을 배열하는 질문방식

핵심OX

1. 처음에는 가장 일반적인 것, 나중에는 가장 세부적인 질문을 배치하는 것이 좋다. ( )
2. 응답의 신뢰도를 묻는 질문문항들은 모으는 것이 좋다. ( )
3. 동일한 척도항목들은 분리시키는 것이 좋다. ( )
4. 민감한 질문은 맨 앞에 배치하는 것이 좋다. ( )
5. 이전효과란 앞의 질문과 응답내용이 뒤의 질문에 대한 응답에 영향을 미치는 것을 말한다. ( )

정답 1 O 2 × 3 × 4 × 5 O

핵심문제

11-1. 설문지 작성에서 질문의 순서를 결정할 때 고려할 사항이 아닌 것은? [20년 3회]
① 시작하는 질문은 쉽고 흥미를 유발할 수 있어야 한다.
② 인적사항이나 사생활에 대한 질문은 가급적 처음에 묻는다.
③ 일반적인 내용을 먼저 묻고, 다음에 구체적인 것을 묻도록 한다.
④ 연상작용을 일으키는 문항들은 간격을 멀리 떨어뜨려 놓는다.

11-2. 어떤 질문을 하고 나면 다음 질문이 필요한지의 여부를 판별할 수 있도록 일련의 관련 질문들을 배열하는 질문방식은? [21년 2회]
① 유도 질문
② 탐사 질문
③ 여과 질문
④ 열린 질문

11-3. 질문 문항의 배열에 관한 설명으로 옳은 것은?

[19년 3회]

① 특수한 것을 먼저 묻고 일반적인 것은 나중에 배열한다.
② 개인의 사생활에 대한 것이나 민감한 내용은 먼저 배열한다.
③ 시작하는 질문은 흥미를 유발하는 것으로 쉽게 응답할 수 있는 것으로 배열한다.
④ 문항이 담고 있는 내용의 범위가 좁은 것에서부터 점차 넓어지도록 배열한다.

11-4. 질문지 문항배열에 대한 고려사항으로 적합하지 않은 것은?

[20년 4회]

① 시작하는 질문은 쉽게 응답할 수 있고 흥미를 유발할 수 있어야 한다.
② 앞의 질문이 다음 질문에 연상작용을 일으켜 응답에 영향을 미칠 수 있다면 질문들 사이의 간격을 멀리 떨어뜨린다.
③ 응답자의 인적사항에 대한 질문은 가능한 한 나중에 한다.
④ 질문이 담고 있는 내용의 범위가 좁은 것에서부터 점차 넓어지도록 배열한다.

|해설|

11-1
민감한 질문이나 개방형 질문은 가급적 질문지의 후반부에 배열한다(교육수준, 소득 등).

11-2
③ 여과 질문 : 한 질문을 하고 난 후 다음 질문이 필요한지의 여부를 판별할 수 있도록 일련의 관련 질문들을 배열하는 질문 방식
① 유도 질문 : 원하는 자료를 효과적으로 유도하기 위해서 질문지의 질문문항에서 단어 하나로 어떤 응답항목에 대해 응답비율을 높이거나 낮추려는 조사자의 의도가 개입된 질문
② 탐사 질문 : 구체적이고 명확한 답을 얻기 위해 질문
④ 열린 질문 : 질문받은 사람이 자유롭게 자신의 관점에서 생각하고 말할 수 있는 질문

11-3
① 일반적인 것을 먼저 묻고 특수한 것은 나중에 질문한다.
② 사생활이나 민감한 내용은 가급적 나중에 묻는다.
④ 질문문항들을 길이와 유형에 따라 변화 있게 배열한다.

11-4
처음에는 가장 일반적이고 포괄적인 질문을 놓고, 그 다음에는 보다 특수한 질문을 놓으며, 나중에는 가장 세부적이고 특수한 질문을 놓는다.

정답 **11-1** ② **11-2** ③ **11-3** ③ **11-4** ④

핵심이론 12 | 질문의 용어와 내용, 질문의 수에 관한 유의사항

① 질문의 용어 및 내용에 관한 유의사항
  ㉠ 구체성·신축성·명료성·중립성의 요건을 갖추고 각 카테고리 간 용어의 양이 어느 정도 균형을 이루어야 한다. 즉, 조사대상자들의 특성에 따라 적절한 용어를 선택해야 한다.
  ㉡ 애매모호한 용어의 사용에 유의한다. 이는 애매모호한 개념을 지님으로써 다양하게 해석될 가능성이 있는 용어들의 사용을 회피해야 한다는 것이다.
  ㉢ 어렵고 불필요한 전문용어의 사용을 삼가도록 한다.
  ㉣ 유사응답세트를 변화 있게 구성한다. 여기서 유사응답세트란 세트에 포함된 질문들이 내용에 상관없이 일정한 방향으로 응답되는 경향을 갖는 일련의 질문들을 말한다.
  ㉤ 유도질문의 사용에 유의한다. 여기서 유도질문이란 응답자에게 조사자가 특정한 응답을 기대하는 것처럼 보이도록 질문하는 경우를 말한다.
  ㉥ 위협적 질문의 사용에 유의한다. 여기서 위협적 질문이란 응답자가 당황하여 응답이 매우 어렵게 되는 주제에 관한 질문을 말한다. 이와 같은 위협적 질문에 대해 응답자들은 사실대로의 응답을 회피하거나 거짓응답을 할 수도 있다.
  ㉦ 이중질문을 지양한다. 여기서 이중질문이란 하나의 질문 문항 속에 두 개 이상의 질문이 내포된 경우를 말한다.
  ㉧ 규범적 응답 억제에 유의한다. 도덕적 규범이나 사회적 규범이 내재된 문항은 응답자의 솔직한 반응을 이끌어내기가 어렵다.
  ㉨ 지방이나 계층 등에 따라 의미가 다른 용어는 삼간다.
  ㉩ 연구자의 주관이 개입되어 특정응답 유도 혹은 암시하는 질문은 하지 않는다.

② 질문의 수에 관한 유의사항
  ㉠ 질문지 내에 포함되는 전체 질문의 수는 적절해야 한다.
  ㉡ 지나치게 많은 질문은 응답자의 피로를 유발하여 피상적인 응답이 도출되는 반면, 지나치게 적은 질문은 연구 결과의 타당성을 저해한다.
  ㉢ 보통 여론조사를 위한 질문지 내 질문의 수는 대략 30문항 정도이다.

ⓔ 질문지 내의 질문의 수는 연구의 목적과 그에 따른 질문지의 성격에 의거한다.

ⓜ 측정대상의 한 변수에 관련된 질문 수는 질문지 내의 전체 질문의 수에 따라 결정되며, 보통 3~4문항 정도이다.

핵심OX

1. 질문지 내에 포함되는 전체 질문의 수는 많을수록 좋다. ( )

2. 어렵고 불필요한 전문용어를 사용하는 것은 신뢰감을 주어 응답률을 높일 수 있어 자주 사용하는 것이 좋다. ( )

3. 다양하게 해석될 가능성이 있는 용어들의 사용에 유의해야 한다. ( )

4. 조사자가 원하는 대답을 유도하는 질문을 적절히 사용한다. ( )

5. 질문에 사용되는 용어는 구체성·신축성·추상성·중립성의 요건을 갖추어야 한다. ( )

정답 1 × 2 × 3 ○ 4 × 5 ×

핵심문제

12-1. 질문지 작성원칙과 가장 거리가 먼 것은? [22년 1회]

① 연구자의 가치관이나 의견이 반영된 문장을 사용한다.
② 질문이 짧을수록 좋고 부연설명이나 단어의 중복 사용은 피해야 한다.
③ 복합적인 질문을 피하고, 두 개 이상의 질문을 하나로 묶지 말아야 한다.
④ 질문은 그 자체로서 의미가 명확히 전달될 수 있도록 구성하고 모호한 질문은 피해야 한다.

12-2. 다음 중 질문지 작성 시 요구되는 원칙이 아닌 것은?

[20년 3회]

① 규범성   ② 간결성
③ 명확성   ④ 가치중립성

12-3. 일반적인 질문지 작성원칙과 가장 거리가 먼 것은?

[18년 3회]

① 질문은 의미가 명확하고 간결해야 한다.
② 한 질문에 한 가지 내용만 포함되도록 한다.
③ 응답지의 각 항목은 상호배타적이어야 한다.
④ 과학적이며 학문적인 용어를 선택해서 사용해야 한다.

12-4. 질문지 작성의 일반적 원칙으로 틀린 것은? [21년 2회]

① 질문 문장은 완전한 문장을 사용하는 것이 바람직하다.
② 이중적으로 해석될 수 있는 질문을 피하도록 한다.
③ 질문 문항은 명료하고 적절한 언어를 사용하여야 한다.
④ 사회적으로 바람직한 응답이 도출될 수 있도록 하여야 한다.

12-5. 질문지에 사용되는 질문이나 진술을 작성하는 원칙과 가장 거리가 먼 것은? [21년 3회]

① 항목들이 명확해야 한다.
② 질문항목들은 되도록 짧아야 한다.
③ 편견에 치우친 항목과 용어를 지양한다.
④ 부정어가 포함된 질문을 반드시 포함한다.

|해설|

12-1
질문지 작성 시 연구자의 주관이 개입되어 특정응답 유도 혹은 암시하는 질문은 하지 않는다.

12-2
질문에 사용되는 용어는 간결성·구체성·신축성·명확성·중립성의 요건을 갖추고 각 카테고리 간 용어의 양이 어느 정도 균형을 이루어야 한다.

12-3
질문지 작성 시 용어는 간단하고 직접적이며 모든 응답자들에게 친근해야 한다.

12-4
질문지를 작성할 때 질문은 중립성의 요건을 갖추어야 한다. 연구자의 주관이 개입되어 특정 응답을 유도하거나 혹은 암시하는 질문은 하지 않는다. 도덕적 규범이나 사회적 규범이 내제되어 있는 문항은 배제하도록 한다.

12-5
부정어를 반드시 포함할 필요는 없다.

정답 12-1 ① 12-2 ① 12-3 ④ 12-4 ④ 12-5 ④

핵심이론 13 | 질문지의 검증

① 예비조사의 의의

  ㉠ 조사연구 문제의 요소를 정확하게 알지 못하는 때에 핵심적인 요점과 요소가 무엇인가를 명백히 하기 위해서 실시되는 탐색적 성격의 조사를 말한다.

  ㉡ 사회조사의 형태를 목적에 따라 기초조사, 기술적 조사, 입증적 조사로 분류할 때, 예비조사는 일정한 조사 문제에 대한 관계정보를 다각적·전문적으로 획득하기 위한 준비과정으로서의 기초조사에 속한다고 할 수 있다.

  ㉢ 탐색적 조사는 조사·연구문제에 대해 사전지식이 결여된 경우 문제영역을 결정하기 위한 조사인 반면, 예비조사는 문제영역은 결정되었으나 조사문제의 핵심적인 사항을 찾아내기 위한 조사에 해당한다.

② 예비조사의 목적

  ㉠ 연구문제의 특정화

  ㉡ 가설의 명확화

  ㉢ 조사표 작성을 위한 기초자료 제공

③ 사전검사의 의의

  ㉠ 본조사에 들어가기에 앞서 본조사에서 실시하는 것과 똑같은 절차와 방법으로 질문지가 잘 구성되었는지를 시험해보는 것이다.

  ㉡ 모집단과 대체로 유사하다고 판단되는 소규모 표본을 대상으로 질문문항들의 타당성을 검사하는 과정이다.

  ㉢ 사전검사를 위해서는 확률추출과정을 거치지 않는다. 이는 사전검사 자체가 단지 질문지의 개략적인 검사에 해당하며, 사전검사의 결과에 대한 일반화를 목적으로 하지 않기 때문이다.

  ㉣ 사전검사의 대상은 모집단과 마찬가지로 이질적인 집단이어야 한다.

  ㉤ 사전검사의 결과로 얻어지는 정보는 질문문항들의 보완을 위해 사용된다.

④ 사전검사의 목적

  ㉠ 질문어구의 시정

    • 응답의 내용이 일관성 있는가를 검토해본다.

    • 조건부 대답이 많을 경우 그 질문은 적절하다고 할 수 없다.

    • 응답이 어느 한쪽으로 치우치게 나타나지는 않는지 살펴본다.

    • '모른다' 또는 '무응답'이 많은 경우 질문에 문제가 있음을 의미한다.

    • '기타'에 대한 응답이 많은 경우 그 원인을 파악하며, 응답지의 예를 적절하게 조정한다.

    • 응답에 대한 거절률이 5% 이상인 경우 또는 응답자가 익명을 요구하는 사례가 많은 경우, 적절한 질문이 이루어진 것으로 보기 어렵다.

    • 질문의 순서가 바뀌었을 때 응답에 실질적인 변화가 일어나는 경우 질문의 구성이 잘못된 것이므로 재검토해야 한다.

  ㉡ 본조사 집행에 필요한 자료수집

    • 면접시간

    • 응답자의 장소 및 분위기

    • 질문지상의 각 질문항목에 소요되는 단위시간

    • 응답자의 이동률

    • 기타 조사상의 애로점 및 이를 타개하는 방법 등

    • 현지 관서와의 관계

핵심OX

1. 사전검사는 대규모 표본을 대상으로 질문문항들의 타당성을 검사하는 과정이다. ( )

2. 질문의 순서가 바뀌었을 때 응답에 실질적인 변화가 일어나지 않는 경우 질문의 구성이 잘못된 것이므로 재검토해야 한다. ( )

3. 사전검사를 위해서는 확률추출과정이 필요하다. ( )

4. 사전검사의 대상은 모집단과 마찬가지로 이질적인 집단이어야 한다. ( )

5. 사전검사를 본조사에서 사용하고자 하는 방법과 동일하게 실시할 필요는 없다. ( )

정답 1 × 2 × 3 × 4 ○ 5 ×

13-1. 질문지 초안 완성 후 실시하는 사전검사에 관한 설명으로 맞는 것은?
[22년 2회]

① 사전검사 표본수는 본조사와 비슷해야 한다.
② 사전검사는 본조사의 조사 방법과 같아야 한다.
③ 사전검사는 가설을 보다 명확히 하기 위한 조사이다.
④ 사전검사 결과는 본조사에 포함해 분석하여야 한다.

13-2. 자료수집을 위한 사전검사에서 검토할 사항이 아닌 것은?
[22년 1회]

① 응답에 일관성이 있는지의 여부를 검토한다.
② 보다 나은 결과를 얻기 위하여 대규모 표본조사를 실시한다.
③ 응답 거부나 "모른다"라는 항목에 표시한 경우가 많은지 여부를 검토한다.
④ 한쪽으로 치우치는 응답이 나오거나 질문순서의 변화에 따른 반응의 변화를 검토한다.

13-3. 설문조사에서 사전조사(Pilot Test)에 관한 설명으로 옳은 것은?
[20년 4회] [23년]

① 기초적인 자료가 확보되지 않은 상태에서 이루어지는 조사이다.
② 응답자들이 조사내용을 분명히 이해할 수 있는지의 여부를 확인하기 위해 실시되는 조사이다.
③ 검증해야 할 가설을 찾아내기 위해 실시하는 조사이다.
④ 사전조사에 참여한 응답자들이 실제 연구에 참여해도 된다.

|해설|

13-1
① 사전검사는 모집단과 대체로 유사하다고 판단되는 소규모 표본을 대상으로 실시한다.
③ 사전검사는 질문지의 문제점을 찾아내기 위한 작업이다.
④ 사전검사는 질문지의 개략적인 검사에 해당하며, 결과로 얻어지는 정보는 질문문항들의 보완을 위해 사용된다.

13 2
소규모 사전검사를 실시하여 잘못된 문항을 수정하거나 삭제·추가한다.

13-3
본조사에 들어가기에 앞서 질문지 초안이 작성된 후 마지막 단계에서 질문지의 문제점을 찾아내기 위해 실시되는 조사이다.

정답 13-1 ② 13-2 ② 13-3 ②

핵심이론 14 | 질문지 표지편지 및 안내문 작성

① 표지편지 및 안내문의 의의
  ㉠ 질문문항들의 작성이 완료되고 배열이 결정된 경우, 질문지 작성의 마지막 작업과정으로서 안내문이나 표지편지를 작성하며, 조사자와 응답자에 대한 지시사항을 작성한다.
  ㉡ 표지편지 또는 안내문은 응답자에게 조사의 당위성을 설명하고, 이들에게 협조를 구함으로써 응답률을 제고시키는 역할을 하는 글이다.
  ㉢ 표지편지 또는 안내문은 짧으면서도 설득력이 있어야 효과적이다.
  ㉣ 질문지와 별도로 우송되기도 하지만 보통 질문지와 함께 우송된다.

② 표지편지 및 안내문 작성 시 유의사항
  ㉠ 신분의 제시 : 조사자나 연구의 주관 및 후원기관에 대한 신분을 밝혀야 한다.
  ㉡ 연구의 취지 설명 : 연구의 목적, 조사의 중요성에 대해 설명해야 한다.
  ㉢ 응답의 이유 설명 : 응답자가 질문문항들에 대해 왜 응답을 해야 하는지 설명해야 한다. 또한 응답자 개인이 모집단 전체에 대한 소수표본의 하나임을 알려주며, 본인이 추출되지 않은 수많은 사람들의 견해를 대표한다는 점을 인식시킨다.
  ㉣ 비밀의 보장 : 응답내용과 응답자의 신분에 대해 엄격한 비밀보장이 이루어짐을 확신시켜야 한다.
  ㉤ 응답률의 제고 : 표지편지의 경우 응답자들의 개별적 주소와 함께 '응답자 귀하'라고 서두에 시작하며, 편지의 말미에 조사자가 친히 서명하여 동봉한 반개별적 편지는 공식적 편지보다 훨씬 더 응답률을 제고할 가능성이 있다.

③ 설문지 회수율을 높이는 방법
  ㉠ 조사에 관한 사전예고를 한다.
  ㉡ 반송용 봉투를 동봉하여 조사대상자의 편의를 도모한다.
  ㉢ 인사장을 동봉하여 조사의 협력을 구하고 조사표의 기입 요령을 알기 쉽게 전달한다.

ⓔ 물질적 보상 등을 통해 질문 응답에 대한 동기부여를 한다.
ⓜ 독촉편지를 보내는 등의 후속 조치를 한다.
ⓗ 겉표지에 설문내용의 중요성을 부각하고 설문하는 단체에 대해 언급하여 신뢰감을 준다.
ⓢ 개인 신상에 민감한 질문들을 가능한 한 하지 않도록 한다.
ⓞ 질문지를 가급적 간단명료화 한다.

핵심OX

1. 표지편지 및 안내문은 질문지와 별도로 우송하는 것이 일반적이다. ( )
2. 표지편지에는 연구의 예상결과를 작성해야 한다. ( )
3. 연구의 목적, 조사의 중요성에 대해 설명해야 한다. ( )

정답 1 × 2 × 3 ○

핵심문제

14-1. 우편조사 시 취지문이나 질문지 표지에 반드시 포함되지 않아도 되는 사항은? [20년 1·2회]

① 조사기관
② 조사목적
③ 자료분석방법
④ 비밀유지보장

14-2. 설문지의 지시문에 들어갈 내용과 가장 거리가 먼 것은? [17년 3회]

① 연구목적
② 연구자 신분
③ 응답자 특성
④ 표집방법

14-3. 설문지의 표지문(Cover Letter)에 포함될 내용으로 가장 거리가 먼 것은? [15년 2회]

① 연구의 목적
② 연구의 중요성
③ 연구의 예상결과
④ 연구의 주관기관

14-4. 설문지 회수율을 높이는 방안과 가장 거리가 먼 것은? [21년 1회] [23년]

① 폐쇄형 질문의 수를 가능한 한 줄인다.
② 독촉편지를 보내거나 독촉전화를 한다.
③ 개인 신상에 민감한 질문들을 가능한 한 줄인다.
④ 겉표지에 설문내용의 중요성을 부각시켜 응답자가 인식하게 한다.

|해설|

14-1
질문지 표지는 응답자에게 조사의 당위성을 설명하고, 이들에게 협조를 구함으로써 응답률을 제고시키는 역할을 한다. 따라서 조사자나 조사기관에 대한 신분을 밝히고, 조사의 목적, 조사의 중요성에 대해 설명하고, 응답내용과 응답자의 신분에 대해 엄격한 비밀보장이 이루어짐을 확신시켜야 한다.

14-2
설문지의 지시문에 조사의 목적과 연구 방법, 조사기관 또는 연구자의 신분 등을 밝혀 신뢰감을 심어주는 것이 좋다.

14-3
질문지 표지에는 연구의 취지와 중요성이 기록되어야 하며 연구의 주관기관에 대해서 기록되어 있어야 한다. 또한 응답내용과 응답자의 신분에 대해 엄격한 비밀보장과 왜 응답을 해야 하는지에 대해 설명해야 한다.

14-4
설문지 회수율을 높이기 위해서는 겉표지에 설문내용의 중요성을 부각하고 설문하는 단체에 대해 언급하여 조사 기관의 신뢰성을 높여야 하며, 독촉편지를 보내는 등의 후속 조치를 해야 한다. 또한 개인 신상에 민감한 질문들은 가능한 한 하지 않도록 한다.

정답 14-1 ③ 14-2 ③ 14-3 ③ 14-4 ①

기출 데이터 15년 2회 16년 1,2,3회 17년 2,3회 18년 3회 19년 2,3회
20년 1·2,3,4회 22년 1,2회 23년

핵심이론 01 | FGI 정성조사와 면접조사의 종류

① FGI(초점집단면접, 표적집단면접)
- ㉠ 소비자 심리에 대한 지식과 면접경험을 갖춘 전문적인 진행자가 대략 8명 전후의 성, 연령, 직업 등에서 유사한 특성을 보이는 동질적인 소수 응답자와 특정 주제에 관해 자유롭게 토론을 진행하여 필요한 정보를 얻는 질적 조사방법이다.
- ㉡ 참가자들의 동기, 태도, 가치관과 욕구 등에 대해 심층적으로 탐색하고 이해하여 내용타당도를 높이는 것이 목적이므로, 참가자들은 응답을 강요당하지 않기 때문에 솔직한 자신의 의견을 표명할 수 있다.
- ㉢ 특정 집단의 결과이므로 일반화가 어렵고 자유로운 형식으로 여러 명이 토론하다 보니 개인 면접보다 통제하기 어렵다.

② FGI의 장점
- ㉠ 인터뷰 대상자의 자연스러운 대화 과정에서 FGI 정성조사의 목적과 관련된 유용하고 심층적인 정보수집이 가능하다.
- ㉡ 설문조사에서 예상하지 못한 새로운 의견이나 아이디어 도출에 유용하다.
- ㉢ 즉각적인 추가질문이 가능하고 참석자 반응에 따라 질문을 보완하거나 수정할 수 있다.
- ㉣ 복잡한 문제를 총체적으로 파악하고 분석해 나갈 수 있다.
- ㉤ 참석 대상자를 통해 현재 시점에서의 집단에서 실제 사용하는 단어나 표현방법 등을 수집할 수 있다.
- ㉥ 일반적으로 비용이 적게 든다고 볼 수 있으나 규모의 경우에 따라 유동적이다.
- ㉦ 신속성 : FGI는 보통 참여자를 섭외하고 조사를 하는 데 일주일이나 열흘 이내면 가능하며 집단심층면접 도중에, 또는 끝나자마자 바로 자료를 활용해 문제에 관한 신속한 해답을 구할 수도 있다.

- ㉧ 시너지 효과 : 특정 공통점이 있는 구성원의 그룹으로 구성하였기 때문에 인터뷰 대상자가 동질성을 느끼고 좀 더 편안하게 의견을 표명할 수 있게 되고, 다른 사람의 의견 발표에 자극을 받아 자신 또한 적극적으로 참여할 수 있는 분위기가 자연스럽게 조성될 수 있다.

③ FGI의 단점
- ㉠ 조사 대상자가 설문지법에 비해서 소수이므로, 대표성이 부족하여 일반화하기 어렵다.
- ㉡ 조사의 결과를 일반적으로 통계화하기가 쉽지 않다.
- ㉢ 조사 과정이 온전히 조사 진행자(모더레이터)의 능력에 좌우될 수 있기 때문에 그 결과물에 관해 불완전하며 수집된 자료는 주관적으로 분석되고 해석될 수 있다.
- ㉣ 표적집단면접의 경우 집단 전체를 대상으로 하므로 개인의 특성에 맞는 질문을 하거나 각 개인의 반응에 관해 집중해서 적절한 대응과 추가질문을 하기는 어렵다.
- ㉤ 대상자 선정이나 집단소집에 어려움이 있다.

④ IDI(In-Depth Interview, 심층면접법)
- ㉠ 전문면접원이 조사 대상자를 1:1로 면접하여 깊은 수준의 질문을 통해 응답자의 심리를 파악하는 조사방법이다.
- ㉡ 어떤 주제에 관해 응답자 생각이나 느낌을 자유롭게 이야기하게 함으로써 응답자의 내면 깊숙이 자리 잡은 욕구·태도·감정 등을 발견하는 조사이다.
- ㉢ 면접자는 미리 준비한 면접지침서에 따라 진행하지만 면접자의 편의에 따라 질문의 순서와 내용을 다소 조정할 수 있어 심도 있는 질문이 가능하다.
- ㉣ 면접자의 면접 능력에 크게 의존하므로 숙련된 면접능력과 분석능력이 요구된다.
- ㉤ 실문지 설계를 위한 탐색 조사, 구매동기 조사, 상품계획, 광고 아이디어 등에 이용된다.

⑤ FGD(Focus Group Discussion, 표적집단 심층좌담)
　　㉠ FGI와 유사하나 면접자들의 의견을 활발히 모을 수 있도록 참석자 간 토의를 중심으로 하고 상호작용을 통한 태도의 변화를 파악한다.
　　㉡ 지금까지 시장에 존재하지 않은 새롭고 혁신적인 제품이나 서비스의 콘셉트를 개발할 경우 등 새로운 아이디어를 발굴하는 방법으로 활용된다.
⑥ 델파이(Delphi)법
　　㉠ 기존자료 부족으로 참고할 만한 자료가 없거나 미래의 불확실한 상황을 예측하고자 할 경우 도입하여 집단의 의견들을 조정·통합하거나 개선하기 위한 방법이다.
　　㉡ 탐색적 조사에 적합한 집단 예측기법으로서, 전문가 각자에게 개별 질문을 하고, 수집된 정보를 면접자에게 공유하고, 다시 질문하여 응답받는 형태로 진행하는 방법으로써 장기적 수요 또는 판매 예측에 사용된다.

핵심문제

1-1. 표적집단면접법(Focus Group Interview)에 대한 설명으로 옳지 않은 것은? [19년 3회] [22년 1회] [23년]

① 표본이 특정 집단이기 때문에 조사 결과의 일반화가 어려운 단점이 있다.
② 조사자의 개입이 미비하므로 조사자의 주관이나 편견이 개입되지 않는다.
③ 응답자는 응답을 강요당하지 않기 때문에 솔직하고 정확히 자신의 의견을 표명할 수 있다.
④ 심층면접법을 응용한 방법으로 조사자가 소수의 응답자를 한 장소에 모이게 한 후 관련된 주제에 대하여 대화와 토론을 통해 정보를 수집하는 방법이다.

1-2. 초점집단(Focus Group)조사에 관한 설명으로 맞는 것은? [22년 2회] [23년]

① 조사결과가 체계적이기 때문에 결과의 분석과 해석이 용이하다.
② 초점집단조사는 내용타당도를 높이는 목적으로 사용될 수 있다.
③ 초점집단조사의 자료수집 과정에서는 연구자의 주관적 개입이 불가능하다.
④ 초점집단조사에서는 익명 집단의 상호작용을 통해 도출된 자료를 분석한다.

1-3. 질적 현장연구 중 초점집단연구의 특성과 가장 거리가 먼 것은? [18년 3회]

① 빠른 결과를 보여준다.
② 높은 타당도를 가진다.
③ 개인면접에 비해 연구대상을 통제하기 수월하다.
④ 사회환경에서 일어나는 실제의 생활을 포착하는 사회지향적 연구방법이다.

1-4. 전문가의 견해를 물어 종합적인 상황을 파악하거나 미래의 불확실한 상황을 예측할 때 주로 이용되는 조사기법은? [20년 3회]

① 이차적 연구(Secondary Research)
② 코호트(Cohort) 설계
③ 추세(Trend) 설계
④ 델파이(Delphi) 기법

1-6. 초점집단(Focus Group)조사와 델파이조사에 관한 설명으로 옳은 것은?

[20년 4회]

① 초점집단조사에서는 익명 집단의 상호작용을 통해 도출된 자료를 분석한다.
② 초점집단조사는 내용타당도를 높이는 목적으로 사용될 수 있다.
③ 델파이조사는 비구조화 방식으로 정보의 흐름을 제어한다.
④ 델파이조사는 대면(Face to Face) 집단의 상호작용을 통해 도출된 자료를 분석한다.

|해설|

1-1
표적집단면접은 초점집단면접이라고도 한다. 면접 진행자가 동질의 소수의 집단을 대상으로 특정 주제에 대해 자유롭게 토론을 하여 필요한 정보를 얻는 방법이기 때문에 조사자의 개입이 있다.

1-2
① 초점집단 조사는 조사 결과가 비체계적이므로 분석과 해석의 한계점이 존재한다.
③ 초점집단조사는 연구자의 주관적 개입 가능성이 높은 방법이다.
④ 델파이에 관한 설명 내용이다.

1-3
초점집단연구는 면접 진행자가 동질의 소수의 집단을 대상으로 특정 주제에 대해 자유롭게 토론을 하여 필요한 정보를 얻는 방법이다. 높은 타당도를 가지지만 진행자의 수완이 조사결과에 많은 영향을 끼치며, 특정집단의 결과이므로 일반화가 어렵고 개인면접보다 통제하기 어렵다는 단점이 있다.

1-4
① 이미 만들어진 방대한 자료인 2차 자료를 통하여 진행되는 연구를 의미한다.
② 일정 기간 동안 어떤 한정된 부분 모집단의 변화를 연구하는 것으로서, 특정 경험을 같이 하는 사람들이 가지는 특성들에 대해 두 번 이상의 다른 시기에 걸쳐서 비교·연구하는 방법이다.
③ 동일한 전체 모집단 내의 변화를 여러 시기에 걸쳐 표본을 추출하여 계속적으로 연구하는 것이다.

1-5
① 델파이조사에 대한 설명이다.
③ 델파이조사는 전문가·관리자들로부터 우편으로 의견이나 정보를 수집하여 그 결과를 분석한 후 그것을 다시 응답자들에게 보내어 의견을 묻는 식으로 만족스러운 결과를 얻을 때까지 계속하는 방법이며, 조사 내용이 정해진 구조화 방식이다.
④ 초점집단조사에 대한 설명이다.

정답 1-1 ② 1-2 ② 1-3 ③ 1-4 ④ 1-5 ②

핵심이론 02 | FGI 가이드라인(Guide line, Script)

① FGI 가이드라인 개요
 ㉠ FGI 진행을 위한 질문을 정리한 것으로 FGI 질문 내용은 기본적으로 태도(정서, 인지, 행동) 반응이며, 가치 체계에 관계된다.
 ㉡ 질문은 의견과 그 이유에 관한 개방형 질문을 사용하지만, 평가를 요구하기도 한다.
 ㉢ 실제로 물어보는 질문이 문장으로 정형화되어 있지는 않으며, 질문 순서도 분위기나 이전에 나눈 대화의 맥락에 따라 뒤바뀔 수 있다.

② FGI 가이드라인 설계 필요성
 ㉠ 의뢰자의 요청에 따른 제품 또는 브랜드 포지셔닝, 이미지 강점과 약점을 파악하고 소비자 커뮤니케이션 메시지 도출 시
 ㉡ 불특정 혹은 특정 그룹의 다수를 통해서 구매 과정이나 구입 고려요소를 파악하거나 브레인스토밍 또는 아이디어 도출 시

③ FGI 가이드라인 설계 시 고려사항
 ㉠ 조사 목적 및 배경이 고려되어야 한다.
 ㉡ 조사의 주제(테마)가 고려되어야 한다.
 ㉢ 조사 대상자의 속성과 그룹의 수가 고려되어야 한다.
 ㉣ 조사 문제의 가설 설정, 조사의 핵심요점이 나열되어야 한다.

④ FGI 가이드라인 설계 세부사항
 ㉠ 가이드라인은 진행자와 조사의뢰 측이 공동으로 설계, 작성하는 것이 바람직하며 공동으로 조사에서 다루어야 할 주제나 문제의 양, 자세한 토의 내용을 결정해야 한다.
 ㉡ 최대한의 정보를 얻어낼 수 있도록 충분한 주제를 포함하도록 하되 너무 많은 내용과 주제는 조사 대상자를 피곤하게 할 수 있고, 흥미를 떨어트릴 수 있는 점에 유의한다.
 ㉢ 분위기는 최대한 자연스럽게 흘러가도록 진행 순서를 수립하도록 하며, 다소 위협적인 질문은 친밀감이 충분히 형성된 다음에 하는 것이 좋다.

⑤ 가이드라인 작성 시 주의해야 하는 점
  ㉠ 조사 목적 파악 후 주요 주제를 정하여 주제별 세부질문을 중요도에 따라 작성한다.
  ㉡ 주제별로 중요도에 따라 적절하게 시간을 배분하고 배분시간에 맞도록 적당한 양의 질문을 구성한다.
  ㉢ 분명한 조사 목적과 3~4가지의 핵심적인 이슈를 가지고 가이드라인을 작성한다.
  ㉣ 참석자가 응답할 수 있는 질문인지를 예상해 보면서 실제 질문하는 형식으로 작성한다.
    • 질문은 참석자의 수준을 고려하여 쉽고 구체적으로 작성하는 것이 원칙이지만, 그룹 특성에 따라서는 전문용어를 사용해도 된다.
    • 실제 본인이 그 질문을 받았을 때 어떤 대답을 할 수 있는지를 생각하며 작성하도록 한다.
  ㉤ 조사 목적과 관련하여 기대하는 응답 요소나 가설 관련 요소는 미리 가이드라인에 명시하여 참석자들에게서 자발적으로 언급되지 않을 경우 모더레이터가 추가적으로 연결질문(Probing)할 수 있도록 질문지를 구성한다.
  ㉥ FGI에 사용되는 도구(콘셉트 등)를 가능한 한 가이드라인에 포함한다.
  ㉦ 가능한 한 정량적인 접근·질문이나 평가지 작성은 피한다.
  ㉧ 모더레이터에 관한 진행방법 관련 지시문을 구체화한다.
  ㉨ 가이드라인 작성에 필요한 사전정보가 없을 때는 사전조사를 실시한다.

⑥ 가이드라인 작성 절차
  ㉠ 가이드라인을 작성하기 위해서는 먼저 의사 결정 문제를 검토 및 작성한다.
  ㉡ 작성 후에는 인터뷰의 내용을 정리하고 대상을 정한다.
  ㉢ 의사 결정 문제에 대한 이론적 배경 및 사전지식을 습득한다.
  ㉣ 인터뷰를 통하여 발견된 사실을 어떻게 사용할 것인가를 고려하여 중요한 내용을 명확히 구분하고, 이에 따라 인터뷰의 질문 내용을 검토하고 확정하여 각 질문에 할애할 시간을 정한다.
  ㉤ 인터뷰어나 진행자가 실행과정에 주의해야 할 요소를 정리하여 가이드라인에 따라 조사가 진행될 수 있도록 한다.

1. 가이드라인에는 최대한의 정보를 얻어낼 수 있도록 많은 내용과 주제를 포함해야 한다. ( )
2. 참석자가 응답할 수 있는 질문인지를 예상해 보면서 실제 질문하는 형식으로 작성한다. ( )
3. 가이드라인 설계 시 조사 목적 및 배경은 고려하지 않아도 된다. ( )
4. 가이드라인은 진행자와 조사의뢰 측이 공동으로 설계, 작성하는 것이 바람직하다. ( )
5. 작성 시 질문은 의견과 그 이유에 관한 개방형 질문을 사용한다. ( )

정답 1 × 2 ○ 3 × 4 × 5 ○

2-1. FGI 정성조사 가이드라인 설계 시 고려되어야 하는 내용으로 옳은 것은? [24년]
① 윤리지침
② 연구조사목적 및 배경
③ 보조도구
④ 부호화 지침

|해설|
2-1
FGI 가이드라인 설계 시 고려사항
• 조사목적 및 배경
• 조사의 주제(테마)
• 조사 대상자의 속성과 그룹의 수
• 조사 문제의 가설 설정, 조사의 핵심요점 나열

정답 2-1 ②

핵심이론 03 | FGI 조사 진행자(Moderator)

① **FGI 모더레이터(Moderator, 정성조사 진행자)의 개념**
중재자 혹은 토론 프로그램의 사회자를 일컫는 말이며, 집단 토의(FGI)나 심층인터뷰를 진행하는 역할을 한다.

② **FGI 모더레이터의 요건**
  ㉠ 인문학 및 마케팅 전공자의 경력이 모더레이터의 역할에 많은 도움이 되며, 적합한 주제를 발견하고 주제와 관련된 조사방법, 통계분석 등 배경지식을 갖추어 전문 영역으로 구축하는 등 경력 관리가 필요하다.
  ㉡ 질문을 이해하기 쉽도록 명확하게 하고, 참여자를 정확하게 이해하여 내면 깊숙이 있는 생각을 끌어낼 수 있는 질문을 제기하며, 순발력 있게 대화 내용이 특정 부분에서 장기간 머물지 않고 계속 진행될 수 있도록 유도하는 능력이 요구된다.
  ㉢ 답변에 관한 적절한 반응과 추가 질문을 할 수 있어야 한다.
  ㉣ 친화적, 열정적, 정중한 태도 등을 갖추어야 한다.

③ **FGI 모더레이터의 업무**
  ㉠ 조사 목적에 맞게 질문지를 개발한다.
  ㉡ 인터뷰 진행 시 여러 인터뷰 대상자의 발언을 통합하여 토론을 조정해 나갈 수 있도록 메모하며 이견을 조율하고 통제해야 한다.
  ㉢ 결과물의 내용을 분석한다.
  ㉣ 클라이언트에게 소비자의 심층적 생각을 알려주기 위한 보고서를 작성한다.

④ **FGI 모더레이터가 견지해야 할 수행 태도**
  ㉠ 경청하고 주의 깊게 관찰하는 태도
  ㉡ 인터뷰 대상자의 적극적 참여를 독려하는 태도
  ㉢ 시나리오를 준수하고 유연하게 대처하는 자세 유지
  ㉣ 인터뷰 기술
    • 눈 마주치기
    • 맞장구치기
    • 라포 형성(경계심 허물기)
    • 구체적으로 파고들기
    • 상대방 말 언급하기(다시 확인하기)

  ㉤ 질문 기술
    • 광범위한 질문에서 자세한 질문으로 진행한다.
    • 논의를 이끄는 질문을 한다.
    • 추후 연계하여 질문을 한다.
    • 어떻게 이야기되는가에 주의한다.
    • 구술자의 진술이 틀렸다 해도 반박하지 않는다.

핵심OX

1. 모더레이터는 친화적, 열정적, 정중한 태도 등을 갖추어야 한다. ( )
2. 클라이언트에게 소비자의 심층적 생각을 알려주기 위해 전달할 보고서를 작성한다. ( )
3. 구술자의 틀린 진술은 바로 잡아주어야 하므로 반박하여 고친다. ( )
4. 구술자가 불편해하지 않도록 구체적으로 파고드는 질문은 삼가야 한다. ( )
5. 인문학 및 마케팅 전공자의 경력이 모더레이터의 역할에 많은 도움이 된다. ( )

정답 1 ○ 2 ○ 3 × 4 × 5 ○

핵심문제

3-1. FGI 정성조사에서 진행자가 가져야 할 요건으로 틀린 것은?
[23년]

① 주제에 빗나가는 대화내용도 주의 깊게 관찰한다.
② 가이드라인에 있는 모든 질문에 응답하도록 유도한다.
③ 모호한 답변 시 자연스럽게 다른 질문으로 넘긴다.
④ 의견조율 및 시간분배를 잘 대처하여 진행한다.

3-2. FGI 진행조정자의 자격으로 해야 할 행동이 아닌 것은?
[23년]

① 맞장구치기
② 눈 마주치기
③ 상대방 말 언급하지 않기
④ 구체적으로 파고들기

3-3. FGI 정성조사에서의 모더레이터(Moderator)의 역할에 대한 설명으로 적절하지 않은 것은? [24년]

① 조사 대상자가 가이드라인(진행지침)에 있는 모든 질문에 응답하도록 독려한다.

② 다양한 응답자의 이견을 조율하고, 조화로운 합의를 이루며, 보고서 작성에 책임을 진다.

③ 조사 대상자의 응답이 완전하지 않거나 불명확할 때 반박하거나 캐묻지 않고 자연스럽게 다른 질문으로 넘긴다.

④ 조사 대상자들이 편안한 느낌이 들게 하여 토의를 부드럽고 활발하게 이끈다.

|해설|

3-1

모호한 답변 시 자세한 설명을 요구하고 다른 각도로 질문하여 응답을 유도한다.

3-2

진행조정자의 인터뷰 기술

• 눈 마주치기
• 맞장구치기
• 라포형성(경계심 허물기)
• 구체적으로 파고들기
• 상대방 말 언급하기(다시 확인하기)

3-3

FGI 정성조사의 진행자는 응답자의 응답이 완전하지 않거나 불명확할 때 다시 한 번 질문하는데, 이때 응답자들의 체면을 손상하지 않는 범위 안에서 정확한 답을 얻어야 한다.

정답 3-1 ③ 3-2 ③ 3-3 ③

핵심이론 04 | FGI 자료 분석

① **자료 분석 담당자가 견지해야 할 기본적인 수행태도**

㉠ FGI 자료를 풍부하게 해석하려는 자세를 견지한다.

㉡ FGI 결과 해석의 논리적 비약이 없는지 세밀하게 확인하는 자세를 갖는다.

㉢ FGI 자료의 신뢰성 및 타당성을 확보하기 위한 노력을 유지한다.

② **FGI 자료의 신뢰성 및 타당성 평가**

㉠ FGI를 통해서 도출된 결과에 관한 신뢰성 및 타당성을 확보하기 위하여 다른 조사자와의 교차비교, 전문가 검토 등을 추가적으로 수행한다.

㉡ 신뢰성 : FGI 자료는 심층적이라 해도, 측정은 매우 사적이므로 충분한 신뢰성을 확보하기 어렵다.

㉢ 타당성 : 일반적으로 양적 자료에 비해 더 높은 타당도를 갖는 것으로 여겨진다.

③ **FGI의 산출물**

㉠ FGI 계획서 : FGI 착수 시 전반적인 계획 문서

㉡ FGI 참석자 스크리너 : 참가자 섭외 시 가이드 문서 및 주의사항

㉢ FGI 시나리오 : FGI 진행 시 모더레이터의 가이드 문서

㉣ 기밀 유지 서약서 : 보안상의 문제를 예방하기 위한 문서

㉤ FGI 녹취록 : FGI 진행 시 전체적인 녹취 내용(향후 보고서 작성 시 참고)

㉥ FGI 보고서 : FGI의 결과보고서

④ **FGI 조사 실시 후 자료처리 방법**

㉠ 면접응답지, 녹음파일 혹은 동영상 녹화록을 반복하여 청취 혹은 자료(결과)를 구체적으로 일정한 표본화된 틀에 의하여 정리한다.

㉡ 자료처리 단계에서 진행되어야 할 주요 활동

• 수집된 자료의 신뢰도를 검토한다.
• 수집된 응답 자료의 편집과 코딩을 수행한다.
• 자료 분석을 위한 준비작업을 수행한다.
• 자료의 통계적 처리를 한다.
• 연구결과에 관하여 분석하고 해석한다.

⑤ FGI 조사 결과 정리 과정
  ㉠ 인터뷰가 끝난 직후에 중요한 내용을 해당 팀 혹은 그룹
    별로 메모하여 정리한다.
  ㉡ 인터뷰 대상자별로 녹음·사진 파일을 정리한다.
  ㉢ 종이질문지 혹은 설문지 답변내용을 엑셀에 있는 그대
    로 입력한다.
  ㉣ 구글 폼, 웹 설문 등으로 응답받은 결과를 엑셀로 변화
    하여 정리하고 분석한다.

핵심문제

4-1. FGI 질적 자료 해석에 대한 내용으로 옳지 않은 것은?
[23년]

① 면접대상자가 전문가일 경우 전문화된 정보 수집이 가능
  하다.
② 자유로운 의견교환 및 독창적인 아이디어 도출이 가능하다.
③ 조사진행자의 역량이 부족하면 신뢰성에 문제가 생길 수
  있다.
④ 집단구성원의 자유로운 토론으로부터 다양한 조사결과가
  도출되어 결과의 분석과 해석이 쉽다.

|해설|

4-1
④ 집단구성원의 자유로운 토론으로부터 다양한 조사결과가 도
  출되어 결과의 분석과 해석이 어렵다.

정답 4-1 ④

핵심이론 05 │ 심층인터뷰 정성조사의 개념

① 심층인터뷰의 의미 및 특징
  ㉠ 1명의 응답자와 일대일 면접을 통해 응답자의 심리를 조
    사하는 방법이다.
  ㉡ 조사 대상자가 전문가(의사나 교수 등의 전문직, 특정 분
    야의 R&D 전문가 등)인 경우 여러 명을 한 장소로 모이게
    하는 게 어렵기 때문에 조사원들이 전문가를 한 명씩 직접
    찾아가 조사를 진행하는 심층 면접조사가 이루어진다.
  ㉢ 어떤 주제에 대해 응답자의 생각, 느낌 등을 자유롭게
    이야기하게 하여 응답자의 욕구, 태도 등을 파악하는 면
    접조사이다.
  ㉣ 질문의 순서와 내용은 조사자가 조정할 수 있어 좀 더
    자유롭고 심도 있는 질문을 할 수 있다.
  ㉤ 조사자가 필요하다고 생각되면 반복 질문을 통해 타당
    도 높은 자료를 수집할 수 있다.
  ㉥ 대개 기업에서 그동안 파악한 전문가의 목록을 제공한다.
    조사회사에서는 이들과 연락하여 약속을 잡고 조사를 진
    행하며, 조사비용은 100명의 전문가를 조사하는 경우 난
    이도에 따라 2,000~3,000만 원 정도의 예산이 소요된다.

② 심층인터뷰의 장점
  ㉠ 조사 대상자의 심층적인 자료 수집이 쉽다.
  ㉡ 본 조사를 보완하는 보충 자료의 수집이 쉽다.
  ㉢ 조사 내용의 융통성과 유연성이 있을 수 있다.
  ㉣ 개별 심층면접은 일대일 면접을 통해 이루어지므로 응
    답자 한 명에 집중할 수 있고, 응답에 관해 구체적 답변
    을 요구하거나 추가로 다양한 질문을 요청할 수 있다.
  ㉤ 표적집단면접은 다른 참가자의 영향을 완전히 배제하기
    어렵지만 심층면접은 집단적 영향을 배제함으로써 개인
    차원의 고유한 의견을 청취할 수 있다.

③ 심층인터뷰의 단점
  ㉠ 조사자의 편견이 개입되어 자료의 객관성이 문제될 수
    있다.
  ㉡ 면접 자체가 표준화되어 있지 않고, 면접 지침이 있다
    하더라도 개개인의 특성에 맞추어 서로 다른 질문을 받
    게 되므로 설문지법 등에 비해 상대적으로 자료를 분석
    하고 해석하기가 곤란하다.

ⓒ 조사 시점이 조사 대상자가 바쁜 일정 중에서 틈을 내어 이루어지기 때문에 실사에만 2~3주일이 걸리는 경우가 대부분일 정도로, 설문지법 등에 비해 상대적으로 자료를 수집하는 데 많은 시간이 소모된다.

ⓓ 고도의 전문성을 가진 면접 진행자가 필요하다.

ⓔ 집단의 상호작용에 의한 새로운 의견이나 아이디어 발상이 불가능하다.

ⓕ 응답 내용이 방대하고 통일성이 없어 조사 결과의 분석과 보고서 작성도 매우 힘들다.

핵심OX

1. 조사 대상자가 전문가인 경우 조사원들이 한 명씩 직접 찾아가 조사를 진행한다. ( )

2. 1:1 방식이므로 집단적 영향을 배제함으로써 개인 차원의 고유한 의견을 청취할 수 있다. ( )

3. 심층인터뷰에서는 면접 대상자나 주제에 관심이 있는 누구나 조사자가 되어 면접을 진행할 수 있다. ( )

4. 질문의 순서와 내용은 조사자가 조정할 수 있어 좀 더 자유롭고 심도 있는 질문을 할 수 있다. ( )

5. 조사자의 편견이 개입되어 자료의 객관성이 문제될 수 있다. ( )

정답 1 ○ 2 ○ 3 × 4 ○ 5 ○

핵심문제

5-1. 심층면접법(Depth Interview)에 관한 설명으로 틀린 것은?
[19년 1회] [23년]

① 질문의 순서와 내용은 조사자가 조정할 수 있어 좀 더 자유롭고 심도 깊은 질문을 할 수 있다.

② 조사자의 면접능력과 분석능력에 따라 조사결과의 신뢰도가 달라진다.

③ 초점집단면접과 비교하여 자유롭게 개인적인 의견을 교환할 수 없다.

④ 조사자가 필요하다고 생각되면 반복질문을 통해 타당도가 높은 자료를 수집한다.

5-2. 면접원을 활용하는 조사 중 상이한 특성의 면접원에 의해 발생하는 편향(Bias)이 가장 클 것으로 추정되는 조사는?
[20년 1·2회]

① 전화인터뷰조사
② 심층인터뷰조사
③ 구조화된 질문지를 사용하는 인터뷰조사
④ 집단면접조사

5-3. 심층면접법(In-Depth Interview)에 대한 설명으로 틀린 것은?
[21년 1회]

① 대체로 대규모 조사연구에 적합하다.

② 같은 표본 규모의 전화조사에 비해 대체로 비용이 많이 든다.

③ 면접자는 응답자와 친숙한 분위기를 형성하도록 해야 한다.

④ 면접자 개인별 차이에서 오는 영향이나 오류를 통제하기 어렵다.

5-4. 심층인터뷰 정성조사로 거리가 가장 먼 조사유형은?
[24년]

① 표준화 면접
② 자연적 면접
③ 자전적 면접
④ 비구조화 면접

| 해설 |

5-1
③ 초점집단면접은 전문지식을 가진 면접 진행자가 소수 집단을 대상으로 특정 주제에 대해 자유롭게 토론하여 필요한 정보를 얻는 방법으로 심층면접법 역시 자유롭게 개인적인 의견 교환이 가능하다.

5-2
편향이란 연구결과에 영향을 줄 수 있는 편견을 의미한다. 심층 인터뷰조사는 면접원의 면접 능력에 크게 의존하는 조사방법으로 면접원에 의해 발생하는 편향이 크다.

5-3
심층면접법은 한 명의 응답자와 일대일 면접을 통해 응답자의 심리를 조사하는 방법이다.

5-4
심층인터뷰는 면접자가 질문에 대한 전체적인 틀은 가지고 있지만 구체적인 질문 내용이나 순서는 사전에 정한 바가 없는 면접자와 응답자 간의 상호작용적인 대화이다. 주로 비구조화면접을 가리키며, 반구조화면접이 포함되기도 한다. 자연적 면접, 집중 면접, 자전적 면접, 서사 면접도 심층인터뷰에 속한다.

정답 5-1 ③   5-2 ②   5-3 ①   5-4 ①

핵심이론 06 | 심층인터뷰 조사자가 견지해야 할 기본적인 수행 태도

① 심층인터뷰 실시 단계

  ㉠ 심층인터뷰에 적합한 대상의 인터뷰 동의를 얻고자 하는 태도를 견지한다.

  ㉡ 심층인터뷰에 적절한 환경을 구축하려는 태도를 견지한다.

  ㉢ 심층인터뷰 대상자의 적극적 참여를 유도하는 자세를 견지한다.

  ㉣ 심층인터뷰 대상에 관한 연구윤리를 준수하려는 자세를 견지한다.

   • 조사자의 가치중립

   • 연구 내용상의 윤리문제 : 연구대상은 사회적 통념이 허용하는 범위 내의 것이어야 하며, 인간생활에 해를 주기보다는 이익을 주는 것이어야 한다.

   • 연구 과정상의 윤리문제

    - 타당한 결과를 얻어내기 위해 연구대상으로서의 인간을 조작해야 하는 경우 조사자는 어떠한 태도를 취해야 하는지, 연구활동 중 습득한 사실들에 대해 어느 정도의 수준에서 비밀을 보장해야 하는지 의문을 가진다.

    - 연구의 필요에 의해 인간에 대한 조작이 불가피한 경우에는 우선 이를 통해 발생하는 위험보다 연구결과로부터의 잠재적 이익이 커야 연구활동이 용인된다.

   • 연구 결과상의 윤리문제 : 개인의 프라이버시를 어떻게 보장할 것인지, 연구결과를 타목적에 사용할 수 있는지, 연구결과에 대한 책임이나 이익은 어떻게 분배해야 하는지 의문을 가진다.

② 심층인터뷰 분석 단계

  ㉠ 심층인터뷰 자료를 풍부하게 해석하려는 자세를 견지한다.

  ㉡ 심층인터뷰 결과 해석의 논리적 비약이 없는지 세밀하게 확인하는 자세를 갖는다.

  ㉢ 심층인터뷰 자료의 신뢰성 및 타당성을 확보하기 위한 노력을 유지한다.

핵심OX

1. 조사자는 심층인터뷰 대상자의 적극적 참여를 유도하는 자세를 견지한다. ( )
2. 연구활동 중 습득한 사실들에 대해 비밀을 보장해야 할 필요는 없다. ( )
3. 심층인터뷰 분석 단계에서는 응답자의 응답 내용을 풍부하게 해석하지 않고 그대로 유지해 최소한의 범위만 분석한다. ( )
4. 연구대상은 폭넓게 가져야 하며 사회적 통념이 허용하는 범위는 생각하지 않아도 된다. ( )

정답 1 ○ 2 × 3 × 4 ×

핵심문제

6-1. 표준화된 면접조사를 시행함에 있어 유의해야 할 사항과 가장 거리가 먼 것은? [18년 3회]

① 응답자로 하여금 면접자와의 상호작용이 유쾌하며 만족스러운 것이 될 것이라고 느끼도록 해야 한다.
② 응답자로 하여금 그 조사를 가치있는 것으로 생각하도록 해야 한다.
③ 응답자에게 연구자의 가치와 생각을 알려준다.
④ 조사표에 담긴 질문내용에서 벗어나는 질문을 해서는 안 된다.

6-2. 사회조사의 윤리적 원칙으로 옳지 않은 것은? [20년 3회]

① 윤리적 원칙은 연구결과의 보고에도 적용된다.
② 고지된 동의는 조사자를 보호하기 위해 활용될 수 있다.
③ 연구 참여에 따른 위험과 더불어 혜택도 고지되어야 한다.
④ 조사대상자의 익명성은 조사 결과를 읽는 사람에게만 해당된다.

|해설|

6-1
응답에 영향을 줄 수 있는 내용을 응답자에게 알려주어서는 안 된다.

6-2
연구자는 대상자의 익명성을 보장해야 하며, 사회조사 자료를 보는 사람이 해당 자료가 누구의 응답인지 연구자조차 몰라야 한다. 그리고 연구자는 비밀 보장의 의무를 지켜야 한다. 자료를 보관하고 보고서를 작성하는 과정에서 개인의 신분이 드러나지 않도록 보호해야 한다. 그러나 대상자가 학대받는 경우 연구자는 조사자를 보호하기 위해 사실을 알릴 수 있다.

정답 6-1 ③ 6-2 ④

CHAPTER 01	자료수집방법	✅ 회독 CHECK 1 2 3
CHAPTER 02	실사관리	✅ 회독 CHECK 1 2 3
CHAPTER 03	측정의 타당성과 신뢰성	✅ 회독 CHECK 1 2 3
CHAPTER 04	자료처리	✅ 회독 CHECK 1 2 3

합격에 윙크[Win-Q]하다!

www.sdedu.co.kr

조사관리와
자료처리

기출 데이터 14년 2회 15년 1,3회 16년 3회 17년 1회 18년 2,3회 19년 2회
20년 4회 21년 1,2,3회 22년 2회 23년

핵심이론 01 | 1차 자료와 2차 자료

① 1차 자료
  ㉠ 의 의
   • 연구자가 현재 수행 중인 조사연구의 목적을 달성하기 위해 직접 수집하는 자료를 말한다.
   • 1차 자료를 수집하는 경우 연구자는 사전준비를 철저히 해야 한다. 즉, 조사설계를 통해 표본추출방법 및 자료수집 대상을 정하고, 측정해야 할 개념과 척도를 구성한 다음 자료수집방법을 결정해야 한다.
  ㉡ 수집방법 및 선택기준
   • 우선 의사소통에 의한 방법으로 설문지, 면접법 등이 있으며, 관찰방법으로도 1차 자료의 수집이 가능하다.
   • 선택기준으로는 다양성, 신속성, 객관성, 정확성, 비용 등이 있다.
  ㉢ 장 점
   1차 자료는 조사자가 주어진 의사결정 문제를 해결하기 위해 사전에 작성된 적절한 조사설계를 통해 수집한 자료이므로, 조사목적에 적합한 정확도, 타당도, 신뢰도 등을 평가할 수 있으며, 수집된 자료를 의사결정에 필요한 시기에 적절히 이용할 수 있다.
  ㉣ 단 점
   1차 자료의 수집에는 비용, 인력, 시간이 많이 소요되므로 연구를 시작하게 되면 우선 필요한 2차 자료를 수집한다. 이때 2차 자료가 부족할 경우 연구와 직접 관련된 1차 자료를 수집하게 된다.
② 2차 자료
  ㉠ 의 의
   • 개인, 집단, 조직, 기관 등에 의해 이미 만들어진 방대한 자료를 말한다.
   • 연구목적을 위해 사용될 수 있는 기존의 모든 자료를 의미한다.
   • 현재의 과학적 목적과는 다른 목적을 위해 독창적으로 수집된 정보이다.

  ㉡ 특 징
   • 자료 생산자가 그들의 필요에 의해 생산한 기성자료이다.
   • 연구자가 자료의 수집 및 분류과정을 통제할 수 없다.
   • 자료수집과정에서 시간적 · 공간적 제약을 받지 않는다.
   • 비관여적 연구방법이다.
  ㉢ 장 점
   • 1차 자료의 수집에 따른 시간 · 노력 · 비용을 절감할 수 있다.
   • 계속적인 자료수집이 가능하다.
  ㉣ 단 점
   • 연구의 분석단위나 조작적 정의가 다른 경우 사용이 곤란하다.
   • 신뢰도와 타당도가 낮다.

핵심OX

1. 1차 자료의 수집에는 비용, 인력, 시간이 많이 소요된다. ( )
2. 1차 자료를 우선 수집하고 2차 자료를 수집하는 것이 경제적이다. ( )
3. 2차 자료는 신뢰도와 타당도가 높다. ( )
4. 2차 자료는 연구자가 자료의 수집 및 분류과정을 통제할 수 있다. ( )
5. 연구의 분석단위나 조작적 정의가 다른 경우에도 사용 가능한 점은 2차 자료의 장점이다. ( )

정답 1 ○ 2 × 3 × 4 × 5 ×

핵심문제

1-1. 다음 중 2차 자료가 아닌 것은? [20년 4회]
① 각종 통계자료
② 연구자가 직접 응답자에게 질문해서 얻은 자료
③ 조사기관의 정기, 비정기 간행물
④ 기업에서 수집한 자료

1-2. 조사자가 필요로 하는 자료를 1차 자료와 2차 자료로 구분할 때 1차 자료에 대한 설명으로 옳지 않은 것은? [19년 2회]

① 조사목적에 적합한 정보를 필요한 시기에 제공한다.
② 자료 수집에 인력과 시간, 비용이 많이 소요된다.
③ 현재 수행 중인 의사 결정 문제를 해결하기 위해 직접 수집한 자료이다.
④ 1차 자료를 얻은 후 조사목적과 일치하는 2차 자료의 존재 및 사용가능성을 확인하는 것이 경제적이다.

1-3. 2차 자료에 대한 설명으로 맞는 것은? [22년 2회] [23년]

① 1차 자료에 비해 비용과 시간을 절약할 수 있다.
② 현재 연구 중인 조사목적에 따른 정확도, 신뢰도, 타당도를 평가할 수 있다.
③ 1차 자료에 비해 조사목적에 적합한 정보를 의사결정이 필요한 시기에 적절히 이용하기 쉽다.
④ 조사자가 현재 수행 중인 연구의 목적을 달성하기 위해 적절한 조사설계를 통하여 직접 수집한 자료이다.

1-4. 2차 자료(Secondary Data) 사용에 관한 설명으로 틀린 것은? [21년 1회]

① 자료 수집에 걸리는 시간과 노력을 줄일 수 있다.
② 2차 자료는 가설의 검증을 위해서는 사용할 수 없다.
③ 다른 방법에 의해 수집된 자료를 보충하고 타당성을 검토하기 위해 사용한다.
④ 연구자가 원하는 개념을 마음대로 측정할 수 없으므로 척도의 타당도가 문제될 수 있다.

|해설|

1-1
2차 자료는 이미 만들어진 방대한 자료로, 연구자가 직접 응답자에게 질문해서 얻은 자료는 1차 자료이다.

1-2
1차 자료는 연구자가 현재 수행 중인 조사연구의 목적을 달성하기 위해 직접 수집하는 자료를 말한다. 따라서 1차 자료를 얻은 후 굳이 2차 자료를 확인할 필요는 없다.

1-3
②·④ 2차 자료는 이미 만들어진 방대한 자료를 말한다. 목적에 맞게 수집한 자료가 아니라 이미 만들어진 자료를 활용하기 때문에 신뢰도와 타당도가 높지 않다.
③ 2차 자료는 정보의 양이 부족하거나 연구의 분석단위나 조작적 정의가 다른 경우 사용이 곤란하기 때문에 필요한 시기에 적절히 이용하기 힘들다.

1-4
2차 자료는 신뢰도와 타당도가 낮다는 단점이 있지만 가설의 검증을 위해 사용할 수 있다.

정답 1-1 ② 1-2 ④ 1-3 ① 1-4 ②

핵심이론 02 | 자료조사의 유형

① 문헌조사법의 의의
　㉠ 연구의 기초가 되는 작업으로서, 연구 분야와 연관된 각종 참고문헌들에 대해 조사하는 방법이다.
　㉡ 관련 문헌을 발견하여 과거에 연구가 행해진 것 중 이론이나 개념정의, 분석방법 등을 검토해본다.
　㉢ 연구자는 어떠한 목적으로 조사를 진행하며 그 결과를 어떻게 활용할 것인지 명백히 밝혀야 한다.

② 문헌조사법의 장·단점
　㉠ 장 점
　　• 시간과 공간의 제약이 없으며, 시간과 비용을 절약할 수 있다.
　　• 기존연구의 동향을 알 수 있다.
　㉡ 단 점
　　• 연구자의 주관적 판단이 개입될 우려가 있다.
　　• 문헌의 신뢰도에 문제가 있을 때 연구가 손상된다.
　　• 실험을 하지 않기 때문에 평면적이고 서술적인 연구가 되기 쉽다.

③ 자기기입식 조사법의 의의와 장·단점
　㉠ 가정이나 직장에 질문지를 전달하고 응답자로 하여금 직접 기입하게 한 다음 나중에 질문지를 회수함으로써 자료를 수집하는 방법이다.
　㉡ 응답 시 다른 사람의 개입이나 방해가 없는 상황에서 응답할 수 있기 때문에 개인의 민감한 문제를 다루는 데 면접조사보다 유리하다.
　㉢ 설문의 응답률이 낮다는 단점이 있다.

④ 전화조사법의 의의

　　㉠ 추출된 조사대상자에게 전화를 걸어 질문문항들을 읽어
　　　준 후 응답자가 전화상으로 답변한 것을 조사자가 기록
　　　함으로써 자료를 수집하는 방법이다.

　　㉡ 신속한 정보를 얻을 수 있어 여론조사의 한 방법으로 많
　　　이 이용되고 있다.

⑤ 전화조사법의 장·단점

　　㉠ 장 점

　　　• 적은 비용으로 단시간에 조사할 수 있어 비용과 신속
　　　　성 측면에서 매우 경제적이다.

　　　• 전화번호부를 이용하여 비교적 쉽고 정확하게 표본을
　　　　추출할 수 있다.

　　　• 직접 면접이 어려운 사람의 경우에 유리하며, 응답률
　　　　이 높다.

　　　• 조사자는 응답자의 외모나 차림새 등의 편견을 용이하
　　　　게 통제할 수 있다.

　　　• 컴퓨터에 의한 완전자동화를 통해 효율성과 통일성을
　　　　극대화할 수 있다.

　　　• 현지조사가 불필요하며, 무작위 번호다이얼링 등을
　　　　통해 쉽게 표본을 추출할 수 있다.

　　㉡ 단 점

　　　• 전화번호부의 부정확성 및 미등재 전화번호의 존재가
　　　　문제시된다.

　　　• 대인면접에 비해 소요시간이 짧으며, 분량이 제한된다.

　　　• 대인면접에서와 같이 많은 조사내용에 관한 자료를 수
　　　　집하기 어렵다.

　　　• 모집단이 불완전하며, 응답자가 선정된 표본인지를
　　　　확인하기 어렵다.

　　　• 응답자의 주변상황이나 표정, 태도를 확인할 수 없으
　　　　며, 보조도구를 사용하기가 곤란하다.

　　　• 응답자가 특정한 주제에 대해 응답을 회피하기도 하
　　　　며, 무성의하게 대답하기도 한다.

　　　• 전화상으로 질문을 주고받는 도중 응답자가 끝까지 참
　　　　지 못하고 전화를 끊는 경우가 있다.

　　　• 표본의 대표성에 문제가 발생할 수 있다.

⑥ 우편조사법의 의의

　　㉠ 질문지를 추출된 조사대상자에게 우송하여 응답자로 하
　　　여금 스스로 응답하게 한 다음, 응답자가 질문지를 다시
　　　조사자에게 우송하도록 하여 자료를 수집하는 방법이다.

　　㉡ 면접법이나 전화조사법과 달리 면접자나 질문하는 사람
　　　이 없으므로, 응답자가 질문내용에 대해 이해하지 못하
　　　는 경우 정확한 응답을 얻기 어렵다.

　　㉢ 조사설계, 질문지의 작성, 자료수집활동에 있어서 세심
　　　한 주의를 필요로 한다.

⑦ 우편조사법의 장·단점

　　㉠ 장 점

　　　• 최소의 경비와 노력으로 광범위한 지역과 대상을 표본
　　　　으로 삼을 수 있다.

　　　• 면접조사에서 쉽게 접근할 수 없는 다양한 대상을 포
　　　　함시킬 수 있다.

　　　• 조사자는 응답자의 외모나 차림새 등의 편견을 용이하
　　　　게 통제할 수 있다.

　　　• 응답자가 충분한 시간적 여유를 가지고 응답할 수 있
　　　　도록 한다.

　　　• 응답자의 익명성이 보장되고 사려 깊은 응답이 가능
　　　　하다.

　　　• 지리적으로 멀리 떨어져 있을 경우 조사비용을 줄일
　　　　수 있다.

　　　• 조사자의 특성에 따른 영향이 적다.

　　㉡ 단 점

　　　• 최대의 문제점은 낮은 회수율이다.

　　　• 응답내용이 모호한 경우 응답자에 대한 해명의 기회가
　　　　없다.

　　　• 질문문항에 대해 단순성이 요구된다.

　　　• 우편대상 주소록을 작성하고 발송 후 회수하는 데 시
　　　　간 및 노력이 요구된다.

　　　• 오기나 불기 등이 발생할 수 있다.

　　　• 융통성이 부족하며, 직접적인 답변 외의 비언어적인
　　　　정보를 수집하기 어렵다.

　　　• 무자격자의 응답에 대해 통제가 어렵다.

　　　• 주위환경과 응답시기에 대해 통제가 어렵다.

⑧ 온라인조사의 의의

　㉠ 인터넷조사와 유사한 개념으로서, 통신망상에서 이루어지는 여러 형태의 온라인 조사방법이다.

　㉡ 인터넷조사나 PC통신망 조사를 총망라하는 것으로서, 전자우편조사(E-mail Survey), 웹조사(Html Form Survey) 및 다운로드조사(Downloadable Survey) 등이 포함된다.

⑨ 온라인조사법의 장·단점

　㉠ 장 점

　　• 시간 및 공간상의 제약이 다른 방법에 비해 상대적으로 적으며 이메일 등을 통해 추가질문을 할 수 있다.

　　• 조사가 신속히 이루어지며, 쌍방향 소통이 가능하다.

　　• 조사비용이 적게 들며, 조사대상자가 많은 경우에도 추가비용이 들지 않는다.

　　• 멀티미디어 자료의 활용 등 다양한 형태의 조사가 가능하고, 구조화된 설문지 작성이 용이하다.

　　• 특수계층의 응답자에게도 적용 가능하다.

　㉡ 단 점

　　• 컴퓨터와 인터넷을 사용할 수 있는 사람만을 대상으로 하므로 표본의 대표성 문제가 제기될 수 있다.

　　• 컴퓨터 시스템을 사용하므로 고정비용이 발생한다.

　　• 응답자의 프라이버시 보호와 통신상의 예절 등에 각별한 주의를 필요로 한다.

　　• 응답자에 대한 통제가 쉽지 않으며, 응답률과 회수율이 낮게 나타날 수 있다.

　　• 본인 확인이 불가능한 경우 중복조사될 수 있다.

　　• 온라인 표본의 모집단을 규정하기 힘들다.

핵심OX

1. 연구자의 주관적 판단이 개입될 우려가 있는 조사방법은 전화조사이다. 　　　　　　　　　　　　　　　　(　)
2. 온라인조사는 컴퓨터 시스템을 사용하므로 고정비용이 발생한다. 　　　　　　　　　　　　　　　　　(　)
3. 우편조사의 장점은 최소의 경비와 노력으로 광범위한 지역과 대상을 표본으로 삼을 수 있다는 것이다. 　(　)
4. 전화조사는 신속한 정보를 얻을 수 있어 여론조사의 한 방법으로 많이 이용되고 있다. 　　　　　　　　(　)

정답 1 X　2 ○　3 ○　4 ○

핵심문제

2-1. 다음 중 2차 자료를 이용하는 조사방법은?　　[19년 3회]

① 현지조사　　　　　　② 패널조사
③ 문헌조사　　　　　　④ 대인면접법

2-2. 자료수집방법에 대한 비교설명으로 옳은 것은?
　　　　　　　　　　　　　　　　[18년 1회] [23년]

① 인터넷조사는 우편조사에 비해서 비용이 많이 소요된다.
② 전화조사는 면접조사에 비해서 시간이 많이 소요된다.
③ 인터넷조사는 다른 조사에 비해 시각보조자료의 활용이 곤란하다.
④ 면접조사는 다른 조사에 비해 라포(Rapport)의 형성이 용이하다.

2-3. 전화조사의 장점과 가장 거리가 먼 것은?
　　　　　　　　　　　　[18년 2회] [21년 2회] [23년]

① 신속한 조사가 가능하다.
② 면접자에 대한 감독이 용이하다.
③ 표본의 대표성을 확보하기 쉽다.
④ 광범한 지역에 대한 조사가 용이하다.

2-4. 다음에 열거한 속성을 모두 충족하는 자료수집방법은?
　　　　　　　　　　　　　　　[20년 1·2회] [23년]

> • 비용이 저렴하다.
> • 조사기간이 짧다.
> • 그림·음성·동영상 등을 이용할 수 있어 응답자의 이해도를 높일 수 있다.
> • 모집단이 편향되어 있다.

① 면접조사　　　　　　② 우편조사
③ 전화조사　　　　　　④ 온라인조사

2-5. 일반적으로 실행되는 면접조사, 전화조사, 우편조사를 비교한 설명으로 틀린 것은?　　[18년 3회] [22년 1회]

① 익명성을 보장하려면 면접조사보다는 우편조사를 실시한다.
② 복잡한 질문을 다루는 데는 면접조사가 가장 적합하다.
③ 조사자의 영향을 가장 적게 받는 것은 전화조사이다.
④ 3가지 방법 모두 개방형 질문을 활용할 수 있다.

| 해설 |

2-1

2차 자료는 연구목적을 위해 사용될 수 있는 기존의 모든 자료를 의미한다. 문헌조사는 관련된 분야에 대한 각종 문헌을 조사하는 것으로 2차 자료를 이용하는 조사방법이다.

2-2

① 우편조사는 면접조사 등에 비해 비용이 적게 소모되는 것이 장점이지만 상대적으로 인터넷조사가 조사비용이 더 적게 소요된다.

② 전화조사는 적은 비용으로 단시간에 조사할 수 있어 비용과 신속성 측면에서 매우 경제적인 것이 장점이다. 반면 면접조사는 비용과 시간이 많이 소요된다는 단점이 있다.

③ 인터넷 화면을 통해 시각보조자료의 활용이 가능하다.

2-3

전화조사방법에 있어서 가장 커다란 취약점은 표본추출 시에 명백히 나타나는 모집단의 불완전성이라고 말할 수 있다. 전화번호부의 부정확성 및 미등재 전화번호의 존재가 문제시되어 모집단이 불완전하다. 또한 응답자가 선정된 표본인지를 확인하기 어려워 표본의 대표성을 확보하기 어렵다.

2-4

온라인조사는 컴퓨터와 인터넷을 사용할 수 있는 사람만을 대상으로 하므로 표본의 대표성을 확보하기 어렵고, 특정 연령층이나 성별에 따른 편중된 응답이 도출될 위험성이 있다. 하지만 시간 및 공간상의 제약이 다른 방법에 비해 상대적으로 적기 때문에 조사가 신속히 이루어지며, 조사비용이 적게 들고 조사대상자가 많은 경우에도 추가비용이 들지 않는다. 또한 멀티미디어 자료의 활용 등 다양한 형태의 조사가 가능하다.

2-5

조사자의 영향을 가장 적게 받는 것은 조사자와 직접 대면하거나 대화하지 않는 우편조사이다.

[정답] 2-1 ③ 2-2 ④ 2-3 ③ 2-4 ④ 2-5 ③

| 핵심이론 03 | 내용분석법의 의의와 특징

① **내용분석법의 의의**

㉠ 여러 가지 문서화된 매체들을 중심으로 연구대상에 필요한 자료들을 수집하는 방법이다.

㉡ 커뮤니케이션의 현재적 내용을 객관적·체계적·수량적으로 기술하는 연구방법이다.

㉢ 어떠한 자료로부터 그 문맥에 대한 묘사를 할 수 있고, 타당한 준거를 만들어내는 연구방법이다.

㉣ 객관적이고 계량적인 방법에 의해 측정·분석하는 기술에 해당한다.

㉤ 서적, 신문, 문서 등의 기록된 정보의 내용을 조사하기 위해 고안된 체계적인 절차이다.

② **내용분석법의 특징**

㉠ 문헌연구의 일종으로 비개입적 연구이다.

㉡ 메시지를 그 분석대상으로 한다.

㉢ 양적 분석방법뿐만 아니라 질적 분석방법도 사용하며, 질적인 자료를 양적인 자료로 바꾼다.

㉣ 범주 설정에 있어서는 포괄성과 상호배타성을 확보해야 한다.

㉤ 자료가 방대한 경우 내용분석법에서도 모집단 내에서 표본을 추출하여 분석할 수 있다.

㉥ 코딩을 위해서는 개념화 및 조작화가 잘 이루어져야 한다.

㉦ 인간의 모든 형태의 의사소통기록물을 활용할 수 있다.

③ **내용분석법의 장·단점**

㉠ 장 점

• 가치, 요망, 태도, 창의성, 인간성 또는 권위주의 등 다양한 심리적 변수를 효과적으로 측정할 수 있다.

• 관찰 등의 측정방법으로는 불가능한 가치문제에 대한 연구가 가능하다.

• 여타의 관찰 또는 측정방법에 대한 타당성 여부를 조사하기 위해 사용될 수 있다.

• 여타의 연구방법과 병용이 가능하다. 즉, 실험적 연구의 결과 또는 개방형 질문의 응답내용 등에 대한 내용분석이 가능하다.

• 다른 조사에 비해 실패 시 위험부담이 적다(안정성의 문제).

- 비용과 시간 등이 절약된다.
- 안정성·융통성이 있고 장기간에 걸친 과정의 연구가 가능(자료의 수정·반복 가능)하다.
- 비관여적이므로 연구자가 연구대상에 영향을 미치지 않고 조사 자체에 대한 반응이 없다.
- 일정기간 동안 진행되는 과정에 대한 분석이 용이하다.
- 연구 진행 중에 연구계획의 부분적인 수정이 가능하다.

ⓒ 단 점
- 분류 범주의 타당도 확보가 곤란하다.
- 자료·분석에 있어서 신뢰도가 흔히 문제시된다.
- 자료의 입수가 제한되어 있는 경우가 적지 않다.

핵심문제

3-1. 내용분석에 관한 설명으로 틀린 것은? [20년 3회]
① 조사대상에 영향을 미친다.
② 시간과 비용 측면에서 경제성이 있다.
③ 일정기간 진행되는 과정에 대한 분석이 용이하다.
④ 연구 진행 중에 연구계획의 부분적인 수정이 가능하다.

3-2. 내용분석에 관한 설명과 가장 거리가 먼 것은? [18년 3회]
① 분석대상에 영향을 미치지 않는다.
② 필요한 경우 재분석이 가능하다.
③ 양적 내용을 질적 자료로 전환한다.
④ 다양한 기록자료 유형을 분석할 수 있다.

3-3. 사회조사에서 내용분석을 실시하기에 적합한 경우를 모두 고른 것은? [19년 1회]

ㄱ. 자료 원천에 대한 접근이 어렵고, 자료가 문헌인 경우
ㄴ. 실증적 자료에 대한 보완적 연구가 필요할 경우, 무엇을 자료로 삼을 것인가 검토하는 경우
ㄷ. 연구대상자의 언어·문체 등을 분석할 경우
ㄹ. 분석자료가 방대할 때 실제 분석자료를 일일이 수집하기 어려운 경우
ㅁ. 정책, 매스미디어 내용의 경향이나 변천 등이 필요한 경우

① ㄱ, ㄷ, ㄹ
② ㄱ, ㄴ, ㅁ
③ ㄴ, ㄷ, ㄹ, ㅁ
④ ㄱ, ㄴ, ㄷ, ㄹ, ㅁ

3-4. 다음의 사례에서 활용한 연구방법은? [20년 4회]

웰스(Ida B. Wells)는 1891년에 미국 남부지방의 흑인들이 집단폭행을 당한 이유가 백인여성을 겁탈했기 때문이라는 당시 사람들의 믿음이 사실인지를 확인할 목적으로 이전 10년간 보도된 728건의 집단폭행 관련 기사들을 검토하였다. 그 결과 보도 사례들 가운데 단지 1/3의 경우에만 강간으로 정식기소가 이루어졌으며 나머지 대부분의 사례들은 흑인들이 분수를 모르고 건방지게 행동한 것이 죄라면 죄였던 것으로 확인되었다.

① 투사법
② 내용분석법
③ 질적 연구법
④ 사회성 측정법

|해설|

3-1
비관여적이므로 연구자가 연구대상에 영향을 미치지 않고 조사 자체에 대한 반응이 없다.

3-2
내용분석은 양적 분석방법뿐만 아니라 질적 분석방법도 사용하며, 질적인 자료를 양적인 자료로 바꾼다.

3-3
내용분석법은 여러 가지 문서화된 매체들을 중심으로 연구대상에 필요한 자료들을 수집하는 방법으로 주어진 보기는 모두 내용분석을 실시하기에 적합한 경우이다.

3-4
내용분석법은 여러 가지 문서화된 매체들을 중심으로 자료를 수집하는 방법이므로 해당 사례는 내용분석법을 활용하여 연구를 진행한 경우이다.

정답 3-1 ① 3-2 ③ 3-3 ④ 3-4 ②

핵심이론 04 | 질문지법의 이해

① 질문지의 의의
  ㉠ 조사자가 조사문제에 대한 해답을 구할 수 있도록 형성된 하나의 조사도구이다.
  ㉡ 질문지는 응답자가 스스로 응답할 수 있도록 고안된 일정 수의 질문항목이다.

② 질문지법의 특징
  ㉠ 일련의 상호 연관된 질문들로 구성되어 있으며, 해당 질문들은 논리적으로 연결되어 있다.
  ㉡ 응답자의 기록 등에 의한 외연적 표현에 의존한다.
  ㉢ 질문문항에는 조직적·폐쇄적인 것과 비조직적·개방적인 것이 있다.
  ㉣ 질문지를 작성할 때에는 조사결과 얻어진 자료를 분석할 수 있는 기법, 필요한 정보의 종류와 측정방법, 분석내용 및 분석방법까지 모두 고려해야 한다.
  ㉤ 질문지법은 사회과학 영역에서 서베이조사 등에 많이 사용된다.

③ 질문지법의 장점
  ㉠ 현장연구원이 필요 없다.
  ㉡ 응답자의 편의에 따라 대답을 완성할 수 있다.
  ㉢ 익명성이 보장되어 응답자가 안심하고 응답할 수 있다.
  ㉣ 표준화된 언어 구성으로 모든 응답자에게 동일하게 적용된다.
  ㉤ 조사자의 편견이 배제될 수 있다.
  ㉥ 보다 넓은 범위에서 쉽게 응답자에게 접근할 수 있다.
  ㉦ 시간과 비용이 절약된다.

④ 질문지법의 단점
  ㉠ 질문의 요지를 설명할 수 있는 융통성이 낮다.
  ㉡ 질문에 대한 무응답률이 높으며, 질문지의 회수율이 매우 낮다.
  ㉢ 비언어적 행위나 특성을 기록할 수 없다.
  ㉣ 관심도가 낮은 질문의 내용에는 기록하지 않을 가능성이 있다.
  ㉤ 복합적인 질문지 형식을 사용할 수 없다.
  ㉥ 질문지에 대한 통제를 제대로 할 수 없다.
  ㉦ 우편조사 등에서 응답해야 할 사람이 응답했는지가 의문시될 수 있다.
  ㉧ 질문지를 통한 응답자들의 응답에 대한 신뢰성 문제가 부단히 제기되고 있다.

⑤ 질문지 작성의 일반적인 절차
  필요한 정보의 결정 → 자료수집방법의 결정 → 개별항목 내용의 결정 → 질문형태의 결정 → 개별항목의 결정 → 질문순서의 결정 → 질문지의 초안 완성 → 질문지의 사전조사 → 질문지의 완성

핵심OX

1. 질문지 작성은 일반적으로 '필요한 정보의 결정 → 질문형태의 결정 → 자료수집방법의 결정 → 개별항목 내용의 결정 → 개별항목의 결정 → 질문순서의 결정 → 질문지의 초안 완성 → 질문지의 사전조사 → 질문지의 완성'의 순서에 따른다. ( )

2. 질문지 작성 시 질문들은 논리적으로 연결되어야 한다. ( )

3. 질문지를 작성할 때에는 분석방법까지 고려할 필요는 없다. ( )

정답 1 ✕ 2 ○ 3 ✕

핵심문제

4-1. 질문지법에 관한 내용으로 옳지 않은 것은? [19년 3회]
① 1차 자료수집방법에 해당한다.
② 간결하고 명료한 문장을 사용해야 한다.
③ 추상적인 개념에 대해 조작적 정의가 필요하다.
④ 응답자가 조사의 목적을 모르는 상태일 때 사용해야 결과에 신뢰성이 높다.

4-2. 다음 중 질문지법의 단점이 아닌 것은? [21년 2회]
① 측정의 신뢰도에 있어서 약점이 있다.
② 조사대상자의 삶에 대한 전체적인 맥락을 다루지 못한다.
③ 최소한으로 적합한 질문들을 만듦으로써 가장 적절한 선택지를 빠뜨릴 수 있다.
④ 인위성의 문제에 있어서 특정 설문에 편견이 심한 응답을 하더라도 반드시 응답자의 편견이 강하다고 할 수 없다.

4-3. 질문지 작성의 일반적인 과정을 바르게 나열한 것은?

[21년 2회]

ㄱ. 필요한 정보의 결정	ㄴ. 자료수집방법 결정
ㄷ. 개별항목 결정	ㄹ. 질문형태 결정
ㅁ. 질문의 순서 결정	ㅂ. 초안완성
ㅅ. 사전조사(Pretest)	ㅇ. 질문지 완성

① ㄱ → ㄴ → ㄷ → ㄹ → ㅁ → ㅂ → ㅅ → ㅇ
② ㄱ → ㅁ → ㄴ → ㄹ → ㄷ → ㅂ → ㅅ → ㅇ
③ ㄱ → ㄹ → ㄷ → ㄹ → ㅁ → ㅂ → ㅅ → ㅇ
④ ㄱ → ㄴ → ㄹ → ㄷ → ㅁ → ㅂ → ㅅ → ㅇ

4-4. 획득하고자 하는 정보의 내용을 대략 결정한 이후 이루어져야 할 질문지 작성과정을 바르게 나열한 것은?

[20년 1·2회]

ㄱ. 자료수집방법의 결정
ㄴ. 질문내용의 결정
ㄷ. 질문형태의 결정
ㄹ. 질문순서의 결정

① ㄱ → ㄴ → ㄷ → ㄹ
② ㄴ → ㄷ → ㄹ → ㄱ
③ ㄴ → ㄹ → ㄷ → ㄱ
④ ㄷ → ㄱ → ㄴ → ㄹ

|해설|

4-1
응답자에게 조사의 목적을 알려주어 응답에 대한 동기부여를 상승시켜 응답의 신뢰성을 높이는 것이 바람직하다.

4-2
질문지법은 질문지가 표준화된 언어로 구성되어 모든 응답자에게 동일하게 적용되며, 응답자의 익명성이 보장된다. 또한, 복수의 지표로 구성된 척도를 사용하기에 측정의 오류를 줄일 수 있으며, 측정의 신뢰도를 높일 수 있다.

4-3
질문지 작성의 일반적인 절차는 다음과 같다.
필요한 정보의 결정 → 자료수집방법의 결정 → 개별항목 내용의 결정 → 질문형태의 결정 → 개별항목의 결정 → 질문순서의 결정 → 질문지의 초안 완성 → 질문지의 사전조사 → 질문지의 완성

4-4
획득하고자 하는 정보의 내용을 대략 결정한 이후 자료수집방법의 결정, 개별항목 내용의 결정, 질문형태의 결정, 개별항목의 결정, 질문순서의 결정의 순서로 진행된다.

정답 4-1 ④ 4-2 ① 4-3 ④ 4-4 ①

기출 데이터 15년 2,3회 16년 2회 18년 1,3회 19년 1,2회 20년 1·2,4회 21년 1회

핵심이론 05 | 질문어구 구성에 따른 질문 – 직접질문, 간접질문

① 직접질문
  ㉠ 사실에 관한 응답자의 태도나 의견 등을 직접적으로 질문하는 것을 말한다.
  ㉡ 어떠한 상황이나 내용에 대한 정보를 입수하기 위해 가장 간편하게 사용할 수 있는 방법이지만, 응답자를 당황하게 하거나 응답자의 불충분한 기억으로 인해 효과적이지 못한 경우가 있다.

② 간접질문
  ㉠ 응답자가 사회규범, 집단 또는 인간관계로 인한 압력, 체면 등의 여러 가지 이유로 진실한 응답을 회피하거나 거절할 경우 또는 거짓말하게 될 가능성이 있는 경우 보다 정확한 응답을 얻기 위해 사용된다.
  ㉡ 문맥상의 질문이 실제 조사자가 파악하려는 내용과 상이하며, 응답자가 조사자의 직접적인 의도를 파악하지 못하는 것을 그 요건으로 한다.
  ㉢ 간접질문의 유형으로는 투사법, 정보검사법, 단어연상법, 오류선택법, 토의완성법 등이 있다.
    • 투사법 : 직접 조사하기 힘들거나 질문에 타당한 응답이 나올 가능성이 적을 때, 어떤 자극상태를 만들어 그에 대한 응답자의 반응을 우회적으로 얻어 의도나 의향을 파악하는 방법이다. 피험자의 정직한 반응을 유도할 수 있고 정확한 성격의 진단이 가능하다.
    • 정보검사법 : 어떤 주제에 대해 개인이 가지고 있는 정보의 양과 종류가 그 개인의 태도를 결정한다고 보고, 그 개인이 가지고 있는 정보의 양과 종류를 파악하여 응답자의 태도를 찾아내는 방법이다.
    • 단어연상법 : '단어나열법'이라고도 하며, 어떤 문제에 대해 찬성과 반대를 표시하는 단어라든가 그림 또는 문장을 다수 수집하여 놓고 체크하도록 하는 방법이다. 각각의 항목에 할당된 일정한 점수를 합산하여 응답자의 태도를 파악한다.

- 오류선택법 : 어떤 질문에 대한 틀린 답을 여러 개 제시해 놓은 후 그것을 선택하도록 함으로써 응답자의 태도를 파악하는 방법이다.
- 토의완성법 : 응답자에게 미완성된 문장 등을 제시해 놓은 후 그것을 빠른 속도로 완성하도록 하는 방법이다. 태도나 의견조사에 많이 이용된다.

핵심OX

1. 직접질문의 유형으로는 투사법, 정보검사법, 단어연상법, 오류선택법, 토의완성법 등이 있다. ( )
2. 어떤 질문에 대한 틀린 답을 여러 개 제시해 놓은 후 그것을 선택하도록 함으로써 응답자의 태도를 파악하는 방법은 정보검사법이다. ( )
3. 직접 조사하기 힘들 때, 어떤 자극상태를 만들어 응답자의 반응을 우회적으로 얻는 방법은 투사법이다. ( )
4. 찬성과 반대를 표시하는 단어를 체크하도록 하는 방법은 오류선택법이다. ( )
5. 간접질문은 응답을 회피하거나 거절할 경우 보다 정확한 응답을 얻기 위해 사용된다. ( )

정답 1 × 2 × 3 ○ 4 × 5 ○

핵심문제

5-1. 질문지의 형식 중 간접질문의 종류가 아닌 것은?
[20년 1·2회]

① 투사법
② 오류선택법
③ 컨틴전시법
④ 토의완성법

5-2. 다음 자료수집방법 중 조사자가 미완성의 문장을 제시하면 응답자가 이 문장을 완성시키는 방법은?
[19년 1회]

① 투사법
② 면접법
③ 관찰법
④ 내용분석법

5-3. 다음 설명에 해당하는 자료수집 방법은?
[19년 2회]

응답자가 직접 말할 수 없거나 말하고 싶지 않은 대상/행동을 보다 잘 이해하기 위해, 직접적인 질문을 하는 대신 가상의 상황으로 응답자를 자극하여 진실한 응답을 이끌어 내는 방법이다.

① 투사법(Projective Method)
② 정보검사법(Information Test)
③ 오진선택법(Error-choice Method)
④ 표적집단면접법(Focus Group Interview)

5-4. 인간의 무의식 속에 내재되어 있는 동기, 가치, 태도 등을 알아내기 위하여 모호한 자극을 응답자에게 제시하여 반응을 알아보는 자료수집 방법은?
[20년 4회]

① 관찰법(Observational Method)
② 면접법(Depth Interview)
③ 투사법(Projective Technique)
④ 내용분석법(Content Analysis)

| 해설 |

5-1
간접질문은 응답자가 사회규범, 집단 또는 인간관계로 인한 압력, 체면 등의 여러 가지 이유로 진실한 응답을 회피하거나 거절할 경우 또는 거짓말하게 될 가능성이 있는 경우에 보다 정확한 응답을 얻기 위해 사용된다. 간접질문의 유형으로는 투사법, 정보검사법, 단어연상법, 오류선택법, 토의완성법 등이 있다.

5-2
투사법은 직접 조사하기 힘들거나 질문에 타당한 응답이 나올 가능성이 적을 때, 어떤 자극상태를 만들어 그에 대한 응답자의 반응을 우회적으로 얻어 의도나 의향을 파악하는 방법이다. 피험자의 정직한 반응을 유도할 수 있고 정확한 성격의 진단이 가능하다. 응답자의 내면에 있는 신념이나 태도 등을 단어연상법, 문장완성법, 그림묘사법, 만화완성법 등과 같은 다양한 심리적인 동기유발방법을 이용하여 조사한다.

5-3
투사법에 대한 설명이다.

5-4
투사법에 대한 설명이다.

정답 5-1 ③ 5-2 ① 5-3 ① 5-4 ③

핵심이론 06 | 질문문항의 구조에 따른 질문 – 개방형 질문

① 의 의

> 예 당신이 선호하는 과일은 무엇입니까?
>
> [   ]

- ㉠ 개방형 질문은 응답자들이 질문에 대해 자유롭게 응답하도록 되어 있는 것으로서, '자유응답 질문'이라고도 한다.
- ㉡ 조사자가 표본에 대한 정보를 가지고 있지 않을 때, 또는 예비조사나 탐색적 조사 등 문제의 핵심을 알고자 할 때 사용된다.
- ㉢ 깊이 있는 내용을 다루고자 하는 경우 유용하다.
- ㉣ 대규모의 조사보다는 규모가 작은, 즉 조사단위의 수가 적은 조사에 더 적합하다.
- ㉤ 응답자에 대한 사전지식의 부족으로 응답을 예측할 수 없을 때 적합하다.

② 장 점

- ㉠ 응답자가 제한을 받지 않고 융통성 있게 대답할 수 있으므로, 새로운 사실을 발견할 수 있는 가능성이 크다. 즉, 탐색적으로 사용 가능하다.
- ㉡ 어떤 경우 조사되고 있는 특정 집단의 행태에 대한 통찰력을 얻는 데 도움이 된다.
- ㉢ 응답자의 의견이나 태도 및 동기 등에 대해 보다 정확한 파악이 가능하며, 진지한 조사결과를 도출할 수 있다.
- ㉣ 응답자에게 자기표현의 기회를 줌으로써 응답자의 의견을 존중하는 느낌을 준다.
- ㉤ 응답범주의 수적 제한을 받지 않는다.

③ 단 점

- ㉠ 응답을 분류하거나 코딩하는 데 시간과 노력이 많이 들고 통계적 분석이 용이하지 않다.
- ㉡ 응답자가 유사한 응답을 했어도 그 속에 내포하는 의미나 중요성이 다를 수 있다.
- ㉢ 응답의 해석에 편견이 개입될 소지가 많으며, 같은 자료라도 분석자에 따라 다른 결과가 나타날 수 있다.
- ㉣ 응답자들이 질문에 대한 응답이 즉각적으로 생각나지 않는 경우 불성실하게 응답하거나 응답 자체를 하지 않을 수 있다. 응답자들에게 심적 부담을 주기 쉽기 때문이다.

- ㉤ 응답자의 표현능력에 크게 좌우된다.
- ㉥ 소스(Source)가 다를 경우 개방형 질문 사이에 편의(Bias)가 발생한다.
- ㉦ 폐쇄형 질문보다 시간이 많이 소요되며, 응답률이 상대적으로 낮다.

핵심OX

1. 개방형 질문은 조사단위의 수가 적은 조사에 적합하지 않다. ( )
2. 개방형 질문은 응답을 분류하거나 코딩하는 데 시간과 노력이 많이 든다. ( )
3. 개방형 질문은 분석자에 상관없이 같은 결과를 얻을 수 있다. ( )
4. 개방형 질문은 폐쇄형 질문보다 응답률이 높다. ( )
5. 표본에 대한 정보를 가지고 있지 않을 때 개방형 질문을 사용한다. ( )

정답 1 X 2 O 3 X 4 X 5 O

핵심문제

6-1. 개방형 질문에 대한 설명으로 틀린 것은? [22년 2회]

① 자유응답형 질문으로 응답자가 할 수 있는 응답의 형태에 제약을 가하지 않고 자유롭게 표현하는 방식이다.
② 표현상의 차이는 있으나 응답에 대한 동일한 해석이 가능하므로 응답의 일관성을 유지할 수 있다.
③ 강제성이 없으며, 다양한 응답을 얻을 수 있다.
④ 특정 견해에 대한 탐색적 질문방법으로 적합하다.

6-2. 다음에 제시된 설문지 질문유형의 특징이 아닌 것은? [18년 2회]

> 귀하가 이번 대통령 선거에서 특정 후보를 선택하는 이유를 자유롭게 작성해 주시기 바랍니다.
> (   )

① 탐색적인 연구에 적합하다.
② 질문내용에 대한 연구자의 사전지식을 많이 필요로 하지 않는다.
③ 응답자에게 창의적인 자기표현의 기회를 줄 수 있다.
④ 응답자의 어문능력에 관계없이 이용이 가능하다.

6-3. 개방형 질문의 특징에 관한 설명으로 틀린 것은? [18년 1회]

① 응답자들의 모든 가능한 의견을 얻어낼 수 있다.
② 탐색조사를 하려는 경우 특히 유용하게 이용될 수 있다.
③ 응답내용의 분류가 어려워 자료의 많은 부분이 분석에서 제외되기도 한다.
④ 질문에 대해 중립적인 입장을 가진 사람만을 대상으로 조사하더라도 극단적인 결론이 얻어진다.

6-4. 다음 중 개방형 질문의 특징이 아닌 것은? [20년 3회]

① 자료처리를 위한 코딩이 쉬운 장점을 갖는다.
② 예기치 않은 응답을 발견할 수 있다.
③ 자세하고 풍부한 응답내용을 얻을 수 있다.
④ 탐색조사에서 특히 유용한 질문의 형태이다.

|해설|

6-1
응답자가 유사한 응답을 했어도 그 속에 내포하는 의미나 중요성이 다를 수 있다. 따라서 응답의 해석에 편견이 개입될 소지가 많으며, 같은 자료라도 분석자에 따라 다른 결과가 나타날 수 있으므로 일관성을 유지하기 어렵다.

6-2
제시된 설문지는 개방형 질문을 사용한 유형으로 개방형 질문은 응답자들이 질문에 대하여 자유롭게 응답하도록 되어 있다. 따라서 응답자의 어문능력이 필요하다.

6-3
극단적이란 것은 어느 한쪽으로 대답이 몰리는 것을 의미한다. 개방형 질문은 응답자들이 질문에 대해 자유롭게 응답하는 방법이기 때문에 중립적인 입장을 가진 사람만을 대상으로 조사하면 극단적인 결론이 얻어지지 않을 것이다.

6-4
개방형 질문은 응답자가 유사한 응답을 했어도 그 속에 내포하는 의미나 중요성이 다를 수 있어 응답을 분류하거나 코딩하는 데 어려움이 있다.

정답 6-1 ② 6-2 ④ 6-3 ④ 6-4 ①

기출 데이터 14년 2,3회 16년 3회 17년 1,2회 18년 3회 19년 1,3회 21년 1,2,3회 22년 2회 23년

핵심이론 07 | 질문문항의 구조에 따른 질문 – 폐쇄형 질문

① 의 의

> 예 당신이 현재 사용하고 있는 통신사는 어디입니까?
> ( )
>
> | ① KT | ② SKT | ③ LGT |

ㄱ 폐쇄형 질문은 일정한 수의 선택지(질문 또는 진술)로 응답의 내용이 한정되어 있어서, 응답자가 어느 하나를 선택하도록 하는 질문지를 말한다.

ㄴ 표적표본이 질문의 주제에 대해 알고 있는 경우, 또는 조사대상이 된 표본집단이 어떠한 응답을 할 것인지 예상할 수 있는 경우 유용하게 사용된다.

ㄷ 명료하고 상호배타적이며, 모든 응답을 포괄할 수 있는 조건의 응답범주를 갖추어야 한다.

② 장 점

ㄱ 응답의 처리 및 채점, 코딩이 간편하다.

ㄴ 응답자들이 응답을 길게 쓸 필요가 없으므로 간편하며, 민감한 질문에도 비교적 용이하게 응답할 수 있다.

ㄷ 계측에 통일성을 기할 수 있으므로 신뢰도를 높일 수 있다.

ㄹ 개방형 질문보다 시간이 적게 소요되며, 응답률이 상대적으로 높다.

③ 단 점

ㄱ 조사자가 적절한 응답지들을 제시하기 어렵다.

ㄴ 응답자의 의견을 충분히 반영할 수 없다.

ㄷ 응답자 자신의 생각과 다른 어느 하나를 선택하도록 함으로써 편의가 발생할 수 있다.

ㄹ 응답항목의 배열에 따라 응답이 달라지며, 주요 항목이 누락되는 경우 치명적 오류가 발생할 수 있다.

1. 폐쇄형 질문은 배열에 상관 없이 동일한 응답을 얻을 수 있다.
( )

2. 폐쇄형 질문은 계측에 통일성을 기할 수 있으므로 타당도를 높일 수 있다.
( )

3. 폐쇄형 질문은 민감한 질문에는 응답을 얻기 어렵다.
( )

4. 폐쇄형 질문은 표본집단이 어떠한 응답을 할 것인지 예상할 수 있는 경우 유용하게 사용된다.
( )

5. 폐쇄형 질문의 응답범주는 모든 응답을 포괄할 필요는 없다.
( )

정답 1 × 2 × 3 × 4 ○ 5 ×

7-1. 질문지를 설계할 때 폐쇄형 응답식으로 할 때의 장점은?

[22년 2회]

① 심층적인 정보를 얻기가 용이하다.
② 수집된 자료의 수량적 분석이 용이하다.
③ 응답자로부터 포괄적인 응답을 얻을 수 있다.
④ 연구를 시작할 때 기초정보 수집에 적절하다.

7-2. 다음 질문 문항의 문제점은?

[19년 3회]

지난 3년 동안 귀댁의 가계지출 중 식생활비와 문화생활비는 각각 얼마였습니까?

〈식생활비〉	〈문화생활비〉
주식비 ( )원,	신문·잡지 구독비 ( )원
부식비 ( )원,	전문 서적비 ( )원
외식비 ( )원,	영화·연극비 ( )원

① 대답을 유도하는 질문을 하였다.
② 연구자가 임의로 응답자에 대한 가정을 하였다.
③ 응답자에게 지나치게 자세한 응답을 요구했다.
④ 응답자가 정확한 대답을 모르는 경우에는 중간값을 선택하는 경향을 간과했다.

7-3. 폐쇄형 질문의 응답범주 작성원칙으로 옳은 것은?

[19년 1회] [22년 2회] [23년]

① 범주의 수는 많을수록 좋다.
② 제시된 범주가 가능한 모든 응답범주를 다 포함해야 한다.
③ 관련된 현상 중 가장 중요한 것만 범주로 제시한다.
④ 제시된 범주들 사이에 약간의 중복은 있어도 무방하다.

7-4. 다음 중 폐쇄형 질문의 단점과 가장 거리가 먼 것은?

[18년 3회]

① 응답이 끝난 후 코딩이나 편집 등의 번거로운 절차를 거쳐야 한다.
② 응답자들이 말하고자 하는 내용을 보다 구체적으로 도출해 낼 수가 없다.
③ 개별 응답자들의 특색 있는 응답내용을 보다 생생하게 기록해 낼 수가 없다.
④ 각각 다른 내용의 응답이라도 미리 제시된 응답 항목이 한 가지로 제한되어 있는 경우 동일한 응답으로 잘못 처리될 위험성이 있다.

|해설|

7-1
폐쇄형 응답식은 처리 및 채점, 코딩이 간편하여 수집된 자료의 수량적 분석이 용이하다.

7-2
금전문제 등 민감한 질문들은 자세한 응답을 요구하기보다는 폐쇄형 질문을 활용하는 것이 좋다.

7-3
① 폐쇄형 질문의 응답범주는 명료해야 한다.
③ 모든 응답을 포괄할 수 있는 조건의 응답범주를 갖추어야 한다.
④ 폐쇄형 질문의 응답범주는 상호 배타적이어야 한다.

7-4
개방형 질문의 단점이다. 폐쇄형 질문은 응답의 처리 및 채점, 코딩이 간편하다.

정답 7-1 ② 7-2 ③ 7-3 ② 7-4 ①

핵심이론 08 | 질문문항의 구조 및 질문형식에 따른 질문
– 양자택일형 질문, 선다형 질문

① 양자택일형 질문

> 예 당신은 자동차를 소유하고 있습니까? (   )
> ① 예   ② 아니요

ⓐ 양자택일형 질문은 단지 두 가지의 선택만을 제시해주고, 그중 어느 하나를 선택하도록 하는 방법이다.

ⓑ 예를 들어 '예/아니요', '한다/안 한다', '동의한다/반대한다' 등이 해당한다.

ⓒ 상반되는 두 가지 안만을 제시해 주기보다는 일종의 대체안으로 '모르겠다'는 항목을 추가하여 응답자들에게 선택의 여지를 조금 넓혀주기도 한다.

ⓓ 응답자의 교육수준, 주제의 성격, 자기가 의도하는 분석과 해석의 종류 등을 고려하여 질문의 형태를 결정해야 한다.

ⓔ 장 점
• 신속하게 면접할 수 있으며 응답을 처리하기가 쉽다.
• 편집과 집계작업이 간단하다.
• 조사자에 의한 영향을 배제할 수 있다.
• 응답자가 대답하기가 쉽다.

ⓕ 단 점
• 두 개의 극단적인 대체안이 제시되므로 중도의 의견을 반영하기 어렵다.
• 응답의 범위를 제한함으로써 보다 더 중요한 정보를 잃을 가능성이 있다.

② 선다형 질문

> 예 당신이 배우자를 선택할 때 가장 중요하게 고려하는 것은 무엇입니까? (   )
> ① 직 업   ② 학 력   ③ 외 모
> ④ 성 격   ⑤ 가정환경
> ⑥ 기 타 (   )

ⓐ 선다형 질문은 하나의 질문에 대해 몇 개의 항목을 미리 정하여 답변하도록 하는 방법이다.

ⓑ 응답 카테고리가 너무 많은 경우 응답자에게 혼란을 줄 수 있으며, 보통 3~5개 정도가 적당하다.

ⓒ 질문 작성 시 다음의 사항을 주의해야 한다.
• 선택 항목은 가능한 한 논리적이어야 하며, 내용을 총망라해야 한다.
• 선택 항목은 상호배타적으로 중복되지 않아야 하며, 표현은 구체적이어야 한다.
• 기준이 여러 개가 되어서는 안 되며, 하나의 기준을 제시해야 한다.
• 연구목적에 적합한 응답을 정확하고 쉽게 얻을 수 있도록 해야 한다.

핵심OX

1. 선다형 질문의 카테고리는 많을수록 좋다.   (   )
2. 양자택일형 질문은 반드시 두 가지 안만을 제시해야 한다.
                                                    (   )
3. 양자택일형 질문은 집계작업이 간단하다.   (   )
4. 선다형 질문에서 하나의 항목으로 여러 가지 내용의 질문을 해서는 안 된다.   (   )
5. 양자택일형 질문은 조사자에 의한 영향을 많이 받는다.
                                                    (   )

정답 1 × 2 × 3 ○ 4 ○ 5 ×

핵심문제

8-1. 다음과 같은 질문의 형태는?

[21년 1회]

> 당신의 학력은 다음 중 어디에 해당합니까? (　　)
> ㉮ 무 학　　　　　　㉯ 초 졸
> ㉰ 중 졸　　　　　　㉱ 고 졸
> ㉲ 대 졸　　　　　　㉳ 대학원 이상

① 개방형
② 양자택일형
③ 다지선다형
④ 자유답변형

8-2. 다음 질문항목의 문제점을 지적한 것으로 가장 적합한 것은?

[17년 3회] [23년]

> 귀하께서 현금서비스 받으신 돈을 주로 어떤 용도로 사용하십니까? (　　)
> ① 생활비　　　　　② 교육비
> ③ 의료비　　　　　④ 신용카드 대금
> ⑤ 부채청산　　　　⑥ 기 타

① 가능한 응답을 모두 제시해 주어야 한다.
② 응답항목들 간의 내용이 중복되어서는 안 된다.
③ 하나의 항목으로 2가지 내용의 질문을 해서는 안 된다.
④ 대답을 유도하는 질문을 해서는 안 된다.

|해설|

8-1
하나의 질문에 대해 몇 개의 항목을 미리 정하여 답변하도록 하는 방법으로 선다형 질문이라고도 한다.

8-2
응답항목은 가능한 한 논리적이어야 하며, 내용을 총망라해야 한다. 또한 상호배타적으로 중복되지 않아야 하며, 표현은 구체적이어야 한다.

정답 8-1 ③　8-2 ②

핵심이론 09 | 질문문항의 구조에 따른 질문 – 기타 유형의 질문

① 서열식 질문

> 예 승진에 가장 많은 영향을 준다고 생각하는 요인들에 순위를 정하여 빈칸에 1~4까지 순서대로 적어주십시오.
> (　　) 인간관계　　　　　(　　) 인사고과
> (　　) 학 력　　　　　　(　　) 인 맥

㉠ 서열식 질문은 어떠한 문제에 대해 가능한 모든 대답을 열거해놓은 후 응답자로 하여금 중요도, 선호도 등으로 순서를 선택하도록 하는 방법이다.

㉡ 사회과학 분야에서 정확한 수치를 제시할 수 없는 경우 서열을 정함으로써 최소한 상대적인 서열에 관한 정보를 알 수 있다.

㉢ 응답항목이 너무 많은 경우 응답자가 판단하기 어려우므로 10개 항목 이내로 한정하는 것이 바람직하다.

㉣ 응답 내용의 서열 간 거리에 대해서는 알 수 없다.

② 체크리스트형 질문

> 예 차기 대선후보 선택 시 가장 중요한 요인은 무엇이라고 생각합니까? 해당 항목의 □에 ∨표를 해주십시오.
> □ 소속 정당　　　□ 도덕성　　　□ 학 력
> □ 병 역　　　　　□ 혈연관계　　□ 출신지
> □ 행정능력경험　 □ 공약실천여부　□ 기 타 (　　)

㉠ 체크리스트형 질문은 선다형 질문의 일종으로서, 응답자의 의견 및 태도를 묻거나 객관적인 사실의 존재를 기록하는 데에도 적합한 방법이다.

㉡ 선다형 질문이 대체로 문장형식을 띠며 3~5개 정도의 항목으로 구성되는 반면, 체크리스트형 질문은 주로 단어를 제시하며 응답항목도 더 많은 편이다.

㉢ 어떤 문제에 대해 자유반응형식으로 반응자가 반응했던 내용을 딤색한 것을 기초로 하어 목록을 제작한다.

㉣ 응답자가 체크한 사항들을 수량화하여 비교적 간편하게 통계적인 결과를 얻을 수 있다.

㉤ 이 방법은 하나의 관심문제나 행동영역에 있어서 충분한 문항을 제작하여 실시해야 효과적이다.

ⓑ 응답항목에는 애매하고 상이한 단어가 아닌 쉽고 명확한 단어를 사용해야 한다. 응답항목들 간 중복이 배제가 되어야 하는 상호배제성의 성질을 만족해야 하며 응답 가능한 항목을 모두 제시해야 하는 포괄성의 성질이 있어야 한다.

③ 평정식 질문

> 예 학생들의 학교 체육시간에 대한 흥미도는 어느 수준입니까?
> ( ) 전혀 관심이나 흥미를 보이지 않는다.
> ( ) 소극적으로 참여한다.
> ( ) 자신이 선호하는 프로그램(축구, 농구 등)에 한해 흥미를 가진다.
> ( ) 자신의 체력 증진 및 학우들과의 친밀한 관계를 위해 자발적으로 참여한다.
> ( ) 가장 좋아하는 수업으로서 적극적으로 참여한다.

㉠ 평정식 질문이란 어떠한 질문에 대한 대답의 강도 (Intensity)를 요구하는 질문이다.
㉡ 어떤 질문에 대한 대답의 항목 자체의 종류가 다른 것이 아니라 한 종류의 강도가 다른 대답을 나열하여 응답자의 의견을 표시하도록 하는 것이다.

④ 어의차형 질문

> 예 당신이 거주하는 해당 구청의 공무원들의 태도에 대해 어떻게 생각합니까?

	2	1	0	-1	-2	
능숙한	├──┼──┼──┼──┤					무능한
친절한	├──┼──┼──┼──┤					불친절한
적극적	├──┼──┼──┼──┤					소극적
신속한	├──┼──┼──┼──┤					느 린
명랑한	├──┼──┼──┼──┤					침울한

㉠ 어의차형 질문은 사물이나 개념에 대한 평가자의 반응을 평가한다는 점에서 평가질문의 한 변형이라고 볼 수 있다.
㉡ 어떤 대상이 개인에게 주는 주관적인 의미를 측정할 수 있도록 하며, 하나의 개념을 여러 가지 의미의 차원에서 평가하도록 한다.
㉢ 서로 반대되는 형용사를 양극에 두고 5~7개 단계의 응답 카테고리를 제시하여 측정한다.

핵심문제

9-1. 다음 질문항목의 문제점으로 가장 적합한 것은?

[19년 2회] [22년 1회]

귀하의 고향은 어디입니까?			
서울특별시	( )	부산광역시	( )
대구광역시	( )	인천광역시	( )
광주광역시	( )	대전광역시	( )
울산광역시	( )	세종특별자치시	( )
경기도	( )	강원도	( )
충청북도	( )	충청남도	( )
전라북도	( )	전라남도	( )
경상북도	( )	경상남도	( )
제주특별자치도	( )	외 국	( )

① 간결성 결여
② 명확성 결여
③ 포괄성 결여
④ 상호배제성 결여

9-2. 다음은 어떤 질문방식에 해당하는가? [13년 2회]

올해 생활수준은 작년에 비하여 얼마나 개선되었냐고 생각하십니까?
① 아주 개선되었다.
② 조금 개선되었다.
③ 변함 없다.
④ 조금 나빠졌다.
⑤ 아주 나빠졌다.

① 이분형 질문(Dichotomous Questions)
② 평정형 질문(Rating Questions)
③ 서열형 질문(Ranking Questions)
④ 해당자 질문(Contingency Questions)

9-3. 다음 기업조사 설문의 응답 항목이 가지고 있는 문제점은?
[20년 3회]

귀사는 기업이윤의 몇 퍼센트를 재투자하십니까?
① 0%
② 1~10%
③ 11~40%
④ 41~50%
⑤ 100% 이상

① 간결성　　　　② 명확성
③ 포괄성　　　　④ 상호배제성

|해설|

9-1
고향은 사람마다 의미가 다를 수 있다. 따라서 문제의 질문은 명확성을 만족하지 않는다.

9-2
질문에 대한 대답의 항목 자체의 종류가 다른 것이 아니라 한 종류의 강도가 다른 대답을 나열하여 응답자의 의견을 표시하도록 하는 평정형 질문에 해당한다.

9-3
51·99%를 포함할 수 없기 때문에 포괄성을 만족하지 않는다.

정답 9-1 ② 9-2 ② 9-3 ③

핵심이론 10 | 관찰법의 의의와 종류

① 관찰법의 의의
　㉠ 인간의 감각기관을 이용하여 사물대상이나 현상을 인식하는 기본적인 방법이다.
　㉡ 피관찰자의 행동이나 태도를 관찰함으로써 자료를 수집하는 귀납적 방법에 해당한다.

② 관찰법의 특징
　㉠ 연구대상의 행태가 발생하는 자연적인 맥락이나 참여자의 사회적 관계에 영향을 미치는 의미 있는 사건을 포착할 수 있다.
　㉡ 피관찰자의 세계관, 철학 및 전망 등에서 무엇이 현실을 구성하는지 알 수 있다.
　㉢ 한 연구에서 얻은 자료를 다른 연구에서 얻은 자료와 비교·대조함으로써 사회생활의 규칙성과 재발가능성을 확인할 수 있다.
　㉣ 체계적으로 기획·기록되어야 하며, 타당도 및 신뢰도의 검증이 가능해야 한다.
　㉤ 복잡한 사회적 맥락이나 상호작용을 연구하는 데 적절하다.
　㉥ 피관찰자가 느끼지 못하는 행위까지 조사할 수 있다.

③ 참여관찰
　㉠ 관찰자가 대상집단 내부로 침투하여 구성원의 하나가 되어 그들과 함께 생활하거나 활동하면서 관찰하는 것이다.
　㉡ 피관찰자와 깊이 있는 접촉을 유지할 수 있으며, 대상집단이 숨기고자 하는 행위에 대해서도 자연스럽게 관찰할 수 있다.
　㉢ 동조현상으로 인해 객관성을 잃거나 관찰자의 주관적인 가치가 개입됨으로써 관찰 결과를 변질시킬 수 있다.
　㉣ 질적 연구이며 소규모 분석에 유리하다.

④ 비참여관찰
　㉠ 관찰한다는 사실과 관찰내용을 대상집단에게 밝히고 시행하는 방법으로 비조직구성원이 객관적인 입장에서 전체를 정확하게 관찰할 수 있다.
　㉡ 관찰당한다는 사실이 관찰대상자들의 행위의 자연성을 해칠 수 있다.

⑤ 준참여관찰

　　㉠ 관찰대상 집단에 부분적으로 참여하는 방법이다. 즉, 관찰대상의 생활 전부에 참여하는 것이 아닌 생활의 일부에만 참여하는 관찰방법이다.

　　㉡ 이 방법에서는 보통 피관찰자들이 관찰을 받고 있다는 사실을 알고 있다. 그러나 관찰자의 노출이 자연성을 해칠 우려가 있을 경우 관찰자를 관찰 대상에게 노출시키지 않음으로써 관찰 대상으로 하여금 관찰되고 있음을 숨길 수 있다(비참여관찰의 단점 극복).

　　㉢ 연구대상을 자연스러운 상태에서 관찰하면서도 특정 집단에 들어가 직접적으로 특정 활동을 하는 등 관찰자의 윤리적 문제를 야기하지 않는다(참여관찰의 단점 극복).

　　㉣ 참여관찰과 비참여관찰의 장단점의 중간에 속한다고 볼 수 있으므로, 연구대상을 충분히 이해할 수 있는 심도 있는 자료를 수집하는 데에는 한계가 있다.

핵심OX

1. 객관적인 입장에서 전체를 정확하게 관찰할 수 있는 방법은 참여관찰이다. ( )
2. 비참여관찰은 대상집단이 숨기고자 하는 행위에 대해서도 자연스럽게 관찰할 수 있다. ( )
3. 참여관찰은 관찰자의 윤리적 문제를 야기하지 않는다. ( )
4. 참여관찰은 질적 연구이며 대규모 분석에 유리하다. ( )
5. 준참여관찰은 참여관찰과 비참여관찰의 장단점을 모두 극복한 방법이다. ( )

정답 1 × 2 × 3 × 4 × 5 ×

핵심문제

10-1. 참여관찰(Participant Observation)에 대한 설명으로 틀린 것은?　　　　　　　　　　　　　[21년 1회]
① 연구자는 상황에 대한 통제를 할 수 없다.
② 양적 자료이기 때문에 대규모 모집단에 대한 기술이 쉽다.
③ 연구자가 관심을 가지고 있는 변수들 간의 관계를 현실상황에서 체계적으로 관찰하는 연구조사방법이다.
④ 독립변수를 조작하는 현장실험과는 다르며, 자연 상태에서 연구대상을 관찰해 그들의 관계를 규명하는 것이다.

10-2. 다음의 특성을 가진 연구방법은?　　　　[19년 3회] [22년 2회]

* 자연스러운 상태에서 현상을 파악할 수 있기 때문에 미묘한 어감 차이, 시간상의 변화 등 심층의 차원을 이해할 수 있다.
* 때때로 객관적인 판단을 그르칠 수 있으며 대규모 모집단에 대한 기술이 어렵다.

① 우편조사(Mail Survey)
② 내용분석(Contents Analysis)
③ 유사실험(Quasi-experiment)
④ 참여관찰(Participant Observation)

10-3. 참여관찰(Participant Observation)에 대한 설명으로 틀린 것은?　　　　　　　　　　　　[16년 1회]
① 연구 설계 및 착수가 용이하다.
② 연구의 설계과정에서 융통성이 높다.
③ 직접 참여해서 현상을 관찰·기술하는 방법이다.
④ 양적 자료이기 때문에 대규모 모집단에 대한 기술이 쉽다.

10-4. 참여관찰법에 비해 조사연구(Survey Research)가 가지는 장점으로 맞는 것은?　　　　　　　[22년 2회]
① 연구의 융통성이 크다.
② 시간과 비용을 절약할 수 있다.
③ 연구대상을 심층적으로 관찰할 수 있다.
④ 대규모 모집단의 특성을 기술할 수 있다.

|해설|

10-1
참여관찰이란 관찰자가 관찰대상 집단 내부로 침투하여 구성원의 하나가 되어 그들과 함께 생활하거나 활동하면서 관찰하는 것으로 대상 각각에 대한 심층적인 정보를 얻을 수 있는 질적 자료이므로 표준화 또는 부호화가 어렵다.

10-2
참여관찰의 경우 밖으로 나타나지 않는 어떤 사실들까지도 직접 경험할 수 있고, 자연적인 상태를 관찰할 수 있으나 임무를 수행하면서 관찰해야 하므로 활동에 제한을 받을 수 있으며, 집단응답자와 접촉하는 동안 감정적 작용을 받아 객관성이 결여될 가능성이 있다. 또한 직접 참여하므로 대규모 집단은 관찰이 힘들다.

10-3
참여관찰은 질적 연구이며 소규모 분석에 유리하다.

10-4
참여관찰은 때때로 객관적인 판단을 그르칠 수 있으며 대규모 모집단에 대한 기술이 어렵지만, 조사연구는 이에 유용하다.

정답 10-1 ② 10-2 ④ 10-3 ④ 10-4 ④

핵심이론 11 │ 참여자와 관찰자

① 완전참여자
　㉠ 연구자가 신분과 관찰내용을 알리지 않은 상태에서 연
　　구대상에 참여하는 방법이다.
　㉡ 신분을 밝히지 않고 참여하므로 윤리적인 문제를 겪을
　　가능성이 가장 높다.
　㉢ 연구대상자들과 같이 활동하므로 동조현상으로 인해 관
　　찰자의 주관적인 가치가 개입될 수 있다. 즉, 객관성을
　　유지하기 가장 어렵다.

② 완전관찰자
　㉠ 신분이 비공개된 상태에서 연구대상자들의 활동에는 전
　　혀 참여하지 않고 관찰만 하는 방법이다.
　㉡ 참여하지 않고 관찰만 하므로 완전참여자보다 연구대상
　　을 충분히 이해할 수 있는 가능성이 낮다.

③ 참여자적 관찰자
　㉠ 연구자의 신분을 밝히고 연구대상자들의 활동공간에 들
　　어가 심층적으로 관찰하는 방법이다.
　㉡ 참여보다 관찰이 주를 이룬다.

④ 관찰자적 참여자
　㉠ 연구자의 신분을 밝히고 자연스럽게 참여하여 함께 활
　　동하는 방법이다.
　㉡ 관찰보다 참여가 주를 이룬다.

핵심OX

1. 참여자적 관찰자는 연구자 신분을 밝힌다. 　　( )
2. 관찰자적 참여자는 연구자 신분을 밝히지 않는다. ( )
3. 객관성을 유지하기 가장 어려운 유형은 완전참여자이다.
　　　　　　　　　　　　　　　　　　　　　　( )
4. 윤리적 문제를 겪을 가능성이 가장 높은 유형은 완전관찰자
　　이다. 　　　　　　　　　　　　　　　　　　( )
5. 참여자적 관찰자는 관찰보다 참여가 주를 이룬다. ( )

정답 1 ○ 2 × 3 ○ 4 × 5 ×

핵심문제

11-1. 다음 중 연구대상에 영향을 미칠 가능성이 가장 적은 것은?
[20년 3회]

① 완전관찰자　　　　　② 관찰자로서의 참여자
③ 참여자로서의 관찰자　④ 완전참여자

11-2. 관찰자의 유형에 관한 설명으로 틀린 것은? [20년 1·2회]
① 완전참여자는 윤리적 및 과학적 문제가 발생할 수 있다.
② 연구자가 완전참여자일 때는 연구대상에 영향을 미치지
　않는다.
③ 완전관찰자의 관찰은 피상적이고 일시적이 될 수 있다.
④ 완전관찰자는 완전참여자보다 연구대상을 충분히 이해할
　수 있는 가능성이 낮다.

**11-3. 자신의 신분을 밝히지 않은 채 자연스럽게 일어나는 사회
적 과정에 참여하는 관찰자의 역할은?**
[18년 2회] [19년 2회] [21년 3회]

① 완전참여자　　　　　② 완전관찰자
③ 참여자적 관찰자　　　④ 관찰자적 참여자

**11-4. 다음 중 참여관찰에서 윤리적인 문제를 겪을 가능성이 가
장 높은 관찰자 유형은?**
[18년 1회] [21년 2회]
① 완전참여자(Complete Participant)
② 완전관찰자(Complete Observer)
③ 참여자로서의 관찰자(Observer as Participant)
④ 관찰자로서의 참여자(Participant as Observer)

|해설|

11-1
연구자의 신분을 공개하지 않으며, 연구대상자들의 활동에는 전
혀 참여하지 않고 관찰만 하는 방법이므로 연구대상에 영향을
미칠 가능성이 가장 적다.

11-2
완전참여자는 연구대상에 직접 참여하므로 연구대상에 영향을
미친다.

11-3
신분과 관찰내용을 알리지 않은 상태에서 연구대상에 참여하는
관찰자의 역할은 완전참여자이다.

11-4
완전참여자 유형은 연구자의 신분을 공개하지 않고 연구대상자들
의 활동에 참여한다. 참여관찰의 유형 중 가장 객관성을 유지하기
어려우며 윤리적 및 과학적 문제가 발생할 수 있다.

정답 11-1 ① 11-2 ② 11-3 ① 11-4 ①

핵심이론 12 | 관찰법의 분류

① 통제(체계적)/비통제(비체계적)관찰

관찰조건을 표준화한 것인지, 즉 관찰에서 통제가 가해지는지에 따라 체계적/비체계적 관찰로 나뉜다.

ㄱ 통제관찰

사전에 계획된 절차에 따라 관찰조건을 표준화하는 것으로서, 질문지나 조사표 등을 사용하는 비참여관찰에 주로 사용된다.

ㄴ 비통제관찰

- 관찰조건을 표준화하지 않은 것으로서, 조사목적에 부합하는 자료이면 다양하게 관찰하는 방법이다.
- 관찰내용은 통제가 없음으로써 방대해질 수 있으며, 주로 탐색적 조사에 많이 사용된다.

② 직접/간접관찰

관찰시기가 행동발생과 일치하는가 여부에 따라 직접/간접관찰로 나뉜다.

ㄱ 직접관찰

관찰시기와 행동발생 시기가 일치한다.

ㄴ 간접관찰

관찰시기와 행동발생 시기가 일치하지 않는다.

③ 자연적/인위적 관찰

관찰이 일어나는 상황이 인공적인지 여부에 따라 자연적/인위적 관찰로 나뉜다.

ㄱ 자연적 관찰

관찰이 일어나는 상황이 인위적이지 않다.

ㄴ 인위적 관찰

관찰이 일어나는 상황이 인위적이다.

④ 공개적/비공개적 관찰

관찰대상자가 관찰 사실을 알고 있는가 여부에 따라 공개적/비공개적 관찰로 나뉜다.

ㄱ 공개적 관찰

관찰대상자가 관찰 사실을 알고 있다.

ㄴ 비공개적 관찰

관찰대상자가 관찰 사실을 모르고 있다.

⑤ 인간의 직접적 관찰/기계를 이용한 관찰

관찰주체 또는 도구가 무엇인가에 따라 인간의 직접적/기계를 이용한 관찰로 나누어진다.

ㄱ 오디미터(Audimeter) : TV 시청률을 조사하기 위한 자동장치로 TV 시청 시간과 채널을 조사한다.

ㄴ 사이코갈바노미터(Psychogalvanometer) : 응답자의 생체변화를 측정하는 정신 전류계로서, 심리적 변동에 의한 피부 전기의 변화 등을 측정한다.

ㄷ 퓨필로미터(Pupilometer) : 어떠한 자극을 보여주고 피관찰자의 눈동자 크기를 측정하는 것으로, 동공의 크기 변화를 통해 응답자의 반응을 측정한다.

ㄹ 모션 픽처 카메라(Motion Picture Camera) : 영화 촬영 카메라를 뜻한다.

핵심OX

1. 관찰에서 통제가 가해지는지에 따라 자연적 관찰과 인위적 관찰로 나뉜다. ( )
2. 직접관찰은 관찰시기와 행동발생 시기가 일치하지 않는다. ( )
3. 관찰대상자가 관찰 사실을 알고 있는가 여부에 따라 체계적/비체계적 관찰로 나뉜다. ( )
4. 관찰조건을 표준화하지 않은 방법은 비통제관찰이다. ( )
5. 관찰이 일어나는 상황이 인공적인지 여부에 따라 직접/간접 관찰로 나뉜다. ( )

정답 1 × 2 × 3 × 4 ○ 5 ×

핵심문제

12-1. 관찰법(Observation Method)의 분류기준에 관한 설명으로 틀린 것은? [18년 1회] [22년 2회]

① 관찰이 일어나는 상황이 인공적인지 여부에 따라 자연적/인위적 관찰로 나누어진다.
② 관찰시기가 행동발생과 일치하는가 여부에 따라 체계적/비체계적 관찰로 나누어진다.
③ 피관찰자가 관찰사실을 알고 있는가 여부에 따라 공개적/비공개적 관찰로 나누어진다.
④ 관찰주체 또는 도구가 무엇인가에 따라 인간의 직접적/기계를 이용한 관찰로 나누어진다.

12-2. 관찰기법 분류에 관한 설명으로 옳지 않은 것은?

[19년 3회] [22년 1회]

① 응답자에게 자신이 관찰된다는 사실을 알려주고 관찰하는 것은 공개적 관찰이다.

② 관찰할 내용이 미리 명확히 결정되어, 준비된 표준양식에 관찰 사실을 기록하는 것은 체계적 관찰이다.

③ 청소년의 인터넷 이용실태를 조사하기 위해 PC방을 방문하여 이용 상황을 옆에서 직접 지켜본다면 직접관찰이다.

④ 컴퓨터브랜드 선호도 조사를 위해 판매매장과 비슷한 상황을 만들어 표본으로 선발된 소비자로 하여금 제품을 선택하게 하여 행동을 관찰한다면 자연적 관찰이다.

12-3. 다음 설명에 해당하는 기계를 통한 관찰도구는?

[20년 1·2회]

> 어떠한 자극을 보여주고 피관찰자의 눈동자 크기를 측정하는 것으로, 동공의 크기 변화를 통해 응답자의 반응을 측정한다.

① 오디미터(Audimeter)

② 사이코갈바노미터(Psychogalvanometer)

③ 퓨필로미터(Pupilometer)

④ 모션 픽처 카메라(Motion Picture Camera)

|해설|

12-1

관찰조건이 표준화되어 있는지 여부에 따라 체계적(통제)/비체계적(비통제)관찰로 나누어진다.

12-2

관찰이 일어나는 상황이 인공적인지 여부에 따라 자연적/인위적 관찰로 나누어진다. ④는 인위적 관찰에 해당한다.

12-3

① 오디미터(Audimeter) : TV 시청률을 조사하기 위한 자동장치로 TV 시청 시간과 채널을 조사한다.

② 사이코갈바노미터(Psychogalvanometer) : 응답자의 생체변화를 측정하는 정신 전류계로서, 심리적 변동에 의한 피부 전기의 변화 등을 측정한다.

④ 모션 픽처 카메라(Motion Picture Camera) : 영화 촬영 카메라를 뜻한다.

정답 **12-1** ② **12-2** ④ **12-3** ③

기출 데이터 14년 1,3회 16년 2회 17년 3회 18년 3회 20년 3회 21년 3회

핵심이론 13 | 관찰법의 장점과 단점

① 관찰법의 장점

  ㉠ 현재의 상태를 가장 생생하게 기록할 수 있다. 따라서 즉각적 자료수집이 가능하다.

  ㉡ 응답과정에서 발생하는 오차를 감소할 수 있다.

  ㉢ 언어와 문자의 제약 때문에 측정하기 어려운 사실도 조사가 가능하다. 즉, 비언어적 자료수집이 가능하다.

  ㉣ 연구대상의 무의식적인 행동이나 인식하지 못한 문제도 관찰이 가능하다.

  ㉤ 대상자가 표현능력은 있더라도 조사에 비협조적이거나 면접을 거부할 경우 효과적이다.

② 관찰법의 단점

  ㉠ 대상자의 내면적인 특성이나 사적 문제, 과거 사실에 대한 자료는 수집할 수 없다.

  ㉡ 대상자가 관찰을 당하고 있다는 사실을 알고 있을 경우 평소에 하던 행동과는 다른 행동양식을 보일 수 있다.

  ㉢ 조사대상의 변화양상을 포착할 수 없으므로 결과를 일반화하는 데 제약이 있다.

  ㉣ 관찰자가 선택적으로 관찰하게 되는 경우가 있다.

  ㉤ 관찰자의 제한적 감각능력 또는 시간·공간 등의 한계로 인해 대상의 모든 면을 관찰하는 것이 불가능하다.

  ㉥ 행위를 현장에서 포착해야 하므로 행위가 발생할 때까지 기다려야 한다.

  ㉦ 시간, 비용, 노력이 많이 소요된다.

핵심OX

1. 관찰법은 비언어적 자료수집이 어렵다.   ( )

2. 관찰법은 시간과 비용에서 경제적이다.   ( )

3. 연구대상의 무의식적인 행동이나 인식하지 못한 문제도 관찰이 가능하다.   ( )

4. 관찰결과에 대하여 객관성이 확보된다.   ( )

5. 관찰법은 결과를 일반화하는 데 제약이 있다.   ( )

정답 1 × 2 × 3 ○ 4 × 5 ○

13-1. 관찰자료 수집의 장점에 해당하지 않은 것은?

[18년 3회]

① 관찰자의 주관성 개입방지
② 즉각적 자료수집 가능
③ 비언어적 자료수집 가능
④ 종단분석 가능

13-2. 다음 중 관찰의 단점과 가장 거리가 먼 것은? [18년 3회]

① 피관찰자가 관찰 사실을 아는 경우 조사반응성으로 인한 왜곡이 있을 수 있다.
② 표현능력이 부족한 대상에게 적용이 어렵다.
③ 연구대상의 특성상 관찰할 수 없는 문제가 있다.
④ 자료처리가 어렵다.

13-3. 관찰법의 장점과 가장 거리가 먼 것은?

[17년 3회] [21년 3회]

① 조사에 비협조적이거나 면접을 거부할 경우에 효과적이다.
② 조사자가 현장에서 즉시 포착할 수 있다.
③ 관찰결과에 대하여 객관성이 확보된다.
④ 행위나 감정을 언어로 표현하지 못하는 유아나 동물이 조사대상인 경우 유용하다.

| 해설 |

13-1
관찰자료 수집방법의 유형에 따라 관찰자의 주관성이 개입되는 우려가 발생한다.

13-2
관찰법은 언어와 문자의 제약 때문에 측정하기 어려운 사실도 조사가 가능하며, 대상자가 표현능력은 있더라도 조사에 비협조적이거나 면접을 거부할 경우 효과적이다.

13-3
관찰자가 선택적으로 관찰하게 되는 경우가 생길 수 있으므로 객관성이 확보되지 않는다.

정답 13-1 ① 13-2 ② 13-3 ③

핵심이론 14 | 면접법의 이해

① 면접법의 의의
  ㉠ 조사자(면접자)가 연구문제에 대한 적절한 해답을 구하기 위해 마련한 여러 질문에 대해 응답자와 직접 대면한 상태에서 질문하는 상호 간의 직접적인 역할상황이다.
  ㉡ 조사목적에 따른 특정화된 내용을 토대로 대화가 이루어지는 커뮤니케이션 시스템이다.
  ㉢ 조사자의 자질에 큰 영향을 받는 자료수집방법으로서, 조사자의 전문지식과 숙련성을 요구한다.

② 면접의 종류
  ㉠ 표준화면접(구조화된 면접)
    • 면접자가 면접조사표를 만들어서 상황에 구애됨이 없이 모든 응답자에게 동일한 질문순서와 동일한 질문내용에 따라 수행하는 방법이다.
    • 정확하고 체계적인 자료를 얻고자 할 때 적합하며, 계량화가 용이하다.
    • 비표준화 면접에 비해 응답 결과에 있어서 상대적으로 신뢰도가 높지만 타당도는 낮다.
    • 반복적인 면접이 가능하며, 면접결과에 대한 비교가 용이하다.
    • 면접의 신축성·유연성이 낮으며, 깊이 있는 측정을 도모할 수 없다.
    • 면접원의 자율성이 낮다.
  ㉡ 비표준화면접(비구조화된 면접)
    • 면접자가 면접조사표의 질문내용, 형식, 순서를 미리 정하지 않은 채 면접상황에 따라 자유롭게 응답자와 상호작용을 통해 자료를 수집하는 방법이다.
    • 표준화면접에 비해 응답 결과에 있어서 상대적으로 타당도가 높지만 신뢰도는 낮다.
    • 표준화면접에서 필요한 변수를 찾아내는 데 유용한 자료를 제공한다.
    • 반복적인 면접이 불가능하며, 면접결과에 대한 비교가 어렵다.
    • 면접의 신축성·유연성이 높으며, 깊이 있는 측정을 도모할 수 있다.
    • 면접자의 편의(Bias)가 개입될 가능성이 크다.

ⓒ 반표준화면접(반구조화된 면접)
- 일정 수의 중요한 질문을 표준화하고 그 외의 질문은 비표준화하는 방법이다.
- 면접자가 면접지침에 따라 응답자에게 상황에 적합한 변형 질문을 제시할 수 있다.
- 사실과 가설을 확인할 수 있을 뿐만 아니라 새로운 사실이나 가설을 발견할 수도 있다.
- 반표준화면접의 종류로는 초점집단면접법, 임상면접법 등이 있다.

③ 주요 특별면접방법
ⓐ 집중면접(Focused Interview)
- 응답자들에게 그대로 질문을 하는 것보다는 응답자들이 자신들에게 영향을 미치는 요소 및 자극이 어떤 것이며, 그것들이 어떠한 결과를 가져오게 되는가를 스스로 밝히도록 응답자를 도와주는 방법이다.
- 응답자로 하여금 경험한 일정 현상의 영향에 대해 집중적으로 면접하는 방법이다.
- 응답자들의 본래 상황을 충분히 이해하고 그에 따라 일정한 가설을 만든 후 응답자들의 경험에 입각하여 그 가설에 대한 유의성을 검증하도록 한다.
ⓑ 비지시면접
- 면접자가 어떤 지정된 방법 및 절차에 의해 응답자를 면접하는 것이 아니고, 응답자로 하여금 어떠한 응답을 하든지 간에 공포감 없이 자유롭게 응답할 수 있는 분위기를 마련해준 다음 면접을 하는 방법이다.
- 비표준화면접방법을 사용하며, 응답자의 응답에 대한 면접자의 영향을 최소화한다.

핵심문제

14-1. 비표준화(비구조화)면접의 장점으로 짝지어진 것은?

[22년 2회]

> A. 융통성이 있다.
> B. 면접결과의 신뢰도가 높다.
> C. 면접결과자료의 수량화 및 통계처리가 용이하다.
> D. 표준화면접에서 필요한 변수를 찾아내는 데 유용한 자료를 제공한다.

① A, B
② A, D
③ B, C
④ C, D

14-2. 집중면접(Focused Interview)에 관한 설명으로 가장 적합한 것은?

[18년 2회] [21년 2회]

① 특정한 가설을 개발하기 위해 효율적으로 이용할 수 있다.
② 면접자의 통제하에 제한된 주제에 대해 토론한다.
③ 개인의 의견보다는 주로 집단적 경험을 이야기한다.
④ 사전에 준비한 구조화된 질문지를 이용하여 면접한다.

14-3. 비표준화면접에 비해, 표준면접의 장점이 아닌 것은?

[19년 1회]

① 새로운 사실, 아이디어의 발견가능성이 높다.
② 면접결과의 계량화가 용이하다.
③ 반복적 연구가 가능하다.
④ 신뢰도가 높다.

| 해설 |

14-1
B. 표준된 면접에 비해 응답 결과에 있어서 상대적으로 타당도가 높지만, 신뢰도는 낮다.
C. 부호화가 어렵기 때문에 용이하지 않다.

14-2
집중면접은 응답자들의 본래 상황을 충분히 이해하고 그에 따라 일정한 가설을 만든 후 응답자들의 경험에 입각하여 그 가설에 대한 유의성을 검증하도록 한다.

14-3
면접의 신축성·유연성이 높은 비표준화 면접이 새로운 아이디어를 발견할 가능성이 높다.

정답 14-1 ② 14-2 ① 14-3 ①

기출 데이터 14년 2,3회 15년 1,3회 16년 2,3회 18년 1,2,3회 19년 1,2회 20년 1·2,3회 21년 1회 22년 1,2회

핵심이론 15 | 면접법의 장점과 단점

① 면접법의 장점

㉠ 관찰을 병행할 수 있다.

㉡ 다양한 조사내용을 비교적 장기간에 걸쳐서 상세하게 조사할 수 있다.

㉢ 면접자가 자료를 직접 기입하므로 응답률이 매우 높다.

㉣ 질문의 내용을 응답자가 잘 이해하지 못하는 경우 면접자가 설명해줄 수 있으며, 응답자의 내용이 분명하지 않은 경우에도 면접자가 응답의 내용을 점검할 수 있으므로 응답의 오류를 줄일 수 있다.

㉤ 질문지에 포함된 내용 외에도 연구에 필요한 기타 관련 정보들을 수집할 수 있다.

㉥ 오기나 불기를 예방할 수 있다.

㉦ 적절한 질문을 현장에서 신축성 있게 결정할 수 있어 융통성이 있다.

㉧ 비언어적 행위를 직접 관찰할 수 있다.

㉨ 개별적으로 진행하는 면접환경을 표준화할 수 있다.

㉩ 면접일자, 시간, 장소 등을 기록할 수 있다.

㉪ 면접 시 복잡한 질문지를 사용할 수 있다.

㉫ 면접에의 동기부여와 함께 면접에 응할 수 있는 분위기 조성이 가능하다.

② 면접법의 단점

㉠ 비용과 시간이 많이 소요된다.

㉡ 방문시각을 항상 고려해야 하며, 방문계획시간을 엄수해야 한다.

㉢ 면접자와 응답자 사이에 친숙한 분위기가 형성되지 않거나 상호 이해가 부족한 경우, 조사 외적인 요인들로부터 오류가 개입될 가능성이 있다.

㉣ 응답자가 기록한 사실에 대해 확인할 시간을 줄 수 없다.

㉤ 응답자의 익명성이 결여되어 정확한 내용을 도출하기 어렵고 민감한 사항을 조사하기 어렵다.

㉥ 특수층의 사람에 대해 면접이 곤란한 경우가 있다.

㉦ 면접자와 응답자가 직접 대면하여 조사하는 방식이므로 면접자의 주관이 개입될 가능성이 매우 높다.

㉧ 면접자에 의한 편의(Bias)가 발생할 수 있다.

핵심OX

1. 면접법은 면접자의 주관이 개입될 가능성이 매우 높다. ( )

2. 면접법은 비언어적 행위를 직접 관찰하기 힘들다. ( )

3. 면접법은 융통성이 있다. ( )

4. 익명성이 보장되어 민감한 사항을 조사하기 좋다. ( )

5. 질문지에 포함된 내용 외에 기타 정보를 수집하기 좋다. ( )

정답 1 ○ 2 × 3 ○ 4 × 5 ○

핵심문제

15-1. 면접법의 장점으로 틀린 것은? [19년 2회] [22년 2회]

① 관찰을 병행할 수 있다.

② 신축성 있게 자료를 얻을 수 있다.

③ 질문순서, 정보의 흐름을 통제할 수 있다.

④ 익명성이 높아 솔직한 의견을 들을 수 있다.

15-2. 조사자의 주관이 개입될 가능성이 가장 높은 자료수집방법은? [20년 3회]

① 면접조사   ② 온라인조사

③ 우편조사   ④ 전화조사

15-3. 일반적으로 가장 높은 응답률을 확보할 수 있는 조사방법은? [22년 1회]

① 우편설문법   ② 전화설문법

③ 직접면접법   ④ 전자서베이

|해설|

15-1

응답자의 익명성이 결여되어 솔직한 내용을 듣기 어렵다.

15-2

면접조사는 면접자에 의한 편의(Bias)가 발생할 수 있다.

15-3

조사자와 조사대상자가 직접 대면하기 때문에 질문의 내용을 응답자가 잘 이해하지 못하는 경우 면접자가 설명해 줄 수 있다. 응답자의 내용이 분명하지 않은 경우에도 면접자가 응답의 내용을 점검할 수 있으므로 응답의 오류를 줄일 수 있으며, 높은 응답률을 확보할 수 있다.

정답 15-1 ④ 15-2 ① 15-3 ③

핵심이론 16 | 면접의 준비

① 면접을 위한 준비작업

ㄱ 친밀감 및 유대감 고취 : 면접자는 우선 응답자에게 접근하여 친밀감과 유대감을 가질 수 있도록 라포를 형성해야 한다. 라포(Rapport)란 면접에서 면접자와 응답자의 상호신뢰관계를 말한다.

ㄴ 공포감 및 불안감 배제 : 면접자는 응답자가 면접에 대해 공포감이나 불안감을 가지지 않도록 주의를 기울여야 한다.

ㄷ 일정한 소개과정 : 면접자는 일정한 소개과정을 통해 신분을 소개하고 면접의 목적을 밝히는 등의 과정을 거쳐야 한다.

ㄹ 연구의 중요성 인식 : 면접자는 응답자들이 면접할 내용, 즉 연구의 중요성을 인식하도록 하여 성의 있는 응답을 이끌어낼 수 있도록 해야 한다.

ㅁ 동기부여 : 응답자의 여러 상황에 따라 응답이 왜곡될 수 있으므로 면접에 참여하고자 하는 동기를 부여하는 것이 중요하다.

• 긍정적 요인 : 지적호기심을 갖도록 하는 것, 자기표현 욕구를 충족시키는 것, 상호작용의 즐거움과 유무형의 혜택을 기대하도록 만드는 것 등

• 부정적 요인 : 면접과정에 대한 두려움, 면접원에 대한 의심과 적대감, 사생활에 대한 방어본능, 긴 면접시간, 응답내용에서 느끼는 곤혹스러움과 패배감 등

ㅂ 적절한 상황 도출 : 면접자는 응답자가 바쁘거나 부재상태인 경우 상황에 맞추어 면접시간에 대한 약속을 하며, 응답자가 면접을 거절하는 경우 상황에 따라 다시 면접의 내용을 친절하고도 구체적으로 설명하여 다시 면접에 응할 수 있도록 해야 한다.

② 면접자(면접원) 교육

ㄱ 면접지침을 작성하여 면접자에게 배포한다.

ㄴ 면접지는 질문지를 숙지하고 있어야 한다.

ㄷ 면접자에 대한 사전교육은 면접자에 의한 편향(Bias)을 줄일 수 있다.

ㄹ 면접기간 동안에도 면접자에 대한 철저한 통제가 이루어져야 한다.

ㅁ 면접자 교육과정에서 예외적인 상황에 대해서도 교육을 한다.

ㅂ 면접조사 시 면접자의 자질에 큰 영향을 받으므로 전문지식과 숙련성을 갖춰야 한다.

ㅅ 협력을 얻는 기술

• 면접진행에 필요한 기술 : 라포(Rapport)를 유지하고 면접내용을 이탈할 때에는 신속히 방향을 전환시키고 응답을 신중히 경청한다.

• 프로빙(Probing) 기술 : 응답자의 대답이 불충분할 때 충분하고 정확한 답을 알기 위해 재차 질문하는 탐색질문이다. 일종의 폐쇄식 질문에 답을 하고 이에 관련된 의문을 탐색하는 보조방법으로, 응답을 원하는 태도나 표정을 한쪽으로 유도를 해선 안 되며 필요 이상의 지나친 질문은 삼가야 한다. 대표적인 기술로는 '무언의 캐묻기', '드러내놓고 권장하기', '더 자세한 해명 요구', '명료화하기', '반복' 등이 있다.

핵심OX

1. 응답자의 대답이 불충분할 때 충분하고 정확한 답을 알기 위해 재차 질문하는 탐색질문은 '라포'이다.　　( )

2. 면접자에 대한 사전교육은 면접자에 의한 편향(Bias)을 줄일 수 있다.　　( )

3. 면접자는 면접 대상에게 신분을 밝힐 필요가 없다.　　( )

4. 면접자는 전문지식과 숙련성을 갖춰야 한다.　　( )

5. 라포는 의문을 탐색하는 데 사용된다.　　( )

정답 1 × 2 ○ 3 × 4 ○ 5 ×

핵심문제

16-1. 면접 중에 피면접자가 너무 짧은 응답만을 하였다. 이 상황에서 면접자가 이용할 수 있는 프로빙(Probing)의 기법이 아닌 것은?   [22년 1회]

① 간단한 찬성적 응답을 한다.
② 물끄러미 상대방을 응시한다.
③ 응답자의 대답을 되풀이한다.
④ 다른 대답은 어떻겠냐고 예를 들어 물어본다.

16-2. 면접조사의 원활한 자료수집을 위해 조사자가 응답자와 인간적인 친밀 관계를 형성하는 것은?   [19년 3회]

① 라포(Rapport)
② 사회화(Socialization)
③ 조작화(Operationalization)
④ 개념화(Conceptualization)

16-3. 응답자에게 면접조사에 참여하고자 하는 동기를 부여하는 요인과 가장 거리가 먼 것은?   [19년 2회]

① 면접자를 돕고 싶은 이타적 충동
② 물질적 보상과 같은 혜택에 대한 기대
③ 사생활 침해에 대한 오인과 자기방어 욕구
④ 자신의 의견이나 식견을 표현하고 싶은 욕망

|해설|

16-1
프로빙은 면접 과정에서 응답자의 대답이 불충분하거나 정확하지 못할 때 행하는 탐색 질문을 뜻한다. 응답을 원하는 태도나 표정을 한쪽으로 유도해서는 안 되며 필요 이상의 지나친 질문은 삼가야 한다.

16-2
라포(Rapport)는 면접에서 조사자와 응답자의 상호신뢰관계를 말한다. 조사자는 원활한 자료수집을 위해 우선 응답자에게 접근하여 친밀감과 유대감을 가질 수 있도록 라포를 형성해야 한다.

16-3
면접조사에서는 면접원뿐만 아니라 응답자의 동기부여도 중요하다. 응답자의 여러 상황에 따라 응답이 왜곡될 수 있으므로, 질문이 민감하거나 프라이버시에 관한 것이면 협조가 어려울 수 있다. 응답자의 긍정적 동기부여 요인으로는 지적호기심을 갖도록 하는 것이나, 자기표현 욕구, 상호작용의 즐거움, 유무형의 혜택을 기대하도록 만드는 것 등을 들 수 있다. 부정적 요인으로는 면접과정에 대한 두려움, 면접원에 대한 의심과 적대감, 사생활에 대한 방어본능, 긴 면접시간, 응답내용에서 느끼는 곤혹스러움과 패배감 등이 있다.

정답 16-1 ④ 16-2 ① 16-3 ③

핵심이론 17 | 면접의 실시

① 면접의 실시

　㉠ 응답자의 응답에 주의를 기울이며, 응답에 성급한 찬성이나 반대의 태도를 보여서는 안 된다.

　㉡ 면접자는 응답자가 이질감을 느끼지 않도록 복장이나 언어사용에 유의하여야 한다.

　㉢ 응답자가 가능한 한 비공식적인 분위기에서 편안한 자세로 대답할 수 있게 해야 한다.

　㉣ 질문지에 있는 말 그대로 빠짐없이 질문해야 한다.

　㉤ 표준화질문인 경우 조사표의 내용 및 그 순서에 따라 면접을 해야 한다.

　㉥ 응답자에게 응답에 필요한 일정한 시간을 주는 것이 좋으며, 응답자들이 질문을 제대로 이해하지 못하는 경우 부연설명을 해주는 것이 좋다.

　㉦ 응답자의 응답이 필요 이상으로 길어지거나 다른 방향으로 이탈하는 경우, 면접의 분위기를 해치지 않는 범위에서 적절히 조절하는 것이 필요하다.

　㉧ 일정한 대답이 나오도록 유도하거나 이를 암시해서는 안 된다.

　㉨ '모른다'는 대답이 나올 경우 진실로 모르는 것인지 혹은 다른 이유가 있는 것인지 주의 깊게 파악하여 대처해야 하며 탐색질문을 적절히 활용하는 것이 좋다.

　　• 탐색질문은 응답이 '예', '아니요' 등으로 지나치게 간단하여 불확실하거나 부정확할 때 질문을 추가해서 그 응답을 탐색하여 보는 질문이다.

　　• 경우에 따라 응답자는 의식적 또는 무의식적으로 응답을 불충분하게 하는 경우가 있다. 그럴 때 면접자는 보다 정확하게 대답을 얻기 위해 탐색질문을 하여야 한다. 탐색질문은 비표준화질문에 있어 'Why' 질문과 비슷한 성격을 갖는다.

　　예 프로빙(Probing) 기술

② 면접의 기록

ㄱ 면접의 내용 및 결과를 정확하게 기록하는 것이 무엇보다 중요하다.

ㄴ 면접자는 면접결과의 오차를 줄이기 위해 가능한 한 면접의 상황이나 면접자와 응답자의 상호작용을 충분히 고려하여 기록해야 한다.

ㄷ 면접자는 그 응답의 해석상 필요한 다소의 정보를 기록해두는 것이 좋다.

ㄹ 면접자는 가능한 한 자신의 주관을 배제한 채 응답자의 응답 내용 그대로를 기록하는 것이 바람직하다.

ㅁ 면접결과의 기록을 위해 녹음기 등을 사용할 수 있으며, 이 경우 면접 상황에 대한 구체적인 묘사를 담는 것도 고려한다.

ㅂ 면접자는 응답자의 응답을 면접하는 도중에 즉시 기입하여 두는 것이 바람직하다.

ㅅ 면접자는 질문의 목적과 연관된 것에 대해서는 사소한 것이라도 빼놓지 않고 기록해야 한다.

ㅇ 면접자는 면접에 대한 보다 완전한 결과를 제시하기 위해 면접이 끝난 다음 즉시 보다 자세하고 정확한 보고서를 작성하여 제출하는 것이 좋다.

핵심OX

1. 면접자는 응답자의 응답을 면접이 다 끝나고 기입하여 두는 것이 바람직하다. ( )
2. 면접자는 자신의 주관을 어느 정도 반영하여 응답 내용을 기록하는 것이 바람직하다. ( )
3. 질문지에 있는 말 그대로 빠짐없이 질문해야 한다. ( )
4. 일정한 대답이 나오도록 유도하는 것이 진행에 도움이 된다. ( )
5. 면접과정에서 탐색질문을 적절히 사용하는 것이 좋다. ( )

정답 1 × 2 × 3 ○ 4 × 5 ○

핵심문제

17-1. 면접조사에서 조사자가 준수해야 할 일반적인 원칙으로 틀린 것은? [22년 1회]

① 질문지를 숙지하고 있어야 한다.
② 응답자와 친숙한 분위기를 형성하여야 한다.
③ 개방형 질문의 경우에는 응답 내용을 해석하고 요약하여 기록하여야 한다.
④ 면접자는 응답자가 이질감을 느끼지 않도록 복장이나 언어사용에 유의하여야 한다.

17-2. 면접조사 시 유의해야 할 사항으로 틀린 것은? [20년 3회]

① 응답의 내용은 조사자가 해석하여 요약·정리해 둔다.
② 응답자와 친숙한 분위기(Rapport)를 형성한다.
③ 조사자는 응답자가 이질감을 느끼지 않도록 복장이나 언어사용에 유의한다.
④ 조사자는 조사에 임하기 전에 스스로 질문내용에 대해 숙지한다.

17-3. 면접원이 자유 응답식 질문에 대한 응답을 기록할 때 지켜야 할 원칙과 가장 거리가 먼 것은? [18년 2회]

① 면접조사를 진행한 이후 최종 응답을 기록한다.
② 응답자가 사용한 어휘를 원래 그대로 기록한다.
③ 질문과 관련된 모든 것을 기록에 포함시킨다.
④ 같은 응답이 반복되더라도 가감 없이 있는 그대로 기록한다.

|해설|

17-1
면접의 내용은 가능한 한 자신의 주관을 배제한 채 응답자의 응답 내용 그대로를 기록하는 것이 바람직하다.

17-2
조사자는 응답의 해석상 필요한 다소의 정보를 기록해두는 것이 좋지만 그것을 해석하거나 요약해서 정리하는 것은 안 된다. 면접의 내용 및 결과를 정확하게 기록하는 것이 무엇보다 중요하다.

17-3
면접의 내용 및 결과를 정확하게 기록하는 것이 무엇보다 중요하므로, 응답자의 응답을 면접하는 도중에 즉시 기입하여 두는 것이 바람직하다.

정답 17-1 ③ 17-2 ① 17-3 ①

핵심이론 01 | 조사원 선발기준

① 조사원의 정의
- ㉠ 실제 조사현장에서 응답자와 면담, 전화, 인터넷, 우편 등을 통해 조사를 담당하고 조사표 내용검토와 자료를 입력하는 일을 수행하는 사람을 말한다.
- ㉡ 기본적인 표본 틀의 구성, 응답자와의 접촉, 질의응답, 응답의 기록까지 전 과정에 걸쳐 단계별로 조사원의 역할을 담당한다.

② 조사원의 역할 단계
- ㉠ 조사 전 단계 : 조사원은 현장경험을 바탕으로 조사지역 내에서 명부를 작성하고, 조사대상 가구에서 응답표본을 선정하는 작업에 도움을 준다. 예를 들어 현장조사의 표본 틀 안에서 주소나 폐업 및 전업한 주소가 반영되어 있는 경우 현장경험이 많은 조사원은 표본추출 틀을 갱신할 수 있는 정보를 제공하는 역할을 한다.
- ㉡ 조사 대상자 접촉 단계 : 조사원은 조사대상이 되는 표본을 접촉하여 조사에 참여하도록 협조를 이끌어내는 작업을 수행한다.
- ㉢ 조사 수행 단계 : 조사 대상자가 조사에 성실히 응하도록 동기를 부여하기도 하며, 응답자에게 질문을 읽어주고 필요에 따라서는 질문을 명백하게 하거나 설명을 해주기도 한다. 그리고 응답이 애매하거나 명확하지 않을 경우에는 추가적인 질문을 통하여 자세히 캐어묻기를 해야 하며, 어떤 경우에는 응답자를 대신하여 응답자가 불러주는 내용을 설문지에 기입하기도 한다. 또 응답하기 곤란한 질문에 대해서는 솔직한 답변을 이끌어 낼 수 있도록 응답자를 설득하기도 한다.
- ㉣ 조사 후 단계 : 응답에 대한 검수뿐만 아니라 응답자, 응답자의 가구, 지역 등을 관찰한 결과를 기록하기도 한다.

③ 조사원의 선발기준
- ㉠ 우수한 업무수행과 보안사항 및 지침을 잘 준수하는 사람이어야 한다.
- ㉡ 조사업무에 대한 협력의 열의가 있고, 조사원으로서 업무의 중요성을 인식하여 바르게 업무를 수행하려는 자세가 있는 사람이어야 한다.
- ㉢ 조사방법 등 조사절차를 정확하고 바르게 이해하여 이를 실행할 수 있는 사람이어야 한다.
- ㉣ 시간적으로 여유가 있고, 신뢰감과 자신감, 친근감을 얻을 수 있는 사람이어야 한다.

④ 조사원의 공통 자격요건
- ㉠ 또렷하고 정확한 말투를 가지고 있어야 한다.
- ㉡ 청량한 목소리를 가지고 있어야 한다.
- ㉢ 응답자가 사용하는 방언을 알아들을 수 있어야 한다.
- ㉣ 조사내용과 관련된 주제에 대해서 고집스럽게 자기주장을 내세우지 않는 사람이어야 한다.
- ㉤ 상냥한 성격에 다양한 사람들을 대하기 꺼려하지 않는 사람이어야 한다.
- ㉥ 깨끗한 필체를 가지고 있는 사람이어야 한다.

핵심OX

1. 조사원은 우수한 업무수행과 보안사항 및 지침을 잘 준수하는 사람이어야 한다. ( )
2. 응답자가 방언을 사용하여 응답할 시에는 조사 내용을 적어 두었다가 방언을 사용할 수 있는 전문가에게 해석을 요구하여야 한다. ( )
3. 조사원은 실제 조사현장에서 조사를 담당하고 조사표 내용 검토와 자료를 입력하는 일을 수행하는 사람을 말한다. ( )
4. 조사업무에 대한 단독 진행의 열의가 있는 사람이어야 한다. ( )

정답 1 ○ 2 × 3 ○ 4 ×

1-1. 조사원이 교육 훈련에 참가하고 조사 지역 내 명부 작성 직무를 수행하는 단계는?　　　　　　　　　　　　　　[24년]

① 조사 전 단계
② 조사대상자 접촉 단계
③ 조사 수행 단계
④ 조사 후 단계

1-2. 면접조사원 선발기준과 가장 거리가 먼 것은?

① 인터넷조사원은 보안사항 및 지침을 잘 준수해야 한다.
② 면접조사원은 조사 인근거주자를 우선적으로 고려해야 한다.
③ 전화조사원은 외형적인 신체조건의 제약이 면접조사원보다 많다.
④ 우편조사원은 조사방법 등 조사절차를 이해하여 충실히 실행해야 한다.

|해설|

1-1
조사원은 조사 전 단계에서 교육 훈련에 참가하며 조사지역 내에서 명부를 작성하고, 조사대상 가구에서 응답표본을 선정하는 작업에 도움을 준다.

1-2
③ 전화조사원은 면접조사원보다 외형적인 신체조건의 제약이 적으며 전화를 받고 응답을 기입하는 데 특별한 어려움이 없어야 한다. 또한, 명확한 발음과 상냥한 언어, 의사전달 능력을 보유한 사람이어야 한다.

　　　　　　　　　　　　　　　　　정답 1-1 ①　1-2 ③

핵심이론 02 │ 조사원의 자세 교육

① 조사원 교육

　㉠ 정의 : 조사원이 수행해야 할 조사에서 요구하는 목표를 달성할 능력과 자세를 갖추도록 교육하는 것을 말한다.

　㉡ 목표 : 조사원 업무의 전문적인 성격을 잘 이해시키고 이를 더욱 발전시킴으로써 조사원으로서의 역할과 중요성을 깊이 인식하여 정체성을 확립하기 위함이다.

　㉢ 필요성

　　• 조사원들의 현장조사에 대한 이해력을 증대시키고 커뮤니케이션 능력을 향상시켜 응답대상자 설득에 긍정적인 태도를 가지기 위한 것이다.

　　• 응답자의 응답거부를 가볍게 받아들여서는 안 된다는 것을 인지하기 위한 것이다.

　　• 조사원의 동기를 부여하고 사명감을 높이는 등 윤리적 자질을 향상하기 위한 것이다.

② 조사원의 역할 및 책임

　㉠ 조사품질에 대한 조사원의 책임을 설명한다.

　　• 정책수립에 가장 기본이 되는 통계를 작성하는 것에 대한 열의와 자부심, 그리고 책임감을 심어주는 것이 조사원 교육 중에 가장 중요하다.

　　• 조사원은 조사의 품질관리를 위하여 조사기간 중에는 조사업무에만 전념해야 하고, 조사요령 교육을 받은 사람이 조사해야 한다.

　㉡ 조사관리자의 지시에 따를 것을 강조한다.

　㉢ 검증원의 존재를 인식한다.

　㉣ 불량응답, 거짓응답 등에 대한 처리과정을 인식한다.

　　• 단순한 무응답이 아닌, 조사원이 충분히 캐어묻지 않았거나, 질문에 대한 타당한 응답이 아니거나, 의도적으로 응답을 조작하여 기록하였다면 그에 맞는 적절한 조치를 취해야 한다.

　　• 불성실한 응답이 조사원의 기술이나 자각부족이 아닌 게으름 때문이라면, 그 조사원은 해고하고 다른 사람으로 교체하는 것이 낫다.

　　• 조사원이 고의적으로 응답을 조작했다면 조사품질을 보장할 수 없으므로 즉각 해고해야 한다.

　㉤ 개인정보의 비밀보장을 강조한다.

　㉥ 지침 등 서약서의 항목을 잊지 않도록 설명한다.

③ 조사원의 자세 교육

　㉠ 전문가다운(Professional) 모습
- 단정한 복장과 조사에 필요한 도구를 잘 정돈한다.
- 신분을 밝히는 조사원 명찰을 항상 착용한다.
- 조사원 명찰을 착용한 상태로 개인적인 업무를 보지 않는다.
- 조사 자체에 관한 설명, 통계법에 대한 안내 등 응답자가 궁금해 할 만한 정보를 막힘없이 전달한다.
- 조사표의 질문을 모두 숙지하여 부드럽게 조사를 진행한다.
- 질문할 때 각 질문에 대한 충분한 설명으로 응답자가 응답하는 데 어려움이 없도록 배려한다.
- 응답자가 보는 곳에서 응답을 기입할 때 깨끗한 글씨로 기입하고 필요에 따라 메모 등을 기록한다.
- CAPI, PDA 등 전자 보조기기를 능숙하게 다룬다.
- 응답자의 말에 충분히 귀를 기울이고 그것을 조사에 반영하기 위해 최선을 다한다.
- 조사를 마치고 인사하기 전에 빠진 항목이 없는지 처음부터 차분하게 검토한다.

　㉡ 전문가다운 모습의 효과
- 조사의 신뢰도에 대한 믿음을 주어 응답자로부터 더 충실한 응답을 받을 수 있다.
- 명찰을 착용하여 신분을 드러냄으로써 신변의 안전에 도움이 된다.
- 표본 대상을 찾아가거나 이웃에게 대상자에 대한 정보를 물어볼 때 협조를 구하기가 수월하다.

핵심문제

2-1. 조사원(Enumerator)의 역할과 응답자와의 관계에서 지켜야 할 자세로 옳지 않은 것은? [23년]
① 단정한 복장과 전문가다운 모습을 유지해야 한다.
② 조사원은 응답자에게 참여를 유도하고 응답을 이끌어내야 한다.
③ 응답자의 말에 귀를 기울이고 그것을 조사에 반영하기 위해 최선을 다한다.
④ 표준적인 진행절차에 따라 대상자를 선정하고 준비된 설문내용에 대한 응답을 기록한다.

2-2. 조사원의 전문가다운 모습으로 틀린 것은? [24년]
① 신분을 밝히는 조사원 명찰을 항상 착용하며, 명찰을 착용한 상태로 개인적인 업무를 보지 않는다.
② 조사표의 질문을 모두 숙지하여 부드럽게 조사를 진행한다.
③ CAPI, PDA 등 전자 보조기기를 능숙하게 다룬다.
④ 조사를 마치고 인사한 후 빠진 항목이 없는지 처음부터 차분하게 검토한다.

2-3. 조사원 교육의 필요성에 대한 설명으로 틀린 것은? [23년]
① 응답자의 응답거부를 가볍게 받아들여서는 안 된다는 것을 인지시킨다.
② 현장조사에 대한 이해력 증대 및 커뮤니케이션 능력을 향상시킨다.
③ 조사원으로서의 정체성 확립과 동기부여를 향상시킨다.
④ 조사과정에서 발생하는 문제는 조사원 스스로가 해결하도록 유도한다.

|해설|

2-1
② 조사원은 조사에 참여하도록 협조를 이끌어내는 작업을 수행하지만, 응답은 응답자 스스로 결정하도록 해야 한다.

2-2
④ 조사원은 조사를 마치고 인사하기 전 빠진 항목이 없는지 처음부터 차분하게 검토해야 하며, 빠진 항목이 있을지라도 질문에 대한 충분한 설명으로 응답자가 응답하는 데 어려움이 없도록 배려해야 한다.

2-3
조사과정은 조사원의 자질에 큰 영향을 받으므로 전문지식과 숙련성을 갖춰야 하며 응답자의 협력을 얻는 기술을 익혀야 한다. 따라서 조사원에 대한 사전교육은 조사원에 의한 편향을 줄일 수 있는 방법이며, 면접 시 발생할 수 있는 예외적인 상황에 대해 교육과정에서 언급해줌으로써 조사원이 이상 상황 발생 시 대처할 수 있도록 하는 것이 바람직하다.

정답 2-1 ② 2-2 ④ 2-3 ④

핵심이론 03 | 조사원 관리 및 점검

① 조사원 관리
- ㉠ 일과를 마치면 일일 보고받기 : 현장을 제대로 관리하기 위한 기본은 현장과의 의사소통이다. 날마다 현장의 현황을 보고받아 그날의 진척상황을 파악한다.
- ㉡ 조사지도원 등 중간단계 통해서 보고받기 : 대규모 조사의 경우 조사원 개개인에게 보고받는 것은 불가능하다. 이때는 조사지도원이나 교관급의 중간관리자로부터 보고를 받아 전반적인 상황을 파악하도록 한다. 각 중간관리자가 현장의 보고를 매일 보고받도록 잘 관리한다.
- ㉢ 조사기간 동안 조사원과 언제 어디서나 연락이 가능해야 한다. 개인전화는 물론 만일의 사태를 대비하여 자택전화나 가까운 지인 등의 연락처도 알고 있는 것이 좋다.
- ㉣ 조사원의 이름, 성별, 연령, 휴대 전화번호, 자택 전화번호, 이메일, 자택번지, 통장번호 등을 받아두도록 한다.
- ㉤ 조사 진행률을 파악하고 조사원의 출퇴근을 관리한다.
- ㉥ 조사 진행의 문제점 및 조사원의 애로사항을 수집하고 처리한다.
- ㉦ 조사원을 고용할 때는 고용 계약서 외에도 다음의 조사원 서약서를 받아두는 것이 좋다.

② 조사원 현장 관리 및 설문지 점검
- ㉠ 지침서와 교육내용을 제대로 지키고 있는지 확인한다.
  - 조사를 시작하여 조사원이 현장에 나가본 후, 모든 조사원들을 불러들여 함께 조사과정을 짚어보며 점검하는 것이 반드시 필요하다.
  - 점검은 현장에서 조사하는 모습부터 수거해 온 설문지 결과까지 하나도 빠짐없이 살펴봐야 한다.
  - 예기치 못한 문제가 있거나, 설문지의 문제나 기타 기술적인 문제는 없는지 짚고 넘어가야 하며, 충분한 대비를 하지 못한 조사원들이 있다면 그 문제들을 꼼꼼하게 살펴서 해결해야 한다.
  - 지시사항에 고의적인 속임수를 쓰는 등 말썽이 있는 조사원은 문제가 발견되는 즉시 해고하고 예비로 확보해 놓은 조사원을 투입하는 것이 좋다.
- ㉡ 조사초기에 집중적으로 점검한다.
  - 점검은 조사기간 전반에 걸쳐 계속해야 하는 작업이지만, 특히 조사기간 초기에 집중적으로 해야만 각종 오류가 발생할 가능성이 낮아진다.
  - 조사 중에 일어날 수 있는 오류발생 가능성을 줄이기 위해서는, 조사를 시작한 첫날의 설문지를 하나도 빠짐없이 모두 점검하고 현장에서 발생할 수 있는 오류 등에 대한 재교육을 실시하는 것도 좋은 방법이다.
- ㉢ 누락 항목이나 글씨를 알아볼 수 없는 항목을 확인하여 확인된 실수들은 당일 혹은 다음날 바로 보충하도록 한다.
  - 설문지가 들어오는 즉시 설문지 점검에 들어가 조사원이 누락한 항목이나 글씨를 알아볼 수 없는 항목이 없는지 확인한다.
  - 확인된 실수들은 당일 혹은 다음날 바로 보충하도록 한다. 시간이 지날수록 설문지는 쌓여가고 특정 응답자에 대한 조사원의 기억이 희미해지기 때문에 빨리 처리하도록 한다.
- ㉣ 조사원별로 상이한 응답패턴이 발생하는지 확인한다.
- ㉤ 점검과정에서 지적된 사항들을 보충한다.
  - 조사지도원이나 관리자, 점검원 등이 점검과정을 통해 지적된 사항들을 조사원이 보충하는 작업은 조사원의 기억력에 의존하지 않고, 응답자와 접촉한 후 재질문을 통해 보충하거나 결측 처리를 하도록 한다.
  - 조사를 실시하는 자리에서 올바르게 적지 못했다면, 시간이 지나고 다른 조사를 실시하면서 해당 응답에 대한 기억이 왜곡되었을 가능성이 매우 크다.
  - 응답자도 이와 마찬가지로 자신의 응답을 기억하지 못할 경우가 많기 때문에 질문의 성격과 비용 등을 고려하여 더 나은 방법을 선택한다.
- ㉥ 현장에서 느끼는 조사원의 고충을 수합하여 재교육한다.

핵심OX

1. 조사원을 고용할 때는 고용 계약서를 받아야 하며 이외에 다른 서류는 필요 없다. ( )
2. 초기에는 교육 내용을 인지하고 있으므로 조사원이 점차 조사에 소홀해지지 않는지 마지막에 집중적으로 점검한다. ( )
3. 말썽이 있는 조사원은 문제가 발견되는 즉시 해고하고 예비로 확보해 놓은 조사원을 투입하는 것이 좋다. ( )
4. 조사 진행률을 파악하고 조사원의 출퇴근을 관리한다. ( )

정답 1 × 2 × 3 ○ 4 ○

3-1. 조사원 교육 및 관리에 대한 설명으로 틀린 것은? [24년]

① 조사원 교육은 연구자나 실사감독관이 한다.

② 교육은 별도의 자료나 매뉴얼을 작성하여 실시한다.

③ 조사원이 조사목적, 설문내용 및 조사진행 과정 등을 숙지하도록 한다.

④ 조사과정에서 발생하는 문제는 조사원 스스로가 해결하도록 유도한다.

3-2. 면접조사에서 조사원 관리 방법으로 옳은 것은? [24년]

① 교육 자료의 지시사항을 충분히 숙지하지 못한 조사원은 바로 해고하고 미리 확보해 놓은 다른 조사원을 투입한다.

② 조사원의 이름, 성별, 연령, 휴대 전화번호, 자택 전화번호, 이메일, 주소, 통장번호 등을 받아둔다.

③ 조사원은 하루 일과를 기록하여 일주일 단위로 현장의 현황을 보고해야 한다.

④ 조사기간 동안 조사원은 개인 용무가 있어 연락이 불가능하더라도 큰 문제는 없다.

|해설|

3-1

④ 조사과정은 조사원의 자질에 큰 영향을 받으므로 전문지식과 숙련성을 갖춰야 하며 응답자의 협력을 얻는 기술을 익혀야 한다. 따라서 조사원에 대한 사전교육은 조사원에 의한 편향을 줄일 수 있는 방법이며, 면접 시 발생할 수 있는 예외적인 상황에 대해 교육과정에서 언급해줌으로써 조사원이 이상 상황 발생 시 대처할 수 있도록 하는 것이 바람직하다.

3-2

① 단지 지시사항을 충분히 숙지하지 못했기 때문에 발생한 문제가 아닌 고의적인 속임수를 쓰는 등 말썽이 있는 조사원은 바로 해고하고 예비로 확보해 놓은 다른 조사원을 투입하는 것이 좋다.

③ 조사원은 하루 일과를 마치면 보고하는 체계를 유지한다.

④ 조사기간 동안 조사원은 언제 어디서나 연락이 가능해야 한다. 도중에 생기는 다양한 긴급 상황을 대비하여 개인 휴대전화는 물론 자택전화나 가까운 지인 등의 연락처도 알고 있는 것이 좋다.

정답 3-1 ④ **3-2** ②

핵심이론 04 | 실사품질 관리 단계

① 1차 검증(현장 검증)

㉠ 설문조사 완료 후 회수된 설문지는 1차적으로 조사를 직접 진행한 조사원이 현장 검증을 실시한다.

㉡ 현장검증에서는 설문결과를 육안으로 확인하여 응답의 누락이 없는지, 조사원에게 할당된 설문 대상자의 쿼터(Quota)가 맞는지 등을 확인한 후 이상이 없을 경우 실사관리자에게 설문지를 전달한다.

㉢ 오류가 발생하였을 경우에는 오류 내용을 확인하여 수정작업을 실시한다.

㉣ 오류내용의 재확인이 불가능하거나 중대한 오류가 발생하였을 경우, 해당 설문지를 폐기하고 재조사를 실시한다.

② 2차 검증(에디팅)

㉠ 실사 관리자는 조사원으로부터 회수된 설문지에 대해 응답 충실성, 부적합 응답 여부, 논리적 오류 체크 등을 확인하는 에디팅(Editing) 작업을 실시한다.

㉡ 오류가 확인되었을 경우에는 조사원 및 응답자에게 오류 내용을 확인하여 설문 결과를 수정한다.

㉢ 수정 불가능한 중대한 오류가 발생하였을 경우에는 해당 설문지를 폐기하고 재조사를 실시한다.

③ 3차 검증(전화 검증)

㉠ 2차 검증이 완료되면 실사담당자는 응답자의 진위 확인 및 적격대상자 확인, 주요문항의 진위 여부 확인, 오류 내용에 대한 재확인 등을 위해 전화 검증을 실시한다.

㉡ 오류가 확인되었을 경우에는 확인내용을 설문 결과를 수정하여 반영한다.

㉢ 응답자의 진위가 불분명하거나 부적격 대상자로 확인될 경우, 응답내용의 신뢰도가 심각하게 훼손된 경우, 그밖에 조사결과에 중대한 영향을 줄 수 있는 오류가 발견된 경우에는 해당 설문을 폐기하고 재조사를 실시한다.

④ 실사품질 관리 방법
  ㉠ 정합성 점검
    • 설문 응답내용의 논리적 오류를 점검한다.
    • 대부분 1차 검증(현장 검증) 및 2차 검증(에디팅)에 해당한다.
  ㉡ 신뢰성 점검
    • 실사가 적합한 방법으로 진행되었는지 점검한다.
    • 대부분 3차 검증(전화 검증)에 해당한다.

핵심문제

4-1. 실사품질 관리의 단계를 순서대로 잘 배열한 것은?
① 설문조사 → 현장검증 → 전화검증 → 에디팅 → 부호화
② 설문조사 → 현장검증 → 에디팅 → 전화검증 → 부호화
③ 설문조사 → 에디팅 → 현장검증 → 전화검증 → 부호화
④ 설문조사 → 전화검증 → 현장검증 → 에디팅 → 부호화

4-2. 실사품질 관리단계에 관한 설명으로 틀린 것은?
① 1차 검증 - 설문 결과를 육안으로 확인하여 응답에 누락이 없는지 확인하는 단계이다.
② 2차 검증 - 회수된 설문지에 대해 응답 충실성, 부적합 응답 여부, 논리적 오류체크 등을 수행하는 단계이다.
③ 3차 검증 - 실사담당자는 응답자의 진위확인 및 적격대상자 확인, 주요문항의 진위 여부 확인, 오류내용에 대한 재확인 등을 위해 전화검증을 실시한다.
④ 3차 검증 - 실사품질 관리단계 중 정합성 점검에 해당한다.

4-3. 수집된 자료의 정합성 점검으로 가장 적합한 것은?

> 다음 중 귀하께서 가장 선호하시는 통신사를 하나만 선택해 주십시오.
> 1. A통신사　2. B통신사 ✔　3. C통신사　4. 기타(　)

① 응답이 누락된 경우로 해당 설문을 폐기하고 재조사한다.
② 응답이 누락된 경우로 추후 재확인을 위해 별도로 표기해 둔다.
③ 응답내용 확인이 불가능한 경우로 해당 설문을 폐기하고 재조사한다.
④ 응답내용 확인이 불가능한 경우로 추후 재확인을 위해 별도로 표기해둔다.

4-4. 수집된 자료의 정합성 점검에 대한 설명으로 틀린 것은?
[24년]
① 정합성 점검은 설문 응답 내용에 기입 오류가 있는지, 논리적 모순이 없는지 등을 확인하는 절차이다.
② 수정이 가능한 오류일 경우 응답자에게 해당 오류내용을 재확인하여 수정해야 한다.
③ 조사원이 현장에서 1차적으로 확인하며, 2차적으로 실사 관리자가 내부에서 확인을 실시한다.
④ 정합성 점검은 대부분 실사품질 관리 단계 중 1차 검증(현장 검증) 및 2차 검증(에디팅)에 해당된다.

| 해설 |

4-1
② 일반적으로 실사품질 관리는 설문조사 완료 후 회수된 설문지를 1차 검증(현장검증), 2차 검증(에디팅), 3차 검증(전화검증)의 단계를 따르며, 자료처리에서는 부호화, 자료입력 등이 이루어진다.

4-2
④ 실사품질 관리 단계 중 정합성 점검은 1차 검증 및 2차 검증, 신뢰도 점검은 3차 검증에 해당한다.

4-3
④ 응답기입의 오류로 2번과 3번 보기 사이에 응답을 기재하여 정확한 응답 내용 확인이 불가능하므로 추후 재확인을 위해 별도로 표기를 해둔다.

4-4
② 검증결과 수정이 가능한 오류일 경우 응답자에게 해당 오류내용을 재확인하여 설문결과를 반영하여 수정하는 것은 수집된 자료의 신뢰성 점검에 대한 내용이다. 또한 신뢰성 점검에서는 검증결과에 영향을 줄 수 있는 중대한 오류일 경우 해당 설문을 폐기하고 재조사한다.

정답 4-1 ② 4-2 ④ 4-3 ④ 4-4 ②

기출 데이터 14년 2,3회 15년 1회 16년 2,3회 17년 1,2,3회 18년 1,3회 19년 2,3회
20년 1·2,4회 21년 2,3회 23년

핵심이론 01 | 변수의 종류

① 변수의 의의
  ㉠ 연구대상의 경험적 속성을 나타내는 동시에 그 속성에 계량적 수치 및 가치를 부여할 수 있는 개념을 의미한다.
  ㉡ 사상(事象)에 대한 계량적 수치 및 가치가 부여된 속성 또는 상징이라고 할 수 있다.

② 변수의 종류
  ㉠ 독립변수
    • '원인적 변수' 또는 '가설적 변수'라고도 하며 일정하게 전제된 원인을 가져다주는 기능을 하는 변수이다.
    • 실험연구에서 독립변수는 연구자에 의해 조작되는 변수를 의미하며, 사회조사연구에서는 연구자의 능동적 개입이 아닌 논리적 선행조건의 개념으로 파악된다.
  ㉡ 종속변수
    • '결과적 변수'라고도 하며 독립변수의 원인을 받아 일정하게 전제된 결과를 나타내는 기능을 하는 변수이다.
    • 실험연구에서 종속변수는 독립변수의 변이에 따라 자연히 변하는 것으로서 결과적인 예측변수라고 할 수 있다.
  ㉢ 통제변수
    • 독립변수와 종속변수 간의 관계를 명확히 파악하기 위해 그 관계에 영향을 미칠 수 있는 제3의 변수를 통제하는 변수이다.
    • 실험과정에서 한 변수에 대해 통제한다는 것은 그 통제변수의 각 수준을 따로 취해 독립변수와 종속변수의 본래 관계가 통제변수의 각 수준에서 어떻게 변하는지를 살펴본다는 것을 의미한다.
  ㉣ 외생변수(외재변수)
    • 독립변수와 종속변수 간에 상관관계가 있는 것처럼 보이지만 실제로는 두 변수가 우연히 어떤 변수와 연결됨으로써 마치 인과적 관계가 있는 것처럼 보이도록 하는 모든 변수이다.
    • 독립변수와 종속변수 간의 관계는 가식적인 것으로서, 외생변수를 통제하는 경우 가식적인 관계는 사라진다.

    • 실험변수가 아니면서 결과변수에 영향을 주는 일종의 독립변수로서, 최대한으로 그 영향이 제거되거나 상쇄될 수 있도록 해야 한다.
    • 외생변수 중에 통제할 수 있는 변수를 제3의 변수 혹은 검정요인이라고 한다.
  ㉤ 매개변수
    • 독립변수와 종속변수 간에 직접적인 관련이 없으나 제3의 변수가 두 변수의 중간에서 매개자 역할을 하여 두 변수 간에 간접적인 관계를 맺도록 하는 변수이다.
    • 독립변수의 결과인 동시에 종속변수의 원인이 된다.
  ㉥ 선행변수
    • 인과관계에서 독립변수에 앞서면서 독립변수에 유효한 영향력을 행사하는 제3의 변수를 말한다.
    • 선행변수를 통제해도 독립변수와 종속변수 사이의 관계는 사라지지 않지만, 독립변수를 통제하는 경우 선행변수와 종속변수 사이의 관계는 약화되거나 사라진다.
  ㉦ 억압변수(억제변수)
    • 두 개의 변수 간에 상관관계가 있으나 그와 같은 관계가 없는 것처럼 보이게 하는 제3의 변수를 말한다.
    • 두 개의 변수에 대해 각각 긍정적·부정적으로 상관되어 변수 간의 관계를 억압함으로써 '가식적 영 관계(Spurious Zero Relationship)'를 형성한다.
  ㉧ 왜곡변수
    • 두 변수 간의 관계를 어떤 식으로든 왜곡시키는 제3의 변수이다.
    • 특히 두 개의 변수 간의 관계를 정반대의 관계로 나타나게 한다는 점에서 억압변수와 차이가 있다.
  ㉨ 허위변수
    '외적 변수' 또는 '외재적 변수'라고도 하며 두 개의 변수 간에 상관관계가 없으나 관계가 있는 것처럼 보이게 하는 제3의 변수이다.
  ㉩ 조절변수
    • 독립변수와 종속변수 사이의 관계에서 영향을 미칠 것으로 여겨지는 제3의 변수를 말한다.
    • 독립변수와 종속변수 사이의 관계가 조절변수에 따라 그 효과가 영향을 받는다.

1. 선행변수를 통제하면 독립변수와 종속변수 사이의 관계는 사라진다. ( )
2. 외생변수를 통제하는 경우 가식적인 관계는 사라진다. ( )
3. 매개변수는 종속변수의 결과인 동시에 독립변수의 원인이 된다. ( )
4. 독립변수와 종속변수 사이의 관계에서 영향을 미칠 것으로 여겨지는 제3의 변수는 왜곡변수이다. ( )
5. 독립변수와 종속변수 간의 관계를 명확히 파악하기 위해 그 관계에 영향을 미칠 수 있는 제3의 변수를 통제하는 변수는 조절변수이다. ( )

정답 1 × 2 ○ 3 × 4 × 5 ×

1-1. 종업원이 친절할수록 패밀리 레스토랑의 매출액이 증가한다는 가설을 검증하고자 할 경우, 레스토랑의 음식의 맛 역시 매출에 영향을 미친다면 음식의 맛은 어떤 변수인가?

[18년 1회] [21년 2회]

① 종속변수   ② 매개변수
③ 외생변수   ④ 조절변수

1-2. 다음 ( )에 알맞은 변수를 순서대로 나열한 것은?

[20년 1 · 2회]

( )는 독립변수의 결과인 동시에 종속변수의 원인이 되는 변수로 두 변수의 관계를 중간에서 설명해 주는 것이고, ( )는 독립변수가 종속변수에 미치는 영향을 강화해 주거나 약화해 주는 변수를 의미한다.

① 조절변수 – 억제변수   ② 매개변수 – 구성변수
③ 매개변수 – 조절변수   ④ 조절변수 – 매개변수

1-3. 다음은 어떤 변수에 대한 설명인가? [19년 2회] [21년 3회]

어떤 변수가 검정요인으로 통제되면 원래 관계가 없는 것으로 나타났던 두 변수가 유관하게 나타난다.

① 예측변수   ② 왜곡변수
③ 억제변수   ④ 종속변수

1-4. 변수의 종류에 관한 설명으로 옳은 것을 모두 고른 것은?

[18년 3회] [20년 4회]

ㄱ. 매개변수는 독립변수와 종속변수 사이에서 독립변수의 결과인 동시에 종속변수의 원인이 되는 변수이다.
ㄴ. 억제변수는 두 변수 X, Y의 사실상의 관계를 정반대의 관계로 나타나게 하는 제3의 변수이다.
ㄷ. 왜곡변수는 두 변수 X, Y가 서로 관계가 있는데도 관계가 없는 것으로 나타나게 하는 제3의 변수이다.
ㄹ. 통제변수는 외재적 변수의 일종으로 그 영향을 검토하지 않기로 한 변수이다.

① ㄱ, ㄴ   ② ㄴ, ㄷ
③ ㄷ, ㄹ   ④ ㄱ, ㄹ

| 해설 |

1-1
외생변수는 독립변수와 종속변수 간에 상관관계가 있는 것처럼 보이지만 실제로는 두 변수가 우연히 어떤 변수와 연결됨으로써 마치 인과적 관계가 있는 것처럼 보이도록 하는 모든 변수이다. 종업원이 친절할수록 패밀리 레스토랑의 매출액이 증가한다는 가설에서 종업원의 친절은 독립변수, 레스토랑의 매출은 종속변수이다. 가설을 검증할 때에는 독립변수와 종속변수 간의 관계만 검증해야 하지만 레스토랑의 음식 맛이라는 변수가 개입함으로써 매출에 영향이 생겼으므로 음식의 맛은 외생변수이다.

1-2
매개변수는 독립변수와 종속변수 간에 직접적인 관련이 없으나 두 변수의 중간에서 매개자 역할을 하여 두 변수 간에 간접적인 관계를 맺도록 하는 변수로 독립변수의 결과인 동시에 종속변수의 원인이다. 조절변수는 독립변수와 종속변수 사이의 관계에서 영향을 미칠 것으로 여겨지는 제3의 변수로 조절변수에 따라 그 효과가 영향을 받는다.

1-3
억제변수
두 개의 변수 간에 상관관계가 있으나 그와 같은 관계가 없는 것처럼 보이게 하는 제3의 변수이다. 두 개의 변수에 대해 각각 긍정적 · 부정적으로 상관되어 변수 간의 관계를 억압함으로써 '가식적 영 관계(Spurious Zero Relationship)'를 형성한다.

1-4
ㄴ. 억제변수는 두 개의 변수 간에 상관관계가 있으나 그와 같은 관계가 없는 것처럼 보이게 하는 제3의 변수이다.
ㄷ. 왜곡변수는 두 개의 변수 간의 관계를 정반대의 관계로 나타나게 하는 변수이다.

정답 1-1 ③   1-2 ③   1-3 ③   1-4 ④

기출 데이터 14년 1,2회 15년 1,2회 16년 1,2,3회 17년 1,2,3회 18년 1,2,3회 19년 1,2,3회 20년 1 · 2,3,4회 21년 1,2,3회 22년 1,2회 23년

핵심이론 02 | 개념적 정의와 조작적 정의

① 개념의 의의

ㄱ 개념은 이론의 핵심적 구성요소로, 일정하게 관찰된 현상을 대표할 수 있는 추상적 용어로 표현한 것을 말한다.

ㄴ 조사연구에 있어 연구의 출발점을 가르쳐 주며, 언어나 기호로 나타내어 지식의 축적과 확장을 가능하게 해준다.

ㄷ 어떤 현상이나 사상을 체계적으로 인지하고, 이를 다른 사람에게 정확하게 전달하기 위해서 필요하다.

ㄹ 특정대상의 속성을 나타내며, 연역적 결과를 가져다준다.

② 개념화(개념적 정의)

ㄱ 개념을 개발시키고 명확화하는 것을 말한다.

ㄴ 연구대상이 되는 사람 또는 사물의 행태 및 속성, 다양한 사회적 현상들을 개념적으로 정의하는 것이다.

ㄷ 개념의 의미가 분명해지지 않을 경우 개념에 대한 관찰이 가능하지 않으므로, 개념을 명확하게 하는 것이 측정과정의 첫 단계 작업이다.

ㄹ 하나의 개념을 정의하기 위해 다른 개념을 사용함으로써 추상적 · 일반적 · 주관적인 양상을 보인다.

ㅁ 적극적 혹은 긍정적인 표현을 써야 하며, 개념적 정의와 조작적 정의가 반드시 일치하는 것은 아니다.

③ 조작화(조작적 정의)

ㄱ 측정 과정의 마지막 단계로서 분석의 단위를 카테고리별로 분류하는 과정을 의미한다.

ㄴ 추상적인 개념들을 경험적 · 실증적으로 측정이 가능하도록 구체화하는 것이다.

ㄷ 될 수 있는 한 실행 가능하고 관찰 가능한 조작을 좀 더 명확하게 표현한 용어로 구성된 것이며, 확인이 가능한 정의에 불과하다.

ㄹ 한 개념이 여러 조작적 정의를 가질 수 있다.

ㅁ 특 징

• 측정의 타당성(Validity)과 관련이 있다. 조작적 정의가 제대로 이루어지지 않으면 타당성이 낮아진다.

• 연구자는 조작적 정의를 통해 변수를 측정 · 조작할 수 있는 방법을 규정할 수 있다.

• 현실세계와 개념적 정의를 연결하는 다리의 역할을 하며, 개념적 정의에 최대한으로 일치하도록 정의해야 한다.

• 적절한 조작적 정의는 정확한 측정의 전제조건이다.

• 동일한 개념을 측정하기 위한 조작적 정의 사이에는 측정의 일관성을 유지해야 한다.

• 조작적 정의가 연구마다 다를 경우 연구결과가 달라질 수 있다.

• 측정을 위한 조작적 정의는 변수의 측정방법을 제시해야 한다.

• 실험적 · 조작적 정의는 실험변수의 조작방법을 규정해야 한다.

④ 개념의 구체화

개념 → 개념적 정의(개념화) → 조작적 정의(조작화) → 현실세계(변수의 측정)

⑤ 재개념화

ㄱ 주된 개념에 대한 정리 · 분석을 통해 개념을 보다 명백히 재규정하는 것을 말한다.

ㄴ 개념의 한정성을 높여 관찰 및 측정을 가능하게 하며, 주된 개념적 요소를 알 수 있도록 해준다.

ㄷ 자기 개념에 대한 보편성 · 일반성의 정도를 이해하도록 하며, 개념의 정밀성 · 명백성의 확보로 조사의 객관적인 신뢰성을 높여준다.

ㄹ 사회조사에서 사용되는 개념은 일상생활에서 사용되는 용어와 의미가 다를 수 있으며 동일한 개념이라도 사회에 따라 뜻이 변할 수 있기 때문에 재개념화가 필요하다.

ㅁ '주요개념의 목록작성 → 주요개념의 의미분석 → 주요개념의 용법파악 → 유사개념과의 비교 · 검토 → 개념의 일반화수준 고려'의 과정을 거친다.

핵심OX

1. 측정과정의 첫 단계 작업은 조작적 정의이다.　　( )

2. 조작적 정의는 추상적인 개념들을 경험적 · 실증적으로 측정이 가능하도록 구체화한 것이다.　　( )

3. 개념적 정의를 할 때는 백과사전 등에서 정의된 바와 같은 기존의 정의를 사용해서는 안 된다.　　( )

4. 조작화 단계는 분석의 단위를 카테고리별로 분류하는 과정을 의미한다.　　( )

5. 조작화 단계는 이론적 개념을 측정 가능한 수준의 변수로 전환시키는 과정이다.　　( )

정답 1 X 2 O 3 X 4 O 5 O

2-1. 개념적 정의의 특성으로 틀린 것은?
[19년 1회] [20년 3회] [22년 2회]

① 순환적인 정의가 이루어져야 한다.
② 적극적 혹은 긍정적인 표현을 써야 한다.
③ 정의하려는 대상이 무엇이든 그것만의 특유한 요소나 성질을 적시해야 한다.
④ 뜻이 분명해서 누구나 알아들을 수 있는 의미를 공유하는 용어를 써야 한다.

2-2. 개념(Concept)에 관한 설명으로 틀린 것은?
[21년 1회] [23년]

① 개념은 이론의 핵심적 구성요소이다.
② 개념은 특정 대상의 속성을 나타낸다.
③ 개념 자체를 직접 경험적으로 측정할 수 있다.
④ 개념의 역할은 실제 연구에서 연구방향을 제시해 준다.

2-3. 개념을 경험적 수준으로 구체화하는 과정을 바르게 나열한 것은?
[19년 3회] [22년 1회]

A. 조작적 정의
B. 개념적 정의
C. 변수의 측정

① A → B → C
② B → A → C
③ C → A → B
④ C → B → A

2-4. 특정한 구성개념이나 잠재변수의 값을 측정하기 위해 측정할 내용이나 측정방법을 구체적으로 정확하게 표현하고 의미를 부여하는 것은?
[20년 3회] [21년 2회]

① 구성적 정의(Constitutive Definition)
② 조작적 정의(Operational Definition)
③ 개념화(Conceptualization)
④ 패러다임(Paradigm)

2-5. 조작적 정의의 예시로 적절하지 않은 것은?
[20년 1·2회]

① 빈곤 – 물질적인 결핍 상태
② 소득 – 월 (   )만원
③ 서비스만족도 – 재이용 의사 유무
④ 신앙심 – 종교행사 참여 횟수

2-6. 사회조사에서 개념의 재정의(Reconceptualization)가 필요한 이유와 가장 거리가 먼 것은?
[18년 2회] [21년 2회]

① 사회조사에서 사용되는 개념은 일상생활에서 통상적으로 사용되는 상투어와는 그 의미가 다를 수 있기 때문이다.
② 동일한 개념이라도 사회가 변함에 따라 원래의 뜻이 변할 수 있기 때문이다.
③ 한 가지 개념이라도 두 가지 또는 그 이상의 다양한 의미를 가지고 있을 가능성이 많으므로, 이들 각기 다른 의미 중에서 어떤 특정의 의미를 조사연구 대상으로 삼을 것인가를 밝혀야 하기 때문이다.
④ 개념과 개념 간의 상관관계가 아닌 인과관계를 밝혀야 하기 때문이다.

|해설|

2-1
순환적 정의란 "A는 B를 뜻한다.", "B는 A를 뜻한다."와 같은 것을 말한다. 순환적 정의는 지양해야 한다.

2-2
개념은 연역적 결과를 가져다주기 때문에 경험적으로 측정할 수 없다.

2-3
개념의 구체화
개념 → 개념적 정의(개념화) → 조작적 정의(조작화) → 현실세계(변수의 측정)

2-4
①·③ 구성적 정의는 개념적 정의 혹은 사전적 정의라고도 하며 연구대상이 되는 사람 또는 사물의 행태 및 속성과 다양한 사회적 현상들을 개념적으로 정의하는 것이다.
④ 패러다임은 특정 과학 공동체의 구성원이 공유하는 세계관, 신념 및 연구과정의 체계로서 개념적, 이론적, 방법론적, 도구적 체계를 말한다.

2-5
물질적인 결핍 상태는 빈곤의 사전적 정의이다.

2-6
개념의 재정의(재개념화, Reconceptualization)가 필요한 이유
• 한 가지 개념이라도 두 가지 또는 그 이상의 다양한 의미를 가지고 있을 가능성이 많으므로, 이들 각기 다른 의미 중에서 어떤 특정의 의미를 조사연구 대상으로 삼을 것인가를 밝히기 위해 필요하다.
• 사회조사에서 사용되는 개념은 일상생활에서 사용되는 용어와 의미가 다를 수 있으며 동일한 개념이라도 사회에 따라 뜻이 변할 수 있기 때문에 재개념화가 필요하다.

정답 2-1 ① 2-2 ③ 2-3 ② 2-4 ② 2-5 ① 2-6 ④

핵심이론 03 | 측정의 개념

① 측정의 의의
- ㉠ 추상적·이론적 세계를 경험적 세계와 연결시키는 수단이다. 즉, 이론을 구성하고 있는 개념이나 변수들을 현실세계에서 관찰이 가능한 자료와 연결시키는 과정이다.
- ㉡ 이론적인 명제에서 도출된 가설들을 경험적으로 검증하기 위해서는 그 안에 포함된 개념들이 적절한 방법을 통해 경험적으로 변환되어야 하는데, 이를 위한 작업이 측정의 문제이다.
- ㉢ 넓은 의미에서는 어떤 사실을 묘사 또는 기술하는 방법의 하나라고 할 수 있지만, 일반적으로는 묘사대상이 되는 사상(事象)에 수치를 부여한다는 의미로 사용된다. 따라서 측정은 '일정한 규칙에 따라 사물 또는 사건에 대해 숫자를 부여하는 것'이라고 할 수 있다.
- ㉣ 특정 분석단위에 대해 질적 또는 양적인 값을 결정하는 과정이다.

② 측정의 역할
- ㉠ 표준화된 묘사의 방법 : 측정은 가장 표준화된 묘사의 방법이다. 이러한 측정은 사진보다도 더욱 적절하게 사상을 묘사하기도 한다.
- ㉡ 간편한 묘사의 방법 : 측정은 가장 간편한 묘사의 방법이다. 즉, 측정은 사상의 대소(大小)나 비교는 물론, 자동차번호나 운동선수의 고유번호 또는 전화번호나 극장의 좌석번호 등과 같이 식별을 용이하게 해준다.
- ㉢ 사상의 통계적 처리 : 측정은 사상의 통계적 처리를 가능하게 한다. 즉, 통계적 처리에 의해 직접 측정하지 않은 사상까지도 추정하여 밝혀낼 수 있으며, 어떠한 사상들 간의 관계 또는 미래의 사상에 대한 예측도 가능하게 한다.
- ㉣ 관념적 세계와 경험적 세계의 교량 역할 : 측정은 조사연구에 있어서 추상적인 개념에 대한 경험적 인식을 가능하도록 하는 것은 물론, 조사문제에 해답을 제공하고 가설에 대해 경험적인 검증이 이루어지도록 한다.

③ 측정의 기능
- ㉠ 일치 및 조화의 기능 : 측정은 추상적인 개념과 경험적인 현실세계를 일치·조화시킨다.
- ㉡ 객관화 및 표준화의 기능 : 측정은 관찰대상이나 현상에 대한 객관화·표준화를 통해 과학적인 관찰과 표준화된 측정을 가능하도록 함으로써, 주관적·추상적인 판단에서 야기되는 오류를 극복할 수 있도록 한다.
- ㉢ 계량화의 기능 : 측정은 관찰대상이나 현상은 물론 어떤 추상적인 개념에 대해서도 다양한 변수들을 통해 일정한 분류와 기술을 가능하도록 함으로써, 통계적 분석을 활용할 수 있도록 한다.
- ㉣ 반복 및 의사소통의 기능 : 측정은 연구결과의 반복을 통해 결과에 대한 확인 및 반증을 가능하도록 하며, 해당 연구결과를 정확하고 효율적으로 전달할 수 있도록 한다.

④ 본질측정(A급 측정)
속성의 본질적인 법칙에 따라 숫자를 부여하여 측정하는 것

⑤ 추론측정(B급 측정)
어떤 사물이나 사건의 속성을 측정하기 위해 관련된 다른 사물이나 사건의 속성을 측정하는 것

⑥ 임의측정
어떤 속성과 측정값 간에 관계가 있다고 가정을 하고 측정하는 것

핵심OX

1. 측정이란 추상적·이론적 세계를 경험적 세계와 연결시키는 수단이다. ( )
2. 측정은 관찰대상이나 현상에 대한 주관적·추상적인 판단을 통해 과학적인 관찰과 표준화된 측정을 가능하도록 한다. ( )
3. 측정으로는 사상의 통계적 처리가 어렵다. ( )
4. 측정은 특정 분석단위에 대해 질적 또는 양적인 값을 결정하는 과정이다. ( )
5. 측정은 조사연구에 있어서 추상적인 개념에 대한 경험적 인식을 가능하도록 한다. ( )

정답 1 ○ 2 × 3 × 4 ○ 5 ○

핵심문제

3-1. 특정한 규칙에 따라 현상에 숫자를 부여하는 과정은?

[22년 2회]

① 검 사　　　　　　② 통 계
③ 척 도　　　　　　④ 측 정

3-2. 측정(Measurement)에 대한 설명과 가장 거리가 먼 것은?

[20년 1·2회]

① 변수에 대한 조작적 정의에 입각해 이루어진다.
② 하나의 변수에 대한 관찰값은 동시에 두 가지 속성을 지닐 수 없다.
③ 이론과 현실을 연결시켜주는 매개체이다.
④ 경험적으로 관찰 가능한 것을 추상적 개념으로 바꾸어 놓는 과정이다.

3-3. 측정의 개념에 대한 옳은 설명을 모두 고른 것은?

[19년 2회] [21년 3회]

> ㄱ. 추상적·이론적 세계와 경험적 세계를 연결시키는 수단이라고 할 수 있다.
> ㄴ. 개념 또는 변수를 현실세계에서 관찰 가능한 자료와 연결시키는 과정이다.
> ㄷ. 질적 속성을 양적 속성으로 전환하는 작업이다.
> ㄹ. 측정대상이 지니고 있는 속성에 수치를 부여하는 것이다.

① ㄱ, ㄴ, ㄷ　　　　② ㄱ, ㄴ, ㄹ
③ ㄷ, ㄹ　　　　　　④ ㄱ, ㄴ, ㄷ, ㄹ

|해설|

3-1
측정은 일정한 규칙에 따라 사물 또는 사건에 대해 숫자를 부여하는 것이라고 할 수 있다.

3-2
측정은 추상적·이론적 세계를 경험적 세계와 연결시키는 수단이다. 즉, 추상적 개념을 현실세계에서 관찰 가능한 것으로 바꾸어 놓는 과정이다.

3-3
측정은 추상적·이론적 세계를 경험적 세계와 연결시키는 수단이다. 즉, 이론을 구성하고 있는 개념이나 변수들을 현실세계에서 관찰이 가능한 자료와 연결시키는 과정이다. 일반적으로는 묘사대상이 되는 사상에 수치를 부여한다는 의미로 사용하며 질적 속성을 양적 속성으로 전환하여 통계적 분석을 활용할 수 있도록 한다.

정답 3-1 ④　3-2 ④　3-3 ④

핵심이론 04 | 측정의 수준

① 명목수준 측정의 의의
　㉠ 가장 낮은 수준의 측정으로서 대상 자체 또는 그 특징에 대해 명목상의 이름을 부여하는 것이다.
　㉡ 측정대상을 유사성과 상이성에 따라 구분하고, 구분된 각 집단 또는 카테고리에 숫자나 부호 또는 명칭을 부여하는 것이다.

② 명목수준 측정의 특징
　㉠ 측정대상에 숫자를 부여하는 행위도 포함하며, 이 경우 부여된 숫자는 양적인 것이라기보다는 질적인 것이다.
　㉡ 측정대상에 부여된 숫자는 조사자가 자료를 수집하고 분석하는 데 편리하도록 하기 위한 명칭이나 부호로서의 의미만을 지닐 뿐이다.

③ 서열수준 측정의 의의
　㉠ 측정대상의 특징 및 속성에 따라 일정한 범주로 분류하여, 이들에 대해 상대적인 순서·서열상의 관계를 나타내는 것이다.
　㉡ 명목수준의 측정에서처럼 측정대상인 사물이나 현상을 분류하고 명칭을 부여할 뿐만 아니라, 나아가 순서 또는 서열까지 부여한다.

④ 서열수준 측정의 특징
　㉠ 카테고리에 부여된 숫자는 '1<2', '2<3', '1<3'과 같이 순서 또는 서열을 부여할 수 있다. 그러나 이러한 숫자가 거리나 간격의 의미를 지니지는 않는다.
　㉡ 명목수준의 측정의 경우와 마찬가지로 '가감'과 같은 수학적 조작이 가능하지 않다.
　㉢ 명목수준의 측정에서는 불가능한 집단 간 또는 카테고리 간의 비교가 서열수준의 측정에서는 가능하게 된다.

⑤ 등간수준 측정의 의의
　㉠ 측정대상을 특징 및 속성에 따라 서열화하는 것은 물론 서열 간의 간격이 일정하도록 연속선상에 수치를 부여하는 것이다.
　㉡ 측정의 대상인 사물이나 현상을 분류하고 서열을 정하며, 나아가 이들이 분류된 부분(카테고리) 간의 간격(거리)까지도 측정한다.

⑥ 등간수준 측정의 특징
  ㉠ 변수를 배타적으로 분류하고 낮은 부분에서 높은 부분으로 서열을 정할 수 있을 뿐만 아니라 부분과 부분 간의 간격(거리)의 차이를 측정할 수 있다.
  ㉡ 변수 간 카테고리 사이의 거리 또는 가치가 동일할 경우 등간수준의 측정이 가능해진다.

⑦ 비율수준 측정의 의의
  ㉠ 측정대상의 특징 및 속성에 절대적인 0을 가진 척도로써 수치를 부여하는 것이다.
  ㉡ 명목수준의 측정에서처럼 사물이나 현상을 분류하고, 서열수준의 측정에서처럼 서열을 정할 수 있을 뿐만 아니라, 등간수준의 측정에서처럼 이들 분류된 부분(카테고리) 간의 간격(거리)까지 측정할 수 있다.

⑧ 비율수준 측정의 특징
  ㉠ 앞선 측정들 가운데 가장 세련된 측정수준으로서, 절대적인 '0'에 의한 측정이라는 점에서 다른 측정들과 구분된다.
  ㉡ 개인보다 사회적 집단이 분석의 단위가 되는 사회학의 경우 비율수준의 측정을 위한 비율적 척도가 더 많이 사용된다. 이들 사회적 집단의 구성에 대해 백분율로 분류한 집단의 특성을 파악할 수 있으므로, 백분율은 비율척도로서 사회적 집단을 분석할 수 있는 강력한 도구가 된다.

핵심문제

4-1. 축구선수의 등번호를 표현하는 측정수준은?

[19년 1회] [22년 1회]

① 비율수준의 측정   ② 명목수준의 측정
③ 등간수준의 측정   ④ 서열수준의 측정

4-2. 우리나라 100대 기업의 연간 순수익을 '원(₩)' 단위로 조사하고자 할 때 측정의 수준은?   [21년 3회]

① 비율측정   ② 명목측정
③ 서열측정   ④ 등간측정

4-3. 측정의 수준이 바르게 짝지어진 것은?   [19년 2회] [23년]

ㄱ. 교육수준 – 중졸 이하, 고졸, 대졸 이상
ㄴ. 교육연수 – 정규교육을 받은 기간(년)
ㄷ. 출신 고등학교 지역

	ㄱ	ㄴ	ㄷ
①	명목측정	서열측정	등간측정
②	등간측정	서열측정	비율측정
③	서열측정	등간측정	명목측정
④	서열측정	비율측정	명목측정

|해설|

4-1
명목수준의 측정은 대상 자체 또는 그 특징에 대해 명목상의 이름을 부여하는 것이다. 즉, 측정대상을 유사성과 상이성에 따라 구분하고, 구분된 각 집단 또는 카테고리에 숫자나 부호 또는 명칭을 부여하는 것이다. 축구선수 등번호는 명칭이나 부호로서의 의미만 지닐 뿐이므로 명목수준의 측정에 해당한다.

4-2
연간 순수입은 절대영점이 존재하는 비율수준의 측정이다.

4-3
ㄱ. 서열측정은 측정대상의 특징 및 속성에 따라 일정한 범주로 분류하여, 이들에 대해 상대적인 순서·서열상의 관계를 나타내는 것이다.
ㄴ. 비율측정은 가장 세련된 측정수준으로서, 절대적인 '0'에 의한 측정이라는 점에서 다른 측정들과 구분된다.
ㄷ. 명목측정은 측정대상을 유사성과 상이성에 따라 구분하고, 구분된 각 집단 또는 카테고리에 숫자나 부호 또는 명칭을 부여하는 것이다.

정답 4-1 ② 4-2 ① 4-3 ④

핵심이론 05 | 지표와 지수

① 지표(Indicator)

   ㉠ 경험적 자료에 입각하여 대상을 측정하기 위해서는 무엇보다도 그 측정대상을 가능한 한 분석적으로 검토해서 그것을 구성하고 있는 여러 특수성 또는 속성 및 차원을 정확히 파악해야 한다.

   ㉡ 지표란 '어떤 것의 존재 또는 상태 및 특성을 경험적으로 나타내는 표시물'이라고 할 수 있다. 예를 들면 '월수입'이라는 변수에 대한 지표는 '월급여액'일 수 있으며, '교육수준'이라는 것에 대한 지표는 '중졸, 고졸, 대졸' 등으로 나타낼 수 있는 것이다.

   ㉢ 일정한 차원을 대표하는 일정 수의 지표는 제한적일 수밖에 없으므로, 가능한 한 각 차원을 대표할 수 있는 지표들을 합리적인 수준으로 선택하는 것이 필요하다.

   ㉣ 하나의 지표를 사용하여 개념을 측정하기보다는 두 개 이상의 지표를 사용하는 것이 권장된다. 이와 같이 두 개 이상의 지표에 의해 개념을 측정하는 것을 '지수' 또는 '척도'라고 한다.

   ㉤ 단일지표보다 여러 개의 지표를 사용하는 것은 신뢰도를 높이기 위한 것이다.

   ㉥ 지수와 척도 모두 둘 이상의 자료문항에 기초한 변수의 합성 측정(Composite Measures)이며, 척도점수는 지수점수보다 더 많은 정보를 전달한다.

② 지수(Index)

   ㉠ 두 개 이상의 항목이나 지표들이 모여 만들어진 합성 측정 도구를 말한다.

   ㉡ 복합측정치로 여러 문항으로 구성된다.

   ㉢ 지표보다 변수의 속성을 파악하기 쉽다.

   ㉣ 변수에 대한 양적 측정치를 제공함으로써 정확성을 높여준다.

   ㉤ 측정대상의 속성을 객관화하여 그 본질을 보다 명백하게 파악하고 개별 속성들에 할당된 점수를 합산하여 구성한다.

   ㉥ 단순지표로 측정하기 어려운 복합적인 개념을 측정할 수 있다.

   ㉦ 경험적 현실세계와 추상적 개념세계를 조화시키고 일치시킨다.

핵심OX

1. 지수는 측정대상의 개별속성에 부여한 개별지표 점수의 합으로 표시할 수 없다. ( )
2. 지수점수는 척도점수보다 더 많은 정보를 전달한다. ( )
3. 지수는 복합측정치로 여러 문항으로 구성된다. ( )
4. 지수는 단순지표로 측정하기 어려운 복합적인 개념을 측정할 수 있다. ( )

정답 1 × 2 × 3 ○ 4 ○

핵심문제

5-1. 지수(Index)에 대한 설명으로 틀린 것은? [21년 2회]

① 두 개 이상의 항목이나 지표들이 모여 만들어진 합성 측정 도구를 말한다.
② 측정하고자 하는 대상의 속성이 명확하고 복잡하지 않은 경우에 자주 활용된다.
③ 지수 작성을 위한 자료는 서베이를 통해 직접 조사한 자료뿐만 아니라 간접적으로 확보한 2차 자료를 활용할 수도 있다.
④ 개별 항목의 중요성에 차이가 있을 경우는 가중치(Weight)를 부여하는 것이 좋다.

5-2. 사회조사에서 어떤 태도를 측정하기 위해 단일지표보다 여러 개의 지표를 사용하는 경우가 많은 이유로 볼 수 없는 것은?
[19년 2회] [22년 1회] [23년]

① 신뢰도를 높이기 위해
② 타당도를 높이기 위해
③ 내적일관성을 높이기 위해
④ 측정도구의 안정성을 높이기 위해

|해설|

5-1
② 지수는 단순지표로 측정하기 어려운 복합적인 개념을 측정할 수 있다.

5-2
단일지표보다 여러 개의 지표를 사용하는 것은 신뢰도를 높이기 위한 것이다. 복잡한 개념은 하나의 지표만을 사용해서 측정하는 것이 충분하지 못할 수가 있다. 따라서 신뢰도를 높이기 위해 하나의 지표를 사용하여 개념을 측정하기보다는 두 개 이상의 지표를 사용하는 것이 권장된다.

정답 5-1 ② 5-2 ②

핵심이론 06 | 척 도

① 척도의 의의

㉠ 일종의 측정도구로서 일정한 규칙에 따라 측정대상에 적용할 수 있도록 만들어진 일련의 체계화된 기호 또는 숫자를 의미한다.

㉡ 일정한 규칙에 입각하여 연속체상에 표시된 숫자나 기호의 배열에 해당한다.

② 척도의 특징

㉠ 연속성은 척도의 중요한 속성이며, 이것은 실제로 측정대상의 속성과 일대일 대응의 관계를 맺으면서 대상의 속성을 양적 표현으로 전환한다.

㉡ 계량화를 위한 도구이므로 측정된 대상이 자료로써 믿을 만하고 타당성이 있으며, 단순하고 유용한 것이 되도록 하기 위해 정확한 측정계가 되어야 한다.

㉢ 척도에 의해 측정하는 것은 특정 대상의 속성을 객관화하여 그 본질을 보다 명백하게 파악하며, 측정대상들 간의 일정한 관계 또는 그 대상 간의 비교를 정확하게 할 수 있도록 하기 위해서이다.

㉣ 척도로 측정대상을 숫자화한다는 것은 어느 정도 비약적인 성격을 갖는 측정상의 추상화 과정을 의미한다.

㉤ 재는 기구이므로 자(尺), 저울, 온도계, 혈압계, 탐지기 등이 좋은 예이다. 사람의 키가 175cm라는 것은 자로 재서 측정한 것이다. 저울로 몸무게를 재서 75kg이라는 것을 알고, 온도계로 36.5℃라는 체온을 확인하며, 수축시 혈압이 120mmHg가 되는 것을 알 수 있는 것은 모두 척도가 있기 때문이다.

㉥ 사회과학 분야에서는 물질적인 것보다 비물질적인 것이 오히려 더 중요한 측정대상이 되는 경향이 있다. 비물질적인 것도 척도에 의해 측정이 가능한 것이 있는가 하면 전혀 불가능한 것도 있다. 전자의 경우로는 태도, 적성, 지능지수(IQ), 사회적 배경, 투표행태, 정치참여, 여론 등을 들 수 있으며, 후자의 경우로는 순수한 가치 등으로서 시를 쓰는 마음이라든지 비교의 기본을 갖지 않는 선악 등을 들 수 있다.

㉦ 측정의 본질적인 제약이 있는 한 척도의 가용성은 근본적으로 한계가 있다.

㉧ 척도의 표시는 반드시 숫자일 필요는 없다.

㉨ 척도점수는 지수점수보다 더 많은 정보를 전달한다.

③ 척도의 필요성

㉠ 하나의 문항이나 지표로는 제대로 측정하기 어려운 복합적인 개념들을 측정할 수 있도록 한다.

㉡ 여러 개의 지표(또는 문항)를 하나의 점수로 나타냄으로써 자료의 복잡성을 덜어준다.

㉢ 하나의 척도는 단일차원성을 전제로 구성하는데, 복수의 측정지표를 사용하여 단일차원성 여부를 분석할 수 있다. 따라서 척도를 이루는 개별문항들은 하나의 연속체를 이루어야 하며, 이 연속체는 단 하나의 개념을 반영하여야 한다.

㉣ 복수의 지표로 구성된 척도를 사용하게 되면 단일문항(지표)을 사용하는 경우보다 측정의 오류를 줄일 수 있으며, 측정의 신뢰도와 타당도를 높일 수 있다.

㉤ 척도에 의한 양적인 측정치를 제공하여 통계적인 활용을 쉽게 한다.

④ 척도의 조건

㉠ 신뢰성 : 척도는 상황적 변수에도 불구하고 동일한 측정이 이루어져야 한다.

㉡ 타당성 : 척도는 대상을 적절하게 대표할 수 있어야 한다.

㉢ 유용성 : 척도는 실제적인 활용이 가능하도록 유용해야 한다.

㉣ 단순성 : 척도는 계산과 이해가 용이하도록 단순해야 한다.

핵심OX

1. 정확한 측정을 위해 척도는 복잡성을 가져야 한다. (　)
2. 측정의 신뢰도와 타당도를 높이기 위해 복수의 지표로 구성된 척도를 사용하는 것이 좋다. (　)
3. 척도는 수량화를 위한 도구이다. (　)
4. 척도의 개별문항은 하나의 연속체를 이루어야 하며, 이 연속체는 다수의 개념을 반영하여야 한다. (　)
5. 척도는 대상의 속성을 질적으로 전환한다. (　)
6. 척도는 양적 측정치를 제공하는 지수보다 더 많은 정보를 제공해준다. (　)

정답 1 ✕ 2 ○ 3 ○ 4 ✕ 5 ✕ 6 ○

6-1. 어떤 개념을 측정하기 위해 여러 개의 문항으로 이루어진 척도(Scale)를 사용하는 이유를 모두 고른 것은? [19년 1회]

> ㄱ. 하나의 지표로서는 제대로 측정하기 어려운 복합적인 개념들을 측정하는 데 유용하다.
> ㄴ. 측정의 신뢰도를 높여주기도 한다.
> ㄷ. 여러 개의 지표를 하나의 점수로 나타내어 주어 자료의 복잡성을 덜어주기도 한다.
> ㄹ. 척도에 의한 양적인 측정치는 통계적인 활용을 쉽게 한다.

① ㄱ, ㄴ
② ㄱ, ㄷ, ㄹ
③ ㄴ, ㄷ, ㄹ
④ ㄱ, ㄴ, ㄷ, ㄹ

6-2. 사회조사에서 척도에 대한 설명으로 틀린 것은? [21년 1회]

① 불연속성은 척도의 중요한 속성이다.
② 척도는 변수에 대한 양적인 측정치를 제공한다.
③ 척도는 여러 개의 지표를 하나의 점수로 나타낸다.
④ 척도를 통하여 하나의 지표로서 제대로 측정하기 어려운 복합적인 개념을 측정할 수 있다.

6-3. 척도에 관한 설명으로 틀린 것은? [21년 2회]

① 척도는 계량화를 위한 도구이다.
② 불연속은 척도의 중요한 속성이다.
③ 척도의 구성 항목은 단일한 차원을 반영해야 한다.
④ 척도를 구성하는 방법은 측정하려는 변수의 구조적 성격에 따라 결정된다.

6-4. 척도와 지수에 관한 설명으로 옳지 않은 것은? [20년 3회]

① 지수는 개별적인 속성들에 할당된 점수들을 합산하여 구한다.
② 척도는 속성들 간에 존재하고 있는 강도(Intensity) 구조를 이용한다.
③ 지수는 척도보다 더 많은 정보를 제공해준다.
④ 척도와 지수 모두 변수에 대한 서열측정이다.

|해설|

6-1

척도

- 일종의 측정도구로서 일정한 규칙에 따라 측정대상에 적용할 수 있도록 만들어진 일련의 체계화된 기호 또는 숫자이다.
- 척도에 의한 양적인 측정치를 제공하여 통계적인 활용을 쉽게 한다.
- 여러 개의 지표(또는 문항)를 하나의 점수로 나타냄으로써 자료의 복잡성을 덜어준다.
- 하나의 문항이나 지표로는 제대로 측정하기 어려운 복합적인 개념들을 측정할 수 있도록 한다.
- 복수의 지표(문항)로 구성된 척도를 사용하게 되면 단일지표(문항)를 사용하는 것보다 측정의 오류를 줄일 수 있으며, 측정의 신뢰도와 타당도를 높일 수 있다.

6-2

연속성은 척도의 중요한 속성이다.

6-3

척도는 일정한 규칙에 입각하여 연속체상에 표시된 숫자나 기호의 배열에 해당한다. 연속성은 척도의 중요한 속성이며, 이것은 실제로 측정대상의 속성과 1대1 대응의 관계를 맺으면서 대상의 속성을 양적 표현으로 전환한다.

6-4

지수는 양적 측정치를 제공해야 하는 반면 척도의 표시는 반드시 숫자일 필요는 없다. 따라서 척도점수는 지수점수보다 더 많은 정보를 전달한다.

정답 6-1 ④ 6-2 ① 6-3 ② 6-4 ③

핵심이론 07 | 척도의 비교

① 명목척도

ⓐ 의의 : 측정대상 특성의 존재여부 또는 몇 개의 상호배타적인 범주로의 구분을 위해 수치를 부여하는 일종의 범주형 측정이다.

ⓑ 특징 : 성격을 전혀 달리하는 범주에 대한 표시일 뿐 양적 의미를 갖지 않으므로, 각 범주는 양적으로 크거나 작다든가, 많거나 적다든가 하는 정도와 밀도 등을 구별해주지 못하며, 등가인지(A=B) 아닌지(A≠B)를 단지 숫자나 기호로 대신 지칭해주는 것에 불과하다.

ⓒ 구성을 위한 측정범주

• 포괄성 : 변수들의 분류범주를 총망라하여 분류대상이 전부 포함될 수 있도록 범주를 정해야 한다.

• 배타성 : 측정대상을 상호배타적인 집단으로 분류해야 한다.

• 연관성 : 동일한 집단의 대상은 동일척도의 값을 가져야 한다.

② 서열척도

ⓐ 의의 : 측정대상의 분류는 물론 대상의 특수성 또는 속성에 따라 각 측정대상들의 등급순위를 결정하는 척도이다.

ⓑ 특징 : 단지 상대적 등급순위만을 결정할 뿐 각 등급 간의 차이는 문제로 삼지 않는다.

ⓒ 구성방법

• 쌍대비교법 : 2개의 자극을 동시에 비교하여 순서에 대한 응답을 구한다.

• 순위법 : 응답자로 하여금 제시된 자극(순위평가대상)에 대한 순서를 기입하도록 하는 척도구성방법이다.

③ 등간척도

ⓐ 의의 : 명목척도와 서열척도의 특성을 포함하여 크기의 정도를 제시하는 척도이다.

ⓑ 특징 : 측정대상의 특수한 속성에 따라 대상의 '크다/작다'의 구분뿐만 아니라 그 간격에 있어서의 동일함을 의미하는 동일성의 척도이다.

ⓒ 구성방법

• 연속평정법 : 현상이 가진 속성의 정도를 제시된 응답범주와 상관없이 정밀한 평가치를 구하는 것이 의미가 있는 경우에 사용한다.

• 항목평정법 : 몇 개의 응답 값을 제시하고 이 응답 값 중 하나만 선택하도록 하는 척도구성방법이다.

• 고정총합법 : 응답자에게 일정한 합계점수를 주고 이 점수를 평가대상에 할당하여 각 대상을 평가하도록 하는 방법이다.

④ 비율척도

ⓐ 의의 : 등간척도가 지니는 성격에 더하여 절대 '0'의 값(절대영점)을 가짐으로써 비율의 성격을 지니는 척도이다.

ⓑ 특징

• 가장 높은 수준의 측정척도로서, 명목·서열·등간척도의 특수성을 포함하는 동시에 절대영점을 가진다(가장 많은 정보를 포함).

• 절대영점은 '0'의 수치가 절대적인 의미를 가지는 것을 의미한다.

• '×, ÷'로 표시될 수 있는 비례의 조작이 가능하며, 나아가 고도의 통계분석 또한 가능하다.

• 모든 통계치의 산출이 가능하며, 기하평균 및 조화평균도 유효하다.

• 모든 모수통계기법이 적용된다.

⑤ 척도에서 얻을 수 있는 정보들의 비교

분류		비계량적		계량적	
		명목척도	서열척도	등간척도	비율척도
범주의 특성	목록·범주	O	O	O	O
	서열	X	O	O	O
	등간격	X	X	O	O
	절대영점	X	X	X	O
비교방법		확인·분류	순위비교	간격비교	절대크기 비교
수학		=	=, <, >	+, −, =, <, >	+, −, ×, ÷, =, <, >
통계(평균측정)		최빈값	최빈값, 중앙값	최빈값, 중앙값, 산술평균	최빈값, 중앙값, 기하평균, 변동계수 등
적용가능 분석방법		비모수통계, 빈도분석, 교차분석	비모수통계, 서열상관관계	모수통계	모수통계

⑥ 척도의 적용 예

명목척도	성별, 결혼유무, 종교, 인종, 직업유형, 장애유형, 지역, 계절 등
서열척도	사회계층, 선호도, 석차, 소득수준, 수여 받은 학위, 자격등급, 장애등급, 변화에 대한 평가, 서비스 효율성 평가 등
등간척도	IQ, EQ, 온도, 학력, 물가지수, 경제성장률, 사회지표 등
비율척도	연령, 무게, 신장, 수입, 출생률, 사망률, 이혼율, 가족 수, 졸업생 수, 서비스 대기인 수, 서비스 수혜기간, 시험원점수 등

핵심OX

1. 명목척도는 양적 의미를 갖지 않으므로 등가인지 아닌지를 단지 숫자나 기호로 대신 지칭해주는 것에 불과하다.
( )

2. 서열척도의 구성방법에는 쌍대비교법, 순위법이 있다.
( )

3. 명목척도와 서열척도의 특성을 포함하여 크기의 정도를 제시하는 척도는 비율척도이다. ( )

4. 비율척도는 가장 높은 수준의 측정척도로, 가감승제가 모두 가능하다. ( )

정답 1 ○ 2 ○ 3 × 4 ○

핵심문제

7-1. "상경계열에 다니는 대학생이 이공계열에 다니는 대학생보다 물가 변동에 대한 관심이 더 높을 것이다."라는 가설에서 '상경계열 학생 여부'라는 변수를 척도로 나타낼 때 이 척도의 성격은? [22년 2회]

① 순위척도
② 서열척도
③ 비율척도
④ 명목척도

7-2. 서열척도에 관한 설명으로 맞는 것은? [22년 2회]

① 절대 영이 존재한다.
② 표준측정단위가 존재한다.
③ 원칙적으로 사칙연산이 가능하다.
④ 분류범주가 상호배타성을 갖고 있다.

7-3. 등간척도에 관한 설명으로 틀린 것은? [22년 2회]

① 등가척도는 +, - 양쪽 다 표시된다.
② 섭씨온도계 및 카드번호에서 사용된다.
③ 평균, 표준편차 등의 통계기법을 적용할 수 있다.
④ 측정 대상의 순위를 표시하면서도 간격이 일정하다는 성질을 가지고 있다.

7-4. 비율척도로서 의미를 가진다고 보기 어려운 것은? [22년 1회]

① A 자동차가 시속 100km로 달리고, B 자동차는 시속 150km로 달리고 있다면, B 자동차가 A 자동차보다 1.5배 빠르다.
② A 학생이 받은 용돈이 20만원이고 B 학생이 받은 용돈이 10만원이라면, A 학생의 용돈이 B 학생보다 2배 많다.
③ A 주전자의 온도가 섭씨 100℃이고 B 주전자의 온도가 섭씨 50℃라면, A 주전자는 B 주전자보다 2배 더 뜨겁다.
④ A 드라마의 시청률이 20%이고, B 드라마의 시청률이 10%라면, A 드라마의 시청률이 B 드라마보다 2배 높다.

| 해설 |

7-1
명목척도는 척도의 유형 중 가장 기본이 되는 것으로서, 단지 숫자나 기호로 대신 지칭해주는 것에 불과하다.

7-2
① 비율척도는 절대영점을 가진다.
② 등간척도는 그 간격에서의 동일함을 의미하는 척도로 표준측정단위가 존재한다.
③ 등간척도는 '+, -'의 산술이 가능하지만 비율척도는 사칙연산이 가능하다.

7-3
온도계의 눈금을 나타내는 수치의 측정 수준은 등간척도이나, 카드번호, 주민등록번호, 도서 분류번호, 자동차번호 등과 같은 수치는 명목척도이다.

7-4
온도는 절대영점이 없으므로 비율척도가 아니다. 온도는 등간척도에 속하며 등간척도는 '×, ÷로 표시될 수 있는 비례의 조작이 불가능하다.

정답 7-1 ④ 7-2 ④ 7-3 ② 7-4 ③

핵심이론 08 | 서스톤 척도

① 서스톤 척도의 의의와 특징

　㉠ 등현등간척도라고 불린다.

　㉡ 어떤 사실에 대해 가장 긍정적인 태도와 가장 부정적인
　　태도를 나타내는 태도의 양극단을 등간적으로 구분하고
　　수치를 부여함으로써 등간척도를 구성하는 방법이다.

　㉢ 리커트 척도를 구성하는 문항들의 간격이 동일하지 않
　　다는 문제점을 보완하기 위한 것으로서, 중요성이 있는
　　항목에 가중치를 부여한다.

　㉣ 일단의 평가자(Judges)를 사용하여 척도에 포함될 문항
　　들이 척도상의 어느 위치에 속할 것인지를 판단하도록
　　한 다음, 조사자가 이를 바탕으로 하여 척도에 포함될
　　적절한 문항들을 선정하여 척도를 구성한다.

　㉤ 등간의 성격을 갖는 척도를 구성하기 위한 사전평가가
　　필요하다.

② 서스톤 척도의 장점과 단점

　㉠ 장 점
　　• 척도에 포함되는 질문문항들을 정리하여 가능한 한 간
　　　격을 같도록 한다는 점에서 일반적인 서열적 척도보다
　　　한 수준 높은 등간적 척도수준을 유지한다.
　　• 평가자들에 의해 많은 질문문항들 가운데 측정 변수와
　　　보다 직접적으로 연관된 문항들이 선정됨으로써 문항
　　　의 선정이 비교적 정확하다.

　㉡ 단 점
　　• 평가를 위한 문항의 수가 많고 동원되는 평가자들이
　　　다수이므로 척도 구성에 있어서 많은 시간과 인원이
　　　소요된다.
　　• 평가자들로 하여금 항목에 대한 태도가 아닌 질문문항
　　　들에 대한 우호성의 정도를 결정하는 것이므로, 항목
　　　에 따라 구체성이 결여된 경우도 있다.
　　• 자신들이 느끼는 대로 문항을 적절한 위치에 서열적으
　　　로 배치하므로 평가자들의 성격에 따라 분포가 달라질
　　　수 있다.

• 척도로 선정된 문항들에 부여된 가중치 또는 척도값을
　통해 평균을 산정할 수 있으므로 척도용으로 선정된
　문항들이 평균값은 같으나 분산도는 다를 수 있다.

• 몇 가지 통계적 가정에 근거하고 있으며 그 방법이 매
　우 복잡하므로, 최근에는 널리 사용되고 있지 않다.

핵심OX

1. 서스톤 척도는 평가자들로 하여금 각 질문문항에 대한 우호
　성의 정도를 비교적 주관적으로 결정하도록 한다. （　）

2. 서스톤 척도를 작성할 때는 진술(질문문항)들 가운데 측정
　하고자 하는 변수의 개념과 무관하다고 인정되는 것들은 제
　외한다. （　）

3. 등현등간척도 구성에 있어서 많은 시간과 인원이 소요된다
　는 단점이 있다. （　）

4. 서스톤 척도로 선정된 문항들에 부여된 가중치 또는 척도값
　을 통해 평균을 산정할 수 있으므로 척도용으로 선정된 문항
　들이 분산도는 같으나 평균도는 다를 수 있다. （　）

5. 등현등간척도는 평가자들의 성격에 따라 분포가 달라질 수
　있다. （　）

정답 1 × 2 ○ 3 ○ 4 × 5 ○

핵심문제

8-1. 연구주제와 관련된 가능한 많은 진술들을 수집하여 평가자
들로 하여금 판단토록 한 다음 그 결과를 바탕으로 문항을 선정
하는 척도는? [22년 2회]

① 거트만 척도　　　　　② 서스톤 척도
③ 리커트 척도　　　　　④ 총화평정척도

8-2. 서스톤 척도(Thurstone Scale)에 대한 설명으로 틀린 것은?
[20년 4회]

① 리커트 척도법이나 거트만 척도법에 비해 서스톤 척도법은
　상당한 비용과 시간이 걸린다는 단점을 가지고 있다.

② 리커트 척도법이나 거트만 척도법의 경우는 구간 수준
　(Interval Level)의 측정이 가능하지만, 서스톤 척도법은
　서열 수준(Ordinal Level)의 측정만이 가능하다.

③ 평가자의 편견이 개입될 가능성이 있으며, 이 문제를 완화
　하기 위해서는 가능하면 많은 수의 평가자를 선정하는 것
　이 좋다.

④ 문항의 선정 과정에서 평가자 간에 이견이 큰 문항은 제외
　한다.

8-3. 다음 빈칸에 알맞은 것은?

[19년 3회]

> 서스톤(Thurstone) 척도는 어떤 사실에 대하여 가장 우호적인 태도와 가장 비우호적인 태도를 나타내는 양극단을 구분하여 수치를 부여하는 척도이며, 측정의 수준으로 볼 때 ( )에 해당한다.

① 명목척도 ② 서열척도
③ 등간척도 ④ 비율척도

8-4. 다음은 어떤 척도의 특징인가?

[18년 3회]

> • 대체적으로 11점 척도로 구성되어 있다.
> • 개발하기 위하여 시간과 노력이 많이 든다.
> • 최종적으로 구성된 척도는 동일한 간격을 지닐 수 있다.

① 리커트(Likert) 척도
② 서스톤(Thurstone) 척도
③ 보가더스(Bogardus) 척도
④ 오스굿(Osgood) 척도

|해설|

8-1
서스톤 척도는 평가자들로 하여금 각 질문 문항에 대한 우호성의 정도를 비교적 객관적으로 결정하도록 한다. 각 진술(질문 문항)에 대해 평가자들이 척도상의 위치를 판단한 것을 근거로 하여 척도 가치를 결정하고 척도 문항을 선정하여 최종 척도를 구성한다.

8-2
서스톤 척도법은 등간척도의 일종이기 때문에 구간 수준의 측정이 가능하다.

8-3
서스톤 척도는 등간척도의 일종으로서, 어떤 사실에 대해 가장 긍정적인 태도와 가장 부정적인 태도를 나타내는 태도의 양극단을 등간적으로 구분하여 여기에 수치를 부여함으로써 척도를 구성하는 방법이다.

8-4
서스톤 척도는 보통 11점 척도로 구성하며 평가를 위한 문항의 수가 많고 동원되는 평가자들이 다수이므로 척도 구성에 있어서 많은 시간과 인원이 소요된다. 척도에 포함되는 질문문항들을 정리하여 가능한 한 간격을 같도록 한다는 점에서 일반적인 서열적 척도보다 한 수준 높은 등간적 척도수준을 유지한다.

정답 8-1 ② 8-2 ② 8-3 ③ 8-4 ②

핵심이론 09 | 리커트 척도

① 리커트 척도의 의의와 특징
  ㉠ 총화평정척도라고도 하며 주로 인간의 태도를 측정하는 태도척도이다.
  ㉡ 서열척도의 일종으로서, 척도의 신뢰도와 타당도를 높이기 위해 일련의 수 개 문항들을 하나의 척도로 사용하는 다문항척도이다.
  ㉢ 일단의 태도문항들로 구성되어 있으며, 모든 문항은 거의 동일한 태도가치를 갖는다고 인정된다. 이들 각 문항에 대해 응답자는 찬성 또는 반대로 나타나는 데 있어서 선택적인 정도의 차를 표시하게 된다.
  ㉣ 전체 문항의 총점 또는 평균을 가지고 태도를 측정한다.
  ㉤ 각 문항별 응답점수의 총합이 측정하고자 하는 개념을 대표한다는 가정에 근거한다.
  ㉥ 다른 모든 태도척도와 마찬가지로 리커트 척도의 목적 또한 각 대상이 측정하려는 일정척도에 대해 연속체상에서 어떠한 위치를 차지하느냐 하는 것을 밝혀보는 것이다.
  ㉦ 일반적으로 예비적 문항의 선정 단계를 거쳐서 최종의 척도를 구성하는 이중단계를 거친다.
  ㉧ 요인분석을 통해 각 문항들이 하나의 요인으로 묶이는가를 확인함으로써 단일차원성을 검증할 수 있다.

예 ○○종합사회복지관 이용자들의 서비스 만족도에 대한 조사

질문문항	응답범주				
	전혀 아니다 (1)	아니다 (2)	보통 이다 (3)	그렇다 (4)	매우 그렇다 (5)
1. 시설이용에 불편이 없다.					
2. 프로그램은 유익하다.					
3. 사회복지사는 친절하다.					
4. 다양한 정보들을 얻을 수 있다.					
5. 다른 사람에게 추천하겠다.					

② 리커트 척도의 장점과 단점

  ㉠ 장 점
  - 가장 큰 장점은 매우 경제적이라는 것이다. 최종적으로 척도에 포함시킬 항목들의 수가 대개 조사자의 판단에 달려있으나 일반적으로 20~25개 항목으로 충분하다.
  - 지표를 구성함에 있어서 매우 단순하다. 즉, 하나의 변수를 측정하기 위한 척도로서 구성된 여러 개의 지표들을 동일한 응답 카테고리를 사용하여 측정하므로 일관성이 있다.
  - 각각의 문항에 대해 응답자에게 일정한 방향으로 태도나 의견을 질문하므로 신뢰도가 높다.
  - 서스톤 척도나 어의구별척도(의미분화척도)와는 달리 다섯 가지의 응답 카테고리가 명확하게 서열화되어 있으므로 응답자들에게 혼란을 주지 않는다.
  - 한 항목에 대한 응답의 범위에 따라 측정의 정밀성을 확보할 수 있다.

  ㉡ 단 점
  - 엄격한 의미에서 등간척도가 될 수 없다.
  - 각 문항의 점수를 더한 총점으로는 각 문항에 대한 응답의 강도를 정확히 알 수 없다.
  - 총화평정척도의 응답자는 모집단 가운데서 모집단을 잘 대표할 수 있는 자들을 무작위로 추출해야 하는데, 경우에 따라서는 이것이 용이하지 않을 수 있다.
  - 응답자의 척도문항에 대한 응답유형을 대체로 정규분포로 가상하고 있는데, 이것 또한 항상 지켜질 수는 없는 사항이다.
  - 각 문항의 점수를 더한 총점으로는 각 문항에 대한 응답의 강도를 정확히 알 수 없다.
  - 척도가 측정하고자 하는 개념을 제대로 측정하고 있는지의 문제가 여전히 남는다.

핵심OX

1. 리커트 척도에서 각 개인의 태도에 대한 점수는 그가 택한 이 척도의 모든 문항의 점수를 총화한 것으로 알 수 있다. ( )
2. 리커트 척도는 응답 카테고리가 명백하게 서열화되어 있을 뿐만 아니라 간격이 일정하다. ( )
3. 총화평정척도는 동일한 응답 카테고리를 사용하므로 신뢰성이 높다. ( )
4. 요인분석을 통해 리커트 척도의 문항들이 단일차원을 이루는지를 확인할 수 있다. ( )
5. 총화평정척도는 주로 인간의 태도를 측정한다. ( )

정답 1 ○ 2 × 3 ○ 4 ○ 5 ○

핵심문제

9-1. 리커트(Likert) 척도와 같은 의미로 사용되는 것은?
[22년 1회]

① 누적척도
② 단일차원척도
③ 비율척도
④ 총화평정척도

9-2. 리커트(Likert) 척도의 장점이 아닌 것은? [21년 1회]
① 항목의 우호성 또는 비우호성을 평가하기 위해 평가자를 활용하므로 객관적이다.
② 적은 문항으로도 높은 타당도를 얻을 수 있어서 매우 경제적이다.
③ 응답 카테고리가 명백하게 서열화되어 응답자에게 혼란을 주지 않는다.
④ 한 항목에 대한 응답의 범위에 따라 측정의 정밀성을 확보할 수 있다.

9-3. 서열측정을 위한 방법으로 단순합산법을 사용하는 대표적인 척도는?
[20년 3회]
① 거트만(Guttman) 척도
② 서스톤(Thurstone) 척도
③ 리커트(Likert) 척도
④ 보가더스(Bogardus) 척도

9-4. 리커트 척도의 단점에 해당되지 않는 것은? [17년 2회]

① 엄격한 의미에서 등간척도가 될 수 없다.
② 각 문항의 점수를 더한 총점으로는 각 문항에 대한 응답의 강도를 정확히 알 수 없다.
③ 척도가 측정하고자 하는 개념을 제대로 측정하고 있는지의 문제가 여전히 남는다.
④ 문항 간의 내적 일관성을 확인할 수 없다.

9-5. 리커트(Likert) 척도법에 대한 설명으로 적절하지 않은 것은? [21년 3회]

① 각 문항에 대한 가중치를 다르게 부여할 수 없다는 단점이 있다.
② 척도점수에 대한 신뢰성을 검토하기 위해 반분법을 이용할 수 있다.
③ 사용하기 쉽고, 직관적인 이해가 가능하기 때문에 사회조사에서 널리 사용된다.
④ 척도가 단일차원을 측정하고 있는가를 검토하기 위하여 인자분석(Factor Analysis)을 사용하기도 한다.

|해설|

9-1
리커트 척도는 실용성과 효율성이 높다고 인정되며 총화평정기법(Summated Rating Technique)이라고도 불린다.

9-2
항목의 우호성 또는 비우호성을 평가하는 것으로 객관적이라 볼 수 없다.

9-3
리커트 척도는 각각의 응답자가 전체 문항에 대해 얻은 점수를 합계한 후 전체 응답자들을 총점순위에 의해 배열한다. 예를 들어 질문문항이 10개이고 응답평균이 5부터 1인 경우 최고 50점에서 최저 10점 사이에서 전체 응답자들을 배열할 수 있다.

9-4
리커트 척도는 문항 간 내적 일관성 측정이 가능하다.

9-5
리커트 척도법은 서열척도의 일종으로 인간의 태도를 측정하는 태도척도이다. 척도의 신뢰도와 타당도를 높이기 위해 일련의 수개 문항들을 하나의 척도로 사용하는 다문항척도이며 전체 문항의 총점 또는 평균을 가지고 태도를 측정한다. 특히 동일한 개념을 여러 문장으로 질문하여 이러한 항목들이 유사한 값을 나타내는지 측정하는 내적 일관성을 가져야 한다. 이를 통해 신뢰도가 낮은 항목은 삭제하여 신뢰성을 높일 수 있기에, 각 문항에 대한 가중치를 다르게 부여할 수 없어 단점이라는 ①은 적절하지 않다.

정답 9-1 ④ 9-2 ① 9-3 ③ 9-4 ④ 9-5 ①

기출 데이터 14년 2회 15년 2회 16년 1,3회 18년 2,3회 19년 3회 20년 4회

핵심이론 10 | 거트만 척도

① 거트만 척도의 의의와 특징
　㉠ 합성측정의 유형 중 하나로 '누적척도' 또는 '척도도식법(Scalogram Method)'이라고도 한다.
　㉡ 태도의 강도에 대한 연속적 증가유형을 측정하고자 하는 척도로서, 초기에는 질문지의 심리적 검사를 위해 고안된 것이었으나, 최근 사회과학의 모든 분야에서 널리 사용되고 있다.
　㉢ 서열척도의 일종으로서, 강도가 다양한 어떤 태도유형에 대해 가장 약한 표현으로부터 가장 강한 표현에 이르기까지 서열적 순서를 부여한다.
　㉣ 중요한 전제조건으로는 측정의 대상이 되는 척도가 하나의 요소이어야만 한다는 것이다. 만약 이 태도가 일관성이 없는 여러 개의 요소들이나 심지어 서로 상충되는 요소들로 구성되어 있다면, 이 척도는 실패할 수밖에 없다. 이러한 조건을 이른바 '단일차원성'이라고 한다.
　㉤ 특정점수를 형성하는 데 필요한 응답의 결합이 그보다 낮은 점수에 해당하는 모든 질문들에 대한 응답을 포함함으로써 누적적인 특성을 지닌다.
　㉥ 척도분석방법에는 스캘로그램 분석(Scalogram Analysis)이 있다. 거트만 척도에 어느 정도 부합하는가를 검증하는 것으로서, 척도에 포함된 여러 문항들에 대한 응답이 가설과 어느 정도 일치하는가를 분석하는 방법이다. 과연 일관성 있게 정돈되어 있느냐의 문제가 제기됨에 따라 그 신뢰성을 확인하고자 하는 것이다.

예 5개 항목들에 대한 다양한 척도유형

척도 유형	항목					개별적 점수
	a	b	c	d	e	
5	X	X	X	X	X	5
4	O	X	X	X	X	4
3	O	O	X	X	X	3
2	O	O	O	X	X	2
1	O	O	O	O	X	1
0	O	O	O	O	O	0

X는 반대 또는 실패, O는 찬성 또는 성공을 의미한다.

② 거트만 척도의 장점과 단점

　㉠ 장 점
　　• 질문문항들이 측정대상의 속성에 따라 누적적으로 되어 있으므로 다른 문항들에 대한 응답을 미리 예측할 수 있다.
　　• 주로 질문이나 투표에 의한 태도적 개념의 측정에 매우 유용하다.
　　• 경험적 관측을 토대로 함으로써 이론적으로 우월하다.
　　• 척도의 누적적인 형성으로 하나의 변수를 측정하게 됨으로써 단일차원성을 지니게 된다.
　　• 척도의 작성과정에 그리 복잡한 수학적 지식이 요구되지 않는다.

　㉡ 단 점
　　• 여러 개의 지표들(또는 항목들)의 결합이 하나의 개념을 구성할 수는 있으나, 이 척도가 어떤 개념의 존재여부에 대한 결정적인 증거를 제공하지는 않는다.
　　• 질문문항의 내용을 강도에 따라 누적적으로 일관성 있게 작성한다는 것이 쉽지 않다.
　　• 두 개 이상의 변수를 동시에 측정하는 다차원적 척도로서 사용될 수 없다.

③ 거트만 척도의 재생가능성계수(CR)

거트만 척도의 유용성을 검증하기 위해 재생가능성계수를 구한다. 응답자의 응답이 이상적인 패턴에 얼마나 가까운가를 측정할 수 있으며, 한 척도의 오차가 너무 많거나 일관성이 결여된 경우 유용한 척도가 되지 못한다. 일반적으로 재생가능성계수가 '1'일 때 완벽한 척도구성 가능성을 획득하며, '0.9' 이상인 경우 바람직한 것으로 간주한다.

핵심OX

1. 스캘로그램 분석은 거트만 척도에 어느 정도 부합하는가를 검증하는 방법이다. (　　)
2. 거트만 척도는 두 개 이상의 변수를 동시에 측정하는 다차원적 척도로서 사용될 수 있다. (　　)
3. 거트만 척도에서 측정의 대상이 되는 척도는 하나의 요소이어야만 한다. (　　)
4. 누적척도의 유용성을 검증하기 위해 사용하는 재생가능성계수는 '0.5' 이상인 경우 바람직한 것으로 간주한다. (　　)
5. 누적척도를 작성할 때는 단일차원적 척도를 형성하는 문항집단을 선택해야 한다. (　　)

정답 1 ○　2 ×　3 ○　4 ×　5 ○

핵심문제

10-1. 척도를 구성하는 과정에서 질문문항들이 단일차원을 이루는지를 검증할 수 있는 척도는? [20년 4회]

① 의미분화척도(Semantic Differential Scale)
② 서스톤 척도(Thurstone Scale)
③ 리커트 척도(Likert Scale)
④ 거트만 척도(Guttman Scale)

10-2. 거트만 척도(Guttman Scale)에 대한 설명으로 틀린 것은? [18년 3회]

① 누적척도(Cumulative Scale)라고도 한다.
② 단일차원의 서로 이질적인 문항으로 구성되며 여러 개의 변수를 측정한다.
③ 재생가능성을 통해 척도의 질을 판단한다.
④ 일단 자료가 수집된 이후에 구성될 수 있다.

10-3. 다음 설명에 해당하는 척도는? [18년 2회]

• 합성측정(Composite Measurements)의 유형 중 하나이다.
• 누적 스케일링(Cumulative Scaling)의 대표적인 형태이다.
• 측정에 동원된 특정 문항이 다른 지표보다 더 극단적인 지표가 될 수 있다는 점에 근거한다.
• 측정에 동원된 개별 항목 자체에 서열성을 미리 부여한다.

① 크루스칼(Kruskal) 척도
② 서스톤(Thurstone) 척도
③ 보가더스(Borgadus) 척도
④ 거트만(Guttman) 척도

|해설|

10-1
거트만 척도는 측정의 대상이 되는 척도가 하나만의 요소로 이루어져 일관성이 있는 '단일차원성'을 가지고 있다.

10-2
거트만 척도는 척도의 누적적인 형성으로 하나의 변수를 측정한다. 만약 일관성이 없는 여러 개의 요소들이나 심지어 서로 상충되는 요소들로 구성되어 있다면, 이 척도는 실패할 수밖에 없다.

10-3
거트만 척도는 합성측정(Composite Measurements)의 유형 중 하나로 누적척도라고도 한다. 강도가 다양한 어떤 태도유형에 대해 가장 약한 표현으로부터 가장 강한 표현에 이르기까지 서열적 순서를 부여하며, 특정점수를 형성하는 데 필요한 응답의 결합이 그보다 낮은 점수에 해당하는 모든 질문들에 대한 응답을 포함함으로써 누적적인 특성을 지닌다.

정답 **10-1** ④　**10-2** ②　**10-3** ④

핵심이론 11 | 보가더스 사회적 거리척도

① 사회적 거리척도의 의의와 특징

ㄱ 보가더스(Bogardus)에 의해 고안된 것으로서, 많은 학자들에 의해 이용·발전되어 일명 '보가더스 사회적 거리척도(Bogardus Social Distance Scale)'라고 불린다.

ㄴ 서열척도의 일종으로서, 서스톤 척도와 마찬가지로 다수의 판정자들의 판정에 의해 척도가 결정된다.

ㄷ 소수민족, 사회계급 등에 대한 사회적 거리감의 정도를 측정하기 위해 연속적인 문항들을 동원한다.

ㄹ 각 척도를 하나의 사회적 거리라는 연속성의 순서에 따라 배열하며 각 점 간의 등간격을 가정한다.

ㅁ 평점의 기준이 없으며, 척도상의 절대영점도 없다.

ㅂ 척도의 평가를 위해 신뢰도는 재검사법을 사용하며, 타당도는 집단비교법 등을 활용한다.

ㅅ 사회적 거리척도는 주로 집단 간(가족과 가족, 민족과 민족)의 친근 정도를 측정한다. 이것은 개인과 어떠한 집단의 관계도 규명할 수 있으며, 개인(또는 집단)의 어떠한 지역에 대한 애착심, 나아가서는 직장에 대한 애착심 등에도 적용될 수 있다.

② 사회적 거리척도의 장점과 단점

ㄱ 장 점
- 집단 상호 간의 거리를 측정하는 데 매우 유용하다.
- 적용범위가 광범위하며, 예비조사에 적합한 면이 있다.

ㄴ 단 점
- 서열화된 척도를 연속체상에 배치하여 이론적으로는 응답자가 서열적인 선택을 하도록 만든 것이지만, 응답자들이 본래의 의도와는 다르게 하위항목에서 상위항목까지 혼합적으로 선택하기도 한다.
- 척도 연속체상에서 항목들 간의 동일한 간격을 강조하지만, 사실상 등간격이라고 볼 수 없다.
- 척도점들 간의 등간을 가정하지만 등간에 대해 경험적으로 입증할 수 없으며, 척도점들 간의 명백한 구분을 강조하지만 사실상 명백한 구분이 어렵다.
- 이 척도의 신뢰도는 재검사법에 의해서만 측정이 가능한데, 재검사법은 신뢰도 측정에 있어서 자체적으로 문제가 있다. 따라서 예비조사나 조사 자체의 목적을 위한 경우 등에 제한적으로 사용된다.

핵심OX

1. 사회적 거리척도는 정밀한 등간격 척도이다. ( )
2. 보가더스 사회적 거리척도는 주로 개인 간의 친근관계를 측정한다. ( )
3. 사회적 거리척도는 예비조사에 적합한 면이 있다. ( )
4. 사회적 거리척도는 등간척도의 일종으로서, 서스톤 척도와 마찬가지로 다수의 판정자들의 판정에 의해 척도가 결정된다. ( )

정답 1 × 2 × 3 ○ 4 ×

핵심문제

11-1. 보가더스(Bogardus)의 사회적 거리척도의 특징으로 옳지 않은 것은? [19년 2회]

① 적용 범위가 넓고 예비조사에 적합한 면이 있다.
② 집단 상호 간의 거리를 측정하는 데 유용하다.
③ 신뢰성 측정에는 양분법이나 복수양식법이 매우 효과적이다.
④ 집단뿐 아니라 개인 또는 추상적인 가치에 관해서도 적용할 수 있다.

11-2. 척도구성방법 중 인종, 사회계급과 같은 여러 가지 형태의 사회집단에 대한 사회적 거리를 측정하기 위한 척도는? [18년 1회]

① 서스톤 척도(Thurston Scale)
② 리커트 척도(Likert Scale)
③ 보가더스 척도(Bogardus Scale)
④ 거트만 척도(Guttman Scale)

|해설|

11-1
보가더스 사회적 거리척도의 평가를 위해 신뢰도는 재검사법을 사용하며, 타당도는 집단비교법 등을 활용한다.

11-2
보가더스 척도(사회적 거리척도)는 주로 집단 간(가족과 가족, 민족과 민족)의 친근 정도를 측정한다. 이것은 개인과 어떠한 집단의 관계도 규명할 수 있으며, 개인(또는 집단)의 어떠한 지역에 대한 애착심, 나아가서는 직장에 대한 애착심 등에도 적용될 수 있다.

정답 11-1 ③ 11-2 ③

핵심이론 12 | 소시오메트리(Sociometry)

① 소시오메트리의 의의와 특징

ㄱ 사회성 측정법이라고도 하며 집단 내의 선택, 커뮤니케이션 및 상호작용의 패턴에 관한 자료를 수집하여 분석하는 방법이다.

ㄴ 보가더스의 사회적 거리척도와 마찬가지로 사회적 거리를 측정한다. 다만, 사회적 거리척도가 단순히 집단 상호 간의 거리를 측정하는 데 비해, 소시오메트리는 소집단 내의 구성원들 사이에 가지는 호감과 반감을 측정하거나 또는 이러한 감정에 의해 나타나는 집단구조에 관심을 가진다.

ㄷ 일반적으로는 소시오메트리라고 하면 모레노(Moreno)를 중심으로 하여 발전된 인간관계의 측정에 관한 방법을 말하는 것이 보통이다.

ㄹ 모레노는 "소시오메트리란 주어진 집단의 구성원들 사이에 특정한 때 존재하는 관계의 총체적 구조를 단순화하거나 도표로 나타낸 것"이라고 정의했다.

ㅁ 한정된 집단성원 간의 관계를 도출함으로써 집단의 성질, 구조, 역동성, 상호관계를 분석하는 일련의 방법으로 집단결속력의 정도를 저울질하는 데 사용된다.

ㅂ 해석 과정에서 소시오메트릭행렬, 소시오그램, 소시오메트릭 지수 등의 방법을 사용하며 통계학에서 다루는 조합의 원리가 적용된다.

② 소시오메트리의 장점과 단점

ㄱ 장 점
  • 자료수집이 자연적·경제적이며, 단순성·신축성을 갖는다.
  • 계량화의 가능성이 높다.
  • 적용범위가 넓다.

ㄴ 단 점
  • 조사대상에 대한 체계적 이론 검토를 결여한다.
  • 신뢰성과 타당성에 대한 고찰 없이 측정결과를 받아들이는 경향이 있다.
  • 측정기준과 자료의 처리에서 소홀한 경향이 있다.
  • 시간적·공간적 제약이 있으며, 조사대상 인원이 소수일 때만 적용할 수 있다.

핵심OX

1. 소시오메트리는 사회적 거리를 측정한다. ( )
2. 소시오메트리는 시간적·공간적 제약이 있으며, 조사대상 인원이 다수일 때만 적용할 수 있다. ( )
3. 소시오메트리는 계량화의 가능성이 높다. ( )
4. 소시오메트리는 자료 수집이 경제적이다. ( )

정답 1 ○ 2 × 3 ○ 4 ○

핵심문제

12-1. 소시오메트리(Sociometry)에 관한 설명으로 틀린 것은?

[21년 3회]

① 사람들의 대인관계에 관한 조사연구방법이다.
② 네트워크 분석과 관련이 있다.
③ 델파이 조사방법을 준용한다.
④ 주관적 경험을 통한 현상학적 접근으로 집단의 구조를 이해하려 한다.

12-2. 소시오메트리에 관한 설명으로 옳은 것은?

[21년 2회] [23년]

① 사회적 거리척도로서 집단 간 거리를 측정하는 척도이다.
② 리더십연구와 집단 내의 갈등, 응집에 관한 연구에서 사용된다.
③ Moreno를 중심으로 발전한 인간과 친환경관계의 측정에 관한 방법이다.
④ 소시오메트리의 분석방법에는 소시오메트릭행렬, 지니지수, 집단확장지수가 있다.

|해설|

12-1
델파이 조사방법은 집단토론에서 나타나는 왜곡된 의사전달의 원천 제거를 위해 개발된 방법으로 주제에 대해서 전문가 패널을 구성하여 조사하며, 추상적 개념을 반복, 세분화 조사하여 구체화한다. 소시오메트리는 델파이 조사방법을 준용하지 않는다.

12-2
① 보가더스 사회적 거리척도에 대한 내용이다.
③ Moreno를 중심으로 하여 발전된 인간관계의 측정에 관한 방법을 말하는 것이 보통이다.
④ 소시오메트리의 분석방법에는 소시오메트릭행렬, 소시오그램, 집단확장지수 등이 있다.

정답 12-1 ③ 12-2 ②

핵심이론 13 │ 의미분화 척도

① 의미분화 척도의 의의와 특징
- ㉠ 어의차이척도, 어의구별척도 또는 어의(의미)분별척도라고도 한다.
- ㉡ 어떤 대상이 개인에게 주는 주관적인 의미를 측정하는 방법으로서, 하나의 개념을 여러 가지 의미의 차원에서 평가하도록 유도하는 방법이다.
- ㉢ 일직선으로 도표화된 척도의 양극단에 서로 상반되는 형용사를 배열하여 양극단 사이에서 해당 속성에 대한 평가를 한다. 이때 개념이 갖는 본질적인 뜻을 몇 개의 차원에 따라 측정함으로써 태도의 변화를 좀 더 정확하게 파악하도록 한다.
- ㉣ 주로 심리학적 의미를 파악하기 위해 심리학 분야의 측정도구로 사용해왔지만, 정치학 분야에서도 사회주의·공산주의·자유민주주의 등에 대한 어의를 명확히 하기 위해 정치가들에게 일정한 척도에 따라 답변하도록 함으로써 진의를 파악하는 연구가 많이 행해졌다.
- ㉤ 학자들이 개념을 명확하게 정의하는 이유는 상호 간의 의사소통을 정확히 하기 위한 것인데, 그 이면에는 개념에 내포하고 있는 함축적인 의미를 확실하게 표현하기 위한 의도도 있다.
- ㉥ 보통 사용되는 척도는 5~7점 척도이다.

> 예 ○○구 지역주민들의 지역자치센터서비스에 대한 만족도
> 1. 지역자치센터 시설에 대해 어떻게 생각하십니까?
>   좋다 |—|—|—|—|—|—| 나쁘다
>   1   2   3   4   5   6   7
> 2. 지역자치센터 직원들의 업무에 대한 태도에 대해 어떻게 생각하십니까?
>   능동적 |—|—|—|—|—|—| 수동적
>   1   2   3   4   5   6   7
> 3. 지역자치센터 직원들의 평소 표정에 대해 어떻게 생각하십니까?
>   밝다 |—|—|—|—|—|—| 어둡다
>   1   2   3   4   5   6   7

② 의미분화 척도의 장점과 단점
- ㉠ 장 점
  - 다양한 연구문제에 적용할 수 있다.
  - 연구목적에 부합하는 타당성 있는 분석을 할 수 있다.
  - 신속성과 경제성이 있다.
  - 가치와 태도의 측정에 적합하다.
- ㉡ 단 점
  - 어의차가 애매한 경우가 많으므로 평가자 집단 선별에 어려움이 있다.
  - 적절한 개념 또는 판단의 기준을 선정하기 어렵다.
  - 수치부여의 등간격성이 의문스럽다.
  - 동일한 척도라도 시간 및 장소에 따라 다른 측정치가 나올 수 있다.

핵심OX

1. 의미분화 척도는 일직선으로 도표화된 척도의 양극단에 서로 상반되는 형용사를 배열한다. ( )
2. 의미분화 척도는 가치와 태도의 측정에 적합하다. ( )
3. 어의구별척도는 보통 11점 척도를 사용한다. ( )
4. 어의구별척도는 항상 동일한 측정치를 얻을 수 있어 타당성 있는 분석을 할 수 있다. ( )
5. 의미분화 척도는 심리학 분야의 측정도구로만 사용할 수 있어 다양한 연구문제에 적용할 수 없다. ( )

정답 1 ○ 2 ○ 3 × 4 × 5 ×

핵심문제

13-1. 의미분화 척도(Semantic Differential Scale)에 관한 설명과 가장 거리가 먼 것은? [20년 1·2회]
① 어떠한 개념에 함축되어 있는 의미를 평가하기 위한 방법으로 고안되었다.
② 하나의 개념을 주고 응답자들로 하여금 여러 가지 의미의 차원에서 그 개념을 평가하도록 한다.
③ 일반적인 형태는 척도의 양극단에 서로 상반되는 형용사를 배치하여 그 문항들을 응답자에게 제시한다.
④ 자료의 분석과정에서 다변량분석과 같은 통계적 처리 과정에 적용하는 것이 용이하지 않다.

13-2. 어의차이척도(Semantic Differential Scale)에 관한 설명으로 옳지 않은 것은? [19년 2회]

① 측정된 자료는 요인분석 등과 같은 다변량분석의 적용이 가능하다.
② 측정대상들을 직접 비교하는 형태인 비교척도(Comparative Scale)에 해당한다.
③ 마케팅조사에서 기업이나 브랜드, 광고에 대한 이미지, 태도 등의 방향과 정도를 알기 위해 널리 이용된다.
④ 일련의 대립되는 양극의 형용사로 구성된 척도를 이용하여 응답자의 감정 혹은 태도를 측정하는 데 이용된다.

13-3. 다음 설문문항에서 사용한 척도는? [19년 1회]

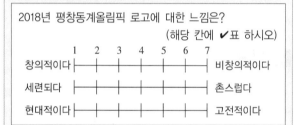

① 리커트 척도(Likert Scale)
② 거트만 척도(Guttman Scale)
③ 서스톤 척도(Thurston Scale)
④ 의미분화 척도(Semantic Differential Scale)

|해설|

13-1
④ 의미분화 척도는 요인평점분석법, 평균치분석법, 거리집락분석법 등 다변량분석의 적용이 가능하다.

13-2
② 어의차이척도, 리커트척도, 스타펠척도는 비비교척도에 해당한다.

13-3
의미분화 척도
어떤 대상이 개인에게 주는 주관적인 의미를 측정하는 방법으로, 하나의 개념을 여러 가지 의미의 차원에서 평가하도록 유도하는 방법이다. 일직선으로 도표화된 척도의 양극단에 서로 상반되는 형용사를 배열하여 양극단 사이에서 해당 속성에 대한 평가를 하는데, 이때 개념이 갖는 본질적인 뜻을 몇 개의 차원에 따라 측정함으로써 태도의 변화를 좀 더 정확하게 파악하도록 한다.

정답 13-1 ④　13-2 ②　13-3 ④

기출 데이터 14년 3회　15년 1,3회　17년 1,2,3회　18년 1회　19년 2회　20년 3회 21년 1,3회　22년 1회　23년

핵심이론 14 | 측정오차

① 측정오차의 의의
　㉠ 측정오류라고도 한다.
　㉡ 일정한 측정대상 또는 목적물을 계량적으로 측정했을 때 그 본래의 실현상 또는 목적물이 갖는 실태와 조사자가 그에 대해 계량적으로 측정한 결과 간의 불일치 정도 또는 그 차이의 정도를 지칭한다.
　㉢ 일관되지 않게 나타날 수 있다.
　㉣ 측정과 관련된 오차는 본질적으로 신뢰도와 타당도의 문제에 해당한다.
　㉤ 질적인 특수성을 갖는 각각의 속성을 인위적으로 측정이라는 양적인 현상으로 전환함으로써 이들 간의 관계에서 간격이 발생한다.
　㉥ 모든 현상, 즉 모든 측정대상은 단지 그 변화의 속도에 차이가 있을 뿐 각각 끊임없이 일정하게 변하므로, 일정한 대상에 대해 아무리 잘 측정했다고 해도 그 측정 결과는 그 대상의 일시적인 것에 불과하다.
　㉦ 연구 설계 과정부터 자료수집 도구의 개발과정, 자료수집과정, 자료분석과정 등 연구의 전 과정에서 발생 가능하며 사회과학에서 측정오차는 필연적으로 발생한다. 사회조사 분야의 경우 변수의 속성을 정확히 측정하고 규명하는 것이 사실상 불가능하다는 점을 염두에 둘 때 측정상의 오차는 불가피하며, 따라서 완전무결한 측정 도구란 있을 수 없다.

② 측정오차의 근원
　㉠ 측정자·측정대상에 의한 오차
　㉡ 고정반응, 문화적 차이, 인구 사회학적 차이의 개입
　㉢ 사회가 바람직하다고 생각하는 편향
　㉣ 측정도구와 측정대상자의 상호작용
　㉤ 측정도구·방법상의 문제
　㉥ 측정대상자의 표기상 오차와 분석과정상의 문제
　㉦ 인간의 지적 특수성에 의한 오차
　㉧ 시간·장소적인 제약, 환경적 요인

핵심OX

1. 측정자의 잘못으로 오차가 발생할 수 있다. ( )
2. 측정오차는 환경적 요인에 의한 영향은 받지 않는다. ( )
3. 사회과학에서 측정오차는 필연적으로 발생한다. ( )

정답 1 ○ 2 × 3 ○

핵심문제

14-1. 사회조사에서 발생하는 측정오차의 원인과 가장 거리가 먼 것은? [20년 3회]

① 조사의 목적
② 측정대상자의 상태 변화
③ 환경적 요인의 변화
④ 측정도구와 측정대상

14-2. 다음 중 성인에 대한 우울증 검사도구를 청소년들에게 그대로 적용할 때 가장 우려되는 측정오차는? [19년 2회]

① 고정반응
② 문화적 차이
③ 무작위오류
④ 사회적 바람직성

14-3. 측정오차의 발생원인과 가장 거리가 먼 것은? [18년 1회]

① 통계분석기법
② 측정방법 자체의 문제
③ 측정시점에 따른 측정대상자의 변화
④ 측정시점의 환경요인

|해설|

14-1
사회조사는 조사목적에 맞게 적합한 측정도구를 사용해 측정대상이나 측정대상자를 조사한다. 측정대상자의 상태와 환경적 요인의 변화로 측정오차가 발생할 수 있으며 측정도구와 측정대상에 따라서도 측정오차가 발생할 수 있다.

14-2
① 극단적인 값을 피하려고 중도 값을 택하려는 경향을 말한다.
③ 비체계적 오류라고도 하며, 오류가 발생하는 과정에서 일정한 유형이 존재하지 않는다.
④ 기준에 부합하는 것을 택하려는 경향을 말한다.

14-3
측정오류에는 측정자에 의한 오류, 측정대상과 관련한 오류, 측정도구의 문제, 측정방법상의 문제, 측정대상자의 표기상 오류와 분석과정상의 문제 등의 원인이 있다.

정답 **14-1** ① **14-2** ② **14-3** ①

핵심이론 15 | **측정오차의 종류**

① 체계적 오차(Systematic Error)

ㄱ 측정대상 또는 측정과정에 대해 체계적으로 영향을 미침으로써 오차를 초래하는 것이다.

ㄴ 조사내용이나 목적에 비해 자료수집방법이 잘못 선정되었거나 조사대상자가 응답할 때 본인의 태도나 가치와 관계없이 사회가 바람직하다고 생각하는 편향(편견)으로 응답할 경우 발생할 수 있다.

ㄷ 체계적으로 영향을 미치는 요인으로는 주로 지식, 교육, 신분, 특수정보, 인간성 등으로, 이들은 경우에 따라 인위적으로 또는 자연적으로 작용하여 측정에 오차를 초래한다.

ㄹ 측정 결과의 자료분포가 어떤 방향으로 기울어지는 것이 그 특징이다.

ㅁ 변수 간의 상호관계에서 어떤 한쪽으로 지나치게 높거나 낮게 나타나는 경향이 있다.

ㅂ 측정의 타당도는 체계적 오차와 관련성이 크다. 체계적 오차와 타당도는 반비례 관계이다.

ㅅ 표준화된 측정도구를 사용하면 체계적 오차를 줄일 수 있다.

② 비체계적 오차(Random Error)

ㄱ 무작위적 오차라고도 하며, 측정과정에서 우연히 또는 일시적인 사정에 의해 나타나는 오차이다.

ㄴ 측정상황, 측정과정, 측정대상, 측정자 등에 있어서 우연적・가변적인 일시적 형편에 의해 측정결과에 영향을 미친다.

ㄷ 통제하기 어려운 상황에서 주로 발생한다.

ㄹ 방향이 일정하지 않아 비체계적 오차는 상호 간의 영향에 의해 상쇄되는 경우도 있다.

ㅁ 측정의 신뢰도는 무작위적 오차와 관련성이 크다.

1. 체계적 오차는 무작위적 오차라고도 한다. ( )
2. 측정의 신뢰도는 무작위적 오차와 관련성이 크다. ( )
3. 체계적 오차는 항상 일정한 방향으로 작용하는 편향(Bias) 이다. ( )
4. 비체계적 오차는 사전에 알 수 있어 통제가 가능하다. ( )
5. 비체계적 오차는 측정과정에서 우연히 또는 일시적인 사정에 의해 나타나는 오차이다. ( )

정답 1 × 2 ○ 3 ○ 4 × 5 ○

핵심문제

15-1. 측정의 체계적 오류와 관련이 있는 것은?

[18년 3회] [19년 1회] [22년 2회]

① 통계적 회귀
② 생태학적 오류
③ 환원주의적 오류
④ 사회적으로 바람직한 편향

15-2. 측정오차(Error of Measurement)에 관한 설명으로 틀린 것은?

[22년 1회]

① 체계적 오차는 항상 일정한 방향으로 작용하는 편향(Bias) 이다.
② 비체계적 오차는 상호상쇄(Self-compensation)되는 경향도 있다.
③ 비체계적 오차는 측정대상, 측정과정, 측정수단 등에 따라 일관성 없이 영향을 미침으로써 발생한다.
④ 측정의 오차를 신뢰성 및 타당성과 관련지었을 때 신뢰성과 타당성은 정도의 개념이 아닌 존재 개념이다.

15-3. 측정오차(Error of Measurement)에 관한 설명으로 옳은 것은?

[19년 1회] [23년]

① 체계적 오차(Systematic Error)의 값은 상호 상쇄되는 경향이 있다.
② 신뢰성은 체계적 오차(Systematic Error)와 관련된 개념이다.
③ 타당성은 비체계적 오차(Random Error)와 관련된 개념이다.
④ 비체계적 오차(Random Error)는 인위적이지 않아 오차의 값이 다양하게 분산되어 있다.

15-4. 측정의 오류에 관한 설명으로 옳은 것은?

[18년 2회] [22년 2회]

① 편향에 의해 체계적 오류가 발생한다.
② 무작위 오류는 측정의 타당도를 저해한다.
③ 표준화된 측정도구를 사용하더라도 체계적 오류를 줄일 수 없다.
④ 측정자, 측정 대상자 등에 일관성이 없어 생기는 오류를 체계적 오류라 한다.

15-5. 비체계적 오류를 줄이는 방법과 가장 거리가 먼 것은?

[19년 3회]

① 측정항목의 모호성을 제거한다.
② 측정항목 수를 가능한 한 늘린다.
③ 조사대상자가 관심 없는 항목도 측정한다.
④ 중요한 질문은 2회 이상 동일한 질문이나 유사한 질문을 한다.

|해설|

15-1

일정한 패턴이 있는 체계적 오류이므로 사회적 바람직성 편향이 해당한다.

15-2

측정의 오차를 신뢰성 및 타당성과 관련지었을 때 신뢰성과 타당성은 존재의 개념이 아닌 정도의 개념이다.
• 존재의 개념 : 있다/없다
• 정도의 개념 : 높다/낮다

15-3

비체계적 오차는 무작위로 발생하기 때문에 인위적이지 않아 오차의 값이 다양하게 분산되며 상호 상쇄되는 경향이 있다. 비체계적 오차는 신뢰성과 관련이 있으며 타당성은 체계적 오차와 관련이 있다.

15-4

② 무작위 오류와 신뢰도는 반비례 관계이다. 무작위 오류는 측정의 신뢰도를 저해한다.
③ 체계적 오류는 자료수집방법이나 수집과정에서 개입되는 오차로 조사내용이나 목적에 비해 자료수집방법이 잘못 선정되었을 경우 발생한다. 표준화된 측정도구를 사용하면 체계적 오류를 줄일 수 있다.
④ 측정자, 측정 대상자 등에 일관성이 없어 생기는 오류를 비체계적 오류(무작위 오류)라 한다.

15-5

비체계적 오류는 신뢰도와 관련된 것으로서, 비체계적 오류를 줄이려면 신뢰도를 높여야 한다. 신뢰도를 높이려면 조사대상자가 관심 없는 항목의 측정은 하지 않는 것이 좋다.

정답 15-1 ④ 15-2 ④ 15-3 ④ 15-4 ① 15-5 ③

핵심이론 16 | 측정의 타당성

① 타당성의 의의

ㄱ) 타당도라고도 하며, 조사자가 측정하고자 한 것을 실제로 측정했는가 하는 문제이다.

ㄴ) 타당한 측정수단이란 측정하고자 하는 것을 측정할 수 있는 도구이다. 따라서 어떤 측정수단이 조사자가 의도하지 않은 측면을 측정할 경우 이 수단은 타당하지 못한 것이 된다.

ㄷ) 실증적 수단인 조작적 정의나 지표가 측정하고자 하는 개념을 제대로 반영하는 정도를 의미한다.

ㄹ) 조사자가 조작적 정의나 지표 또는 척도를 사용하여 처음 측정하고자 했던 개념이 의미하는 바를 제대로 측정하였다면 이들의 조작적 정의나 지표 또는 척도의 타당성이 높다. 반면에 조작적 정의, 지표 또는 척도를 사용하여 처음 측정하고자 했던 개념이 의미하는 바를 제대로 측정하지 못한 경우 이들의 타당성은 낮다.

ㅁ) 사회과학에서 특히 타당성이 문제시되는 이유는 보통 측정을 간접적으로 할 수밖에 없는 사회과학 고유의 특성 때문이다. 측정을 간접적으로 하는 경우 조사자는 자신이 측정하고자 하는 속성들을 제대로 측정하는가에 대해 완전한 확신을 가질 수 없다.

② 내적 타당성

ㄱ) 각 변수 사이의 인과관계를 추론하여 그것이 실험에 의한 진정한 변화에 의한 것인지를 판단하는 인과조건의 충족 정도를 말한다.

ㄴ) 내적 타당성을 저해하는 요인

• 외부사건(역사요인, 우연한 사건) : 조사 기간 중에 연구자의 의도와는 상관없이 발생한 사건이 결과에 영향을 미친다.

• 성숙 또는 시간의 경과 : 시간의 흐름에 따라 발생하는 조사대상 집단의 신체적, 심리적 특성의 변화 또는 실험이 진행되는 기간으로 인해 실험집단이 성숙되어 독립변수의 순수한 영향 이외의 변화가 종속변수에 미치게 된다.

• 통계적 회귀 : 최초의 측정에서 양극단적인 측정값을 보인 결과가 이후 재측정의 과정에서 평균값으로 회귀한다. 즉, 종속변수의 값이 극단적으로 높거나 낮은 경우, 프로그램 실행 이후 검사에서는 독립변수의 효과가 없더라도 높은 집단은 낮아지고 낮은 집단은 높아지는 현상을 의미한다.

• 검사요인(주시험효과, 테스트효과) : 실험대상에 대해 동일한 측정을 반복할 경우 프로그램 참여자들이 검사에 친숙해짐으로써 결과에 영향을 미친다.

• 선별요인 : 연구자가 실험집단과 통제집단을 선발할 때 편견을 가짐으로써 발생한다.

• 도구요인 : 프로그램 집행 전과 집행 후에 측정자의 측정기준이 달라지거나, 측정수단이 변화함에 따라 결과에 영향을 미친다.

• 실험대상의 탈락 : 조사 기간 중 특정 대상인이 탈락함으로써 결과에 영향을 미친다.

• 모방 : 실험집단과 통제집단을 적절히 통제하지 않음으로 인해 두 집단 간에 발생하는 모방 심리가 결과에 영향을 미친다.

③ 외적 타당성

ㄱ) 표본에서 얻어진 연구의 결과에 대해 연구 조건을 넘어선 다른 환경이나 다른 집단에게까지 적용할 수 있는 즉, 일반화를 할 수 있는 정도를 말한다.

ㄴ) 외적 타당성을 저해하는 요인

• 연구표본의 대표성 : 연구대상, 연구환경, 연구절차 등의 대표성 정도와 연관된 것으로서, 연구의 제반 조건들이 모집단의 일반적인 상황과 유사해야 실험 결과를 일반화할 수 있다.

• 실험조사에 대한 반응성(호손효과) : 실험대상자 스스로 실험의 대상이 되고 있음을 인식할 때 나타나는 의식적 반응이 연구의 결과에 영향을 미친다.

• 플라시보 효과(위약효과, Placebo Effect) : 약효가 전혀 없는 거짓 약을 진짜 약으로 가장하여 환자에게 복용하도록 했을 때, 환자의 병세가 호전되는 효과를 말한다.

• 검사의 상호작용 효과

• 표본의 편중

1. 어떤 측정수단이 조사자가 의도하지 않은 측면을 측정할 경우 이 수단은 타당하지 못한 것이 된다. ( )
2. 도구요인은 외적 타당성을 저해하는 요인에 해당한다. ( )
3. 연구자가 실험집단과 통제집단을 선발할 때 편견을 가짐으로써 발생하는 타당성의 저해 요인은 검사요인이다. ( )
4. 외적 타당성은 연구결과의 일반화 가능성에 대한 것이다. ( )
5. 실험집단과 통제집단을 적절히 통제하지 않음으로 인해 두 집단 간에 발생하는 모방 심리가 결과에 영향을 미치는 것은 내적 타당성의 저해요인에 해당한다. ( )

정답 1 ○ 2 × 3 × 4 ○ 5 ○

핵심문제

16-1. 측정하고자 하는 것을 얼마나 정확히 측정했는가에 관한 것은? [22년 2회]

① 신뢰도
② 정밀도
③ 판별도
④ 타당도

16-2. 다음에 나타나는 측정상의 문제점은? [19년 3회]

아동 100명의 몸무게를 실제 몸무게보다 항상 3kg이 더 나오는 불량 체중계를 사용하여 측정한다.

① 타당성이 없다.
② 대표성이 없다.
③ 안정성이 없다.
④ 일관성이 없다.

16-3. 다음 사례에 내재된 연구설계의 타당성 저해요인이 아닌 것은? [19년 2회] [21년 3회]

한 집단에 대하여 자아존중감 검사를 하였다. 그 결과 정상치보다 지나치게 낮은 점수가 나온 사람들이 발견되었고, 이들을 대상으로 자아존중감 향상 프로그램을 실시하였다. 프로그램 종료 후에 다시 같은 검사를 실시하여 자아존중감을 측정한 결과 사람들의 점수 평균이 이전보다 높아진 것으로 나타났다.

① 시험효과(Testing Effect)
② 도구효과(Instrumentation)
③ 통계적 회귀(Statistical Regression)
④ 성숙효과(Maturation Effect)

16-4. 다음에서 설명하는 내적 타당도 저해요인으로 가장 적합한 것은? [23년]

실업률을 줄이기 위한 고용훈련 프로그램을 시행하던 중에 예기치 못한 금융위기로 인하여, 점차 개선되던 실업률이 현저하게 높아졌다.

① 역사(History)요인
② 선발(Selection)요인
③ 성숙(Maturation)요인
④ 회귀(Regression)요인

16-5. 다음 사례에서 영향을 미칠 수 있는 대표적인 타당도 저해요인은 무엇인가? [18년 2회] [22년 2회]

체육활동을 진행한 후에 대상 청소년들의 키가 부쩍 자랐다. 이 결과를 통해 체육활동이 청소년의 키 성장에 크게 효과가 있었다고 추론하였다.

① 성숙효과(Maturation Effect)
② 외부사건(History)
③ 검사효과(Testing Effect)
④ 도구효과(Instrumentation)

| 해설 |

16-1
타당도는 조사자가 측정하고자 한 개념을 얼마나 정확하게 측정하였는가 하는 문제이다.

16-2
항상 3kg이 더 나와 신뢰성이 있지만, 측정하고자 하는 것을 정확히 측정하지 못하므로 타당성이 없다.

16-3
도구효과는 측정자의 측정도구가 달라짐으로 인해 결과에 영향을 미치는 것을 의미하는데, 프로그램 종료 후 다시 같은 검사를 실시하였기 때문에 도구효과로 볼 수 없다.

16-4
역사요인이란 연구기간 동안 천재지변이나 예상치 않았던 사건과 같이 특정 사건이 일어나는 경우, 환경이 바뀌고 이에 따라 연구결과가 다르게 나타날 수 있다는 것이다.

16-5
시간의 흐름에 따라 연구대상이나 현상에 변화가 발생함으로 인해 결과에 영향을 미친다는 것이다. 키는 시간이 지나면 자라기 때문에 지문에서는 성숙효과로 인해 타당도가 저해된다고 볼 수 있다.

정답 16-1 ④ 16-2 ① 16-3 ② 16-4 ① 16-5 ①

핵심이론 17 | 내용타당성

① 내용타당성(Content Validity)의 의의
- ㉠ 표면타당성, 액면타당성(Face Validity) 또는 논리적 타당성(Logical Validity)이라고도 불린다.
- ㉡ 측정항목이 연구자가 의도한 내용대로 실제로 측정하고 있는가 하는 문제이다.
- ㉢ 측정도구가 측정대상이 가지고 있는 많은 속성 중의 일부를 대표성 있게 포함하는 경우 타당성이 있다고 본다.
- ㉣ 논리적 사고에 입각한 논리적인 분석과정으로 판단하는 주관적인 타당성으로서, 객관적인 자료에 근거하지 않는다.
- ㉤ 예를 들어 어느 한 후보의 인지도를 측정하기 위한 두 가지 측정도구로서, 하나는 그 후보를 좋아하느냐를 묻는 문항, 다른 하나는 그 후보에 대해 알고 있느냐를 묻는 문항을 개발했다고 할 때, 어느 정도는 후자가 후보 인지도를 측정하기에 적합하다고 판단할 수 있다.
- ㉥ 이와 같이 측정도구의 내용타당성은 문항구성 과정이 그 개념을 얼마나 잘 반영하고 있는지, 그리고 해당 문항들이 각 내용영역들의 독특한 의미를 얼마나 잘 나타내주고 있는지를 의미한다.

② 내용타당성의 장점
- ㉠ 계량화되어 있는 정보를 제공하지 못한다고 해도 전문가들의 판단에 의해 검사의 타당성은 입증받게 되므로, 검사의 목적에 대한 부합성의 여부를 검정할 수 있다.
- ㉡ 질문내용에 기초를 두어 관찰할 수 있고, 추정할 수도 있다.
- ㉢ 적용이 용이하고 시간이 적게 든다.

③ 내용타당성의 단점
- ㉠ 조사자의 주관적인 해석과 판단에 지나치게 의존함으로써 판단에 의한 오류나 착오가 개입할 여지가 많다.
- ㉡ 통계적 검증이 이루어지지 않는다.
- ㉢ 측정하고자 하는 속성과 해당 속성을 반영하는 항목 간의 상응관계(Correspondence)의 정도를 파악할 수 없다.

핵심OX

1. 내용타당성은 측정항목이 연구자가 의도한 내용대로 실제로 측정하고 있는가 하는 문제이다. ( )
2. 내용타당성은 조사자의 주관적인 해석과 판단에 의존하지 않는다. ( )
3. 내용타당성은 시간이 오래 걸린다는 단점이 있다. ( )
4. 측정도구가 측정대상이 가지고 있는 많은 속성 중의 일부를 대표성 있게 포함하는 경우 논리적 타당성이 있다고 본다. ( )
5. 논리적 타당성은 측정하고자 하는 속성과 해당 속성을 반영하는 항목 간의 상응관계의 정도를 파악할 수 없다. ( )

정답 1 ○ 2 × 3 × 4 ○ 5 ○

핵심문제

17-1. 측정을 위해 개발한 도구가 측정하고자 하는 대상의 정확한 속성값을 얼마나 포괄적으로 포함하고 있는가를 나타내는 타당도는? [19년 1회] [22년 2회]
① 내용타당도(Content Validity)
② 예측타당도(Predictive Validity)
③ 집중타당도(Convergent Validity)
④ 기준관련타당도(Criterion-related Validity)

17-2. 대학수능시험 출제를 위해 대학교수들이 출제를 하고 현직 고등학교 교사들이 검토하여 부적절한 문제를 제외하는 절차를 거친다면 이러한 과정은 무엇을 높이기 위한 것인가? [19년 3회] [22년 1회]
① 집중타당성
② 내용타당성
③ 동등형 신뢰도
④ 검사-재검사 신뢰도

17-3. 측정도구의 내용타당도를 평가하는 방법과 가장 거리가 먼 것은? [18년 3회]
① 관련 분야 전문가들의 자문을 구한다.
② 측정대상과 관련된 이론들을 판단기준으로 사용한다.
③ 패널토의나 워크숍 등을 통하여 타당도에 관한 의견을 수렴한다.
④ 측정도구를 반복하여 측정하고 그 관계를 알아본다.

17-4. 다음 ( )에 공통적으로 알맞은 것은?

[19년 2회] [22년 1회] [23년]

( )은 측정도구 자체가 측정하고자 하는 속성이나 개념을 얼마나 대표할 수 있는지를 평가하는 것으로 측정도구가 측정대상이 가진 많은 속성 중 일부를 대표성 있게 포함한다면 그 측정도구는 ( )이 높다고 할 수 있다.

① 내용타당성(Content Validity)
② 개념타당성(Construct Validity)
③ 집중타당성(Convergent Validity)
④ 이해타당성(Nomological Validity)

|해설|

17-1
② 예측타당도 : 어떤 행위가 일어날 것이라고 예측한 것과 실제 대상자 또는 집단이 나타낸 행위 간의 관계를 측정하여 평가한다.
③ 집중타당도 : 같은 개념을 측정하는 경우에는 상이한 측정방법을 사용하더라도 그 측정값 간에 높은 상관관계가 형성되는지 평가한다.
④ 기준관련타당도 : 경험적 근거에 의해 타당도를 확인하는 방법으로서, 신뢰도와 타당도가 이미 검증된 측정도구에 의한 측정 결과를 기준으로 평가한다.

17-2
측정도구(수능문제)가 측정하고자 하는 것을 제대로 측정할 수 있는지에 대한 문제이므로 타당성에 관한 내용이다. 내용타당성이란 측정항목이 연구자가 의도한 내용대로 실제로 측정하고 있는가 하는 것이며 논리적 사고에 입각한 논리적인 분석과정으로 판단하는 주관적인 타당도이다. 대학교수가 출제한 문제를 고등학교 교사들이 논리적으로 판단하는 것이므로 이는 내용타당성을 높이기 위한 것이다.

17-3
측정도구를 반복하여 측정하는 것은 신뢰도에 대한 내용이다.

17-4
② 개념타당성은 측정에 의해 얻는 측정값 자체보다는 측정하고자 하는 속성에 초점을 맞춘 타당성이며, 이론과 관련하여 측정도구의 타당도를 검증한다.
③ 집중타당성은 개념타당성의 한 종류로서 동일한 개념을 서로 상이한 측정도구를 이용해서 측정한 결과값들 간의 상관관계가 높을수록 타당성이 높다고 평가한다.
④ 이해타당성은 개념타당성의 한 종류로서 서로 유사한 여러 개념들을 모두 측정할 수 있는 측정도구일수록 타당성이 높다고 평가한다.

정답 17-1 ① 17-2 ② 17-3 ④ 17-4 ①

핵심이론 18 | 기준타당성

① 기준타당성(Criterion Validity)의 의의
   ㉠ 기준관련타당성(Criterion-related Validity), 실용적 타당성(Pragmatic Validity) 또는 경험적 타당성(Empirical Validity)이라고도 한다.
   ㉡ 경험적 근거에 의해 타당성을 확인하는 방법으로서, 이미 전문가가 만들어 놓은 신뢰성과 타당성이 검증된 측정도구에 의한 측정결과를 기준으로 한다.
   ㉢ 통계적으로 타당성을 평가하는 것으로서, 사용하고 있는 측정도구의 측정값과 기준이 되는 측정도구의 측정값 간의 상관관계에 관심을 두는 것이다.
   ㉣ 연구하려는 속성을 측정해줄 것으로 알려진 외적변수(기준)와 측정도구의 측정결과(척도의 점수) 간의 관계를 비교함으로써 타당성을 파악하는 방법이다.
   ㉤ 내용타당성보다 경험적 검증이 용이하다.

② 기준타당성의 구분
   ㉠ 동시적 타당성(Concurrent Validity)
   • 일치적 타당성이라고도 하며, 새로운 검사를 제작했을 때 새로 제작한 검사의 타당성을 위해 기존에 타당성을 보장받고 있는 검사와의 유사성 혹은 연관성에 의해 타당성을 검정하는 방법이다.
   • 계량화를 통해 타당성에 대한 객관적인 정보를 제공할 수 있으며, 타당성의 정도를 나타낼 수 있는 장점이 있다.
   • 기존에 타당성을 입증받고 있는 검사가 없을 경우 타당성을 추정할 수 없으며, 타당성이 입증된 검사가 있을지라도 그 검사와의 관계에 의해 동시적 타당성이 검정되므로 기존에 타당성을 입증 받은 검사에 의존할 수밖에 없다.
   • 타당성계수는 응답자집단의 응답결과에 의해 추정되므로, 응답자집단이 보다 이질적일 때 타당성계수가 높아지는 경향을 보이는 반면 응답자집단이 동질적인 경우 타당성계수는 낮아진다.

ⓛ 예측적 타당성(Predictive Validity)
- 어떠한 행위가 일어날 것이라고 예측한 것과 실제 대상자 또는 집단이 나타낸 행위 간의 관계를 측정하는 것이다.
- 검사점수가 미래의 행위를 얼마나 잘 예측하느냐가 관건이다.
- 예를 들어 비행사 적성검사를 보았을 때 해당 적성검사에서 높은 점수를 받은 비행사가 실제 안전운행 기록상에도 높은 점수를 보이는 경우, 그 검사의 예측적 타당성이 높다고 할 수 있다.
- 검사도구가 미래의 행위를 예언하므로 채용, 선발, 배치 등의 목적을 위해 사용할 수 있으나, 이러한 검사의 타당성계수를 위해 오랜 시간을 기다려야 한다.

1. 기준타당성은 사용하고 있는 측정도구의 측정값과 기준이 되는 측정도구의 측정값 간의 상관관계에 관심을 둔다. ( )

2. 기준타당성에는 예측적 타당성, 동시적 타당성, 개념타당성이 있다. ( )

3. 예측적 타당성은 기존에 타당성을 입증받고 있는 검사가 없을 경우 타당성을 추정할 수 없다는 단점이 있다. ( )

4. 일치적 타당성은 새로운 검사를 제작했을 때 새로 제작한 검사의 타당성을 위해 기존에 타당성을 보장받고 있는 검사와의 유사성 혹은 연관성에 의해 타당성을 검정하는 방법이다. ( )

5. 동시적 타당성은 계량화를 통해 타당성에 대한 객관적인 정보를 제공할 수 있다. ( )

정답 1 ○ 2 × 3 × 4 ○ 5 ○

18-1. 사용하고 있는 측정도구의 측정값과 기준이 되는 측정도구의 측정값과의 상관관계로 측정되는 타당도는? [22년 2회]

① 액면타당도
② 구성체타당도
③ 기준관련타당도
④ 다차원타당도

18-2. 입사성적이 높은 사람이 회사에 대한 공헌도가 매우 높고 근무성적 또한 우수하다면 입사시험이라는 측정도구는 어떤 타당성이 높다고 할 수 있는가? [22년 1회]

① 안면타당성(Face Validity)
② 내용타당성(Content Validity)
③ 예측타당성(Predictive Validity)
④ 집중타당성(Convergent Validity)

18-3. 측정의 타당도에 관한 설명으로 틀린 것은? [21년 3회]

① 기준타당도는 수렴타당도, 판별타당도로 구분된다.
② 내용타당도는 전문가의 견해를 통해 판단할 수 있다.
③ 구성체타당도는 이론적 틀 내에서 측정도구의 타당성을 경험적으로 검증한다.
④ 동시타당도는 작성한 측정도구를 이미 존재하고 있는 신뢰할 만한 측정도구와 비교하여 검증한다.

|해설|

18-1
기준관련타당도는 측정도구를 잘 평가할 수 있다고 생각되는 독립적 기준과의 비교를 통해서 척도의 타당성을 검증하는 것이다. 이 방법은 내용적 타당도와 달리 통계처리에 의해 타당도를 검증하기 때문에 객관성이 더 높은 방법이라고 할 수 있다.

18-2
입사시험과 합격 후 업무수행 간의 관계를 파악하는 경우는 어떠한 행위가 일어나리라 예측한 것과 실제 대상자 또는 집단이 나타낸 행위 간의 관계를 측정하는 것으로 볼 수 있으므로 예측타당도에 해당한다.

18-3
기준타당도는 동시적 타당도와 예측적 타당도로 구분된다.

정답 18-1 ③ 18-2 ③ 18-3 ①

핵심이론 19 | 개념타당성

① 개념타당성(Construct Validity)의 의의
  ㉠ 구조적 타당성 또는 구성타당성이라고도 한다.
  ㉡ 측정하고자 하는 개념이 실제로 도구에 의해 제대로 측정되었는가의 정도를 뜻한다.
  ㉢ 조작적으로 정의되지 않은 인간의 심리적 특성이나 성질을 심리적 개념으로 분석하여 조작적 정의를 부여한 후, 검사점수가 조작적 정의에서 규명한 심리적 개념들을 제대로 측정하였는가를 검정한다.
  ㉣ 여기에서 '개념(Construct)'이란 심리적 특성이나 행동양상을 설명하기 위해 존재를 가정하는 심리적 요인을 말하는 것으로서, 창의성 검사의 경우 이해성, 도전성, 민감성 등을 개념이라고 할 수 있다.
  ㉤ 응답 자료가 계량적 방법에 의해 검정되므로, 과학적이고 객관적이라 할 수 있다.
  ㉥ 측정방법에는 다중속성-다중측정 방법, 요인분석, 이론적 구성개념 등이 있다.

② 개념타당성의 구분
  ㉠ 이해타당성(Nomological Validity)
    • 특정 개념에 대해 이론적 구성을 토대로 어느 정도 체계적·논리적으로 이해하고 있는가를 나타내는 타당성이다.
    • 예를 들어 지능은 창조력, 판단력, 해석능력 등으로 다양하게 정의할 수 있으며, 서로 유사한 여러 개념들을 모두 측정할 수 있는 측정도구일수록 이해타당성이 높다고 평가할 수 있다.
  ㉡ 수렴타당성(Convergent Validity)
    • 집중타당성이라고도 하며, 동일한 개념을 측정하기 위해 서로 다른 측정방법을 사용하여 얻은 측정치들 간에 높은 상관관계가 존재해야 함을 전제로 한다.
    • 예를 들어 새로 개발한 지능검사를 기존의 지능검사와 비교하여 두 검사 간의 상관계수가 높게 나타났다면, 새로운 지능검사는 지능이라는 개념을 잘 측정한 것으로 간접적인 결론을 내릴 수 있다. 이 경우 검사의 수렴타당성이 높다고 한다.
  ㉢ 판별타당성(Discriminant Validity)
    • 서로 다른 개념들을 측정했을 때 얻어진 측정문항들의 결과 간에 상관관계가 낮아야 함을 전제로 한다.
    • 예를 들어 정치인의 선호도와 정당지지도라는 상이한 개념의 문제들을 측정했을 때 두 개념을 측정한 측정치들 간의 상관계수가 낮게 나왔다면, 판별타당성이 높다고 해석할 수 있다.

③ 요인분석
  ㉠ 개념타당성은 요인분석(Factor Analysis)을 실시하여 검토할 수 있다.
  ㉡ 다수의 상호 연관된 변수나 문항들을 보다 제한된 수의 자원이나 공통요인으로 분류하는 통계분석 기법이다. 항목들 간의 상관관계가 높은 것끼리 하나의 요인으로 묶으며, 이때 하나의 요인으로 묶이는 변수들은 타당성이 높은 반면 반대의 변수는 상이한 개념으로 제외시킨다.
  ㉢ 요인 내의 항목들은 수렴타당성이 적용되며, 요인 간에는 판별타당성이 적용된다.

핵심OX

1. 요인분석을 통해 기준타당성을 검토할 수 있다. ( )
2. 요인분석에서 요인 내의 항목들은 수렴타당성이 적용되며, 요인 간에는 판별타당성이 적용된다. ( )
3. 구성타당성은 측정하고자 하는 개념이 실제로 도구에 의해 제대로 측정되었는가의 정도를 뜻한다. ( )
4. 서로 다른 개념들을 측정했을 때 얻어진 측정문항들의 결과 간에 상관관계가 낮아야 함을 전제로 하는 것은 판별타당성이다. ( )
5. 개념타당성에는 이해타당성, 동시적 타당성, 판별타당성이 있다. ( )

정답 1 × 2 ○ 3 ○ 4 ○ 5 ×

핵심문제

19-1 개념타당성(Construct Validity)에 해당하지 않는 것은?

[21년 2회]

① 내용타당성(Content Validity)
② 집중타당성(Convergent Validity)
③ 이해타당성(Nomological Validity)
④ 판별타당성(Discriminant Validity)

19-2. 다음에서 설명하고 있는 타당도의 원리는?

[20년 4회]

> 타당도를 평가하는 데 있어, 동일한 속성에 대한 두 측정은 서로 다른 방법을 사용하더라도 각각 높은 상관관계를 가져야 한다.

① 수렴원리   ② 차별원리
③ 독단주의   ④ 요인분석

19-3. 개념타당성(Construct Validity)에 관한 옳은 설명을 모두 고른 것은?

[19년 2회]

> ㄱ. 측정에 의해 얻는 측정값 자체보다는 측정하고자 하는 속성에 초점을 맞춘 타당성이다.
> ㄴ. 이론과 관련하여 측정도구의 타당성을 검증한다.
> ㄷ. 개념타당성 측정방법으로 요인분석 등이 있다.
> ㄹ. 통계적 검증을 할 수 있다.

① ㄱ, ㄹ   ② ㄴ, ㄷ, ㄹ
③ ㄱ, ㄴ, ㄷ   ④ ㄱ, ㄴ, ㄷ, ㄹ

| 해설 |

19-1
개념타당성은 이해타당성, 집중(수렴)타당성, 판별타당성으로 구분된다.

19-2
수렴타당도는 동일한 개념을 측정하기 위해 서로 다른 측정 방법을 사용하여 측정으로 얻은 측정치들 간에 높은 상관관계가 존재해야 함을 전제로 한다.

19-3
개념타당성은 구성타당성이라고도 한다. 측정에 의해 얻는 측정값 자체보다는 측정하고자 하는 속성에 초점을 맞춘 타당성이며, 이론과 관련하여 측정도구의 타당성을 검증한다. 응답 자료가 계량적 방법에 의해 검정되므로, 과학적이고 객관적이라 할 수 있으며, 측정방법에는 다중속성-다중측정 방법, 요인분석, 이론적 구성개념 등이 있다.

정답 19-1 ① **19-2** ① **19-3** ④

핵심이론 20 | 측정의 신뢰성

① 신뢰성의 의의

㉠ 신뢰도라고도 하며, 측정도구가 측정하고자 하는 현상을 일관성 있게 측정하는 능력을 말한다. 다시 말해 어떤 측정도구(척도)를 동일한 현상에 반복 적용하여 동일한 결과를 얻게 되는 정도를 그 측정도구의 신뢰성이라고 한다.

㉡ 어떤 측정도구를 사용해서 동일한 대상을 측정하였을 때 항상 같은 결과가 나온다면 이 측정도구는 신뢰성이 매우 높다고 할 수 있다.

㉢ 신뢰성이 높은 측정도구는 연구자의 변경이나 측정 시간 및 장소의 차이에도 불구하고 항상 동일한 결과를 가져온다. 반면에 신뢰성이 낮은 측정도구는 매번 측정할 때마다 측정치가 달라진다.

㉣ 신뢰성이 높다고 해서 훌륭한 과학적 결과를 보장하는 것은 아니지만, 신뢰성이 없는 훌륭한 과학적 결과는 존재할 수 없다. 다시 말해 신뢰성은 연구조사 결과와 그 해석에 있어서 충분조건은 아니지만 필요조건에 해당한다고 볼 수 있다.

㉤ 신뢰성과 유사한 표현으로서 신빙성, 안정성, 일관성, 예측성 등이 있다.

② 신뢰성의 제고방법

㉠ 항목의 명확한 구성
  • 측정도구가 되는 항목은 누구에게나 동일하게 이해되도록 명백하게 구성해야 한다.
  • 애매모호한 항목은 서로 다른 해석을 야기하므로 오차분산이 개입할 여지가 발생하며, 그로 인해 측정의 신뢰성을 떨어뜨리는 결과를 초래한다.
  • 조사대상이 어렵거나 관심이 없는 내용일 경우 무성의한 답변으로 예측이 어려운 결과가 도출되므로 제외한다.

㉡ 측정상황의 분석·일관성 유지
  • 어떠한 요인이 측정의 신뢰성을 떨어뜨리는가를 결정하기 위해 측정상황 자체에 대한 분석을 하도록 한다.
  • 측정도구는 항상 표준화되고 잘 통제되며, 최대한 동일한 조건하에서 적용되도록 해야 한다.

ⓒ 항목의 추가적 사용
- 측정도구가 충분히 믿을 만한 것이 못 될 경우 동일한 종류와 질을 가진 항목을 추가로 사용하거나 유사한 질문을 2회 이상 시행한다.
- 항목 수를 보다 많이 사용한다는 것은 실제 측정치가 진실된 값에 보다 근접할 가능성을 높이는 것이며, 이를 통해 신뢰성을 증가시키는 것이다. 그러나 항목 수를 많이 사용할수록 실제 측정된 값의 구체적 내용을 파악하는 것을 어렵게 한다.
ⓔ 대조적인 항목들의 비교·분석
- 측정도구가 되는 각 항목의 성격을 비교하여 서로 대조적인 항목들을 비교·분석하는 방법이다.
- 이것은 항목의 성격이 서로 대조적인 것은 그 결과도 서로 대조적으로 나타난다는 논리에서 개발된 것이다. 여기서는 상관계수가 '0'에 가까워지는 것이 신뢰성이 높은 것을 의미한다.
ⓜ 표준화된 지시와 설명
- 측정도구의 사용이나 응답에 있어서 가능한 한 분명하고 표준화된 지시나 설명을 함으로써 측정오차를 줄이도록 해야 한다.
- 불분명한 지시나 설명은 오차분산을 크게 하여 측정의 신뢰성을 떨어뜨린다.
- 면접자들의 일관적 면접방식과 태도는 보다 일관성 있는 답변을 유도할 수 있다.
ⓗ 조사대상자가 잘 모르거나 관심이 없는 내용에 대한 측정을 하지 않는 것이 좋다.
ⓢ 조사자의 주관을 제외한다.
ⓞ 신뢰성이 인정된 기존 측정도구를 사용한다.

핵심OX

1. 신뢰성이란 측정도구가 측정하고자 하는 현상을 일관성 있게 측정하는 능력을 말한다. ( )
2. 측정에서 항목 수를 보다 많이 사용해도 실제 측정치가 진실된 값에 보다 근접할 가능성을 높이지는 않는다. ( )
3. 어떤 측정도구를 사용해서 동일한 대상을 측정하였을 때 항상 같은 결과가 나온다면 이 측정도구는 신뢰성이 매우 높다고 할 수 있다. ( )
4. 신뢰성이 낮은 측정도구는 매번 측정할 때마다 측정치가 달라진다. ( )

정답 1 ○ 2 × 3 ○ 4 ○

20-1. 신뢰성을 높일 수 있는 방법으로 거리가 가장 먼 것은?

[18년 1회] [22년 1회]

① 측정항목의 수를 줄인다.
② 측정항목의 모호성을 제거한다.
③ 중요한 질문의 경우 동일하거나 유사한 질문을 2회 이상 한다.
④ 조사대상자가 잘 모르거나 관심이 없는 내용은 측정하지 않는다.

20-2. 사회조사에서 신뢰도가 높은 자료를 얻기 위한 방안과 가장 거리가 먼 것은?

[19년 3회]

① 면접자들의 면접방식과 태도에 일관성을 유지한다.
② 동일한 개념이나 속성을 측정하기 위한 항목이 없어야 한다.
③ 연구자가 임의로 응답자에 대한 가정을 해서는 안 된다.
④ 누구나 동일하게 이해하도록 측정항목을 구성한다.

20-3. 경제민주화에 대한 신문사설의 입장을 평가하기 위해 다수의 인원이 각 신문사설의 내용을 분류한다고 가정할 때, 같은 입장의 사설을 다르게 분류할 경우 나타날 수 있는 문제는?

[21년 2회]

① 타당도
② 신뢰도
③ 유의도
④ 후광효과

| 해설 |

20-1
측정 항목의 수를 늘리면 측정치가 진실된 값에 근접할 가능성이 높아져 신뢰성이 증가하게 된다.

20-2
개념 정의 방법은 동일한 대상을 동일한 측정도구를 사용하여 측정할 경우 동일한 결과를 얻을 수 있는 정도로 신뢰도를 정의하는 방법으로, 기초적인 정의로서 가장 많이 사용되는 방법이다.

20-3
신뢰도는 측정하고자 하는 현상을 일관성 있게 측정하는 능력을 말하므로 같은 내용을 다르게 분류하는 것은 신뢰도에 문제가 나타날 수 있다.

정답 **20-1** ① **20-2** ② **20-3** ②

핵심이론 21 | 재검사법

① 재검사법(Retest Method)의 의의

  ㉠ 가장 기초적인 신뢰성 검증방법으로써 동일한 대상에
    동일한 측정도구를 서로 상이한 시간에 두 번 측정한 다
    음 그 결과를 비교하는 것이다.

  ㉡ 재검사에 의한 반복측정을 통해 그 결과에 대한 상관관
    계를 계산하여 도출된 상관계수로 신뢰성의 정도를 추
    정한다. 여기서 상관계수가 높다는 것은 신뢰성이 높다
    는 것을 의미한다.

  ㉢ 안정성 계수

    • 검사에 대한 안정성을 추정하므로, 검사 점수가 시간
      의 변화에 따라 얼마나 일관성이 있는지를 나타낸다.

    • 안정성 계수가 높으면 이 검사는 신뢰성이 높고, 안정
      성 계수가 낮으면 신뢰성이 낮다.

    • 칼 피어슨의 단순적률 상관계수 추정 공식으로 산출되며,
      이는 검사 도구의 안정성에 대한 지표가 된다. −1.00
      에서 +1.00의 척도상에서 통계치가 나타난다.

② 재검사법의 장점

  ㉠ 적용이 매우 간편하다.

  ㉡ 측정도구 자체를 직접 비교할 수 있다.

  ㉢ 실제 현상에 적용시키는 데 매우 용이하다.

③ 재검사법의 단점

  ㉠ 응답자들이 질문문항을 잘못 이해하거나 또는 이들 사
    이의 개인차를 극복할 수 없기 때문에 두 번의 검사에서
    동일한 결과(점수)가 측정되지 않을 수 있다.

  ㉡ 검사 사이의 기간이 가져올 수 있는 문제로 기간이 너무
    짧으면 첫 번째 검사내용을 기억할 수 있으며, 너무 길
    경우 측정의 대상이 심경의 변화를 일으켜 측정상의 변
    화가 나타날 수 있다.

  ㉢ 동일한 측정대상을 두 번씩 측정에 응하게 하는 것은 비
    용이 많이 들 뿐만 아니라 경우에 따라서는 가능하지 않
    을 수 있다.

1. 재검사법의 단점 중 주시험 효과는 장시간의 간격을 두고
   이루어질 때 조사대상의 특성이 변화하여 결과에 영향을 미
   치는 것을 말한다.   ( )

2. 재검사법에서 안정성 계수가 높으면 이 검사는 신뢰도가 높
   고, 안정성 계수가 낮으면 신뢰도가 낮다.   ( )

3. 안정성 계수는 0부터 +1.00의 척도상에서 통계치가 나타난다.
                                                        ( )

4. 재검사법은 동일한 대상을 다른 측정도구를 사용하여 서로
   상이한 시간에 두 번 측정한 다음 그 결과를 비교하는 것이다.
                                                        ( )

5. 측정시간의 간격이 크면 클수록 신뢰성은 높아진다. ( )

정답 1 × 2 ○ 3 × 4 × 5 ×

핵심문제

**21-1. 신뢰성 측정방법 중 재검사법(Test−retest Method)에
관한 설명으로 틀린 것은?** [19년 1회]

① 동일한 측정대상에 대하여 동일한 측정도구를 통해 일정
   시간 간격을 두고 반복적으로 측정하여 그 결과값을 비교·
   분석하는 방법이다.

② 측정도구 자체를 직접 비교할 수 있고 실제 현상에 적용시
   키는 데 매우 용이하다.

③ 측정시간의 간격이 크면 클수록 신뢰성은 높아진다.

④ 외생변수의 영향을 파악하기 어렵다.

**21-2. 신뢰도 추정방법 중 동일측정도구를 동일상황에서 동일
대상에게 서로 다른 시간에 측정한 측정결과를 비교하는 것은?**

[18년 1회]

① 재검사법   ② 복수양식법
③ 반분법   ④ 내적 일관성 분석

|해설|

21-1
검사와 재검사의 기간 동안에 측정의 타당성을 저해하는 요인,
즉 검사요인의 효과 또는 성숙효과 등이 작용할 수 있다. 따라서
측정시간의 간격이 커질수록 신뢰성이 감소하게 된다.

21-2
두 개 이상의 유사한 측정도구를 사용하여 동일한 표본에 적용한
결과를 서로 비교하여 신뢰도를 측정하는 방법은 재검사법이다.

정답 21-1 ③ 21-2 ①

핵심이론 22 | 복수양식법

① 복수양식법(Multiple Forms Technique)의 의의
  ㉠ 두 개 이상의 유사한 측정도구를 사용하여 동일한 표본에 적용한 결과를 서로 비교하여 신뢰성을 측정하는 방법으로서 재검사법의 변형이다. 대안법 또는 평행양식법이라고도 한다.
  ㉡ 평행을 이루는 두 가지 형태의 측정도구를 사용하여 각각 동일한 표본에 차례로 적용해봄으로써 신뢰성을 측정한다. 이 경우 두 가지 형태의 측정도구는 유사성이 매우 높아야만 신뢰성을 측정할 수 있는 수단으로서 인정받을 수 있다.

② 복수양식법의 장점
  ㉠ 재검사법에서 나타나는 외생변수의 영향 문제를 극복할 수 있다.
  ㉡ 두 개의 동형검사를 동일집단에 동시에 시행하므로 주시험 효과의 영향을 받지 않는다.
  ㉢ 신뢰성 계수 추정이 비교적 쉽다.

③ 복수양식법의 단점
  ㉠ 동일한 현상을 측정하기 위한 두 개의 동등한 측정도구를 개발하는 것이 쉽지 않다.
  ㉡ 신뢰성이 낮은 것으로 결과가 나타날 경우 그것이 측정도구의 신뢰성 문제인지 동등화에 실패한 것인지 설명할 수 없다.
  ㉢ 측정양식을 차례로 만들어 두 양식 간에 높은 반복성을 보일 경우 똑같은 체계적 오차가 각 양식에 포함될 수 있다. 즉, 두 개의 측정도구의 측정치 간에 상관관계가 높을 경우 주시험 효과를 완전히 극복하기 어렵다.

핵심OX

1. 복수양식법은 재검사법에서 나타나는 외생변수의 영향 문제를 극복하는 데 한계가 있다. ( )
2. 복수양식법에 사용하는 두 가지 형태의 측정도구는 유사성이 매우 높아야만 신뢰성을 측정할 수 있는 수단으로서 인정받을 수 있다. ( )
3. 복수양식법은 동일대상에게 시기만 달리하여 동일 측정도구로 신뢰성을 측정하는 방법이다. ( )

정답 1 ✕ 2 ○ 3 ✕

핵심문제

22-1. 측정도구의 신뢰도 검사방법에 관한 설명으로 틀린 것은?
[20년 3회] [23년]

① 검사–재검사법(Test-retest Method)은 측정대상이 동일하다.
② 복수양식법(Parallel-forms Method)은 측정도구가 동일하다.
③ 반분법(Split-half Method)은 측정도구의 문항을 양분한다.
④ 크론바하 알파(Cronbach's Alpha)계수는 0에서 1 사이의 값을 가지며, 값이 높을수록 신뢰도가 높다.

22-2. 다음에서 설명하는 신뢰성 측정방법은?
[19년 3회]

대등한 두 가지 형태의 측정도구를 이용하여 동일한 측정대상을 동시에 측정한 뒤, 두 측정값의 상관관계를 분석하여 신뢰도를 측정하는 방법이다.

① 반분법(Split-half Method)
② 재검사법(Test-retest Method)
③ 맥니마 기법(McNemar Test)
④ 복수양식법(Parallel-forms Technique)

|해설|

22-1
복수양식법은 대안법이라고도 하며 두 개 이상의 유사한 측정도구를 사용하여 동일한 표본에 적용한 결과를 서로 비교하여 신뢰성을 측정하는 방법이다.

22-2
① 반분법은 복수양식법의 변형으로서 측정도구를 임의로 반으로 나누어 각각 독립된 두 개의 척도로 사용함으로써 신뢰성을 측정하는 방법이다.
② 재검사법은 가장 기초적인 신뢰성 검증방법으로서, 동일한 대상에 동일한 측정도구를 서로 상이한 시간에 두 번 측정한 다음 그 결과를 비교하는 것이다.
③ 맥니마 기법은 응답보기가 각각 2개인 질적 변수를 교차분석을 실시할 경우 적용하는 통계적 분석 기법이다.

정답 22-1 ② 22-2 ④

핵심이론 23 │ 반분법

① 반분법(Split-half Method)의 의의

  ㉠ 복수양식법의 변형으로서 측정도구를 임의로 반으로 나누어 각각 독립된 두 개의 척도로 사용함으로써 신뢰성을 측정하는 방법이다.

  ㉡ 조사항목의 반을 가지고 조사결과를 획득한 다음 항목의 다른 반쪽을 동일한 대상에 적용하여 얻은 결과와 비교하는 방법이다(두 부분 간의 상관성 측정).

  ㉢ 문항 분석을 통해 문항의 내용 및 판별도, 문항의 곤란도 등을 고려하여 두 항목의 가장 동등한 것을 선정하여 양쪽으로 동등하게 나누어 가는 방법이다.

  ㉣ 반분법을 적용할 경우 측정도구가 경험적으로 단일성을 지녀야 한다. 여기서 단일성이란 측정도구의 항목들이 같은 종류로 구성되거나 아니면 적어도 유사한 항목들로 구성되어야 함을 의미한다.

  ㉤ 양분된 각 측정도구의 항목 수는 그 자체가 각각 완전한 척도를 이룰 수 있도록 충분히 많아야 한다.

  ㉥ 상관계수를 시정하기 위해 Spearman-Brown 공식을 사용한다. 이 공식은 질문의 수가 짝수인 질문지가 홀수인 질문지보다 신뢰성이 높고 또 질문지 전체가 반쪽보다 신뢰성이 높다는 것을 전제로 한다.

② 반분법의 장점

  ㉠ 두 번 검사를 시행하지 않고 신뢰성을 추정할 수 있다.

  ㉡ 시험간격이나 동형검사 제작 등이 문제되지 않는다.

  ㉢ 반분된 각각의 측정도구들에 대한 동질성 여부를 판단할 수 있도록 하여 측정도구의 내적 일관성을 측정할 수 있다.

  ㉣ 동등하지 않은 문항들을 발견하여 배제할 수 있도록 한다.

③ 반분법의 단점

  ㉠ 반분된 각각의 측정문항들을 동등하게 만들기가 어렵다.

  ㉡ 측정문항이 적은 경우 사용할 수 없다.

  ㉢ 어떤 특정 항목의 신뢰성을 정확히 파악하는 데 한계가 있다.

핵심OX

1. 반분법은 측정문항이 적은 경우 사용하기 용이하다. (   )

2. 반분법은 측정도구를 임의로 반으로 나누어 독립된 두 개의 척도로 사용함으로써 신뢰성을 측정하는 방법이다. (   )

3. 반분법은 어떤 특정 항목의 신뢰성을 정확히 파악하는 데 한계가 있다. (   )

정답 1 × 2 ○ 3 ○

핵심문제

23-1. 신뢰도 측정 방법의 하나인 반분법(Split-half Method)에 관한 스피어만-브라운(Spearman-Brown) 공식의 가정으로 맞는 것은?
[22년 2회] [23년]

① 질문지 전체가 반쪽보다 신뢰도가 높다.

② 측정도구가 경험적으로 다차원적이어야 한다.

③ 측정도구를 반으로 나누어 각각 종속적인 두 개의 척도를 사용한다.

④ 질문의 수가 짝수 개인 질문지가 홀수 개인 질문지보다 신뢰도가 낮다.

23-2. 스피어만-브라운(Spearman-Brown) 공식은 주로 어떤 경우에 사용되는가?
[18년 3회]

① 동형검사 신뢰도 추정

② Kuder-Richardson 신뢰도 추정

③ 반분신뢰도로 전체 신뢰도 추정

④ 범위의 축소로 인한 예언타당도에 대한 교정

23-3. 측정의 신뢰도 평가방법에 관한 설명으로 옳은 것은?
[17년 1회]

① 내적 일관성 분석에서 크론바하 알파값은 낮을수록 신뢰도가 높다.

② 반분법은 측정도구의 동질성이 확보되어야 한다.

③ 재검사법은 성장, 우연한 사건 등 외생변수의 영향을 쉽게 통제할 수 있다.

④ 복수양식법은 동일한 측정도구를 서로 다른 대상의 속성에 대해 측정한다.

23-4. 신뢰도 측정방법 중 설문지 혹은 시험지의 문항들을 두 부분으로 나누어서 각 부분에서 얻은 측정값들을 두 번의 조사에서 얻어진 것처럼 간주하여 그 사이의 상관계수를 구하여 검사하는 방법은?

[21년 1회]

① 반분법
② 재검사법
③ 동형방법
④ 상관분석법

| 해설 |

23-1
Spearman-Brown 예측 공식은 질문의 수가 짝수 개인 질문지가 홀수 개인 질문지보다 신뢰도가 높고 또 질문지 전체가 반쪽보다 신뢰도가 높다는 것을 전제로 한다.

23-2
반분법은 반분된 두 부분의 측정결과를 비교하여 상관관계를 계산함으로써 신뢰성을 측정한다. 이렇게 얻어진 상관계수를 시정하기 위해 Spearman-Brown 공식을 사용한다.

23-3
② 반분법은 항목을 임의로 반으로 나누어 각각 측정하기 때문에 측정도구의 항목들이 같은 종류로 구성되거나 아니면 적어도 유사한 항목들로 구성되어야 한다. 즉, 측정도구의 동질성이 확보되어야 한다.
① 크론바하 알파값은 높을수록 신뢰도가 높다.
③ 시간을 두고 재검사를 하기 때문에 외생변수의 영향을 통제하기 어렵다.
④ 두 개 이상의 유사한 측정도구를 동일한 표본에 적용하여 측정한다.

23-4
반분법은 복수양식법의 변형으로서 측정도구를 임의로 반으로 나누어 각각 독립된 두 개의 척도로 사용함으로써 신뢰성을 측정하는 방법이다.

정답 **23-1** ① **23-2** ③ **23-3** ② **23-4** ①

기출 데이터 14년 1,3회 15년 2회 16년 1,2,3회 17년 3회 18년 2회 20년 1·2회 21년 2회

핵심이론 24 │ 내적 일관성 분석법

① 내적 일관성 분석법의 의의
　㉠ 단일의 신뢰성 계수를 계산할 수 없는 반분법의 문제점을 고려하여, 가능한 한 모든 반분신뢰성을 구한 다음 그 평균값을 신뢰성으로 추정하는 방법이다.
　㉡ 동일한 개념을 측정하는 항목인 경우 그 측정결과에 일관성이 있어야 한다는 논리에 따라 일관성이 없는 항목, 즉 신뢰성을 저해하는 항목을 찾아서 배제시킨다.
　㉢ 쿠더와 리처드슨(Kuder & Richardson)에 의해 처음 개발되었으며, 이후 크론바하(Cronbach)가 이에 대한 수학적 설명을 시도하였다.

② 크론바하 알파계수
　㉠ 내적 일관성 분석법에 따라 신뢰성을 측정하는 척도로 동일한 개념을 측정하기 위해 여러 개의 항목을 이용하는 경우 신뢰성을 저해하는 항목을 찾아내어 제외시킴으로써 측정도구의 신뢰성을 높이기 위한 방법이다.
　㉡ 크론바하 알파계수가 대표적이며, 신뢰성 계수를 구할 수 있으므로 현실적으로 가장 많이 사용된다.
　㉢ 신뢰성이 낮은 경우 신뢰성을 저해하는 항목을 찾을 수 있다.
　㉣ '0~1'의 값을 가지며, 값이 클수록 신뢰성이 높다.
　㉤ '0.6' 이상이 되어야 만족할 만한 수준이 되며, '0.8~0.9' 정도를 신뢰성이 높은 것으로 본다.
　㉥ 문항 간의 평균 상관계수가 높을수록 크론바하의 알파값도 커진다.

핵심OX

1. 크론바하 알파계수는 '0~1'의 값을 가지며, 값이 작을수록 신뢰성이 높다. （　）

2. 문항 간의 평균 상관계수가 낮을수록 크론바하의 알파값도 커진다. （　）

3. 내적 일관성 분석법은 가능한 한 모든 반분신뢰성을 구한 다음 그 평균값을 신뢰성으로 추정하는 방법이다. （　）

4. 크론바하 알파계수로 신뢰성을 추정하면, 신뢰성이 낮은 경우 신뢰성을 저해하는 항목을 찾을 수 있다. （　）

5. 크론바하 알파계수는 -1에서 +1의 값을 가지며 일반적으로 '0.8~0.9' 정도를 신뢰성이 높은 것으로 본다. （　）

정답 1 X 2 X 3 O 4 O 5 X

핵심문제

24 1. 측정항목이 가질 수 있는 모든 조합의 상관관계의 평균값을 산출해 신뢰도를 측정하는 방법은? [20년 1·2회]

① 재검사법(Test-retest Method)
② 복수양식법(Parallel-form Method)
③ 반분법(Split-half Method)
④ 내적 일관성법(Internal Consistency Method)

24-2. 크론바하 알파계수(Cronbach's Alpha)에 관한 설명으로 틀린 것은? [18년 2회]

① 척도를 구성하는 항목들 간에 나타난 상관관계 값을 평균 처리한 것이다.
② 알파계수는 −1에서 +1의 값을 취한다.
③ 척도를 구성하는 항목 중 신뢰도를 저해하는 항목을 발견해 낼 수 있다.
④ 척도를 구성하는 항목 간의 내적 일관성을 측정한다.

24-3. 크론바하의 알파값(Cronbach α)에 대한 설명으로 틀린 것은? [21년 2회]

① 문장의 수가 적을수록 크론바하의 알파값은 커진다.
② 크론바하의 알파값이 클수록 신뢰도가 높다고 인정된다.
③ 표준화된 크론바하의 알파값은 0에서 1에 이르는 값으로 존재한다.
④ 문항 간의 평균 상관계수가 높을수록 크론바하의 알파값도 커진다.

|해설|

24-1
내적 일관성 분석법은 단일의 신뢰성 계수를 계산할 수 없는 반분법의 문제점을 고려하여, 가능한 한 모든 반분신뢰성을 구한 다음 그 평균값을 신뢰성으로 추정하는 방법이다.

24-2
알파계수는 0에서 1 사이의 값을 가지며 값이 클수록 신뢰성이 높다고 할 수 있다.

24-3
크론바하 알파값이 클수록 신뢰성이 높으며, 문항의 수가 많을수록 크론바하 알파값이 커진다.

정답 24-1 ④ 24-2 ② 24-3 ①

핵심이론 25 | 타당성과 신뢰성의 비교

① 타당성과 신뢰성의 상호관계
 ㉠ 타당성이 높기 위해서는 신뢰성이 높아야 한다.
 ㉡ 신뢰성이 높다고 하여 반드시 타당성이 높은 것은 아니다.
 ㉢ 타당성이 낮다고 하여 반드시 신뢰성이 낮은 것은 아니다.
 ㉣ 타당성이 없어도 신뢰성을 가질 수 있다.
 ㉤ 타당성이 있으면 반드시 신뢰성이 있다.
 ㉥ 신뢰성이 있으면 타당성이 있을 수도 있고 없을 수도 있다.
 ㉦ 신뢰성이 없으면 타당성은 없다.
 ㉧ 타당성은 신뢰성의 충분조건이고, 신뢰성은 타당성의 필요조건이다.
 ㉩ 타당성과 신뢰성은 비대칭적 관계이다.

② 타당성과 신뢰성의 측정

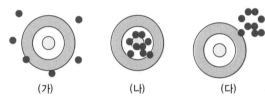

(가)   (나)   (다)

 ㉠ 그림 (가)는 신뢰성이 낮은 경우에 해당한다. 신뢰성이 낮으므로 타당성을 고려할 수 없으며, 정밀성을 제고하여 신뢰성을 높임으로써 바람직한 척도가 될 수 있다.
 ㉡ 그림 (나)는 신뢰성과 타당성이 높은 경우에 해당한다. 측정하고자 하는 것을 정확히 측정할 수 있는 바람직한 척도에 해당한다.
 ㉢ 그림 (다)는 신뢰성은 높지만 타당성이 낮은 경우에 해당한다. 측정의 정밀성이 높음에도 불구하고, 측정하고자 하는 것을 정확히 측정하지 못하여 타당성이 낮게 나타난다. 이와 같은 척도는 타당성을 높임으로써 훌륭한 척도의 요건을 구비하게 된다.

1. 타당성이 없으면 신뢰성도 없다. ( )
2. 타당성은 신뢰성의 필요조건이고, 신뢰성은 타당성의 충분조건이다. ( )
3. 신뢰성이 높다고 하여 반드시 타당성이 높은 것은 아니다. ( )
4. 타당성이 낮으면 반드시 신뢰성도 낮다. ( )
5. 신뢰성이 있으면 타당성이 있을 수도 있고 없을 수도 있다. ( )

정답 1 × 2 × 3 ○ 4 × 5 ○

핵심문제

25-1. 신뢰도와 타당도 간의 관계에 관한 설명으로 가장 거리가 먼 것은? [20년 3회] [23년]
① 신뢰도가 높은 측정은 항상 타당도가 높다.
② 타당도가 높은 측정은 항상 신뢰도가 높다.
③ 신뢰도가 낮은 측정은 항상 타당도가 낮다.
④ 타당도가 낮다고 해서 반드시 신뢰도가 낮은 것은 아니다.

25-2. 다음 그림에 대한 설명으로 옳은 것은? [19년 1회]

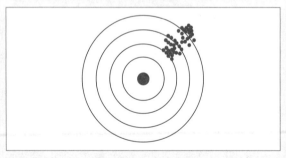

① 신뢰성은 높으나 타당성이 낮은 경우
② 신뢰성은 낮으나 타당성이 높은 경우
③ 신뢰성가 타당성이 모두 낮은 경우
④ 신뢰성과 타당성이 모두 높은 경우

25-3. 측정의 신뢰도와 타당도에 관한 설명으로 옳은 것은? [19년 2회]

① 동일인이 한 체중계로 여러 번 몸무게를 측정하는 것은 체중계의 타당도와 관련되어 있다.
② 측정도구의 높은 신뢰성이 측정의 타당성을 보증하지 않는다.
③ 측정도구의 타당도를 검사하기 위해 반분법을 활용한다.
④ 기준관련타당도는 측정도구의 대표성에 관한 것이다.

25-4. 어떤 선생님이 학생들의 지능지수(IQ)를 측정하기 위해 정확하기로 소문난 전자저울(체중계)을 사용했을 때, 측정의 신뢰도와 타당도에 관한 설명으로 옳은 것은? [18년 3회] [23년]

① 신뢰도와 타당도 모두 낮다.
② 신뢰도와 타당도 모두 높다.
③ 신뢰도는 낮지만 타당도는 높다.
④ 신뢰도는 높지만 타당도는 낮다.

|해설|

25-1
타당도는 신뢰도의 충분조건이고, 신뢰도는 타당도의 필요조건이다. 따라서 신뢰도가 높더라도 타당도가 낮을 수도 있다.

25-2
측정의 정밀성, 즉 신뢰성은 높으나 측정하고자 하는 것을 정확히 측정하지 못하여 타당성이 낮다.

25-3
② 신뢰도가 높다고 하여 반드시 타당도가 높은 것은 아니다.
① 일관성 있게 측정하는 능력은 신뢰도와 관련되어 있다. 어떤 측정도구를 사용해서 동일한 대상을 측정하였을 때 항상 같은 결과가 나온다면 이 측정도구는 신뢰도가 매우 높다고 할 수 있다.
③ 반분법은 신뢰도를 검증하는 방법 중 하나이다.
④ 기준관련타당도는 경험적 근거에 의해 타당도를 확인하는 방법으로서, 이미 전문가가 만들어 놓은 신뢰도와 타당도가 검증된 측정도구에 의한 측정결과를 기준으로 한다. 대표성에 관한 타당도는 내용타당도이다.

25-4
측정의 정밀성이 높음에도 불구하고, 지능지수를 측정하는 데 저울을 이용하여 측정하고자 하는 것을 정확히 측정하지 못하는 것이다. 따라서 신뢰도는 높지만 타당도는 낮은 경우이다.

정답 **25-1** ① **25-2** ① **25-3** ② **25-4** ④

04 자료처리

핵심이론 01 │ 자료처리와 자료값의 범위 설정

① 자료처리의 정의
  ㉠ 수집과정에서 얻은 조사결과를 도표와 자료분석에 적합한 형태로 변환하는 과정을 의미한다.
  ㉡ 일반적인 마케팅 리서치에서의 자료처리 과정에서는 품질관리가 완료된 설문지를 코딩, 펀칭, 클리닝 작업 등의 단계를 거쳐 최종 원시자료를 생성하게 된다.
    • 코딩(Coding) : 개방형 응답 내용을 부호화하는 작업
    • 펀칭(Punching) : 설문 응답 자료를 텍스트(Text) 또는 엑셀과 같은 스프레드시트를 이용하여 입력하는 작업
    • 클리닝(Cleaning) : 입력된 자료의 정합성 및 오류값을 점검하는 작업
  ㉢ 온라인조사 방식의 경우에는 응답 내용이 자동으로 전산화되기 때문에 펀칭작업을 생략한 코딩, 클리닝 작업만을 수행한다.

② 자료처리 단계 : 자료처리 단계는 조사방법 및 설문의 구성 유형에 따라 다소 차이가 있으나 일반적인 자료처리의 구성 단계는 품질관리가 완료된 설문지를 부호화 단계, 자료입력 단계, 정합성 점검 단계, 원시자료 생성 단계로 이루어진다.

③ 자료값의 범위 설정
  ㉠ 칼럼(Column)
    • 칼럼은 설문 항목별로 부호화된 자료값이 가질 수 있는 자리수를 의미하며, 이는 부호화 작업과 함께 진행되어야 정확한 자료값의 범위를 지정할 수 있다.
    • 설문응답의 부호화(Coding) 시 설문 항목별로 자료값의 범위를 설정해야 하는데 이를 칼럼 작업이라고 한다.
    • 관련 용어
      – 칼럼수 : 일반적으로 문항별 자료값이 가질 수 있는 최대 자리수이다.
        예 표본 규모가 200명인 응답자 ID값 범위를 설정할 경우 일반적으로 ID는 연속되는 번호로 지정하므로 전체 응답자의 수를 감안하여 응답자 ID 칼럼수는 3이 된다.
      – 칼럼번호 : 문항별로 칼럼수를 순차적으로 부여한 것이다.
      – 칼럼가이드 : 문항별 칼럼번호를 지정한 지침서이다.
  ㉡ 개방형 질문의 자료값 범위 설정
    • 부호화의 범위가 응답내용의 범위에 따라 달라질 수 있기 때문에 칼럼은 응답의 부호화 작업과 함께 이루어지면 효율적으로 진행할 수 있다.
    • 개방형 응답의 부호화 이전에 자리수를 지정해야 할 경우에 개방형 응답이 가질 수 있는 최대응답을 기준으로 지정한다.
      예 개방형 질문의 표본수가 300명이라면, 자료값이 가질 수 있는 최대범위는 300가지의 응답이 나올 수 있다. 이때 칼럼수는 3(3자리)으로 설정할 수 있다.
    • 부호화를 먼저 실시하여 자료값이 가질 수 있는 범위를 어느 정도 축소시킨 경우에는 칼럼수를 이보다 작게 설정할 수도 있다.
      예 개방형 질문의 부호화를 실시하여 자료값이 가질 수 있는 부호의 범위를 축소시킨 경우 해당 부호화의 최대 범위가 한 자리 수이면 1, 두 자리 수이면 2의 칼럼수를 지정할 수 있다.
  ㉢ 폐쇄형 질문의 자료값 범위 설정
    • 주어진 조건 안에서만 반응을 요구하기 때문에 개방형 질문보다 응답내용이 제한된다.
    • 사전에 자료값의 범위를 미리 부호화하여 설정해 놓았기 때문에 자료처리가 용이하며, 개방형 질문에 비해 명확한 범위의 설정이 가능하다.
    • '기타( )'와 같이 개방형 질문이 포함되어 있는 경우에는 기타 값이 가질 수 있는 최대 응답을 함께 고려하여 자료값의 범위를 설정해야 한다.
    • 부호화의 범위가 1부터 6까지이며, '기타( )' 응답을 한 자리 수로 부호화하였다면 칼럼수는 1로 지정할 수 있다.

④ 조사 완료된 설문지 자료값의 범위 설정

ⓐ 응답자 ID 값의 범위 설정

- 설문지별로 구분을 하기 위해 ID를 부여해야 한다.
  ⑩ 표본규모가 300명인 조사의 ID는 1부터 300까지로 설정하며, 특별한 경우 설문지별로 구분을 하기 위해 1부터 150, 301부터 450 등과 같이 숫자를 나누어 설정하여도 무방하다.
- 서로 중복되는 ID가 부여되지 않도록 주의해야 한다.
  ⑩ 표본규모가 300명인 조사의 응답자 ID 칼럼수는 3개가 되며, 칼럼번호는 1-3까지가 된다. 만약 ID를 1부터 100, 501부터 600, 1001부터 1100과 같이 3단계로 구분하여 부호화를 실시한다면 ID의 칼럼수는 3개가 되며, 칼럼번호는 1-4까지로 설정한다.
- 특별한 경우를 제외하고 ID는 연속되는 번호로 지정해야 한다.

ⓑ 문항별 범위 설정

- 문항이 가질 수 있는 최대 자리 수를 확인하여, 그에 맞는 칼럼수와 칼럼번호를 부여한다. 또한 칼럼번호는 앞 문항의 칼럼번호에 이어서 순차적으로 부여한다.
- 폐쇄형 응답과 개방형 응답이 동시에 있는 문항은 개방형 응답의 부호를 어디까지 설정하느냐에 따라 칼럼수가 달라진다.
- 복수 응답을 가진 문항은 응답별로 각각 칼럼수 및 번호를 지정해야 한다.
- 개방형 응답은 응답 내용의 부호화 범위에 따라 칼럼수가 달라질 수 있기 때문에 부호화 작업을 먼저 실시한 후 칼럼번호를 부여할 수 있도록 한다.

핵심문제

1-1. 다음은 질적 자료의 해석에서 무엇에 관한 설명인가?

[24년]

> 이것을 하는 동안 자료는 분산된 부분으로 쪼개지고, 면밀히 검토되며, 유사점들과 상이점들이 비교된다.

① 선택적 코딩(Selective Coding)
② 축 코딩(Axial Coding)
③ 결측치 코딩(Missing Value Coding)
④ 개방형 코딩(Open-ended Coding)

1-2. 설문지에 혼인 경험을 묻는 문항에 대해서 혼인 경험이 전혀 없다고 응답한 응답자가 이후 문항에서 이혼 경험이 있다고 응답했을 경우 어떤 조치가 필요한 상황인가? [24년]

① 유효코드 클리닝
② 상황적 클리닝
③ 사전부호화(Edge) 코딩
④ 직접(Direct) 코딩

1-3. 표본이 300명인 자료의 ID값 범위의 설정 방법으로 틀린 것은? [24년]

① 서로 중복되는 ID가 부여되지는 않았는지 체크한다.
② ID는 연속되는 번호로 지정한다.
③ 설문지별로 구분을 하기 위해 ID를 1부터 150, 301부터 450으로 분화할 수 있다.
④ ID의 칼럼 수는 (표본 자리 수-1)개로 설정한다.

1-1

④ 개방형 코딩은 데이터를 세분화하고 개별적인 의미 단위로 식별하는 과정으로, 데이터를 조각내어 꼼꼼히 검사한 후, 유사성과 차이점을 찾아 비교하는 작업이다.

① 선택적 코딩은 주요 주제와 패턴을 특정화하고 이를 바탕으로 이론을 발전시키는 과정으로, 중심 범주를 발견하여 완성된 이론을 형성하는 작업이다.

② 축 코딩은 이미 식별된 카테고리들 사이의 관계를 파악하고 연결시키는 과정으로 데이터의 구조화 및 이해를 돕는 단계이다.

③ 결측값 코딩은 누락된 응답에 대하여 임의의 숫자를 부여하여 사용자 결측값으로 정의하여 코딩하는 과정이다.

1-2

② 조건적(상황적) 클리닝은 특정 변수에 대하여 데이터를 가져야만 하는 논리적 조건을 유지하고, 그러한 조건에 위반되는 사례들을 찾아내어 수정하도록 하는 방법이다.

① 유효코드 클리닝은 범주형 자료에 대해 응답의 범주를 벗어난 이상한 값 또는 결측값이 있는지를 확인하기 위해 빈도분석 및 최대값과 최소값 분석을 실시하는 방법이다.

③ 사전부호화(Edge) 코딩은 사전에 임의로 설문지에 부호를 사용하여 데이터를 컴퓨터 언어로 변환해 코딩하는 방법이다.

④ 직접(Direct) 코딩은 사용자가 인터프리터, 어셈블러, 컴파일러 등의 해석의 도움 없이도 직접적 기계 코드로 사용되는 실제 명령 코드나 번지를 이용하여 프로그램을 작성하는 방법이다.

1-3

④ 표본규모가 300명인 조사의 ID는 1부터 300으로 설정하며, ID에서 나올 수 있는 코드의 최대 자리 수는 3자리가 되기 때문에 ID의 칼럼 수는 표본 자리 수와 같은 3자리이다.

① ID는 설문지별로 구분하기 위해 부여하므로 중복되지 않도록 주의하여야 한다.

② 특별한 경우를 제외하고는 연속되는 번호의 ID를 부여하여야 한다.

③ 특별한 경우에는 설문지별로 구분하기 위해 1부터 150, 301부터 450 등과 같이 숫자를 나누어 설정하여도 무방하다.

정답 **1-1** ④ **1-2** ② **1-3** ④

핵심이론 02 | 응답 내용의 부호화

① 무응답의 의미

　㉠ 자료를 수집하는 과정에서 일부 문항에 대한 응답이 누락되었다는 것을 말한다.

　㉡ 응답이 측정되지 않고 빠져있다는 의미로 결측값(Missing Value)이라고 부르기도 한다.

② 무응답 문항 처리방법

　㉠ 무응답 사유가 단순 기입누락으로 확인된 경우 : 응답을 재확인하여 설문 결과에 반영한다.

　㉡ 무응답 사유가 확인이 불가능한 경우 : 해당 문항을 '모름/무응답' 처리한다. '무응답' 처리 시에는 별도의 코드를 부여하여 표기한다.

　㉢ 무응답 사유가 적합한 보기가 없어 선택을 하지 않았다고 확인된 경우 : 해당 문항을 '없음' 처리한다. '없음' 처리 시에는 별도의 코드를 부여하여 표기한다.

③ 무응답의 종류

　㉠ 단순무응답(Unit Non-response)

　　• 설문지에 응답자가 전혀 응답을 하지 않은 경우이다.

　　• 발생원인 : 조사대상자를 접촉하지 못했을 경우, 조사대상자가 응답을 거부하였을 경우

　㉡ 항목무응답(Item Non-response)

　　• 응답자가 몇 개의 항목에는 응답을 하고 나머지 항목에 응답하지 않았을 경우를 말한다.

　　• 발생원인 : 응답자가 답을 알지 못할 경우, 응답자가 일부 항목에 응답하고 싶어 하지 않을 경우, 응답자가 응답 도중 단순히 질문을 놓쳤을 경우

④ 개방형 응답 내용의 부호화

　㉠ 개방형 질문항목의 경우에는 응답내용을 몇 개의 유형으로 재분류하여 코드화하는 작업이 필요하다.

　㉡ 개방형 질문은 코드를 입력하는 사람이 개방형 질문에 대한 응답을 읽고, 해석하여 숫자 코드로 변환한다.

　㉢ 코드를 배정하기 위해서는 코드를 입력하는 사람이 간단하게나마 답이 특정한 항목에 대한 핵심이나 참조자료를 포함하고 있는지를 유념할 필요가 있다.

⑤ 폐쇄형 응답내용의 부호화
  ㉠ 폐쇄형 질문항목의 경우, 응답내용의 범위를 사전에 부호화하여 설정하였으므로 별도의 부호화 작업이 필요없다.
  ㉡ 폐쇄형 질문항목 안에 '기타( )'와 같이 개방형 응답 보기가 포함되어 있는 경우에는 개방형 응답내용의 부호화 방식을 참고하여 별도의 부호화 작업을 실시해야 한다.
  ㉢ 폐쇄형 응답내용의 부호화 시에는 사전에 설정한 부호가 서로 중복된 기호를 사용하고 있는지를 확인해야 한다.
  ㉣ 설문지 작성 시 실수로 같은 부호를 중복으로 사용했을 경우에는 일괄적으로 해당 보기의 부호를 변경하여 설문 응답 자료의 입력 시 주의하여 작업해야 한다.

⑥ 부호화 지침서 작성
  ㉠ 부호화 : 수집된 자료를 통계적으로 분석할 수 있도록 일정한 원칙에 따라 각 응답에 숫자를 부여하는 과정이다.
  ㉡ 가능한 변수의 실제 가치를 부호화하고, 일관된 부호체계를 사용하며, 범주가 포괄적이고 상호배제적이 되도록 한다.
  ㉢ 응답이 없는 문항들도 그 내용에 따라 구분되게 부호화 해준다.
  ㉣ 개방형 질문에 대한 응답들을 부호화할 때, 범주를 너무 많이 나누지 않도록 한다.
  ㉤ 부호화 작업을 해 나가는 도중에 새로운 응답범주를 추가하는 것은 매우 신중하게 결정하며, 부호화 지침서를 만들 때 많은 사례를 검토하여 완벽히 만들어야 한다.

⑦ 부호화 지침서 고려 사항
  ㉠ 결측값 : 결측값 처리 시 변수의 값이 가질 수 있는 대안 이외의 값을 부여한다. 예를 들어, 응답대안이 1~5이면 9를, 그리고 응답대안이 01~15이면 99를 부여한다.
  ㉡ 부여하는 값의 크기 : 응답이 많은 응답이거나 긍정적인 응답일수록 높은 값을 부여하면 분석결과의 해석이 용이하다.
  ㉢ 부호화 지침서에 포함될 사항
    • 각 변수명, 칼럼번호, 칼럼수, 질문번호 및 항목내용, 부호화범위, 기타 등을 포함하여 작성한다.
    • 빈칸(Blank)은 실질적인 부호로 사용하지 않되 무응답이나 미확인 또는 비해당인 경우도 비워두지 말고 '99', '00' 등 어떤 부호든지 부여해야 한다.

핵심문제

2-1. 수집된 자료의 편집과정에서 주의해야 할 사항과 가장 거리가 먼 것은? [23년]
① 자료의 편집과정은 전체자료에 대하여 일관성을 유지하면서 수행되어야 한다.
② 코드북의 내용에는 문자로 입력된 변수들은 포함되어서는 안 된다.
③ 개방형 응답항목은 코딩 과정에서 다양한 응답이 분류될 수 있도록 사전에 처리해야 한다.
④ 완결되지 않은 응답은 응답자와 다시 접촉하여 완결하거나 그렇지 않으면 결측자료(Missing Data)로 처리한다.

2-2. 부호화(Coding)에 대한 설명으로 틀린 것은? [23년]
① 일정한 지침에 따라 분석 가능한 숫자나 기호로 표현해야 한다.
② 코딩은 질문지 작성 전에 해야 한다.
③ 사례 수가 많거나 조사항목이 많을수록 더 유효하다.
④ 부호화의 과정은 분류 카테고리의 결정, 부호의 선정, 응답 부호화로 구분할 수 있다.

2-3. 다음의 표는 연령과 브랜드이미지의 관계를 조사한 설문 부호화 지침서(Code Book)의 일부이나. 언령은 민 나이를 파악하기 위해 출생연도를 기재하였고, 브랜드이미지는 5점 척도로 측정하였다. 총 300 표본규모로 측정하였을 때, 잘못 기재된 변수명(응답 내용)은? [24년]

변수명	칼럼번호	칼럼수	응답번호	응답내용	비고
ID	1~3	3		응답자 ID	표본규모 300명
SQ	4~7	1	SQ	만 나이	무응답 9
Q1	8	1	질문1	브랜드이미지1	무응답 9
Q2	9	1	질문2	브랜드이미지2	무응답 9

① Q1(브랜드이미지1)
② SQ(만 나이)
③ ID(응답자 ID)
④ Q2(브랜드이미지2)

|해설|

2-1
자료의 코딩과정에서 가능한 한 분석 가능한 숫자로 표현해야 하지만 문자로 입력될 수도 있다.

2-2
부호화는 각 조사항목에 대한 응답을 일정한 부호지침에 따라 문자나 숫자 등의 부호(Code)로 분류하는 것으로, 질문지 작성 후에 이루어진다.

2-3
② 연령은 만 나이를 파악하기 위해 출생연도를 기재하였다고 했으므로 SQ(만 나이)는 칼럼번호 4~7, 칼럼수 4로 설정되어야 한다.

정답 2-1 ② 2-2 ② 2-3 ②

핵심이론 03 | 자료의 입력

① C/S(Client/Server)기반의 PC 입력
  ㉠ 클라이언트가 되는 PC에 입력 및 일부 관리프로그램을 설치하여 서버에 입력하는 방식이다.
  ㉡ 장 점
    • 서버에 투자되는 비용이 저렴하다.
    • 설계와 적용이 간단하다.
  ㉢ 단 점
    • 프로그램의 배포, 유지, 보수가 필요하다.
    • 사용자 교육이 필요하다.

② 휴대용 컴퓨터를 이용한 입력
  ㉠ 조사현장에서 노트북PC 또는 PDA로 입력하는 방식이다.
  ㉡ 장 점
    • 조사현장에서 오류를 바로 수정할 수 있다.
    • 별도의 설문지가 필요 없다.
  ㉢ 단 점
    • 면접조사에만 이용 가능하다.
    • 휴대용 컴퓨터 장비 구입 및 관리비용이 많이 들어간다.

③ ICR(Intelligent Character Recognition)
  ㉠ 광학문자판독기로, 스캐너 등 광학인식장치를 이용하여 자동으로 입력하는 방식이다.
  ㉡ 장 점
    • 자료처리 비용의 절감과 자료처리 기간을 단축할 수 있다.
    • 설문지 스캔 이미지의 활용으로 조사표 입·출고 작업을 최소화할 수 있다.
    • 설문지를 이미지 형태로 영구보존이 가능하다.
  ㉢ 단점 : 숫자와 문자의 인식률이 필체 및 조사표 기입상태에 따라 좌우되므로 사전에 이들 필체에 대한 충분한 학습 및 테스트가 요구된다.

④ OMR(Optical Mark Recognition)
  ㉠ 광학마크판독기로, 조사내용을 OMR 설문지에 옮겨 적은 후 스캐너를 이용하여 입력하는 방식이다.
  ㉡ 장점 : 자료의 고속처리가 가능하다.
  ㉢ 단점 : 조사 후 OMR 조사표에 옮겨 적는 작업에 따른 고비용 문제가 발생한다.

⑤ 인터넷 입력

    ⊙ 이메일이나 웹을 통하여 자료를 서버에 직접 입력하는 방식이다.

    ⓒ 장점 : 기술적 지원이 없이도 간단하게 입력을 할 수 있다.

    ⓒ 단점 : 초기비용의 소모는 적지만 데이터 처리를 위한 코딩, 에디팅 등의 비용이 많이 든다.

⑥ 개방형 질문 응답의 입력

    ⊙ 스캐너를 사용한 방법 : 스캐너로 자료를 입력하면 수작업으로 하는 자료입력에 비해 에러를 줄일 수 있다.

    ⓒ 수작업 방법의 진행

      • 수작업으로 자료입력 시 오류가 발생할 수 있으니 주의가 필요하다.

      • 각 변수의 자리수를 명확히 알려주는 표본 응답지를 준비한다.

        – 모든 변수의 자리수를 굵은 펜으로 네모로 표시하여 입력요원이 항상 참고할 수 있게 준비한다.

        – 가능하면 응답지의 왼쪽여백이나 오른쪽여백에 입력할 값을 미리 적어놓는다.

        – 답만 따로 코딩하는 것은 오류 가능성을 높이는 효과가 있으므로 바람직하지 않다.

      • 입력할 응답지에 적힌 내용을 확인한다.

      • 입력요원(Keyer)을 훈련시킨다.

        – 숙련된 입력요원도 입력훈련을 하도록 한다.

        – 수작업에서 흔히 일어나는 오류에 대한 교육을 병행한다.

      • 자판(Keyboard) 등 입력장비가 낡으면 입력에 오류가 발생할 수 있으므로 장비를 점검해야 한다.

      • 입력 초기에 점검한다.

        – 자료입력을 시작한 후 1시간 이내에 입력한 자료 중 일부를 다른 입력요원 또는 자료처리감독관이 독립적으로 입력하여 비교하거나, 입력한 값을 설문지와 직접 비교한다.

        – 수작업 방법으로 발생할 수 있는 문제를 초기에 발견해서 수정할 수 있다.

      • 입력 중기와 말기에 점검한다.

        – 자료입력 과정이 중간쯤 되었을 때와 끝날 무렵에 같은 과정을 반복한다.

        – 어느 정도 익숙해지면 입력요원이 해이해지기 쉬우므로 반드시 중간점검이 필요하다.

핵심문제

3-1. ICR 입력 기술에 대한 설명으로 옳지 않은 것은? [24년]

① 필체에 따라 다르게 인식되어 약간의 오류가 존재할 수 있다.
② 분석 과정에서 생성된 이미지를 영구적으로 저장한다.
③ 조사내용을 OMR 조사지에 옮겨 적은 후 입력하는 방식이다.
④ 자동 입력 방식을 사용하므로 비용이 절감된다.

3-2. 다음 설명에 가장 적합한 자료입력 방식은?

• 스캐너 등 광학인식장치를 이용하여 자동으로 입력하는 방식이다.
• 설문지 스캔 이미지의 활용으로 조사표 입·출고 작업을 최소화할 수 있다.
• 숫자와 문자의 인식률이 필체 및 조사표 기입상태에 따라 자료 입력이 좌우된다.

① C/S(Client/Server) 기반의 PC 입력
② 노트북(PC)을 이용한 입력
③ ICR(Intelligent Character Recognition) 입력
④ OMR(Optical Mark Recognition) 입력

|해설|

3-1
③ OMR(광학마크판독기)는 조사내용을 OMR 조사지에 옮겨 적은 후 스캐너를 이용하여 입력하는 방식으로, 자료의 고속처리가 가능하며 고비용이 발생한다.

3-2
광학문자판독기에 대한 설명으로, 자료처리 비용이 절감되고 자료처리 기간을 단축할 수 있으며 설문지를 이미지의 형태로 영구 보존이 가능하다는 장점이 있다.

정답 3-1 ③ 3-2 ③

핵심이론 04 | 입력된 자료의 정합성 판단과 오류값 수정

① 자동화 방법으로 수행하는 에디팅

ㄱ 범위 오류
- 각 문항별로 빈도표를 출력하여 해당 질문의 응답범위를 벗어난 숫자(코드)가 있는지 확인한다.
- 범위를 벗어난 오류를 발견하면 해당 설문지를 점검하여 응답 오류인지 입력 오류인지 확인하여 알맞게 수정한다.

ㄴ 체계적인 오류(논리 오류)
- 특정 응답항목에 대하여 모든 레코드에서 일관되게 나타나는 오류를 말한다.
- 집계나 추정에서 편향을 발생시키기 때문에 통계결과에 심각한 영향을 준다.
- 랜덤 오류를 탐색하기 전에 탐색되고 처리되어야 한다.
- 체계적인 오류의 예
  - 사전에 정해진 용어 정의나 분류를 충분히 이해하지 못하고 잘못 응답하는 경우
  - 코딩 과정에서 응답을 오역하여 잘못 입력하는 경우
  - 설문지에서 여과질문과 관련한 통과규칙을 잘못 이해하여 응답하는 경우
  - 부호 오류
    예 음수 변수의 음수 기호를 생략한 경우
  - 단위측정 오류
    예 100만 원 단위를 만 원 단위로 보고한 경우
  - 데이터 입력 과정에서 발생한 시스템에 의한 오류

② 자료처리 시의 오류 대책

ㄱ 데이터편집
- 1차 수집된 자료 내에 포함된 오류를 찾아내고, 합리적인 절차에 의해 오류를 수정하는 과정을 말한다.
- 통계를 작성하기 이전에 원자료의 품질을 높이기 위한 데이터편집 절차를 확립해야 한다.

ㄴ 결측값(무응답)
- 값이 있어야 하는 항목에 값이 없으면 결측이 된다.
- 결측값은 에디팅 과정에서 편집규칙에 의한 일치성 점검에서 발견된다.

종 류		관련 내용
단위 무응답	무응답 가중치조정	전체 표본을 몇 개의 대체 층으로 분류한 뒤 각 층에서 무응답으로 인한 효과를 고려하여 가중치를 조정해 주는 방법
항목 무응답	순차적 핫덱	동일한 조사에서 다른 응답자로부터 얻은 자료를 이용해 결측값을 대처하는 방법으로, 자료의 입력순서에 따라 바로 앞의 응답결과로 결측값을 대처하는 방법
	랜덤대체	대체 층 내에서 임의로 한 응답값을 선택하여 결측값에 대처하는 방법
	평균대체	전체 표본을 몇 개의 대체 층으로 분류한 뒤 각 층에서의 응답자 평균값을 그 층에 속한 모든 결측값에 대처하는 방법
	이웃값대체 (최근방대체)	각 대체 층 내에서 결측값에 대응하는 변수값이 가장 가까운 응답자의 자료로 결측값을 대체하는 방법
	회귀대체	응답자료를 토대로 변수 y와 관련된 보조변수 x_1, x_2, $\cdots$, x_k에 대한 회귀모형을 적합시킨 후, 적합된 회귀모형의 예측값을 이용해 결측된 y값을 대체하는 방법
	콜드덱	결측값을 기존에 실시된 표본조사의 유사항목 응답값으로 대체하는 방법

③ 오류검사 방법
　㉠ OFF CODE 검사 : 입력되어야 할 부호 이외의 것이 입력되어 있는 오류를 찾아내는 방법이다.
　　예 성별 란에 「1. 남자」, 「2. 여자」라고 할 때 1과 2를 제외한 경우
　㉡ 다른 숫자나 문자 또는 공란이 있을 때 관련 항목 검사 : 서로 연관되는 항목 간의 관계를 검토하여 모순이 발생할 때 오류를 찾아내는 방법이다.
　　예 「연령」과 「학력」 항목의 관계를 검토할 경우 10세이면서 대학생으로 조사된 경우
　㉢ 범위 검사 : 각 항목이 적합한 상한과 하한의 범위를 넘어서는 경우에 적용한다.
　　예 「월」과 「일」의 항목에서 「월」 항목에 1과 12 사이에 속하지 않는 숫자가 들어온다거나 「일」의 경우 해당 월에 따라 1~28, 29, 30, 31 이외의 숫자가 나올 경우
　㉣ 합계 검사 : 설문지상의 수치 내용을 계산한 후 합계란의 수치와 동일하지 않을 때 오류를 발견하는 방법이다.
　㉤ 검사 숫자에 의한 검사 : 입력하고자 하는 데이터 숫자의 마지막 자리에 검사숫자를 추가하여 데이터가 입력되면 데이터와 검사숫자를 상호 비교하여 입력착오를 찾아내는 방법이다.
　　예 주민등록번호, 사업자등록번호, 계좌번호 등의 검증번호를 사용하는 경우
　㉥ 순서 검사 : 조사대상의 중복 및 누락을 확인할 때 사용하는 방법으로, 고유의 일련 번호를 순서대로 할당한 경우에 적용한다.

핵심OX

1. 각 항목이 적합한 상한과 하한의 범위를 넘어서는 경우에는 범위 검사를 진행한다. (　)
2. 각 문항별로 빈도표를 출력하여 해당 질문의 응답범위를 벗어난 숫자(코드)가 있는지 확인하는 것은 체계적인 오류에 대한 설명이다. (　)
3. 주민등록번호, 사업자등록번호, 계좌번호 등의 검증번호를 사용하여 검사 숫자에 의한 검사를 진행할 수 있다. (　)
4. 음수 변수의 음수 기호를 생략한 경우는 체계적인 오류에 해당한다. (　)

정답 1 ○　2 ✕　3 ○　4 ✕

핵심문제

4-1. 자료 입력 후 자동화 방법을 이용한 내용 정보 검토에서 체계적 오류로 구분되는 예에 해당하지 않는 것은? [24년]
① 수익과 같은 음수를 가질 수 있는 변수에 대하여 음수 기호를 생략하고 표시한 경우
② 사전에 정해진 내용에 대하여 충분히 이해하지 못하고 시종일관 잘못된 답변을 하는 경우
③ 질문의 응답 범위를 벗어난 경우
④ 코딩 과정에서 응답원의 응답을 오역하여 잘못 입력하는 경우

4-2. 자료의 오류를 검사하는 방법 중 입력되어야 할 부호 이외의 것이 입력된 오류를 찾아내는 방법은?
① 순서 검사
② 합계 검사
③ OFF CODE 검사
④ 검사 숫자에 의한 검사

|해설|

4-1
③ 자동화 방법으로 수행하는 에디팅은 크게 범위 오류와 체계적 오류(논리 오류) 두 가지이다. 범위 오류에서는 각 문항별로 빈도표를 출력하여 해당 질문의 응답 범위를 벗어난 숫자(코드)가 있는지 확인한다. 범위를 벗어난 오류를 발견하면 해당 설문지를 점검하여 응답오류인지 입력오류인지 확인하여 알맞게 수정하며, 질문의 응답 범위를 벗어난 경우는 범위오류에 해당한다.

4-2
③ OFF CODE 검사는 성별란에 「1. 남자」, 「2. 여자」라고 할 때 1과 2를 제외하는 것과 같이 입력되어야 할 부호 이외의 것이 입력된 오류를 찾아내는 방법이다.

정답 4-1 ③　4-2 ③

교육은 우리 자신의 무지를 점차 발견해 가는 과정이다.

- 윌 듀란트 -

CHAPTER 01	확률분포	✅ 회독 CHECK 1 2 3
CHAPTER 02	기술통계분석	✅ 회독 CHECK 1 2 3
CHAPTER 03	회귀분석	✅ 회독 CHECK 1 2 3

통계분석과
활용

#출제 포인트 분석   #자주 출제된 문제   #합격 보장 필수이론

확률분포

기출 데이터 14년 2회 15년 2,3회 16년 1,2회 18년 1,3회 19년 1,2,3회
20년 1·2,3회 21년 3회 22년 1,2회

핵심이론 01 | 확 률

① 확률 용어

㉠ 표본공간 : 한 실험에서 나타날 수 있는 가능한 모든 결과의 집합 S이다. 즉, 시행에 의하여 일어날 수 있는 가능한 모든 결과로 된 집합을 말한다.

㉡ 사상 또는 사건 : 표본공간의 부분집합을 말한다.
- 단순사상 : 단 하나의 출현 값만을 포함하고 있는 사상
- 전체사상 : 표본공간의 모든 원소를 포함하고 있는 사상
- 공사상 : 표본공간의 어떤 원소도 갖고 있지 않은 사상

② 확률의 정의

㉠ 고전적인 방법 : 어떤 실험에서 가능한 모든 결과가 n가지이고, 각 결과가 나타날 가능성이 모두 동일하고, 서로 중복되지 않는다고 할 때 사상 A에 속하는 결과가 α가지이면 사건 A의 확률은 $P(A) = \dfrac{\alpha}{n}$으로 정하는 방법이다.

㉡ 경험적 확률(상대도수에 의한 방법) : 충분히 많은 횟수의 반복 시행에서 어떤 사상의 확률로 정하는 방법으로 경험적인 결과에 기초를 두어 정하는 확률을 흔히 경험적 확률이라 한다.

③ 여사상

사상 A가 일어나지 않을 사상으로 A^c로 나타낸다. 사상 A^c가 일어날 확률은 전체 확률 1에서 사상 A가 일어날 확률을 뺀 것이다.

$$P(A^c) = 1 - P(A), \ P(A) + P(A^c) = 1$$

④ 배반사상

A와 B 두 사상이 동시에 일어날 수 없는 사상이다. 사상 A와 B가 서로 동시에 일어날 수 없는 경우 A와 B를 배반사상이라 한다. A와 B가 배반사상이면 다음이 성립한다.

$$A \cap B = \varnothing$$

⑤ 독립사상

A와 B 두 사상이 서로 영향을 미치지 않으면 두 사상 A와 B는 독립이라고 한다.

$$P(A \cap B) = P(A)P(B)$$

⑥ 확률의 기본성질

㉠ 모든 사상 A에 대하여 $0 \leq P(A) \leq 1$이다.

㉡ $P(S) = 1$이다(단, S는 표본공간).

㉢ $P(\varnothing) = 0$이다(단, $\varnothing$는 공사상).

㉣ $P(A \cup B) = P(A) + P(B) - P(A \cap B)$

㉤ $A \cap B = \varnothing$이면 $P(A \cup B) = P(A) + P(B)$이다($A$와 B는 배반사건).

㉥ $A_1, A_2, \cdots, A_n$이 서로 배반사건이면 모든 $i, j \in \{1, 2, \cdots, n\}$에 대해 $P(A_i \cap A_j) = 0$이다.

㉦ $A_1, A_2, \cdots, A_n$이 서로 독립이면 모든 $i, j \in \{1, 2, \cdots, n\}$에 대해 $P(A_i \cap A_j) = P(A_i)P(A_j)$이다.

⑦ 확률의 계산

㉠ 덧셈의 원칙

사건 A_1이 n_1가지 방법으로 일어나고, 사건 A_2가 n_2가지 방법으로 일어날 때 이 두 사건이 결코 동시에 일어나지 않는다면 A_1 또는 A_2가 일어나는 총 경우의 수는 $n_1 + n_2$이다.
- 두 사건이 배반사건이 아닐 경우
$P(A \cup B) = P(A) + P(B) - P(A \cap B)$
- 두 사건이 배반사건일 경우
$P(A \cup B) = P(A) + P(B)$

㉡ 곱셈의 원칙

사건 A_1이 n_1가지 방법으로 일어나고, 사건 A_2가 n_2가지 방법으로 일어날 때 사건 A_1에 이어 사건 A_2가 일어나는 경우의 총수는 $n_1 \times n_2$이다.

1. A와 B 두 사상이 동시에 일어날 수 없는 사상을 독립사상이라고 한다. ( )

2. 두 사건 A, B가 배타적이지 않으면
$P(A \cup B) = P(A) + P(B) - P(A \cap B)$ 이다. ( )

3. A, B가 서로 배반사건이면 $P(A \cap B) = P(A) + P(B)$ 이다. ( )

4. 사건 A_1이 n_1가지 방법으로 일어나고, 사건 A_2가 n_2가지 방법으로 일어날 때 A_1 또는 A_2가 일어나는 총 경우의 수는 $n_1 \times n_2$이다. ( )

5. 모든 사상 A에 대하여 $0 < P(A) < 1$이다. ( )

정답 1 X 2 O 3 X 4 X 5 X

1-1. 상자 3개에 공이 들어 있다. A 상자에는 빨강공 2개, 노랑공 1개, 파랑공 3개가 들어있고, B 상자에는 빨강공 1개, 노랑공 3개, 파랑공 2개, C 상자에는 빨강공 3개, 노랑공 2개, 파랑공 1개가 들어 있다. 임의로 1개의 상자를 택하여 공 한 개를 꺼냈을 때 노랑공이 나왔다면, 그 공이 B 상자에서 나왔을 확률은 얼마인가? [22년 1회]

① 1/2　　　　　② 1/3
③ 1/4　　　　　④ 1/5

1-2. 어느 경제신문사의 조사에 따르면 모든 성인의 30%가 주식투자를 하고 있고, 그중 대학졸업자는 70%라고 한다. 우리나라 성인의 40%가 대학졸업자라고 가정하고 무작위로 성인 한 사람을 뽑았을 때, 그 사람이 대학은 졸업하였으나 주식투자를 하지 않을 확률은? [19년 3회]

① 12%　　　　　② 19%
③ 21%　　　　　④ 49%

1-3. 다음 설명 중 틀린 것은? [19년 2회]

① 사건 A와 B가 배반사건이면
$P(A \cup B) = P(A) + P(B)$ 이다.

② 사건 A와 B가 독립사건이면
$P(A \cap B) = P(A) \times P(B)$ 이다.

③ 5개의 서로 다른 종류의 물건에서 3개를 복원추출하는 경우의 가지 수는 60가지이다.

④ 붉은색 구슬이 2개, 흰색 구슬이 3개, 모두 5개의 구슬이 들어 있는 항아리에서 임의로 2개의 구슬을 동시에 꺼낼 때, 꺼낸 구슬이 모두 붉은색일 확률은 1/10이다.

1-4. 골동품 시장에서 거래되는 그림의 20%가 위조품이라고 가정한다. 오래된 그림의 진위를 감정하는 감정사들이 진품 그림을 진품으로 평가할 확률은 85%이고, 위조 그림을 진품으로 감정할 확률은 15%이다. 한 고객이 감정사가 진품이라고 감정한 그림을 샀을 때, 구입한 그림이 진품일 확률은? [22년 2회]

① 0.85　　　　　② 0.90
③ 0.95　　　　　④ 0.96

│해설│

1-1

A 상자의 노랑공 1개, B 상자의 노랑공 3개, C 상자의 노랑공 2개를 모두 합한 세 상자의 노랑공 총합은 6개이다. 6개 중 B 상자의 노랑공이 나올 확률은 $\frac{3}{6} = \frac{1}{2}$이다.

1-2

주식을 하는 성인의 집합을 A, 대졸자 성인의 집합을 B라고 하면 $P(A) = 0.3$, $P(B) = 0.4$이다. 그리고 주식을 하는 성인 30% 중 70%가 대학을 졸업했으므로 대학도 졸업하고 주식도 하는 성인의 집합은 $A \cap B$이고 $P(A \cap B) = 0.3 \times 0.7 = 0.21$이다. 이때 대학은 졸업하였으나 주식투자를 하지 않는 성인의 집합은 집합 $A \cup B$에서 집합 A를 뺀 것과 같다.

즉, $P(A \cup B) - P(A) = [P(A) + P(B) - P(A \cap B)] - P(A)$
$= P(B) - P(A \cap B) = 0.4 - 0.21 = 0.19$

∴ 19%

1-3

복원추출이므로 첫 번째, 두 번째, 세 번째 시행 모두 다섯 개 중 하나를 선택하는 경우이다. 따라서 경우의 수는 $5 \times 5 \times 5 = 125$이다.

1-4

곱사건의 확률로 계산해보면 진품이면서 감정사가 진품이라고 감정한 경우의 확률은 0.8×0.85이며, 위조품이면서 감정사가 진품이라고 감정한 경우의 확률은 0.2×0.15이다.
구입한 그림이 진품일 확률은
$$\frac{(0.8 \times 0.85)}{(0.8 \times 0.85) + (0.2 \times 0.15)} = 0.957 \cdots$$
유효숫자 두 자리가 되도록 반올림하여 답은 0.96이다.

정답 1-1 ①　1-2 ②　1-3 ③　1-4 ④

핵심이론 **02** | 순열과 조합

① 순 열

n개의 원소로 된 집합으로부터 한 번에 r개의 원소를 선택한 후 이들 간에 순서를 정하여 늘어 놓는 방법이다.

$$_nP_r = n(n-1)(n-2)\cdots(n-r+1) = \frac{n!}{(n-r)!}$$
$$(단,\ n \geq r)$$
$$_nP_n = n(n-1)(n-2)\cdots 3 \times 2 \times 1 = n!$$
$$_nP_0 = 1,\ 0! = 1$$

② 조 합

n개의 원소로 된 집합으로부터 한 번에 r개의 원소를 순서에 관계없이 비복원으로 선택하는 방법이다.

$$_nC_r = \frac{_nP_r}{r!}$$
$$= \frac{n(n-1)(n-2)\cdots(n-r+1)}{r!} = \frac{n!}{r!(n-r)!}$$
$$_nC_r = \binom{n}{r}$$
$$_nC_r = {_nC_{n-r}}$$
$$_nC_n = {_nC_0} = 1$$
$$_nC_1 = n$$

③ 중복조합

서로 다른 m개 중에서 중복을 허락하여 k개를 선택하는 조합의 수를 의미한다.

$$_mH_k = {_{m+k-1}C_k}$$

핵심OX

1. n개의 원소로 된 집합으로부터 한 번에 r개의 원소를 순서에 관계없이 복원으로 선택하는 방법을 조합이라 한다.
　　　　　　　　　　　　　　　　　　　(　)

2. $_nP_0 = 1$, $_nC_0 = 1$이다. 　　　　　　　(　)

3. $_nC_r = {_nC_{r-n}}$ 　　　　　　　　　　(　)

정답 1 X　2 O　3 X

핵심문제

2-1. 구분되지 않는 n개의 공을 서로 다른 r개의 항아리에 넣는 방법의 수는? (단, $r \leq n$이고 모든 항아리에는 최소한 1개 이상의 공이 들어가야 한다)　　　　　　[21년 2회]

① $\binom{n}{r}$ 　　　　　　② r^n

③ $\binom{n-1}{r}$ 　　　　④ $\binom{n-1}{r-1}$

2-2. 동전을 던질 때 앞면이 나올 확률을 0.4라고 할 때 동전을 세 번 던져서 두 번은 앞면이, 한 번은 뒷면이 나올 확률은?　　　　　　　　　　　　　　[20년 1·2회]

① 0.125 　　　　　② 0.192
③ 0.288 　　　　　④ 0.375

2-3. 항아리 속에 흰 구슬 2개, 붉은 구슬 3개, 검은 구슬 5개가 들어 있다. 이 항아리에서 임의로 구슬 3개를 꺼낼 때 흰 구슬 2개와 검은 구슬 1개가 나올 확률은?　　[19년 3회]

① $\dfrac{1}{24}$ 　　　　　② $\dfrac{9}{40}$

③ $\dfrac{3}{10}$ 　　　　　④ $\dfrac{1}{5}$

2-4. 똑같은 크기의 사과 10개를 다섯 명의 어린이에게 나누어 주는 방법의 수는? (단, $\binom{n}{r}$은 n개 중에서 r개를 선택하는 조합의 수이다)　　　　　　[18년 2회] [21년 1회]

① $\binom{14}{5}$ 　　　　　② $\binom{15}{5}$

③ $\binom{14}{10}$ 　　　　④ $\binom{15}{10}$

2-5. 10개의 전구가 들어 있는 상자가 있다. 그중 2개의 부적합품이 포함되어 있다. 이 상자에서 전구 4개를 비복원으로 추출하여 검사할 때, 부적합품이 1개 포함될 확률은?　[18년 1회]

① 0.076 　　　　　② 0.25
③ 0.53 　　　　　④ 0.8

| 해설 |

2-1

r개의 항아리에는 적어도 하나의 공이 들어가야 하므로 r개의 공은 각 항아리에 배치하고, 나머지 $n-r$개의 공을 r개의 항아리에 넣어주는 조합의 수이다. $n-r$개의 공은 r개의 항아리 중에서 중복하여 넣어도 상관없으므로 중복조합이다.

$$_rH_{n-r} = _{r+n-r-1}C_{n-r} = _{n-1}C_{n-r}$$
$$= _{n-1}C_{n-1-(n-r)} = _{n-1}C_{r-1}$$

2-2

동전을 던지는 시행에서 동전을 던졌을 때 앞면일 확률이 0.4이고 동전을 던지는 시행은 각각 독립이다.

3번 던질 때 앞면이 나타난 개수를 X라고 하면

X회만 앞면일 확률은 $_3C_X(0.4)^X(1-0.4)^{3-X}$이다.

$X=2$를 대입하면,

$_3C_2(0.4)^2(1-0.4)^{3-2} = _3C_2(0.4)^2(0.6) = 0.288$이므로 구하는 확률은 0.288이다.

2-3

(항아리 속 구슬에서 임의로 구슬 3개를 꺼내는 경우의 수)
$$= _{2+3+5}C_3 = _{10}C_3 = 120$$

(항아리 속 흰 구슬 2개를 꺼낼 경우의 수×항아리 속 검은 구슬 1개를 꺼내는 경우의 수) $= _2C_2 × _5C_1 = 5$

$$∴ \frac{5}{120} = \frac{1}{24}$$

2-4

10개의 사과는 5명의 어린이에게 중복하여 나누어 주어도 상관없으므로 중복조합이다.

$$_5H_{10} = _{5+10-1}C_{10} = _{14}C_{10} = \binom{14}{10}$$

2-5

10개의 전구 중 임의로 4개를 비복원 추출할 확률은 $_{10}C_4$이다.

4개 중 1개가 부적합품일 확률은 정상품 8개 중 3개를 비복원 추출하고, 부적합품 2개 중 1개를 추출할 확률이므로 $_8C_3 × _2C_1$이다.

따라서 $\frac{_8C_3 × _2C_1}{_{10}C_4} ≒ 0.53333$이다.

정답 2-1 ④ 2-2 ③ 2-3 ① 2-4 ③ 2-5 ③

기출 데이터 14년 2회 15년 1,2,3회 16년 1,2,3회 17년 1,3회 18년 2회
19년 1회 20년 3,4회 21년 2,3회 22년 2회 23년

핵심이론 03 | 조건부 확률

☞ 조건부 확률(Conditional Probability)은 한 사건이 일어날 것을 전제로 다른 사건이 일어날 확률에 관한 것이다.

① B가 일어날 조건하에서 A가 일어날 확률

$$P(A|B) = \frac{P(A∩B)}{P(B)},$$
$$P(A∩B) = P(B)P(A|B)$$

② A가 일어날 조건하에서 B가 일어날 확률

$$P(B|A) = \frac{P(A∩B)}{P(A)},$$
$$P(A∩B) = P(A)P(B|A)$$

③ A와 B가 상호독립일 경우 조건부 확률
$$P(A|B) = P(A), \quad P(B|A) = P(B)$$

④ 일반적으로 $P(A|B) ≠ P(B|A)$이다.

핵심OX

1. 한 사건이 일어날 것을 전제로 다른 사건이 일어날 확률을 조건부 확률이라 한다. ( )
2. B가 일어날 조건하에서 A가 일어날 확률은
   $P(A|B) = \frac{P(A∩B)}{P(A)}$이다. ( )
3. A와 B가 상호독립일 경우 $P(A|B) = P(A)$가 성립한다. ( )

정답 1 O 2 X 3 O

3-1. 시험을 친 학생 중 국어합격자는 50%, 영어합격자는 60% 이며 두 과목 모두 합격한 학생은 15%라고 한다. 이때 임의로 한 학생을 뽑았을 때, 이 학생이 국어에 합격한 학생이라면 영어에도 합격했을 확률은?

[20년 3회]

① 10%   ② 20%
③ 30%   ④ 40%

3-2. 어떤 공장에 같은 길이의 스프링을 만드는 3대의 기계 A, B, C가 있다. 기계 A, B, C에서 각각 전체 생산량의 50%, 30%, 20%를 생산하고, 기계의 불량률이 각각 5%, 3%, 2%라고 한다. 이 공장에서 생산된 스프링 하나가 불량품일 때, 기계 A에서 생산되었을 확률은?

[19년 1회]

① 0.5   ② 0.66
③ 0.87   ④ 0.33

3-3. 우리나라 사람들 중 왼손잡이 비율은 남자가 2%, 여자가 1%라 한다. 남학생 비율이 60%인 어느 학교에서 왼손잡이 학생을 선택했을 때 이 학생이 남자일 확률은?

[19년 1회]

① 0.75   ② 0.012
③ 0.25   ④ 0.05

3-4. 한 학생이 경영학 과목에서 합격점수를 받을 확률은 $\frac{2}{3}$ 이고, 경영학과 통계학 두 과목에 모두 합격점수를 받을 확률은 $\frac{1}{2}$ 이다. 만일 이 학생이 경영학 과목에 합격했음을 알고 있다면, 통계학 과목에서 합격점수를 받았을 확률은?

[21년 3회]

① 20%   ② 25%
③ 50%   ④ 75%

3-5. 전체 인구의 2%가 어느 질병을 앓고 있다고 한다. 이 질병을 검진하기 위해 사용되고 있는 어느 진단 시약은 질병에 걸린 사람 중 80%, 질병에 걸리지 않은 사람 중 10%에 대해 양성반응을 보인다. 어떤 사람의 진단 테스트 결과가 양성반응일 때, 이 사람이 질병에 걸렸을 확률은?

[22년 2회]

① $\frac{7}{57}$ ② $\frac{8}{57}$
③ $\frac{10}{57}$ ④ $\frac{11}{57}$

|해설|

3-1
조건부 확률을 이용한다. B가 일어날 조건하에서 A가 일어날 확률은 $P(A|B) = \dfrac{P(A \cap B)}{P(B)}$ 이다.

A : 영어시험에 합격할 사건, B : 국어시험에 합격할 사건

$\therefore P(A|B) = \dfrac{P(A \cap B)}{P(B)} = \dfrac{0.15}{0.5} = 0.3$

3-2
B : 불량일 사건, A : 기계 A에서 생산된 불량품일 사건

$\therefore P(A|B) = \dfrac{0.5 \times 0.05}{(0.5 \times 0.05) + (0.3 \times 0.03) + (0.2 \times 0.02)} \doteqdot 0.66$

3-3
B : 왼손잡이 학생일 사건, A : 왼손잡이 남학생일 사건

$\therefore P(A|B) = \dfrac{0.6 \times 0.02}{(0.6 \times 0.02) + (0.4 \times 0.01)} = 0.75$

3-4
A : 통계학 과목에서 합격점수를 받았을 사건, B : 경영학 과목에서 합격했을 사건

$\therefore P(A|B) = \dfrac{\frac{1}{2}}{\frac{2}{3}} = \dfrac{3}{4} = 75\%$이다.

3-5
D = 질병에 걸린 사건
D^c = 질병에 걸리지 않은 사건
T^+ = 진단테스트 결과가 양성인 사건
T^- = 진단테스트 결과가 음성인 사건
인구 중 2%가 질병에 걸린다 하였으므로 $P(D) = 0.02$이며 $P(D^c) = 0.98$이다.
질병에 걸린 사람 중 80%는 양성반응을 보인다고 했으므로 $P(T^+|D) = 0.80$이며 $P(T^-|D) = 0.20$이다.
질병에 걸리지 않은 사람 중 10%는 양성반응을 보인다는 것은 질병에 걸리지 않은 사람 중 90%는 음성반응을 보인다는 것과 같은 의미이므로 $P(T^-|D^c) = 0.90$이며 $P(T^+|D^c) = 0.10$이다.
어떤 사람의 진단 테스트 결과가 양성반응일 때, 이 사람이 질병에 걸렸을 확률은 $P(D|T^+)$을 의미한다.

$\dfrac{P(T^+|D) \times P(D)}{P(T^+|D) \times P(D) + P(T^+|D^c) \times P(D^c)}$

$= \dfrac{0.80 \times 0.02}{0.80 \times 0.02 + 0.10 \times 0.98} = \dfrac{16}{114} = \dfrac{8}{57}$

정답 3-1 ③   3-2 ②   3-3 ①   3-4 ④   3-5 ②

핵심이론 04 | 확률변수와 확률분포

① 확률변수

어떤 실험에서 나올 수 있는 모든 결과들로 이루어진 집합을 그 실험의 표본공간이라 한다. 표본공간의 원소, 즉 실험의 결과들이 수치일 경우에 그 값은 원소에 따라 변한다. 값이 원소에 따라 변하면서 확률에 따르므로 확률변수라 한다. 만약 표본공간의 원소가 수치가 아닐 경우 이를 실수로 대응시키는 함수 X를 확률변수라 한다. 다시 말해서 확률변수는 어떤 실험의 단순 사상들에 각각 하나의 숫자를 부여한 것이다. 확률변수는 그것이 가지는 숫자들의 성질에 따라 이산확률변수(불연속확률변수)와 연속확률변수로 분류할 수 있다.

ⓐ 이산확률변수 : 확률변수가 어떤 구간 내의 특정한 값만을 취하는 경우를 말한다.

ⓑ 연속확률변수 : 어떤 구간 내의 임의의 값을 취할 경우를 말한다.

ⓒ 엄밀히 정의하면, 실수의 유한구간 내에 치역의 점이 유한개만 존재하면 X를 이산확률변수라 한다. 반면, 확률변수의 치역이 실수나, 실수의 어떤 구간이 될 때 X를 연속확률변수라 하며, 엄밀한 정의로는 실수의 유한구간 내 불연속점이 유한개뿐인 확률변수를 연속확률변수라 한다.

② 확률분포

확률변수의 성격을 나타내는 것으로, 표본공간에 나타나는 모든 값들과 그 값에 대응하는 확률을 동시에 표시한 것을 말한다.

ⓐ 기댓값

• 평균과 같은 것으로 확률변수가 취할 수 있는 각 값에 해당하는 확률을 곱하여 모두 더하는 것이다.

• n개의 배반사상 A_1, A_2, $\cdots$, A_n이 일어나면 변량 X가 각각 x_1, x_2, $\cdots$, x_n이라는 값을 취하고, X가 x_1, x_2, $\cdots$, x_n의 값을 취할 확률이 각각 p_1, p_2, $\cdots$, p_n일 때, $x_1p_1+x_2p_2+\cdots+x_np_n$을 변량 X의 기댓값 또는 평균값 $E(X)$라고 한다(여기서 $p_1+p_2+\cdots+p_n=1$이다).

$$E(X) = \sum [X \times P(X)]$$

• 실험을 지속적으로 반복했을 때 평균적으로 기대할 수 있는 값으로 확률변수의 중심화 경향치를 나타내는 특성치를 말한다.

ⓑ 분 산

• 확률변수의 산포도를 나타내는 특성치이다.

• 확률분포의 분산
확률변수가 취하는 값들이 기대치로부터 얼마나 흩어져 있는가를 나타내는 것이다.

$$V(X) = \sum X^2 P(X) - [E(X)]^2$$
$$V(X) = E(X^2) - [E(X)]^2$$

ⓒ 표준편차
확률변수의 분산에 양의 제곱근을 취한 것을 말한다.

$$\sqrt{V(X)} = \sqrt{\sum X^2 P(X) - [E(X)]^2}$$

③ 확률분포의 유형

ⓐ 이산확률분포 : 확률변수가 정수의 값을 가지는 경우로 이항분포, 포아송분포, 초기하분포, 기하분포, 다항분포 등이 있다.

ⓑ 연속확률분포 : 확률변수가 소수점의 값을 포함하는 실수의 값을 가지는 경우로 정규분포, 표준정규분포, 지수분포, t-분포, F-분포, χ^2분포 등이 있다.

4-1. 확률변수 X의 확률분포가 다음과 같다. 평균과 분산으로 맞는 것은? [21년 2회]

X	0	1	2	계
$P(X=x)$	0.2	0.6	0.2	1

① $E(X) = 0.8$, $V(X) = 0.2$
② $E(X) = 0.8$, $V(X) = 0.4$
③ $E(X) = 1.0$, $V(X) = 0.2$
④ $E(X) = 1.0$, $V(X) = 0.4$

4-2. 다음 표와 같은 분포를 갖는 확률변수 X에 대한 기댓값은? [20년 1·2회]

X	1	2	4	6
$P(X=x)$	0.1	0.2	0.3	0.4

① 3.0
② 3.3
③ 4.1
④ 4.5

4-3. 확률변수 X의 확률분포가 다음과 같을 때 분산 $Var(X)$의 값은? [19년 1회]

x	$P(X=x)$
0	3/10
1	6/10
2	1/10

① 0.36
② 0.6
③ 1
④ 0.49

4-4. 확률변수 X의 확률밀도함수가 다음과 같을 때 X의 기댓값은? (단, 여기서 k는 양의 상수이다) [21년 3회]

$$f(x) = \begin{cases} kx(1-x), & 0 \le x \le 1 \\ 0, & x < 0 \text{ 또는 } x > 1 \end{cases}$$

① 0.25
② 0.5
③ 0.75
④ 1

|해설|

4-1
$E(X) = (0 \times 0.2) + (1 \times 0.6) + (2 \times 0.2) = 1.0$
$V(X) = (0^2 \times 0.2) + (1^2 \times 0.6) + (2^2 \times 0.2) = 1.4$
$V(X) = E(X^2) - E(X)^2 = 1.4 - (1.0)^2 = 1.4 - 1.0 = 0.4$
$\therefore E(X) = 1.0$, $V(X) = 0.4$ 이다.

4-2
기댓값은 $E(X) = \sum[x \times p(x)]$ 이므로
$E(X) = (1 \times 0.1) + (2 \times 0.2) + (4 \times 0.3) + (6 \times 0.4)$
$= 0.1 + 0.4 + 1.2 + 2.4 = 4.1$

4-3
$Var(X) = E(X^2) - [E(X)]^2$, $E(X) = \sum[x \times P(x)]$ 이므로
$E(X) = (0 \times 3/10) + (1 \times 6/10) + (2 \times 1/10) = 0.8$
$E(X^2) = (0^2 \times 3/10) + (1^2 \times 6/10) + (2^2 \times 1/10) = 1$
$Var(X) = E(X^2) - [E(X)]^2 = 1 - 0.8^2$
$\therefore 1 - 0.64 = 0.36$

4-4
해당 문제는 확률밀도함수의 전반적인 이해와 개념을 포함해 고등수학의 미적분 개념이 추가로 요구되기에, 해당 개념이 익숙지 않은 학습자의 경우 문제 풀이 전개 과정이 낯설고 그 과정을 이해하는 데 시간과 문제 풀이 연습이 필요하다는 점을 참고하여 학습하기를 바란다. 문제의 풀이는 다음과 같다.
연속형 확률변수 X의 확률밀도함수의 합은 항상 1이다.
$f(x) = kx(1-x)$를 적분하면 누적확률분포함수
$F(X) = \frac{1}{2}kx^2 - \frac{1}{3}kx^3$ 이다.
이때 범위는 $0 \le x \le 1$ 이기에
$\left[\frac{1}{2}kx^2 - \frac{1}{3}kx^3\right]_0^1 = \frac{1}{2}k - \frac{1}{3}k = \frac{1}{6}k = 1$ 이므로 $k = 6$ 이다.
$f(x) = 6x(1-x)$로 연속확률변수 X의 확률밀도함수의 기댓값을 구하면 다음과 같다.
$$\int_0^1 xf(x)dx = \int_0^1 (6x^2 - 6x^3)dx$$
$$= \left[\frac{1}{3}6x^3 - \frac{1}{4}6x^4\right]_0^1 = \frac{1}{2} = 0.5$$

정답 4-1 ④ 4-2 ③ 4-3 ① 4-4 ②

기출 데이터 14년 1,2회 16년 1,3회 17년 3회 18년 2,3회 19년 2,3회 20년 3회
21년 1,2회 22년 1,2회 23년

핵심이론 05 | 확률분포의 기댓값과 분산의 성질

① 기댓값의 성질(단, a, b는 상수이고 X, Y는 확률변수)

$E(a) = a$

$E(aX) = aE(X)$

$E(X+b) = E(X) + b$

$E(aX+b) = aE(X) + b$

$E(X+Y) = E(X) + E(Y)$

$E(X-Y) = E(X) - E(Y)$

$E(XY) = E(X)E(Y)$, X, Y는 독립

② 분산의 성질(단, a, b는 상수이고 X, Y는 확률변수)

$Var(a) = 0$

$Var(aX) = a^2 Var(X)$

$Var(X+b) = Var(X)$

$Var(aX+b) = a^2 Var(X)$

$Var(X+Y) = Var(X) + Var(Y) + 2Cov(X, Y)$

$Var(X-Y) = Var(X) + Var(Y) - 2Cov(X, Y)$

($Cov(X, Y)$는 X와 Y의 공분산이며 X와 Y가 독립일 경우 0이다.)

핵심OX

1. $E(X+Y) = E(X) + E(Y)$ 가 성립한다. ( )

2. $Var(aX+b) = a^2 Var(X) + b$가 성립한다. ( )

3. $E\left(\dfrac{X-2Y}{3}\right) = \dfrac{1}{3}E(X) - \dfrac{2}{3}E(Y)$ 가 성립한다. ( )

4. $Var(X-Y) = Var(X) - Var(Y) - 2Cov(X, Y)$ 가 성립한다. ( )

5. $Var(a) = 0$ 이다. ( )

정답 1 O 2 X 3 O 4 X 5 O

핵심문제

5-1. 정규분포 $N(\mu, \sigma^2)$을 따르는 모집단에서 무작위로 표본 3개 X_1, X_2, X_3 을 추출했다. 다음 추정량의 기대값이 모평균이 아닌 것은? [22년 1회]

① X_2

② $\dfrac{X_1 + X_3}{2}$

③ $\dfrac{X_1 + X_2 + X_3}{(3-1)}$

④ $\dfrac{X_1 + 2X_2 + X_3}{(3+1)}$

5-2. 다음과 같은 확률분포를 갖는 이산확률변수가 있다고 할 때 수학적 기댓값 $E[(X-1)(X-1)]$의 값은? [19년 2회]

X	0	1	2	3
P	1/3	1/2	0	1/6

① 0.5

② 1

③ 1.5

④ 2

5-3. 확률변수 X는 평균이 2이고, 표준편차가 2인 분포를 따를 때, $Y = -2X + 10$의 평균과 표준편차는? [21년 1회]

① 평균 : 6, 표준편차 : 4

② 평균 : 6, 표준편차 : 6

③ 평균 : 14, 표준편차 : 4

④ 평균 : 14, 표준편차 : 6

5-4. 자료 x_1, x_2, $\cdots$, x_n을 $z_i = ax_i + b$, $i = 1, 2, \cdots, n$ (a, b는 상수)으로 변환할 때, 평균과 분산에 있어서 변환한 자료와 원자료 사이에 성립하는 관계식은? (단, 원자료의 평균과 분산은 각각 $\overline{x}$, s_x^2이고, 변환한 자료의 평균과 분산은 각각 $\overline{z}$, s_z^2이다) [22년 2회]

① $\overline{z} = a\overline{x}$, $s_z^2 = a^2 s_x^2$

② $\overline{z} = a\overline{x} + b$, $s_z^2 = a^2 s_x^2$

③ $\overline{z} = a\overline{x} + b$, $s_z^2 = a s_x^2 + b$

④ $\overline{z} = a\overline{x} + b$, $s_z^2 = a^2 s_x + b$

5-5. 자료 x_1, x_2, $\cdots$, x_n의 표준편차가 3일 때, $-3x_1$, $-3x_2$, $\cdots$, $-3x_n$의 표준편차는? [18년 3회]

① -3

② 9

③ 3

④ -9

5-1

③ $E\left(\dfrac{X_1 + X_2 + X_3}{(3-1)}\right) = \dfrac{1}{2}[E(X_1) + E(X_2) + E(X_3)] = \dfrac{3}{2}\mu$

① $E(X_2) = \mu$

② $E\left(\dfrac{X_1 + X_3}{2}\right) = \dfrac{1}{2}[E(X_1) + E(X_3)] = \mu$

④ $E\left(\dfrac{X_1 + 2X_2 + X_3}{(3+1)}\right) = \dfrac{1}{4}[E(X_1) + 2E(X_2) + E(X_3)] = \mu$

5-2

$E[(X-1)(X-1)] = E(X^2 - 2X + 1) = E(X^2) - 2E(X) + 1$

$E(X) = (0 \times \dfrac{1}{3}) + (1 \times \dfrac{1}{2}) + (2 \times 0) + (3 \times \dfrac{1}{6}) = 1$

$E(X^2) = (0^2 \times \dfrac{1}{3}) + (1^2 \times \dfrac{1}{2}) + (2^2 \times 0) + (3^2 \times \dfrac{1}{6}) = 2$

$E[(X-1)(X-1)] = 2 - 2 \times 1 + 1 = 1$

5-3

$E(Y) = E(-2X + 10) = -2E(X) + 10 = -2 \times 2 + 10 = 6$

$\sigma(Y) = \sigma(-2X + 10) = |-2| \times \sigma(X) = 2 \times 2 = 4$

5-4

• 기댓값의 성질 $E(aX+b) = aE(X) + b$에 의해,

$E(z_i) = E(ax + b) = aE(x_i) + b$

$E(z_i) = \bar{z}$, $E(x_i) = \bar{x}$이므로 $\bar{z} = a\bar{x} + b$이다.

• 분산의 성질 $Var(aX+b) = a^2 Var(X)$에 의해,

$Var(z_i) = Var(ax_i + b) = a^2 Var(x_i)$

$Var(z_i) = s_z^2$, $Var(x_i) = s_x^2$이므로 $s_z^2 = a^2 s_x^2$이다.

5-5

$Var(X) = 9$

$Var(-3X) = (-3)^2 Var(X) = 9 \times 9 = 81$

$\therefore \sqrt{81} = 9$

정답 5-1 ③ 5-2 ② 5-3 ① 5-4 ② 5-5 ②

기출 데이터 14년 1,2,3회 15년 2,3회 17년 1,2,3회 18년 1,3회 19년 1,2,3회 20년 1・2,3,4회 21년 1,2,3회 22년 1회 23년

핵심이론 06 | 이항분포

① 이항분포

 ㉠ 어떤 시행에서 사건 A가 일어날 확률을 p, 사건 A가 일어나지 않을 확률을 $q(=1-p)$라 하고 이 시행을 독립적으로 n회 되풀이할 때, 그 중에서 r회만 A가 일어날 확률은 $_nC_r p^r q^{n-r}$ $(r = 0,\ 1,\ 2,\ \cdots,\ n)$이다.

 ㉡ $_nC_r p^r q^{n-r}$로 되는 확률분포를 이항분포라 하고 $B(n, p)$로 나타낸다. 이항분포의 확률밀도함수는 다음과 같다.

$$f(x) = {}_nC_x p^x q^{n-x}$$
$$x = 0,\ 1,\ \cdots,\ n$$
$$q = 1 - p$$

② 이항분포의 특징

 ㉠ 기댓값$(\mu) = E(X) = np$

 ㉡ 분산$(\sigma^2) = Var(X) = npq = np(1-p)$

 ㉢ p가 1/2에 가까워짐에 따라 그래프는 좌우대칭의 산 모양 곡선이 된다.

 ㉣ $p \leq 0.1$이고 $n \geq 50$일 때는 포아송분포에 근사한다.

③ 이항분포의 정규근사치

 ㉠ 이항분포의 시행횟수가 많아지면 이항분포는 정규분포와 모양이 유사해진다. 즉, 시행횟수가 n이고 성공확률이 p인 이항분포는 $np \geq 5$ 또는 $n(1-p) \geq 5$일 경우 평균이 np이고 분산이 $np(1-p)$인 정규분포와 비슷한 모양이 된다. 이러한 관계를 정규분포로의 근사라고 한다.

 ㉡ 시행횟수 n이 클 때에는 정규분포를 이용하여 이항확률의 근사치를 구할 수 있다.

④ 베르누이 시행

 ㉠ 베르누이 시행의 조건

  • 각 시행의 결과는 상호 배타적인 두 사건으로 구분된다. 즉, 성공 또는 실패이다.

  • 각 시행에서 성공확률과 실패확률의 합은 1이다.

  • 각 시행은 서로 독립적이다.

 ㉡ 베르누이 시행을 n번 독립적으로 반복시행했을 때 확률변수 X를 성공$(X=1)$ 또는 실패$(X=0)$라 하면 X의 분포는 이항분포를 따르며 확률밀도함수 $f(x)$는 다음과 같다.

$$f(x) = p^x(1-p)^{n-x} = p^x q^{n-x}$$

$x = 0,\ 1$

p : 한 시행에서 성공일 확률

$q(=1-p)$: 한 시행에서 실패할 확률

핵심문제

6-1. 어느 농구선수의 자유투 성공률이 70%라고 알려져 있다. 이 선수가 자유투를 20회 던진다면 몇 회 정도 성공할 것으로 기대되는가?   [22년 1회]

① 7   ② 8

③ 16   ④ 14

6-2. 어느 공정에서 생산되는 제품의 약 40%가 불량품이라고 한다. 이 공정의 제품 4개를 임의로 추출했을 때, 4개가 불량품일 확률은?   [20년 4회]

① $\dfrac{16}{125}$ ② $\dfrac{64}{625}$

③ $\dfrac{62}{625}$ ④ $\dfrac{16}{625}$

6-3. 이항분포를 따르는 확률변수 X에 관한 설명으로 틀린 것은?   [18년 1회] [23년]

① 반복시행횟수가 n이면, X가 취할 수 있는 가능한 값은 0부터 n까지이다.
② 반복시행횟수가 n이고, 성공률이 p이면 X의 평균은 np이다.
③ 반복시행횟수가 n이고, 성공률이 p이면 X의 분산은 $np(1-p)$이다.
④ 확률변수 X는 0 또는 1만을 취한다.

6-4. 5%의 불량제품이 만들어지는 공장에서 하루 만들어지는 제품 중에서 임의로 100개의 제품을 골랐다. 불량품 개수의 기댓값과 분산은 얼마인가?   [19년 2회]

① 기댓값 : 5, 분산 : 4.75
② 기댓값 : 10, 분산 : 4.65
③ 기댓값 : 5, 분산 : 4.65
④ 기댓값 : 10, 분산 : 4.75

6-5. 성공률이 p인 베르누이 시행을 4회 반복하는 실험에서 성공이 일어난 횟수 X의 표준편차는?   [20년 3회]

① $2\sqrt{p(1-p)}$ ② $2p(1-p)$

③ $\dfrac{\sqrt{p(1-p)}}{2}$ ④ $\dfrac{p(1-p)}{2}$

| 해설 |

6-1

자유투 성공률 70%이고, 자유투를 각각 독립적으로 20회 반복하므로 확률변수 X를 자유투를 성공한 횟수라고 할 때 X는 이항분포 $B(20,\ 0.7)$를 따른다.
따라서 이항분포의 기댓값은 $E(X) = 20 \times 0.7 = 14$이다.

6-2

$p = 0.4$이므로 ${}_4C_4(0.4)^4 = \dfrac{16}{625}$이다.

6-3

이항분포는 확률실험에서 나타날 수 있는 기본결과가 두 가지일 뿐 확률변수가 0 또는 1만을 취하는 것은 아니다.

6-4

어떤 시행에서 사건 A가 일어날 확률을 p, 사건 A가 일어나지 않을 확률을 $q(=1-p)$라 하고 이 시행을 독립적으로 n회 되풀이 할 때, 그중에서 r회만 A가 일어날 확률은 ${}_nC_r p^r q^{n-r}$이다. 이 확률분포를 이항분포라 하고 $B(n, p)$로 나타낸다.
$X \sim B(100,\ 0.05)$
$E(X) = np = 100 \times 0.05 = 5$
$Var(X) = npq = np(1-p) = 100 \times 0.05 \times 0.95 = 4.75$

6-5

성공률이 p인 베르누이 시행을 4회 반복하는 실험에서 성공이 일어난 횟수 X는 $B(4, p)$인 이항분포를 따른다.
이항분포의 표준편차는 $\sqrt{np(1-p)}$이므로 X의 표준편차는 $\sqrt{4p(1-p)} = 2\sqrt{p(1-p)}$이다.

정답 6-1 ④   6-2 ④   6-3 ④   6-4 ①   6-5 ①

핵심이론 07 | 포아송분포

① 포아송분포

일반적으로 단위시간, 단위면적 또는 단위공간 내에서 발생하는 어떤 사건의 횟수를 확률변수 X라 하면, 확률변수 X는 λ를 모수로 갖는 포아송분포를 따른다고 한다. 포아송분포의 확률밀도함수는 다음과 같다.

$$f(x) = \frac{e^{-\lambda}\lambda^x}{x!}$$

$x = 0, 1, 2, \cdots$

$e = 2.71818\cdots = \lim_{n \to \infty}\left(1 + \frac{1}{n}\right)^n$

λ : 단위시간, 단위면적 또는 단위공간 내에서 발생하는 사건의 평균값

② 포아송분포의 성립조건

㉠ 독립성 : 주어진 시간 동안 또는 영역 내에서 일어나는 사건의 횟수는 서로 중복되지 않는 다른 시간 동안 또는 영역 내에서 일어나는 사건의 횟수와 독립이다.

㉡ 비례성 : 짧은 시간 동안 또는 작은 영역 내에서 사건이 한 번 발생할 확률은 시간의 길이 또는 영역의 면적에 비례한다.

㉢ 비집락성 : 짧은 시간 동안 또는 작은 영역 내에서 사건이 두 번 이상 발생할 확률은 매우 작기 때문에 무시할 수 있다.

핵심OX

1. 포아송분포의 성립조건은 독립성, 비례성, 집락성이다. ( )

2. 포아송분포의 확률밀도함수 $f(x) = \frac{e^{-\lambda}\lambda^x}{x!}$ 에서 λ는 단위시간 외에서 발생하는 사건의 수를 의미한다. ( )

3. 포아송분포는 연속확률분포에 속한다. ( )

정답 1 X 2 X 3 X

핵심문제

7-1. 10m당 평균 1개의 흠집이 나타나는 전선이 있다. 이 전선 10m를 구입하였을 때 발견되는 흠집 수의 확률분포는? [21년 1회]

① 이항분포 ② 포아송분포
③ 기하분포 ④ 초기하분포

7-2. 홈쇼핑 콜센터에서 30분마다 전화를 통해 주문이 성사되는 건수는 $\lambda = 6.7$인 포아송분포를 따른다고 할 때의 설명으로 틀린 것은? [18년 1회]

① 확률변수 x는 주문이 성사되는 주문건수를 말한다.
② x의 확률함수는 $\frac{e^{-6.7}(6.7)^x}{x!}$이다.
③ 1시간 동안의 주문건수 평균은 13.4이다.
④ 분산은 $\lambda^2 = 6.7^2$이다.

7-3. 특정 제품의 단위 면적당 결점의 수 또는 단위시간당 사건 발생수에 대한 확률분포로 적합한 분포는? [19년 3회]

① 이항분포 ② 포아송분포
③ 초기하분포 ④ 지수분포

|해설|

7-1
단위시간당 또는 단위면적당 일어나는 사건에 대한 분포는 포아송분포이다.

7-2
④ 포아송분포의 분산은 λ와 같다. 따라서 분산은 6.7이다.
① 포아송분포는 단위시간당 또는 단위공간당 사건발생 횟수에 적용되는 분포이다. 즉, x는 주문이 성사되는 주문 건수이다.
② 포아송 확률변수 x의 확률함수는 $f(x) = \frac{\lambda^x e^{-\lambda}}{x!}$이다($\lambda$는 단위시간당 발생횟수의 평균). 따라서 문제의 확률함수는 $\frac{e^{-6.7}(6.7)^x}{x!}$이다.
③ 1시간 동안 주문건수 평균은 6.7×2=13.4이다.

7-3
일반적으로 단위시간, 단위면적 또는 단위공간 내에서 발생하는 어떤 사건의 횟수를 확률변수 X라 하면, 확률변수 X는 λ를 모수로 갖는 포아송분포를 따른다고 한다. 포아송분포의 확률밀도함수는 다음과 같다.
$f(x) = \frac{e^{-\lambda}\lambda^x}{x!}$ ($x = 0, 1, 2, \cdots$, λ : 단위시간, 단위면적 또는 단위공간 내에서 발생하는 사건의 평균값)

정답 7-1 ② 7-2 ④ 7-3 ②

핵심이론 08 │ 정규분포

① 정규분포

  ㉠ 확률변수 X가 평균 μ, 표준편차 σ를 갖는 정규분포를 따를 때 다음과 같이 표현한다.

$$X \sim N(\mu,\ \sigma^2)$$

  ㉡ 연속확률분포에서 대표적인 분포는 정규분포이며 실질적으로 가장 많이 사용되는 분포이기도 하다. 정규분포에서 평균 μ는 곡선의 중심위치를 결정하고, 표준편차 σ는 그 곡선의 퍼진 정도를 결정한다.

② 정규분포의 특징

  ㉠ 모양과 위치는 분포의 평균과 표준편차로 결정된다.

  ㉡ 확률밀도함수는 평균을 중심으로 대칭적 종모양의 형태를 가진다.

  ㉢ 산술평균($\overline{X}$)=중위수(M_e)=최빈수(M_o)

  ㉣ 분포의 평균과 표준편차가 어떠한 값을 가지더라도 정규곡선과 X축 사이의 전체면적은 1이다.

  ㉤ 자연현상이나 사회현상의 대부분, 특히 관찰대상의 수가 클수록 그 분포는 정규분포와 유사하다.

  ㉥ 이항분포의 확률 근사치를 계산하는 데 매우 유용하다.

③ 정규분포곡선

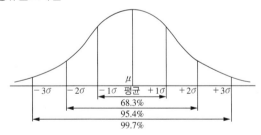

  ㉠ 정규분포의 평균 μ에 관해서 좌우대칭이고 이 점에서 최대값을 가진디.

  ㉡ 정규분포곡선에서는 평균, 중위수, 최빈수가 일치한다.

  ㉢ 왜도가 0이고, 첨도는 3이다.

  ㉣ 정규곡선과 수평선 위의 전체면적은 1이다.

  ㉤ 정규분포곡선은 x축과 맞닿지 않으므로 확률변수가 취할 수 있는 값의 범위는 $-\infty < X < \infty$이다.

  ㉥ 정규분포의 평균은 분포의 위치를 나타내며, 표준편차는 분포의 모양을 나타낸다(분산이 클수록 정규분포곡선이 양옆으로 퍼지는 모양).

  ㉦ 분산이 클수록 꼬리 부분이 두꺼워진다.

  ㉧ 확률밀도함수와 평균 및 표준편차와의 관계

    • $P(\mu-1\sigma \le X \le \mu+1\sigma) = 0.683$

    • $P(\mu-2\sigma \le X \le \mu+2\sigma) = 0.954$

    • $P(\mu-3\sigma \le X \le \mu+3\sigma) = 0.997$

④ 연속성 수정

  ㉠ 정수값을 취하는 이항분포의 확률을 연속적인 정규분포로 근사하는 경우 발생하는 근사 오차를 보정하기 위해 이항분포의 확률변수 X를 구간으로 변형하는 방법이다.

  ㉡ 이항분포의 확률변수 X값에서 ± 0.5하여 조정한다.

$$a \le X \le b \Rightarrow a-0.5 \le X \le b+0.5$$

핵심OX

1. 정규분포는 평균에 관해서 좌우대칭이다. ( )

2. 분포의 평균과 표준편차의 값에 따라 정규곡선과 x축 사이의 전체면적은 달라진다. ( )

3. 정규분포곡선은 분산이 클수록 양옆으로 퍼지는 모양이다. ( )

4. 정규분포를 따르는 모집단으로부터 표본을 취할 때 표본의 관측값이 모평균으로부터 표준편차의 2배 거리 이내의 범위에서 관측될 확률은 약 95%이다. ( )

5. 정규분포에서 표준편차는 곡선의 중심위치를 결정하고, 평균은 그 곡선의 퍼진 정도를 결정한다. ( )

정답 1 O 2 X 3 O 4 O 5 X

핵심문제

8-1. 다음은 정규분포의 정규곡선을 설명한 것으로 맞는 것은 모두 몇 개인가?　　　　　　　　　　　　　[22년 2회]

- 정규곡선은 중앙값을 중심으로 좌우대칭을 이룬다.
- 정규곡선의 형태와 위치는 평균과 표준편차에 의해 결정된다.
- 정규곡선 밑의 면적은 1이다.
- 정규곡선이 그려지는 확률변수의 범위는 $-\infty$ 에서 $+\infty$ 까지이다.

① 1개　　　　　　　② 2개
③ 3개　　　　　　　④ 4개

8-2. 정규분포에 관한 설명으로 틀린 것은?　　[20년 4회] [23년]

① 정규분포곡선은 자유도에 따라 모양이 달라진다.
② 정규분포는 평균을 기준으로 대칭인 종모양의 분포를 이룬다.
③ 평균, 중위수, 최빈수가 동일하다.
④ 정규분포에서 분산이 클수록 정규분포곡선은 양옆으로 퍼지는 모습을 한다.

8-3. 확률변수 X가 정규분포 $N(\mu, \sigma^2)$을 따를 때, 다음 설명 중 틀린 것은?　　　　　　　　　　　　[18년 1회]

① X의 확률분포는 좌우대칭인 종모양이다.
② $Z = (X - \mu)/\sigma$라 두면 Z의 분포는 $N(0,1)$이다.
③ X의 평균, 중위수는 일치하므로 X의 분포의 비대칭도는 0이다.
④ X의 관측값이 $\mu - \sigma$와 $\mu + \sigma$사이에 나타날 확률은 약 95%이다.

|해설|

8-1
모두 정규분포에 대한 맞는 설명이다.

8-2
정규분포곡선은 기댓값과 분산에 따라 모양이 달라진다.

8-3
X의 관측값이 $\mu - \sigma$와 $\mu + \sigma$ 사이에 나타날 확률은 약 68%, $\mu - 2\sigma$와 $\mu + 2\sigma$ 사이에 나타날 확률은 약 95%, $\mu - 3\sigma$와 $\mu + 3\sigma$ 사이에 나타날 확률은 약 99%이다.

정답 8-1 ④　8-2 ①　8-3 ④

핵심이론 09 | 표준정규분포

① 표준화

　㉠ 평균이 0이고, 표준편차가 1이 되도록 만들어 주는 작업이다.

　㉡ 표준화 공식은 다음과 같다.

$$Z = \frac{X - \mu}{\sigma}, \ Z \sim N(0, 1)$$

X : 확률변수, μ : 평균, σ : 표준편차
$X \sim N(\mu, \sigma^2)$

② 표준정규분포의 특징

　㉠ $Z \sim N(0, 1)$이다. 즉, 표준정규분포는 평균 0, 표준편차 1이다.

　㉡ $P(-1 \leq Z \leq 1) = 0.683$

　㉢ $P(-2 \leq Z \leq 2) = 0.954$

　㉣ $P(-3 \leq Z \leq 3) = 0.997$

　㉤ $P(-a \leq Z \leq a) = 2P(0 \leq Z \leq a)$

　㉥ $P(-a \leq Z) = P(Z \leq a)$

③ 확률변수 X가 평균 μ와 분산 σ^2을 갖는 정규분포 $N(\mu, \sigma^2)$을 따를 때 값 $P(a < X < b)$는 다음과 같이 표현할 수 있다.

$$P(a < X < b) = P\left(\frac{a - \mu}{\sigma} < \frac{X - \mu}{\sigma} < \frac{b - \mu}{\sigma} \right)$$
$$= P\left(\frac{a - \mu}{\sigma} < Z < \frac{b - \mu}{\sigma} \right)$$

핵심OX

1. 표준정규분포의 평균은 0, 표준편차는 1이다.　　　　(　　)

2. 표준화 공식은 $Z = \dfrac{X - \mu}{\sigma^2}$이다.　　　　(　　)

3. $P(-a \leq Z) = P(a \leq Z)$이다.　　　　(　　)

정답 1 O 2 X 3 X

9-1. X_1, X_2, $\cdots$, X_n이 정규분포 $N(\mu, \sigma^2)$에서 얻은 확률표본일 때의 설명으로 맞는 것은? [22년 2회]

① $\dfrac{\overline{X}-\mu}{\sigma/\sqrt{n}}$ 는 $N(0, 1)$에 따른다.

② $\dfrac{\overline{X}-\mu}{\sigma/\sqrt{n}}$ 는 $N(\mu, 1)$에 따른다.

③ $\dfrac{\overline{X}-\mu}{\sigma/\sqrt{n}}$ 는 $N(1, \sigma^2)$에 따른다.

④ $\dfrac{\overline{X}-\mu}{\sigma/\sqrt{n}}$ 는 $N(0, \sigma^2)$에 따른다.

9-2. 어느 제약회사에서 생산하고 있는 진통제는 복용 후 진통효과가 나타날 때까지 걸리는 시간이 평균 30분, 표준편차 8분인 정규분포를 따른다고 한다. 임의로 추출한 100명의 환자에게 진통제를 복용시킬 때, 복용 후 40분에서 44분 사이에 진통효과가 나타나는 환자의 수는? (단, 다음 표준정규분포표를 이용하시오) [18년 2회] [21년 2회]

z	$P(0 \le Z \le z)$
0.75	0.27
1.00	0.34
1.25	0.39
1.50	0.43
1.75	0.46

① 4   ② 5

③ 7   ④ 10

9-3. 확률변수 X가 정규분포 $N(\mu, \sigma^2)$을 따를 때, $u = \dfrac{X-\mu}{\sigma}$ 는 어떤 분포를 따르는가? [22년 1회]

① $u \sim N(0, 1)$ ② $u \sim N(1, 1)$

③ $u \sim N(\mu, 1)$ ④ $u \sim N(\mu, \sigma^2)$

9-4. 확률변수 X가 평균이 100이고 표준편차가 10인 정규분포를 따른다고 했을 때, X가 80보다 작을 확률은 얼마인가?
(단, $P(-0.2 < Z < 0.2) = 0.159$, $P(-2 < Z < 2) = 0.954$ 이다) [18년 3회] [23년]

① 0.477   ② 0.079

③ 0.421   ④ 0.023

9-5. 컴퓨터 제조회사에서 보증기간을 정하려고 한다. 컴퓨터 수명은 평균 3년, 표준편차 9개월인 정규분포를 따른다고 한다. 보증기간 이전에 고장이 나면 무상수리를 해주어야 한다. 이 회사는 출하 제품 가운데 5% 이내에서만 무상수리가 되기를 원한다. 보증기간을 몇 개월로 정하면 되겠는가? (단, $P(Z > 1.645) = 0.05$) [18년 3회] [22년 1회]

① 17   ② 19

③ 21   ④ 23

9-6. 어떤 산업제약의 제품 중 10%는 유통과정에서 변질되어 부적합품이 발생한다고 한다. 이를 확인하기 위하여 해당 제품 100개를 추출하여 실험하였다. 이때 10개 이상이 부적합품일 확률은? [22년 2회]

① 0.1   ② 0.3

③ 0.5   ④ 0.7

9-7. 어떤 자격시험의 성적은 평균 70, 표준편차 10인 정규분포를 따른다고 한다. 상위 5%까지를 1등급으로 분류한다면, 1등급이 되기 위해서는 최소한 몇 점을 받아야 하는가?
(단, $P(Z \le 1.645) = 0.95$, $Z \sim N(0, 1)$ 이다) [20년 1 · 2회]

① 86.45   ② 89.60

③ 90.60   ④ 95.0

|해설|

9-1

표준정규분포 $N(0, 1)$에 따른다.

9-2

$\mu = 30$, $\sigma = 8$ 이고 표준화 공식 $Z = \dfrac{X-\mu}{\sigma}$ 을 이용하면 다음과 같다.

$P(40 < X < 44) = P\left(\dfrac{40-30}{8} < \dfrac{X-\mu}{\sigma} < \dfrac{44-30}{8}\right)$
$\qquad\qquad\qquad = P(1.25 < Z < 1.75)$

$P(1.25 < Z < 1.75) = P(0 < Z < 1.75) - P(0 < Z < 1.25)$
이므로 $0.46 - 0.39 = 0.07$

따라서 40분에서 44분 사이에 진통효과가 나타나는 환자의 수는 $100 \times 0.07 = 7$ 명이다.

9-3

표준정규분포를 따르는 확률변수는 $u \sim N(0, 1)$이다.

9-4

$\mu = 100$, $\sigma = 10$이고 표준화 공식 $Z = \dfrac{X-\mu}{\sigma}$을 이용하면 다음과 같다.

$P(X < 80) = P\left(\dfrac{X-\mu}{\sigma} < \dfrac{80-100}{10}\right) = P(Z < -2)$

$P(Z < -2) = P(Z > 2) = 0.5 - P(0 < Z < 2)$

$\qquad\qquad\quad = 0.5 - \left[\dfrac{1}{2}P(-2 < Z < 2)\right]$

$\qquad\qquad\quad = 0.5 - 0.477 = 0.023$

9-5

$\mu = 36$, $\sigma = 9$이고 표준화 공식 $Z = \dfrac{X-\mu}{\sigma}$을 이용하면 다음과 같다.

출하 제품 가운데 5% 이내에서만 무상수리가 되기를 원하므로 주어진 조건을 이용하면 다음과 같다.

$P(Z < -1.645) = 0.05$,

$P\left(\dfrac{X-36}{9} < -1.645\right) = P(X < 21.195)$

따라서 21개월로 정하면 된다.

9-6

어떤 시행에서 사건 A가 일어날 확률을 p, 사건 A가 일어나지 않을 확률을 $q(= 1-p)$라 하고 이 시행을 독립적으로 n회 되풀이할 때, 그중에서 x회만 A가 일어날 확률은 ${}_nC_x p^x q^{n-x}$이다. 이 확률분포를 이항분포라 하고 $B(n,p)$로 나타낸다.

$X \sim B(100, 0.1)$, 기댓값은 $np = 10$, 분산은 $npq = 9$이므로 $X \sim Z(10, 9)$일 때

10개 이상이 부적합품일 확률은

$P(X \geq 10) = P\left(Z \geq \dfrac{10-10}{9}\right) = P(Z \geq 0)$

$\therefore 0.5$

9-7

최소 점수를 x라고 하면 다음과 같이 식을 세울 수 있다.

$P(X > x) = 0.05$일 때, $\mu = 70$, $\sigma = 10$이므로

표준화 공식에 의해

$P\left(\dfrac{X-\mu}{\sigma} > \dfrac{x-70}{10}\right) = P\left(Z > \dfrac{x-70}{10}\right) = 0.05$

주어진 조건에서 $P(Z \leq 1.645) = 0.95$이므로

$P(Z > 1.645) = 0.05$이다.

따라서 $\dfrac{x-70}{10} = 1.645$이므로 $x = 86.45$, 즉 최소 86.45점 이상 되어야 한다.

정답 9-1 ① 9-2 ③ 9-3 ① 9-4 ④ 9-5 ③ 9-6 ③ 9-7 ①

핵심이론 10 | t-분포

① t-분포

  ㉠ 자유도에 따라 그 모양이 변하며, 0을 중심으로 하는 좌우대칭형으로서 자유도가 ∞일 때는 표준정규분포에 접근한다.

  ㉡ 확률변수 X가 자유도가 t-분포를 따를 때 다음과 같이 표현된다.

$$X \sim t_{(n)}$$

② t-분포의 특징

  ㉠ 평균은 0이다.

  ㉡ 평균을 중심으로 좌우대칭이다.

  ㉢ 일반적으로 분산은 1보다 크나, 표본수가 커질수록 1에 접근한다.

  ㉣ 자유도에 따라 다른 모양을 갖는다. 자유도가 클수록 중심부가 더 솟은 모양이 된다.

  ㉤ 정규분포보다 꼬리가 두꺼우며 첨도는 3보다 크다. 자유도가 무한대로 접근할수록 정규분포로 접근한다.

  ㉥ 표본의 크기 n이 작을 때 즉, $n \leq 30$일 경우에 주로 이용하며 모평균, 모평균의 차 또는 회귀계수의 추정이나 검정에 쓰인다.

핵심OX

1. t-분포는 평균을 중심으로 좌우대칭이다. (　)
2. t-분포와 비교할 때 정규분포는 꼬리부분이 약간 두껍다. (　)
3. t-분포는 자유도가 ∞일 때는 표준정규분포에 접근한다. (　)
4. t-분포는 표본수가 커질수록 0에 접근한다. (　)

정답 1 O 2 X 3 O 4 X

핵심문제

10-1. 표준정규분포에서 오른쪽 꼬리부분의 면적이 α가 되는 지점을 z_α라 하고, 자유도가 ν인 t-분포에서 오른쪽 꼬리 부분의 면적이 α가 되는 점을 $t_\alpha(\nu)$라 한다. Z는 표준정규분포, T는 자유도가 ν인 t-분포를 따른다고 할 때, 다음 설명 중 틀린 것은? (단, $P(Z > z_\alpha) = \alpha$, $P(T > t_\alpha \nu) = \alpha$이다) [21년 2회]

① $t_{0.05}(5)$ 값과 $-t_{0.05}(5)$ 값은 같다.

② $t_{0.05}(5)$ 값은 $t_{0.05}(10)$ 값보다 작다.

③ ν에 관계없이 $Z_{0.05} < t_{0.05}(\nu)$이다.

④ ν가 매우 커지면, $t_\alpha(v)$ 값은 Z_α 값과 거의 같다.

10-2. 정규분포를 따르는 두 모집단에서 표본을 각각 25개씩 추출하여, 두 집단의 평균 차이를 검정하고자 한다. 모분산은 알려져 있지 않다. 이때 적용되는 검정통계량의 분포는? [14년 3회]

① 정규분포

② t-분포

③ F-분포

④ 카이제곱분포

|해설|

10-1

t-분포는 자유도 n에 따라 그 모양이 변하며, 0을 중심으로 하는 좌우대칭으로 자유도가 ∞일 때 표준정규분포에 접근한다. 자유도가 클수록 중심부가 더 솟은 모양으로 $t_{0.05}(5)$ 값은 $t_{0.05}(10)$ 값보다 크다.

10-2

t-분포는 모평균, 모평균의 차 또는 회귀계수의 추정이나 검정에 쓰인다.

정답 **10-1** ② **10-2** ②

핵심이론 11 | F-분포

① F-분포

확률변수 X가 자유도 (m, n)인 F-분포를 따를 때 다음과 같이 표현된다.

$$X \sim F_{(m, n)}$$

② F-분포의 특징

㉠ 왼쪽으로 비스듬히 기울어져 있지만 그 정도는 자유도가 증가함에 따라 대칭성에 가까워진다.

㉡ 항상 양의 값을 가지며 오른쪽 긴 꼬리 비대칭분포 형태를 이루고 있다.

㉢ 자유도가 커짐에 따라 대칭분포 형태에 가까워진다.

㉣ 두 정규모집단에서 확률로 추출한 표본으로부터 구한 두 표본분산과 두 모분산과의 관계를 이용하여 모분산 비에 대한 추론을 하는 데 사용한다.

㉤ 두 개의 분산을 비교, 추론하는 데 사용되는 것으로 두 집단의 분산의 동일성 검정에 사용된다.

㉥ 확률변수 X가 $F_{(m, n)}$을 따를 때 $\frac{1}{X}$의 분포는 $F_{(n, m)}$을 따른다.

핵심OX

1. F-분포는 오른쪽으로 비스듬히 기울어져 있다. ( )

2. F-분포는 자유도가 커짐에 따라 대칭분포 형태에 가까워진다. ( )

3. F-분포는 두 집단의 분산의 동일성 검정에 사용된다. ( )

정답 1 X 2 ○ 3 ○

11-1. 두 집단의 분산의 동일성 검정에 사용되는 검정통계량의 분포는?

[17년 2회] [19년 3회]

① t-분포
② 기하분포
③ χ^2-분포
④ F-분포

11-2. 확률변수 X의 분포의 자유도가 각각 a와 b인 $F(a, b)$를 따른다면 확률변수 $Y = \dfrac{1}{X}$의 분포는?

[21년 1회]

① $F(a, b)$
② $F(b, a)$
③ $F\left(\dfrac{1}{a}, \dfrac{1}{b}\right)$
④ $F\left(\dfrac{1}{b}, \dfrac{1}{a}\right)$

| 해설 |

11-1

F-분포는 두 개의 분산을 비교, 추론하는 데 사용되는 것으로 두 집단의 분산의 동일성 검정에 사용된다.

11-2

F분포는 표준정규분포를 따르는 표본데이터 $(X_1, X_2, \cdots, X_n)$, $(Y_1, Y_2, \cdots, Y_m)$을 따르는 2개의 카이제곱분포 통계량을 $S_X = X_1 + X_2 + \cdots + X_n$, $S_Y = Y_1 + Y_2 + \cdots + Y_m$이라 할 때 $F = \dfrac{S_X / n}{S_Y / m}$을 따르는 분포를 의미한다. 따라서 X가 $F(a, b)$를 따른다면 $\dfrac{1}{X}$은 통계량이 역수가 되어 $F(b, a)$를 따른다.

정답 **11-1** ④ **11-2** ②

핵심이론 12 | 카이제곱(χ^2)분포

① 카이제곱(χ^2)분포

　㉠ Z_1^2, Z_2^2, $\cdots$, Z_n^2이 서로 독립이며 각각 표준정규분포를 따르는 확률변수일 때 $Z_1^2 + Z_2^2 + \cdots + Z_n^2$은 자유도가 n인 카이제곱분포를 따른다고 한다.

　㉡ 자유도 n의 크기에 따라 분포의 모양이 변하고, 자유도가 커지면 대칭에 가까워지며 여러 집단들 사이의 독립성 검정과 적합도 검정을 하는 데 주로 사용된다.

　㉢ 확률변수 X가 자유도 n인 카이제곱분포를 따를 때 다음과 같이 표현한다.

$$X \sim \chi^2_{(n)}$$

② 카이제곱(χ^2)분포의 특징

　㉠ 왼쪽으로 기울어진 연속형의 분포이다.

　㉡ 모양은 자유도(Degree of Freedom)에 의하여 결정된다. 자유도(df)는 교차표의 크기에 대한 어떤 개념을 나타내는 수로서 이 수는 세로줄(행)의 수에서 1을 빼고, 가로줄(열)의 수에서 1을 뺀 후 이 둘을 곱하여 얻어지는 수이다[$(C-1) \times (R-1)$].

　㉢ 자유도가 커질수록 χ^2-분포는 오른쪽으로 폭넓게 기울어지는 모양을 나타낸다.

　㉣ 표준정규분포를 따르는 확률변수 $Z \sim N(0, 1)$의 제곱 Z^2은 자유도 1인 카이제곱(χ^2)분포를 따른다.

　㉤ 자유도가 n인 카이제곱분포의 평균은 n이고, 분산은 $2n$이다.

　㉥ 모분산 σ^2이 특정한 값을 갖는지 여부를 검정하는 데 사용되는 분포이며, 두 범주형 변수 간의 독립성 검정과 적합도 검정을 하는 데 주로 사용된다.

1. 카이제곱(χ^2)분포는 분포의 형태가 우측으로 기울어진 분포이다. ( )
2. 카이제곱(χ^2)분포는 자유도가 커지면 대칭에 가까워진다. ( )
3. 자유도가 n인 카이제곱분포의 평균과 분산은 n이다. ( )
4. 표준정규분포를 따르는 확률변수 $Z \sim N(0,1)$의 제곱 Z^2은 자유도 1인 카이제곱(χ^2)분포를 따른다. ( )
5. 카이제곱(χ^2)분포는 모분산이 특정한 값을 갖는지 여부를 검정하는 데 쓰인다. ( )

정답 1 X 2 X 3 X 4 O 5 O

12-1. 단일 모집단의 모분산의 검정에 사용되는 분포는?

[21년 2회]

① 정규분포
② 이항분포
③ 카이제곱분포
④ t-분포

12-2. 카이제곱분포에 대한 설명으로 틀린 것은? [20년 4회]

① 자유도가 k인 카이제곱분포의 평균은 k이고, 분산은 $2k$이다.
② 카이제곱분포의 확률밀도함수는 오른쪽으로 치우쳐 있고, 왼쪽으로 긴 꼬리를 갖는다.
③ V_1, V_2가 서로 독립이며 각각 자유도가 k_1, k_2인 카이제곱분포를 따를 때 $V_1 + V_2$는 자유도가 $k_1 + k_2$인 카이제곱분포를 따른다.
④ $Z_1, \cdots, Z_k$이 서로 독립이며 각각 표준정규분포를 따르는 확률변수일 때 $Z_1^2 + \cdots + Z_k^2$은 자유도가 k인 카이제곱분포를 따른다.

12-3. 표준정규분포를 따르는 확률변수의 제곱은 어떤 분포를 따르는가?

[18년 2회] [23년]

① 정규분포
② t-분포
③ F-분포
④ 카이제곱분포

12-4. 검정통계량의 분포가 정규분포가 아닌 검정은?[19년 3회]

① 대표본에서 두 모평균의 검정
② 대표본에서 두 모비율의 차에 관한 검정
③ 모집단이 정규분포인 대표본에서 모분산의 검정
④ 모집단이 정규분포인 소표본에서 모분산을 알 때, 모평균의 검정

|해설|

12-1
카이제곱분포는 모분산 σ^2이 특정한 값을 갖는지 여부를 검정하는 데 사용되는 분포이다.

12-2
카이제곱분포의 확률밀도함수는 자유도에 의해서 모양이 결정되며, 좌측으로 기울어진 분포, 즉 오른쪽으로 꼬리를 길게 하고 있다.

12-3
확률변수가 각각 표준정규분포 $N(0,1)$을 따르고, 서로 독립일 때, $Z_1^2, \cdots, Z_n^2$의 분포를 자유도 n인 카이제곱분포라고 한다. 표준정규분포를 따르는 확률변수 $Z \sim N(0,1)$의 제곱 Z^2는 자유도 1인 카이제곱(χ^2)분포를 따른다.

12-4
모집단이 정규분포인 대표본에서 모분산의 검정은 카이제곱 검정통계량을 이용한다.

정답 **12-1** ③ **12-2** ② **12-3** ④ **12-4** ③

핵심이론 13 | 표본분포와 중심극한정리

① 표본분포

연구에서는 모집단으로부터 표본을 추출하여 표본으로부터 계산된 통계량을 이용하여 모집단의 모수를 추정하게 된다. 이렇게 모집단으로부터 채택된 일정한 크기의 표본들을 대상으로 분석한 결과 나타난 통계량들의 분포를 표본분포라 한다.

② 표본평균의 분포

㉠ 모집단분포가 $N(\mu, \sigma^2)$일 때 표본평균의 분포

- 모집단분포가 정규분포를 따를 때, 표본평균의 분포도 정규분포를 따른다.
- 정규모집단 $N(\mu, \sigma^2)$에서 크기 n인 표본의 표본평균 $\overline{X}$는 정규분포 $N(\mu, \frac{\sigma^2}{n})$을 따른다.
- 표본평균 $\overline{X}$를 표준화시킨 확률변수
  $Z = \dfrac{\overline{X} - \mu}{\sigma / \sqrt{n}}$ 는 표준정규분포 $N(0, 1)$를 따른다.

㉡ 모집단의 분포가 정규분포가 아닐 경우 표본평균 $\overline{X}$가 정규분포를 따른다고 할 수 없다. 그러나 표본의 크기가 충분히 클 때는 표본평균 $\overline{X}$의 분포를 정규분포로 볼 수 있다. 이것은 중심극한정리에 근거를 두고 있다.

㉢ 표본평균들의 표본분포의 전체 평균은 모집단의 평균과 같다.

㉣ 표본평균들의 표본분포는 정규분포를 이룬다.

㉤ 모집단의 표준편차의 값이 상대적으로 작을 때에 표본평균 값의 대표성이 크다.

③ 표본비율의 분포

㉠ 모비율 p가 알려져 있는 경우 n개의 표본을 뽑아 구한 표본비율 $\hat{p}$의 분포를 말한다.

㉡ 표본비율 $\hat{p}$은 n이 충분히 크면 정규분포 $\hat{p} \sim N(p, \frac{p(1-p)}{n})$를 따른다.

㉢ 표본비율 $\hat{p}$은 $np \geq 5$이고 $n(1-p) \geq 5$이면 중심극한정리에 의해 근사적으로 정규분포 $\hat{p} \sim N(p, \frac{p(1-p)}{n})$를 따른다.

④ 중심극한정리

표본의 크기가 $n \geq 30$이면 대(大)표본으로 간주하여 모집단의 분포와 관계없이 표본평균 $\overline{X}$의 분포는 기댓값이 모평균 μ이고, 분산이 $\dfrac{\sigma^2}{n}$인 정규분포에 근사한다.

$$\overline{X} \sim N(\mu, \frac{\sigma^2}{n}),\ n \to \infty < N$$

핵심OX

1. 모집단의 평균이 μ라고 할 때, 표본평균의 기댓값은 μ이다.
(   )

2. 표본의 크기가 충분히 클 때는 표본평균 $\overline{X}$의 분포는 정규분포로 볼 수 있다.
(   )

정답 1 O 2 O

핵심문제

13-1. 중심극한정리(Central Limit Theorem)는 어느 분포에 관한 것인가? [20년 3회]

① 모집단
② 표본
③ 모집단의 평균
④ 표본의 평균

13-2. 어느 고등학교 1학년 학생의 신장은 평균이 168cm이고, 표준편차가 6cm인 정규분포를 따른다고 한다. 이 고등학교 1학년 학생 100명을 임의추출할 때, 표본평균이 167cm 이상 169cm 이하일 확률은? (단, $P(Z \leq 1.67) = 0.9525$) [19년 3회]

① 0.9050
② 0.0475
③ 0.8050
④ 0.7050

13-3. 어느 포장기계를 이용하여 생산한 제품의 무게는 평균이 240g, 표준편차는 8g인 정규분포를 따른다고 한다. 이 기계에서 생산한 제품 25개의 평균 무게가 242g 이하인 확률은? (단, Z는 표준정규분포를 따르는 확률변수이다) [18년 3회]

① $P(Z \geq 1)$
② $P(Z \leq \frac{5}{4})$
③ $P(Z \leq \frac{3}{2})$
④ $P(Z \leq 2)$

13-4. $N(\mu, \sigma^2)$인 모집단에서 표본을 임의추출할 때 표본평균이 모평균으로부터 0.5σ 이상 떨어져 있을 확률이 0.3174이다. 표본의 크기를 4배로 할 때, 표본평균이 모평균으로부터 0.5σ 이상 떨어져 있을 확률은? (단, Z가 표준정규분포를 따르는 확률변수일 때, 확률 $P(Z > z)$은 다음과 같다)

[20년 1 · 2회]

z	$P(Z > z)$
0.5	0.3085
1.0	0.1587
1.5	0.0668
2.0	0.0228

① 0.0456 ② 0.1336
③ 0.6170 ④ 0.6348

13-5. X_1, X_2, $\cdots$, X_n이 정규분포 $N(\mu, \sigma^2)$에서 얻은 확률 표본일 때의 설명으로 맞는 것은?

[22년 2회]

① $\dfrac{\overline{X} - \mu}{\sigma / \sqrt{n}}$는 $N(0, 1)$에 따른다.

② $\dfrac{\overline{X} - \mu}{\sigma / \sqrt{n}}$는 $N(\mu, 1)$에 따른다.

③ $\dfrac{\overline{X} - \mu}{\sigma / \sqrt{n}}$는 $N(1, \sigma^2)$에 따른다.

④ $\dfrac{\overline{X} - \mu}{\sigma / \sqrt{n}}$는 $N(0, \sigma^2)$에 따른다.

13-6. 표본평균의 확률분포에 관한 설명으로 틀린 것은?

[18년 1회] [23년]

① 모집단의 확률분포가 정규분포이면 표본평균의 확률분포도 정규분포이다.
② 표본평균의 확률분포는 모집단의 확률분포에 관계없이 정규분포이다.
③ 모집단의 표준편차가 σ이면 표본의 크기가 n인 표본평균의 표준오차는 $\sigma / \sqrt{n}$이다.
④ 표본평균의 평균은 모집단의 평균과 동일하다.

| 해설 |

13-1
표본의 크기가 $n \geq 30$이면 대표본으로 간주하여 모집단의 분포와 관계없이 표본평균 $\overline{x}$의 분포는 기댓값이 모평균 μ이고, 분산이 $\dfrac{\sigma^2}{n}$인 정규분포에 근사한다.

13-2
$X \sim N(168, 6^2)$
$$P(167 \leq X \leq 169) = P\left(\frac{167 - 168}{6 \sqrt{100}} \leq \frac{X - 168}{6 / \sqrt{100}} \leq \frac{169 - 168}{6 / \sqrt{100}}\right)$$
$$= P(-1.67 \leq Z \leq 1.67)$$
$$P(-1.67 \leq Z \leq 1.67) = 2 \times P(0 \leq Z \leq 1.67)$$
$$= 2 \times [P(Z \leq 1.67) - 0.5]$$
$$= 2(0.9525 - 0.5) = 0.9050$$

13-3
$X \sim N(240, 8^2)$
$$P(X \leq 242) = P\left(\frac{X - 240}{8 / \sqrt{25}} \leq \frac{242 - 240}{8 / \sqrt{25}}\right)$$
$$\therefore P\left(Z \leq \frac{5}{4}\right)$$

13-4
$N(\mu, \sigma^2)$인 모집단에서 표본 n을 임의추출했을 때 표본평균이 모평균으로부터 0.5σ 이상 떨어져 있을 확률이 0.3714이므로
$$P(\overline{X} > \mu + 0.5\sigma) + P(\overline{X} < \mu - 0.5\sigma)$$
$$= 2 \times P(\overline{X} > \mu + 0.5\sigma)$$
$$= 0.3714$$
$$2 \times P(\overline{X} > \mu + 0.5\sigma) = 2 \times P\left(\frac{\overline{X} - \mu}{\sigma / \sqrt{n}} > \frac{\mu + 0.5\sigma - \mu}{\sigma / \sqrt{n}}\right)$$
$$= 2 \times P\left(Z > \frac{\sqrt{n}}{2}\right) = 0.3714$$이므로
$$P\left(Z > \frac{\sqrt{n}}{2}\right) = \frac{1}{2} \times 0.3174 = 0.1587, \quad \frac{\sqrt{n}}{2} = 1, \quad n = 4$$이다.

표본의 크기를 4배로 하면 표본의 크기는 16이고, 이때 표본평균이 모평균으로부터 0.5σ 이상 떨어져 있을 확률은
$$2 \times P\left(Z > \frac{\mu + 0.5\sigma - \mu}{\sigma / \sqrt{16}} = \frac{0.5\sigma}{\sigma / \sqrt{16}} = \frac{0.5\sigma}{\sigma / 4} = 2\right)$$
$$= 2 \times 0.0228 = 0.0456$$이다.
$$\therefore 0.0456$$

13-5
표준정규분포 $N(0, 1)$에 따른다.

13-6
표본평균의 분포는 모집단이 정규모집단이냐 아니냐에 따라서 그 분포가 다르게 나타난다. 또한, 모집단으로부터 표본을 복원으로 추출하느냐 비복원으로 추출하느냐에 따라 표본평균의 분포에 대한 분산의 형태가 달라진다.

정답 **13-1** ④ **13-2** ① **13-3** ② **13-4** ① **13-5** ① **13-6** ②

CHAPTER 01 확률분포 ■ 173

핵심이론 14 | 체비셰프 부등식

① 체비셰프 부등식(Chebyshev's Inequality)

확률변수 X에 대해 평균이 $E(X) = \mu$이고, 분산이 $Var(X) = \sigma^2$일 때, 임의의 양수 k에 대해 다음이 성립한다.

$$P(|X-\mu| \le k\sigma) \ge 1 - \frac{1}{k^2}$$

② 체비셰프 부등식의 특징

㉠ 표본의 평균으로 모평균이 속해있는 구간을 추정할 때, 구간의 길이를 조정하기 위해 유용하게 쓰인다.

㉡ 확률변수의 값이 평균으로부터 표준편차의 일정 상수배 이상 떨어진 확률의 상한값 또는 하한값을 제시해 준다.

핵심OX

1. 체비셰프 부등식은 확률변수 X에 대해 평균이 $E(X) = \mu$이고, 분산이 $Var(X) = \sigma^2$일 때, 임의의 양수 k에 대해 $P(|X-\mu| \le k\sigma) \le 1 - \frac{1}{k^2}$이다. ( )

2. 체비셰프 부등식은 표본의 평균으로 모평균이 속해있는 구간을 추정한다. ( )

3. 체비셰프 부등식은 확률변수의 값이 평균으로부터 표준편차의 일정 상수배 이상 떨어질 확률의 상한값을 제시하는데 유용하게 쓰일 수 있다. ( )

정답 1 X 2 O 3 O

핵심문제

14-1. 어느 고등학교 1학년생 280명에 대한 국어성적의 평균이 82점, 표준편차가 8점이었다. 66점부터 98점 사이에 포함된 학생들은 몇 명 이상인가?

[18년 1회] [22년 1회]

① 211명 ② 230명
③ 240명 ④ 220명

14-2. 어떤 연속확률변수 X의 평균이 0이고, 분산이 4이다. 체비셰프(Chebyshev) 부등식을 이용하여 $P(-4 \le X \le 4)$의 범위를 구하면?

[21년 3회]

① $P(-4 \le X \le 4) \le 0.5$
② $P(-4 \le X \le 4) \ge 0.75$
③ $P(-4 \le X \le 4) \ge 0.95$
④ $P(-4 \le X \le 4) \le 0.99$

14-3. 어느 공장에서 일주일 동안 생산되는 제품의 수 X는 평균이 50, 분산이 15인 확률분포를 따른다. 이 공장의 일주일 동안의 생산량이 45개에서 55개 사이일 확률의 하한을 구하면?

[18년 2회]

① $\frac{1}{5}$ ② $\frac{2}{5}$
③ $\frac{3}{5}$ ④ $\frac{4}{5}$

해설

14-1

최소한 몇 명 이상인지 묻고 있지 않기 때문에 체비셰프 부등식을 이용한다.

66점부터 98점 사이에 포함된 학생의 수를 X라고 할 때 다음과 같다.

$$P(|X-\mu| \le k\sigma) = P(-k\sigma \le X-\mu \le k\sigma) \ge 1 - \frac{1}{k^2}$$

$\mu = 82$, $\sigma = 8$을 대입하면

$$P(-8k \le X-82 \le 8k) = P(-8k+82 \le X \le 8k+82) \ge 1 - \frac{1}{k^2}$$

$-8k+82 = 66$, $8k+82 = 98$이므로 $k = 2$이다.

$P(66 \le X \le 98) \ge 1 - \frac{1}{2^2} = \frac{3}{4}$, 280명 $\times \frac{3}{4} = 210$명이므로 211명 이상이다.

14-2

문제에서 $\mu = 0$, $\sigma = \sqrt{4} = 2$이므로 대입을 하면
$P(-2k \le X-0 \le 2k) = P(-4 \le X \le 4)$이다.

즉, $k = 2$이므로 $1 - \frac{1}{k^2} = 1 - \frac{1}{2^2} = \frac{3}{4}$이다.

$\therefore P(-4 \le X \le 4) \ge 0.75$

14-3

체비셰프 부등식은 하한을 제시해준다. $\mu = 50$, $\sigma = \sqrt{15}$이므로
$$P(|X-\mu| \le k\sigma) = P(|X-50| \le k\sqrt{15})$$
$$= P(-k\sqrt{15} \le X-50 \le k\sqrt{15}) \ge 1 - \frac{1}{k^2}$$

$$P(-k\sqrt{15} \le X-50 \le k\sqrt{15})$$
$$= P(-k\sqrt{15}+50 \le X \le k\sqrt{15}+50) \ge 1 - \frac{1}{k^2}$$

$-k\sqrt{15}+50 = 45$, $k\sqrt{15}+50 = 55$이므로 $k = \frac{5}{\sqrt{15}}$이다.

$$P(45 \le X \le 55) \ge 1 - \frac{1}{k^2} = 1 - \frac{1}{\left(\frac{5}{\sqrt{15}}\right)^2} = \frac{2}{5}$$

따라서 45개에서 55개 사이일 확률의 하한은 $\frac{2}{5}$이다.

정답 14-1 ① 14-2 ② 14-3 ②

기출 데이터 14년 1,2,3회 15년 1,3회 16년 1,2회 17년 1,3회 18년 1회 19년 1,2회
20년 1·2,4회 21년 1,2,3회 22년 2회

핵심이론 01 | 바람직한 통계추정량의 결정기준

① 불편성(Unbiasedness, 비편향성)

모수 θ의 추정량을 $\hat{\theta}$으로 나타낼 때, $\hat{\theta}$의 기댓값이 θ가
되는 성질이다. $E(\hat{\theta}) = \theta$이면 $\hat{\theta}$을 불편추정량이라 한다.

② 일치성(Consistency)

표본의 크기가 커짐에 따라 추정량 $\hat{\theta}$이 확률적으로 모수
θ에 가깝게 수렴하는 성질이다. $\lim\limits_{n\to\infty} P(|\hat{\theta}-\theta| < \epsilon) = 1$이다.

③ 충분성(Sufficiency)

모수에 대하여 가능한 많은 표본정보를 내포하고 있는 추정
량의 성질이다.

④ 효율성(Efficiency, 유효성)

추정량 $\hat{\theta}$이 불편추정량이고, 그 분산이 다른 추정량 $\hat{\theta}_i$에
비해 최소의 분산을 갖는 성질이다.

$Var(\hat{\theta_1}) \geq Var(\hat{\theta_2})$일 때 $\hat{\theta_2}$가 $\hat{\theta_1}$보다 효율성(유효성)이
크다고 한다.

핵심OX

1. $E(\hat{\theta}) = \theta$일 때 $\hat{\theta}$을 불편추정량이라 한다. ( )

2. $Var(\hat{\theta_1}) < Var(\hat{\theta_2})$이면 $\hat{\theta_2}$보다 $\hat{\theta_1}$이 효율성이 있다.
( )

3. 모수에 대하여 가능한 많은 표본정보를 내포하고 있는 추정
량의 성질을 효율성이라고 한다. ( )

정답 1 O 2 O 3 X

핵심문제

1-1. 추정량이 가져야 할 바람직한 성질이 아닌 것은?

[20년 1·2회]

① 편의성(Biasness)
② 효율성(Efficiency)
③ 일치성(Consistency)
④ 충분성(Sufficiency)

1-2. 정규모집단으로부터 뽑은 확률표본 X_1, X_2, X_3가 주어졌
을 때, 모집단의 평균에 대한 추정량으로 다음을 고려할 때 옳
은 설명은? (단, X_1, X_2, X_3의 관측값은 2, 3, 4이다)

[19년 2회]

$$A = \frac{(X_1 + X_2 + X_3)}{3}$$
$$B = \frac{(X_1 + 2X_2 + X_3)}{4}$$
$$C = \frac{(2X_1 + X_2 + 2X_3)}{4}$$

① A, B, C 중에 유일한 불편추정량은 A이다.
② A, B, C 중에 분산이 가장 작은 추정량은 A이다.
③ B는 편향(Bias)이 존재하는 추정량이다.
④ 불편성과 최소분산성의 관점에서 가장 선호되는 추정량은
B이다.

1-3. 모평균과 모분산이 각각 μ, σ^2인 모집단으로부터 크기 2인
확률표본 X_1, X_2를 추출하고 이에 근거하여 모평균 μ를 추정하
고자 한다. 모평균 μ의 추정량으로 다음의 두 추정량을 고려할
때, 일반적으로 $\hat{\theta_2}$보다 $\hat{\theta_1}$이 선호되는 이유는? [22년 2회]

$$\hat{\theta_1} = \frac{X_1 + X_2}{2}, \ \hat{\theta_2} = \frac{2X_1 + X_2}{3}$$

① 유효성 ② 일치성
③ 충분성 ④ 비편향성

1-1

바람직한 통계량은 불편성(비편향성), 효율성(유효성), 일치성, 충분성의 성질을 가져야 한다.

1-2

추정량의 기대치가 추정할 모수의 실제 값과 같을 때, 그 추정량은 불편추정량이다.

$$E(\widehat{\theta_A}) = E\left(\frac{(X_1 + X_2 + X_3)}{3}\right) = \frac{1}{3}E(X_1 + X_2 + X_3)$$
$$= \frac{1}{3}(\mu + \mu + \mu) = \mu$$

$$E(\widehat{\theta_B}) = E\left(\frac{(X_1 + 2X_2 + X_3)}{4}\right) = \frac{1}{4}E(X_1 + 2X_2 + X_3)$$
$$= \frac{1}{4}(\mu + 2\mu + \mu) = \mu$$

$$E(\widehat{\theta_C}) = E\left(\frac{(2X_1 + X_2 + 2X_3)}{4}\right) = \frac{1}{4}E(2X_1 + X_2 + 2X_3)$$
$$= \frac{1}{4}(2\mu + 1\mu + 2\mu) = \frac{5}{4}\mu$$

A와 B가 불편추정량이다(①). 또한 불편추정량은 편향이 없는 것을 뜻하므로 B는 편향이 존재하는 추정량이 아니다(③). 또한 유효추정량은 분산도가 더욱 작은 추정량이다.

$$V(\widehat{\theta_A}) = V\left(\frac{(X_1 + X_2 + X_3)}{3}\right) = \left(\frac{1}{3}\right)^2 V(X_1 + X_2 + X_3)$$
$$= \frac{1}{9}(\sigma^2 + \sigma^2 + \sigma^2) = \frac{\sigma^2}{3}$$

$$V(\widehat{\theta_B}) = V\left(\frac{(X_1 + 2X_2 + X_3)}{4}\right) = \left(\frac{1}{4}\right)^2 V(X_1 + 2X_2 + X_3)$$
$$= \frac{1}{16}(\sigma^2 + 4\sigma^2 + \sigma^2) = \frac{6\sigma^2}{16}$$

$$V(\widehat{\theta_C}) = V\left(\frac{(2X_1 + X_2 + 2X_3)}{4}\right) = \left(\frac{1}{4}\right)^2 V(2X_1 + X_2 + 2X_3)$$
$$= \frac{1}{16}(4\sigma^2 + \sigma^2 + 4\sigma^2) = \frac{9\sigma^2}{16}$$

따라서 A가 분산이 가장 작은 추정량을 가지므로 불편성과 최소 분산성의 관점에서 가장 선호되는 추정량이다(② · ④).

1-3

$$Var(\widehat{\theta_1}) = Var\left(\frac{X_1 + X_2}{2}\right) = \frac{1}{2^2}\left[Var(X_1) + Var(X_2)\right]$$
$$= \frac{1}{4} \times 2\sigma^2 = \frac{\sigma^2}{2}$$

$$Var(\widehat{\theta_2}) = Var\left(\frac{2X_1 + X_2}{3}\right) = \frac{2^2}{3^2}Var(X_1) + \frac{1}{3^2}Var(X_2)$$
$$= \frac{4}{9} \times \sigma^2 + \frac{1}{9} \times \sigma^2 = \frac{5\sigma^2}{9}$$

따라서 $Var(\widehat{\theta_1}) < Var(\widehat{\theta_2})$이므로 추정량 $\widehat{\theta_1}$이 유효성이 크기 때문에 $\widehat{\theta_2}$보다 더 선호된다.

정답 1-1 ① **1-2** ② **1-3** ①

기출 데이터 14년 1회 16년 3회 17년 3회 18년 2회 19년 1,3회 20년 1 · 2,4회 21년 3회 22년 1,2회

핵심이론 02 | 점추정과 표준오차

① 점추정의 개념
  ㉠ 모집단으로부터 추출된 표본을 이용하여 하나의 수치로 모수를 추정하는 것을 말한다.
  ㉡ 모수를 단일치로 추측하는 방법이다.
  ㉢ 신뢰도를 나타낼 수 없다는 단점이 있다.

② 표준오차(Standard Error)
  ㉠ 통계량의 표준편차를 통계량의 표준오차라 한다. 즉, 표준오차는 표본이 모집단에서 떨어져 있는 정도이다.
  ㉡ 모집단의 표준편차가 클수록 평균의 표준오차는 커진다.
  ㉢ 표준오차는 모집단의 표준편차보다 언제나 작다.
  ㉣ 표본크기가 클수록 표본평균의 표준오차는 작아진다.
  ㉤ 일반적으로 어떤 불편추정량이 얼마나 좋은 추정량인가를 나타내는 방법으로 그 추정량의 표준편차를 이용한다(표준편차가 작은 추정량일수록 표준오차가 적어지므로 더 좋은 추정량이다).

$$\frac{\sigma}{\sqrt{n}} (n\text{은 표본의 크기}, \sigma\text{는 모집단의 표준편차})$$
σ를 알 수 없는 경우 σ 대신 표본표준편차인
$$S = \sqrt{\sum(X_i - \overline{X})^2 / (n-1)} \text{ 을 대입}$$

핵심OX

1. 모집단의 표준편차가 클수록 평균의 표준오차는 작아진다. ( )

2. 표본평균 $\overline{X}$의 표준오차는 $\frac{\sigma}{\sqrt{n}}$이다. ( )

3. σ를 알 수 없는 경우 표본평균 $\overline{X}$의 표준오차는 $\frac{S}{\sqrt{n}}$이다. ( )

정답 1 X 2 O 3 O

핵심문제

2-1. LCD 패널을 생산하는 공장에서 출하 제품의 질적 관리를 위하여 패널 100개를 임의 추출하여 실제 몇 개의 설섬이 있는가를 세어본 결과, 평균은 5.88개, 표준편차 2.03개였다. 표준오차의 추정치는 얼마인가?

[22년 2회]

① 0.203 ② 0.103
③ 0.230 ④ 0.320

2-2. 모표준편차가 σ인 모집단에서 크기가 10인 표본으로부터 표본평균을 구하여 모평균을 추정하였다. 표본평균의 표준오차를 반(1/2)으로 줄이려면, 추가로 표본을 얼마나 더 추출해야 하는가?

[21년 3회]

① 20 ② 30
③ 40 ④ 50

2-3. 표본평균에 대한 표준오차의 설명으로 틀린 것은?

[20년 1·2회]

① 표본평균의 표준편차를 말한다.
② 모집단의 표준편차가 클수록 작아진다.
③ 표본크기가 클수록 작아진다.
④ 항상 0 이상이다.

|해설|

2-1

통계량의 표준편차를 통계량의 표준오차라 하며 $\overline{X}$의 표준편차인 $\dfrac{\sigma}{\overline{X}} = \dfrac{\sigma}{\sqrt{n}}$ 가 표준오차가 된다.

$$\therefore \frac{2.03}{\sqrt{100}} = 0.203$$

2-2

표준오차 $\dfrac{\sigma}{\overline{X}} = \dfrac{\sigma}{\sqrt{n}}$, $n=10$

표준오차를 반으로 줄이려면 $\dfrac{\sigma}{2\sqrt{10}} = \dfrac{\sigma}{\sqrt{40}}$ 이므로

표본의 크기는 40이 된다.
그러므로 추가로 추출해야 하는 표본은 $40-10=30$이다.

2-3

표준오차는 표본평균의 표준편차로 $\dfrac{\sigma}{\sqrt{n}}$ 이다. 따라서 모집단의 표준편차가 클수록 표준오차는 커지고, 표본의 크기가 클수록 표준오차는 작아진다. 항상 $n>0$이고 $\sigma \geq 0$이므로 표준편차는 0 이상이다.

정답 2-1 ① **2-2** ② **2-3** ②

핵심이론 03 | 모평균/모분산/모표준편차/모비율의 점추정

① **모평균의 점추정**

모평균의 점추정량은 표본평균과 같다. 모집단 평균 μ의 불편추정량은 $\overline{X}$이다.

> 표본평균 $\overline{X}$ ⇒ 모평균 μ

② **모분산의 점추정**

모분산의 점추정량은 표본분산과 같다. 모집단 분산 σ^2의 불편추정량은 S^2이다.

> 표본분산 S^2 ⇒ 모분산 σ^2

③ **모표준편차의 점추정**

모표준편차의 점추정량은 표본표준편차와 같다. 모집단 표준편차 σ의 추정량은 S이다.

> 표본표준편차 S ⇒ 모표준편차 σ

④ **모비율의 점추정**

모비율의 점추정량은 표본비율과 같다. 모집단 비율 p의 불편추정량은 $\hat{p}$이다.

> 표본비율 $\hat{p}$ ⇒ 모비율 p

핵심OX

1. 표본의 크기가 큰 경우에는 모평균의 점추정량이 표본평균의 점추정량보다 클 수도 있다. ( )

2. 모집단 비율 p의 불편추정량은 $\hat{p}$이다. ( )

3. 모분산의 점추정량은 표본분산과 같다. ( )

4. 표본표준편차는 모표준편차의 불편추정량이다. ( )

정답 1 X 2 O 3 O 4 X

핵심문제

3-1. 어느 대학생들의 한 달 동안 다치는 비율을 알아보기 위하여 150명을 대상으로 조사한 결과 그중 90명이 다친 것으로 나타났다. 다칠 비율 p의 점추정치는? [20년 3회]

① 0.3   ② 0.4
③ 0.5   ④ 0.6

3-2. 어느 지역 고등학교 학생 중 안경을 착용한 학생들의 비율을 추정하기 위해 이 지역 고등학교 성별 구성비에 따라 남학생 600명, 여학생 400명을 각각 무작위로 추출하여 조사하였더니 남학생 중 240명, 여학생 중 60명이 안경을 착용한다는 조사결과를 얻었다. 이 지역 전체 고등학생 중 안경을 착용한 학생들의 비율에 대한 가장 적절한 추정값은? [20년 4회] [23년]

① 0.4   ② 0.3
③ 0.275   ④ 0.15

3-3. 모집단의 평균을 추정하기 위해 1,000개의 표본을 취하여 정리한 결과 표본평균은 100, 표준편차는 5로 계산되었다. 모평균에 대한 점추정치는? [22년 1회]

① 5   ② 10
③ 25   ④ 100

|해설|

3-1
모비율의 점추정량은 표본비율과 같다.
따라서 p의 점추정치는 $\dfrac{90}{150} = 0.6$이다.

3-2
모비율에 대한 추정값은 표본비율을 사용한다.
따라서 추정값은 $\hat{p} = \dfrac{240+60}{600+400} = 0.3$이다.

3-3
모평균에 대한 점추정치는 표본평균이다.

정답 3-1 ④   3-2 ②   3-3 ④

핵심이론 04 │ 신뢰도, 신뢰구간

① 신뢰도(신뢰수준)

신뢰수준 95%라 함은 똑같은 연구를 똑같은 방법으로 100번 반복해서 신뢰구간을 구하는 경우, 그중 적어도 95번은 그 구간 안에 모평균이 포함될 것임을 의미하며, 모평균의 위치를 맞추지 못하는 실수는 5% 이상 되지 않는다는 의미이다. 추정량의 분포가 정규분포를 따를 때 모수 μ에 대한 $\pm\sigma$, $\pm2\sigma$, $\pm3\sigma$의 신뢰수준은 다음과 같다.

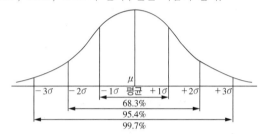

② 신뢰구간

일정한 구간을 제시하여 모수가 포함되었을 것이라고 제시한 구간을 신뢰구간이라 하며, 구간추정은 이 신뢰구간을 이용한 추정 방법이다. 즉, 구간추정에서 95% 신뢰구간이란 추정하고자 하는 모수를 포함할 확률이 대략 95%를 의미한다. 신뢰구간은 표본의 크기의 제곱근에 반비례한다.

③ 신뢰계수

㉠ 오차율(α) : 신뢰구간 내에 모집단 평균이 포함되지 않을 확률이다(신뢰도 $= 1-\alpha$).

신뢰도($1-\alpha$)	$Z_{\alpha/2}$
0.90(90%)	1.645
0.95(95%)	1.96
0.99(99%)	2.575

여기서 90%, 95%, 99%를 신뢰수준이라 하고, $Z_{0.05} = 1.645$, $Z_{0.025} = 1.96$, $Z_{0.005} = 2.575$를 신뢰계수라 한다.

㉡ 추정량의 분포가 정규분포를 따를 때 모수 μ에 대한 각각의 신뢰구간은 다음과 같다.

$$\mu\text{의 신뢰구간} = \overline{X} \pm \text{신뢰계수} \times \text{표준오차}$$

- μ의 90% 신뢰구간 $= \overline{X} \pm 1.645 \dfrac{\sigma}{\sqrt{n}}$

- μ의 95% 신뢰구간 $= \overline{X} \pm 1.96 \dfrac{\sigma}{\sqrt{n}}$

- μ의 99% 신뢰구간 $= \overline{X} \pm 2.575 \dfrac{\sigma}{\sqrt{n}}$

핵심OX

1. μ의 99% 신뢰구간은 $\overline{X} \pm 1.96 \dfrac{\sigma}{\sqrt{n}}$ 이다.　　　　( )

2. 신뢰수준 95%라 함은, 똑같은 연구를 똑같은 방법으로 100번 반복해서 신뢰구간을 구하는 경우, 그중 적어도 95번은 그 구간 안에 모평균이 포함될 것임을 의미한다.　( )

3. 신뢰도가 0.90이면 $Z_{\alpha/2}$는 약 1.96이다.　　　( )

4. 표본크기를 증가시키면 신뢰구간은 더 넓어진다.　( )

5. 표본의 크기가 같을 때 신뢰수준을 높이면 신뢰구간의 폭은 넓어진다.　　　　　　　　　　( )

정답 1 X　2 O　3 X　4 X　5 O

핵심문제

4-1. 표본자료로부터 추정한 모평균 μ에 대한 95% 신뢰구간이 $(-0.042, 0.522)$일 때, 유의수준 0.05에서 귀무가설 $H_0 : \mu = 0$ vs 대립가설 $H_0 : \mu \neq 0$의 검증결과는 어떻게 해석할 수 있는가?

[21년 1회]

① 신뢰구간이 0을 포함하기 때문에 귀무가설을 기각할 수 없다.

② 신뢰구간의 상한이 0.522로 0보다 상당히 크기 때문에 귀무가설을 기각해야 한다.

③ 신뢰구간과 가설검증은 무관하기 때문에 신뢰구간을 기초로 검증에 대한 어떠한 결론을 내릴 수 없다.

④ 신뢰구간을 계산할 때 표준정규분포의 임계값을 사용했는지 또는 t분포의 임계값을 사용했는지에 따라 해석이 다르다.

4-2. 추정에 대한 설명으로 맞는 것은?　　　[21년 1회]

① 검정력은 작을수록 바람직하다.

② 신뢰구간은 넓을수록 바람직하다.

③ 표본의 수는 통계적 추론에 영향을 미치지 않는 표본조사 시의 문제이다.

④ 모든 다른 조건이 동일하다면 표본의 수가 클수록 신뢰구간의 길이는 짧아진다.

4-3. 평균이 μ이고, 표준편차가 σ인 정규모집단으로부터 표본을 관측할 때, 관측값이 $\mu + 2\sigma$와 $\mu - 2\sigma$ 사이에 존재할 확률은 약 몇 %인가?　　　[19년 3회]

① 33%　　　　　　② 68%

③ 95%　　　　　　④ 99%

|해설|

4-1

①·③ 귀무가설의 내용이 신뢰구간에 속하면 귀무가설을 채택할 수 있다. 귀무가설이 $H_0 : \mu = 0$이고 신뢰구간 안에 0이 포함되므로 귀무가설을 채택한다.

② 신뢰구간의 상한이 큰 것과 귀무가설의 기각/채택 여부는 관련이 없다.

④ 표준정규분포의 임계값을 사용할지 t분포의 임계값을 사용할지에 대해서는 표본의 종류에 따라 다르지만 결과의 해석에는 차이가 없다.

4-2

① 검정력은 클수록 바람직하다.

② 신뢰구간은 좁을수록 바람직하다.

③ 표본의 수는 표본조사뿐만 아니라 통계적 추론에도 영향을 미친다.

4-3

확률밀도함수와 평균 및 표준편차와의 관계

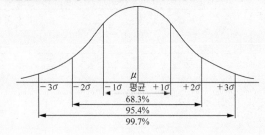

정답 4-1 ①　4-2 ④　4-3 ③

핵심이론 05 | 모평균의 신뢰구간

① 모분산을 알고 있을 경우

　㉠ 모평균 μ의 추정량은 표본평균 $\overline{X}$이며, 대표본인 경우 $\overline{X}$를 표준화한 Z통계량을 이용한다.

　㉡ 모분산 σ^2을 알고 있는 경우 μ에 대한 $100(1-\alpha)\%$ 신뢰구간은 다음과 같다.

$$\overline{X}-Z_{\alpha/2}\frac{\sigma}{\sqrt{n}} \leq \mu \leq \overline{X}+Z_{\alpha/2}\frac{\sigma}{\sqrt{n}}$$

② 모분산을 모르는 대표본일 경우

　㉠ n이 30 이상이면 모집단의 분포에 대한 아무런 가정이 없더라도 중심극한정리에 의하여 $\overline{X}$는 정규분포가 된다. 또한, 대표본이므로 $\sigma^2=S^2$로 되어 σ^2 대신 S^2을 사용하여 μ의 구간추정을 할 수 있다.

　㉡ 모분산 σ^2을 모르고 있는 경우 μ에 대한 $100(1-\alpha)\%$ 신뢰구간은 다음과 같다.

$$\overline{X}-Z_{\alpha/2}\frac{S}{\sqrt{n}} \leq \mu \leq \overline{X}+Z_{\alpha/2}\frac{S}{\sqrt{n}}$$

③ 모분산을 모르는 소표본일 경우

　㉠ 모집단의 표준편차도 모르고 소표본(30개 미만)일 경우에는 정규분포가 되지 않고, 자유도가 $n-1$인 t-분포가 된다.

　㉡ 소표본에서 모평균 μ에 대한 $100(1-\alpha)\%$ 신뢰구간은 다음과 같다.

$$\overline{X}-t_{\alpha/2,(n-1)}\frac{S}{\sqrt{n}} \leq \mu \leq \overline{X}+t_{\alpha/2,(n-1)}\frac{S}{\sqrt{n}}$$

핵심OX

1. 모분산을 알고 있을 경우 신뢰구간은
$\overline{X}-Z_{\alpha/2}\frac{\sigma}{\sqrt{n}} \leq \mu \leq \overline{X}+Z_{\alpha/2}\frac{\sigma}{\sqrt{n}}$ 이다. 　( )

2. 모집단의 표준편차도 모르고 소표본일 경우에는 Z통계량을 이용한다. 　( )

3. n이 30 이상이면 모집단의 분포에 대한 아무런 가정이 없더라도 중심극한정리에 의하여 $\overline{X}$는 정규분포가 된다.( )

정답 1 ○ 2 X 3 ○

핵심문제

5-1. 곤충학자가 70마리 모기에게 A회사의 살충제를 뿌리고 생존시간을 관찰하여 $\overline{x}=18.3$, $s=5.2$를 얻었다. 생존시간의 모평균 μ에 대한 99% 신뢰구간은? [19년 1회] [22년 2회] [23년]

① $8.6 \leq \mu \leq 28.0$　　② $17.1 \leq \mu \leq 19.5$
③ $18.1 \leq \mu \leq 18.5$　　④ $16.7 \leq \mu \leq 19.9$

5-2. 어느 회사에서 만들어 낸 제품의 수명의 표준편차는 50이라고 한다. 제품 100개를 생산하여 실험한 결과 수명평균($\overline{X}$)이 280이었다. 모평균의 신뢰구간에 대한 설명으로 틀린 것은? [20년 3회]

① 표본평균 $\overline{X}$가 모평균 μ로부터 $1.96\frac{\sigma}{\sqrt{n}}=9.8$ 이내에 있을 확률은 약 0.95이다.

② 부등식 $\mu-9.8 < \overline{X} < \mu+9.8$은 $|\overline{X}-\mu| < 9.8$ 또는 $\mu \in (\overline{X}-9.8,\overline{X}+9.8)$로 표현가능하다.

③ 100개의 시제품의 표본평균 $\overline{X}$를 구하는 작업을 무한히 반복하여 구해지는 구간들 $(\overline{X}-9.8,\overline{X}+9.8)$ 가운데 약 95%는 모평균 μ를 포함할 것이다.

④ 모평균 μ가 95% 신뢰구간 $(\overline{X}-9.8,\overline{X}+9.8)$에 포함될 확률이 0.95이다.

5-3. 통계조사시 한 가구를 조사하는 데 소요되는 시간을 측정하기 위하여 64가구를 임의 추출하여 조사한 결과 평균 소요시간이 30분, 표준편차 5분이었다. 한 가구를 조사하는 데 소요되는 평균시간에 대한 95%의 신뢰구간 하한과 상한은 각각 얼마인가? (단, $Z_{0.025}=1.96$, $Z_{0.05}=1.645$) [19년 2회]

① 28.8, 31.2　　② 28.4, 31.6
③ 29.0, 31.0　　④ 28.5, 31.5

5-4. 모표준편차가 10인 정규모집단에서 $n = 25$인 표본을 추출하여 $\bar{x} = 40$을 얻었다. 90% 신뢰구간으로 맞는 것은? (단, $P(Z > 1.645) = 0.05$이다) [22년 1회]

① (34.89, 46.65)
② (34.54, 45.78)
③ (35.67, 44.12)
④ (36.71, 43.29)

| 해설 |

5-1

모분산을 모르지만 $n = 70$으로 대표본이므로 $\sigma^2 = s^2$로 되어 σ^2 대신 s^2을 사용하여 μ의 구간추정을 할 수 있다. 모분산 σ^2을 모르고 있는 경우 μ에 대한 $100(1-\alpha)\%$ 신뢰구간은 다음과 같다.

$$\bar{x} - Z_{\alpha/2} \frac{s}{\sqrt{n}} \leq \mu \leq \bar{x} + Z_{\alpha/2} \frac{s}{\sqrt{n}}$$

99% 신뢰구간에서 $Z_{\alpha/2} = Z_{0.01/2} = 2.57$이므로

$$18.3 - 2.57 \frac{5.2}{\sqrt{70}} \leq \mu \leq 18.3 + 2.57 \frac{5.2}{\sqrt{70}}$$

$$\therefore \ 16.7 \leq \mu \leq 19.9$$

5-2

모평균이 신뢰구간에 포함될 확률이 아니라, 반복적으로 신뢰구간을 추정했을 때 그 신뢰구간이 모평균을 포함할 확률이 0.95이다.

5-3

모분산을 알고 있는 경우 모평균의 신뢰구간은

$$\bar{X} - Z_{\alpha/2} \frac{\sigma}{\sqrt{n}} \leq \mu \leq \bar{X} + Z_{\alpha/2} \frac{\sigma}{\sqrt{n}} \ \text{이다.}$$

$\bar{X} = 30$, $\sigma = 5$, $n = 64$, 95% 신뢰수준이므로 $\alpha = 0.05$, $Z_{\alpha/2} = 1.96$이다.

$$30 - 1.96 \frac{5}{\sqrt{64}} \leq \mu \leq 30 + 1.96 \frac{5}{\sqrt{64}}$$

$$\therefore \ 28.775 \leq \mu \leq 31.225$$

5-4

90%의 신뢰구간은 다음과 같은 식으로 구할 수 있다.

$$\bar{x} - 1.645 \frac{\sigma}{\sqrt{n}} \leq \mu \leq \bar{x} + 1.645 \frac{\sigma}{\sqrt{n}}$$

$\bar{x} = 40$, $n = 25$, $\sigma = 10$이므로

$$40 - 1.645 \frac{10}{\sqrt{25}} \leq \mu \leq 40 + 1.645 \frac{10}{\sqrt{25}} \ \text{이다.}$$

$$\therefore \ 36.71 \leq \mu \leq 43.29$$

정답 **5-1** ④ **5-2** ④ **5-3** ① **5-4** ④

기출 데이터 13년 1회 15년 1회

핵심이론 06 | 모분산의 신뢰구간

① 모분산 σ^2의 추정량은 표본분산 S^2이며 자유도가 $n-1$인 χ^2통계량을 이용한다.

$$P\left(\chi^2_{1-\alpha/2, \, n-1} \leq \chi^2 \leq \chi^2_{\alpha/2, \, n-1}\right)$$

$$= P\left(\chi^2_{1-\alpha/2, \, n-1} \leq \frac{(n-1)S^2}{\sigma^2} \leq \chi^2_{\alpha/2, \, n-1}\right)$$

$$= P\left(\frac{(n-1)S^2}{\chi^2_{\alpha/2, \, n-1}} \leq \sigma^2 \leq \frac{(n-1)S^2}{\chi^2_{1-\alpha/2, \, n-1}}\right)$$

$$= 1 - \alpha$$

② σ^2에 대한 $100(1-\alpha)\%$ 신뢰구간은 다음과 같다.

$$\frac{(n-1)S^2}{\chi^2_{\alpha/2, \, n-1}} \leq \sigma^2 \leq \frac{(n-1)S^2}{\chi^2_{1-\alpha/2, \, n-1}}$$

핵심OX

1. 모분산 σ^2의 추정량은 표본분산 S^2이다. ( )

2. 모분산의 신뢰구간은 $\dfrac{(n-1)S^2}{\chi^2_{\alpha/2, \, n-1}} \leq \sigma^2 \leq \dfrac{(n-1)S^2}{\chi^2_{\alpha/2, \, n-1}}$ 이다. ( )

3. 모분산의 신뢰구간은 자유도가 $n-1$인 χ^2통계량을 이용한다. ( )

정답 1 O 2 X 3 O

핵심문제

6-1. 강판을 생산하는 공정에서 25개의 제품을 임의로 추출하여 두께를 측정한 결과 표준편차가 5(mm)이었다. 모분산에 대한 95% 신뢰구간을 구하기 위해 필요한 값이 아닌 것은? (단, 강판의 두께는 정규분포를 따른다) [15년 1회]

① $\chi^2_{0.025, 24}$
② $\chi^2_{0.975, 24}$
③ $\chi^2_{0.95, 24}$
④ 표본분산 25

6-2. 성인 남자 20명을 랜덤 추출하여 소변 중 요산량($\mathrm{mg/dl}$)을 조사하니 평균 5.31, 표준편차 0.7이었다. 성인 남자의 요산량이 정규분포를 따른다고 할 때, 모분산 σ^2에 대한 95% 신뢰구간은? (단, $V \sim \chi^2_{(19)}$일 때, $P(V \geq 32.85) = 0.025$, $P(V \geq 8.91) = 0.975$)

[13년 1회]

① $\dfrac{8.91}{19 \times 0.7^2} \leq \sigma^2 \leq \dfrac{32.85}{19 \times 0.7^2}$

② $\dfrac{19 \times 0.7^2}{32.85} \leq \sigma^2 \leq \dfrac{19 \times 0.7^2}{8.91}$

③ $\dfrac{8.91}{20 \times 0.7^2} \leq \sigma^2 \leq \dfrac{32.85}{20 \times 0.7^2}$

④ $\dfrac{20 \times 0.7^2}{32.85} \leq \sigma^2 \leq \dfrac{20 \times 0.7^2}{8.91}$

|해설|

6-1

모분산 σ^2의 추정량은 표본분산 S^2이며 자유도가 $n-1$인 χ^2통계량을 이용한다.

σ^2에 대한 $100(1-\alpha)\%$ 신뢰구간은 $\dfrac{(n-1)S^2}{\chi^2_{\alpha/2,\,n-1}} \leq \sigma^2 \leq \dfrac{(n-1)S^2}{\chi^2_{1-\alpha/2,\,n-1}}$ 이다.

95% 신뢰수준에서 $\alpha = 0.05$, $\alpha/2 = 0.025$, $1-\alpha/2 = 0.975$이고 $n = 25$, $S^2 = 5^2 = 25$이므로, $\chi^2_{0.025}$, $\chi^2_{0.975,24}$, 표본분산 25는 계산에 필요한 값이다.

∴ $\chi^2_{0.95,24}$는 필요하지 않다.

6-2

σ^2에 대한 $100(1-\alpha)\%$ 신뢰구간은 $\dfrac{(n-1)S^2}{\chi^2_{\alpha/2,\,n-1}} \leq \sigma^2 \leq \dfrac{(n-1)S^2}{\chi^2_{1-\alpha/2,\,n-1}}$ 이다.

$n = 20$, $S^2 = 0.7^2$, 95% 신뢰수준에서 $\alpha/2 = 0.05/2 = 0.025$, $1-\alpha/2 = 1 - 0.025 = 0.975$이므로

$\dfrac{(20-1)0.7^2}{32.85} \leq \sigma^2 \leq \dfrac{(20-1)0.7^2}{8.91}$

∴ $\dfrac{19 \times 0.7^2}{32.85} \leq \sigma^2 \leq \dfrac{19 \times 0.7^2}{8.91}$

정답 **6-1** ③ **6-2** ②

기출 데이터 14년 2회 16년 2,3회 17년 3회 18년 2회 20년 3회 21년 1,2,3회 22년 1회 23년

핵심이론 07 | 모비율의 신뢰구간

① 모비율의 표준오차

모집단으로부터 표본을 추출한 후 어떤 특성의 비율을 계산하면 모집단의 비율 p와 표본의 비율 $\hat{p}$은 일반적으로 같지 않다. 따라서 모집단 비율과 표본비율 차이의 변동을 나타내는 표준오차를 알아야 한다.

㉠ 모비율의 표준편차 : $\sigma_p = \sqrt{\dfrac{p(1-p)}{n}}$

㉡ 표본비율의 표준편차 : $S_p = \sqrt{\dfrac{\hat{p}(1-\hat{p})}{n}}$

㉢ p를 알지 못하는 경우 표본비율의 표준편차인 S_p를 모집단의 표준편차 σ_p의 불편추정치로 사용한다.

② 단일 모집단 비율의 신뢰구간

㉠ 모비율 p의 추정량은 표본비율 $\hat{p}$이며 이항분포의 정규근사를 이용한 Z통계량을 이용한다. 하지만, 표본비율 $\hat{p}$의 표준오차에 모비율 p가 포함되어 있으므로 실제 계산에서는 모비율 p 대신 표본비율 $\hat{p}$을 이용한 다음의 Z통계량을 이용한다.

$P(-z_{\alpha/2} \leq Z \leq z_{\alpha/2})$

$= P\left(-z_{\alpha/2} \leq \dfrac{\hat{p} - p}{\sqrt{\hat{p}(1-\hat{p})/n}} \leq z_{\alpha/2}\right)$

$= P\left(\hat{p} - z_{\alpha/2}\sqrt{\dfrac{\hat{p}(1-\hat{p})}{n}} \leq p \leq \hat{p} + z_{\alpha/2}\sqrt{\dfrac{\hat{p}(1-\hat{p})}{n}}\right)$

㉡ 모비율 p에 대한 $100(1-\alpha)\%$ 신뢰구간은 다음과 같다.

$$\hat{p} - z_{\alpha/2}\sqrt{\dfrac{\hat{p}(1-\hat{p})}{n}} \leq p \leq \hat{p} + z_{\alpha/2}\sqrt{\dfrac{\hat{p}(1-\hat{p})}{n}}$$

핵심OX

1. 모비율 p에 대한 신뢰구간은 $\hat{p} \pm z_{\alpha/2} \dfrac{\hat{p}(1-\hat{p})}{\sqrt{n}}$ 이다. ( )

2. 표본비율의 표준편차는 $S_p = \sqrt{\dfrac{\hat{p}(1-\hat{p})}{n}}$ 이다. ( )

3. 모비율 p의 추정량은 표본비율 $\hat{p}$이며 이항분포의 정규근사를 이용한 Z통계량을 이용한다. ( )

정답 1 X 2 O 3 O

핵심문제

7-1. 대학생들의 정당 지지도를 조사하기 위해 100명을 뽑은 결과 45명이 지지하는 것으로 나타났다. 지지도에 대한 95% 신뢰구간은? (단, $Z_{0.025} = 1.96$, $Z_{0.05} = 1.645$ 이다) [22년 1회] [23년]

① 0.45 ± 0.0823
② 0.45 ± 0.0860
③ 0.45 ± 0.0920
④ 0.45 ± 0.0975

7-2. 어느 지역의 청년취업률을 알아보기 위해 조사한 500명 중 400명이 취업을 한 것으로 나타났다. 이 지역의 청년취업률에 대한 95% 신뢰구간은? [단, Z가 표준정규분포를 따르는 확률변수일 때, $P(Z > 1.96) = 0.025$] [21년 1회]

① $0.8 \pm 1.96 \times \dfrac{0.8}{\sqrt{500}}$

② $0.8 \pm 1.96 \times \dfrac{0.16}{\sqrt{500}}$

③ $0.8 \pm 1.96 \times \sqrt{\dfrac{0.8}{500}}$

④ $0.8 \pm 1.96 \times \sqrt{\dfrac{0.16}{500}}$

7-3. 343명의 대학생을 랜덤하게 뽑아서 조사한 결과 110명의 학생이 흡연 경험이 있었다. 대학생 중 흡연 경험자 비율에 대한 95% 신뢰구간을 구한 것으로 옳은 것은?
(단, $z_{0.025} = 1.96$, $z_{0.05} = 1.645$, $z_{0.1} = 1.282$) [18년 2회]

① $0.256 < p < 0.386$
② $0.279 < p < 0.362$
③ $0.271 < p < 0.370$
④ $0.262 < p < 0.379$

| 해설 |

7-1
모비율 p에 대한 $100(1-\alpha)\%$ 신뢰구간은

$\hat{p} - z_{\alpha/2}\sqrt{\dfrac{\hat{p}(1-\hat{p})}{n}} \leq p \leq \hat{p} + z_{\alpha/2}\sqrt{\dfrac{\hat{p}(1-\hat{p})}{n}}$ 이고

$\hat{p} = \dfrac{45}{100}$, $n = 100$, 95% 신뢰수준이므로

$\alpha = 0.05$, $Z_{\alpha/2} = 1.96$이다.

$0.45 - 1.96\sqrt{\dfrac{0.45(1-0.45)}{100}} \leq p$

$\qquad\qquad \leq 0.45 + 1.96\sqrt{\dfrac{0.45(1-0.45)}{100}}$

$\therefore \ 0.45 \pm 0.0975$

7-2
모비율 p에 대한 $100(1-\alpha)\%$ 신뢰구간은

$\hat{p} - z_{\alpha/2}\sqrt{\dfrac{\hat{p}(1-\hat{p})}{n}} \leq p \leq \hat{p} + z_{\alpha/2}\sqrt{\dfrac{\hat{p}(1-\hat{p})}{n}}$ 이고

$\hat{p} = \dfrac{400}{500} = 0.8$, $n = 500$, 95% 신뢰수준이므로

$\alpha = 0.05$, $Z_{\alpha/2} = 1.96$이다.

$0.8 - 1.96\sqrt{\dfrac{0.8(1-0.8)}{500}} \leq p \leq 0.8 + 1.96\sqrt{\dfrac{0.8(1-0.8)}{500}}$

$\therefore \ 0.8 \pm 1.96 \times \sqrt{\dfrac{0.16}{500}}$

7-3
모비율 p에 대한 $100(1-\alpha)\%$ 신뢰구간은

$\hat{p} - z_{\alpha/2}\sqrt{\dfrac{\hat{p}(1-\hat{p})}{n}} \leq p \leq \hat{p} + z_{\alpha/2}\sqrt{\dfrac{\hat{p}(1-\hat{p})}{n}}$ 이고

$\hat{p} = \dfrac{110}{343}$, $n = 343$, 95% 신뢰수준이므로

$\alpha = 0.05$, $Z_{\alpha/2} = 1.96$이다.

$\dfrac{110}{343} - 1.96\sqrt{\dfrac{\frac{110}{343}\left(1-\frac{110}{343}\right)}{343}} \leq p$

$\qquad\qquad \leq \dfrac{110}{343} + 1.96\sqrt{\dfrac{\frac{110}{343}\left(1-\frac{110}{343}\right)}{343}}$

$\therefore \ 0.271 < p < 0.370$

정답 7-1 ④ 7-2 ④ 7-3 ③

핵심이론 08 │ 모평균 차이의 신뢰구간

① 모분산을 알고 있을 경우

두 모집단의 분포가 정규분포를 따르고, 모분산이 알려진 경우 두 모집단 평균차이의 신뢰구간은 표본의 크기와 상관없이 다음과 같이 구한다.

$$(\overline{X_1} - \overline{X_2}) - Z_{\alpha/2}\sqrt{\frac{\sigma_1^2}{n_1} + \frac{\sigma_2^2}{n_2}} \leq \mu_1 - \mu_2$$
$$\leq (\overline{X_1} - \overline{X_2}) + Z_{\alpha/2}\sqrt{\frac{\sigma_1^2}{n_1} + \frac{\sigma_2^2}{n_2}}$$

② 모분산을 모르는 경우

㉠ 대표본($n \geq 30$)에서 두 모분산을 모르고 있을 경우 $\mu_1 - \mu_2$에 대한 $100(1-\alpha)\%$ 신뢰구간은 다음과 같다.

$$(\overline{X_1} - \overline{X_2}) - Z_{\alpha/2}\sqrt{\frac{S_1^2}{n_1} + \frac{S_2^2}{n_2}} \leq \mu_1 - \mu_2$$
$$\leq (\overline{X_1} - \overline{X_2}) + Z_{\alpha/2}\sqrt{\frac{S_1^2}{n_1} + \frac{S_2^2}{n_2}}$$

㉡ 소표본($n < 30$)에서 두 모분산을 모르지만 같다는 것은 알고 있을 경우 모평균의 차 $\mu_1 - \mu_2$의 추정량은 표본평균 $\overline{X_1} - \overline{X_2}$이며 소표본인 경우 자유도가 $n_1 + n_2 - 2$인 t-분포를 이용한다.

$$(\overline{X_1} - \overline{X_2}) - t_{\alpha/2, n_1 + n_2 - 2} S_p\sqrt{\frac{1}{n_1} + \frac{1}{n_2}} \leq \mu_1 - \mu_2$$
$$\leq (\overline{X_1} - \overline{X_2}) + t_{\alpha/2, n_1 + n_2 - 2} S_p\sqrt{\frac{1}{n_1} + \frac{1}{n_2}}$$

㉢ 합동표본분산(S_p^2)

$$S_p^2 = \frac{(n_1 - 1)S_1^2 + (n_2 - 1)S_2^2}{(n_1 + n_2 - 2)}$$

• $S_1^2 = \dfrac{\sum(X_1 - \overline{X_1})^2}{n_1 - 1}$, $S_2^2 = \dfrac{\sum(X_2 - \overline{X_2})^2}{n_2 - 1}$

• S_p는 모집단의 표준편차를 대신하는 것이므로

$$\sqrt{\frac{S_1^2}{n_1} + \frac{S_2^2}{n_2}} = S_p\sqrt{\frac{1}{n_1} + \frac{1}{n_2}}$$ 로 쓸 수 있다.

핵심OX

1. 합동표본분산은 $S_p^2 = \dfrac{(n_1 - 2)S_1^2 + (n_2 - 2)S_2^2}{(n_1 + n_2 - 2)}$ 이다.

( )

2. 모분산이 알려진 경우 두 모집단 평균차이의 신뢰구간은 $(\overline{X_1} - \overline{X_2}) \pm Z_{\alpha/2}\sqrt{\dfrac{\sigma_1^2}{n_1} + \dfrac{\sigma_2^2}{n_2}}$ 이다.

( )

3. 모분산을 모르는 경우 소표본에서 두 모집단 평균차이의 신뢰구간은 $(\overline{X_1} - \overline{X_2}) \pm t_{\alpha/2} S_p\sqrt{\dfrac{1}{n_1} + \dfrac{1}{n_2}}$ 이다.

( )

정답 1 X 2 O 3 O

핵심문제

8-1. 다음은 경영학과, 컴퓨터정보학과에서 15점 만점인 중간고사 결과이다. 두 학과 평균의 차이에 대한 95% 신뢰구간은?

[19년 3회]

구 분	경영학과	컴퓨터정보학과
표본크기	36	49
표본평균	9.26	9.41
표준편차	0.75	0.86

① $-0.15 \pm 1.96\sqrt{\dfrac{0.75^2}{36} + \dfrac{0.86^2}{49}}$

② $-0.15 \pm 1.645\sqrt{\dfrac{0.75^2}{36} + \dfrac{0.86^2}{49}}$

③ $-0.15 \pm 1.96\sqrt{\dfrac{0.75^2}{35} + \dfrac{0.86^2}{48}}$

④ $-0.15 \pm 1.645\sqrt{\dfrac{0.75^2}{35} + \dfrac{0.86^2}{48}}$

8-2. 다음은 두 모집단 $N(\mu_1, \sigma^2)$, $N(\mu_2, \sigma^2)$으로부터 서로 독립인 표본을 추출하여 얻은 결과이다.

$$n_1 = 11, \ \overline{x_1} = 23, \ s_1^2 = 10$$
$$n_2 = 16, \ \overline{x_2} = 25, \ s_2^2 = 15$$

공통분산 s_p^2의 값은?

[20년 1·2회]

① 11　　　　　　② 12

③ 13　　　　　　④ 14

| 해설 |

8-1

두 모집단의 분포가 정규분포를 하고, 모분산이 알려진 경우 두
모집단 평균차이의 신뢰구간은 표본의 크기와 상관없이 다음과
같이 구한다.

$$(\overline{X_1} - \overline{X_2}) - Z_{\alpha/2}\sqrt{\frac{\sigma_1^2}{n_1} + \frac{\sigma_2^2}{n_2}} \le \mu_1 - \mu_2$$

$$\le (\overline{X_1} - \overline{X_2}) + Z_{\alpha/2}\sqrt{\frac{\sigma_1^2}{n_1} + \frac{\sigma_2^2}{n_2}}$$

$\overline{X_1} = 9.26$, $\overline{X_2} = 9.41$, $\sigma_1^2 = 0.75^2$, $\sigma_2^2 = 0.86^2$, $n_1 = 36$, $n_2 = 49$
95%에 대한 신뢰구간이므로 $\alpha = 0.05$, $Z_{\alpha/2} = 1.96$

$$(9.26 - 9.41) - 1.96\sqrt{\frac{0.75^2}{36} + \frac{0.86^2}{49}} \le \mu_1 - \mu_2$$

$$\le (9.26 - 9.41) + 1.96\sqrt{\frac{0.75^2}{36} + \frac{0.86^2}{49}}$$

8-2

$$s_p^2 = \frac{(n_1 - 1)s_1^2 + (n_2 - 1)s_2^2}{(n_1 + n_2 - 2)} = \frac{(11-1)10 + (16-1)15}{(11 + 16 - 2)}$$

$$= \frac{100 + 225}{25} = 13$$

정답 8-1 ① 8-2 ③

기출 데이터 14년 1,2회 15년 2,3회 16년 2,3회 17년 2회 19년 1,2,3회
20년 1·2,3,4회 21년 1,3회 22년 1,2회

핵심이론 09 | 표본의 크기

① 표본의 크기를 구하는 공식

추정식의 양쪽에서 D(오차한계＝신뢰도계수×표준오차)
단위만큼만 벌어지는 구간을 가지려 한다고 가정한다.

$$n \ge \frac{Z_{\alpha/2}^2 \times \sigma^2}{D^2}$$

② 모비율 추정시 표본의 크기

모집단의 추정이라는 원리상 모비율을 모르고 있는 것이 일
반적이다. 따라서 모비율에 대해 대체적인 값을 알고 있으
면 이를 이용하도록 하고, 이것이 불가능하면 소규모의 예
비조사에 의해서 대체적인 값을 추정하도록 하되 이 값마저
알 수 없다면 $\hat{p}$는 $\frac{1}{2}$을 사용하여 표본의 크기를 결정하는
것이 안정성이 크다.

$$n \ge \hat{p}(1 - \hat{p})(\frac{Z_{\alpha/2}}{D})^2$$

핵심OX

1. 모비율 추정 시 표본의 크기는 $n \le \hat{p}(1-\hat{p})(\frac{Z_{\alpha/2}}{D})^2$이다.

( )

2. 표본의 크기를 구하는 공식 $n \ge \frac{Z_{\alpha/2}^2 \times \sigma^2}{D^2}$ 에서 D는 표준

오차를 나타낸다. ( )

3. 모비율 추정 시 $\hat{p}$를 모른다면 $\frac{1}{2}$을 사용하여 표본의 크기를

결정한다. ( )

정답 1 X 2 X 3 O

핵심문제

9-1. 모평균에 대한 신뢰구간의 길이를 $\frac{1}{4}$로 줄이고자 한다. 표
본의 크기를 몇 배로 해야 하는가? [20년 3회]

① $\frac{1}{4}$ 배   ② $\frac{1}{2}$ 배

③ 2배   ④ 16배

9-2. A약국의 드링크제 판매량에 대한 표준편차(σ)는 10으로 정규분포를 이루는 것으로 알려져 있다. 이 약국의 드링크제 판매량에 대한 95% 신뢰구간을 오차한계 0.5보다 작게 하기 위해서는 표본의 크기를 최소한 얼마로 하여야 하는가? (단, 95% 신뢰구간의 $Z_{0.025}=1.96$) [20년 1·2회]

① 77　　　　　　　　② 768
③ 784　　　　　　　④ 1537

9-3. 어느 여행사에서 앞으로 1년 이내에 어학연수를 원하는 대학생들의 비율을 조사하기를 원한다. 95% 신뢰수준에서 참비율과의 오차가 3% 이내가 되도록 하기 위하여 최소한 몇 명의 대학생을 조사해야 하는가? (단, $Z_{0.05}=1.645$, $X_{0.025}=1.96$이고, 표본비율 p는 0.5로 추측한다) [21년 1회]

① 250　　　　　　　② 435
③ 752　　　　　　　④ 1068

| 해설 |

9-1

모평균 μ의 신뢰구간의 길이는 $2Z_{\alpha/2}\dfrac{\sigma}{\sqrt{n}}$ 이다.

이 길이를 $\dfrac{1}{4}$로 줄이면, $\dfrac{1}{2}Z_{\alpha/2}\dfrac{\sigma}{\sqrt{n}}=2Z_{\alpha/2}\dfrac{\sigma}{\sqrt{16n}}$ 이다.

따라서 표본의 크기를 16배 늘려야 한다.

9-2

모평균 추정 시 표본의 크기는 $n\geq\dfrac{Z_{\alpha/2}^2\times\sigma^2}{D^2}$ 이다.

$\sigma=10$이고 0.5보다 작은 오차한계이므로 $D=0.5$이다.
95% 신뢰수준이므로 $\alpha=0.05$, $Z_{\alpha/2}=Z_{0.025}=1.96$이다.

$n\geq\dfrac{1.96^2\times10^2}{0.5^2}=1536.64$

따라서 표본의 최소 크기는 1537이다.

9-3

모비율 추정 시 표본의 크기는 $n\geq\hat{p}(1-\hat{p})\left(\dfrac{Z_{\alpha/2}}{D}\right)^2$ 이다.

$\hat{p}=0.5$, $\alpha=0.05$, $D=0.03$이므로,
$n\geq0.5\times0.5\times\left(\dfrac{1.96}{0.03}\right)^2\fallingdotseq1067.1$이다.

따라서 최소한 1068명의 대학생을 조사해야 한다.

정답 9-1 ④　9-2 ④　9-3 ④

기출 데이터 14년 1,2,3회　15년 1,2,3회　16년 1,2,3회　17년 1,2,3회
18년 1,2,3회　19년 1,2,3회　21년 2,3회　22년 2회

핵심이론 10 | 가설검정의 개념

① **가설의 조건**

아직 경험적으로 검정되지 않은 일종의 예비적 이론, 둘 혹은 그 이상의 변인들 간의 관계에 대한 추측적 진술, 연구문제의 해답, 변인관계의 간단·명료·뚜렷함, 실증적으로 검정 가능, 가설 내용의 긍정 또는 부정이 가능하도록 진술되어야 한다.

② **가설검정의 의의**

㉠ 대상집단의 특성량에 대하여 어떤 가설을 설정하고, 대상집단인 모집단으로부터 추출한 표본으로 가설을 검토하는 통계적 추론이다.

㉡ 통계적 가설검정은 설정된 가설이 옳다고 할 때 표본에서 통계량을 계산하여 얻은 표본값과 통계량의 분포에서 이론적으로 얻어지는 어떤 특정값을 비교하여 그 가설을 기각할 것인가 또는 채택할 것인가를 판정하는 것이다.

③ **가설검정 용어**

㉠ 통계학에서는 이론과의 차이가 확률적인 오차의 범위를 넘어 오류라고 판단되어질 때 '가설을 기각(Reject)한다'라고 한다.

㉡ 가설을 기각 혹은 채택하는 판단기준이 되는 것을 유의수준(α)이라 한다. 가설이 기각된 경우는 '유의(Significant)하다'라고 한다. 그러나 단순히 '유의하다'라고만 하지 않고 반드시 '유의수준 몇 % 내에서 유의하다'라고 말한다.

④ **귀무가설과 대립가설**

㉠ 귀무가설(영가설) : 가설검정에서는 모집단의 모수에 대해서 어떤 조건을 가정하여 가설을 설정하는데 이때 이 가설을 귀무가설이라고 하며 H_0로 표기한다. 귀무가설은 '아무런 차이가 없다' 또는 '전혀 효과가 없다'는 내용을 의미하는 주장이다.

㉡ 대립가설(연구가설) : 귀무가설과 반대되는 가설을 대립가설이라 하며, H_1으로 나타낸다. H_0와 H_1은 서로 배타적인 관계에 있고 동시에 성립할 수 없다. 대립가설은 '차이가 있다' 또는 '효과가 있다'로 귀무가설의 반대개념이다. 표본에 근거한 강력한 증거에 의해서 입증한다.

1. 대립가설은 '아무런 차이가 없다' 또는 '전혀 효과가 없다'는 내용이다. ( )
2. 귀무가설과 대립가설은 서로 배타적인 관계에 있고 동시에 성립할 수 없다. ( )
3. 검정은 표본을 사용하는 것이므로 완전하게 올바른 판정을 기대한다. ( )
4. 귀무가설을 기각하는 경우는 그 귀무가설이 거짓이라는 것을 증명했을 경우이다. ( )

정답 1 X 2 O 3 X 4 X

핵심문제

10-1. 다음에서 설명하는 가설의 종류는? [18년 3회] [22년 2회]

- 대립가설과 논리적으로 반대의 입장을 취하는 가설이다.
- 수집된 자료에서 나타난 차이나 관계가 우연의 법칙으로 생긴 것이라는 진술로 "차이나 관계가 없다"는 형식을 취한다.

① 귀무가설 ② 통계적 가설
③ 대안가설 ④ 설명적 가설

10-2. "남녀 간 월급여의 차이가 있다"라는 주장을 검정하기 위하여 사회조사를 실시하였다. 조사결과 남자집단의 월평균급여를 μ_1, 여자집단의 월평균급여를 μ_2라고 한다면, 귀무가설은?

[18년 3회] [21년 3회]

① $\mu_1 > \mu_2$ ② $\mu_1 = \mu_2$
③ $\mu_1 < \mu_2$ ④ $\mu_1 \neq \mu_2$

| 해설 |
10-1
귀무가설은 가설검정에서 모집단의 모수에 대하여 어떤 조건을 가정하여 설정하는 가설이다. 귀무가설은 '아무런 차이가 없다' 또는 '전혀 효과가 없다'는 내용을 의미하는 주장이다.

10-2
가설검정에서는 모집단의 모수에 대해서 어떤 조건을 가정하여 가설을 설정하는데 이때 이 가설을 귀무가설이라고 한다. 귀무가설은 '아무런 차이가 없다' 또는 '전혀 효과가 없다'는 내용을 의미하는 주장이다. 따라서 "남녀 간 월급여의 차이가 있다"를 검정하기 위한 귀무가설은 "남녀 간 월급여의 차이가 없다"이므로 $\mu_1 = \mu_2$이다.

정답 10-1 ① 10-2 ②

기출 데이터 14년 1회 15년 2회 16년 2,3회 17년 1,3회 18년 1,2,3회 19년 1,2,3회 20년 1·2,3회 21년 1,3회 22년 1,2회 23년

핵심이론 11 | 가설검정의 요소 및 절차

① 가설검정의 요소
　㉠ 검정통계치
　　• 귀무가설의 채택 또는 기각 여부를 결정하는 데 사용되는 표본통계치이다.
　　• 검정통계량의 관측값이 기각역에 속하면 귀무가설을 기각한다.
　㉡ 임계치
　　주어진 유의수준에서 귀무가설의 채택 또는 기각을 결정하는 데 기준이 되는 값을 말한다.
　　• 임계치 > 통계치 : 귀무가설 채택
　　• 임계치 < 통계치 : 귀무가설 기각
　㉢ 유의수준(α)
　　• 통계적 가설검정에서 귀무가설이 참인데도 불구하고 이를 기각하는 확률로서 위험률이라고도 한다.
　　• 귀무가설이 옳을 때, 모집단에서 추출한 임의표본 $(x_1, x_2, \cdots, x_n)$의 함수로서 정한 어떤 통계량의 실현값이 미리 결정한 영역(기각역)에 포함될 확률이다.
　㉣ 유의확률($p - Value$)
　　귀무가설이 사실이라는 전제하에 검정통계량이 표본에서 계산된 값과 같거나 그 값보다 대립가설 방향으로 더 극단적인 값을 가질 확률이다. 즉, 검정통계량 값에 대해서 귀무가설을 기각시킬 수 있는 최소의 유의수준으로 귀무가설이 사실일 확률이라 생각할 수 있다.
　　• $\alpha > p - Value$: 귀무가설 기각
　　• $\alpha < p - Value$: 귀무가설 채택
　㉤ 자유도
　　• 사례수를 말한다.
　　• 주어진 조건 아래에서 자유롭게 변화할 수 있는 점수나 변인의 수를 뜻한다.

② 가설검정의 절차
　㉠ 검정하고자 하는 가설을 설정한다.
　㉡ 유의수준 α를 결정한다.
　㉢ 통계량을 결정한다(유의수준을 충족하는 임계치의 결정 및 검정통계치와 임계치 비교).
　㉣ $p - Value$값이 유의수준보다 작으면 기각한다.

1. $\alpha > p-Value$ 이면 귀무가설을 기각한다. ( )
2. 주어진 유의수준에서 귀무가설의 채택 또는 기각을 결정하는 데 기준이 되는 값을 검정통계치라고 한다. ( )
3. 임계치<통계치이면 귀무가설을 채택한다. ( )
4. 유의확률이 0.03이면 유의수준 5%에서 귀무가설을 기각할 수 없다. ( )
5. 유의수준은 어떤 통계량의 실현값이 기각역에 포함될 확률이다. ( )

정답 1 O 2 X 3 X 4 X 5 O

핵심문제

11-1. 다음 중 유의확률($p-Value$)에 대한 설명으로 틀린 것은?
[20년 3회]

① 주어진 데이터와 직접적으로 관계가 있다.
② 검정통계량이 실제 관측된 값보다 대립가설을 지지하는 방향으로 더욱 치우칠 확률로서 귀무가설하에서 계산된 값이다.
③ 유의확률이 작을수록 귀무가설에 대한 반증이 강한 것을 의미한다.
④ 유의수준이 유의확률보다 작으면 귀무가설을 기각한다.

11-2. 어떤 가설검정에서 유의확률($p-$값)이 0.044일 때, 검정 결과로 맞는 것은?
[22년 2회]

① 귀무가설을 유의수준 1%와 5%에서 모두 기각할 수 없다.
② 귀무가설을 유의수준 1%와 5%에서 모두 기각할 수 있다.
③ 귀무가설을 유의수준 1%에서 기각할 수 있으나 5%에서는 기각할 수 없다.
④ 귀무가설을 유의수준 1%에서 기각할 수 없으나 5%에서는 기각할 수 있다.

11-3. 통계적 가설검정을 위한 검정통계값에 대한 유의확률($p-Value$)이 주어졌을 때, 귀무가설을 유의수준 α로 기각할 수 있는 경우는?
[20년 1·2회]

① $p-Value > \alpha$
② $p-Value < \alpha$
③ $p-Value \geq \alpha$
④ $p-Value > 2\alpha$

11-4. 가설검정과 관련한 용어에 대한 설명으로 틀린 것은?
[19년 1회] [22년 1회]

① 제2종 오류란 대립가설 H_1이 참임에도 불구하고 귀무가설 H_0를 기각하지 못하는 오류이다.
② 유의수준이란 제1종 오류를 범할 확률의 최대허용한계를 말한다.
③ 유의확률이란 검정통계량의 관측값에 의해 귀무가설을 기각할 수 있는 최소의 유의수준을 뜻한다.
④ 검정력 함수란 귀무가설을 채택할 확률을 모수의 함수로 나타낸 것이다.

11-5. 통계적 가설의 기각여부를 판정하는 가설검정에 대한 설명으로 옳은 것은?
[19년 2회] [22년 2회]

① 표본으로부터 확실한 근거에 의하여 입증하고자 하는 가설을 귀무가설이라 한다.
② 유의수준은 제2종 오류를 범할 확률의 최대허용한계이다.
③ 대립가설을 채택하게 하는 검정통계량의 영역을 채택역이라 한다.
④ 대립가설이 옳은데도 귀무가설을 채택함으로써 범하게 되는 오류를 제2종 오류라 한다.

|해설|

11-1
유의수준이 유의확률보다 작으면 귀무가설을 채택한다.

11-2
유의확률($p-$값)이 0.044로 유의수준 0.1, 0.05보다 작으므로 귀무가설을 기각할 수 있으나, 유의수준 0.01 범위에서는 귀무가설을 기각할 수 없다.

11-3
$\alpha > p$이면 귀무가설을 기각, $\alpha < p$이면 귀무가설을 채택한다.

11-4
검정력 함수는 귀무가설 H_0를 기각하는 확률을 모수의 함수로 나타낸 것이다.

11-5
① 대립가설에 대한 설명이다.
② 귀무가설이 참임에도 기각하는 오류, 즉 제1종 오류를 범할 확률의 최대허용한계이다.
③ 귀무가설을 채택하게 되는 검정통계량의 영역을 채택역이라 한다.

정답 11-1 ④ 11-2 ④ 11-3 ② 11-4 ④ 11-5 ④

핵심이론 12 | 양측검정과 단측검정

① 양측검정

　㉠ 가설검정에서 귀무가설을 기각할 영역이 양쪽에 위치하
　　고 있는 것을 양측검정이라 한다.

　㉡ 양측검정에서는 귀무가설과 대립가설을 다음과 같이 설
　　정한다.

$$H_0 : \theta = \theta_0$$
$$H_1 : \theta \neq \theta_0$$
$$(\theta : \text{모수}, \ \theta_0 : \text{모수의 특정한 값})$$

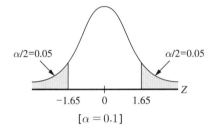

$$[\alpha = 0.1]$$

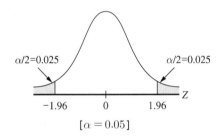

$$[\alpha = 0.05]$$

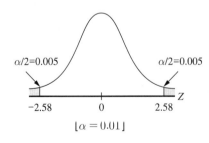

$$[\alpha = 0.01]$$

　㉢ 일반적으로 양측검정은 모평균이 어느 가정치와 동일한
　　지 아닌지를 조사할 경우에 사용된다.

② 단측검정

　㉠ 가설검정에서 귀무가설을 기각할 영역이 한쪽에 위치하
　　고 있는 것을 단측검정이라 한다.

　㉡ 단측검정에서는 귀무가설과 대립가설을 다음과 같이 설
　　정한다.

　　• 우측검정

$$H_0 : \theta = \theta_0$$
$$H_1 : \theta > \theta_0$$
$$(\theta : \text{모수}, \ \theta_0 : \text{모수의 특정한 값})$$

　　• 좌측검정

$$H_0 : \theta = \theta_0$$
$$H_1 : \theta < \theta_0$$
$$(\theta : \text{모수}, \ \theta_0 : \text{모수의 특정한 값})$$

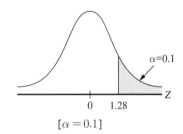

$$[\alpha = 0.1]$$

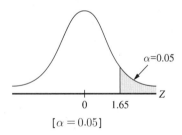

$$[\alpha = 0.05]$$

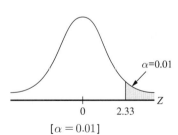

$$[\alpha = 0.01]$$

　㉢ 단측검정은 모수의 크기가 이론적 · 경험적으로 특정값
　　이상 혹은 이하로 예상될 경우에 사용한다.

1. 단측검정인 경우 유의수준 5%에서 $Z_\alpha = 1.65$이다. ( )
2. 양측검정인 경우 95% 신뢰수준에서 $Z_{\alpha/2} = 1.65$이다. ( )
3. 가설검정에서 귀무가설을 기각할 영역이 양쪽에 위치하고 있는 것을 양측검정이라 한다. ( )
4. 일반적으로 단측검정은 모평균이 어느 가정치와 동일한지 아닌지를 조사할 경우에 사용된다. ( )

정답 1 ○ 2 X 3 ○ 4 X

핵심문제

12-1. 다음 중 가설검정에 관한 설명으로 옳은 것은?

[18년 2회] [21년 1회]

① 일반적으로 표본자료에 의해 입증하고자 하는 가설을 대립가설로 세운다.
② 1종 오류와 2종 오류 중 더 심각한 오류는 1종 오류이다.
③ p-값이 유의수준보다 크면 귀무가설을 기각한다.
④ 양측검정으로 유의하지 않은 자료라도 단측검정을 하면 유의할 수도 있다.

12-2. 국회의원 후보 A에 대한 청년층 지지율 p_1과 노년층 지지율 p_2의 차이 $p_1 - p_2$는 6.6%로 알려져 있다. 청년층과 노년층 각각 500명씩을 랜덤 추출하여 조사하였더니, 위 지지율 차이는 3.3%로 나타났다. 지지율 차이가 줄어들었다고 할 수 있는지를 검정하기 위한 귀무가설 H_0와 대립가설 H_1은? [19년 2회] [22년 2회]

① $H_0 : p_1 - p_2 = 0.033$, $H_1 : p_1 - p_2 > 0.033$
② $H_0 : p_1 - p_2 > 0.033$, $H_1 : p_1 - p_2 \leq 0.033$
③ $H_0 : p_1 - p_2 < 0.066$, $H_1 : p_1 - p_2 \geq 0.066$
④ $H_0 : p_1 - p_2 = 0.066$, $H_1 : p_1 - p_2 < 0.066$

12-3. 다음 내용에 대한 가설형태로 옳은 것은? [21년 3회]

기존의 진통제는 진통효과가 지속되는 시간이 평균 30분이고 표준편차는 5분이라고 한다. 새로운 진통제를 개발하였는데, 개발팀은 이 진통제의 진통효과가 30분 이상이라고 주장한다.

① $H_0 : \mu < 30$ VS $H_1 : \mu = 30$
② $H_0 : \mu = 30$ VS $H_1 : \mu > 30$
③ $H_0 : \mu > 30$ VS $H_1 : \mu = 30$
④ $H_0 : \mu = 30$ VS $H_1 : \mu \neq 30$

12-4. 기존의 취업 교육 프로그램을 이수한 사람의 취업률 p는 0.70이다. 새로운 교육 프로그램이 취업률을 높인다는 주장이 있어 통계적으로 검정하기 위해 새로운 교육 프로그램을 이수한 사람을 임의로 추출하여 취업률을 조사하였다. 이때 적절한 귀무가설(H_0)과 대립가설(H_1)은?

[21년 3회] [23년]

① $H_0 : p > 0.7$, $H_1 : p = 0.7$
② $H_0 : p \neq 0.7$, $H_1 : p = 0.7$
③ $H_0 : p = 0.7$, $H_1 : p > 0.7$
④ $H_0 : p = 0.7$, $H_1 : p \neq 0.7$

| 해설 |

12-1

시행처에서 공개한 답은 ④번이지만, 출제된 문제에 오류가 있는 것으로 판단되어 아래와 같이 문제를 수정하여 학습하도록 합니다. 다음 중 가설검정에 관한 설명으로 옳지 <u>않은</u> 것은?
①·②·④는 맞는 설명이고, p-값이 유의수준보다 작으면 귀무가설을 기각하므로 정답은 ③입니다.

12-2

기존의 지지율 차이 6.6%보다 작아졌다는 단측검정에 대한 가설이므로 $H_0 : p_1 - p_2 = 0.066$, $H_1 : p_1 - p_2 < 0.066$이다.

12-3

대립가설은 연구자가 주장하고 싶은 가설로 진통효과가 30분 이상이라는 것을 주장하고 싶기 때문에 $H_0 : \mu = 30$ VS $H_1 : \mu > 30$로 정의할 수 있다.

12-4

가설검정에서는 모집단의 모수에 대해서 어떤 조건을 가정하여 가설을 설정하는데 이때 이 가설을 귀무가설이라고 한다. 귀무가설은 '아무런 차이가 없다' 또는 '전혀 효과가 없다'는 내용을 의미하는 주장이다. 따라서 "새로운 교육 프로그램이 취업률을 높인다"를 검정하기 위한 귀무가설은 "새로운 교육 프로그램은 취업률을 높이는 데 효과가 없다(=기존의 취업 교육 프로그램을 이수한 사람의 취업률과 차이가 없다)"이므로 $H_0 : p = 0.7$이다. 대립가설은 "새로운 교육 프로그램이 취업률을 높인다"이므로 $H_1 : p > 0.7$이다.

정답 12-1 해설참조 12-2 ④ 12-3 ② 12-4 ③

기출 데이터 15년 1,2,3회 16년 1,2,3회 17년 1,2,3회 18년 1,2,3회
19년 1,2회 20년 1・2,4회 21년 1,2회 22년 1회 23년

핵심이론 13 | 가설검정의 오류

① 가설검정의 오류

⊙ 표본에서 나온 통계치를 이용하여 모수치를 추정하면 거의 오차가 발생하기 마련인데 이 오차를 가설검정의 오류라고 한다.

ⓛ 가설검정에 있어서 귀무가설을 채택하든 기각하든 간에 하나를 결정할 때는 두 가지 오류 중 어느 하나를 범할 가능성이 있다.

② 제1종 오류와 제2종 오류

구 분	실제현상	
	귀무가설 참	귀무가설 거짓
귀무가설 채택	정확한 결론($1-\alpha$)	제2종 오류(β)
귀무가설 기각	제1종 오류(α)	정확한 결론($1-\beta$)

⊙ 제1종 오류

귀무가설이 참임에도 귀무가설을 기각하는 과오를 제1종 오류(과오)라 하며, 오류를 발생시킬 확률을 α라 한다. 이 때 α는 제1종 오류를 범할 확률의 최대허용한계를 뜻한다.

• H_0가 참임에도 기각하는 확률(유의수준) : α

• H_0가 참일 때 채택하는 옳은 결정의 확률 : $1-\alpha$

ⓛ 제2종 오류

귀무가설이 거짓임에도 귀무가설을 채택하는 오류를 제2종 오류라 하고, 과오를 발생시킬 확률을 β라 한다.

• H_0가 거짓임에도 채택하는 확률 : β

• H_0가 거짓일 때 기각하는 옳은 결정의 확률(검정력) : $1-\beta$

핵심OX

1. 귀무가설이 거짓임에도 귀무가설을 채택하는 오류를 제2종 오류라고 한다. ( )
2. 검정력이란 귀무가설이 참일 때 채택하는 확률이다. ( )
3. 제1종 오류란 귀무가설이 참임에도 불구하고 기각하는 오류를 말한다. ( )
4. 유의수준이란 제1종 오류를 범할 확률의 최대허용한계를 뜻한다. ( )

정답 1 ○ 2 X 3 ○ 4 ○

핵심문제

13-1. 귀무가설이 참임에도 불구하고 이를 기각하는 결정을 내리는 오류를 무엇이라고 하는가? [20년 4회]

① 제1종 오류
② 제2종 오류
③ 제3종 오류
④ 제4종 오류

13-2. 귀무가설 H_0가 참인데 대립가설 H_1이 옳다고 잘못 결론을 내리는 오류는? [21년 2회]

① 제1종 오류
② 제2종 오류
③ 제3종 오류
④ β

13-3. 귀무가설이 참임에도 불구하고 귀무가설을 기각하는 판정을 내릴 확률은? [22년 1회]

① 유의확률
② 주변확률
③ 제1종 오류를 범할 확률
④ 제2종 오류를 범할 확률

13-4. 가설검정 시 대립가설(H_1)이 사실인 상황에서 귀무가설(H_0)을 기각할 확률은? [19년 1회] [22년 1회]

① 검정력
② 신뢰수준
③ 유의수준
④ 제2종 오류를 범할 확률

|해설|

13-1
귀무가설이 참임에도 귀무가설을 기각하는 과오를 제1종 오류(과오)라 하며, 제2종 오류는 귀무가설이 거짓임에도 불구하고 이를 채택하는 결정을 내리는 오류를 의미한다.

13-2
귀무가설이 참임에도 불구하고 귀무가설을 기각하는 오류를 제1종 오류라고 한다.

13-3
귀무가설이 참임에도 귀무가설을 기각하는 과오를 제1종 오류(과오)라 하며, 제2종 오류보다 더 심각한 오류이다.

13-4
검정력은 귀무가설이 거짓일 때 기각하는 옳은 결정의 확률이다. 즉, 대립가설이 참일 때 귀무가설을 기각할 확률이다.

정답 13-1 ① 13-2 ① 13-3 ③ 13-4 ①

핵심이론 14 | 모평균에 대한 가설검정 – 모분산이 알려진 경우

① 모분산 σ^2을 알고 그 모집단에서 추출한 표본의 평균 $\overline{X}$를 알 때, 표본의 평균과 모집단의 평균을 비교 검정하는 경우이다.

② 정규분포를 따르고 모분산을 알고 있으므로 Z분포를 이용하여 검정하며 검정통계량의 계산식은 다음과 같다.

$$Z = \frac{\overline{X} - \mu_0}{\sigma / \sqrt{n}}$$

핵심OX

1. 모평균에 대한 통계량은 t-분포를 따른다. ( )

2. 모분산을 알고 있으면 모평균에 대한 가설검정은 $Z = \dfrac{\overline{X} - \mu_0}{S / \sqrt{n}}$ 를 이용한다. ( )

정답 1 X 2 X

핵심문제

14-1. 평균이 μ이고, 분산이 $\sigma^2 = 9$인 정규모집단으로부터 추출한 크기 100인 확률표본의 표본평균 $\overline{x}$를 이용하여 가설 $H_0 : \mu = 0$ vs $H_1 : \mu > 0$을 유의수준 0.05에서 검정하는 경우 기각역이 $Z_0 \geq 1.645$ 이다. 이때 검정통계량 Z_0에 해당하는 것은? [21년 1회]

① $10 \times \dfrac{\overline{x}}{9}$ ② $10 \times \dfrac{\overline{x}}{3}$

③ $100 \times \dfrac{\overline{x}}{9}$ ④ $100 \times \dfrac{\overline{x}}{3}$

14-2. 정규분포를 따르는 모집단의 모평균에 대한 가설 $H_0 : \mu = 50$ vs $H_1 : \mu < 50$을 검정하고자 한다. 크기 $n = 100$의 임의표본을 취하여 표본평균을 구한 결과 $\overline{x} = 49.02$를 얻었다. 모집단의 표준편차가 5라면 유의확률은 얼마인가? (단, $P(Z \leq -1.96) = 0.025$, $P(Z \leq -1.645) = 0.05$이다) [20년 1 · 2회]

① 0.025 ② 0.05
③ 0.95 ④ 0.975

14-3. 우리나라 대학생들의 1주일 동안 독서시간은 평균이 20시간, 표준편차가 3시간인 정규분포를 따른다고 알려져 있다. 이를 확인하기 위해 36명의 학생을 조사하였더니 평균이 19시간으로 나타났다. 위 결과를 이용하여 우리나라 대학생들의 평균 독서시간이 20시간보다 작다고 말할 수 있는지를 검정한다고 할 때 다음 설명 중 옳은 것은? (단, $P(|Z| < 1.645) = 0.9$, $P(|Z| < 1.96) = 0.95$) [20년 4회]

① 검정통계량의 값은 -2이다.
② 가설검정에는 χ^2분포가 이용된다.
③ 유의수준 0.05에서 검정할 때, 우리나라 대학생들의 평균 독서시간이 20시간보다 작다고 말할 수 없다.
④ 표본분산이 알려져 있지 않아 가설검정을 수행할 수 없다.

14-4. 어느 조사기관에서 대한민국에 거주하는 10세 아동의 평균 키는 112cm이고, 표준편차가 6cm인 정규분포를 따르는 것으로 보고하였다. 이 결과를 확인하기 위하여 36명을 무작위로 추출하여 측정한 결과 표본평균이 109cm이었다. 가설 $H_0 : \mu = 112$cm vs $H_1 : \mu \neq 112$cm 에 대한 유의수준 5%의 검정 결과로 옳은 것은? (단, $Z_{0.025} = 1.96$, $Z_{0.05} = 1.645$이다) [21년 2회]

① 검정통계량은 2이다.
② 귀무가설을 기각한다.
③ 귀무가설을 기각할 수 없다.
④ 위 사실로는 판단할 수 없다.

해설

14-1

모분산을 알고 있으므로 $Z = \dfrac{\overline{X} - \mu_0}{\sigma / \sqrt{n}}$를 이용한다.

$\mu_0 = 0$, $n = 100$, $\sigma = 3$이므로 $\dfrac{\overline{x} - 0}{3 / \sqrt{100}} = \dfrac{\overline{x}}{3} \times 10$이다.

14-2

$Z = \dfrac{49.02 - 50}{5 / \sqrt{100}} = -1.96$, 단측검정이므로 $P(Z \leq -1.96) = 0.025$
따라서 유의확률은 0.025이다.

14-3

모평균에 대한 검정통계량 $Z = \dfrac{\overline{X} - \mu_0}{\sigma / \sqrt{n}}$를 이용한다.

$Z = \dfrac{\overline{X} - \mu_0}{\sigma / \sqrt{n}} = \dfrac{19 - 20}{3 / \sqrt{36}} = -2$

14-4

$Z = \dfrac{109 - 112}{6 / \sqrt{36}} = -3$

양측검정이고 유의수준 5%에서 $Z_{\alpha/2} = Z_{0.025} = 1.96$이다.
따라서 $1.96 < |-3|$이므로 귀무가설을 기각할 수 있다.

정답 14-1 ② 14-2 ① 14-3 ① 14-4 ②

핵심이론 15 | 모평균에 대한 가설검정 – 모분산이 알려지지 않은 경우

① 대표본($n \geq 30$)의 경우

   ㉠ 모평균 μ는 알고 있으나 모분산 σ^2을 모르고, 그 모집단에서 추출한 표본의 평균 및 표본분산 S^2을 알 때 표본의 평균과 모집단의 평균을 비교·검정하는 경우이다.

   ㉡ 모평균에 관한 통계적 추론에 있어 실제로 모분산을 모르고 표본의 분산만 아는 경우가 많다.

   ㉢ 표본의 표준편차(S)를 모집단의 표준편차(σ) 대신 사용한다.

$$Z = \frac{\overline{X} - \mu_0}{S/\sqrt{n}}$$

② 소표본($n < 30$)의 경우

자유도가 $n-1$인 t-분포를 이용하여 검정하며 검정통계량의 계산식은 다음과 같다.

$$t = \frac{\overline{X} - \mu_0}{S/\sqrt{n}} \sim t_{n-1}$$

핵심OX

1. 모분산이 알려지지 않은 대표본의 경우 모평균에 대한 가설검정은 Z 검정통계량을 이용한다.   (   )

2. 모분산을 모르는 경우 표본의 크기에 상관없이 모평균에 대한 검정통계량은 $Z = \dfrac{\overline{X} - \mu_0}{S/\sqrt{n}}$ 이다.   (   )

3. 대표본인 경우 모분산이 알려짐의 여부에 관계없이 $Z = \dfrac{\overline{X} - \mu_0}{S/\sqrt{n}}$ 를 이용해 모평균에 대한 가설검정을 한다.   (   )

정답 1 O 2 X 3 X

핵심문제

15-1. 정규분포를 따르는 어떤 집단의 모평균이 10인지를 검정하기 위하여 크기가 25인 표본을 추출하여 관측한 결과 표본평균은 9, 표본표준편차는 2.50이었다. t-검정을 할 경우 검정통계량의 값은?   [20년 4회]

① 2   ② 1

③ −1   ④ −2

15-2. 어느 기업의 전년도 대졸 신입사원 임금의 평균이 200만원이라고 한다. 금년도 대졸신입사원 중 100명을 조사하였더니 평균이 209만원이고 표준편차가 50만원이었다. 금년도 대졸 신입사원의 임금이 인상되었는지 유의수준 5%에서 검정한다면, 검정통계량의 값과 검정 결과는? [단, $P(|Z| > 1.640) = 0.10$, $P(|Z| > 1.96) = 0.05$, $P(|Z| > 2.58) = 0.01$]   [19년 1회]

① 검정통계량 : 1.8
   검정결과 : 금년도 대졸 신입사원 임금이 전년도에 비하여 인상되었다고 할 수 있다.

② 검정통계량 : 1.8
   검정결과 : 금년도 대졸 신입사원 임금이 전년도에 비하여 인상되었다고 할 수 없다.

③ 검정통계량 : 2.0
   검정결과 : 금년도 대졸 신입사원 임금이 전년도에 비하여 인상되었다고 할 수 있다.

④ 검정통계량 : 2.0
   검정결과 : 금년도 대졸 신입사원 임금이 전년도에 비하여 인상되었다고 할 수 없다.

15-3. 어느 회사는 노조와 협의하여 오후의 중간 휴식시간을 20분으로 정하였다. 그런데 총무과장은 대부분의 종업원이 규정된 휴식시간보다 더 많은 시간을 쉬고 있다고 생각하고 있다. 이를 확인하기 위하여 전체 종업원 1,000명 중에서 25명을 조사한 결과 표본으로 추출된 종업원의 평균 휴식시간은 22분이고 표준편차는 3분으로 계산되었다. 유의수준 5%에서 총무과장의 의견에 대한 가설검정 결과로 옳은 것은? [단, $t_{(0.05, 24)} = 1.711$]   [18년 2회] [22년 2회]

① 검정통계량 $t < 1.711$이므로 귀무가설을 기각한다.

② 검정통계량 $t > 1.711$이므로 귀무가설을 채택한다.

③ 종업원의 실제 휴식시간은 규정시간 20분보다 더 길다고 할 수 있다.

④ 종업원의 실제 휴식시간은 규정시간 20분보다 더 짧다고 할 수 있다.

해설

15-1

모평균에 대한 검정통계량에서 모분산을 모르는 소표본 $(n<30)$인 경우 검정통계량 $t = \dfrac{\overline{X}-\mu}{S/\sqrt{n}}$ 을 이용한다.

따라서 $t = \dfrac{9-10}{2.5/\sqrt{25}} = -2$이다.

15-2

단측검정이고 $H_0 : \mu = 200$, $H_1 : \mu > 200$이다.

대표본이고 모분산을 모르므로 $Z = \dfrac{\overline{X}-\mu_0}{S/\sqrt{n}}$ 을 이용한다.

$\overline{X} = 209$, $S = 50$, $n = 100$, $\mu_0 = 200$을 대입하면

$Z = \dfrac{209-200}{50/\sqrt{100}} = 1.8$

유의수준 5%에서 단측검정이므로 $Z_{0.05} = 1.64 < 1.8$를 만족하여 귀무가설을 기각한다.

따라서 대졸 신입사원의 임금이 작년도에 비하여 올랐다고 할 수 있다.

15-3

소표본이고 모분산을 모르므로 $t = \dfrac{\overline{X}-\mu_0}{S/\sqrt{n}}$ 를 이용한다.

$H_0 : \mu = 20$, $H_1 : \mu > 20$이고

$\overline{X} = 22$, $S = 3$, $n = 25$,

$\mu_0 = 20$이므로

$t = \dfrac{22-20}{3/\sqrt{25}} \fallingdotseq 3.33$이다.

유의수준 5%에서 $t_{(0.05,\,24)} = 1.711$보다 3.33이 크기 때문에 귀무가설을 기각한다. 따라서 종업원의 휴식시간은 규정시간보다 길다고 할 수 있다.

정답 15-1 ④ 15-2 ① 15-3 ③

핵심이론 16 | **모비율에 대한 가설검정**

① 비율의 표본분포에서 비율 p의 표본분포의 표준편차는 $\sqrt{\dfrac{p_0(1-p_0)}{n}}$ 이다.

② 비율의 표본분포는 $np \geq 5$, $n(1-p) \geq 5$일 때 정규분포와 비슷한 모양을 이루게 된다. 따라서 이러한 조건을 충족시키는 경우 표본의 비율 $\hat{p}$에 대한 Z값은 다음과 같은 공식에 의해서 계산할 수 있다.

$$Z = \frac{\hat{p}-p_0}{\sqrt{p_0(1-p_0)/n}}$$

핵심OX

1. 표본의 비율 $\hat{p}$에 대한 모비율에 대한 가설검정은 t값을 이용한다. (　)

2. 표본의 비율 $\hat{p}$에 대한 모비율에 대한 가설검정의 검정통계치는 $Z = \dfrac{\hat{p}}{\sqrt{p_0(1-p_0)/n}}$ 이다. (　)

정답 1 X 2 X

핵심문제

16-1. 이라크 파병에 대한 여론조사를 실시했다. 100명을 무작위로 추출하여 조사한 결과 56명이 파병에 대해 찬성했다. 이 자료로부터 파병을 찬성하는 사람이 전 국민의 과반수가 되는지를 유의수준 5%에서 통계적 가설검정을 실시했다. 다음 중 옳은 것은?

[20년 3회]

$P(|Z| > 1.64) = 0.10$, $P(|Z| > 1.96) = 0.05$,
$P(|Z| > 2.58) = 0.01$

① 찬성률이 전 국민의 과반수 이상이라고 할 수 있다.
② 찬성률이 전 국민의 과반수 이상이라고 할 수 없다.
③ 표본의 수가 부족해서 결론을 얻을 수 없다.
④ 표본의 과반수 이상이 찬성해서 찬성률이 전 국민의 과반수 이상이라고 할 수 있다.

16-2. 국회의원 선거에 출마한 A후보의 지지율이 50%를 넘는지 확인하기 위해 유권자 1,000명을 조사하였더니 550명이 A후보를 지지하였다. 귀무가설 $H_0 : p = 0.5$ 대립가설 $H_1 : p > 0.5$의 검정을 위한 검정통계량 Z_0는? [19년 3회]

① $Z_0 = \dfrac{0.55 - 0.5}{\sqrt{\dfrac{0.55 \times 0.45}{1000}}}$

② $Z_0 = \dfrac{0.55 - 0.5}{\sqrt{\dfrac{0.55 \times 0.45}{1000}}}$

③ $Z_0 = \dfrac{0.55 - 0.5}{\sqrt{\dfrac{0.5 \times 0.5}{1000}}}$

④ $Z_0 = \dfrac{0.55 - 0.5}{\dfrac{\sqrt{0.5 \times 0.5}}{1000}}$

16-3. 어느 화장품 회사에서 새로 개발한 상품에 대한 선호도를 조사하려고 한다. 400명의 조사 대상자 중에서 새 상품을 선호한 사람은 220명이었다. 이때, 다음 가설에 대한 유의확률은? (단, $Z \sim N(0,1)$ 이다) [18년 1회] [21년 3회]

$$H_0 : p = 0.5 \text{ vs } H_1 : p > 0.5$$

① $P(Z \geq 1)$

② $P(Z \geq \dfrac{5}{4})$

③ $P(Z \geq \dfrac{3}{2})$

④ $P(Z \geq 2)$

16-4. 모집단으로부터 추출한 크기 100의 표본을 취하여 조사한 결과 표본비율은 $\hat{p} = 0.42$ 이었다. 귀무가설 $H_0 : p = 0.4$와 대립가설 $H_1 : p > 0.4$를 검정하기 위한 검정통계량은? [18년 1회] [18년 2회] [22년 1회] [23년]

① $\dfrac{0.4}{\sqrt{0.4(1-0.4)/100}}$

② $\dfrac{0.42 - 0.4}{\sqrt{0.42(1-0.42)/100}}$

③ $\dfrac{0.42 + 0.4}{\sqrt{0.42(1-0.42)/100}}$

④ $\dfrac{0.42 - 0.4}{\sqrt{0.4(1-0.4)/100}}$

16-5. 대통령 선거에서 A 후보자는 50%의 득표를 할 것으로 예상하고 있다. 이러한 예상을 확인하기 위해 유권자 200명을 무작위추출하여 조사하였더니 그 중 81명이 A 후보자를 지지한다고 하였다. 이때 검정통계량값은? [22년 2회]

① -2.69　　　　② -1.90

③ 0.045　　　　④ 1.645

| 해설 |

16-1

귀무가설(H_0) : $p = 0.5$, 대립가설(H_1) : $p > 0.5$

$\hat{p} = 0.56$, $p_0 = 0.5$, $n = 100$이므로

$Z = \dfrac{0.56 - 0.5}{\sqrt{0.5 \times 0.5/100}} = 1.2$

단측검정이고 유의수준 5%에서 $Z_\alpha = Z_{0.05} = 1.64$이다.

따라서 검정통계량이 임계치보다 작으므로 귀무가설을 기각할 수 없으므로 한국인의 찬성률이 과반수 이상이라고 결론을 내릴 수 없다.

16-2

$\hat{p} = \dfrac{550}{1,000}$, $n = 1,000$, $p_0 = 0.5$이고 표본의 비율 $\hat{p}$에 대한 Z값은

$Z = \dfrac{\hat{p} - p_0}{\sqrt{p_0(1-p_0)/n}}$ 이므로 대입하면 값은 $\dfrac{0.55 - 0.5}{\sqrt{\dfrac{0.5(1-0.5)}{1,000}}}$ 이다.

16-3

$\hat{p} = \dfrac{220}{400} = 0.55$, $p_0 = 0.5$, $n = 400$이므로

$Z = \dfrac{0.55 - 0.5}{\sqrt{0.5(1-0.5)/400}} = 2$

따라서 유의확률 p-값은 $P(Z \geq 2)$이다.

16-4

모비율에 대한 가설검정은 검정통계량 $Z = \dfrac{\hat{p} - p_0}{\sqrt{p_0(1-p_0)/n}}$ 를 이용한다.

$\hat{p} = 0.42$, $p_0 = 0.4$, $n = 100$이므로 $\dfrac{0.42 - 0.4}{\sqrt{0.4(1-0.4)/100}}$ 이다.

16-5

50% 득표를 예상하는 것은 모수 $p = 0.5$를 의미한다.

유권자 200명 중 81명이 지지한다는 사실로 p의 추정치 $\hat{p} = \dfrac{81}{200} = 0.405$이다.

검정통계량 $z = \dfrac{\hat{p} - p_0}{\sqrt{\dfrac{p_0(1-p_0)}{n}}} = \dfrac{0.405 - 0.5}{\sqrt{\dfrac{0.5(1-0.5)}{200}}} = -2.69$

핵심이론 17 | 계산적인 대푯값

① 대푯값

  ㉠ 분포의 중심위치를 나타내는 측정치이다. 그러나 대푯값은 분포의 중앙 또는 도수의 집중점과는 반드시 일치하지는 않는다.

  ㉡ 대푯값을 계산하는 방법과 분포의 형태에 따라서는 대푯값과 분포의 중앙 또는 집중점이 일치하는 경우도 있으나, 일반적으로 대푯값은 보다 넓은 의미의 분포 중심으로서 변수 전체를 대표하는 값이다.

  ㉢ 관찰된 자료들이 어느 곳에 가장 많이 모여 있는가를 나타내는 것이 집중화 경향인데 이런 집중화 경향을 나타내는 수치를 분포의 대푯값이라 하고 이에는 산술평균, 중위수, 최빈수가 있다.

  ㉣ 계산적인 대푯값과 위치적인 대푯값으로 구분할 수 있다.
  • 계산적인 대푯값 : 산술평균, 기하평균, 조화평균
  • 위치적인 대푯값 : 중위수, 최빈수, 사분위수

② 산술평균($\overline{X}$)

  ㉠ n개의 수 x_1, x_2, x_3, $\cdots$, x_n이 있을 때, 이들의 합을 개수로 나눈 것을 의미한다.

$$산술평균(\overline{X}) = \frac{(x_1 + x_2 + \cdots + x_n)}{n} = \frac{1}{n}\sum x_i$$

  ㉡ 가중산술평균은 x_1이 f_1개, x_2가 f_2개, $\cdots$, x_n이 f_n개 있을 때, 이들 총합 $f_1x_1 + f_2x_2 + f_3x_3 + \cdots + f_nx_n = \sum f_ix_i$를 총 개수 $f_1 + f_2 + f_3 + \cdots + f_n = \sum f_i$로 나눈 것이다.

$$가중산술평균 = \frac{\sum f_ix_i}{\sum f_i}$$

  ㉢ 산술평균으로부터 편차의 합은 0이며, 이는 추상적인 대푯값으로서 계산상의 편리함으로 많이 사용되지만 극단적인 값(이상점)의 영향을 많이 받는다.

③ 기하평균(G)

  ㉠ 변화율이나 비율의 평균을 구할 때 이용하는 수치로서 모든 측정치를 곱하여 측정치의 수만큼 제곱근을 구한 것이다.

  ㉡ 양수인 n개 측정값이 $X = x_1$, x_2, $\cdots$, x_n일 때 X의 기하평균은 다음과 같이 정의된다.

$$기하평균(G) = \sqrt{x_1 \times x_2 \times \cdots \times x_n}$$
$$(단,\ n은\ 변수의\ 개수)$$

  ㉢ 극단적인 변수의 값에 의해 영향을 받지만 산술평균보다는 적게 받는다.

  ㉣ 인구변동률, 물가변동률, 경제성장률과 같은 비율의 중심경향값 산정에 많이 쓰인다.

④ 조화평균(H)

  ㉠ n개의 양수에 대하여 그 역수들을 산술평균한 것의 역수를 말한다.

  ㉡ 변량 X의 n개 측정값이 $X = x_1$, x_2, $\cdots$, x_n일 때 X의 조화평균은 다음과 같이 정의된다.

$$조화평균(H) = \frac{n}{\sum \dfrac{1}{x_i}}$$
$$= \frac{1}{\dfrac{1}{n}\left(\dfrac{1}{x_1} + \dfrac{1}{x_2} + \cdots + \dfrac{1}{x_n}\right)}$$
$$(단,\ n은\ 변수의\ 개수)$$

  ㉢ 추상적인 중심경향값으로 극단적인 값의 영향을 받으며, 시간적으로 계속하여 변하는 변량, 속도 등에 사용하는 중심경향값으로 역수를 갖는 변량 외에는 거의 사용하지 않는다.

  ㉣ 단위당 평균 산출에 이용한다.

핵심OX

1. 산술평균은 극단적인 값의 영향을 받지 않는다. ( )
2. 가장 널리 사용되는 대푯값은 중위수이다. ( )
3. 산술평균은 계산적인 대푯값에 속한다. ( )
4. 대푯값과 분포의 중앙 또는 집중점은 항상 일치한다. ( )
5. 가중산술평균은 x_1이 f_1개, x_2가 f_2개, $\cdots$, x_n이 f_n개 있을 때, 이들 총합 $\sum f_ix_i$를 n개로 나눈 값이다. ( )

정답 1 X 2 X 3 O 4 X 5 X

17-1 자료의 산술평균에 대한 설명으로 틀린 것은?

[20년 1·2회]

① 이상점의 영향을 받지 않는다.
② 편차들의 합은 0이다.
③ 분포가 좌우대칭이면 산술평균과 중앙값은 같다.
④ 자료의 중심위치에 대한 측도이다.

17-2. 다음 중 평균에 관한 설명으로 틀린 것은? [19년 2회]

① 중심경향을 측정하기 위한 척도이다.
② 이상치에 크게 영향을 받는 단점이 있다.
③ 이상치가 존재할 경우를 고려하여 절사평균(Trimmed Mean)을 사용하기도 한다.
④ 표본의 몇몇 특성값이 모평균으로부터 한쪽 방향으로 멀리 떨어지는 현상이 발생하는 자료에서도 좋은 추정량이다.

17-3. 어느 투자자의 연도별 수익률이 x_1, x_2, $\cdots$, x_n일 때, 연평균 수익률을 구하는 방법으로 가장 적절한 것은? [21년 3회]

① 기하평균
② 산술평균
③ 절사평균
④ 조화평균

|해설|

17-1
몇몇 특성값이 한쪽 방향으로 멀리 떨어지는 이상점이 존재하는 경우 산술평균은 영향을 받는다.

17-2
몇몇 특성값이 모평균으로부터 한쪽 방향으로 멀리 떨어지는 이상점이 존재하는 경우 평균에 영향을 받을 수 있으므로 좋은 추정량이 아니다.

17-3
기하평균은 변화율이나 비율의 평균을 구할 때 이용하는 수치로서 모든 측정치를 곱하여 측정치의 수만큼 제곱근을 구한 것이다. 변동률, 물가변동률, 경제성장률과 같은 비율의 대푯값 산정에 주로 쓰인다.

정답 17-1 ① 17-2 ④ 17-3 ①

핵심이론 18 | 위치적인 대푯값

① 중위수(Median, M_e)

㉠ 통계집단의 측정값을 크기순으로 배열했을 때 중앙에 위치한 수치를 말한다.

㉡ X의 중위수를 M_e라 하면 n이 홀수일 경우 중위수는 $\dfrac{(n+1)}{2}$번째의 값이 되고, n이 짝수일 경우 중위수는 $\dfrac{n}{2}$번째의 값과 $\dfrac{n}{2}+1$번째의 값의 평균값이 된다.

㉢ 극단적인 값의 영향을 받지 않으며, 중위수에 대한 편차의 절대치의 합은 다른 어떤 수에 대한 편차의 절대치의 합보다 작다.

㉣ 분포모양이 비대칭인 경우에는 중앙값이 산술평균이나 최빈수보다 자료의 대표성을 높일 수 있다.

㉤ 분포모양이 대칭일 경우에는 중앙값과 산술평균은 일치한다(단, 중앙값과 산술평균이 일치한다고 하여 반드시 대칭인 것은 아니다).

㉥ 수리적으로 다루기가 불편하므로 극단적인 값을 피해야 하는 경우를 제외하고는 거의 사용하지 않는다.

㉦ 정렬된 순서통계량 중 배열상 50%에 위치한 값이다.

㉧ 관측치의 분포가 극도로 편재되어 있는 경우에 많이 사용한다.

② 최빈수(Mode, M_o)

㉠ 변량 X의 측정값 중에서 출현도수가 가장 많은 값을 말한다. 도수분포표에서는 도수가 가장 많은 계급의 계급값이 최빈수가 된다.

㉡ 통계집단에서 가장 많이 나타나는 변량의 값으로 '모드'라고도 한다. 즉, 도수분포에서 최대의 도수를 가지는 변량의 값이다. 예를 들면, 어느 학생의 7회에 걸친 성적이 각각 40점, 42점, 45점, 46점, 45점, 45점, 45점이었다면, 7회 중에서 45점이 모두 4회로서 절대 다수이므로 이 집단의 최빈수는 45점이다.

㉢ 빈도수가 가장 많이 발생한 관찰값이므로 중위수와 마찬가지로 자료 가운데 극단적인 이상점에 영향을 받지 않는다.

ⓔ 최빈수는 가장 쉽게 알아낼 수 있는 대푯값이고, 같은 관측치를 나타내는 관찰대상의 규모 등을 파악하고자 할 때 자주 이용되는 대푯값이다.

ⓜ 분포모양이 좌우대칭일 때에는 최빈수가 대체로 대표성이 있으며, 최빈수는 전형적인 값이므로 가장 납득하기 쉬운 대푯값이다.

ⓗ 경우에 따라 하나도 없거나 두 개 이상 존재할 수도 있다.

③ 사분위수

변량 X의 n개의 측정값을 작은 것부터 크기순으로 배열하였을 때 전체 측정값을 4등분하는 위치에 오는 값을 의미한다.

ⓐ 제1사분위수(Q_1 ; Quartile 1) : 자료를 오름차순으로 정리했을 경우 첫 번째 4등분점

ⓑ 제3사분위수(Q_3 ; Quartile 3) : 자료를 오름차순으로 정리했을 경우 세 번째 4등분점

핵심OX

1. 중위수는 정렬된 순서통계량 중에서 배열상 25%에 위치한 값이다. ( )
2. 최빈수는 존재하지 않을 수도 있다. ( )
3. X의 중위수를 M_e라 하면 n이 짝수일 경우 중위수는 $\dfrac{(n+1)}{2}$ 번째의 값이 되고, n이 홀수일 경우 중위수는 $\dfrac{n}{2}$ 번째의 값과 $\dfrac{n}{2}+1$ 번째의 값의 평균값이 된다. ( )
4. 분포모양이 비대칭인 경우에는 중앙값이 산술평균이나 최빈수보다 자료의 대표성을 높일 수 있다. ( )
5. 제1사분위수는 자료를 오름차순으로 정리했을 경우 첫 번째 4등분점이다. ( )

정답 1 X 2 O 3 X 4 O 5 O

핵심문제

18-1. 5개의 자료값 10, 20, 30, 40, 50의 특성으로 옳은 것은?
[20년 1·2회]

① 평균 30, 중앙값 30   ② 평균 35, 중앙값 40
③ 평균 30, 최빈값 50   ④ 평균 25, 최빈값 10

18-2. 다음 자료에 대한 설명으로 틀린 것은? [19년 1회]

> 58 54 54 81 56 81 75 55 41 40 20

① 중앙값은 55이다.
② 표본평균은 중앙값보다 작다.
③ 최빈값은 54와 81이다.
④ 자료의 범위는 61이다.

18-3. 도수분포가 비대칭이고 극단치들이 있을 때보다 적절한 중심성향 척도는? [21년 1회]

① 산술평균   ② 중위수
③ 조화평균   ④ 최빈수

| 해설 |

18-1

자료의 개수가 5개로 홀수이므로 중앙값은 $\dfrac{(5+1)}{2}=3$번째 값인 30이다. 최빈값은 없으며 평균은 $\dfrac{(10+20+30+40+50)}{5}=30$ 이다.

18-2

자료를 크기순으로 나열했을 때 순서는 다음과 같다.
20 40 41 54 54 55 56 58 75 81 81
$n=11$, 즉 홀수이므로 중앙값은 $\dfrac{11+1}{2}=\dfrac{12}{2}=6$번째 값인 55이고 최빈값은 출현도수가 가장 많은 54와 81이다.
범위는 자료의 최댓값에서 최솟값을 뺀 값이므로 $81-20=61$이다.
표본평균은
$$\dfrac{20+40+41+54+54+55+56+58+75+81+81}{11}≒55.91로$$
중앙값보다 크다.

18-3

분포모양이 비대칭인 경우에는 중앙값이 산술평균이나 최빈수보다 자료의 대표성을 높일 수 있다.

정답 **18-1** ①   **18-2** ②   **18-3** ②

핵심이론 19 **대푯값의 비교**

① 산술평균($\overline{X}$), 기하평균(G), 조화평균(H)의 관계

　㉠ 측정값이 서로 다른 경우 : $\overline{X} > G > H$

　㉡ 측정값이 같을 경우 : $\overline{X} = G = H$

　㉢ 3자 간의 관계는 $\overline{X} \geq G \geq H$가 성립

② 산술평균($\overline{X}$), 중위수(M_e), 최빈수(M_o)의 관계

　㉠ 좌우대칭 분포일 경우 : $\overline{X} = M_e = M_o$

[좌우대칭]

　㉡ 좌측 비대칭 분포일 경우 : $\overline{X} > M_e > M_o$

[좌측 비대칭]

　㉢ 우측 비대칭 분포일 경우 : $\overline{X} < M_e < M_o$

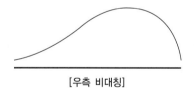

[우측 비대칭]

핵심OX

1. 우측 비대칭 분포일 경우 산술평균, 중위수, 최빈수 순으로 크다.　　　　　　　　　　　　　　( )

2. 오른쪽 꼬리가 긴 분포는 최빈수가 산술평균보다 작다.
　　　　　　　　　　　　　　　　　　( )

3. 신술평균은 기하평균보다 힝싱 크다.　　　　　( )

정답 1 X 2 O 3 X

핵심문제

19-1. 오른쪽으로 꼬리가 긴 분포를 갖는 것은?　[21년 3회]

① 평균 50, 중위수 50, 최빈수 50

② 평균 50, 중위수 45, 최빈수 40

③ 평균 40, 중위수 45, 최빈수 50

④ 평균 40, 중위수 50, 최빈수 55

19-2. 어느 중학교 1학년의 신장을 조사한 결과 평균이 136.4cm, 중앙값은 130.0cm, 표준편차는 2.0cm이었다. 학생들의 신장의 분포에 대한 설명으로 옳은 것은?　[20년 1·2회]

① 오른쪽으로 긴 꼬리를 갖는 비대칭분포이다.

② 왼쪽으로 긴 꼬리를 갖는 비대칭분포이다.

③ 좌우대칭분포이다.

④ 대칭분포인지 비대칭분포인지 알 수 없다.

19-3. 자료들의 분포형태와 대푯값에 관한 설명으로 옳은 것은?　[18년 2회]

① 오른쪽 꼬리가 긴 분포에서는 중앙값이 평균보다 크다.

② 왼쪽 꼬리가 긴 분포에서는 최빈값<평균<중앙값 순이다.

③ 중앙값은 분포와 무관하게 최빈값보다 작다.

④ 비대칭의 정도가 강한 경우에는 대푯값으로 평균보다 중앙값을 사용하는 것이 더 바람직하다고 할 수 있다.

|해설|

19-1

오른쪽으로 꼬리가 긴 분포(좌측 비대칭 분포)는 '최빈수<중위수<평균'의 순서이다.

19-2

평균이 중앙값보다 크므로 오른쪽으로 긴 꼬리를 갖는 비대칭분포(좌측 비대칭 분포)이다.

19-3

① 오른쪽 꼬리가 긴 분포, 즉 좌측 비대칭 분포에서는 $\overline{X} > M_e > M_o$이다. 따라서 중앙값이 평균보다 작다.

② 왼쪽 꼬리가 긴 분포, 즉 우측 비대칭 분포에서는 $\overline{X} < M_e < M_o$이다. 띠리시 평균<중앙값<최빈값이다.

③ 좌우대칭에서 중앙값은 최빈값과 동일하며 좌측 비대칭 분포에서는 중앙값이 최빈값보다 크다.

정답 **19-1** ② **19-2** ① **19-3** ④

핵심이론 20 | 산포도

① 산포도의 의의

　　㉠ 자료의 분산 상황을 나타내는 수치로 변량 x와 그 분포 $F(x)$가 주어졌을 때, 그 분포의 중심적 위치의 측도인 m 주위에서 흩어져 있는 정도를 나타내는 기술적 지표이다.

　　㉡ 분산도라고도 하며, 크기가 고르지 않은 집단의 특징은 평균 외에 자료의 값이 흩어져 있는 정도를 조사하면 더욱 뚜렷해진다. 산포도가 클수록 그 분포의 흩어진 폭이 넓고, 산포도가 작을수록 분포의 흩어진 폭이 좁다.

　　㉢ 즉, 산포도란 개개의 관찰값이 대푯값 주위에 어떻게 분포되어 있는가를 계량하는 척도를 말한다.

② 산포도의 종류

　　㉠ 절대적인 분포의 산포도 : 범위, 사분위수 범위, 평균편차, 사분편차, 표준편차

　　㉡ 상대적인 분포의 산포도 : 변이계수, 사분위편차계수, 평균편차계수

③ 산포도를 측정하기 위하여 가장 널리 쓰이는 통계방법으로 범위, 사분편차, 평균편차, 표준편차가 있다.

핵심OX

1. 산포도에는 사분위수 범위, 표준편차, 중앙값, 변이계수 등이 있다. ( )

2. 산포도는 분포의 중심적 위치에서 흩어진 정도를 나타내는 기술적 지표이다. ( )

3. 산포도가 클수록 그 분포의 흩어진 폭이 좁고, 산포도가 작을수록 분포의 흩어진 폭이 넓다. ( )

정답 1 X 2 O 3 X

핵심문제

20-1. 자료의 산포(Dispersion)의 정도를 나타내는 측도가 아닌 것은? [21년 2회] [23년]

① 범위(Range)

② 왜도(Skewness)

③ 변동계수(Coefficient of Variation)

④ 사분편차(Quartile Deviation, 사분위수범위)

20-2. 산포도에 관한 설명으로 틀린 것은? [20년 4회]

① 관측값들이 평균으로부터 멀리 떨어져 나타날수록 분산은 커진다.

② 범위는 변수값으로 측정된 관측값들 중에서 가장 큰 값과 가장 작은 값의 절대적인 차이를 말한다.

③ 분산은 평균편차의 절댓값들의 평균이다.

④ 표준편차는 분산의 제곱근이다.

20-3. 다음 중 산포의 측도는? [19년 3회]

① 평 균　　　　　　② 범 위

③ 중앙값　　　　　④ 제75백분위수

20-4. 집단 A에서 크기 n_A의 임의표본(평균 m_A, 표준편차 s_A)을 추출하고, 집단 B에서는 크기 n_B의 임의표본(평균 m_B, 표준편차 s_B)을 추출하였다. 두 집단의 산포(散布)를 비교하는데 적합한 통계치는? [18년 1회] [22년 1회]

① $m_A - m_B$　　　② m_A / m_B

③ $s_A - s_B$　　　　④ s_A / s_B

|해설|

20-1

왜도는 분포의 기울어짐 정도를 알기 위한 척도로 산포도가 아니다.

20-2

분산은 편차의 제곱의 합을 자료의 수로 나눈 값이다.

20-3

산포도란 자료의 분산 상황을 나타내는 수치이다. 산포도를 측정하기 위하여 널리 쓰이는 통계방법으로 범위, 사분위편차, 평균편차, 표준편차 등이 있다. ①・③・④(제75백분위수＝제3사분위수)는 대푯값이다.

20-4

산포는 단순히 평균만 가지고는 비교할 수 없다. 집단의 크기가 같지 않으므로 표준편차의 차로 산포를 비교하는 것 역시 불가능하다.

정답 20-1 ②　20-2 ③　20-3 ②　20-4 ④

핵심이론 21 | 절대적 분포의 산포도

① 범위(Range)

    ㉠ 자료의 분산을 측정하는 가장 간단한 방법으로 자료의 관측치 가운데 가장 큰 최댓값과 최솟값의 차이를 말한다.

> 범위(R)=자료의 최댓값－자료의 최솟값

    ㉡ 가장 간단히 구할 수 있는 산포도이며, 표본의 크기가 일정하며 그다지 크지 않은 표본을 다룰 때 매우 편리하다.

    ㉢ 극단적인 최대 또는 최솟값에 민감하게 영향을 받으므로 매우 불안정하다. 따라서 산포도로 크게 이용되지 않는다.

② 평균편차(Mean Deviation)

    ㉠ 편차란 관측치들의 평균값으로부터 떨어져 있는 거리를 말한다.

    ㉡ 변수 x_1, x_2, x_3, $\cdots$, x_n이 있을 때 이 변수의 평균편차는 다음과 같다.

> 평균편차(MD) $= \dfrac{1}{n}\sum |x_i - \overline{X}|$

    ㉢ 계산식 중에 절댓값이 포함되어 수학적 처리의 복잡성과 통계적 추론에서 이용도가 낮기 때문에 별로 사용하지 않는다.

    ㉣ 극단적인 값의 영향은 있으나 분산에 비해 적다는 이유로 사용하기도 한다.

③ 사분편차(Quartile Deviation)

    ㉠ 사분위수 범위는 제3사분위수(Q_3)에서 제1사분위수(Q_1)를 뺀 값이다.

    ㉡ 사분편차는 다음과 같다.

> 사분편차 $= (Q_3 - Q_1)/2$

    ㉢ 극단적인 값의 영향을 받지 않으며, 대푯값이 중위수일 때 쓰이는 산포도이다.

    ㉣ 범위의 극단적인 값의 영향을 받아 불안정함을 개선하기 위하여 고안된 산포도로 주로 변수가 많을 때 사용한다.

④ 분산

    ㉠ 모집단의 수를 N, 모집단의 평균을 μ, 모집단의 분산을 σ^2 그리고 표본의 수를 n, 표본의 평균을 X, 표본의 분산을 S^2라 할 때, 모집단과 표본의 분산은 다음과 같다.

$$\sigma^2 = \frac{\sum (X_i - \mu)^2}{N} = \frac{1}{N}\sum X_i^2 - \mu^2$$

$$S^2 = \frac{\sum (X_i - \overline{X})^2}{n-1} = \frac{\sum X_i^2 - n\overline{X^2}}{n-1}$$

    ㉡ 분산이 0이면 모든 변량이 평균값에 집중되고 있음을 의미하며, 분산의 값이 크면 클수록 변량이 평균에서 멀리 떨어져 있다는 것을 의미한다.

    ㉢ 분산과 표준편차의 관계

> 표준편차(σ) $= \sqrt{분산}$

핵심OX

1. 사분편차는 제1사분위수(Q_1)에서 제3사분위수(Q_3)를 뺀 값이다. ( )
2. 분산은 표준편차의 양의 제곱근이다. ( )
3. 범위는 극단적인 값에 영향을 받지만 분산을 측정하는 가장 간단한 방법으로 산포도에 크게 이용된다. ( )
4. 자료가 모두 동일한 값이면 분산은 0이다. ( )
5. 분산은 항상 0보다 크거나 같다. ( )

> **정답** 1 X 2 X 3 X 4 O 5 O

핵심문제

21-1. 분산과 표준편차에 관한 설명으로 틀린 것은?

[20년 1·2회]

① 분산이 크다는 것은 각 측정치가 평균으로부터 멀리 떨어져 있다는 것을 의미한다.

② 분산도를 구하기 위해 분산과 표준편차는 각각의 편차를 제곱하는 방법을 사용한다.

③ 분산은 관찰값에서 관찰값들의 평균값을 뺀 값의 제곱의 합계를 관찰 개수로 나눈 값이다.

④ 표준편차는 분산의 값을 제곱한 것과 같다.

21-2. 다음 중 표준편차가 가장 큰 자료는? [22년 2회]

① 3 4 5 6 7
② 3 3 5 7 7
③ 3 5 5 5 7
④ 5 6 7 8 9

21-3. 분산에 관한 설명으로 틀린 것은? [19년 3회]

① 편차제곱의 평균이다.
② 분산은 양수 또는 음수를 취한다.
③ 자료가 모두 동일한 값이면 분산은 0이다.
④ 자료가 평균에 밀집할수록 분산의 값은 작아진다.

|해설|

21-1
표준편차는 분산의 값을 제곱한 것이 아니라, 분산의 양의 제곱근 값이다.

21-2
② 평균 $= (3+3+5+7+7)/5 = 5$
표준편차
$$= \sqrt{[(3-5)^2 + (3-5)^2 + (5-5)^2 + (7-5)^2 + (7-5)^2]/5}$$
$$= \sqrt{16/5}$$
① 평균 $= (3+4+5+6+7)/5 = 5$
표준편차
$$= \sqrt{[(3-5)^2 + (4-5)^2 + (5-5)^2 + (6-5)^2 + (7-5)^2]/5}$$
$$= \sqrt{10/5}$$
③ 평균 $= (3+5+5+5+7)/5 = 5$
표준편차
$$= \sqrt{[(3-5)^2 + (5-5)^2 + (5-5)^2 + (5-5)^2 + (7-5)^2]/5}$$
$$= \sqrt{8/5}$$
④ 평균 $= (5+6+7+8+9)/5 = 7$
표준편차
$$= \sqrt{[(5-7)^2 + (6-7)^2 + (7-7)^2 + (8-7)^2 + (9-7)^2]/5}$$
$$= \sqrt{10/5}$$

21-3
분산은 표준편차의 제곱이므로 음수 값을 취할 수 없다.

정답 **21-1** ④ **21-2** ② **21-3** ②

기출 데이터 14년 1,3회 15년 1,2회 16년 1,2,3회 17년 1,2,3회 18년 3회
19년 1회 20년 1 · 2,3회 21년 1,2,3회 22년 2회

핵심이론 22 | 상대적 분포의 산포도

① 변이계수(변동계수)
　㉠ 표준편차계수 또는 변동계수라고도 한다.
　㉡ 표준편차를 평균으로 나눈 값이다.

$$변이계수 = \frac{S}{\overline{X}}$$

　㉢ 추정통계학에서 표본의 크기를 설정하는 데 많이 쓰인다.
　㉣ 평균의 차이가 큰 두 집단의 산포를 비교할 때 이용한다.
　㉤ 단위가 다른 두 집단자료의 산포를 비교할 때 이용한다.
　㉥ 관찰치의 산포의 정도를 상대적으로 비교할 때 이용한다.
　㉦ 변이계수의 값이 큰 분포보다 작은 분포가 상대적으로 평균에 더 밀집되어 있는 분포이다.

② 사분위편차계수
사분편차를 중위수로 나눈 몫을 사분위편차계수라 한다.

③ 평균편차계수
평균편차를 중위수 또는 산술평균으로 나눈 몫을 평균편차 계수라 한다.

핵심OX

1. 단위가 다른 두 집단자료의 산포를 비교할 때 변이계수를 이용한다. (　)
2. 변이계수는 분산을 평균으로 나누어 100을 곱한 값이다. (　)
3. 변동계수는 절대적 분포의 산포도에 속한다. (　)

정답 1 O 2 X 3 X

핵심문제

22-1. 크기가 5인 확률표본에 대해 다음과 같은 자료를 얻었다면, 표본변동계수(Coefficient of Variation)는? [22년 2회]

$$\sum_{j=1}^{5} x_j = 10, \quad \sum_{j=1}^{5} x_j^2 = 30$$

① 0.5
② 0.79
③ 1.0
④ 1.26

22-2. 다음 중 단위가 다른 두 집단의 자료 간 산포를 비교하는 측도로 가장 적절한 것은? [20년 3회]

① 분 산
② 표준편차
③ 변동계수
④ 표준오차

22-3. 남, 여 두 집단의 연간 상여금의 평균과 표준편차가 각각 (200만 원, 30만 원), (130만 원, 20만 원)이었다. 변동(변이)계수를 이용해 두 집단의 산포를 비교한 것으로 옳은 것은?

[19년 1회]

① 남자의 상여금 산포가 더 크다.
② 여자의 상여금 산포가 더 크다.
③ 남녀의 상여금 산포가 같다.
④ 비교할 수 없다.

| 해설 |

22-1

산술평균 $= \dfrac{\sum_{j=1}^{5} x_j}{n} = \dfrac{10}{5} = 2$

분산 $= \dfrac{\sum_{j=1}^{5} (x_j - \overline{x})^2}{n-1} = \dfrac{\sum_{j=1}^{5} x_j^2 - n\overline{x}^2}{n-1} = \dfrac{30 - 5 \times 2^2}{5-1} = 2.5$

$\therefore$ 변이계수 $= \dfrac{\sqrt{2.5}}{2} \fallingdotseq 0.79$

22-2

변동계수는 표준편차를 산술평균으로 나눈 값으로서 단위가 다른 두 집단의 산포를 비교할 때 이용한다.

22-3

변동(변이)계수는 평균의 차이가 큰 집단의 산포를 비교할 때 이용할 수 있다. 변이계수는 표준편차를 산술평균으로 나눈 값이다.

남자집단의 변동계수 : $\dfrac{30}{200} = 0.15$

여자집단의 변동계수 : $\dfrac{20}{130} \fallingdotseq 0.154$

$\therefore$ 여자의 상여금 산포가 더 크다.

정답 22-1 ② 22-2 ③ 22-3 ②

핵심이론 23 | 왜도와 첨도

① 왜 도

㉠ 의 의

자료분포의 모양이 어느 쪽으로 얼마만큼 기울어져 있는가, 즉 비대칭 정도를 나타내는 척도이다. 대칭을 이루는 정규분포는 최빈수와 함께 평균과 중위수가 중앙의 한 곳에 위치하는 데 비해 최빈수가 도수곡선의 왼쪽이나 오른쪽에 위치할 경우 평균과 중위수는 최빈수의 위치와는 다른 곳에 위치하게 된다.

㉡ 특 징

• 왜도가 0이면 대칭분포를 이룬다.
• 왜도가 0보다 크면 왼쪽으로 기울어진 분포이다.
• 왜도가 0보다 작으면 오른쪽으로 기울어진 분포이다.
• 왜도의 절댓값이 클수록 비대칭 정도는 커진다.

㉢ 피어슨 대칭도(S_k)

$$S_k \simeq \frac{\overline{X} - M_0}{S} \simeq \frac{3(\overline{X} - M_e)}{S}$$

(S_k : 왜도, $\overline{X}$: 산술평균, M_0 : 최빈수, M_e : 중위수)

• S_k가 0이면 대칭분포를 이룬다($M_0 = \overline{X}$).
• S_k가 0보다 크면 왼쪽으로 기울어진 분포이다 ($M_0 < \overline{X}$).
• S_k가 0보다 작으면 오른쪽으로 기울어진 분포이다 ($M_0 > \overline{X}$).
• $-1 < S_k < 1$

② 첨 도

㉠ 분포도가 얼마나 중심에 집중되어 있는가, 즉 분포의 중심이 얼마나 뾰족한가를 측정하는 것이다.
㉡ '첨도=3'이면 표준정규분포로 중첨이라고 한다.
㉢ '첨도>3'이면 표준정규분포보다 정점이 높고 뾰족한 모양으로 급첨이라고 한다.
㉣ '첨도<3'이면 표준정규분포보다 낮고 무딘 모양으로 완첨이라고 한다.

1. 적률계수가 0보다 크면 왼쪽으로 기울어진 분포이다. ( )

2. S_k가 0보다 크면 오른쪽으로 꼬리가 긴 분포이다. ( )

3. 피어슨 대칭도 S_k는 $-1 \leq S_k \leq 1$이 성립한다. ( )

4. 첨도는 자료분포의 모양이 어느 쪽으로 얼마만큼 기울어져 있는가를 나타내는 척도이다. ( )

정답 1 O 2 O 3 X 4 X

23-1. A분포와 B분포의 특성에 관한 설명으로 틀린 것은?
[22년 2회]

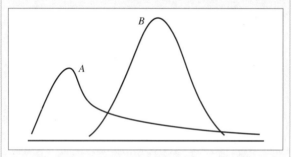

① A의 최빈값은 B의 최빈값보다 작다.
② A의 분산은 B의 분산보다 크다.
③ A의 왜도는 양(+)의 값을 가진다.
④ B의 왜도는 음(−)의 값을 가진다.

23-2. 왜도가 0이고 첨도가 3인 분포의 형태는?
[18년 2회] [20년 3회]

① 좌우대칭인 분포
② 왼쪽으로 치우진 분포
③ 오른쪽으로 치우진 분포
④ 오른쪽으로 치우치고 뾰족한 모양의 분포

23-3. 피어슨의 대칭도를 대표치들 간의 관계식으로 바르게 나타낸 것은? (단, $\overline{X}$: 산술평균, Me : 중위수, Mo : 최빈수)
[19년 3회] [22년 2회]

① $\overline{X} - Mo = 3(Mo - \overline{X})$
② $Mo - \overline{X} = 3(Mo - Me)$
③ $\overline{X} - Mo = 3(\overline{X} - Me)$
④ $Mo - \overline{X} = 3(Me - Mo)$

23-4. 다음은 가전제품 서비스센터에서 어느 특정한 날 하루 동안 신청 받은 애프터서비스 건수이다. 자료에 대한 설명으로 틀린 것은?
[19년 3회]

9 10 4 16 6 13 12

① 왜도는 0이다.
② 범위는 12이다.
③ 편차들의 총합은 0이다.
④ 평균과 중앙값은 10으로 동일하다.

23-5. 비대칭도(Skewness)에 관한 설명으로 틀린 것은?
[19년 2회] [22년 1회]

① 비대칭도의 값이 1이면 좌우대칭형인 분포를 나타낸다.
② 비대칭도의 부호는 관측값 분포의 긴 쪽 꼬리방향을 나타낸다.
③ 비대칭도는 대칭성 혹은 비대칭성을 나타내는 측도이다.
④ 비대칭도의 값이 음수이면 자료의 분포형태가 왼쪽으로 꼬리를 길게 늘어뜨린 모양을 나타낸다.

| 해설 |

23-1
왜도는 분포의 기울어짐을 나타내는 것으로 B의 분포는 대칭이므로 왜도는 0이다.

23-2
왜도가 0이면 대칭분포를 이룬다(정규분포).

23-3
피어슨 대칭도(S_k)
• $\overline{X} - Mo = 3(\overline{X} - Me)$
• $-1 < S_k < 1$

23-4
① 자료를 오름차순으로 나열했을 때 4 6 9 10 12 13 16이다. 좌우대칭이 아니므로 왜도는 0이 아니다.
② 범위는 가장 큰 값 16에서 가장 작은 값 4를 뺀 12이다.
③ 산술평균으로부터 편차의 합은 0이다.
④ 평균값은 $(9+10+4+16+6+13+12)/7 = 10$, 중앙값은 10이다.

23-5
왜도의 특징
• 0이면 대칭분포를 이룬다(정규분포).
• 0보다 크면 왼쪽으로 기울어진 분포이다.
• 0보다 작으면 오른쪽으로 기울어진 분포이다.
• 절댓값이 클수록 비대칭 정도는 커진다.

정답 23-1 ④ 23-2 ① 23-3 ③ 23-4 ① 23-5 ①

기출 데이터 14년 1회 16년 1회 18년 1,2회 19년 1,2회 20년 1·2,3회 22년 1회 23년

핵심이론 24 | 두 모평균 치의 가설검정

① 모분산이 알려진 경우

㉠ 두 모집단의 표준편차 σ_1, σ_2가 알려진 경우 각각의 표본의 크기가 n_1, n_2이고 평균이 각각 $\overline{X_1}$, $\overline{X_2}$라고 할 때 두 표본의 평균 차($\overline{X_1} - \overline{X_2}$) 분포의 표준편차, 즉 표준오차의 식은 $\sigma_{\overline{X_1} - \overline{X_2}} = \sqrt{\sigma_{\overline{X_1}}^2 + \sigma_{\overline{X_2}}^2} = \sqrt{\dfrac{\sigma_1^2}{n_1} + \dfrac{\sigma_2^2}{n_2}}$ 이다.

㉡ n_1, n_2는 두 모집단에서 추출되는 표본의 크기이다. n_1과 n_2가 충분히 클 때는 두 모집단이 정규분포인가의 여부에 관계없이 $\overline{X_1} - \overline{X_2}$의 표본분포는 정규분포를 이룬다고 가정한다. 따라서 검정통계치 Z는 다음과 같이 구한다.

$$Z = \frac{(\overline{X_1} - \overline{X_2})}{\sigma} = \frac{(\overline{X_1} - \overline{X_2})}{\sqrt{\dfrac{\sigma_1^2}{n_1} + \dfrac{\sigma_2^2}{n_2}}}$$

㉢ 위의 표준오차를 구하는 식에서 만약, 두 모집단의 표준편차가 같다고 알려진 경우에는 표준오차는

$$\sigma_{\overline{X_1} - \overline{X_2}} = \sigma \sqrt{\frac{1}{n_1} + \frac{1}{n_2}}$$ 이다.

② 모분산이 알려지지 않은 경우

㉠ 모분산이 알려져 있지 않으나 동일한 경우

$$t = \frac{(\overline{X_1} - \overline{X_2})}{\sigma} = \frac{(\overline{X_1} - \overline{X_2})}{S_p \sqrt{\dfrac{1}{n_1} + \dfrac{1}{n_2}}}$$

㉡ 모분산이 알려져 있지 않고 동일하지도 않은 경우

$$Z = \frac{(\overline{X_1} - \overline{X_2})}{\sigma} = \frac{(\overline{X_1} - \overline{X_2})}{\sqrt{\dfrac{S_1^2}{n_1} + \dfrac{S_2^2}{n_2}}}$$

핵심OX

1. 모분산을 모르지만 동일한 경우 모집단 평균 차이에 대한 가설검정에서 Z 통계량을 이용할 수 있다. ( )

2. 모분산이 알려져 있지 않고 동일하지도 않은 경우 모집단 평균 차이에 대한 가설검정은

$$Z = \frac{(\overline{X_1} - \overline{X_2})}{\sigma} = \frac{(\overline{X_1} - \overline{X_2})}{\sqrt{\dfrac{S_1^2}{n_1} + \dfrac{S_2^2}{n_2}}}$$ 를 이용한다. ( )

정답 1 X 2 O

핵심문제

24-1. 어느 회사에서는 남녀사원이 퇴직할 때까지의 평균근무연수에 차이가 있는지를 알아보기 위하여 표본을 무작위로 추출하여 다음과 같은 자료를 얻었다.

구 분	남자사원	여자사원
표본크기	50	35
평균근무연수	21.8	18.5
표준편차	5.6	2.4

남자사원의 평균근무연수가 여자사원에 비해 2년보다 더 길다고 할 수 있는가에 대해 유의수준 5%로 검정한 결과는? [19년 1회]

① 귀무가설을 기각한다. 따라서 남자사원의 평균근무연수는 여자사원보다 더 길다.
② 귀무가설을 채택한다. 따라서 남자사원의 평균근무연수는 여자사원보다 더 길지 않다.
③ 귀무가설을 기각한다. 따라서 남자사원의 평균근무연수는 여자사원에 비해 2년보다 더 길다.
④ 귀무가설을 채택한다. 따라서 남자사원의 평균근무연수는 여자사원에 비해 2년보다 더 길지 않다.

24-2. 두 모집단의 분산이 같지 않다고 가정하여 평균차이를 검정했을 때 유의수준 5%하에서 통계적으로 평균차이가 유의하였다. 만약 두 모집단의 분산이 같은 경우 가설건전 결과의 변화로 틀린 것은? [19년 1회]

① 유의확률이 작아진다.
② 평균차이가 존재한다.
③ 표준오차가 커진다.
④ 검정통계량 값이 커진다.

24-3. 다음은 두 종류의 타이어의 평균수명에 차이가 있는지를 확인하기 위하여 각각 60개의 표본을 추출하여 조사한 결과이다.

타이어	표본크기	평균수명(km)	표준편차(km)
A	60	48,500	3,600
B	60	52,000	4,200

두 타이어의 평균수명에 차이가 있는지를 유의수준 5%에서 검정한 결과는? (단, $P(Z > 1.96) = 0.025$, $P(Z > 1.645) = 0.05$) [18년 1회] [22년 1회]

① 두 타이어의 평균수명에 통계적으로 유의한 차이가 없다.
② 두 타이어의 평균수명에 통계적으로 유의한 차이가 있다.
③ 두 타이어의 평균수명이 완전히 일치한다.
④ 주어진 정보만으로는 알 수 없다.

|해설|

24-1
남자사원의 평균근무연수가 여자사원에 비해 2년보다 더 길다고 할 수 있는가에 대한 검정이므로
$H_0 : \mu_1 - \mu_2 \leq 2$, $H_1 : \mu_1 - \mu_2 > 2$이다.
모분산이 알려져 있지 않고 동일하지 않은 경우 두 모평균 차이의 검정이므로
$$Z = \frac{(\overline{x_1} - \overline{x_2}) - (\mu_1 - \mu_2)}{\sqrt{\frac{s_1^2}{n_1} + \frac{s_2^2}{n_2}}} = \frac{(21.8 - 18.5) - 2}{\sqrt{\frac{5.6^2}{50} + \frac{2.4^2}{35}}} \approx 1.46$$이다.

유의수준 5%에서 유의확률은 $Z_{0.05} = 1.96$으로 검정통계량 값이 유의확률보다 더 작으므로 귀무가설을 기각할 수 없다.
따라서 귀무가설을 채택하며 남자사원의 평균근무연수는 여자사원에 비해 2년보다 더 길지 않다.

24-2
분산이 동일하면 동일하지 않은 경우보다 표준오차가 작아진다. 검정통계량과 표준오차는 반비례관계이므로 검정통계량 값은 커진다. 따라서 귀무가설을 기각할 확률이 커지므로(유의확률은 작아진다) 평균차이가 존재한다.

24-3
귀무가설$(H_0) : \mu_X = \mu_Y$, 대립가설$(H_1) : \mu_X \neq \mu_Y$
$\overline{X_1} = 48500$, $\overline{X_2} = 52000$, $n_1 = 60$, $n_2 = 60$, $S_1 = 3600$,
$S_2 = 4200$에서 검정통계량은 $Z = \dfrac{(48500 - 52000)}{\sqrt{\dfrac{3600^2}{60} + \dfrac{4200^2}{60}}}$이고

양측검정이므로 유의수준 5%에서 임계치 $Z_{0.05} = 1.96$이다.
검정통계량이 임계치보다 크므로 귀무가설을 기각한다. 따라서 두 타이어의 평균수명에 통계적으로 유의한 차이가 있다.

정답 **24-1** ④ **24-2** ③ **24-3** ②

기출 데이터 14년 1,2회 16년 1,2,3회 17년 1회 18년 2,3회 19년 2,3회
20년 4회 21년 1,2회 22년 2회 23년

핵심이론 25 | 대응 모집단의 평균차의 가설검정

① 대응표본의 모평균 차이에 대한 가설검정
대응표본인 경우 두 집단 간의 차이 $D = \mu_1 - \mu_2$에 대한 검정통계치 t값은 다음과 같은 공식에 의해서 계산할 수 있다.

$$t = \frac{\overline{D}}{S_D / \sqrt{n}} \sim t_{n-1}$$

② 대응표본 t-검정과 독립표본 t-검정
t-검정은 두 집단의 평균차이가 통계적으로 유의한가를 검정하는 분석방법이다. 조사대상의 개체가 같고 반드시 짝을 이루는 경우 대응표본 t-검정(쌍체비교)을 실시한다. 독립표본 t-검정은 조사대상의 개체가 다르고 반드시 짝을 이룰 필요가 없다.

핵심OX

1. 대응표본인 경우 두 집단 간의 차이는 검정통계치 $Z = \dfrac{\overline{D}}{S_D / \sqrt{n}}$를 이용한다. ( )

2. 대응표본인 경우 두 집단 간의 차이에 대한 검정은 t값을 이용한다. ( )

정답 1 X 2 O

핵심문제

25-1. 어느 자동차 회사의 영업 담당자는 영업전략의 효과를 검정하고자 한다. 영업사원 10명을 무작위로 추출하여 새로운 영업전략을 실시하기 전과 실시한 후의 영업성과(월 판매량)를 조사하였다. 영업사원의 자동차 판매량의 차이는 정규분포를 따른다고 하자. 유의수준 5%에서 새로운 영업전략이 효과가 있는지 검정한 결과는? (단, 유의수준 5%에 해당하는 자유도 9인 t분포값은 −1.833이다) [18년 2회] [21년 2회]

실시 이전	5	8	7	6	9	7	10	10	12	5
실시 이후	8	10	7	11	9	12	14	9	10	6

① 주어진 정보만으로는 알 수 없다.
② 새로운 영업전략 실시 전후 판매량은 같다고 할 수 있다.
③ 새로운 영업전략의 판매량 증가 효과가 없다고 할 수 있다.
④ 새로운 영업전략의 판매량 증가 효과가 있다고 할 수 있다.

25-2. 5명의 흡연자를 무작위로 선정하여 체중을 측정하고, 금연을 시킨 뒤 4주 후에 다시 체중을 측정하였다. 금연 전후의 체중에 변화가 있는가에 대해 t–검정하고자 할 때, 검정통계량의 값은?

[20년 4회]

번 호	금연 전	금연 후
1	70	75
2	80	77
3	65	68
4	55	58
5	70	75

① -0.21 ② -0.32
③ -0.48 ④ -1.77

25-3. 다음은 왼손으로 글자를 쓰는 사람 8명에 대하여 왼손의 악력 X와 오른손의 악력 Y를 측정하여 정리한 결과이다. 왼손으로 글자를 쓰는 사람들의 왼손 악력이 오른손 악력보다 강하다고 할 수 있는가에 대해 유의수준 5%에서 검정하고자 한다. 검정통계량 T의 값과 기각역을 구하면?

[18년 3회] [21년 1회]

구 분	관측값	평 균	분 산
X	$90 \cdots 110$	$\overline{X} = 107.25$	$S_X = 18.13$
Y	$87 \cdots 100$	$\overline{Y} = 103.75$	$S_Y = 18.26$
$D = X - Y$	$3 \cdots 10$	$\overline{D} = 3.5$	$S_D = 4.93$

$$P[T \le t_{(n, \alpha)}], \quad T \sim t(n)$$

df	α			
	$\cdots$	0.05	0.025	$\cdots$
6	$\cdots$	1.943	2.447	$\cdots$
7	$\cdots$	1.895	2.365	$\cdots$
8	$\cdots$	1.860	2.306	$\cdots$

① $t = 2.01$, $T \ge 1.895$
② $t = 0.71$, $T \ge 1.860$
③ $t = 2.01$, $|T| \ge 2.365$
④ $t = 0.71$, $|T| \ge 2.365$

25-4. 일정기간 공사장지대에서 방목한 가축 소변의 불소 농도에 변화가 있는가를 조사하고자 한다. 랜덤하게 추출한 10마리의 가축 소변의 불소농도를 방목 초기에 조사하고 일정기간 방목한 후 다시 소변의 불소 농도를 조사하였다. 방목 전후의 불소 농도에 차이가 있는가에 대한 분석방법으로 적합한 것은?

[18년 2회] [21년 2회]

① 단일 모평균에 대한 검정
② 독립표본에 의한 두 모평균의 비교
③ 쌍체비교(대응비교)
④ F–Test

25-5. 다음 사례에 알맞은 검정방법은?

[19년 2회] [22년 2회] [23년]

> 도시지역의 가족과 시골지역의 가족 간에 가족의 수에 있어서 평균적으로 차이가 있는지를 알아보고자 도시지역과 시골지역 중 각각 몇 개의 지역을 골라 가족의 수를 조사하였다.

① 독립표본 t–검정   ② 더빈 왓슨검정
③ χ^2–검정   ④ F–검정

| 해설 |

25-1
새로운 영업 전략이 효과가 있는지에 대한 검정이므로 가설은 다음과 같이 세울 수 있다.
귀무가설 : 새로운 전략 실시 전후의 판매량에 차이는 없다.
대립가설 : 새로운 전략 실시 후에 판매량이 증가하였다.
대응표본인 경우 두 집단 간의 차이 $D = \mu_1 - \mu_2$에 대한 검정은
$t = \dfrac{\overline{D}}{S_D / \sqrt{n}}$ 를 이용한다.

실시 이전	5	8	7	6	9	7	10	10	12	5
실시 이후	8	10	7	11	9	12	14	9	10	6
D	3	2	0	5	0	5	4	-1	-2	1
D^2	9	4	0	25	0	25	16	1	4	1

$$\overline{D} = \frac{3+2+0+5+0+5+4-1-2+1}{10} = 1.7$$

$$\overline{D^2} = \frac{9+4+0+25+0+25+16+1+4+1}{10} = 8.5$$

$$S_D = \sqrt{E(D^2) - E(D)^2} = \sqrt{8.5 - 1.7^2} \fallingdotseq 2.37$$

$$t = \frac{\overline{D}}{S_D / \sqrt{n}} = \frac{1.7}{2.37\sqrt{10}} \fallingdotseq 2.269$$

유의수준 5%에서 $1.83 < 2.269$이므로 귀무가설을 기각한다.
∴ 새로운 전략 실시 후에 판매량이 증가하였다고 할 수 있다.

25-2

대응표본인 경우 두 집단 간의 차이에 대한 검정통계량은
$t = \dfrac{\overline{D}}{S_D/\sqrt{n}} \sim t_{n-1}$ 이다.

번 호	금연 전	금연 후	금연 전후 체중변화(D)
1	70	75	-5
2	80	77	3
3	65	68	-3
4	55	58	-3
5	70	75	-5

주어진 표에서 $\overline{D} = \dfrac{-5+3-3-3-5}{5} = -2.6$ 이다.

$S_D = \sqrt{\dfrac{(-5+2.6)^2+(3+2.6)^2+(-3+2.6)^2}{(5-1)} + \dfrac{(-3+2.6)^2+(-5+2.6)^2}{(5-1)}} = \sqrt{10.8}$

$\therefore \dfrac{-2.6}{\sqrt{10.8}/\sqrt{5}} \fallingdotseq -1.77$

25-3

H_0 : 왼손으로 글자를 쓰는 사람의 왼손 악력과 오른손 악력은
차이가 없다.

H_1 : 왼손으로 글자를 쓰는 사람의 왼손 악력이 오른손 악력보다
강하다.

주어진 표에서 $\overline{D} = 3.5$, $S_D = 4.93$, $n = 8$ 이므로

$t = \dfrac{\overline{D}}{S_D/\sqrt{n}}$ 에서 $\dfrac{3.5}{4.93/\sqrt{8}} \fallingdotseq 2.01$ 이며 대응표본 t 검정에서

자유도(df)는 $n-1 = 8-1 = 7$ 이므로 유의수준 5%에서 기각역
은 1.895이다.

25-4

t – 검정은 두 집단의 평균차이가 통계적으로 유의한가를 검정하
는 분석방법이다. 조사대상의 개체가 같고 반드시 짝을 이루는
경우 대응표본 t – 검정(쌍체비교)을 실시한다.

25-5

2개의 집단(도시지역, 시골지역)의 평균 차이에 대한 검정은 독립
표본 t – 검정을 실시한다.

정답 25-1 ④ 25-2 ④ 25-3 ① 25-4 ③ 25-5 ①

기출 데이터 16년 2회 18년 3회 19년 2회 20년 1·2,3회 22년 2회

핵심이론 26 | 두 모비율 차의 신뢰구간과 가설검정

① 두 모비율 차이의 신뢰구간

두 모비율의 차 $p_1 - p_2$에 대한 신뢰구간은 Z통계량을 이용
한다.

$$\hat{p_1} - \hat{p_2} - Z_{\alpha/2}\sqrt{\dfrac{\hat{p_1}(1-\hat{p_1})}{n_1} + \dfrac{\hat{p_2}(1-\hat{p_2})}{n_2}} \leq p_1 - p_2$$
$$\leq \hat{p_1} - \hat{p_2} + Z_{\alpha/2}\sqrt{\dfrac{\hat{p_1}(1-\hat{p_1})}{n_1} + \dfrac{\hat{p_2}(1-\hat{p_2})}{n_2}}$$

② 두 모비율 차이의 가설검정

두 모비율의 차 $p_1 - p_2$에 대한 검정통계량 Z값은 다음과
같은 공식에 의해서 계산할 수 있다.

$$Z = \dfrac{\hat{p_1} - \hat{p_2}}{\sqrt{\hat{p}(1-\hat{p})\left(\dfrac{1}{n_1} + \dfrac{1}{n_2}\right)}},$$
$$(\hat{p}\text{는 합동표본비율 } \dfrac{x_1 + x_2}{n_1 + n_2})$$

핵심OX

1. 모비율 차이에 대한 신뢰구간은 t – 통계량을 사용한다.
  (   )

2. 모비율 차이에 대한 가설검정에는 합동표본비율이 필요
하다. (   )

정답 1 X 2 O

핵심문제

26-1. 지난 해 C대학 야구팀은 총 77게임을 하였는데 37번의
홈경기에서 26게임을 이긴 반면에 40번의 원정경기에서는 23
게임을 이겼다. 홈경기 승률(p_1)과 원정경기 승률(p_2) 간의 차
이에 대한 95% 신뢰구간으로 옳은 것은? (단, 표준화정규분포
에서 $P(Z \geq 1.65) = 0.05$ 이고 $P(Z \geq 1.96) = 0.025$ 이다)

[18년 3회]

① $0.128 \pm 1.65\sqrt{0.0005}$ ② $0.128 \pm 1.65\sqrt{0.0117}$
③ $0.128 \pm 1.96\sqrt{0.0005}$ ④ $0.128 \pm 1.96\sqrt{0.0117}$

208 ▪ PART 03 통계분석과 활용

26-2. 어느 정당에서는 새로운 정책에 대한 찬성과 반대를 남녀별로 조사하여 다음의 결과를 얻었다.

구 분	남 자	여 자	합 계
표본 수	250	200	450
찬성자 수	110	104	214

남녀별 찬성률에 차이가 있다고 볼 수 있는가에 대하여 검정할 때 검정통계량을 구하는 식은? [20년 1 · 2회]

① $Z = \dfrac{\dfrac{110}{250} - \dfrac{104}{200}}{\sqrt{\dfrac{214}{450}\left(1 - \dfrac{214}{450}\right)\left(\dfrac{1}{250} - \dfrac{1}{200}\right)}}$

② $Z = \dfrac{\dfrac{110}{250} - \dfrac{104}{200}}{\sqrt{\dfrac{214}{450}\left(1 - \dfrac{214}{450}\right)\left(\dfrac{1}{250} + \dfrac{1}{200}\right)}}$

③ $Z = \dfrac{\dfrac{110}{250} + \dfrac{104}{200}}{\sqrt{\dfrac{214}{450}\left(1 - \dfrac{214}{450}\right)\left(\dfrac{1}{250} + \dfrac{1}{200}\right)}}$

④ $Z = \dfrac{\dfrac{110}{250} + \dfrac{104}{200}}{\sqrt{\dfrac{214}{450}\left(1 - \dfrac{214}{450}\right)\left(\dfrac{1}{250} - \dfrac{1}{200}\right)}}$

| 해설 |

26-1

$\hat{p_1} = \dfrac{26}{37}$, $\hat{p_2} = \dfrac{23}{40}$, $n_1 = 37$, $n_2 = 40$,

95% 신뢰구간이므로 $\alpha = 0.05$, $Z_{\alpha/2} = Z_{0.025} = 1.96$

공식에 대입하여 정리하면

$\dfrac{26}{37} - \dfrac{23}{40} \pm 1.96 \sqrt{\dfrac{\dfrac{26}{37}\left(1 - \dfrac{26}{37}\right)}{37} + \dfrac{\dfrac{23}{40}\left(1 - \dfrac{23}{40}\right)}{40}}$ 이다.

26-2

$\hat{p} = \dfrac{214}{450}$, $n_1 = 250$, $n_2 = 200$, $\hat{p_1} = \dfrac{110}{250}$, $\hat{p_2} = \dfrac{104}{200}$

$Z = \dfrac{\dfrac{110}{250} - \dfrac{104}{200}}{\sqrt{\dfrac{214}{450}\left(1 - \dfrac{214}{450}\right)\left(\dfrac{1}{250} + \dfrac{1}{200}\right)}}$

정답 26-1 ④ **26-2** ②

기출 데이터 14년 1회 15년 1,3회 17년 3회 18년 1,2,3회 19년 1,2,3회 20년 1 · 2,3,4회 21년 2,3회 22년 1,2회 23년

| 핵심이론 27 | 분산분석의 이해

① 분산분석의 의의
  ㉠ 세 집단 이상의 평균차이가 통계적으로 유의한가를 검정하는 분석방법을 분산분석(Analysis of Variance) 혹은 간단히 ANOVA라고 한다.
  ㉡ 독립변수는 범주화 척도이고 종속변수는 등간척도 또는 비율척도이어야 한다.
  ㉢ 독립변수를 요인(Factor), 인자라고도 하며, 요인이 갖는 값을 요인수준이라고 한다. 요인수준이 3개 이상일 경우 분산분석을 선택한다.
  ㉣ 주효과는 요인의 수준 간에 평균의 차이를 말한다.
  ㉤ 상호효과는 둘 이상의 요인들이 교차된 효과를 말한다.

② 분산분석의 기본 가정
  ㉠ 종속변수는 등간척도 또는 비율척도이어야 한다.
  ㉡ 모집단의 분포는 정규분포를 이루어야 한다.
  ㉢ 각 모집단의 분산(표준편차)은 동일해야 한다.
  ㉣ 각 집단의 표본은 독립적이어야 한다.

③ 분산분석의 특징
  ㉠ 두 개 이상의 모평균의 차이를 검정함이 목적이다.
  ㉡ 검정통계량은 F-분포를 사용한다.
  ㉢ F값은 집단 간 분산을 집단 내 분산으로 나눈값이다.
  ㉣ 모수적 가설검정법이다.
  ㉤ 집단 간 차이가 커지면 F값이 커진다.

④ 분산분석의 오차항에 대한 기본 가정
  ㉠ 독립성 : 임의의 오차 ϵ_{ij}와 $\epsilon_{i'j'}$는 서로 독립이다.
  ㉡ 정규성 : 오차 ϵ_{ij}의 분포는 정규분포를 따른다.
  ㉢ 등분산성 : 오차 ϵ_{ij}의 분산은 σ_ϵ^2으로 어떤 i, j에 대해서도 같다.

1. 분산분석은 등분산성을 만족한다. ( )
2. 분산분석을 위해서는 각 집단의 표본은 종속적이어야 한다. ( )
3. 분산분석에서는 각 집단의 표본의 수가 반드시 같을 필요는 없다. ( )
4. 분산분석은 두 개 이상의 모평균의 차이를 검정하는 것이 목적이다. ( )
5. 분산분석에서 F값은 집단 내 분산을 집단 간 분산으로 나눈 값이다. ( )

정답 1 ○ 2 X 3 X 4 ○ 5 X

27-1. 다음 중 분산분석(ANOVA)에 관한 설명으로 틀린 것은?

[20년 4회]

① 분산분석은 분산값들을 이용해서 두 개 이상의 집단 간 평균 차이를 검정할 때 사용된다.
② 각 집단에 해당되는 모집단의 분포가 정규분포이며 서로 동일한 분산을 가져야 한다.
③ 관측값에 영향을 주는 요인은 등간척도나 비율척도이다.
④ 분산분석의 가설검정에는 F-분포 통계량을 이용한다.

27-2. 분산분석의 기본 가정이 아닌 것은? [18년 2회] [22년 1회]

① 각 모집단에서 반응변수는 정규분포를 따른다.
② 각 모집단에서 독립변수는 F분포를 따른다.
③ 반응변수의 분산은 모든 모집단에서 동일하다.
④ 관측값들은 독립적이어야 한다.

27-3. 분산분석에 대한 옳은 설명만 짝지어진 것은? [18년 3회]

ㄱ. 집단 간 분산을 비교하는 분석이다.
ㄴ. 집단 간 평균을 비교하는 분석이다.
ㄷ. 검정통계량은 집단 내 제곱합과 집단 간 제곱합으로 구한다.
ㄹ. 검정통계량은 총제곱합과 집단 간 제곱합으로 구한다.

① ㄱ, ㄷ
② ㄱ, ㄹ
③ ㄴ, ㄷ
④ ㄴ, ㄹ

27-4. 분산분석에 관한 설명으로 틀린 것은? [20년 3회]

① 3개의 모평균을 비교하는 검정에서 분산분석을 사용할 수 있다.
② 서로 다른 집단 간에 독립을 가정한다.
③ 분산분석의 검정법은 t-검정이다.
④ 각 집단별 자료의 수가 다를 수 있다.

27-5. 분산분석에 대한 설명으로 옳은 것은? [18년 3회] [22년 2회]

① 분산분석이란 각 처리집단의 분산이 서로 같은지를 검정하기 위한 방법이다.
② 비교하려는 처리집단이 k개 있으면 처리에 의한 자유도는 $k-2$가 된다.
③ 두 개의 요인이 있을 때 각 요인의 주효과를 알아보기 위해서는 요인 간 교호작용이 있어야 한다.
④ 일원배치 분산분석에서 일원배치의 의미는 반응변수에 영향을 주는 요인이 하나인 것을 의미한다.

|해설|

27-1
독립변수는 범주형 척도이고 종속변수는 연속형 척도여야 한다. 관측값에 영향을 주는 요인은 독립변수이므로 명목척도나 서열척도여야 한다.

27-2
분산분석을 위한 기본 가정
• 종속변수는 등간척도 또는 비율척도이어야 한다.
• 모집단의 분포는 정규분포를 이루어야 한다.
• 각 모집단의 분산(표준편차)은 동일해야 한다.
• 각 집단의 표본은 독립적이어야 한다.

27-3
분산분석은 두 집단 이상의 평균 차이가 통계적으로 유의한가를 검정하는 분석방법이며, 검정통계량은 집단 간 평균제곱을 집단 내 평균제곱으로 나눈 값이다.

27-4
분산분석의 검정통계량은 F-분포를 사용한다.

27-5
일원배치 분산분석은 요인이 1개인 경우의 종속변수(반응변수)의 평균차이 분석에 사용한다.

정답 27-1 ③ 27-2 ② 27-3 ③ 27-4 ③ 27-5 ④

핵심이론 28 │ 일원배치 분산분석

일원배치 분산분석은 3개 이상의 집단 간의 평균차이를 하나의 요인을 기준으로 알아보는 분석 방법이다. 요인은 어떤 실험에서 영향을 미치는 것으로 인자라고도 하며, 인자를 분류하는 여러 조건을 인자수준 또는 처리라 한다.

① 모집단에 대한 가정

각 모집단의 분포가 정규분포를 따르며 서로 독립이고, 모분산은 모두 동일하다.

② 일원배치 분산분석의 모형

일원배치 분산분석에서 수준이 p개이고, 각 수준에서 반복 측정된 값이 $n_1, \cdots, n_p$을 경우의 수로 가지는 자료구조는 다음과 같이 나타낼 수 있다.

요 인	관측 값
수준(1)	$y_{11}\ y_{12}\ \cdots\ y_{1n_1}$
수준(2)	$y_{21}\ y_{22}\ \cdots\ y_{2n_2}$
...	⋮
수준(p)	$y_{p1}\ y_{p2}\ \cdots\ y_{pn_p}$

③ 일원배치 모형의 구조식

i번째 수준에서 y의 모평균 μ_i는 i번째 수준에서의 모평균을 나타낸다. ϵ_{ij}는 y_{ij}를 측정할 때 발생하는 오차를 나타내는 항이다.

$$y_{ij} = \mu + a_i + \epsilon_{ij}$$
$$a_i = \mu_i - \mu$$
$$\sum a_i = 0$$
$$i = 1, 2, \cdots, p$$
$$j = 1, 2, \cdots, n_i$$

④ 일원배치 분산분석의 가설 설정

$$귀무가설(H_0) : \mu_1 = \mu_2 = \cdots = \mu_p$$
$$(a_1 = a_2 = \cdots = a_p = 0)$$
$$대립가설(H_1) : 모든\ \mu_i가\ 같은\ 것은\ 아니다$$
$$(i = 1, 2, \cdots, p).$$

핵심OX

1. 일원배치 분산분석은 2개 이상의 집단 간의 평균차이를 하나의 요인을 기준으로 알아보는 분석 방법이다. ( )
2. 일원배치 모형 $y_{ij} = \mu + a_i + \epsilon_{ij}$에서 $a_i \neq \mu_i - \mu$이다. ( )
3. 일원배치 분산분석의 귀무가설은 '$\mu_1 = \mu_2 = \cdots = \mu_p$'이다. ( )

정답 1 X 2 X 3 O

핵심문제

28-1. 일원배치법에 대한 설명으로 옳은 것은?

[18년 3회] [21년 2회]

① 한 종류의 인자가 특성값에 미치는 영향을 조사하고자 할 때 사용하는 분석법이다.
② 인자의 처리별 반복수는 동일하여야 한다.
③ 3명의 기술자가 3가지의 재료를 이용해서 어떤 제품을 만들고자 할 때 가장 좋은 제품을 만들 수 있는 조건을 찾으려면 일원배치법이 적절한 방법이다.
④ 일원배치법에 의해 여러 그룹의 분산의 차이를 해석할 수 있다.

28-2. 일원배치 분산분석에 대한 설명으로 틀린 것은?

[21년 3회]

① 집단 간 평균을 비교하는 분석이다.
② 요인이 2개인 경우에 적용할 수 있다.
③ 유의확률이 유의수준보다 크면 귀무가설을 기각할 수 없다.
④ 검정통계량은 집단 내 제곱합과 집단 간 제곱합으로 구한다.

28-3. k개 처리에서 n회씩 실험을 반복하는 일원배치 모형 $x_{ij} = \mu + a_i + \epsilon_{ij}$에 관한 설명으로 틀린 것은? (단, $i = 1, 2, \cdots, k$이고 $j = 1, 2, \cdots, n$이며 $\epsilon_{ij} \sim N(0, \sigma^2)$이다)

[20년 4회]

① 오차항 ϵ_{ij}들의 분산은 같다.
② 총 실험횟수는 $k \times n$이다.
③ 총 평균 μ와 i번째 처리효과 a_i는 서로 독립이다.
④ x_{ij}는 i번째 처리의 j번째 관측값이다.

28-4. 다음 중 일원배치법의 모집단 모형으로 적합한 것은? (단, Y_i는 관측값이고 μ는 이들의 모평균, ϵ_i나 ϵ_{ij}는 실험의 오차로서 평균이 0, 분산 σ^2인 정규분포 $N(\mu, \sigma^2)$을 따르고 서로 독립이다) [19년 1회]

① $Y_{ij} = \mu + \alpha_i + \epsilon_{ij}, \ i = 1, \cdots, k, \ j = 1, \cdots, n$

② $Y_{ij} = \mu + \alpha_i + \beta_j + \epsilon_{ij}, \ i = 1, \cdots, p, \ j = 1, \cdots, q$

③ $Y_i = \alpha + \beta x_i + \epsilon_i, \ i = 1, \cdots, n$

④ $Y_i = \alpha + \beta_1 x_{1i} + \beta_2 x_{2i} + \epsilon_i, \ i = 1, \cdots, n$

28-5. 일원배치모형을 $x_{ij} = \mu + a_i + \epsilon_{ij}$ $(i = 1, 2, \cdots, k \ ; \ j = 1, 2, \cdots, n)$로 나타낼 때, 분산분석표를 이용하여 검정하려는 귀무가설 H_0은? (단, i는 처리, j는 반복을 나타내는 첨자이며, 오차항 $\epsilon_{ij} \sim N(0, \sigma^2)$이고 서로 독립적이며 $\bar{x} = \sum_{j=1}^{n} x_{ij}/n$) [18년 3회]

① $H_0 : \bar{x_1} = \bar{x_2} = \cdots = \bar{x_k}$

② $H_0 : a_1 = a_2 = \cdots = a_k = 0$

③ $H_0 :$ 적어도 한 a_i는 0이 아니다.

④ $H_0 :$ 오차항 ϵ_{ij}들은 서로 독립이다.

|해설|

28-1
①・③・④ 일원배치법은 3개 이상의 집단 간의 평균차이를 하나의 인자를 기준으로 알아보는 분석 방법이다.
② 인자의 처리별 반복수는 동일하지 않아도 된다.

28-2
일원배치 분산분석은 요인이 1개인 경우의 종속변수(반응변수)의 평균차이 분석에 사용한다.

28-3
일원배치 모형에서 $\sigma_i = \mu_i - \mu$이다. 따라서 서로 독립이 아니다.

28-4
일원배치 모형의 구조식은 다음과 같다.
$Y_{ij} = \mu + a_i + \epsilon_{ij}$
단, $a_i = \mu_i - \mu$, $\sum a_i = 0$, $i = 1, 2, \cdots, k$, $j = 1, 2, \cdots, n$
i번째 수준에서 Y의 모평균 μ_i는 i번째 수준에서의 모평균을 나타낸다. ϵ_{ij}는 Y_{ij}를 측정할 때 발생하는 오차를 나타내는 항이다.

28-5
일원배치 분산분석에서 귀무가설은 $H_0 : \mu_1 = \mu_2 = \cdots = \mu_k$이다. 즉, 일원배치 모형 $x_{ij} = \mu + a_i + \epsilon_{ij}$, $a_i = \mu_i - \mu$에서 $\mu_1 = \mu_2 = \cdots = \mu_k$이면 $a_i = 0(i = 1, 2, \cdots, k)$이므로 $H_0 : a_1 = a_2 = \cdots = a_k = 0$이다.

정답 28-1 ① 28-2 ② 28-3 ③ 28-4 ① 28-5 ②

기출 데이터 14년 1,2회 15년 1,2,3회 16년 1,2,3회 17년 1,2,3회 18년 1,2,3회 19년 2,3회 20년 1・2,3,4회 21년 1,2회 22년 1,2회 23년

핵심이론 29 | 일원배치 분산분석표

① **변동의 분해**
　㉠ 가설을 검정하기 위한 검정통계량을 구하기 위해서 총변동량을 요인 간에 발생하는 변동과 오차에 의해서 발생하는 변동으로 분해하면 $y_{ij} - \bar{\bar{y}} = (\bar{y_i} - \bar{\bar{y}}) + (y_{ij} - \bar{y_i})$로 분해할 수 있다.
　㉡ 위의 식에서 양변을 제곱하여 모든 i, j에 대하여 정리하면
$$\sum_{i=1}^{p} \sum_{j=1}^{n_i} (y_{ij} - \bar{\bar{y}})^2 = \sum_{i=1}^{p} \sum_{j=1}^{n_i} (\bar{y_i} - \bar{\bar{y}})^2 + \sum_{i=1}^{p} \sum_{j=1}^{n_i} (y_{ij} - \bar{y_i})^2$$
이다.

　• 처리제곱합(SSR) : $\displaystyle \sum_{i=1}^{p} \sum_{j=1}^{n_i} (\bar{y_i} - \bar{\bar{y}})^2$

　• 오차제곱합(SSE) : $\displaystyle \sum_{i=1}^{p} \sum_{j=1}^{n_i} (y_{ij} - \bar{y_i})^2$

　• 총제곱합(SST) : $\displaystyle \sum_{i=1}^{p} \sum_{j=1}^{n_i} (y_{ij} - \bar{\bar{y}})^2$

　㉢ 자유도
　• 처리의 자유도＝요인수준(p)-1
　• 오차의 자유도＝관찰개수(n)$-$요인수준(p)
　• 전체 자유도＝처리제곱의 자유도$+$잔차의 자유도
　　　　　　　＝관찰개수(n)-1
　㉣ 평균제곱
　• 처리의 평균제곱(MSR)＝처리제곱합/처리의 자유도
　　　　　　　＝$SSR/p-1$
　• 오차의 평균제곱(MSE)＝오차제곱합/오차의 자유도
　　　　　　　＝$SSE/n-p$

② **일원배치 분산분석표**

요 인	제곱합	자유도	평균제곱	F
처리(집단 간)	SSR	$p-1$	MSR	MSR/MSE
오차(집단 내)	SSE	$n-p$	MSE	
총 계	SST	$n-1$		

1. 일원배치 분산분석에서 전체 자유두는 관찰개수(n) – 요인 수준(p)이다. ( )

2. 일원배치 분산분석에서 $\sum\limits_{i=1}^{p}\sum\limits_{j=1}^{n_i}(y_{ij}-\overline{y_i})^2$는 집단 간의 제곱합이다. ( )

3. 일원배치 분산분석에서 오차의 평균제곱은 오차의 제곱합을 오차의 자유도로 나눈 값이다. ( )

정답 1 X 2 X 3 O

29-1. 다음 분산분석표에 관한 설명으로 틀린 것은?

[19년 2회] [22년 1회] [22년 2회] [23년]

요 인	SS	df	MS	F_0	유의확률
Month	127049	7	18150	1.52	0.164
잔 차	1608204	135	11913		
계	1735253	142			

① 총 관측자료 수는 142개이다.
② 오차항의 분산 추정값은 11913이다.
③ 요인은 Month로서 수준 수는 8개이다.
④ 유의수준 0.05에서 요인의 효과가 인정되지 않는다.

29-2. 철선을 생산하는 어떤 철강회사에서는 A, B, C 세 공정에 의해 생산되는 철선의 인장강도(kg/cm²)에 차이가 있는가를 알아보기 위해 일원배치법을 적용하였다. 각 공정에서 생산된 철선의 인장강도를 5회씩 반복 측정한 자료로부터 총제곱합 606, 처리제곱합 232를 얻었다. 귀무가설 "$H_0 : A, B, C$ 세 공정에 의한 철선의 인장강도에 차이가 없다."를 유의수준 5%에서 검정할 때, 검정통계량의 값과 검정결과로 옳은 것은?
(단, $F(2, 12 ; 0.05) = 3.89$, $F(3, 11 ; 0.05) = 3.59$ 이다)

[20년 3회]

① 3.72, H_0를 기각함
② 2.72, H_0를 기각함
③ 3.72, H_0를 기각하지 못함
④ 2.72, H_0를 기각하지 못함

29-3. 다음 중 분산분석표에 나타나지 않는 것은? [20년 1·2회]

① 제곱합
② 자유도
③ F-값
④ 표준편차

29-4. 대기오염에 따른 신체발육정도가 서로 다른지를 알아보기 위해 대기오염상태가 서로 다른 4개 도시에서 각각 10명씩 어린이들의 키를 조사하였다. 분산분석의 결과가 다음과 같을 때, 다음 중 틀린 것은?

[19년 3회]

〈분산분석표〉

요 인	제곱합 (SS)	자유도 (df)	평균제곱합 (MS)	F
처리(B)	2100	a	b	f
오차(W)	c	d	e	
총합(T)	4900	g		

① $b=700$
② $c=2800$
③ $g=39$
④ $f=8.0$

29-5. 다음 분산분석표의 (㉠), (㉡)에 들어갈 값으로 맞는 것은?

[22년 2회]

요 인	제곱합	자유도	평균제곱	F-값
처 리	42.0	2		(㉡)
잔 차	(㉠)	25		
계	129.5	27		

① ㉠ : 87.5, ㉡ : 6.0
② ㉠ : 87.5, ㉡ : 8.5
③ ㉠ : 92.5, ㉡ : 6.0
④ ㉠ : 92.5, ㉡ : 8.5

|해설|

29-1

일원분산분석에서 총합계의 자유도(142)는 총 관측 자료수 N에서 1을 뺀 값이므로 총 관측 자료 수는 142+1=143이다.

29-2

총 관찰횟수는 A, B, C 각 공정에서의 처리에서의 반복수를 모두 더한 것이므로, 반복수가 5로 같다면 총 관찰횟수는 3×5이다. 주어진 조건을 토대로 분산분석표를 완성하면 다음과 같다.

구 분	제곱합	자유도	평균제곱	F
처 리	232	2	$\dfrac{232}{2}=116$	$\dfrac{116}{31.17}$ ≒ 3.72
잔 차	$606-232$ $=374$	$3\times5-3$ $=12$	$\dfrac{374}{12}$ ≒ 31.17	
총 합	606	14		

따라서 검정통계량은 3.72이며
$F(2, 12, 0.05) = 3.89 > 3.72 = F$이므로 귀무가설($H_0$)을 기각하지 못한다.

29-3

분산분석표에 표준편차는 나타나지 않는다.

29-4

〈분산분석표〉

요 인	제곱합 (SS)	자유도 (df)	평균제곱합 (MS)	F
처리(B)	2100	$a=3$	$b=700$	$f=9$
오차(W)	$c=2800$	$d=36$	$e=77.78$	
총합(T)	4900	$g=39$		

4개의 도시이므로 요인수준은 4, 각 도시에서 10명씩 조사하므로 관찰개수는 4×10이다.

$c=4900-2100=2800$

$a=$ 처리의 자유도 = 요인수준 $-1 = 4-1 = 3$

$d=$ 오차의 자유도 = 관찰개수 - 요인수준 $= 10 \times 4-4 = 36$

$g=a+d=3+36=39$

$b=$ 처리의 평균제곱합

 = 처리제곱합/처리의 자유도 $= 2100/3 = 700$

$e=$ 오차의 평균제곱합 = 오차제곱합/오차의 자유도

 $= 2800/36 ≒ 77.78$

$f=$ 처리의 평균제곱합/오차의 평균제곱합 $= 700/77.78 ≒ 9$

29-5

㉠ 잔차제곱합 $= 129.5 - 42.0 = 87.5$

㉡ $= F = \dfrac{MSR}{MSE}$

$MSR = \dfrac{42.0}{2} = 21, \quad MSE = \dfrac{87.5}{25} = 3.5$

즉, $F = \dfrac{MSR}{MSE} = \dfrac{21}{3.5} = 6$이다.

정답 29-1 ① 29-2 ③ 29-3 ④ 29-4 ④ 29-5 ①

기출 데이터 14년 1,2회 15년 3회 16년 1,2,3회 17년 1,3회 18년 1,3회
19년 1,2,3회 20년 1·2,3,4회 21년 2,3회 22년 1,2회 23년

핵심이론 30 | 교차분석 – 카이제곱 독립성·동일성 검정

① 교차분석의 의의

 ㉠ 범주형인 명목척도와 서열척도의 성격을 가진 두 변수가 가진 각 범주를 교차하여 해당 빈도를 표시하는 교차분석표를 작성한 후 두 변수 간의 관련성을 분석하는 기법이다.

 • 독립성 검정 : 모집단에서 추출한 자료들이 두 가지 변수로 A, B에 의해서 범주화되어 있을 때 이들 두 가지 변수 A, B 사이에 연관성이 있는지를 검정하는 것을 독립성 검정이라고 한다.

 • 동일성 검정 : 모집단을 주어진 변수 A에 따라 R개의 속성으로 범주화한 뒤 R개의 부분 모집단으로부터 추출한 각 표본이 C개의 범주로 주어졌을 때 이들 각 모집단의 분포가 동일한가의 여부를 판단하는 것을 동일성 검정이라고 한다.

 • 적합도 검정 : 관측도수와 이론에 의한 기대도수 사이에 적합도 여부를 검정한다.

 ㉡ 검정통계량 : 두 변수의 관계를 카이제곱(χ^2) 통계량을 이용한다.

② 분석절차

 ㉠ 교차표 작성

 • 독립성 검정 : A변수에 대한 속성이 r개, B변수에 대한 속성이 c개라 할 때, $r \times c$ 교차표를 만든다.

 • 동일성 검정 : A변수에 대한 집단이 r개, B변수에 대한 속범주가 c개라 할 때, $r \times c$ 교차표를 만든다.

A＼B	B_1	B_2	$\cdots$	B_c	합 계
A_1	O_{11}	O_{12}	$\cdots$	O_{1c}	$O_{1.}$
A_2	O_{21}	O_{22}	$\cdots$	O_{2c}	$O_{2.}$
$\vdots$	$\vdots$	$\vdots$	$\vdots$	$\vdots$	$\vdots$
A_r	O_{r1}	O_{r2}	$\cdots$	O_{rc}	$O_{r.}$
합 계	$O_{.1}$	$O_{.2}$	$\cdots$	$O_{.c}$	n

ⓛ 가설 설정

• 독립성 검정

> 귀무가설(H_0) : 두 변수는 서로 연관성이 없다(서로 독립이다).
> 대립가설(H_1) : 두 변수는 서로 연관성이 있다(서로 독립이 아니다).

• 동일성 검정

> 귀무가설(H_0) : 각 범주 $j = 1, 2, \cdots, c$에 대해서
> $$P_{1j} = P_{2j} = \cdots = P_{rj}$$
> 대립가설(H_1) : 귀무가설은 사실이 아니다.

ⓒ 기대도수 구하기

> $$E_{ij} = \frac{O_{i.} \times O_{.j}}{n}$$
> $O_{i.}$: 행의 합, $O_{.j}$: 열의 합, n : 전체관측도수

ⓔ 카이제곱 검정통계량 구하기

> $$\chi^2 = \sum_{i=1}^{r} \sum_{j=1}^{c} \frac{(O_{ij} - E_{ij})^2}{E_{ij}} \sim \chi^2_{(r-1)(c-1)}$$
> O_{ij} : 관찰도수, E_{ij} : 기대도수

r행 c열 분할표에서 카이제곱 통계량의 자유도는 $(r-1) \times (c-1)$이다.

핵심OX

1. 카이제곱 독립성 검정에서 검정통계량은
$$\chi^2 = \sum \sum \frac{(\text{기대도수} - \text{관찰도수})^2}{\text{관찰도수}} \qquad (\quad)$$

2. r행 c열 분할표에서 카이제곱통계량의 자유도는 $(r-1) \times (c-1)$이다. $(\quad)$

3. 카이제곱 독립성 검정에서 대립가설은 '두 변수는 서로 연관성이 없다.'이다. $(\quad)$

정답 1 X 2 O 3 X

핵심문제

30-1. 3×4 분할표 자료에 대한 독립성 검정을 위한 카이제곱 통계량의 자유도는? [20년 4회]

① 12   ② 10
③ 8   ④ 6

30-2. 행변수가 M개의 범주를 갖고 열변수가 N개의 범주를 갖는 분할표에서 행변수와 열변수가 서로 독립인지를 검정하고자 한다. (i, j)셀의 관측도수를 O_{ij}, 귀무가설하에서의 기대도수의 추정치를 $\widehat{E}_{ij}$라 할 때, 이 검정을 위한 검정통계량은?

[19년 2회] [19년 3회] [21년 3회]

① $\sum\limits_{i=1}^{M} \sum\limits_{j=1}^{N} \frac{(O_{ij} - \widehat{E}_{ij})^2}{O_{ij}}$ ② $\sum\limits_{i=1}^{M} \sum\limits_{j=1}^{N} \frac{(O_{ij} - \widehat{E}_{ij})^2}{\widehat{E}_{ij}}$

③ $\sum\limits_{i=1}^{M} \sum\limits_{j=1}^{N} \frac{(O_{ij} - \widehat{E}_{ij})}{\widehat{E}_{ij}}$ ④ $\sum\limits_{i=1}^{M} \sum\limits_{j=1}^{N} \left(\frac{(O_{ij} - \widehat{E}_{ij})}{\sqrt{n\widehat{E}_{ij} O_{ij}}} \right)$

30-3. 새로운 복지정책에 대한 찬반여부가 성별에 따라 차이가 있는지를 알아보기 위해 남녀 100명씩을 랜덤하게 추출하여 조사한 결과이다.

구 분	찬 성	반 대
남 자	40	60
여 자	60	40

가설 "H_0 : 새로운 복지정책에 대한 찬반여부는 남녀 성별에 따라 차이가 없다."의 검정에 대한 설명으로 틀린 것은?

[18년 1회] [22년 2회]

① 가설검정에 이용되는 카이제곱 통계량의 자유도는 1이다.
② 가설검정에 이용되는 카이제곱 통계량의 값은 8이다.
③ 유의수준 0.05에서 기각역의 임계값이 3.84이면 카이제곱 검정의 유의확률(p값)은 0.05보다 크다.
④ 남자와 여자의 찬성율비에 대한 오즈비(Odds Ratio)는
$$\frac{P(\text{찬성}|\text{남자})/P(\text{반대}|\text{남자})}{P(\text{찬성}|\text{여자})/P(\text{반대}|\text{여자})} = \frac{(0.4/0.6)}{(0.6/0.4)} \doteqdot 0.4 \text{로}$$
구해진다.

| 해설 |

30-1

r행 c열 분할표에서 카이제곱 통계량의 자유도는 $(r-1) \times (c-1)$이다. 따라서 $(3-1) \times (4-1) = 6$이다.

30-2

모집단에서 추출한 자료들이 두 가지 변수로 A, B에 의해서 범주화되어 있을 때 이들 두 가지 변수 A, B 사이에 연관성이 있는지를 검정하는 것을 카이제곱 독립성 검정이라 한다. O_{ij}를 관측도수, $\widehat{E_{ij}}$를 기대도수라 할 때,

검정통계량은 $\chi^2 = \sum_{i=1}^{M} \sum_{j=1}^{N} \frac{(O_{ij} - \widehat{E_{ij}})^2}{\widehat{E_{ij}}}$이다.

30-3

③ 검정통계량은 8이고 유의수준 0.05에서 임계값 3.84보다 크므로 귀무가설을 기각한다. 또한 p값이 유의수준보다 작을 때 귀무가설이 기각되어야 하므로 p값은 0.05보다 작아야 한다.
① 독립변수와 종속변수가 질적 변수인 카이제곱검정을 이용한다. 2×2 행렬이므로 자유도는 $1 \times 1 = 1$이다.
② 관찰도수와 기대도수는 다음과 같다.

구 분	찬 성	반 대	합 계
남 자	40	60	100
여 자	60	40	100
합 계	100	100	200

구 분	찬 성	반 대
남 자	$\frac{100 \times 100}{200} = 50$	$\frac{100 \times 100}{200} = 50$
여 자	$\frac{100 \times 100}{200} = 50$	$\frac{100 \times 100}{200} = 50$

$$\chi^2 = \sum_{i=1}^{r} \sum_{j=1}^{c} \frac{(O_{ij} - E_{ij})^2}{E_{ij}}$$
$$= \frac{(40-50)^2}{50} + \frac{(60-50)^2}{50} + \frac{(60-50)^2}{50} + \frac{(40-50)^2}{50}$$
$$= 8$$

④ 남자와 여자의 찬성율 비에 대한 오즈비(Odds Ratio)는
$$\frac{P(찬성|남자)/P(반대|남자)}{P(찬성|여자)/P(반대|여자)} = \frac{(0.4/0.6)}{(0.6/0.4)} = \frac{4}{9} \approx 0.4 이다.$$

정답 30-1 ④ 30-2 ② 30-3 ③

기출 데이터 14년 2,3회 15년 1,2회 16년 2회 18년 2,3회 19년 1,3회 20년 4회 21년 1회

핵심이론 31 | 교차분석 – 카이제곱 적합성 검정

① 정 의

모집단의 분포에 대한 가정이 옳은지를 실제 관측된 자료를 바탕으로 검정하는 것을 적합성 검정이라 한다. n개의 표본자료를 k개의 범주로 분류하여 각 범주에 속하는 관찰도수(O)와 귀무가설하에서 주어진 확률분포에 대해 각 범주에 속하는 기대도수(E)들 간에 잘 적합되는지를 검정하는 것이다.

② 분석절차

ㄱ) 가설 설정

귀무가설(H_0) : 실제분포와 이론적 분포는 일치한다.
대립가설(H_1) : 실제분포는 이론적 분포와 일치하지 않는다.

ㄴ) 기대도수 구하기

$$E_i = n\pi_i$$
π_i : 미리 주어진 확률

ㄷ) 카이제곱 검정통계량 구하기

$$\chi^2 = \sum_{i=1}^{k} \frac{(O_i - E_i)^2}{E_i} \sim \chi^2_{(k-1)}$$
O_i : 관찰도수, E_i : 기대도수, $i = 1, 2, \cdots, k$

ㄹ) 적합성 검정에서 카이제곱 통계량의 자유도는 $k-1$이다.

핵심OX

1. 카이제곱 적합성 검정에서 카이제곱 통계량의 자유도는 $(r-1) \times (c-1)$이다. ( )
2. 카이제곱 적합성 검정에서 귀무가설은 '실제분포와 이론적 분포는 일치한다.'이다. ( )
3. 카이제곱 적합성 검정의 검정통계량은
$$\chi^2 = \sum_{i=1}^{k} \frac{(O_i - E_i)^2}{O_i} \sim \chi^2_{(k-1)}$$ 이다(단, O_i : 관찰도수, E_i : 기대도수). ( )

정답 1 X 2 O 3 X

216 ■ PART 03 통계분석과 활용

31-1. 월요일부터 금요일까지 업무를 보는 어느 가전제품 서비스 센터에서는 요일에 따라 애프터서비스 신청률이 다른가를 알아보기 위해 요일별 서비스 신청건수를 조사한 결과 다음과 같았다.

요 일	월	화	수	목	금	계
서비스 신청건수	21	25	35	32	37	150

귀무가설 "H_0 : 요일별 서비스 신청률은 모두 동일하다."를 유의수준 5%에서 검정할 때, 검정통계량의 값과 검정결과로 옳은 것은? (단, $\chi^2(4, 0.05) = 9.49$이며 $\chi^2(k, \alpha)$는 자유도 k인 카이제곱분포의 $100(1-\alpha)\%$ 백분위수이다) [19년 1회]

① 10.23, H_0를 기각함

② 10.23, H_0를 채택함

③ 6.13, H_0를 기각함

④ 6.13, H_0를 채택함

31-2. 6면 주사위의 각 눈이 나타날 확률이 동일한지를 알아보기 위하여 주사위를 60번 던진 결과가 다음과 같다. 다음 설명 중 틀린 것은? [19년 3회]

눈	1	2	3	4	5	6
관측도수	10	12	10	8	10	10

① 카이제곱 동질성 검정을 이용한다.

② 카이제곱 검정통계량 값은 0.8이다.

③ 귀무가설은 "각 눈이 나올 확률은 1/6이다."이다.

④ 귀무가설하에서 각 눈이 나올 기대도수는 10이다.

31-3. 다음은 서로 다른 3가지 포장형태(A, B, C)의 선호도가 같은지를 90명을 대상으로 조사한 결과이다. 선호도가 동일한지를 검정하는 카이제곱 검정통계량의 값은? [18년 3회]

포장형태	A	B	C
응답자수	23	36	31

① 2.87

② 2.97

③ 3.07

④ 4.07

| 해설 |

31-1

요 일	월	화	수	목	금
서비스 신청건수	21	25	35	32	37
기대도수	30	30	30	30	30

서비스 신청건수가 총 150건이고 월요일부터 금요일까지 서비스 신청률이 동일한지를 검증하는 것이므로 기대도수는 각 $150/5 = 30$이다.

카이제곱 적합성 검정을 이용하면 검정통계량은 다음과 같다.

$$\chi^2 = \frac{(21-30)^2}{30} + \frac{(25-30)^2}{30} + \frac{(35-30)^2}{30} + \frac{(32-30)^2}{30}$$
$$+ \frac{(37-30)^2}{30} \doteqdot 6.13$$

$\chi^2(4, 0.05) = 9.49$보다 검정통계량 값이 작으므로 귀무가설을 기각할 수 없다.

31-2

눈	1	2	3	4	5	6
관측도수	10	12	10	8	10	10
기대도수	60/6	60/6	60/6	60/6	60/6	60/6

60회 실행이고 확률이 동일한지를 검정하는 것이므로 기대도수는 각 $60/6=10$이다.

카이제곱 적합성 검정을 이용하며, 귀무가설은 "실제분포와 이론적 분포는 일치한다(각 눈이 나올 확률은 1/6이다)."이며 대립가설은 "실제분포는 이론적 분포와 일치하지 않는다."이다.

검정통계량을 구하면

$$\chi^2 = \sum_{i=1}^{k} \frac{(O_i - E_i)^2}{E_i}$$
$$= \frac{(10-10)^2}{10} + \frac{(12-10)^2}{10} + \frac{(10-10)^2}{10}$$
$$+ \frac{(8-10)^2}{10} + \frac{(10-10)^2}{10} + \frac{(10-10)^2}{10} = 0.8$$이다.

31-3

포장형태	A	B	C
응답자수	23	36	31
기대도수	90/3	90/3	90/3

서로 다른 3가지 방법에 대해 90명의 선호도에 차이가 없다는 것을 검정해야하므로 기대도수는 각 90/3=30이다.

$$검정통계량 = \frac{(23-30)^2 + (36-30)^2 + (31-30)^2}{30}$$
$$= \frac{49 + 36 + 1}{30} \doteqdot 2.87$$

정답 **31-1** ④ **31-2** ① **31-3** ①

기출 데이터 14년 1,2,3회 15년 1,2,3회 16년 1,2,3회 17년 1,2,3회
18년 1,2,3회 19년 1,2,3회 20년 1·2,3,4회 21년 1,2,3회
22년 1,2회 23년

핵심이론 01 | 상관분석과 상관계수

① 상관분석

㉠ 상관분석의 의의

하나의 변수가 다른 변수와 얼마나 관련성을 갖고 변화하는지를 알아보기 위하여 사용된다.

㉡ 상관분석의 기본 가정

- 변수들 간의 선형성을 충족시켜야 한다. 즉, 두 변수 간에 정(+)의 상관이거나 부(−)의 상관 형태로 나타난다.
- 등분산성의 가정을 충족시켜야 한다.
- 이상치 유무를 파악하여 제거해야 한다.
- 변수는 등간 또는 비율척도로 구성되어야 한다. 서열 척도는 순위 상관을 사용한다.

② 공분산

두 변수 사이의 상관성을 나타내주는 지표는 기본적으로 두 변수 간의 공분산이다. 두 변수 X와 Y를 상정할 때, 공분산이란 X의 증감에 따른 Y의 증감에 대한 척도로서 $(X-\mu_X)(Y-\mu_Y)$의 기댓값을 의미하며, $Cov(X, Y)$로 표시한다.

㉠ $Cov(X, Y) = \sigma_{XY} = E[(X-\mu_X)(Y-\mu_Y)]$

㉡ $Cov(X, Y) = E(XY) - E(X)E(Y)$

㉢ $Cov(X, Y) = Cov(Y, X)$

㉣ $Cov(aX+b, cY+d) = ac\,Cov(X, Y)$

(단, a, b, c, d는 상수)

③ 상관계수

㉠ 상관계수의 의의

피어슨 상관계수를 간단히 지칭한 것이다. 이는 대상변수들의 측정에 사용된 척도가 등간·비율척도일 때 하나의 변수와 다른 변수와의 관련성을 분석하는 데 이용된다.

㉡ 상관계수 공식

- 두 변수 X, Y의 종류나 특정 단위에 관계없는 측도를 구하기 위해 공분산을 X, Y의 표준편차로 나누어 표준화하여 구한다.

$$Corr(X, Y) = \frac{Cov(X, Y)}{\sigma_X \sigma_Y}$$
$$= \frac{\sum(X_i - \mu_X)(Y_i - \mu_Y)}{\sqrt{\sum(X_i - \mu_X)^2}\sqrt{\sum(Y_i - \mu_Y)^2}}$$
$$-1 \le Corr \le 1$$

- 두 변수에 대한 n개 표본이 주어졌을 때, 이들 표본에 대한 상관계수를 표본상관계수 r로 나타낸다.

$$r = \frac{Cov(X, Y)}{S_X S_Y}$$
$$= \frac{\sum(X_i - \overline{X})(Y_i - \overline{Y})}{\sqrt{\sum(X_i - \overline{X})^2}\sqrt{\sum(Y_i - \overline{Y})^2}} = \frac{S_{XY}}{S_X S_Y}$$

S_X : X의 표준편차, S_Y : Y의 표준편차,
$-1 \le r \le 1$

㉢ 상관계수의 특징

- 상관계수가 음의 값을 가지면 부의 상관관계가, 양의 값을 가지면 정의 상관관계가 있음을 의미한다.
- 상관계수 값이 0에 가까울수록 상관관계가 약한 것을 의미하고 ±1에 가까울수록 강한 상관관계가 있음을 의미한다.
- 임의의 상수 a, b에 대하여 Y를 $Y = a + bX$와 같이 X의 선형변환으로 표현할 수 있다면, $b > 0$일 때 상관계수는 1이고, $b < 0$일 때 상관계수는 −1이 된다.
- 상관계수가 0이면 변수 간에 선형연관성이 없는 것이지 곡선의 연관성은 있을 수 있다.
- −1에서 1 사이의 값을 갖는다.
- 두 확률변수가 서로 독립이면 상관계수는 0이다.
- $Corr(X, Y) = Corr(aX+b, cY+d)$ (단, $ac > 0$)
- $Corr(X, Y) = -Corr(aX+b, cY+d)$ (단, $ac < 0$)

ㄹ 상관계수의 유의성 검정

• 가설 설정

> 귀무가설(H_0) : 두 변수 간에 상관관계가 없다.
> 대립가설(H_1) : 두 변수 간에 상관관계가 있다.

• 검정통계량

$$t = r\frac{\sqrt{n-2}}{\sqrt{1-r^2}} \sim t_{(n-2)}$$

핵심OX

1. $Cov(aX+b, cY+d) = Cov(X, Y)$ 이다.　　　(　)
2. 표본상관계수 r의 범위는 $0 \le r \le 1$이다.　　(　)
3. 표본상관계수 r값이 0에 가까울수록 상관관계가 약한 것을 의미하고 ±1에 가까울수록 강한 상관관계가 있음을 의미한다.　　(　)
4. 상관계수가 0이면 변수 간에 연관성이 없다.　　(　)

정답 1 X　2 X　3 O　4 X

핵심문제

1-1. 상관계수에 대한 설명으로 틀린 것은? [22년 2회]

① 두 변수의 직선 관계를 나타내는 척도이다.
② 상관계수는 −1에서 1 사이의 값을 갖는다.
③ 상관계수가 0에 가깝다는 의미는 두 변수 간의 연관성이 없다는 의미이다.
④ 상관계수 값이 1이나 −1에 가깝다는 의미는 두 변수 간의 강한 연관성을 가지고 있다는 의미이기도 하다.

1-2. 공분산에 대한 설명으로 틀린 것은? [22년 1회]

① 공분산은 음수의 값을 가질 수 있다.
② 한 변수의 분산이 0이면, 공분산도 0이다.
③ 두 변수의 선형관계의 밀접성 정도를 나타낸다.
④ 공분산이 양수이면 두 변수가 같은 방향으로 움직이는 것을 나타낸다.

1-3. 다음은 대응되는 두 변량 X와 Y를 관측하여 얻은 자료 $(x_1, y_1), \cdots, (x_n, y_n)$으로 그린 산점도이다. X와 Y의 표본 상관계수의 절댓값이 가장 작은 것은? [19년 3회]

①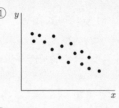
②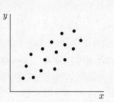
③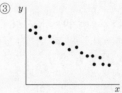
④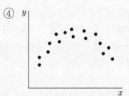

1-4. X와 Y의 평균과 분산은 각각 $E(X) = 4$, $V(X) = 8$, $E(Y) = 10$, $V(Y) = 32$이고, $E(XY) = 28$이다. $2X+1$과 $-3Y+5$의 상관계수는? [18년 3회]

① 0.75　　　　　　　② −0.75
③ 0.67　　　　　　　④ −0.67

1-5. 두 변수 x, y의 상관계수가 0.5일 때, $(2x+3, -3y-4)$와 $(-3x+4, -2y-2)$의 상관계수는? [22년 1회]

① 0.5, 0.5　　　　　② 0.5, −0.5
③ −0.5, 0.5　　　　④ −0.5, −0.5

1-6. 두 변수 X, Y의 상관계수에 대한 유의성 검정 ($H_0 : \rho_{XY} = 0$)을 t-검정으로 할 때 검정통계량은? (단, r_{XY}는 표본상관계수이다) [21년 2회]

① $r_{XY}\sqrt{\dfrac{n-2}{1-r_{XY}^2}}$　　　② $r_{XY}\sqrt{\dfrac{n+2}{1-r_{XY}^2}}$

③ $r_{XY}\sqrt{\dfrac{n-2}{1+r_{XY}^2}}$　　　④ $r_{XY}\sqrt{\dfrac{n+2}{1+r_{XY}^2}}$

해설

1-1

상관계수가 0이면 변수 간에 선형연관성이 없는 것이지 곡선의
연관성은 있을 수 있다.

1-2

공분산의 크기는 X와 Y의 측정단위에 영향을 받기 때문에 상관관
계의 방향은 알 수 있으나 상관관계의 크기를 측정하는 지표로서는
부적합하다. 따라서 측정단위의 영향을 받지 않는 상관계수가 상관
관계의 밀접성 정도를 측정하는 데 적합하다.

1-3

상관계수는 선형관계를 나타낸다. 음의 값을 가지면 부(Negative)
의 상관관계가, 양의 값을 가지면 정(Positive)의 상관관계가 있
음을 의미한다. 또한 0에 가까울수록 상관관계가 약한 것을 의미
하고 ±1에 가까울수록 강한 상관관계가 있음을 의미한다. 또한
상관계수가 0이면 변수 간에 선형연관성이 없는 것이지 곡선의
연관성은 있을 수 있다. 이 문제에서는 곡선의 연관성을 가진
④번 그래프가 상관계수 값이 0으로 절댓값이 가장 작다.

1-4

$ac < 0$인 경우 $Corr(X, Y) = -Corr(aX+b, cY+d)$이다.
따라서 $Corr(2X+1, -3Y+5) = -Corr(X, Y)$이다.

$$Corr(X, Y) = \frac{Cov(X, Y)}{\sigma_X \sigma_Y} = \frac{E(XY) - E(X)E(Y)}{\sigma_X \sigma_Y}$$

$$= \frac{28 - 4 \times 10}{\sqrt{8}\,\sqrt{32}} = -0.75$$

$Corr(2X+1, -3Y+5) = 0.75$

1-5

$ac > 0$인 경우 $Corr(x, y) = Corr(ax+b, cy+d)$,
$ac < 0$인 경우 $Corr(x, y) = -Corr(ax+b, cy+d)$이다.
$Corr(x, y) = 0.5$
$Corr(2x+3, -3y-4) = -0.5$ ($\because\ 2 \times -3 = -6 < 0$)
$Corr(-3x+4, -2y-2) = 0.5$ ($\because\ -3 \times -2 = 6 > 0$)

1-6

상관계수의 유의성 검정에서 검정통계량의 공식은
$t = r\dfrac{\sqrt{n-2}}{\sqrt{1-r^2}} \sim t_{(n-2)}$이다.

정답 1-1 ③ 1-2 ③ 1-3 ④ 1-4 ① 1-5 ③ 1-6 ①

핵심이론 02 | 회귀분석의 이해

① 회귀분석의 개념

㉠ 독립변수가 종속변수에 미치는 영향력을 분석하거나,
독립변수에 따라 종속변수의 변화를 예측하기 위해서 사
용하는 통계기법이다. 독립변수는 종속변수에 영향을
주는 변수로 설명변수(원인변수)라고도 하며, 종속변수
는 독립변수에 영향을 받는 변수로 반응변수(결과변수)
라고도 한다. 일반적으로 회귀모형은 다음과 같다.

$$y = \alpha + \beta x + \epsilon$$
y : 종속변수, x : 독립변수, α, β : 모수, ϵ : 오차항

㉡ 회귀분석에서는 $t-$검정과 $F-$검정을 모두 사용한다.
회귀모형의 유의성 검정에서 검정통계량은 $F-$검정을
사용하고 회귀계수의 유의성 검정에서 검정통계량은
$t-$검정을 사용한다.

㉢ 단순회귀분석 : 독립변수가 1개일 때, 독립변수와 종속
변수 간의 선형관계를 분석한다.

㉣ 다중회귀분석 : 독립변수가 2개 이상일 때, 독립변수와
종속변수 간의 선형관계를 분석한다.

② 오차항의 기본 가정

㉠ 정규성 : 오차항은 정규분포를 따르며 평균 0, 분산은
일정하다.

㉡ 등분산성 : 오차항의 분산은 독립변수 x에 관계없이 일
정하다.

㉢ 선형성 : 독립변수와 종속변수의 관계는 선형이다.

㉣ 독립성 : 서로 다른 x값의 오차는 독립적이다.

㉤ 독립변수 x는 고정된 값을 가지며, 확률변수가 아니다.

핵심OX

1. 회귀분석에서 오차항은 정규분포를 따르며 서로 종속적이다.
（   ）

2. 일반적인 회귀모형 $y = \alpha + \beta x + \epsilon$에서 y는 독립변수, x
는 종속변수이다. （   ）

3. 회귀분석은 오차에 따라 종속변수의 변화를 예측하기 위해
서 사용하는 통계기법이다. （   ）

정답 1 X 2 X 3 X

2-1. 회귀분석에서 추정량의 성질이 아닌 것은?

[19년 3회] [22년 2회]

① 선형성   ② 불편성
③ 등분산성   ④ 유효성

2-2. 회귀분석에 대한 설명 중 옳은 것은?   [19년 3회]

① 회귀분석에서 분산분석표는 사용되지 않는다.
② 독립변수는 양적인 관찰 값만 허용된다.
③ 회귀분석은 독립변수 간에는 상관관계가 0인 경우만 분석 가능하다.
④ 회귀분석에서 t-검정과 F-검정이 모두 사용된다.

2-3. 두 변량 X와 Y의 관계를 분석하고자 한다. X와 Y가 모두 연속형 변수일 때가 가장 적합한 분석은?   [21년 3회]

① 회귀분석
② 분산분석
③ 교차분석
④ 베이즈 분석

| 해설 |

2-1
오차항의 기본 가정
- 정규성 : 오차항은 정규분포를 따르며 평균 0, 분산은 일정하다.
- 등분산성 : 오차항의 분산은 독립변수 x에 관계없이 일정하다.
- 선형성 : 독립변수와 종속변수의 관계는 선형이다.
- 불편성 : 추정량의 기대치가 추정할 모수의 실제값과 같을 때, 이 추정량은 불편성을 가졌다고 한다.

2-2
회귀모형의 유의성 검정에서 검정통계량은 F-검정을 사용하고 단순회귀계수의 유의성 검정에서 검정통계량은 t-검정을 사용한다.

2-3

구 분	독립변수	종속변수
t-검정	질적(범주형)	양적(연속형)
교차분석	질적(범주형)	질적(범주형)
분산분석	질적(범주형)	양적(연속형)
상관분석	양적(연속형)	양적(연속형)
회귀분석	양적(연속형)	양적(연속형)

정답 **2-1** ④   **2-2** ④   **2-3** ①

기출 데이터 14년 2,3회   15년 1,3회   16년 1,2,3회   17년 1,2,3회
18년 1,2,3회   19년 1,2,3회   20년 1·2,3,4회   21년 1,2,3회
22년 2회   23년

핵심이론 03   단순회귀모형

① 단순회귀모형
    ㉠ 단순회귀분석은 1개의 독립변수만을 다루는 회귀분석으로 독립변수 X, 종속변수 Y의 회귀식은 다음과 같이 나타낼 수 있다.

$$y_i = \alpha + \beta x_i + \epsilon_i$$
$$i = 1, 2, \cdots, n, \ E(\epsilon_i) = 0, \ Var(\epsilon_i) = \sigma^2$$

    ㉡ 여기서 i는 전체 n개의 관측자료 중에 i번째 자료이며, ϵ_i는 평균이 0, 분산이 σ^2인 오차를 나타내는 확률변수로서 관측자료 y_i가 회귀직선으로부터 ϵ_i만큼 떨어져 있음을 의미한다.

② 잔차(e_i)의 기본 가정
    추정값 $\widehat{y_i}$는 측정값에 의해 얻은 y의 실제값 y_i와 일치하지는 않는다. 즉, $\widehat{y_i}$와 y_i 간에는 차이가 생기는데 이 차이를 잔차(e_i)라고 한다.
    ㉠ 잔차의 합은 0이다($\sum e_i = 0$).
    ㉡ 잔차들의 x_i에 의한 가중합은 0이다($\sum x_i e_i = 0$).
    ㉢ 잔차들의 $\widehat{y_i}$에 의한 가중합은 0이다($\sum \widehat{y_i} e_i = 0$).

③ 최소제곱법
    ㉠ 회귀계수의 추정방법 중에서 잔차(e_i)의 제곱합을 최소로 하는 방법을 최소제곱법이라 한다.

$$b = \frac{S_{xy}}{S_{xx}} = \frac{\sum (x_i - \bar{x})(y_i - \bar{y})}{\sum (x_i - \bar{x})^2} = \frac{\sum x_i y_i - n\bar{x}\bar{y}}{\sum x_i^2 - n\bar{x}^2}$$
$$a = \bar{y} - b\bar{x} = \frac{1}{n}\sum y_i - b\frac{1}{n}\sum x_i$$

    ㉡ 표본에서 추정된 회귀직선은 $\widehat{y_i} = a + bx_i$이다(a, b는 회귀계수).
    ㉢ a, b, $\widehat{y_i}$는 α, β, y_i의 추정값이며 a를 추정된 회귀선의 절편이라 하고, b를 기울기라 한다.
    ㉣ 절편이 없는 회귀모형의 경우 최소제곱법에 의한 β의 추정값은 $b = \dfrac{\sum x_i y_i}{\sum x_i^2}$이다.

ⓜ a는 $x_i = 0$에서 $\hat{y_i}$값이며, b는 x_i가 한 단위 증가할 때에 $\hat{y_i}$의 증가량을 나타낸다.

ⓑ $b = r\dfrac{S_y}{S_x} = r\dfrac{\sqrt{\sum(y_i - \overline{y})^2}}{\sqrt{\sum(x_i - \overline{x})^2}} = \dfrac{\sum(x_i - \overline{x})(y_i - \overline{y})}{\sum(x_i - \overline{x})^2}$

- $b > 0$이면, $r > 0$이어서 양의 상관관계를 갖는다.
- $b < 0$이면, $r < 0$이어서 음의 상관관계를 갖는다.
- $b = 0$이면, $r = 0$이어서 상관관계를 갖지 않는다.

④ 총변동의 분해

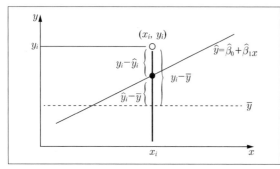

ⓐ 회귀선 y의 한 관측값 y_i가 가지는 편차 $y_i - \overline{y}$를 분석하면, 아래 식과 같이 이 편차를 두 가지의 다른 종류의 편차 합 $y_i - \overline{y} = (\hat{y_i} - \overline{y}) + (y_i - \hat{y_i})$으로 나타낼 수 있다.

ⓑ 위의 식에서 양변을 제곱한 후에 i에 대하여 합하면 다음 식이 성립된다.

$$\sum_{i=1}^{n}(y_i - \overline{y})^2 = \sum_{i=1}^{n}(\hat{y_i} - \overline{y})^2 + \sum_{i=1}^{n}(y_i - \hat{y_i})^2$$

- 총변동(SST) : $\displaystyle\sum_{i=1}^{n}(y_i - \overline{y})^2$
- 회귀변동(SSR) : $\displaystyle\sum_{i=1}^{n}(\hat{y_i} - \overline{y})^2$
- 오차변동(SSE) : $\displaystyle\sum_{i=1}^{n}(y_i - \hat{y_i})^2$

핵심문제

3-1. 단순회귀모형 $y_i = \beta_0 + \beta_1 x_i + \epsilon_i$, $\epsilon_i \sim N(0, \sigma^2)$을 이용한 적합된 회귀식 $\hat{y_i} = 30 + 0.44x_i$에 대한 설명으로 옳은 것은? [22년 2회]

① 종속변수가 0일 때, 독립변수 값은 0.44이다.
② 독립변수가 0일 때, 종속변수 값은 0.44이다.
③ 종속변수가 한 단위 증가할 때, 독립변수의 값은 평균 0.44 증가한다.
④ 독립변수가 한 단위 증가할 때, 종속변수의 값은 평균 0.44 증가한다.

3-2. 회귀분석에 관한 설명으로 틀린 것은? [20년 1·2회]

① 회귀분석은 자료를 통하여 독립변수와 종속변수 간의 함수관계를 통계적으로 규명하는 분석방법이다.
② 회귀분석은 종속변수의 값 변화에 영향을 미치는 중요한 독립변수들이 무엇인지 알 수 있다.
③ 단순회귀선형모형의 오차(ϵ_i)에 대한 가정에서 $\epsilon_i \sim N(0, \sigma^2)$이며, 오차는 서로 독립이다.
④ 최소제곱법은 회귀모형의 절편과 기울기를 구하는 방법으로 잔차의 합을 최소화시킨다.

3-3. 변수 x와 y에 대한 n개의 자료 $(x_1, y_1), \cdots, (x_n, y_n)$에 대하여 단순선형회귀모형 $y_i = \beta_0 + \beta_1 x_i + \epsilon_i$을 적합시키는 경우, 잔차 $e_i = y_i - \hat{y_i}(i = 1, \cdots, n)$에 대한 성질이 아닌 것은? [18년 2회] [20년 3회]

① $\displaystyle\sum_{i=1}^{n}e_i = 0$ 　　② $\displaystyle\sum_{i=1}^{n}x_i e_i = 0$

③ $\displaystyle\sum_{i=1}^{n}y_i e_i = 0$ 　　④ $\displaystyle\sum_{i=1}^{n}\hat{y_i} e_i = 0$

3-4. 단순회귀분석을 적용하여 자료를 분석하기 위해서 10쌍의 독립변수와 종속변수의 값들을 측정하여 정리한 결과 다음과 같은 값을 얻었다.

$$\sum_{i=1}^{10} x_i = 39, \quad \sum_{i=1}^{10} x_i^2 = 193,$$
$$\sum_{i=1}^{10} y_i = 35.1, \quad \sum_{i=1}^{10} y_i^2 = 130.05, \quad \sum_{i=1}^{10} x_i y_i = 152.7$$

회귀모형 $Y_i = \alpha + \beta x_i + \epsilon$의 β의 최소제곱추정량을 구하면?

[19년 2회]

① 0.287   ② 0.357
③ 0.387   ④ 0.487

3-5. 두 변수 X와 Y에 대해서 9개의 관찰값으로부터 계산한 통계량들이 다음과 같을 때, 단순회귀모형의 가정하에 추정한 회귀직선은?

[19년 1회] [22년 2회]

$$\overline{X} = 5.9, \quad \overline{Y} = 15.1$$
$$S_{XX} = \sum_{i=1}^{9} (X_i - \overline{X})^2 = 40.9$$
$$S_{YY} = \sum_{i=1}^{9} (Y_i - \overline{Y})^2 = 370.9$$
$$S_{XY} = \sum_{i=1}^{9} (X_i - \overline{X})(Y_i - \overline{Y}) = 112.1$$

① $\hat{Y} = -1.07 - 2.74x$
② $\hat{Y} = -1.07 + 2.74x$
③ $\hat{Y} = 1.07 - 2.74x$
④ $\hat{Y} = 1.07 + 2.74x$

3-6. 단순회귀모형 $Y_i = \beta_0 + \beta_1 X_i + \epsilon_i (i = 1, 2, \cdots, n)$의 가정하에 최소제곱법에 의해 회귀직선을 추정하는 경우 잔차 $e_i = Y_i - \hat{Y}_i$의 성질로 틀린 것은?

[18년 1회]

① $\sum e_i = 0$
② $\sum e_i = \sum X_i e_i$
③ $\sum e_i^2 = \sum \hat{X}_i e_i$
④ $\sum X_i e_i = \sum \hat{Y}_i e_i$

|해설|

3-1

회귀식 $\hat{y_i} = a + bx_i$에서 a는 $x_i = 0$에서 $\hat{y_i}$값이며, b는 x_i가 한 단위 증가할 때에 $\hat{y_i}$의 증가량을 나타낸다. 따라서 독립변수(x)가 한 단위 증가할 때, 종속변수(y)의 값은 평균 0.44 증가한다.

3-2

회귀계수의 추정방법 중에서 잔차의 제곱합을 최소로 하는 방법을 최소제곱법이라 한다.

3-3

잔차(e_i)의 성질
• 잔차의 합은 0이다($\sum e_i = 0$).
• 잔차의 x_i에 의한 가중합은 0이다($\sum x_i e_i = 0$).
• 잔차의 $\hat{y_i}$에 의한 가중합은 0이다($\sum \hat{y_i} e_i = 0$).

3-4

$$\overline{x} = \frac{\sum_{i=1}^{10} x_i}{10} = \frac{39}{10} = 3.9, \quad \overline{y} = \frac{\sum_{i=1}^{10} y_i}{10} = \frac{35.1}{10} = 3.51$$

$$S_{xx} = \sum_{i=1}^{10} x_i^2 - 10\overline{x}^2 = 193 - 10 \times 3.9^2 = 40.9$$

$$S_{xy} = \sum_{i=1}^{10} x_i y_i - 10\overline{x}\overline{y} = 152.7 - 10 \times 3.9 \times 3.51 = 15.81$$

$$\therefore \beta = \frac{S_{xy}}{S_{xx}} = \frac{15.81}{40.9} \doteqdot 0.387$$

3-5

최소제곱법을 이용한다. $b = \dfrac{S_{XY}}{S_{XX}}$, $a = \overline{Y} - b\overline{X}$이므로

$$b = \frac{S_{XY}}{S_{XX}} = \frac{112.1}{40.9} = 2.74,$$
$$a = \overline{Y} - b\overline{X} = 15.1 - 2.74 \times 5.9 = -1.07$$
$$\therefore \hat{Y} = -1.07 + 2.74x$$

3-6

잔차의 성질
• 잔차의 합은 0이다(①).
• 잔차의 X_i에 의한 가중합은 0이다($\sum X_i e_i = 0 = \sum e_i$)(②).
• 잔차의 $\hat{Y}_i$의 가중합은 0이다($\sum \hat{Y}_i e_i = 0 = \sum X_i e_i$)(④).

정답 3-1 ④   3-2 ④   3-3 ③   3-4 ③   3-5 ②   3-6 ③

핵심이론 **04** 단순회귀모형의 적합성 검정

① 결정계수

총 변동 SST 중에서 SSR이 차지하는 비중을 결정계수 (R^2)라 한다.

$$R^2 = \frac{SSR}{SST} = 1 - \frac{SSE}{SST}$$

② 결정계수의 특성

㉠ $0 \leq R^2 \leq 1$

㉡ 단순선형회귀에서는 상관계수(r)의 제곱이 결정계수 (R^2)가 된다.

㉢ 결정계수는 설명력을 의미하는 수치이다.

㉣ 모든 측정값이 한 직선상에 놓이면 R^2의 값은 1이다.

㉤ R^2은 독립변수의 수가 늘어날수록 증가하는 경향이 있다.

㉥ 단순회귀분석에서 결정계수는 상관계수의 제곱이지만 다중회귀분석에서는 상관계수의 제곱과 동일하지 않다.

㉦ x와 y 사이에 회귀관계가 전혀 존재하지 않아 추정회귀 직선의 기울기 b_1이 0인 경우에는 결정계수 R^2은 0이 된다.

③ 적합도 검정을 위한 단순회귀분석의 분산분석표

요 인	제곱합(SS)	자유도 (df)	평균제곱 (MS)	F
회 귀	$\sum_{i=1}^{n}(\hat{y_i}-\bar{y})^2$	1	MSR $=\frac{SSR}{1}$	$\frac{MSR}{MSE}$ $\sim F_{(\alpha,1,n-2)}$
잔 차	$\sum_{i=1}^{n}(y_i-\hat{y_i})^2$	$n-2$	MSE $=\frac{SSE}{(n-2)}$	
전 체	$\sum_{i=1}^{n}(y_i-\bar{y})^2$	$n-1$		

핵심OX

1. 결정계수는 $R^2 = \frac{SSE}{SST} = 1 - \frac{SSR}{SST}$ 이다. ( )

2. 모든 측정값이 한 직선상에 놓이면 R^2의 값은 0이다. ( )

3. 결정계수의 범위는 $0 \leq R^2 \leq 1$이다. ( )

정답 1 × 2 × 3 ○

핵심문제

4-1. 다음의 단순회귀분석에서의 분산분석결과로 결정계수를 구하면? [22년 2회]

구 분	자유도	제곱합
회 귀	1	1575.76
잔 차	8	349.14
계	9	1924.90

① 0.15 ② 0.18
③ 0.82 ④ 0.94

4-2. 추정된 회귀선이 주어진 자료에 얼마나 잘 적합되는지를 알아보는 데 사용하는 결정계수를 나타낸 식이 아닌 것은? (단, Y_i는 주어진 자료의 값이고, $\hat{Y_i}$은 추정값이며, $\overline{Y}$는 자료의 평균이다) [20년 4회]

① $\dfrac{회귀제곱합}{총제곱합}$

② $\dfrac{\sum(\hat{Y_i}-\overline{Y})^2}{\sum(Y_i-\overline{Y})^2}$

③ $1-\dfrac{잔차제곱합}{회귀제곱합}$

④ $1-\dfrac{\sum(Y_i-\hat{Y})^2}{\sum(Y_i-\overline{Y})^2}$

4-3. 결정계수(Coefficient of Determination)에 대한 설명으로 틀린 것은? [19년 1회]

① 총변동 중에서 회귀식에 의하여 설명되어지는 변동의 비율을 뜻한다.

② 종속변수에 미치는 영향이 적은 독립변수가 추가되어도 결정계수는 변하지 않는다.

③ 모든 측정값들이 추정회귀직선상에 있는 경우 결정계수는 1이다.

④ 단순회귀의 경우 독립변수와 종속변수 간의 표본상관계수의 제곱과 같다.

4-4. 단순선형회귀모형 $Y_i = \alpha + \beta x_i + e_i\,(i=1,2,\cdots,n)$에서 최소제곱추정량 $\hat{\alpha}$, $\hat{\beta}$을 이용한 최소제곱회귀추정량 $y = \hat{\alpha} + \hat{\beta}x$의 잔차 $\hat{e_i} = y_i - \hat{y_i}$로부터 서로 독립이고 등분산인 오차들의 분산 $Var(e_i) = \sigma^2 (=1,2,\cdots,n)$의 불편추정량을 구하면? [18년 3회] [22년 1회]

① $\hat{\sigma^2} = \dfrac{\sum_{i=1}^{n}(y_i-\hat{y_i})^2}{n-3}$

② $\hat{\sigma^2} = \dfrac{\sum_{i=1}^{n}(y_i-\hat{y_i})^2}{n-2}$

③ $\hat{\sigma^2} = \dfrac{\sum_{i=1}^{n}(y_i-\hat{y_i})^2}{n-1}$

④ $\hat{\sigma^2} = \dfrac{\sum_{i=1}^{n}(y_i-\hat{y_i})^2}{n}$

4-5. 두 변수 x와 y의 함수관계를 알아보기 위하여 크기가 10인 표본을 취하여 단순회귀분석을 실시한 결과 회귀식 $y = 20 - 0.1x$을 얻었고, 결정계수 R^2은 0.81이었다. x와 y의 상관계수는?

[19년 1회]

① -0.1 ② -0.81

③ -0.9 ④ -1.1

4-6. 통계학 강의를 수강한 학생들을 대상으로 결석시간 x와 학기말성적 y의 관계를 회귀모형 『$y_i = \beta_0 + \beta_1 x_i + \epsilon_i$, $\epsilon_i \sim N(0, \sigma^2)$이고 서로 독립』의 가정하에 분석하기로 하고 수강생 10명을 임의로 추출하여 얻은 자료를 정리하여 다음의 결과를 얻었다.

추정회귀직선 : $\hat{y} = 85.93 - 10.62x$

$$\sum_{i=1}^{10}(y_i - \bar{y})^2 = 2514.50 \qquad \sum_{i=1}^{10}(y_i - \hat{y})^2 = 246.72$$

결석시간 x와 학기말성적 y 간의 상관계수를 구하면?

[18년 1회]

① 0.95 ② -0.95

③ 0.90 ④ -0.90

4-7. 통계학 과목을 수강한 학생 가운데 학생 10명을 추출하여, 그들이 강의에 결석한 시간(X)과 통계학점수(Y)를 조사하여 다음 표를 얻었다.

X	5	4	5	7	3	5	4	3	7	5
Y	9	4	5	11	5	8	9	7	7	6

단순 선형 회귀분석을 수행한 다음 결과의 (　)에 들어갈 것으로 틀린 것은?

[20년 1·2회]

요 인	자유도	제곱합	평균제곱	F값
회 귀	(a)	9.9	(b)	(c)
오 차	(d)	33.0	(e)	
전 체	(f)	42.9		

$R^2 = \boxed{(\ g\ )}$

① $a = 1$, $b = 9.9$

② $d = 8$, $e = 4.125$

③ $c = 2.4$

④ $g = 0.7$

|해설|

4-1

$$R^2 = \frac{SSR}{SST} = \frac{1575.76}{1924.90} \fallingdotseq 0.82$$

4-2

$$R^2 = \frac{SSR(\text{회귀제곱합})}{SST(\text{총제곱합})} = 1 - \frac{SSE(\text{잔차제곱합})}{SST(\text{총제곱합})}$$

회귀제곱합 $= \sum(\hat{Y_i} - \bar{Y})^2$, 잔차제곱합 $= \sum(Y_i - \hat{Y_i})^2$,

총제곱합 $= \sum(Y_i - \bar{Y})^2$

4-3

결정계수는 독립변수의 수가 늘어날수록 증가하는 경향이 있다.

4-4

단순회귀모형에서 오차항의 분산 $Var(\epsilon_i) = \sigma^2$의 불편추정량은

$$MSE = \frac{SSE}{n-2} = \frac{\sum_{i=1}^{n}(y_i - \hat{y_i})^2}{n-2} \text{ 이다.}$$

4-5

문제에서 결정계수 R^2은 0.81이고 회귀식이 $y = 20 - 0.1x$이므로 음의 상관관계를 지닌다.

따라서 상관계수는 $-\sqrt{0.81} = -0.9$이다.

4-6

$R^2 = \dfrac{SSR}{SST} = 1 - \dfrac{SSE}{SST}$이고

$\sum_{i=1}^{10}(y_i - \bar{y})^2 = SST$, $\sum_{i=1}^{10}(y_i - \hat{y})^2 = SSE$이므로

$R^2 = 1 - \dfrac{246.72}{2514.50} \fallingdotseq 0.9019$

따라서 상관계수 $r = \pm\sqrt{0.9019} \fallingdotseq \pm 0.95$

$b = r\dfrac{S_y}{S_x}$에서 S_y와 S_x는 항상 양수이므로 상관계수와 회귀직선의 기울기 b의 부호는 같다. 주어진 회귀직선 $\hat{y} = 85.93 - 10.62x$에서 $b = -10.62$이므로 상관관계는 음수이다.

$\therefore -0.95$

4-7

단순선형회귀모형에서 회귀의 자유도는 1이므로 $a = 1$이다.

$b = 9.9/1 = 9.9$, $d = 10 - 2 = 8$, $e = 33.0/8 = 4.125$,

$f = 1 + 8 = 9$이며,

F값은 회귀평균제곱을 오차평균제곱으로 나눈 값이므로 $c = 9.9/4.125 = 2.4$이다.

단순선형회귀에서 결정계수는 $R^2 = \dfrac{SSR}{SST} = 1 - \dfrac{SSE}{SST}$이므로

$\dfrac{SSR}{SST} = \dfrac{9.9}{42.9} \fallingdotseq 0.23$, $g = 0.23$이다.

정답 4-1 ③　4-2 ③　4-3 ②　4-4 ④　4-5 ③　4-6 ②　4-7 ④

핵심이론 05 | 단순회귀모형의 유의성 검정

① 단순회귀모형의 유의성 검정

　㉠ 단순회귀모형의 분산분석표

요 인	제곱합	자유도	평균제곱(MS)	F
회 귀	SSR	1	$MSR = SSR/1$	$MSR/$ MSE
오 차	SSE	$n-2$	MSE $= SSE/(n-2)$	
전 체	SST	$1+(n-2)$ $=n-1$		

　㉡ 단순회귀모형의 가설 설정

> 귀무가설(H_0) : 회귀모형은 유의하지 않다($\beta = 0$).
> 대립가설(H_1) : 회귀모형은 유의하다($\beta \neq 0$).

　㉢ 검정통계량

$$F = \frac{MSR}{MSE} \sim F_{(1,\,n-2)}$$

② 단순회귀계수의 유의성 검정

　㉠ 단순회귀계수의 가설 설정

> 귀무가설(H_0) : 회귀계수 β는 유의하지 않다($\beta = 0$).
> 대립가설(H_1) : 회귀계수 β는 유의하다($\beta \neq 0$).

　㉡ 검정통계량

$$t = \frac{b-\beta}{\sqrt{Var(b)}} = \frac{b-\beta}{\sqrt{MSE/S_{xx}}} \sim t_{(n-2)}$$

핵심OX

1. 단순회귀모형에서 귀무가설은 '회귀모형은 유의하지 않다
($\beta \neq 0$).'이다. 　　　　　　　　　(　)

2. 단순회귀모형의 분산분석에서 오차의 자유도는 $n-1$이다.
　　　　　　　　　　　　　　　　(　)

정답 1 X 2 X

핵심문제

5-1. 단순회귀분석을 수행한 결과, 보기와 같은 결과를 얻었다.
결정계수 R^2값과 기울기에 대한 가설 $H_0 : \beta_1 = 0$에 대한 유의수
준 5%의 검정결과로 옳은 것은?

(단, $\alpha = 0.05$, $t_{(0.025,3)} = 3.182$, $\sum_{i=1}^{5}(x_i - \overline{x})^2 = 329.2$)

[18년 2회]

〈보기〉
> $\hat{y} = 5.766 + 0.722x$, $\overline{x} = 118/5 = 23.6$
> 총제곱합(SST) = 192.8, 잔차제곱합(SSE) = 21.312

① $R^2 = 0.889$, 기울기를 0이라 할 수 없다.
② $R^2 = 0.551$, 기울기를 0이라 할 수 없다.
③ $R^2 = 0.889$, 기울기를 0이라 할 수 있다.
④ $R^2 = 0.551$, 기울기를 0이라 할 수 있다.

5-2. 단순회귀모형 $y_i = \beta_0 + \beta_1 x_i + \varepsilon_i$에 대한 분산분석표가
다음과 같다. 설명변수와 반응변수가 양의 상관관계를 가질 때,
$H_0 : \beta_1 = 0$ vs $H_1 : \beta_1 \neq 0$을 검정하기 위한 t-검정통계량의
값은?

[21년 1회]

요 인	제곱합	자유도	평균제곱	F-통계량
회 귀	24.0	1	24.0	4.0
오 차	60.0	10	6.0	

① -2　　　　　　② -1
③ 1　　　　　　　④ 2

5-3. 관측값 12개를 갖고 수행한 단순회귀분석에서 회귀직선의
유의성 검정을 위해 작성된 분산분석표가 다음과 같다. ㉠~㉢
에 해당하는 값은?

[21년 1회]

요 인	제곱합	자유도	평균제곱	F-통계량
회 귀	66	1	66	㉢
오 차	220	㉠	㉡	

① ㉠ : 10, 　㉡ : 22, 　㉢ : 3
② ㉠ : 10, 　㉡ : 220, 　㉢ : 3.67
③ ㉠ : 11, 　㉡ : 22, 　㉢ : 3.3
④ ㉠ : 11, 　㉡ : 220, 　㉢ : 0.3

5-4. 다음은 PC에 대한 월간 유지비용(원)을 종속변수로 하고 주간 사용기간(시간)을 독립변수로 하여 회귀분석을 한 결과이다.

구 분	계 수	표준오차	t통계량
Y절편	6.1092	0.9361	
사용시간	0.8951	0.149	

월간 유지비용이 사용시간과 관련이 있는지 여부를 검정하기 위한 t통계량의 값은?

[20년 4회]

① 4.513 ② 5.513
③ 6.007 ④ 6.526

|해설|

5-1

$$R^2 = 1 - \frac{SSE}{SST} = 1 - \frac{21.312}{192.8} \fallingdotseq 0.889$$

$$t = \frac{b - \beta_1}{\sqrt{\dfrac{SSE/(n-2)}{S_{xx}}}} = \frac{0.722 - 0}{\sqrt{\dfrac{21.312/(5-2)}{\displaystyle\sum_{i=1}^{5}(x_i - \bar{x})^2}}}$$

$$= \frac{0.722}{\sqrt{\dfrac{21.312/(5-2)}{329.2}}} \fallingdotseq 4.91$$

유의수준 5%에서 임계치 $t_{(0.025,3)} = 3.182$보다 검정통계량이 크므로 귀무가설을 기각한다. 따라서 기울기를 0이라 할 수 없다.

5-2

단순회귀계수의 유의성 검정통계량(t)의 제곱은 단순회귀모형의 유의성 검정통계량(F)과 동일하다.
따라서 $t^2 = 4$, $t = \pm\sqrt{4}$이고 설명변수와 반응변수가 양의 상관관계를 가지므로 $t = 2$이다.

5-3

ⓐ : $n - k - 1 = 12 - 1 - 1 = 10$
ⓑ : $220/10 = 22$
ⓒ : $66/22 = 3$

5-4

회귀계수의 유의성 검정에서 귀무가설은 '회귀계수 β는 유의하지 않다($\beta - 0$).'이고 대립가설은 '회귀계수 β는 유의하다 ($\beta \neq 0$).'이다. 사용시간에 대한 회귀계수의 검정통계량은

$$t = \frac{b - \beta}{\sqrt{Var(b)}} = \frac{0.8951 - 0}{0.149} \fallingdotseq 6.007$$이다.

정답 5-1 ① 5-2 ④ 5-3 ① 5-4 ③

기출 데이터 14년 1,2,3회 15년 1,3회 16년 1,3회 17년 1,2회 18년 1,2,3회 19년 1,2,3회 20년 1·2,3회 21년 1,2,3회 22년 1,2회 23년

핵심이론 06 | 중회귀분석

종속변수와 두 개 이상의 독립변수들 사이의 관계를 밝히고자 할 때 사용하는 통계적 기법이 중회귀분석이라 한다. 그러나 단순회귀분석과 중회귀분석은 관련된 독립변수의 개수만 다를 뿐이고 분석방법은 별다른 차이가 없다.

① 중회귀모형

$$y_i = \beta_0 + \beta_1 x_{1i} + \beta_2 x_{2i} + \cdots + \beta_k x_{ki} + \epsilon_i$$
$$i = 1,\ 2,\cdots,\ n$$

② 중회귀모형의 추정

위의 중회귀모형을 행렬로 표시하면 $Y = Xb + \epsilon$로 나타난다. 여기서 회귀계수벡터 β의 추정량은 $b = (\beta_0, \beta_1, \cdots, \beta_k)'$로 정의된다. 이때 b의 추정치는 $\hat{b} = (X'X)^{-1}X'y$이고 분산-공분산 행렬은 $Var(b) = (X'X)^{-1}\sigma^2$이다(단, X'는 X의 전치행렬이다).

③ 중회귀분석의 분산분석표

요 인	제곱합	자유도	평균제곱(MS)	F
회 귀	SSR	k	$MSR = SSR/k$	MSR/MSE
오 차	SSE	$n - k - 1$	$MSE = SSE/(n-k-1)$	
전 체	SST	$k + (n-k-1) = n-1$		

- $SST = \displaystyle\sum_{i=1}^{n}(y_i - \bar{y})^2$

- $SSR = \displaystyle\sum_{i=1}^{n}(\hat{y_i} - \bar{y})^2$

- $SSE = \displaystyle\sum_{i=1}^{n}(y_i - \hat{y_i})^2$

④ 중회귀분석의 가설 설정

귀무가설(H_0) : $\beta_1 = \beta_2 = \cdots = \beta_k = 0$
대립가설(H_1) : 적어도 하나의 $\beta_i \neq 0$이다($i = 1,\ 2,\cdots,\ k$).

CHAPTER 03 회귀분석 ■ 227

⑤ 검정통계량

$$F = \frac{MSR}{MSE} \sim F_{(k, n-k-1)}$$

1. 행렬로 표현한 중회귀식 $Y = Xb + \epsilon$에서 b의 분산-공분산 행렬은 $Var(b) = (X'X)^{-1}X\sigma^2$이다 ( )

2. 중회귀분석에서 전체 자유도는 $n-1$이다. ( )

3. 중회귀분석에서 귀무가설은 '$\beta_1 = \beta_2 = \cdots = \beta_k = 0$'이다. ( )

정답 1 X 2 O 3 O

6-1. 다중회귀분석에 관한 설명으로 틀린 것은?

[19년 1회] [22년 2회]

① 표준화잔차의 절대값이 2 이상인 값은 이상값이다.

② 더빈-왓슨(Durbin-Watson) 통계량이 0에 가까우면 독립이다.

③ 표준화잔차와 예측값의 산점도를 통해 등분산성을 검토해야 한다.

④ 분산팽창계수(VIF)가 10 이상이면 다중공선성을 의심해야 한다.

6-2. 다음 표는 중회귀모형의 추정식에 대한 결과이다. ㉠~㉢에 알맞은 값은?

[22년 1회]

Coefficients

Model	Unstandardized Coefficients		Standardized Coefficients	t	Sig
	B	Std. Error	Beta		
(Constants)	39.69	30.72		㉠	0.265
평수(X_1)	3.37	0.96	0.85	㉡	0.009
가족수(X_2)	0.53	6.6	0.02	㉢	0.941

① ㉠ : 0.21, ㉡ : 3.59, ㉢ : 0.08

② ㉠ : 1.29, ㉡ : 3.51, ㉢ : 0.08

③ ㉠ : 10.21, ㉡ : 36.2 ㉢ : 0.80

④ ㉠ : 39.69, ㉡ : 3.37, ㉢ : 26.5

6-3. 아파트의 평수 및 가족 수가 난방비에 미치는 영향을 알아보기 위해 중회귀분석을 실시하여 다음의 결과를 얻었다. 분석 결과에 대한 설명으로 틀린 것은?
(단, Y는 아파트 난방비(천 원)이다)

[18년 2회] [21년 2회]

모 형	비표준화계수		표준화계수	t	p-값
	B	표준오차	Beta		
상 수	39.69	32.74		1.21	0.265
평수 (X_1)	3.37	0.94	0.85	3.59	0.009
가족 수 (X_2)	0.53	0.25	0.42	1.72	0.090

① 추정된 회귀식은 $\hat{Y} = 39.69 + 3.37X_1 + 0.53X_2$이다.

② 가족 수가 주어질 때, 난방비는 아파트가 1평 커질 때 평균 3.37(천 원) 증가한다.

③ 유의수준 5%에서 종속변수 난방비에 유의한 영향을 주는 독립변수는 평수이다.

④ 아파트 평수가 30평이고 가족이 5명인 가구의 난방비는 122.44(천 원)으로 예측된다.

6-4. 독립변수가 k개인 중회귀모형 $y = X\beta + \epsilon$에서 회귀계수 벡터 β의 추정량 b의 분산-공분산 행렬 $Var(b)$은?
(단, $Var(\epsilon) = \sigma^2 I$)

[18년 1회] [20년 1 · 2회]

① $Var(b) = (X'X)^{-1}\sigma^2$

② $Var(b) = X'X\sigma^2$

③ $Var(b) = k(X'X)^{-1}\sigma^2$

④ $Var(b) = k(X'X)\sigma^2$

6-5. 독립변수가 2($= k$)개인 중회귀모형 $y_j = \beta_0 + \beta_1 x_{1j} + \beta_2 x_{2j} + \epsilon_j$, $j = 1, \cdots, n$의 유의성 검정에 대한 내용으로 틀린 것은?

[19년 3회]

① $H_0 : \beta_1 = \beta_2 = 0$

② H_1 : 회귀계수 β_1, β_2 중 적어도 하나는 0이 아니다.

③ $\frac{MSE}{MSR} > F_{(k, n-k-1, \alpha)}$이면 H_0를 기각한다.

④ 유의확률 p가 유의수준 α보다 작으면 H_0을 기각한다.

6-6. 독립변수가 3개인 중회귀분석 결과가 다음과 같을 때, 오차분산의 추정값은?

[21년 1회]

$$\sum_{i=1}^{n}(y_i - \hat{y_i})^2 = 1100, \quad \sum_{i=1}^{n}(\hat{y_i} - \bar{y})^2 = 110, \quad n = 100$$

① 11.20   ② 11.32

③ 11.46   ④ 11.58

6-7. 봉급생활자의 연봉과 근속연수, 학력 간의 관계를 알아보기 위하여 연봉을 반응변수로 하여 회귀분석을 실시하기로 하였다. 그런데 근속연수는 양적 변수이지만 학력은 중졸, 고졸, 대졸로 수준 수가 3개인 지시변수(또는 가변수)이다. 다중회귀모형 설정 시 필요한 설명변수는 모두 몇 개인가?

[19년 1회] [19년 2회]

① 1   ② 2

③ 3   ④ 4

| 해설 |

6-1

② 더빈-왓슨 통계량은 자기상관을 검증하는 통계량이다. 자기상관이란 서로 다른 시차의 오차항이 서로 상관되는 것을 말하며, 회귀모형에서 자기상관이 발생하게 되면 회귀모형의 기본 가정인 '오차항들은 서로 독립이다'라는 가정을 위배하게 된다. $DW \approx 2(1 - \hat{p})$으로 일반적으로 2에 가까울수록 자기상관이 존재하지 않는 것으로 판정하며 0에 가까우면 상관계수의 추정치는 1에 가까워지므로 독립이 아니다.

①·③ 다중회귀분석은 2개 이상의 독립변수가 종속변수에 미치는 영향을 분석하는 것이다. 두 개 이상의 독립변수들의 함수로 주어지므로 잔차분석에서 이상치를 파악할 수 있고, 표준화잔차의 절대값이 2 이상인 값은 이상값으로 간주하며, 잔차 대 예측값의 산점도를 통해 등분산성을 검토해야 한다.

④ 다중공선성이란 독립변수들 사이에 상관관계가 있는 현상을 말하는 것으로, 어떤 독립변수가 다른 독립변수들과 선형결합의 관계를 갖는 경우를 말하며 다중공선성이 존재하면 회귀계수의 해석이 불가능하다. 다중공선성의 척도는 분산팽창계수로 분산팽창계수는 독립변수 사이에서 발생하는 다중공선성으로 인한 분산의 증가를 의미하고 일반적으로 k개의 분산팽창계수 중 가장 큰 값이 10 이상이면 다중공선성을 의심해야 한다.

6-2

검정통계량 $t = \dfrac{b_i - \beta_i}{S_{b_i}} = \dfrac{b_i - 0}{S_{b_i}} = \dfrac{b_i}{S_{b_i}}$

㉠ $\dfrac{b_0}{S_{b_0}} = \dfrac{39.69}{30.72} = 1.29$

㉡ $\dfrac{b_1}{S_{b_1}} = \dfrac{3.37}{0.96} = 3.51$

㉢ $\dfrac{b_2}{S_{b_2}} = \dfrac{0.53}{6.6} = 0.08$

6-3

④ 아파트 평수가 30평이고 가족이 5명이면 난방비

$Y = 39.69 + 3.37 \times 30 + 0.53 \times 5$는 143.44(천 원)이다.

① 중회귀분석 모형은

$Y_i = \beta_0 + \beta_1 X_{1i} + \beta_2 X_{2i} + \cdots + \beta_k X_{ki} + e_i$로 주어진 표에서 추정된 회귀식은 $Y = 39.69 + 3.37 X_1 + 0.53 X_2$이다.

② 가족 수 X_2가 고정일 때 난방비 Y는 변수 X_1에 의해서만 영향을 받는다. 즉, 아파트 평수(X_1)가 1평 커질 때 계수 3.37(천 원)만큼 증가한다.

③ 유의수준 5%, 즉 $\alpha = 0.05$가 p-값보다 작으면 귀무가설을 기각(유의한 영향이 있음)하는 것이므로 p-값이 0.05보다 작은 평수가 영향을 준다고 볼 수 있다.

6-4

중회귀모형 $Y = X\beta + \epsilon$에서 β의 추정치는 $b = (X'X)^{-1}X'y$이고 분산-공분산 행렬은 $Var(b) = (X'X)^{-1}\sigma^2$이다.

6-5

③ $F = \dfrac{MSR}{MSE} > F_{(k, n-k-1, 1-\alpha)}$이면 귀무가설($H_0$)을 기각한다.

6-6

오차항의 분산의 불편추정량은

$MSE = SSE/(n-k-1) = \sum_{i=1}^{n}(y_i - \hat{y_i})^2/(n-k-1)$이다.

따라서 $MSE = 1100/(100 - 3 - 1) \fallingdotseq 11.46$이다.

6-7

회귀모형을 위해 모형을 설정하는 경우 관심의 대상이 되는 종속변수가 양적인 독립변수(설명변수)들 이외에 학력, 인종, 지역, 종교 등 질적인 독립변수에 의해서도 영향을 받을 수 있다. 이러한 질적 효과를 고려할 수 있는 독립변수로 더미변수(가변수)가 있으며, k개 그룹의 질적 차이를 구분하는 경우, $k-1$개의 더미변수를 사용한다. 문제에서 설명변수에 해당하는 근속연수와 학력 중, 근속연수는 양적 변수이지만 학력은 중졸, 고졸, 대졸로 질적 변수이므로 더미변수 $k-1 = 3-1 = 2$를 설정한다. 따라서 다중회귀모형 설정시 필요한 설명변수는 근속연수와 더미변수 2개를 합하여 총 3개이다.

정답 6-1 ②   6-2 ②   6-3 ④   6-4 ①   6-5 ③   6-6 ③   6-7 ③

| 2023년 | 기출복원문제 및 해설 | ✓ 회독 CHECK 1 2 3 |
| 2024년 | 기출복원문제 및 해설 | ✓ 회독 CHECK 1 2 3 |

최신
기출복원문제

제1과목 조사방법과 설계

01 연구가설(Research Hypothesis)에 대한 설명으로 틀린 것은?

① 모든 연구에는 명백히 연구가설을 설정해야 한다.
② 연구가설은 일반적으로 독립변수와 종속변수로 구성된다.
③ 연구가설은 예상된 해답으로 경험적으로 검증되지 않은 이론이라 할 수 있다.
④ 가치중립적이어야 한다.

해설
연구가설은 연구문제에 대한 잠정적 대답으로, 검증 가능하도록 진술한 가설로서 흔히 '실험적 가설' 혹은 '과학적 가설'이라고도 한다. 귀납적 연구는 가설 설정 없이 관찰과 자료의 수집을 통해 개별적인 사실들로부터 일반적인 원리를 이끌어낸다. 따라서 모든 연구가 연구가설을 설정해야 하는 것은 아니다.

02 연구의 목적과 사례의 연결이 잘못된 것은?

① 기술(Description) – 유권자들의 대선후보 지지율 조사
② 설명(Explanation) – 시민들이 왜 담배값 인상에 반대하는지 파악하고자 하는 연구
③ 평가(Evaluation) – 현재의 공공의료정책이 1인당 국민 의료비를 증가시켰는지에 대한 연구
④ 탐색(Exploration) – 단일사례설계를 통하여 운동이 체중 감소에 미치는 효과를 검증하는 연구

해설
조사연구 목적 중 탐색은 정확한 조사연구 및 가설 설계를 위한 명제 정립을 목적으로 하여 조사설계를 확정하기 이전 타당도를 검증하기 위해 실시하는 것이다. ④는 단일사례설계를 통하여 운동이 체중 감소에 미치는 효과의 검증을 목적으로 설정하여 조사설계를 이미 확정한 것으로 탐색적 연구의 사례로 적합하지 않다.

03 탐색적 조사(Exploratory Research)에 관한 설명으로 옳은 것은?

① 시간의 흐름에 따라 일반적인 대상집단의 변화를 관찰하는 조사이다.
② 어떤 현상을 정확하게 기술하는 것을 주목적으로 하는 조사이다.
③ 동일한 표본을 대상으로 일정한 시간간격을 두고 반복적으로 측정하는 조사이다.
④ 연구문제의 발견, 변수의 규명, 가설의 도출을 위해서 실시하는 조사로서 예비적 조사로 실시한다.

해설
탐색적 조사는 조사설계를 확정하기 이전 연구문제의 발견, 변수규명, 가설도출 등을 위해 예비적으로 실시하는 것이다. 보통 연구문제에 대한 사전지식이 부족하거나 개념을 보다 분명히 하기 위해 실시한다.

04 조사문제를 해결하기 위한 연구절차를 바르게 나열한 것은?

> ㄱ. 자료수집
> ㄴ. 연구설계의 기획
> ㄷ. 문제의 인식과 정의
> ㄹ. 보고서 작성
> ㅁ. 결과분석 및 해석

① ㄴ → ㄷ → ㄱ → ㅁ → ㄹ
② ㄴ → ㄱ → ㄷ → ㄹ → ㅁ
③ ㄷ → ㄴ → ㄱ → ㅁ → ㄹ
④ ㄷ → ㄱ → ㄴ → ㄹ → ㅁ

해설
과학적 조사의 일반적인 과정
문제의 정립(ㄷ) → 가설의 구성(설정) → 연구설계(ㄴ) → 자료의 수집(ㄱ) → 자료의 분석, 해석 및 이용(ㅁ) → 보고서 작성(ㄹ)

05 집단조사(Group Questionnaire Survey)의 특징과 거리가 가장 먼 것은?

① 집단조사는 집단이 속한 조직을 연구하는 데에만 사용할 수 있다.
② 집단으로 조사되므로 주변 사람이 응답자에 영향을 미칠 가능성이 높다.
③ 일반적으로 집단조사를 승인한 조직체나 단체에 유리한 쪽으로 응답할 가능성이 높다.
④ 집단이 속한 조직으로부터 적절한 협조가 있으면, 비용과 시간을 절약할 수 있는 조사기법이다.

해설

집단조사는 조사 대상자들을 한 장소에 모아놓은 후 조사한다는 의미로, 집단이 속한 조직에만 한정한다는 의미는 아니다.

06 다음에 열거한 속성을 모두 충족하는 자료수집방법은?

> • 비용이 저렴하다.
> • 조사기간이 짧다.
> • 그림 · 음성 · 동영상 등을 이용할 수 있어 응답자의 이해도를 높일 수 있다.
> • 모집단이 편향되어 있다.

① 면접조사 　　　② 우편조사
③ 전화조사 　　　④ 온라인조사

해설

온라인조사는 컴퓨터와 인터넷을 사용할 수 있는 사람만을 대상으로 하므로 표본의 대표성을 확보하기 어렵고, 특정 연령층이나 성별에 따른 편중된 응답이 도출될 위험성이 있다. 하지만 시간 및 공간상의 제약이 다른 방법에 비해 상대적으로 적기 때문에 조사가 신속히 이루어지며, 조사비용이 적게 들고 조사대상자가 많은 경우에도 추가비용이 들지 않는다. 또한 멀티미디어 자료의 활용 등 다양한 형태의 조사가 가능하다.

07 기술적 조사(Descriptive Research)와 설명적 조사(Explanatory Research)에 관한 설명으로 틀린 것은?

① 설명적 조사는 두 변수 간의 시간적 선행성과는 무관하게 진행되는 경우가 많다.
② 설명적 조사연구를 수행하기 위해서는 변수의 수가 둘 또는 그 이상이 되는 경우가 많다.
③ 기술적 조사는 물가조사와 국세조사 등 어떤 현상에 대한 탐구와 명백화가 주목적이다.
④ 기술적 조사는 관련 상황의 특성파악, 변수 간에 상관관계 파악 및 상황변화에 대한 각 변수 간의 반응을 예측할 수 있다.

해설

설명적 연구는 어떤 사실과의 관계를 파악하여 인과관계를 규명하거나 미래를 예측하는 조사로 변수가 둘 또는 그 이상이 되는 경우가 많다. 기술적 연구는 어떤 현상에 대한 탐구와 명백화를 주목적으로 하여 관련 상황의 특성파악, 변수 간에 상관관계 및 상황변화에 대한 각 변수 간의 반응을 파악한다. 주로 물가조사, 국제조사 등의 사회적 문제에 대해 정확한 실태 파악을 하여 정책적 대안을 마련하기 위한 목적에서 실시한다.

08 전화조사의 장점과 가장 거리가 먼 것은?

① 신속한 조사가 가능하다.
② 면접자에 대한 감독이 용이하다.
③ 표본의 대표성을 확보하기 쉽다.
④ 광범한 지역에 대한 조사가 용이하다.

해설

전화조사방법에 있어서 가장 커다란 취약점은 표본추출 시 명백히 나타나는 모집단의 불완전성이다. 전화번호부의 부정확성 및 미등재 전화번호의 존재가 문제시되어 모집단이 불완전하며, 응답자가 선정된 표본인지를 확인하기 어려워 표본의 대표성을 확보하기 어렵다.

09 특정 시점에서 다른 특성을 지닌 집단들 사이의 차이를 측정하는 조사방법은?

① 패널조사
② 추세조사
③ 코호트조사
④ 서베이조사

해설

횡단적 조사는 특정 시점에서 집단 간의 차이를 연구하는 방법으로 특정 시점에서 다른 특성을 가지고 있는 집단들 사이의 차이를 측정하는 기술적 조사방법이다. 패널조사, 추세조사, 코호트조사는 종단적 조사이며, 서베이조사는 횡단적 조사에 속한다.

10 가설에 관한 설명으로 틀린 것은?

① '모든 사람은 죽는다.'는 좋은 가설의 예라고 할 수 있다.
② 가설은 방향성을 가질 수도 있고 그렇지 않을 수도 있다.
③ 가설은 서로 다른 두 개념이나 변수의 관계를 표시한다.
④ 가설은 아직까지 진실 여부가 확인되지 않은 사실에 대한 진술문이라고 할 수 있다.

해설

가설은 두 개 이상의 구성개념 또는 변수 간의 관계를 검정 가능한 형태로 서술한 문장으로서 과학적 조사에 의하여 검정이 가능한 사실이다. 하나의 사실과 다른 사실과의 관계를 잠정적으로 나타내는 것으로 이를 검증함으로써 특정 현상에 대한 설명을 가능케 해주어 연구자가 제기한 문제의 해답을 내린다. 즉, 원인과 결과의 형태로 독립변수와 종속변수의 관계로 표명된다.

11 자료수집방법에 대한 비교설명으로 옳은 것은?

① 온라인조사는 우편조사에 비해서 비용이 많이 소요된다.
② 전화조사는 면접조사에 비해서 시간이 많이 소요된다.
③ 온라인조사는 다른 조사에 비해 시각보조자료의 활용이 곤란하다.
④ 면접조사는 다른 조사에 비해 라포(Rapport)의 형성이 용이하다.

해설

① 우편조사는 면접조사 등에 비해 비용이 적게 소모되는 것이 장점이지만 상대적으로 온라인조사가 조사비용이 더 적게 소요된다.
② 전화조사는 적은 비용으로 단시간에 조사할 수 있어 비용과 신속성 측면에서 매우 경제적인 것이 장점이다. 반면 면접조사는 비용과 시간이 많이 소요된다는 단점이 있다.
③ 온라인 화면을 통해 시각보조자료의 활용이 가능하다.

12 횡단적 조사와 종단적 조사에 관한 설명으로 틀린 것은?

① 횡단적 조사는 한 시험에서 이루어진 관찰을 통해 얻은 자료를 바탕으로 하는 조사이다.
② 종단적 조사는 일정 기간에 여러 번의 관찰을 통해 얻은 자료를 이용하는 조사이다.
③ 횡단적 조사는 동태적이며, 종단적 조사는 정태적인 성격이다.
④ 종단적 조사에는 코호트조사, 패널조사, 추세조사 등이 있다.

해설

횡단적 조사는 정태적이며, 종단적 조사는 동태적인 성격이다.

13 시간의 변화에 따른 특정 하위모집단의 변화를 관찰하는 조사유형은?

① 횡단조사
② 추세조사
③ 패널조사
④ 코호트조사

해설

코호트조사는 일정 기간 안에 어떤 한정된 부분 모집단의 변화를 조사하는 것으로서, 특정 경험을 같이 하는 사람들이 가지는 특성들에 대해 두 번 이상의 다른 시기에 걸쳐서 비교·조사하는 방법이다.

14 설문지 회수율을 높이는 방안과 가장 거리가 먼 것은?

① 폐쇄형 질문의 수를 가능한 한 줄인다.
② 독촉편지를 보내거나 독촉전화를 한다.
③ 개인신상에 민감한 질문들을 가능한 한 줄인다.
④ 겉표지에 설문내용의 중요성을 부각시켜 응답자가 인식하게 한다.

해설

설문지 회수율을 높이는 방법
• 조사에 대한 시전예고를 한다.
• 반송용 봉투를 동봉하여 조사대상자의 편의를 도모한다.
• 인사장을 동봉하여 조사의 협력을 구하고 조사표의 기입 요령을 알기 쉽게 전달한다.
• 물질적 보상 등을 통해 질문 응답에 대한 동기부여를 한다.
• 독촉편지를 보내는 등의 후속조치를 취한다(②).
• 겉표지에 설문내용의 중요성을 부각시키고 설문하는 단체에 대해 언급하여 신뢰감을 준다(④).
• 개인 신상에 민감한 질문들을 가능한 하지 않도록 한다(③).
• 질문지를 가급적 간단명료화한다.

15 질문지 작성방법에 관한 설명으로 가장 적합한 것은?

① 질문지는 한 번 실시되면 돌이킬 수 없으므로 가능한 한 많은 양의 정보가 실릴 수 있도록 작성한다.
② 필요한 정보의 종류, 측정방법, 분석할 내용, 분석의 기법까지 모두 미리 고려된 상황에서 질문지를 작성한다.
③ 질문지 작성에는 일정한 원리와 이론이 적용되는 것이므로 이에 대한 내용을 숙지한 후 상당한 시간과 노력을 들여 신중하게 작성한다.
④ 동일한 양의 정보를 담고 있어도 설문지의 분량은 가급적 적어야 하기 때문에, 필요한 정보의 획득을 위한 질문문항 외에 다른 요소들은 설문지에 포함시키지 않아야 한다.

해설

① · ④ 지나치게 많은 질문은 응답자의 피로를 유발하여 피상적인 응답이 도출되는 반면, 지나치게 적은 질문은 연구결과의 타당성을 저해한다.
③ 질문 작성을 위한 준거가 충분히 구비되지 못한 경우 직접관찰 또는 면접을 통한 예비조사를 하는 것이 필요하다. 모든 질문지 작성에 적용되는 일정한 원리와 이론은 존재하지 않는다.

16 내용분석 코딩 과정에서 현재적 내용(Manifest Content)이 아닌 것은?

① 키 스
② 선정성
③ 포 옹
④ 반지 교환

해설

내용분석에는 본질적으로 코딩(Coding)이 필요하다. 코딩이라는 원자료를 표준화된 형태로 전환시키는 과정이다. 현재적 내용(Manifest Content)은 겉으로 드러난 가시적 내용을 말하는데 이것을 코딩하는 것은 마치 표준화된 설문을 사용하는 것과 마찬가지다. 잠재적 내용(Latent Content)은 겉으로 드러나지 않고 숨겨져 있는 내용을 말하므로, 선정성은 잠재적 내용에 해당한다.

17 표적집단면접법(Focus Group Interview)에 대한 설명으로 틀린 것은?

① 표본이 특정 집단이기 때문에 조사결과의 일반화가 어려운 단점이 있다.

② 조사자의 개입이 미비하므로 조사자의 주관이나 편견이 개입되지 않는다.

③ 응답자는 응답을 강요당하지 않기 때문에 솔직하고 정확히 자신의 의견을 표명할 수 있다.

④ 심층면접법을 응용한 방법으로 조사자가 소수의 응답자를 한 장소에 모이게 한 후 관련된 주제에 대하여 대화와 토론을 통해 정보를 수집하는 방법이다.

해설
표적집단면접은 초점집단면접이라고도 한다. 면접진행자가 동질의 소수의 집단을 대상으로 특정 주제에 대해 자유롭게 토론을 하여 필요한 정보를 얻는 방법이기 때문에 조사자의 개입이 있다.

18 FGI 정성조사에서 진행자가 가져야 할 요건으로 틀린 것은?

① 주제에 빗나가는 대화내용도 주의 깊게 관찰한다.

② 가이드라인에 있는 모든 질문에 응답하도록 유도한다.

③ 모호한 답변 시 자연스럽게 다른 질문으로 넘긴다.

④ 의견조율 및 시간분배를 잘 대처하여 진행한다.

해설
모호한 답변 시 자세한 설명을 요구하고 다른 각도로 질문하여 응답을 유도한다.

19 초점집단(Focus Group)조사에 관한 설명으로 옳은 것은?

① 조사결과가 체계적이기 때문에 결과의 분석과 해석이 용이하다.

② 초점집단조사는 내용타당도를 높이는 목적으로 사용될 수 있다.

③ 초점집단조사의 자료수집 과정에서는 연구자의 주관적 개입이 불가능하다.

④ 초점집단조사에서는 익명 집단의 상호작용을 통해 도출된 자료를 분석한다.

해설
① 초점집단조사는 조사 결과가 비체계적이므로 분석과 해석의 한계점이 존재한다.
③ 초점집단조사는 연구자의 주관적 개입 가능성이 높은 방법이다.
④ 델파이에 관한 설명 내용이다.

20 FGI 질적 자료 해석에 대한 내용으로 옳지 않은 것은?

① 면접대상자가 전문가일 경우 전문화된 정보 수집이 가능하다.

② 자유로운 의견교환 및 독창적인 아이디어 도출이 가능하다.

③ 조사진행자의 역량이 부족하면 신뢰성에 문제가 생길 수 있다.

④ 집단구성원의 자유로운 토론으로부터 다양한 조사결과가 도출되어 결과의 분석과 해석이 쉽다.

해설
집단구성원의 자유로운 토론으로부터 다양한 조사결과가 도출되어 결과의 분석과 해석이 어렵다.

21 FGI 진행조정자의 자격으로 해야 할 행동이 아닌 것은?

① 맞장구치기

② 눈 마주치기

③ 상대방 말 언급하지 않기

④ 구체적으로 파고들기

해설

진행조정자의 인터뷰 기술

• 눈 마주치기

• 맞장구치기

• 라포형성(경계심 허물기)

• 구체적으로 파고들기

• 상대방 말 언급하기(다시 확인하기)

22 표본의 크기가 같다고 가정했을 때 표본오차가 가장 적은 표본추출방법은?

① 층화표본추출

② 집락표본추출

③ 단순무작위표본추출

④ 할당표본추출

해설

할당표본추출은 비확률표본추출방법으로 표본오차를 추정하기 어렵고, 확률표본추출방법에서는 집락표본추출 → 단순무작위추출 → 층화표본추출순으로 표본오차가 적다.

23 다음 중 불법 체류자처럼 일반적으로 쉽게 접근하기 힘든 집단을 대상으로 설문조사를 할 때 가장 적합한 표본추출방법은?

① 눈덩이표본추출(Snowball Sampling)

② 편의표본추출(Convenience Sampling)

③ 판단표본추출(Judgement Sampling)

④ 할당표본추출(Quota Sampling)

해설

눈덩이표본추출은 쉽게 접근하기 힘들고, 연결망을 가진 사람들의 특성을 파악할 때 적절한 방법이다. 주로 약물중독, 성매매, 도박 등과 같이 일탈적 대상을 연구하거나 노숙인, 불법 체류자 등 모집단의 구성원을 찾기 어려운 경우에 사용한다.

24 층화표집(Stratified Random Sampling)에 대한 설명으로 틀린 것은?

① 층화 시 모집단에 대한 지식이 필요하다.

② 층화한 모든 부분 집단에서 표본을 추출한다.

③ 층화한 부분 집단 간은 동질적이고, 부분 집단 내에서는 이질적이다.

④ 추정값의 표본오차를 감소시켜 표본의 대표성을 높이기 위해 사용되는 방법이다.

해설

층화한 부분 집단 내에는 동질적이며, 집단 간에는 이질적이다.

25 설문조사에서 사전조사(Pre-test)에 관한 설명으로 옳은 것은?

① 기초적인 자료가 확보되지 않은 상태에서 이루어지는 조사이다.

② 응답자들이 조사내용을 분명히 이해할 수 있는지의 여부를 확인하기 위해 실시되는 조사이다.

③ 검증해야 할 가설을 찾아내기 위해 실시하는 조사이다.

④ 사전조사에 참여한 응답자들이 실제 연구에 참여해도 된다.

해설

본조사에 들어가기에 앞서 질문지 초안이 작성된 후 마지막 단계에서 질문지의 문제점을 찾아내기 위해 실시되는 조사이다.

26 순수실험설계(True Experimental Design)의 특징이 아닌 것은?

① 독립변수의 조작
② 외생변수의 통제
③ 비동일 통제집단의 설정
④ 실험집단과 통제집단에 대한 무작위할당

해설

순수실험설계는 실험집단과 통제집단에 대한 무작위할당, 독립변수의 조작, 외생변수의 통제 등 실험적 조건을 갖춘 설계유형이다. 비동일 통제집단설계는 유사실험설계에 해당한다.

27 다음에서 설명하는 실험설계방법은?

사전사후 측정에서 나타나는 사전측정의 영향을 제거하기 위해 사전측정을 한 집단과 그렇지 않은 집단을 나누어 동일한 처치를 가하여 모든 외생변수의 통제가 가능한 실험설계 방법

① 요인설계
② 솔로몬 4집단설계
③ 통제집단 사후측정설계
④ 통제집단 사전사후측정설계

해설

① 요인설계 : 실험집단에 둘 이상의 프로그램을 실시하여 독립변수가 복수인 경우 적용하는 방법이다. 실험집단과 통제집단을 설정한 후 개별 독립변수와 종속변수, 복수의 독립변수와 종속변수의 인과관계를 검증한다.
③ 통제집단 사후측정설계 : 통제집단 사전사후측정설계의 단점을 보완하기 위해 실험대상자를 무작위로 할당한 후 사전검사 없이 실험집단에 대해서는 조작을 가하고 통제집단에 대해서는 아무런 조작을 가하지 않은 채 그 결과를 서로 비교하는 방법이다.
④ 통제집단 사전사후측정설계 : 무작위할당으로 실험집단과 통제집단을 구분한 후 실험집단에 대해서는 독립변수 조작을 가하고, 통제집단에 대해서는 아무런 조작을 가하지 않은 채 두 집단 간의 차이를 전후로 비교하는 방법이다. 개입 전 종속변수의 측정을 위해 사전검사를 실시한다.

28 전수조사와 비교한 표본조사의 특징에 관한 설명으로 옳은 것은?

① 시간과 노력이 많이 든다.
② 비표본오차를 줄일 수 있다.
③ 항상 정확한 자료를 수집할 수 있다.
④ 조사기간 동안에 발생하는 변화를 반영하지 못한다.

해설

① 전수조사를 할 경우에 예상되는 막대한 시간과 비용의 소모를 절감할 수 있다.
③ 표본오차가 발생하기 때문에 항상 정확한 자료를 수집할 수는 없다.
④ 전수조사보다 시간이 적게 소요되며, 더 많은 조사항목을 포함할 수 있으므로 다방면의 정보획득이 가능하다.

29 실험연구의 내적 타당도를 저해하는 원인 가운데 실험기간 중 독립변수의 변화가 아닌 피실험자의 심리적 · 인구통계적 특성의 변화가 종속변수에 영향을 미치는 경우에 해당하는 것은?

① 우발적 사건
② 성숙효과
③ 표본의 편중
④ 통계적 회귀

해설

① 우발적 사건 : 연구기간 동안 천재지변이나 예상치 않았던 사건과 같이 특정 사건이 일어나는 경우, 환경이 바뀌고 이에 따라 연구결과가 다르게 나타나는 것이다.
③ 표본의 편중 : 외적 타당도를 위협하는 요인에 해당한다. 외적 타당도란 연구의 결과에 의해 기술된 인과관계가 연구대상 이외의 경우로 확대 · 일반화될 수 있는 정도를 말하는 것이다. 표본이 모집단의 일반적인 상황과 유사해야 실험 결과를 일반화할 수 있는데 표본이 편중되면 외적 타당도가 저해될 수 있다.
④ 통계적 회귀 : 최초의 측정에서 양극단적인 측정값을 보인 결과가 이후 재측정의 과정에서 평균값으로 회귀하는 것이다.

30 심층면접법(Depth Interview)에 관한 설명으로 틀린 것은?

① 질문의 순서와 내용은 조사자가 조정할 수 있어 좀 더 자유롭고 심도 깊은 질문을 할 수 있다.
② 조사자의 면접능력과 분석능력에 따라 조사결과의 신뢰도가 달라진다.
③ 초점집단면접과 비교하여 자유롭게 개인적인 의견을 교환할 수 없다.
④ 조사자가 필요하다고 생각되면 반복질문을 통해 타당도가 높은 자료를 수집한다.

해설

③ 초점집단면접은 전문지식을 가진 면접 진행자가 소수 집단을 대상으로 특정 주제에 대해 자유롭게 토론하여 필요한 정보를 얻는 방법으로 심층면접법 역시 자유롭게 개인적인 의견 교환이 가능하다.

심층면접법(Depth Interview)
• 1명의 응답자와 일대일 면접을 통해 응답자의 심리를 조사하는 방법이다.
• 어떤 주제에 대해 응답자의 생각, 느낌 등을 자유롭게 이야기하게 하여 응답자의 욕구, 태도 등을 파악하는 면접조사이다.
• 면접자는 면접지침서에 따라 진행하며 면접자의 편의에 따라 질문의 순서와 내용을 다소 조정할 수 있어 심도 있는 질문이 가능하다.
• 면접자의 면접능력에 크게 의존하는 조사방법으로 숙련된 면접능력과 분석능력이 요구된다. 따라서, 도중에 응답에 대해 평가적인 코멘트를 한다면 면접자의 의도가 응답에 영향을 줄 수 있으므로 삼가야 한다.

---

31 개념(Concept)에 대한 설명으로 틀린 것은?

① 개념은 이론의 핵심적 구성요소이다.
② 개념은 특정 대상의 속성을 나타낸다.
③ 개념 자체를 직접 경험적으로 측정할 수 있다.
④ 개념의 역할은 실제 연구에서 연구방향을 제시해 준다.

해설

개념은 연역적 결과를 가져다주기 때문에 경험적으로 측정할 수 없다.

32 2차 자료(Secondary Data)에 대한 설명으로 옳은 것은?

① 1차 자료에 비해 비용과 시간을 절약할 수 있다.
② 현재 연구 중인 조사목적에 따른 정확도, 신뢰도, 타당도를 평가할 수 있다.
③ 1차 자료에 비해 조사목적에 적합한 정보를 의사결정이 필요한 시기에 적절히 이용하기 쉽다.
④ 조사자가 현재 수행 중인 연구이 목적을 달성하기 위해 적절한 조사설계를 통하여 직접 수집한 자료이다.

해설

②・④ 2차 자료는 이미 만들어진 방대한 자료를 말한다. 목적에 맞게 수집한 자료가 아니라 이미 만들어진 자료를 활용하기 때문에 신뢰도와 타당도가 높지 않다.
③ 2차 자료는 정보의 양이 부족하거나 연구의 분석단위나 조작적 정의가 다른 경우 사용이 곤란하기 때문에 필요한 시기에 적절히 이용하기 힘들다.

---

33 신뢰도 측정 방법의 하나인 반분법(Split-half Method)에 관한 스피어만-브라운(Spearman-Brown) 공식의 가정으로 맞는 것은?

① 질문지 전체가 반쪽보다 신뢰도가 높다.
② 측정도구가 경험적으로 다차원적이어야 한다.
③ 측정도구를 반으로 나누어 각각 종속적인 두 개의 척도를 사용한다.
④ 질문의 수가 짝수 개인 질문지가 홀수 개인 질문지보다 신뢰도가 낮다.

해설
스피어만-브라운 공식은 질문의 수가 짝수 개인 질문지가 홀수 개인 질문지보다 신뢰도가 높고 또 질문지 전체가 반쪽보다 신뢰도가 높다는 것을 전제로 한다.

34 변수에 대한 설명으로 틀린 것은?

① 경험적으로 측정 가능한 연구대상의 속성을 나타낸다.
② 독립변수는 결과변수를, 종속변수는 원인의 변수를 말한다.
③ 변수의 속성은 경험적 현실의 전제, 계량화, 속성의 연속성 등이 있다.
④ 변수의 기능에 따른 분류에 따라 독립변수, 종속변수, 매개변수로 나눈다.

해설
독립변수를 원인변수, 종속변수를 결과변수라고 할 수 있다.

35 연속변수(Continuous Variable)로 구성하기 어려운 것은?

① 인 종
② 소 득
③ 범죄율
④ 거주기간

해설
연속변수는 소득, 연령, 산업재해율 등과 같이 변수가 갖는 속성의 양적 정도에 따라 연속체를 기준으로 구별되는 변수이다. 인종은 전체적 성격의 종류에 따라 별개의 카테고리로 구별되는 불연속변수이다.

36 폐쇄형 질문의 응답범주 작성 원칙으로 맞는 것은?

① 범주의 수는 많을수록 좋다.
② 관련된 현상 중 가장 중요한 것만 범주로 제시한다.
③ 제시된 범주들 사이에 약간의 중복은 있어도 무방하다.
④ 제시된 응답범주는 가능한 응답 내용을 모두 포함해야 한다.

해설
폐쇄형 질문의 응답범주(응답항목)
• 분류되는 사례나 단위가 망라적이어서 하나도 남김없이 각 응답항목에 귀속되도록 해야 한다.
• 분류되는 응답항목은 상호배타적이어서 각 사례는 한 번만 분류되어야 한다.
• 가능하면 같은 종류의 다른 조사 결과를 비교할 수 있도록 동일한 단위를 사용하도록 해야 한다.
• 간결성을 띠어야 한다.

37 설문에 응한 응답자들을 가구당 소득에 따라 100만 원 이하, 100~200만 원, 200~300만 원, 300만 원 이상 등 네 개의 집단으로 구분하였다면 어떤 문제가 발생하는가?

① 순환성
② 포괄성
③ 신뢰성
④ 상호배타성

해설
측정항목의 각 범주들은 상호배타적이고, 응답범주들이 응답 가능한 상황을 다 포함하고 있어야 하며, 응답범주들이 논리적 연관성을 가지고 있어야 한다. '100만 원 이하, 100~200만 원, 200~300만 원, 300만 원 이상'은 100만 원, 200만 원, 300만 원이 겹치므로 상호배타적이지 않다.

38 사회조사분석에서 어떤 태도를 측정하기 위해 단일지표보다 여러 개의 지표를 사용하는 경우가 많다. 그 이유로서 틀린 것은?

① 신뢰도를 높이기 위해
② 타당도를 높이기 위해
③ 내적 일관성을 높이기 위해
④ 측정도구의 안정성을 높이기 위해

해설
동일한 현상에 반복 적용하여 동일한 결과를 얻게 되는 정도를 그 측정의 신뢰도라고 한다. 단일지표보다 여러 개의 지표를 사용하는 것은 신뢰도를 높이기 위한 것이다. 신뢰도와 유사한 표현으로서 신빙성, 안정성, 일관성, 예측성 등이 있으며, 신뢰도의 검증방법에는 내적 일관성 분석법, 반분법, 재검사법 등이 있다.

39 신뢰도와 타당도 간의 관계에 관한 설명으로 가장 거리가 먼 것은?

① 신뢰도가 높은 측정은 항상 타당도가 높다.
② 타당도가 높은 측정은 항상 신뢰도가 높다.
③ 신뢰도가 낮은 측정은 항상 타당도가 낮다.
④ 타당도가 낮다고 해서 반드시 신뢰도가 낮은 것은 아니다.

해설
타당도는 신뢰도의 충분조건이고, 신뢰도는 타당도의 필요조건이다. 따라서 신뢰도가 높더라도 타당도가 낮을 수도 있다.

40 다음 질문항목의 문제점에 대한 설명으로 옳은 것은?

귀하께서 현금서비스 받으신 돈을 주로 어떤 용도로 사용하십니까? ( )
① 생활비
② 교육비
③ 의료비
④ 신용카드 대금
⑤ 부채청산
⑥ 기 타

① 가능한 응답을 모두 제시해 주어야 한다.
② 응답항목들 산의 내용이 중복되어서는 안 된다.
③ 하나의 항목으로 2가지 내용의 질문을 해서는 안 된다.
④ 대답을 유도하는 질문을 해서는 안 된다.

해설
질문의 응답항목을 구성할 때에는 응답항목들 간의 내용이 중복되어서는 안 되며, 상호배타적이어야 한다. 신용카드 대금과 부채청산은 내용이 중복된다.

41 조사원 교육의 필요성에 대한 설명으로 틀린 것은?

① 응답자의 응답거부를 가볍게 받아들여서는 안 된다는 것을 인지시킨다.
② 현장조사에 대한 이해력 증대 및 커뮤니케이션 능력을 향상시킨다.
③ 조사원으로서의 정체성 확립과 동기부여를 향상시킨다.
④ 조사과정에서 발생하는 문제는 조사원 스스로가 해결하도록 유도한다.

해설
조사과정은 조사원의 자질에 큰 영향을 받으므로 전문지식과 숙련성을 갖춰야 하며 응답자의 협력을 얻는 기술을 익혀야 한다. 따라서 조사원에 대한 사전교육은 조사원에 의한 편향을 줄일 수 있는 방법이며, 면접 시 발생할 수 있는 예외적인 상황에 대해 교육과정에서 언급해줌으로써 조사원이 스스로 해결하도록 유도하지 않고 이상 상황 발생 시 대처할 수 있도록 교육하는 것이 바람직하다.

42 조사원(Enumerator)의 역할과 응답자와의 관계에서 지켜야 할 자세로 옳지 않은 것은?

① 표준적인 진행절차에 따라 대상자를 선정하고 준비된 설문내용에 대한 응답을 기록한다.
② 조사원은 응답자에게 참여를 유도하고 응답을 이끌어 내야 한다.
③ 단정한 복장과 전문가다운 모습을 유지해야 한다.
④ 응답자가 응답하는 데 어려움이 없도록 편안한 분위기를 조성해야 한다.

해설
조사원은 응답자에게 참여를 강요하지 않고 스스로 결정하도록 해야 한다.

43 교사 A가 학생들의 지능지수(IQ)를 측정하기 위해 정확하기로 소문난 전자저울(체중계)을 사용했을 때, 측정의 신뢰도와 타당도에 관한 설명으로 옳은 것은?

① 신뢰도는 높지만 타당도는 낮다.
② 신뢰도는 낮지만 타당도는 높다.
③ 신뢰도와 타당도 모두 높다.
④ 신뢰도와 타당도 모두 낮다.

해설
측정의 정밀성(신뢰도)이 높음에도 불구하고, 지능지수를 측정하는데 저울을 이용하여 측정하고자 하는 것을 정확히 측정하지 못하는 것이므로 신뢰도는 높지만 타당도는 낮은 경우이다.

44 다음 중 관찰자에게 필요한 사항으로 거리가 먼 것은?

① 관찰자는 인내심이 있어야 한다.
② 관찰자는 연구하는 집단에 참여해서는 안 된다.
③ 주관성을 배제하고 객관성을 유지해야 한다.
④ 관찰자는 집단에 동화되지 않아야 한다.

해설
관찰의 종류 중 참여관찰은 관찰자가 관찰대상 집단 내부로 침투하여 구성원의 하나가 되어 그들과 함께 생활하거나 활동하면서 관찰하는 것으로 피관찰자와 깊이 있는 접촉을 유지할 수 있으며, 대상집단이 숨기고자 하는 행위에 대해서도 자연스럽게 관찰할 수 있다.

참여자와 관찰자
• 완전참여자 : 연구자의 신분을 공개하지 않고 연구대상자들의 활동에 참여한다. 참여관찰의 유형 중 가장 객관성을 유지하기 어려우며 윤리적 및 과학적 문제가 발생할 수 있다.
• 완전관찰자 : 연구자의 신분을 공개하지 않으며, 연구대상자들의 활동에는 전혀 참여하지 않고 관찰만 하는 방법이다.
• 참여자적 관찰자 : 연구자의 신분을 밝히고 연구대상자들의 활동 공간에 들어가 심층적으로 관찰하는 방법이다. 참여보다 관찰이 주를 이룬다.
• 관찰자적 참여자 : 연구자의 신분을 밝히고 연구대상자들의 활동 공간에 자연스럽게 참여한다. 관찰보다 참여가 주를 이룬다.

45 프로빙(Probing)에 대한 설명으로 틀린 것은?

① 정확한 답을 얻기 위해 방향을 지시하는 기법이다.
② 답변의 정확도를 판단하는 방법으로 활용되기도 한다.
③ 개방형 질문에 대한 답을 비교하는 절차로서 활용된다.
④ 일종의 폐쇄식 질문에 답을 하고 이에 관련된 의문을 탐색하는 보조방법이다.

해설
프로빙(Probing) 기술
• 면접과정에서 응답자의 대답이 불충분하거나 정확하지 못할 때 행하는 탐색질문을 뜻하는 것으로서 충분하고 정확한 대답을 캐내는 과정이다.
• 일종의 폐쇄식 질문에 답을 하고 이에 관련된 의문을 탐색하는 보조방법이다.
• 답변의 정확도를 판단하는 방법으로 활용되기도 한다.
• 정확한 답을 얻기 위해 방향을 지시하는 기법이다.
• 응답을 원하는 태도나 표정을 한쪽으로 유도를 해선 안 되며 필요 이상의 지나친 질문은 삼가야 한다.
• 대표적인 기술로는 '무언의 캐묻기', '드러내놓고 권장하기', '더 자세한 해명 요구', '명료화하기', '반복' 등이 있다.

46 다음에서 설명하는 내적 타당도 저해요인으로 가장 적합한 것은?

실업률을 줄이기 위한 고용훈련 프로그램을 시행하던 중에 예기치 못한 금융위기로 인하여, 점차 개선되던 실업률이 현저하게 높아졌다.

① 역사(History)요인
② 선발(Selection)요인
③ 성숙(Maturation)요인
④ 회귀(Regression)요인

해설
역사요인이란 연구기간 동안 천재지변이나 예상치 않았던 사건과 같이 특정 사건이 일어나는 경우, 환경이 바뀌고 이에 따라 연구결과가 다르게 나타날 수 있다는 것이다.

47 명목척도(Nominal Scale)에 관한 설명으로 옳지 않은 것은?

① 측정의 각 응답범주들이 상호배타적이어야 한다.
② 측정대상의 특성을 분류하거나 확인할 목적으로 숫자를 부여하는 것이다.
③ 하나의 측정대상이 두 개의 값을 가질 수는 없다.
④ 절대영점이 존재한다.

해설
절대영점이 존재하는 것은 비율척도이다.

48 측정의 수준이 바르게 짝지어진 것은?

ㄱ. 교육수준 – 중졸 이하, 고졸, 대졸 이상
ㄴ. 교육연수 – 정규교육을 받은 기간(년)
ㄷ. 출신 고등학교 지역

① ㄱ : 명목측정, ㄴ : 서열측정, ㄷ : 등간측정
② ㄱ : 등간측정, ㄴ : 서열측정, ㄷ : 비율측정
③ ㄱ : 서열측정, ㄴ : 등간측정, ㄷ : 명목측정
④ ㄱ : 서열측정, ㄴ : 비율측정, ㄷ : 명목측정

해설
ㄱ. 서열측정은 측정대상의 특징 및 속성에 따라 일정한 범주로 분류하여, 이들에 대해 상대적인 순서・서열상의 관계를 나타내는 것이다.
ㄴ. 가장 세련된 측정수준으로서, 절대적인 '0'에 의한 측정이라는 점에서 다른 측정들과 구분된다.
ㄷ. 측정대상을 유사성과 상이성에 따라 구분하고, 구분된 각 집단 또는 카테고리에 숫자나 부호 또는 명칭을 부여하는 것이다.

49 측정오차(Error of Measurement)에 관한 설명으로 옳은 것은?

① 체계적 오차(Systematic Error)의 값은 상호 상쇄되는 경향이 있다.
② 신뢰성은 체계적 오차(Systematic Error)와 관련된 개념이다.
③ 타당성은 비체계적 오차(Random Error)와 관련된 개념이다.
④ 비체계적 오차(Random Error)는 인위적이지 않아 오차의 값이 다양하게 분산되어 있다.

해설

비체계적 오차는 무작위로 발생하기 때문에 인위적이지 않아 오차의 값이 다양하게 분산되며 상호 상쇄되는 경향이 있다. 비체계적 오차는 신뢰성과 관련이 있으며 타당성은 체계적 오차와 관련이 있다.

50 다음 설명하는 척도의 종류는?

① 서스톤 척도
② 리커트 척도
③ 의미분화 척도
④ 거트만 척도

해설

의미분화 척도
어떤 대상이 개인에게 주는 주관적인 의미를 측정하는 방법으로서, 하나의 개념을 여러 가지 의미의 차원에서 평가하도록 유도하는 방법이다. 보통 사용되는 척도는 5~7점 척도로서, 척도의 양극점에는 서로 상반되는 한 쌍의 형용사가 사용된다.

51 서스톤(Thurstone) 척도는 척도의 수준으로 볼 때 어느 척도에 해당하는가?

① 등간척도   ② 서열척도
③ 명목척도   ④ 비율척도

해설

서스톤 척도는 등현등간척도라고도 하며, 어떤 사실에 대해 가장 긍정적인 태도와 가장 부정적인 태도를 나타내는 태도의 양극단을 등간적으로 구분하여 여기에 수치를 부여하는 척도이다.

52 서열측정을 위한 방법으로 단순합산법을 사용하는 대표적인 척도는?

① 거트만(Guttman) 척도
② 서스톤(Thurstone) 척도
③ 리커트(Likert) 척도
④ 보가더스(Bogardus) 척도

해설

리커트 척도는 각각의 응답자가 전체 문항에 대해 얻은 점수를 합계한 후 전체 응답자들을 총점순위에 의해 배열한다. 예를 들어 질문문항이 10개이고 응답평균이 5부터 1인 경우 최고 50점에서 최저 10점 사이에서 전체 응답자들을 배열할 수 있다.

53 소시오메트리에 관한 설명으로 옳은 것은?

① 사회적 거리척도로서 집단 간 거리를 측정하는 척도이다.
② 리더십연구와 집단 내의 갈등, 응집에 관한 연구에서 사용된다.
③ Moreno를 중심으로 발전한 인간과 친환경관계의 측정에 관한 방법이다.
④ 소시오메트리의 분석방법에는 소시오메트릭 행렬, 지니지수, 집단확장지수가 있다.

해설

① 집단 내에 있어서의 개인 간의 친근관계를 측정한다.
③ 모레노(Moreno)를 중심으로 하여 주로 발전된 인간관계의 측정에 관한 방법을 말한다.
④ 소시오메트리의 분석방법에는 소시오메트릭 행렬, 소시오그램, 소시오메트릭지수(선택지위지수, 집단확장지수, 집단응집지수)가 있다.

54 측정도구의 신뢰도 검사방법에 관한 설명으로 옳지 않은 것은?

① 검사-재검사법(Test-retest Method)은 측정대상이 동일하다.
② 복수양식법(Parallel-forms Method)은 측정도구가 동일하다.
③ 반분법(Split-half Method)은 측정도구의 문항을 양분한다.
④ 크론바하 알파(Cronbach's Alpha) 계수는 0에서 1 사이의 값을 가지며, 값이 높을수록 신뢰도가 높다.

해설

복수양식법은 동일한 측정도구가 아닌 유사한 측정도구를 사용하여 동일한 표본에 적용한 결과를 서로 비교하여 신뢰도를 측정하는 방법이다.

55 어느 검사의 신뢰도가 1로 나왔다면 측정의 표준오차는?

① 0이다.
② 1이다.
③ 표준편차의 제곱근과 같다.
④ 검사점수의 표준편차와 같다.

해설

신뢰도가 1이라는 것은 표준오차가 없다는 것과 같은 의미이다.

56 자료의 결측값(결측치)을 처리하는 방법 중 설명변수의 조건부 평균으로 결측하는 방법은?

① 회귀대체법 　　　② 다중대체법
③ 핫덱대체법 　　　④ 평균대체법

해설

회귀대체법

결측된 변수의 관측된 값을 종속변수로 하고, 나머지 변수를 설명변수로 추정한 회귀식을 활용하며, 결측된 변수의 결측치를 추정하여 대체하는 방법이다. 평균대체법과 달리 설명변수의 조건부 평균으로 결측을 대체하기 때문에 더욱 발전된 방법으로 생각되지만, 이 경우에도 단일대체가 가지는 한계를 그대로 가진다.

57 다음 (　　　)에 공통적으로 알맞은 것은?

> (　　　)은 측정도구 자체가 측정하고자 하는 속성이나 개념을 얼마나 대표할 수 있는지를 평가하는 것으로 측정도구가 측정대상이 가진 많은 속성 중 일부를 대표성 있게 포함한다면 그 측정도구는 (　　　)이 높다고 할 수 있다.

① 내용타당성(Content Validity)
② 개념타당성(Construct Validity)
③ 집중타당성(Convergent Validity)
④ 이해타당성(Nomological Validity)

해설

② 개념타당성은 측정에 의해 얻는 측정값 자체보다는 측정하고자 하는 속성에 초점을 맞춘 타당성이며, 이론과 관련하여 측정도구의 타당도를 검증한다.
③ 집중타당성은 개념타당성의 한 종류로서 동일한 개념을 서로 상이한 측정도구를 이용해서 측정한 결과값들 간의 상관관계가 높을수록 타당성이 높다고 평가한다.
④ 이해타당성은 개념타당성의 한 종류로서 서로 유사한 여러 개념들을 모두 측정할 수 있는 측정도구일수록 타당성이 높다고 평가한다.

58 수집된 자료의 편집과정에서 주의해야 할 사항과 가장 거리가 먼 것은?

① 자료의 편집과정은 전체자료에 대하여 일관성을 유지하면서 수행되어야 한다.
② 코드북의 내용에는 문자로 입력된 변수들은 포함되어서는 안 된다.
③ 개방형 응답항목은 코딩 과정에서 다양한 응납이 분류될 수 있도록 사전에 처리해야 한다.
④ 완결되지 않은 응답은 응답자와 다시 접촉하여 완결하거나 그렇지 않으면 결측자료(Missing Data)로 처리한다.

해설

자료의 코딩과정에서 가능한 한 분석 가능한 숫자로 표현해야 하지만 문자로 입력될 수도 있다.

59 부호화(Coding)에 대한 설명으로 틀린 것은?

① 일정한 지침에 따라 분석 가능한 숫자나 기호로 표현해야 한다.
② 코딩은 질문지 작성 전에 해야 한다.
③ 사례 수가 많거나 조사항목이 많을수록 더 유효하다.
④ 부호화의 과정은 분류 카테고리의 결정, 부호의 선정, 응답 부호화로 구분할 수 있다.

해설
부호화는 각 조사항목에 대한 응답을 일정한 부호지침에 따라 문자나 숫자 등의 부호(Code)로 분류하는 것으로, 질문지 작성 후에 이루어진다.

60 사회조사에서 내용분석을 실시하기에 적합한 경우를 모두 고른 것은?

> ㄱ. 자료 원천에 대한 접근이 어렵고, 자료가 문헌인 경우
> ㄴ. 실증적 자료에 대한 보완적 연구가 필요할 경우, 무엇을 자료로 삼을 것인가 검토하는 경우
> ㄷ. 연구대상자의 언어, 문제 등을 분석할 경우
> ㄹ. 분석자료가 방대할 때 실제 분석자료를 일일이 수집하기 어려운 경우
> ㅁ. 정책, 매스미디어 내용의 경향이나 변천 등이 필요한 경우

① ㄱ, ㄷ, ㄹ
② ㄱ, ㄴ, ㅁ
③ ㄴ, ㄷ, ㄹ, ㅁ
④ ㄱ, ㄴ, ㄷ, ㄹ, ㅁ

해설
내용분석법은 여러 가지 문서화된 매체들을 중심으로 연구대상에 필요한 자료들을 수집하는 방법으로 ㄱ~ㅁ 모두 내용분석을 실시하기에 적합한 경우이다.

61 확률변수 X가 평균이 100이고 표준편차가 10인 정규분포를 따른다고 했을 때, X가 80보다 작을 확률은 얼마인가? (단, $P(-0.2 < Z < 0.2) = 0.159$, $P(-2 < Z < 2) = 0.954$ 이다)

① 0.477
② 0.023
③ 0.421
④ 0.079

해설
$u = 100$, $\sigma = 10$이고 표준화공식 $Z = \dfrac{X-u}{\sigma}$ 을 이용하면 다음과 같다.

$P(X < 80) = P(\dfrac{X-u}{\sigma} < \dfrac{80-100}{10}) = P(Z < -2)$

$P(Z < -2) = P(Z > 2) = 0.5 - P(0 < Z < 2)$

$\qquad = 0.5 - [\dfrac{1}{2}P(-2 < Z < 2)] = 0.5 - 0.477 = 0.023$

62 이산확률변수 X의 확률분포가 다음과 같을 때, 확률변수 X의 기댓값은?

X	0	1	2	3	4
$P(X=x)$	0.15	0.30	0.25	0.20	( )

① 1.25
② 1.40
③ 1.65
④ 1.80

해설
$\displaystyle\sum_{i=0}^{4} P(X=x) = 1$ 이므로

$P(X=4) = 1 - (0.15 + 0.30 + 0.25 + 0.20) = 0.10$ 이다.

따라서 $E(X=x) = 0 \times 0.15 + 1 \times 0.30 + 2 \times 0.25$
$\qquad\qquad\qquad + 3 \times 0.20 + 4 \times 0.10 = 1.80$

이다.

63 취업을 위한 특별교육프로그램을 시행한 결과 통계가 다음과 같이 집계되었다. 특별교육을 이수한 어떤 사람이 취업할 확률은?

구 분	미취업	취 업	합 계
특별교육 이수	200	300	500
교육 이수 안 함	280	220	500
합 계	480	520	1000

① 48% ② 50%

③ 52% ④ 60%

해설

조건부 확률을 이용한다. 특별교육을 이수한 사건을 A, 취업한 사건을 B라고 하자.

$$P(A) = \frac{500}{1000} = 0.5, \ P(A \cap B) = \frac{300}{1000} = 0.3$$

$$P(B \mid A) = \frac{P(A \cap B)}{P(A)} = \frac{0.3}{0.5} = 0.6$$

$\therefore$ 60%

64 이항분포를 따르는 확률변수 X에 관한 설명으로 틀린 것은?

① 확률변수 X는 0 또는 1만을 취한다.

② 반복시행횟수가 n이고, 성공률이 p이면 X의 평균은 np이다.

③ 반복시행횟수가 n이고, 성공률이 p이면 X의 분산은 $np(1-p)$이다.

④ 반복시행횟수가 n이면, X가 취할 수 있는 가능한 값은 0부터 n까지이다.

해설

이항분포는 확률실험에서 나타날 수 있는 기본결과가 두 가지일 뿐 확률변수가 0 또는 1만을 취하는 것은 아니다.

65 확률변수 X가 이항분포 $B(36, \frac{1}{6})$을 따를 때, 확률변수 $Y = \sqrt{5} X + 2$의 표준편차는?

① $\sqrt{5}$ ② $5\sqrt{5}$

③ 5 ④ 6

해설

$$V(X) = 36 \times \frac{1}{6} \times \left(1 - \frac{1}{6}\right) = 5$$

$$V(Y) = V(\sqrt{5} X + 2) = 5 V(X) = 25$$

$$\therefore \ \sigma(Y) = \sqrt{V(Y)} = \sqrt{25} = 5$$

66 어느 농구선수의 자유투 성공률이 80%라고 알려져 있다. 이 선수가 자유투를 25회 던진다면 몇 회 정도 성공할 것으로 기대되는가?

① 10 ② 15

③ 16 ④ 20

해설

자유투 성공률 80%이고, 자유투를 각각 독립적으로 25회 반복하므로 확률변수 X를 자유투를 성공한 횟수라고 할 때 X는 이항분포 $B(25, 0.8)$를 따른다. 따라서 이항분포의 기댓값은 $E(X) = 25 \times 0.8 = 20$이다.

67 모평균이 10, 모분산이 9인 정규모집단으로부터 추출한 크기 36인 표본의 표본평균은 어떤 분포를 따르는가?

① $N(10, \frac{1}{2})$ ② $N(10, \frac{1}{4})$

③ $N(10, \frac{1}{9})$ ④ $N(10, \frac{3}{2})$

해설

모집단분포가 정규분포 $N(u, \sigma^2)$을 따를 때, 표본평균의 분포는 정규분포 $N(u, \frac{\sigma^2}{n})$을 따른다.

따라서 문제에서 추출한 표본은 정규분포 $N(10, \frac{3^2}{36}) = N(10, \frac{1}{4})$을 따른다.

68 정규분포에 관한 설명으로 틀린 것은?

① 정규분포곡선은 자유도에 따라 모양이 달라진다.

② 정규분포는 평균을 기준으로 대칭인 종 모양의 분포를 이룬다.

③ 평균, 중위수, 최빈수가 동일하다.

④ 정규분포에서 분산이 클수록 정규분포곡선은 양옆으로 퍼지는 모습을 한다.

해설

정규분포곡선은 기댓값과 분산에 따라 모양이 달라진다.

69 표준정규분포를 따르는 확률변수의 제곱은 어떤 분포를 따르는가?

① 정규분포   ② $t-$분포

③ $F-$분포   ④ 카이제곱분포

해설

표준정규분포를 따르는 확률변수 $Z \sim N(0, 1)$의 제곱 Z^2은 자유도 1인 카이제곱(χ^2)분포를 따른다.

70 정규모집단 $N(u, \sigma^2)$으로부터 추출한 크기 n의 임의표본 X_1, X_2, $\cdots$, X_n에 근거한 표본분포에 대한 설명으로 틀린 것은? (단, $\overline{X}$는 표본평균, s^2은 불편분산이다)

① $\overline{X}$와 s^2은 확률적으로 독립이다.

② $\overline{X}$는 정규분포를 따르며 평균은 u이고, 분산은 σ^2이다.

③ $(n-1)s^2$은 자유도가 $n-1$인 카이제곱분포를 따른다.

④ 스튜던트화된 확률변수 $\dfrac{\overline{X}-u}{s/\sqrt{n}}$는 자유도가 $n-1$인 $t-$분포를 따른다.

해설

$\dfrac{(n-1)s^2}{\sigma^2}$은 자유도가 $n-1$인 카이제곱분포를 따른다.

71 초기하분포와 이항분포에 대한 설명으로 틀린 것은?

① 초기하분포는 유한모집단으로부터의 복원추출을 전제로 한다.

② 이항분포는 베르누이 시행을 전제로 한다.

③ 초기하분포는 모집단의 크기가 충분히 큰 경우 이항분포로 근사될 수 있다.

④ 이항분포는 적절한 조건하에서 정규분포로 근사될 수 있다.

해설

초기하분포는 비복원추출 또는 모집단의 크기가 작은 경우를 전제로 한다.

72 대학생들의 정당 지지도를 조사하기 위해 100명을 뽑은 결과 45명이 지지하는 것으로 나타났다. 지지도에 대한 95% 신뢰구간은?
(단, $Z_{0.025} = 1.96$, $Z_{0.05} = 1.645$이다)

① 0.45 ± 0.0823

② 0.45 ± 0.0860

③ 0.45 ± 0.0920

④ 0.45 ± 0.0975

해설

100명 중 45명이 지지한다고 했으므로 $\hat{p} = 0.45$이다.

따라서, $z_{\frac{\alpha}{2}} = z_{\frac{0.05}{2}} = z_{0.025} = 1.96$이므로

$$\hat{p} \pm z_{\frac{\alpha}{2}} \times \sqrt{\dfrac{\hat{p}(1-\hat{p})}{n}} = 0.45 \pm 1.96 \times \sqrt{\dfrac{0.45 \times (1-0.45)}{100}}$$

$$= 0.45 \pm 0.0975$$

이다.

73 곤충학자가 70마리의 모기에게 A 회사의 살충제를 뿌리고 생존시간을 관찰하여 $\overline{x} = 18.3$, $s = 5.2$를 얻었다. 생존시간의 모평균 μ에 대한 99% 신뢰구간은? (단, $P(Z > 2.57) = 0.005$
$P(Z > 1.96) = 0.025$, $P(Z > 1.645)$이다)

① $8.6 \leq \mu \leq 28.0$

② $16.7 \leq \mu \leq 19.9$

③ $17.1 \leq \mu \leq 19.5$

④ $18.1 \leq \mu \leq 18.5$

해설

모분산을 모르지만 $n = 70$으로 대표본이므로 $\sigma^2 = S^2$로 되어 σ^2 대신 S^2을 사용하여 μ의 구간추정을 할 수 있다. 모분산 σ^2을 모르고 있는 경우 μ에 대한 $100(1-\alpha)$% 신뢰구간은 다음과 같다.

$$\overline{x} - Z_{\alpha/2} \frac{S}{\sqrt{n}} \leq \mu \leq \overline{x} + Z_{\alpha/2} \frac{S}{\sqrt{n}}$$

99% 신뢰구간에서 $Z_{\alpha/2} = Z_{0.01/2} = Z_{0.005} = 2.57$이므로

$$18.3 - 2.57 \frac{5.2}{\sqrt{70}} \leq \mu \leq 18.3 + 2.57 \frac{5.2}{\sqrt{70}}$$

$\therefore\ 16.7 \leq \mu \leq 19.9$

74 검정력(Power)에 대한 설명으로 옳은 것은?

① 참인 귀무가설을 채택할 확률이다.

② 거짓인 귀무가설을 채택할 확률이다.

③ 대립가설이 참일 때 귀무가설을 기각시킬 확률이다.

④ 귀무가설이 참임에도 불구하고 이를 기각시킬 확률이다.

해설

귀무가설이 거짓일 때, 즉 대립가설이 참일 때 귀무가설을 기각하는 옳은 결정의 확률을 검정력이라 한다.

75 기존의 취업 교육 프로그램을 이수한 사람의 취업률 p는 0.7이다. 새로운 교육 프로그램이 취업률을 높인다는 주장이 있어 통계적으로 검정하기 위해 새로운 교육 프로그램을 이수한 사람을 임의로 추출하여 취업률을 조사하였다. 이때 적절한 귀무가설(H_0)과 대립가설 (H_1)은?

① $H_0 : p > 0.7$, $H_1 : p = 0.7$

② $H_0 : p \neq 0.7$, $H_1 : p = 0.7$

③ $H_0 : p = 0.7$, $H_1 : p > 0.7$

④ $H_0 : p = 0.7$, $H_1 : p \neq 0.7$

해설

가설검정에서는 모집단의 모수에 대해서 어떤 조건을 가정하여 가설을 설정하는데 이때 이 가설을 귀무가설이라고 한다. 귀무가설은 '아무런 차이가 없다' 또는 '전혀 효과가 없다'는 내용을 의미하는 주장이다. 따라서 '새로운 교육 프로그램이 취업률을 높인다'를 검정하기 위한 귀무가설은 '새로운 교육 프로그램은 취업률을 높이는 데 효과가 없다(= 기존의 취업 교육 프로그램을 이수한 사람의 취업률과 차이가 없다)'이므로 $H_0 : p = 0.7$이다. 대립가설은 '새로운 교육 프로그램이 취업률을 높인다'이므로 $H_1 : p > 0.7$이다.

76 가설검정 시 유의확률(p값)과 유의수준(α)의 관계에 대한 설명으로 맞는 것은?

① 유의확률 $<$ 유의수준일 때 귀무가설을 기각한다.

② 유의확률 $\geq$ 유의수준일 때만 귀무가설을 기각한다.

③ 유의확률 $\neq$ 유의수준일 때 귀무가설을 기각한다.

④ 유의확률과 유의수준 중 어느 것이 큰가의 문제와 가설검정과는 아무런 관계가 없다.

해설

유의확률(p값) $<$ 유의수준(α)이면 귀무가설을 기각, 유의수준(α) $<$ 유의확률(p값)이면 귀무가설을 채택한다.

77 어느 회사에 출퇴근하는 직원들 500명을 대상으로 이용하는 교통수단을 지하철, 자가용, 버스, 택시, 지하철과 택시, 지하철과 버스, 기타의 분야로 나누어 조사하였다. 이 자료의 정리방법으로 적합하지 않은 것은?

① 도수분포표　　② 막대그래프
③ 원형그래프　　④ 히스토그램

해설
히스토그램은 연속형 자료에 더 적합하다.

78 자료의 산포(Dispersion)의 정도를 나타내는 측도가 아닌 것은?

① 범위(Range)
② 왜도(Skewness)
③ 변동계수(Coefficient of Variation)
④ 사분편차계수(Quartile Deviation)

해설
② 왜도는 자료분포의 비대칭 정도를 나타내는 척도이다.

산포도
• 자료의 산포의 정도를 나타내는 수치
• 절대적인 분포의 산포도 : 범위, 사분편차, 평균편차, 분산, 표준편차
• 상대적인 분포의 산포도 : 변동계수, 사분편차계수, 평균편차계수

79 다음 분산분석표에 관한 설명으로 틀린 것은?

요 인	SS	df	MS	F_0	유의확률
Month	127049	7	18150	1.52	0.164
잔 차	1608204	135	11913		
계	1735253	142			

① 총 관측자료 수는 142개이다.
② 오차항의 분산 추정값은 11913이다.
③ 요인은 Month로서 수준 수는 8개이다.
④ 유의수준 0.05에서 요인의 효과가 인정되지 않는다.

해설
일원분산분석에서 총합계의 자유도(142)는 총 관측자료 수에서 1을 뺀 값이므로 총 관측자료 수는 142+1=143이다.

80 중심극한정리(Central Limit Theorem)는 어느 분포에 관한 것인가?

① 모집단
② 표 본
③ 모집단의 평균
④ 표본의 평균

해설
중심극한정리(Central Limit Theorem)
표본의 크기가 $n \geq 30$이면 대(大)표본으로 간주하여 모집단의 분포와 관계없이 표본평균 $\overline{X}$의 분포는 기댓값이 모평균 u이고, 분산이 $\dfrac{a^2}{n}$인 정규분포에 근사한다.

$$\overline{X} \sim N(u, \frac{a^2}{n}),\ n \to \infty < N$$

81 다음은 대학 입학시험의 지역별 합격자 수를 성별에 따라 정리한 자료이다. 지역별 합격자 수가 성별에 따라 차이가 있는지를 검정하기 위해 교차분석을 하고자 한다. 카이제곱(χ^2)검정을 한다면 자유도는 얼마인가?

구 분	A지역	B지역	C지역	D지역	합 계
남	40	30	50	50	170
여	60	40	70	30	200
합 계	100	70	120	80	370

① 1　　　　　　② 2
③ 3　　　　　　④ 4

해설
r행 c열 분할표에서 카이제곱 통계량의 자유도는 $(r-1) \times (c-1)$이다. 4×2행렬이므로 자유도는 $3 \times 1 = 3$이다.

82 단순선형회귀모형 $y = \beta_0 + \beta_1 + e$에서 오차항 e의 분포가 평균이 0이고, 분산이 σ^2인 정규분포를 따른다고 가정하였다. 22개의 자료들로부터 회귀식을 추정하고 나서 잔차제곱합(SSE)을 구하였더니 그 값이 2,000이었다. 이때 분산 σ^2의 불편추정량은?

① 100

② 150

③ 200

④ 250

해설

단순회귀모형에서 오차항의 분산 σ^2의 불편추정량은

$$MSE = \frac{SSE}{n-2} = \frac{\sum\limits_{i-1}^{n}(y_i - \hat{y_i})^2}{(n-2)} \text{ 이다.}$$

분산 σ^2의 불편추정량은 $\dfrac{2,000}{20} = 100$이다.

83 평균이 8이고, 분산이 4인 정규분포를 따르는 모집단에서 임의로 크기가 4인 표본을 뽑았다. 이때 표본평균의 기댓값은?

① 1

② 2

③ 4

④ 8

해설

정규분포를 따르는 모집단의 평균이 μ라고 할 때, 표본평균의 기댓값은 μ이다.

84 다음 중 제1종 오류가 발생하는 경우는?

① 참이 아닌 귀무가설(H_0)을 기각하지 않을 경우

② 참인 귀무가설(H_0)을 기각하지 않을 경우

③ 참이 아닌 귀무가설(H_0)을 기각할 경우

④ 참인 귀무가설(H_0)을 기각할 경우

해설

귀무가설이 참임에도 귀무가설을 기각하는 과오를 제1종 오류(과오)라 한다.

85 표본으로 추출된 6명의 학생이 지원했던 여름방학 아르바이트의 수가 다음과 같이 정리되었다.

10 3 3 6 4 7

피어슨의 비대칭계수(p)에 근거한 자료의 분포에 관한 설명으로 옳은 것은?

① 비대칭계수의 값이 0에 근사하여 좌우 대칭형분포를 나타낸다.

② 비대칭계수의 값이 양의 값을 나타내어 왼쪽으로 꼬리를 늘어뜨린 비대칭분포를 나타낸다.

③ 비대칭계수의 값이 음의 값을 나타내어 왼쪽으로 꼬리를 늘어뜨린 비대칭분포를 나타낸다.

④ 비대칭계수의 값이 양의 값을 나타내어 오른쪽으로 꼬리를 늘어뜨린 비대칭분포를 나타낸다.

해설

자료를 오름차순으로 정리하면 3 3 4 6 7 10이다.

$$\overline{X} = \frac{10+3+3+6+4+7}{6} = 5.5, \ M_o = 3,$$

$$M_e = \frac{6+4}{2} = 5, \ \overline{X} - M_o = 5.5 - 3 = 2.5 \text{이고}$$

S는 항상 양수이므로 $S_k \simeq \dfrac{\overline{X} - M_o}{S} \simeq \dfrac{3(\overline{X} - M_e)}{S} > 0$이다.

따라서 비대칭계수의 값이 양의 값을 나타내므로 주어진 자료는 오른쪽으로 꼬리를 늘어뜨린 비대칭분포(왼쪽으로 기울어진 분포)를 나타낸다.

86 표본평균의 확률분포에 관한 설명으로 틀린 것은?

① 모집단의 확률분포가 정규분포이면 표본평균의 확률분포도 정규분포이다.

② 표본평균의 확률분포는 모집단의 확률분포에 관계없이 정규분포이다.

③ 모집단의 표준편차가 σ이면 표본의 크기가 n인 표본평균의 표준오차는 $\sigma/\sqrt{n}$이다.

④ 표본평균의 평균은 모집단의 평균과 동일하다.

> **해설**
> 표본평균의 분포는 모집단이 정규모집단이냐 아니냐에 따라서 그 분포가 다르게 나타난다. 또한, 모집단으로부터 표본을 복원으로 추출하느냐 비복원으로 추출하느냐에 따라 표본평균의 분포에 대한 분산의 형태가 달라진다.

87 오른쪽으로 꼬리가 길게 늘어진 형태의 분포에 대해 옳은 설명으로만 짝지어진 것은?

> ㄱ. 왜도는 양의 값을 가진다.
> ㄴ. 왜도는 음의 값을 가진다.
> ㄷ. 자료의 평균은 중앙값보다 큰 값을 가진다.
> ㄹ. 자료의 평균은 중앙값보다 작은 값을 가진다.

① ㄱ, ㄷ   ② ㄱ, ㄹ

③ ㄴ, ㄷ   ④ ㄴ, ㄹ

> **해설**
> 분포의 형태
> • 오른쪽으로 꼬리가 길게 늘어진 분포일 경우(좌측 비대칭 분포) '산술평균 > 중앙값 > 최빈값'의 관계를 가지며 왜도는 0보다 크다.
> • 왼쪽으로 꼬리가 길게 늘어진 분포일 경우(우측 비대칭 분포) '산술평균 < 중앙값 < 최빈값'의 관계를 가지며 왜도는 0보다 작다.

88 상관계수(r)에 대한 설명으로 가장 거리가 먼 것은?

① 상관계수는 −1에서 1 사이의 값을 갖는다.

② 상관계수의 값은 변수의 단위가 달라지면 영향을 받는다.

③ 상관계수의 부호는 회귀계수의 기울기(b)의 부호와 항상 같다.

④ −1의 상관계수는 기울기가 음수인 직선 위에 모든 자료가 있다는 것을 의미한다.

> **해설**
> 상관계수는 변수 간의 연관성을 나타내는 값이므로 변수의 단위와 관련이 없다.

89 모 상관계수가 ρ인 이변량 정규분포를 따르는 두 변수에 대한 자료 $(x_i, y_i)(i = 1, 2, \cdots, n)$에 대하여 표본

상관계수 $r = \dfrac{\sum_{i=1}^{n}(x_i - \overline{x})(y_i - \overline{y})}{\sqrt{\sum_{i=1}^{n}(x_i - \overline{x})^2}\sqrt{\sum_{i=1}^{n}(y_i - \overline{y})^2}}$ 을

이용하여 귀무가설 $H_0 : \rho = 0$을 검정하고자 한다. 이때 사용되는 검정통계량과 그 자유도는?

① $\sqrt{n-1}\,\dfrac{r}{\sqrt{1-r}}$, $n-1$

② $\sqrt{n-2}\,\dfrac{r}{\sqrt{1-r}}$, $n-2$

③ $\sqrt{n-1}\,\dfrac{r}{\sqrt{1-r^2}}$, $n-1$

④ $\sqrt{n-2}\,\dfrac{r}{\sqrt{1-r^2}}$, $n-2$

> **해설**
> 상관계수의 유의성 검정에서 검정통계량은 $\sqrt{n-2}\,\dfrac{r}{\sqrt{1-r^2}}$ 이고 자유도가 $n-2$이다.

90 모집단으로부터 크기가 100인 표본을 추출하였다. 이 표본으로부터 표본비율 $\hat{p} = 0.42$ 를 추정하였다. 모비율에 대한 가설 $H_0 : p = 0.4$ vs $H_1 : p > 0.4$를 검정하기 위한 검정통계량은?

① $\dfrac{0.4}{\sqrt{0.4(1-0.4)/100}}$

② $\dfrac{0.42 - 0.4}{\sqrt{0.4(1-0.4)/100}}$

③ $\dfrac{0.42 + 0.4}{\sqrt{0.4(1-0.4)/100}}$

④ $\dfrac{0.42}{\sqrt{0.4(1-0.4)/100}}$

해설

모비율에 대한 가설검정은 검정통계량 $Z = \dfrac{\hat{p} - p_0}{\sqrt{p_0(1-p_0)/n}}$ 를 이용한다.

$\hat{p} = 0.42$, $p_0 = 0.4$, $n = 100$을 대입하면

$\dfrac{0.42 - 0.4}{\sqrt{0.4(1-0.4)/100}}$ 이다.

91 회귀분석에서의 결정계수에 관한 설명으로 틀린 것은?

① 결정계수 r^2의 범위는 $0 \leq r^2 \leq 1$이다.

② 종속변수의 총변동 중 회귀직선에 기인한 변동의 비율을 나타낸다.

③ 결정계수는 잔차제곱합(SSE)을 총제곱합(SST)으로 나눈 값이다.

④ 단순회귀분석의 경우 종속변수와 독립변수의 상관계수를 제곱한 값이 결정계수이다.

해설

결정계수는 회귀제곱합(SST)을 총제곱합(SST)으로 나눈 값이다.

$$R^2 = \frac{SSR}{SST} = 1 - \frac{SSE}{SST}$$

92 다음 사례에 알맞은 검정방법은?

> 도시지역의 가족과 시골지역의 가족 간에 가족의 수에 있어서 평균적으로 차이가 있는지를 알아보고자 도시지역과 시골지역 중 각각 몇 개의 지역을 골라 가족의 수를 조사하였다.

① 독립표본 t-검정

② 대응표본 t-검정

③ χ^2-검정

④ F-검정

해설

2개의 집단(도시지역, 시골지역)의 평균 차이에 대한 검정은 독립표본 t-검정을 실시한다.

93 A, B, C 세 가지 공법에 의해 생산된 철선의 인장강도에 차이가 있는지를 알아보기 위해 공법 A에서 5회, 공법 B에서 6회, 공법 C에서 7회, 총 18회를 랜덤하게 실험하여 인장강도를 측정하였다. 측정한 자료를 정리한 결과 총제곱합 $SST = 100$이고, 잔차제곱합 $SSE = 65$이었다. 처리제곱합 SSA와 처리제곱합의 자유도 ν_A를 바르게 나열한 것은?

① $SSA = 35$, $\nu_A = 2$

② $SSA = 16$, $\nu_A = 17$

③ $SSA = 35$, $\nu_A = 3$

④ $SSA = 165$, $\nu_A = 18$

해설

처리제곱합(SSA)은 총제곱합(SST) - 잔차제곱합(SSE) = 100 - 65 = 35이고, 처리의 자유도는 요인수준 - 1이다. 세 가지 공법에 의한 차이를 검정하는 것이므로, 처리제곱합의 자유도 ν_A는 $p - 1 = 3 - 1 = 2$이다.

94 반복수가 동일한 일원배치법의 모형

$$Y_{ij} = \mu + \alpha_i + \epsilon_{ij}, \ i = 1, 2, \cdots, k, \ j = 1, 2, \cdots, n$$

에서 오차항 ϵ_{ij}에 대한 가정이 아닌 것은?

① 오차항 ϵ_{ij}는 서로 독립이다.

② 오차항 ϵ_{ij}의 분산은 동일하다.

③ 오차항 ϵ_{ij}는 정규분포를 따른다.

④ 오차항 ϵ_{ij}는 자기상관을 갖는다.

해설

분산분석에서 오차항의 기본 가정으로는 정규성, 독립성, 등분산성이 있다.

95 어느 지역 고등학교 학생 중 안경을 착용한 학생들의 비율을 추정하기 위해 이 지역 고등학교 성별 구성비에 따라 남학생 600명, 여학생 400명을 각각 무작위로 추출하여 조사하였더니 남학생 중 240명, 여학생 중 60명이 안경을 착용한다는 조사결과를 얻었다. 이 지역 전체 고등학생 중 안경을 착용한 학생들의 비율에 대한 가장 적절한 추정값은?

① 0.4

② 0.3

③ 0.275

④ 0.15

해설

모비율에 대한 추정값은 표본비율을 사용한다. 따라서 추정값은

$$\hat{p} = \frac{240 + 60}{600 + 400} = 0.3 \text{이다.}$$

96 독립변수가 3개인 중회귀분석 결과가 다음과 같을 때, 오차분산의 추정값은?

$$\sum_{i=1}^{n}(y_i - \hat{y_i})^2 = 1100, \ \sum_{i=1}^{n}(\hat{y_i} - \bar{y})^2 = 110, \ n = 100$$

① 11.20

② 11.32

③ 11.46

④ 11.58

해설

오차항의 분산의 불편추정량은

$$MSE = SSE/(n-k-1) = \sum_{i=1}^{n}(y_i - \hat{y_i})^2/(n-k-1) \text{이다.}$$

따라서 $MSE = 1100/(100-3-1) \fallingdotseq 11.46$이다.

97 교육 수준에 따른 생활만족도의 차이를 다양한 배경변수를 통제한 상태에서 비교하기 위해서 다중회귀분석을 실시하고자 한다. 교육 수준을 5개의 범주(무학, 초졸, 중졸, 고졸, 대졸 이상)로 측정하였다. 이때, 대졸 이상을 기준으로 할 때 교육 수준별 차이를 나타내는 가변수(Dummy Variable)를 몇 개 만들어야 하는가?

① 1개

② 2개

③ 3개

④ 4개

해설

k개 그룹의 질적 차이를 구분하는 경우, $k-1$개의 가변수를 사용한다.

98 3개의 처리(Treatment)를 각각 5번씩 반복하여 실험하였고, 이에 대해 분산분석을 실시하고자 할 때의 설명으로 틀린 것은?

① 분산분석표에서 오차의 자유도는 12이다.

② 분산분석의 영가설(H_0)은 3개의 처리 간 분산이 모두 동일하다고 설정한다.

③ 유의수준 0.05 하에서 계산된 F-비의 값은 $F(0.05, 2, 12)$ 분포값과 비교하여, 영가설의 기각여부를 결정한다.

④ 처리평균제곱은 처리제곱합을 처리 자유도로 나눈 것을 말한다.

해설

분산분석에서 귀무가설(H_0)은 '$\mu_1 = \mu_2 = \mu_3$', 대립가설(H_1)은 '모든 μ_i가 같은 것은 아니다($i = 1, 2, 3$)'이다. 즉, 분산분석의 영가설(귀무가설)은 3개의 처리 간 평균은 모두 동일하다고 설정한다.

99 x를 독립변수로 y를 종속변수로 하여 선형회귀분석을 하고자 한다. 다음의 요약 자료를 이용하여 추정회귀직선의 기울기와 절편을 구하면?

$$\overline{x} = 4 \qquad \sum_{i=1}^{5}(x_i - \overline{x})^2 = 10$$

$$\overline{y} = 7 \qquad \sum_{i=1}^{5}(x_i - \overline{x})(y_i - \overline{y}) = 13$$

① 기울기=0.77, 절편=1.80

② 기울기=0.77, 절편=3.92

③ 기울기=1.30, 절편=1.80

④ 기울기=1.30, 절편=3.92

해설

최소제곱법을 이용한다.

$$\text{기울기}(b) = \frac{\sum_{i=1}^{5}(x_i - \overline{x})(y_i - \overline{y})}{\sum_{i=1}^{5}(x_i - \overline{x})^2} = \frac{13}{10} = 1.30$$

$$\text{절편}(a) = \overline{y} - \overline{b}\overline{x} = 7 - 1.3 \times 4 = 1.80$$

100 어떤 화학약품을 생산하는 공정에서 온도에 따라 수율(%)에 차이가 있는가를 알아보고자 4개의 온도수준에 다음과 같이 완전임의배열법을 적용하여 실험하여 분산분석표를 작성하였다. ㉠~㉣에 해당하는 값은?

온 도	90℃	100℃	110℃	120℃
반복수	3개	4개	3개	3개

요 인	제곱합	자유도	평균제곱	F값
인 자	㉠	3	1.14	㉣
잔 차	1.66	㉡	㉢	
계	5.08	12		

① ㉠ : 3.42, ㉡ : 9, ㉢ : 0.18, ㉣ : 6.33

② ㉠ : 3.42, ㉡ : 10, ㉢ : 0.17, ㉣ : 6.71

③ ㉠ : 3.42, ㉡ : 9, ㉢ : 0.18, ㉣ : 1.04

④ ㉠ : 6.74, ㉡ : 10, ㉢ : 0.17, ㉣ : 6.71

해설

㉠ : $5.08 - 1.66 = 3.42$

㉡ : $12 - 3 = 9$

㉢ : $\dfrac{1.66}{9} = 0.18$

㉣ : $\dfrac{1.14}{0.18} = 6.33$

제1과목 조사방법과 설계

01 사회과학적 연구의 일반적인 연구목적과 가장 거리가 먼 것은?

① 사건이나 현상을 설명(Explanation)하는 것이다.
② 사건이나 상황을 기술 또는 서술(Description)하는 것이다.
③ 사건이나 상황을 예측(Prediction)하는 것이다.
④ 새로운 이론(Theory)이나 가설(Hypothesis)을 만드는 것이다.

해설

일반적으로 사회과학적 연구는 현상을 탐색, 기술, 설명하는 것을 목적으로 한다. 탐색은 보통 연구문제에 대한 사전지식이 부족하거나 개념을 보다 분명히 하기 위함을 목적으로 한다. 기술은 현상을 정확하게 기술하는 것이 주목적이며, 설명은 어떤 사실과의 관계를 파악하여 인과관계를 규명하거나 미래를 예측하는 것을 목적으로 한다.

02 기술조사에 적합한 조사주제를 모두 고른 것은?

> ㄱ. 신문의 구독률 조사
> ㄴ. 신문 구독자의 연령대 조사
> ㄷ. 신문 구독률과 구독자의 소득이나 직업 사이의 관련성 조사

① ㄱ, ㄴ
② ㄴ, ㄷ
③ ㄱ, ㄷ
④ ㄱ, ㄴ, ㄷ

해설

기술조사는 어떤 현상에 대한 탐구와 명백화, 즉 현상을 정확하게 기술하는 것을 주목적으로 한다. 어떠한 사건이나 현상의 크기, 비율, 수준 등에 대한 단순 통계적인 자료를 수집하여 문제에 대한 답을 구한다. 특히 발생빈도와 비율을 파악할 때 실시하며, 관련 상황의 특성파악, 변수 간에 상관관계 파악 및 상황변화에 대한 각 변수 간의 반응을 예측한다.

03 다음 중 어느 대학생 개인의 특성에 기초하여 소속 대학교 학생집단의 전체 특성으로 규정하려는 분석상의 오류는?

① 환원주의 오류
② 생태학적 오류
③ 개인주의적 오류
④ 외적 타당성 오류

해설

개인주의적 오류는 분석단위를 개인에 두고 얻어진 연구의 결과를 집단에 적용함으로써 발생하는 오류이다.

04 연역법과 귀납법에 관한 설명으로 옳은 것은?

① 연역법은 선(先)조사 후(後)이론의 방법을 택한다.
② 연역법과 귀납법은 상호보완적으로 사용할 수 없다.
③ 연역법과 귀납법의 선택은 조사의 용이성에 달려있다.
④ 기존 이론의 확인을 위해서는 연역법을 주로 사용한다.

해설

① 연역법은 선(先)이론 후(後)조사의 방법이다.
② 연역법과 귀납법은 서로 대비되는 장·단점으로 인해 상호보완적인 관계를 형성한다.
③ 연역법과 귀납법의 선택은 조사연구의 목적에 달려있다.

05 변수들 간의 인과성 검증에 대한 설명으로 옳은 것은?

① 인과성은 두 변수의 공변성 여부에 따라 확정된다.
② "가난한 사람들은 무계획한 소비를 한다."라는 설명은 시간적 우선성 원칙에 부합한다.
③ 독립변수와 종속변수 사이의 인과관계는 제3의 변수가 통제되지 않으면 허위적일 수 있다.
④ 실험설계는 인과성 규명을 목적으로 하지 않는다.

해설

① 인과성은 공변성뿐만 아니라 시간적 선후관계와 비허위적 관계를 만족해야 한다.
② 시간적 우선성이란 원인이 되는 사건이나 현상이 시간적으로 결과보다 먼저 발생해야 한다는 것이다. 가난한 사람들이 무계획한 소비를 하는 것이 아니라, 무계획한 소비를 하면 가난해지게 되는 것이므로 시간적 우선성에 부합하지 않는다.
④ 실험설계는 독립변수가 종속변수에 영향을 미치는 인과관계에 대한 가설을 검증하기 위한 조사방법이다.

06 어떤 연구자가 한 도시의 성인 500명을 무작위로 추출하여 인터넷 이용이 흡연에 미치는 영향을 조사한 결과, 인터넷 이용량이 많은 사람일수록 흡연량도 유의미하게 많은 것으로 나타났다. 이를 토대로 인터넷 이용이 흡연을 야기시킨다는 인과적인 설명을 하는 경우 가장 문제가 되는 인과성의 요건은?

① 경험적 상관
② 허위적 상관
③ 통계적 상관
④ 시간적 순서

해설

인터넷 이용이 흡연을 야기시킨다는 것은 원인과 결과로 설명할 수 없다. 따라서 문제에서 나타난 연구결과는 순수하게 두 변수만의 관계로 볼 수 없으므로 허위적 상관이다.

07 경험적 연구를 위한 작업가설의 요건으로 틀린 것은?

① 명료해야 한다.
② 연구자의 주관이 분명해야 한다.
③ 특정화되어 있어야 한다.
④ 검정 가능한 것이어야 한다.

해설

가설 설정 시 기본조건
• 연구문제를 해결할 수 있어야 한다.
• 실증적인 확인을 위해 구체적이어야 하며 현상과 관련성을 가져야 한다.
• 변수로 구성되며, 그들 간의 관계를 나타내고 있어야 한다.
• 관련 변수의 선정과 변수들의 상태를 나타내는 문장을 조건문 형태의 복문으로 나타내야 한다.
• 표현은 간단명료해야 한다.
• 경험적 · 이론적으로 검증할 수 있어야 한다.
• 검증결과는 가능한 한 광범위하게 적용될 수 있어야 한다.
• 계량적인 형태를 취하거나 계량화할 수 있어야 한다.
• 동일 분야의 다른 가설과 연관성이 있어야 한다.
• 특정적이어야 한다.

08 서베이조사의 일반적인 특성에 관한 설명으로 틀린 것은?

① 모집단으로부터 추출된 표본을 대상으로 조사하는 방법이다.
② 센서스(Census)는 대표적인 서베이 방법 중 하나이다.
③ 인과관계 분석보다는 예측과 기술을 주목적으로 한다.
④ 대인조사, 전화조사, 우편조사, 온라인 조사 등이 있다.

해설

서베이조사는 모집단을 대상으로 추출된 표본에 대해 설문지와 같은 표준화된 조사도구를 사용하여 직접 질문함으로써 필요한 자료를 수집하는 방법이다. 그에 반해 센서스는 인구나 주택 등의 현황을 모집단 전체에 대해 조사하는 방법이다.

09 모든 요소의 총체로서 조사자가 표본을 통해 발견한 사실들을 토대로 하여 일반화하고자 하는 궁극적인 대상을 지칭하는 것은?

① 표본추출단위(Sampling Unit)
② 표본추출분포(Sampling Distribution)
③ 표본추출프레임(Sampling Frame)
④ 모집단(Population)

해설

① 표본추출의 각 단계에 있어서 표본으로 선정되는 요소 또는 요소의 집합을 말한다.
② 동일한 크기의 표본을 반복해서 추출했을 때 각 표본의 통계량의 확률분포이다.
③ 표본추출 시 필요한 모집단의 구성요소와 표본추출 단계별로 표본추출단위가 수록된 목록을 말한다.

10 일반적인 표본추출과정을 바르게 나열한 것은?

```
A. 모집단의 확정        B. 표본프레임의 결정
C. 표본추출의 실행      D. 표본크기의 결정
E. 표본추출방법의 결정
```

① A → B → E → D → C
② A → D → E → B → C
③ D → A → B → E → C
④ A → B → D → E → C

해설

일반적인 표본추출과정

• 모집단의 확정 : 연구결과의 일반화를 위한 대상을 확정하는 것으로서, 모집단은 조사대상이 되는 집단을 의미한다.
• 표본프레임의 결정 : 모집단이 확정된 경우 표본을 추출하게 될 표집틀을 선정해야 한다. 모집단의 구성요소를 모두 포함하는 반면 각각의 요소가 이중으로 포함되지 않는 것이 좋다.
• 표본추출방법의 결정 : 표집틀이 선정되면 모집단의 대표성을 확보할 수 있는 표집방법을 결정한다. 표집방법에는 크게 확률표본추출방법과 비확률표본추출방법이 있다.
• 표본크기의 결정 : 모집단의 성격, 시간 및 비용, 조사원의 능력 등은 물론 표본오차를 나타내는 정확도와 신뢰도를 고려하여 표본의 크기를 결정한다.
• 표본추출의 실행 : 결정된 표집방법을 통해 본격적으로 표본을 추출한다. 추출방식에 따라 난수표 등을 이용할 수 있으며, 결과의 일반화 가능성을 항상 염두에 두어야 한다.

11 표집구간 내에서 첫 번째 번호만 무작위로 뽑고 다음부터는 매 K번째 요소를 표본으로 선정하는 표집방법은?

① 계통표집
② 층화표집
③ 집락표집
④ 단순무작위표집

해설

② 모집단을 보다 동질적인 몇 개의 층으로 나눈 후, 이러한 각 층으로부터 단순무작위표본추출을 하는 방법이다.
③ 모집단 목록에서 구성요소에 대해 여러 가지 이질적인 구성요소를 포함하는 여러 개의 집락 또는 집단으로 구분한 후, 집락을 표집단위로 하여 무작위로 몇 개의 집락을 표본으로 추출한 다음, 표본으로 추출된 집락에 대해 그 구성요소를 전수조사하는 방법이다.
④ 의식적인 조작 전혀 없이 표본을 추출하는 방법이다.

12 할당표본추출법(Quota Sampling)에 관한 설명으로 틀린 것은?

① 모집단이 갖는 특성의 비율에 맞추어 표본을 추출하는 방법이다.
② 선거와 관련된 조사나 일반적인 여론조사에서 많이 활용되고 있다.
③ 명확한 표본프레임이 없어도 사용할 수 있다.
④ 표본추출과정에서 조사자의 편견이 개재될 수 있는 여지가 없다.

해설

할당표집은 모집단을 일정한 카테고리로 나누어 해당 카테고리에서 표본을 작위적으로 추출하는 방법으로, 모집단의 사전지식을 기초로 모집단의 특성을 나타내는 하위 집단별로 표본수를 할당한 다음 표본을 추출한다. 이때 조사원이 자신의 주관에 따라 표본을 추출한다.

13 표본추출오차와 비표본추출오차에 관한 설명으로 틀린 것은?

① 표본추출오차의 크기는 표본크기의 제곱근에 반비례한다.

② 비표본추출오차는 표본조사의 전수조사에서 모두 발생할 수 있다.

③ 표본추출오차의 크기는 표본의 크기가 증가함에 따라 감소한다.

④ 전수조사의 경우 비표본추출오차는 없으나 표본추출오차는 상당히 클 수 있다.

해설

오차의 유형
- 표본추출오차 : 표본추출 과정에서 발생하는 오차이다. 따라서 전수조사에서는 표본추출오차가 없다.
- 비표본추출오차 : 표본추출 이외의 과정에서 발생하는 오차를 말하는 것으로서, 일반적으로 측정상의 오차를 의미하며, 표본조사와 전수조사에서 모두 발생할 수 있다.

14 실험설계를 사전실험설계, 순수실험설계, 유사실험설계, 사후실험설계로 구분할 때 유사실험설계에 해당하는 것은?

① 단일집단 사후측정설계

② 집단비교설계

③ 솔로몬 4집단설계

④ 비동일 통제집단설계

해설

유사실험설계는 실험설계의 기본요소에 해당하는 무작위할당, 독립변수의 조작, 통제집단, 사전·사후검사 중 한두 가지가 결여된 설계유형으로 비동일 통제집단설계, 단순시계열설계, 복수시계열설계, 회귀불연속설계 등이 있다.

15 단일사례연구에 관한 설명으로 틀린 것은?

① 외적 타당도가 높다.

② 개입효과에 대한 즉각적인 피드백이 가능하다.

③ 조사연구 과정과 실천 과정이 통합될 수 있다.

④ 개인과 집단뿐만 아니라 조직이나 지역사회도 연구 대상이 될 수 있다.

해설

단일사례연구는 전실험설계에 해당하는 것으로 전실험설계는 무작위할당에 의해 연구대상을 나누지 않고, 비교집단 간의 동질성이 없으며, 독립변수의 조작에 따른 변화의 관찰이 제한된 경우에 실시하는 설계유형이다. 인과적 추론이 어려운 설계로서, 내적·외적 타당도를 거의 통제하지 못한다.

16 다음의 조사유형으로 옳은 것은?

> 베이비부머(Baby-boomers)의 정치성향의 변화를 파악하기 위하여 이들이 성년이 된 후 10년마다 500명씩 새로운 표집을 대상으로 조사하여 그 결과를 비교하여 보았다.

① 횡단(Cross-sectional)조사

② 추세(Trend)조사

③ 코호트(Cohort)조사

④ 패널(Panel)조사

해설

횡단조사는 일정 시점을 기준으로 모든 관련 변수에 대한 자료를 수집해 연구하는 것이다. 추세조사는 일정한 기간 동안 동일한 전체 모집단 내의 변화를 연구하는 것이며, 패널조사는 특정 응답자 집단을 정해 놓고 그들로부터 상당히 긴 시간 동안 지속적으로 연구자가 필요로 하는 정보를 획득하는 방법이다. 지문에서는 10년마다 500명씩 새롭게 표집을 하여 조사하였다. 이는 일정 기간 동안 어떤 한정된 부분 모집단의 변화를 연구하는 것으로서, 특정 경험을 같이 하는 사람들이 가지는 특성들에 대해 두 번 이상의 다른 시기에 걸쳐서 비교·연구하는 코호트조사에 해당한다.

17 다음에서 설명하고 있는 조사방법은?

> 대학 졸업생을 대상으로 체계적 표집을 통해 응답집단을 구성한 후 매년 이들을 대상으로 졸업 후의 진로와 경제활동 및 노동시장 이동상황을 조사하였다.

① 집단면접조사
② 파일럿조사
③ 델파이조사
④ 패널조사

해설

④ 패널조사 : '패널(Panel)'이라 불리는 특정 응답자 집단을 정해 놓고 그들로부터 상당히 긴 시간 동안 지속적으로 연구자가 필요로 하는 정보를 획득하는 조사방법이다.
① 집단면접조사 : 추출된 조사대상자들을 한 자리에 모아놓은 후 조사를 실시한다.
② 파일럿조사 : 연구하려고 하는 문제의 핵심적인 요소들을 분명히 알지 못할 때 질문지 작성의 전 단계에서 실시하는 비지시적 방식의 조사로 탐색적 조사에 속한다.
③ 델파이조사 : 전문가·관리자들로부터 우편으로 의견이나 정보를 수집하여 그 결과를 분석한 후 그것을 다시 응답자들에게 보내어 의견을 묻는 식으로 만족스러운 결과를 얻을 때까지 계속하는 방법으로 조사 내용이 정해진 구조화 방식이다.

18 다음은 어떤 형태의 조사에 해당하는가?

> A학교에서는 자퇴율을 조사하기 위해 16세 학생들에게 자퇴 관련 질문을 하고, 그 학생들이 18세가 되었을 때 다시 자퇴 관련 질문을 하여 시간이 지남에 따라 어떻게 변화하는지를 비교하였다.

① 사례조사
② 패널조사
③ 추세조사
④ 코호트조사

해설

④ 코호트조사는 일정 기간 동안 어떤 한정된 부분 모집단의 변화를 연구하는 것으로서, 특정 경험을 같이 하는 사람들이 가지는 특성들에 대해 두 번 이상의 다른 시기에 걸쳐서 비교·연구하는 방법이다.
① 사례조사는 특정 사례를 조사하여 문제를 종합적으로 파악하고, 그에 대한 실증적인 분석을 실행하는 조사로, 소수 조사대상이 시간의 경과에 따라 어떠한 특징적 변화 양상을 보이는지 면밀히 연구하는 방법이다.
② '패널(Panel)'이라 불리는 특정 응답자 집단을 정해 놓고 그들로부터 상당히 긴 시간 동안 지속적으로 연구자가 필요로 하는 정보를 획득하는 방법이다.
③ 일정한 기간 동안 동일한 전체 모집단 내의 변화를 여러 시기에 걸쳐 표본을 추출하여 계속적으로 연구하는 것이다.

19 질적 연구에 관한 설명과 가장 거리가 먼 것은?

① 조사자와 조사 대상자의 주관적인 인지나 해석 등을 모두 정당한 자료로 간주한다.
② 조사결과를 폭넓은 상황에 일반화하기에 유리하다.
③ 연구절차가 양적 조사에 비해 유연하고 직관적이다.
④ 일반적으로 상호작용의 과정에 보다 많은 관심을 둔다.

해설

조사결과를 일반화하기에 유리한 연구는 양적 연구이다.

20 질문지 초안 작성 후 사전검사(Pre-test)에서 고려해야 할 사항과 가장 거리가 먼 것은?

① 응답자체의 거부 여부
② 응답에 일관성이 있는지 여부
③ 한쪽에 치우치는 응답이 나오는가의 여부
④ 사전조사와 본조사의 응답자 규모가 동일한지의 여부

해설

④ 사전검사는 모집단과 대체로 유사하다고 판단되는 소규모 표본을 대상으로 실시한다.

21 질문지를 작성할 때 고려하여야 할 사항과 가장 거리가 먼 것은?

① 관련 있는 질문의 경우 한 문항으로 묶어서 문항 수를 줄인다.
② 특정한 대답을 암시하거나 유도해서는 안 된다.
③ 모호한 질문을 피한다.
④ 응답자의 수준에 맞는 언어를 사용한다.

해설

하나의 질문 문항 속에 두 개 이상의 질문이 내포되지 않도록 한다.

22 다음 중 질문지의 구성요소로 볼 수 없는 것은?

① 식별자료
② 지시사항
③ 필요정보 수집을 위한 문항
④ 응답에 대한 강제적 참여 조항

해설

질문지 작성 전 문제의 명백한 규정은 물론, 관계 문헌 및 자료조사, 연구문제에 대한 기본전제 및 가설 설정, 실태조사를 위한 표본 결정을 완료하고, 연구의 범위와 차원을 결정함으로써 질문지에 포함될 질문의 내용, 질문의 수 등을 구성해야 한다.

23 설문지 수집 후 검토하는 과정에서 제외시켜야 할 설문지들이 있다. 다음 중 분석에서 제외되어야 할 설문지가 아닌 것은?

① 설문지의 많은 부분에 대한 응답이 없는 경우
② 설문지의 페이지가 뒤죽박죽으로 섞여 있는 경우
③ 설문지의 대부분에 한 번호만을 응답한 경우
④ 설문지의 일부가 분실된 경우

해설

설문 응답자가 부적격 조사 대상자로 확인된 경우, 응답 내용의 일관성·신뢰성이 현저히 훼손된 경우, 그밖에 조사 결과에 영향을 줄 수 있는 중대한 오류가 발생했을 경우에는 설문지를 폐기하고 재조사를 실시해야 한다. 설문지의 페이지가 뒤죽박죽 섞여있는 경우는 이에 해당되지 않는다.

24 검증되었다고 판단된 영어 질문지를 조사에 활용하려고 한다. 1차로 영어로 작성된 질문지를 한국어로 번역한 후 다음 절차는?

① 한국어로 번역한 질문지의 작성 고려사항을 검토한다.
② 한국어로 번역한 질문지를 전문가가 검토한다.
③ 한국어로 번역한 질문지의 문맥과 질문의미를 파악한다.
④ 한국어로 번역한 질문지를 원래의 언어인 영어로 재번역한다.

해설

적절한 번역 절차는 개발자에게 연락하여 번역에 대한 동의를 구한 뒤 번역할 언어로 순번역한 다음, 해당 언어로 역번역하는 과정을 거쳐야 한다. 이런 과정을 거쳐 번역한 내용이 원본과 일치하는지 확인할 수 있다. 이후 전문가에게 내용타당도를 검증받고 문항의 오류를 확인하는 연구를 진행하여 오류 문항을 수정한다. 마지막으로 신뢰도와 타당도를 검증하고 원본과 유사한지 비교하여 최종 번역본을 완성하면 우수한 번역본으로 사용이 가능하다.

25 다음 (   ) 안에 알맞은 것은?

(   )는 집단구성원 간의 활발한 토의와 상호작용을 강조하며 그 과정에서 어떤 논의가 드러나고 진전되는지 파악하는 것이 중요한 자료가 된다. 조사자가 제공한 주제에 근거하여 참가자 간 의사표현 활동이 수행되고 연구자는 대부분의 과정에서 질문자라기보다는 조정자 또는 관찰자에 가깝다.
(   )는 일반적으로 자료수집시간을 단축시키고 현장에서 수행하기 용이하나, 참여자 수가 제한적인 것으로 인한 일반화의 제한성 또는 집단소집의 어려움 등이 단점으로 지적되기도 한다.

① 델파이조사
② 초점집단조사
③ 사례연구조사
④ 집단실험설계

해설

① 전문가·관리자들로부터 우편으로 의견이나 정보를 수집하여 그 결과를 분석한 후 그것을 다시 응답자들에게 보내어 의견을 묻는 식으로 만족스러운 결과를 얻을 때까지 계속하는 방법이다.
③ 특정 사례를 조사하여 문제를 종합적으로 파악하고, 그에 대한 실증적인 분석을 실행하는 조사이다.
④ 실험은 과학적 방법의 요체인 통제된 연구의 정신에 가장 충실하고자 하는 연구방법으로서, 인과관계를 추리하기 위해 실험집단과 통제집단으로 나누고 실험집단에 자극을 가하여 나타난 결과를 통제집단과 비교하는 방식이다.

26 FGI 정성조사에서의 모더레이터(Moderator)의 역할에 대한 설명으로 적절하지 않은 것은?

① 조사 대상자가 가이드라인(진행지침)에 있는 모든 질문에 응답하도록 독려한다.

② 다양한 응답자의 이견을 조율하고, 조화로운 합의를 이루며, 보고서 작성에 책임을 진다.

③ 조사 대상자의 응답이 완전하지 않거나 불명확할 때 반박하거나 캐묻지 않고 자연스럽게 다른 질문으로 넘긴다.

④ 조사 대상자들이 편안한 느낌이 들게 하여 토의를 부드럽고 활발하게 이끈다.

> **해설**
> FGI 정성조사의 진행자는 응답자의 응답이 완전하지 않거나 불명확할 때 다시 한번 질문하는데, 이때 응답자들의 체면을 손상하지 않는 범위 안에서 정확한 답을 얻어야 한다.

27 FGI 정성조사 가이드라인 설계 시 고려되어야 하는 내용으로 옳은 것은?

① 윤리지침   ② 연구조사목적 및 배경

③ 보조도구   ④ 부호화 지침

> **해설**
> FGI 가이드라인 설계 시 고려사항
> • 조사목적 및 배경
> • 조사의 주제(테마)
> • 조사 대상자의 속성과 그룹의 수
> • 조사 문제의 가설 설정, 조사의 핵심요점 나열

28 다음은 질적 자료의 해석에서 무엇에 관한 설명인가?

> 이것을 하는 동안 자료는 분산된 부분으로 쪼개지고, 면밀히 검토되며, 유사점들과 상이점들이 비교된다.

① 선택적 코딩(Selective Coding)

② 축 코딩(Axial Coding)

③ 결측값 코딩(Missing Value Coding)

④ 개방형 코딩(Open-ended Coding)

> **해설**
> ④ 개방형 코딩은 데이터를 세분화하고 개별적인 의미 단위로 식별하는 과정으로, 데이터를 조각내어 꼼꼼히 검사한 후, 유사성과 차이점을 찾아 비교하는 작업이다.
> ① 선택적 코딩은 주요 주제와 패턴을 특정화하고 이를 바탕으로 이론을 발전시키는 과정으로, 중심 범주를 발견하여 완성된 이론을 형성하는 작업이다.
> ② 축 코딩은 이미 식별된 카테고리들 사이의 관계를 파악하고 연결시키는 과정으로 데이터의 구조화 및 이해를 돕는 단계이다.
> ③ 결측값 코딩은 누락된 응답에 대하여 임의의 숫자를 부여하여 사용자 결측값으로 정의하여 코딩하는 과정이다.

29 심층인터뷰 정성조사로 거리가 가장 먼 조사유형은?

① 표준화 면접(Standardized Interview)

② 자연적 면접(Naturalistic Interview)

③ 자전적 면접(Autobiographical Interview)

④ 비구조화 면접(Unstructured Interview)

> **해설**
> 심층인터뷰(In-depth Interview)는 면접자가 질문에 대한 전체적인 틀은 가지고 있지만 구체적인 질문 내용이나 순서는 사전에 정한 바가 없는 면접자와 응답자 간의 상호작용적인 대화이다. 주로 비구조화 면접을 가리키며, 반구조화(Semi-structured) 면접이 포함되기도 한다. 자연적(Naturalistic) 면접, 집중(Intensive)면접, 자전적(Autobiographical) 면접, 서사(Narrative)면접도 심층인터뷰에 속한다.

30 심층면접 대상자 면접 시 고려사항이 아닌 것은?

① 피면접자와의 심층면접이 끝나면 정확한 해석을 위해 녹음된 내용을 정리하여 타이핑한다.

② 피면접자와 친밀한 관계(Rapport)를 형성한다.

③ 피면접자의 대답을 주의 깊게 경청하여야 하며 이전의 응답과 연결시켜 생각하는 습관을 가져야 한다.

④ 응답 내용의 신뢰성 및 타당성을 확보하기 위하여 피면접자의 승인 없이도 면접 내용을 녹음할 수 있다.

> **해설**
> 비디오 촬영이나 녹음 전에는 사전에 조사 대상자에게 미리 양해를 구하거나 대상자 모집 시 사전에 공지하도록 한다.

31 다음과 같은 특성을 가진 자료수집방법은?

> • 응답률이 비교적 높다.
> • 질문의 내용에 대한 면접자와 응답자의 상호작용이 가능하여 보다 신뢰성 있는 대답을 얻을 수 있다.
> • 면접자가 응답자와 그 주변 상황을 관찰할 수 있는 이점이 있다.

① 면접조사　　② 전화조사
③ 우편조사　　④ 집단조사

해설

① 면접조사 : 면접자가 연구문제에 대한 적절한 해답을 구하기 위해 마련한 질문에 대해, 응답자와 직접 대면한 상태에서 질문하는 상호 간의 직접적인 역할상황이다. 면접자가 자료를 직접 기입하므로 응답률이 매우 높으며, 주변 상황이나 비언어적 행위를 직접 관찰할 수 있다.
② 전화조사 : 추출된 응답자에게 전화를 걸어 질문문항들을 읽어준 후, 응답자가 전화상으로 답변한 것을 조사자가 기록함으로써 자료를 수집하는 방법이다.
③ 우편조사 : 질문지를 추출된 조사대상자에게 우송하여 응답자로 하여금 스스로 응답하게 한 다음, 응답자가 질문지를 다시 조사자에게 우송하도록 하여 자료를 수집하는 방법으로 가장 큰 단점은 낮은 회수율이다.
④ 집단조사 : 응답자를 개인적으로 접촉할 수 없는 경우 집단적·집합적으로 조사하는 방법이다.

32 다음에 열거한 속성을 모두 충족하는 자료수집방법은?

> • 비용이 저렴하다.
> • 조사기간이 짧다.
> • 그림·음성·동영상 등을 이용할 수 있어 응답자의 이해도를 높일 수 있다.
> • 모집단이 편향되어 있다.

① 면접조사　　② 우편조사
③ 전화조사　　④ 온라인조사

해설

온라인조사는 컴퓨터와 인터넷을 사용할 수 있는 사람만을 대상으로 하므로 표본의 대표성을 확보하기 어렵고, 특정 연령층이나 성별에 따른 편중된 응답이 도출될 위험성이 있다. 하지만 시간 및 공간상의 제약이 다른 방법에 비해 상대적으로 적기 때문에 조사가 신속히 이루어지며, 조사비용이 적게 들고 조사대상자가 많은 경우에도 추가비용이 들지 않는다. 또한 멀티미디어 자료의 활용 등 다양한 형태의 조사가 가능하다.

33 다음 중 내용분석의 중요특징과 거리가 먼 것은?

① 내용분석은 메시지를 그 분석 대상으로 한다.
② 내용분석은 문헌 연구의 일종이다.
③ 내용분석은 양적 분석방법만 사용한다.
④ 내용분석은 메시지의 현재적 내용뿐만 아니라 잠재적 내용도 그 분석 대상으로 하고 있다.

해설

내용분석은 양적 분석방법뿐만 아니라 질적 분석방법도 사용하며, 질적인 자료를 양적인 자료로 바꾼다.

34 문헌고찰에 관한 설명으로 틀린 것은?

① 문헌고찰은 연구의 과정에서 매우 중요한 위치를 차지한다.
② 문헌고찰은 가능한 한 연구 초기에 해야 한다.
③ 문헌고찰을 통해 해당 연구주제에 대한 과거 관련 연구들의 결과를 학습할 수 있다.
④ 문헌고찰을 통해 기존 연구문제와 관련된 새로운 아이디어를 얻기는 어렵다.

해설

문헌고찰을 통한 분석방법 또한 과학적 방법이므로 새로운 아이디어를 얻고 가설을 설정하고 이를 논리적으로 설명할 수 있다.

35 다음은 어떤 유형의 질문이라고 하는가?

> 귀하는 지방선거에서 투표한 적이 있습니까?
> 1) 예 → 1~2번으로 이동하세요.
> 2) 아니오 → 3번으로 이동하세요.

① 복수응답 유발성 질문
② 유도성 질문
③ 수반형 질문
④ 행렬식 질문

해설

③ 수반형 질문은 질문의 항목에 부수적인 질문이 따라 붙는 형태이며, 각 응답값에 따라 불필요한 질문에 대한 응답을 배제하도록 한다.
① 복수응답 유발성 질문은 하나의 질문으로 두 가지 이상의 내용을 질문하는 형태로, 측정도구 개발 시 가급적 삼가는 것이 바람직하다.
② 유도성 질문이란 질문에 미리 도덕적인 가치판단을 깔아놓음으로써 은연중에 답을 원하는 방향으로 유도하는 질문이다.
④ 행렬식 질문은 일련의 동일한 응답범주를 가지는 질문항목을 묶어서 하나의 질문세트를 만든 것으로 평정식 질문의 응용형태이다.

36 비참여관찰과 가장 거리가 먼 것은?

① 위장관찰
② 완전참여자 관찰
③ 완전관찰자 관찰
④ CCTV를 이용한 관찰

해설

비참여관찰은 관찰자가 제3자로서 대상자의 생활에 관여하지 않고 관찰하는 것이다. 완전참여자 관찰은 연구자가 신분과 관찰내용을 알리지 않은 상태에서 원래의 상황을 방해하지 않고 자연스러운 상태를 관찰하는 방법으로 참여관찰에 속한다.

37 다음 중 참여관찰에서 윤리적인 문제를 겪을 가능성이 가장 높은 관찰자 유형은?

① 완전참여자(Complete Participant)
② 완전관찰자(Complete Observer)
③ 참여자로서의 관찰자(Observer as Participant)
④ 관찰자로서의 참여자(Participant as Observer)

해설

완전참여자 유형은 연구자의 신분을 공개하지 않고 연구대상자들의 활동에 참여한다. 참여관찰의 유형 중 가장 객관성을 유지하기 어려우며 윤리적 및 과학적 문제가 발생할 수 있다.

38 면접조사에서 응답 내용의 신빙성을 저해하는 최근 정보효과(Recency Effect)를 정확하게 설명하고 있는 것은?

① 무학이나 저학력 응답자들은 아무리 최근에 입수한 주요한 정보와 직결된 내용일지라도 어려운 질문 내용은 잘 이해할 수 없어 조사의 실효성을 감소시킨다.
② 질문지(Questionnaire)를 사용하는 사회조사에서보다는 조사표(Interview Schedule)를 사용하는 면접조사에서 자주 발생한다.
③ 무학이나 저학력 응답자들은 면접 직전에 면접자로부터 접하게 된 면접자의 생각이나 조언을 거의 무비판적으로 따라서 응답하는 경향이 짙다.
④ 무학이나 저학력 응답자들은 제일 먼저 들었던 응답 내용을 그 다음에 들은 응답 내용에 비해 훨씬 정확하게 기억하게 된다.

해설

② 최근정보효과는 최근에 듣거나 제공받은 정보에 더 큰 비중을 두는 효과로, 질문지를 사용하는 조사방법보다는 면접조사에서 자주 발생한다.

39 프로빙(Probing)에 대한 설명으로 틀린 것은?

① 정확한 답을 얻기 위해 방향을 지시하는 기법이다.
② 답변의 정확도를 판단하는 방법으로 활용되기도 한다.
③ 개방형 질문에 대한 답을 비교하는 절차로서 활용된다.
④ 일종의 폐쇄식 질문에 답을 하고 이에 관련된 의문을 탐색하는 보조방법이다.

프로빙(Probing) 기술
• 면접과정에서 응답자의 대답이 불충분하거나 정확하지 못할 때 행하는 탐색질문을 뜻하는 것으로서 충분하고 정확한 대답을 캐내는 과정이다.
• 일종의 폐쇄식 질문에 답을 하고 이에 관련된 의문을 탐색하는 보조방법이다.
• 답변의 정확도를 판단하는 방법으로 활용되기도 한다.
• 정확한 답을 얻기 위해 방향을 지시하는 기법이다.
• 응답을 원하는 태도나 표정을 한쪽으로 유도를 해선 안 되며 필요 이상의 지나친 질문은 삼가야 한다.
• 대표적인 기술로는 '무언의 캐묻기', '드러내놓고 권장하기', '더 자세한 해명 요구', '명료화하기', '반복' 등이 있다.

40 조사원이 교육 훈련에 참가하고 조사 지역 내 명부 작성 직무를 수행하는 단계는?

① 조사 전 단계
② 조사대상자 접촉 단계
③ 조사 수행 단계
④ 조사 후 단계

조사원은 조사 전 단계에서 교육 훈련에 참가하며 조사지역 내에서 명부를 작성하고, 조사대상 가구에서 응답표본을 선정하는 작업에 도움을 준다.

41 면접조사에서 조사원 관리 방법으로 옳은 것은?

① 교육 자료의 지시사항을 충분히 숙지하지 못한 조사원은 바로 해고하고 미리 확보해 놓은 다른 조사원을 투입한다.
② 조사원의 이름, 성별, 연령, 휴대 전화번호, 자택 전화번호, 이메일, 주소, 통장번호 등을 받아둔다.
③ 조사원은 하루 일과를 기록하여 일주일 단위로 현장의 현황을 보고해야 한다.
④ 조사기간 동안 조사원은 개인 용무가 있어 연락이 불가능하더라도 큰 문제는 없다.

① 단지 지시사항을 충분히 숙지하지 못했기 때문에 발생한 문제가 아닌 고의적인 속임수를 쓰는 등 말썽이 있는 조사원은 바로 해고하고 예비로 확보해 놓은 다른 조사원을 투입하는 것이 좋다.
③ 조사원은 하루 일과를 마치면 보고하는 체계를 유지한다.
④ 조사기간 동안 조사원은 언제 어디서나 연락이 가능해야 한다. 도중에 생기는 다양한 긴급 상황을 대비하여 개인 휴대전화는 물론 자택전화나 가까운 지인 등의 연락처도 알고 있는 것이 좋다.

42 조사대상자를 보호하기 위한 방법으로 틀린 것은?

① 조사대상자가 허용하는 경우에도 대상자의 익명성을 보장해 주어야 한다.
② 조사대상자가 자유의사로 조사를 거절하거나 도중에 중단할 수 있는 권리를 존중해야 한다.
③ 조사대상자에게 응답을 강요하지 않고, 그들을 기만하는 행위를 하지 않으며, 그들을 모욕하여 수치심을 유발하는 수단과 방법을 사용하지 않아야 한다.
④ 조사자는 연구를 가장해서 판매나 정치적 선거운동과 같은 다른 행위를 하거나 자신들의 연구를 거짓으로 기술해서는 안 된다.

① 조사자는 조사대상자의 사생활을 존중하고 익명성을 보장해 주어야 한다. 단, 조사대상자가 허용하는 경우 대상자의 이름을 사용하거나 밝힐 수 있다.

43 조사원의 전문가다운 모습으로 틀린 것은?

① 신분을 밝히는 조사원 명찰을 항상 착용하며, 명찰을 착용한 상태로 개인적인 업무를 보지 않는다.

② 조사표의 질문을 모두 숙지하여 부드럽게 조사를 진행한다.

③ CAPI, PDA 등 전자 보조기기를 능숙하게 다룬다.

④ 조사를 마치고 인사한 후 빠진 항목이 없는지 처음부터 차분하게 검토한다.

해설

④ 조사원은 조사를 마치고 인사하기 전 빠진 항목이 없는지 처음부터 차분하게 검토해야 하며, 빠진 항목이 있을지라도 질문에 대한 충분한 설명으로 응답자가 응답하는 데 어려움이 없도록 배려해야 한다.

44 개념(Concepts)의 정의와 가장 거리가 먼 것은?

① 일정한 관계사실에 대한 추상적인 표현

② 특정한 여러 현상들을 일반화함으로써 나타내는 추상적인 용어

③ 현상을 예측 설명하고자 하는 명제, 이론의 전개에서 그 바탕을 이루는 역할

④ 사실과 사실 간의 관계에 논리의 연관성을 부여하는 것

해설

연구에서 연구문제를 정확하게 서술하려면 그 문제에 포함된 개념과 변수들에 대한 구체적인 정의들이 이루어져야 한다. 개념은 일정하게 관찰된 현상을 대표할 수 있는 추상적 용어로 표현한 것을 말하며, 현상을 설정, 예측하기 위한 명제나 이론의 전개에 있어서 그 밑바탕을 이루는 역할을 한다. ④는 이론의 정의에 해당한다. 이론은 현상에 대한 설명과 예측을 목적으로 변수 간의 관계를 밝힘으로써 그 현상에 대한 체계적인 견해를 제공하는 일련의 상호 연결된 개념 및 정의 또는 명제이다.

45 두 변수 간의 관계를 보다 정확하고 명료하게 이해할 수 있도록 밝혀주는 역할을 하는 검정변수가 아닌 것은?

① 매개변수(Intervening Variable)

② 구성변수(Component Variable)

③ 예측변수(Predictor Variable)

④ 선행변수(Antecedent Variable)

해설

연구자는 검정요인(검정변수, 제3의 변수)을 통해 변수 간의 관계인 인과성을 과학적으로 규명하고 확인한다. 검정변수에는 매개변수, 선행변수, 억압변수, 허위변수, 왜곡변수, 조절변수, 구성변수 등이 있다.

46 측정(Measurement)에 대한 설명과 가장 거리가 먼 것은?

① 변수에 대한 조작적 정의에 입각해 이루어진다.

② 하나의 변수에 대한 관찰값은 동시에 두 가지 속성을 지닐 수 없다.

③ 이론과 현실을 연결시켜주는 매개체이다.

④ 경험적으로 관찰 가능한 것을 추상적 개념으로 바꾸어 놓는 과정이다.

해설

측정은 추상적·이론적 세계를 경험적 세계와 연결시키는 수단이다. 즉, 추상적 개념을 현실세계에서 관찰 가능한 것으로 바꾸어 놓는 과정이다.

47 속성이 전혀 존재하지 않는 상태인 영점(0)이 존재하는 척도는?

① 서열척도
② 명목척도
③ 비율척도
④ 등간척도

해설

절대영점이 존재하는 것은 비율척도이다.
측정의 4가지 수준에서 얻어질 수 있는 정보들의 비교

구 분	절대 영점	수 학	통 계
명 목	×	=	최빈값
서 열	×	=, <, >	최빈값, 중앙값
등 간	×	=, <, >, +, −	최빈값, 중앙값, 산술평균
비 율	○	=, <, >, +, −, ×, ÷	최빈값, 중앙값, 산술·기하·조화평균, 변동계수 등

48 각 문항이 척도상의 어디에 위치할 것인가를 평가자들로 하여금 판단케 한 다음 조사자가 이를 바탕으로 하여 적절한 문항들을 선정하여 척도를 구성하는 방법은?

① 서스톤 척도(Thurston Scale)
② 리커트 척도(Likert Scale)
③ 거트만 척도(Guttman Scale)
④ 의미분화 척도(Semantic Differential Scale)

해설

① 서스톤 척도는 평가자들로 하여금 각 질문문항에 대한 우호성의 정도를 비교적 객관적으로 결정하도록 한다. 각 진술(질문문항)에 대해 평가자들이 척도상의 위치를 판단한 것을 근거로 하여, 척도가치를 결정하고 척도문항을 선정하여 최종척도를 구성한다.

49 거트만 척도에서 응답자의 응답이 이상적인 패턴에 얼마나 가까운가를 측전하는 것은?

① 단일차원계수
② 스캘로그램
③ 재생가능계수
④ 최소오차계수

해설

거트만 척도에서 재생가능성이란 누적척도 구성의 관건이 되는 결정요소로서, 개인의 척도점수를 파악하여 그 개인의 각 문항에 대한 응답을 알아낼 수 있다는 것이다. 누적척도가 난이도에 의해 서열로 매겨져 있고, 어려운 항목에 찬성한 응답자의 경우 쉬운 항목들에 대해 자동적으로 찬성한다는 가정하에 세워진 척도이므로, 각 응답자의 척도점수를 알 경우 그 응답자의 응답내용을 역으로 유추할 수 있다는 원리에서 비롯된다. 응답자의 응답이 이상적인 패턴에 얼마나 가까운가를 측정할 수 있다.

50 오스굿(Charles Osgood)에 의하여 개발되기 시작한 의미분화 척도(意味分化尺度 ; Semantic Differential Scale)의 작성 시 고려해야 하는 사항이 아닌 것은?

① 응답자의 평가
② 평가도구의 작성
③ 매개변수의 도입
④ 차원과 대극점(對極點)의 용어 선정

해설

의미분화 척도는 응답자가 하나의 개념을 여러 가지 의미의 차원에서 평가하도록 유도하는 방법으로, 일직선으로 도표화된 척도의 양극단에 서로 상반되는 형용사를 배열한다. 이때 개념이 갖는 본질적인 뜻을 몇 개의 차원에 따라 측정하여 태도의 변화를 좀 더 명확하게 파악하도록 한다. 따라서 매개변수의 도입은 고려하지 않는다.

51 측정오차(Error of Measurement)에 관한 설명으로 옳은 것은?

① 체계적 오차(Systematic Error)의 값은 상호 상쇄되는 경향이 있다.
② 신뢰성은 체계적 오차(Systematic Error)와 관련된 개념이다.
③ 타당성은 비체계적 오차(Random Error)와 관련된 개념이다.
④ 비체계적 오차(Random Error)는 인위적이지 않아 오차의 값이 다양하게 분산되어 있다.

해설

비체계적 오차는 무작위로 발생하기 때문에 인위적이지 않아 오차의 값이 다양하게 분산되며 상호 상쇄되는 경향이 있다. 비체계적 오차는 신뢰성과 관련이 있으며 타당성은 체계적 오차와 관련이 있다.

52 어떤 회사의 기획실 직원이 그 회사 사원들의 직업 만족도를 측정하기 위해서 몇 가지의 설문 문항들을 작성하였다. 이 설문 문항을 그의 동료 직원들에게 보여준 후 그가 측정하려고 하는 바를 빠짐없이 모두 다 포함시켰는지를 확인한다면, 다음 중 가장 적절한 설명은?

① 신뢰도를 확보하는 일이다.
② 내용타당도를 확보하는 일이다.
③ 기준관련타당도를 확보하는 일이다.
④ 내적신뢰도를 확보하는 일이다.

해설

내용타당도는 측정항목이 연구자가 의도한 내용대로 실제로 측정하고 있는지를 나타낸다. 기획실 직원이 그가 측정하려고 하는 바가 빠짐없이 모두 다 포함되어있는지를 확인하는 것은 내용타당도를 확보하는 것이다.

53 다음 사례의 측정에 대한 설명으로 옳은 것은?

> A초등학교 어린이들의 발달 상태를 조사하기 위해 체중계를 이용하여 몸무게를 측정했는데 항상 2.5kg이 더 무겁게 측정되었다.

① 타당도는 높지만 신뢰도는 낮다.
② 신뢰도는 높지만 타당도는 낮다.
③ 신뢰도도 높고 타당도도 높다.
④ 신뢰도도 낮고 타당도도 낮다.

해설

측정의 타당도는 측정도구가 실제로 측정하고자 하는 개념을 측정하고 있는가에 대한 것이며, 신뢰도는 측정하고자 하는 대상을 얼마나 정확하게 측정하고 있는가의 정도를 말한다. 따라서 실제와 다르게 체중이 일정하게 나타난다면 신뢰도는 높고 타당도는 낮다고 할 수 있다.

54 크론바하의 알파값(Cronbach α)에 대한 설명으로 틀린 것은?

① 문장의 수가 적을수록 크론바하의 알파값은 커진다.
② 크론바하의 알파값이 클수록 신뢰도가 높다고 인정된다.
③ 표준화된 크론바하의 알파값은 0에서 1에 이르는 값으로 존재한다.
④ 문항 간의 평균 상관계수가 높을수록 크론바하의 알파값도 커진다.

해설

크론바하의 알파값이 클수록 신뢰도가 높으며, 문항의 수가 많을수록 크론바하 알파값이 커진다.

55 설문지에 혼인 경험을 묻는 문항에 대해서 혼인 경험이 전혀 없다고 응답한 응답자가 이후 문항에서 이혼 경험이 있다고 응답했을 경우 어떤 조치가 필요한 상황인가?

① 유효코드 클리닝
② 상황적 클리닝
③ 사전부호화(Edge) 코딩
④ 직접(Direct) 코딩

해설

② 조건적(상황적) 클리닝은 특정 변수에 대하여 데이터를 가져야만 하는 논리적 조건을 유지하고, 그러한 조건에 위반되는 사례들을 찾아내어 수정하도록 하는 방법이다.
① 유효코드 클리닝은 범주형 자료에 대해 응답의 범주를 벗어난 이상한 값 또는 결측값이 있는지를 확인하기 위해 빈도분석 및 최댓값과 최솟값 분석을 실시하는 방법이다.
③ 사전부호화(Edge) 코딩은 사전에 임의로 설문지에 부호를 사용하여 데이터를 컴퓨터 언어로 변환해 코딩하는 방법이다.
④ 직접(Direct) 코딩은 사용자가 인터프리터, 어셈블러, 컴파일러 등의 해석의 도움 없이도 직접적 기계 코드로 사용되는 실제 명령 코드나 번지를 이용하여 프로그램을 작성하는 방법이다.

56 다음의 표는 연령과 브랜드이미지의 관계를 조사한 설문 부호화 지침서(Code Book)의 일부이다. 연령은 만 나이를 파악하기 위해 출생연도를 기재하였고, 브랜드이미지는 5점 척도로 측정하였다. 총 300 표본규모로 측정하였을 때, 잘못 기재된 변수명(응답 내용)은?

변수명	칼럼 번호	칼럼수	응답 번호	응답내용	비고
ID	1–3	3		응답자 ID	표본규모 300명
SQ	4–7	1	SQ	만 나이	무응답 9
Q1	8	1	질문1	브랜드 이미지1	무응답 9
Q2	9	1	질문2	브랜드 이미지2	무응답 9

① Q1(브랜드이미지1) ② SQ(만 나이)
③ ID(응답자 ID) ④ Q2(브랜드이미지2)

해설

② 연령은 만 나이를 파악하기 위해 출생연도를 기재하였다고 하였으므로 SQ(만 나이)는 칼럼번호 4–7, 칼럼수 4로 설정되어야 한다.

57 표본이 300명인 자료의 ID값 범위의 설정 방법으로 틀린 것은?

① 서로 중복되는 ID가 부여되지는 않았는지 체크한다.
② ID는 연속되는 번호로 지정한다.
③ 설문지별로 구분하기 위해 ID를 1부터 150, 301부터 450으로 분화할 수 있다.
④ ID의 칼럼 수는 (표본 자리 수 – 1)개로 설정한다.

해설

④ 표본규모가 300명인 조사의 ID는 1부터 300으로 설정하며, ID에서 나올 수 있는 코드의 최대 자리 수는 3자리가 되기 때문에 ID의 칼럼 수는 표본 자리 수와 같은 3자리이다.
① ID는 설문지별로 구분하기 위해 부여하므로 중복되지 않도록 주의하여야 한다.
② 특별한 경우를 제외하고는 연속되는 번호의 ID를 부여하여야 한다.
③ 특별한 경우에는 설문지별로 구분하기 위해 1부터 150, 301부터 450 등과 같이 숫자를 나누어 설정하여도 무방하다.

58 자료 입력 후 자동화 방법을 이용한 내용 정보 검토에서 체계적 오류로 구분되는 예에 해당하지 않는 것은?

① 수익과 같은 음수를 가질 수 있는 변수에 대하여 음수 기호를 생략하고 표시한 경우
② 사전에 정해진 내용에 대하여 충분히 이해하지 못하고 시종일관 잘못된 답변을 하는 경우
③ 질문의 응답 범위를 벗어난 경우
④ 코딩 과정에서 응답원의 응답을 오역하여 잘못 입력하는 경우

해설

③ 자동화 방법으로 수행하는 에디팅에는 크게 범위 오류와 체계적 오류(논리 오류) 두 가지이다. 범위 오류에서는 각 문항별로 빈도표를 출력하여 해당 질문의 응답 범위를 벗어난 숫자(코드)가 있는지 확인한다. 범위를 벗어난 오류를 발견하면 해당 설문지를 점검하여 응답 오류인지 입력 오류인지 확인하여 알맞게 수정해야하며, 질문의 응답 범위를 벗어난 경우는 범위 오류에 해당한다.

59 ICR 입력 기술에 대한 설명으로 옳지 않은 것은?

① 필체에 따라 다르게 인식되어 약간의 오류가 존재할 수 있다.

② 분석 과정에서 생성된 이미지를 영구적으로 저장한다.

③ 조사내용을 OMR 조사지에 옮겨 적은 후 입력하는 방식이다.

④ 자동 입력 방식을 사용하므로 비용이 절감된다.

해설
③ OMR(광학마크판독기)은 조사내용을 OMR 조사지에 옮겨 적은 후 스캐너를 이용하여 입력하는 방식으로, 자료의 고속처리가 가능하며 고비용이 발생한다.

60 수집된 자료의 정합성 점검에 대한 설명으로 틀린 것은?

① 정합성 점검은 설문 응답 내용에 기입 오류가 있는지, 논리적 모순이 없는지 등을 확인하는 절차이다.

② 수정이 가능한 오류일 경우 응답자에게 해당 오류 내용을 재확인하여 수정해야 한다.

③ 조사원이 현장에서 1차적으로 확인하며, 2차적으로 실사 관리자가 내부에서 확인을 실시한다.

④ 정합성 점검은 대부분 실사품질 관리 단계 중 1차 검증(현장 검증) 및 2차 검증(에디팅)에 해당된다.

해설
② 검증결과 수정이 가능한 오류일 경우에 응답자에게 해당 오류 내용을 재확인하고 설문결과를 반영하여 수정하는 것은 수집된 자료의 신뢰성 점검에 대한 내용이다. 또한 신뢰성 점검에서는 검증결과에 영향을 줄 수 있는 중대한 오류일 경우 해당 설문을 폐기하고 재조사한다.

제3과목 통계분석과 활용

61 어떤 비행기가 추락되었고 추락된 지역은 3개의 가능지역이 있다고 하자. 비행기가 각 지역에 추락할 확률은 동일한 것으로 간주한다. 이때 $1-\alpha_i(i=1, 2, 3)$를 비행기가 사실상 i 지역에 있을 때 i 지역에서 발견할 확률이라고 하면, 지역 1에서 찾지 못했다는 조건에서 비행기가 1번째 지역에 있었을 확률은?

① $\dfrac{1}{\alpha_1+2}$

② $\dfrac{\alpha_1}{\alpha_1+2}$

③ $\dfrac{2}{\alpha_1+2}$

④ $\dfrac{1}{6}$

해설
베이즈 정리(Bayes' Theorem)
(비행기가 사실상 i 지역에 있을 때, i 지역에서 발견할 확률)
$= 1-\alpha_i$
(비행기가 사실상 i 지역에 있을 때, i 지역에서 발견하지 못할 확률) $=1-(1-\alpha_i)=\alpha_i$
비행기가 i지역에 있을 사건을 $A_i(i=1, 2, 3)$, 1지역에서 비행기를 찾지 못할 사건을 B라 하면 구하고자 하는 조건부 확률은 다음과 같다.

$P(A_1|B)$

$= \dfrac{P(B\cap A_1)}{P(B)}$

$= \dfrac{P(B|A_1)P(A_1)}{P(B|A_1)P(A_1)+P(B|A_2)P(A_2)+P(B|A_3)P(A_3)}$

여기서 $P(A_1)=P(A_2)=P(A_3)=\dfrac{1}{3}$, $P(B|A_1)=\alpha_1$ 이고,

비행기가 사실상 2 지역이나 3 지역에 있을 때 1 지역에서 비행기를 발견하지 못하는 것은 당연하므로 그 확률은 1이다.
즉, $P(B|A_2)=P(B|A_3)=1$
그러므로
$P(A_1|B)$

$= \dfrac{P(B|A_1)P(A_1)}{P(B|A_1)P(A_1)+P(B|A_2)P(A_2)+P(B|A_3)P(A_3)}$

$= \dfrac{(\alpha_1)\left(\dfrac{1}{3}\right)}{(\alpha_1)\left(\dfrac{1}{3}\right)+(1)\left(\dfrac{1}{3}\right)+(1)\left(\dfrac{1}{3}\right)} = \dfrac{\alpha_1}{\alpha_1+2}$

62 확률변수 X의 확률분포가 다음과 같을 때 분산 $Var(X)$의 값은?

x	$P(X=x)$
0	3/10
1	6/10
2	1/10

① 0.36
② 0.6
③ 1
④ 0.49

해설

$V(X) = E(X^2) - [E(X)]^2$
$E(X) = \sum [x \times P(x)]$, $E(X^2) = \sum [x^2 \times P(x)]$ 이므로
$E(X) = (0 \times 3/10) + (1 \times 6/10) + (2 \times 1/10) = 0.8$
$E(X^2) = (0^2 \times 3/10) + (1^2 \times 6/10) + (2^2 \times 1/10) = 1$
$V(X) = E(X^2) - [E(X)]^2 = 1 - 0.8^2$
$\therefore 1 - 0.64 = 0.36$

63 5%의 부적합품이 만들어지는 공장에서 하루 만들어지는 제품 중에서 임의로 100개의 제품을 골랐다. 부적합품 개수의 기댓값과 분산은 얼마인가?

① 기댓값 : 5, 분산 : 4.75
② 기댓값 : 10, 분산 : 4.65
③ 기댓값 : 5, 분산 : 4.65
④ 기댓값 : 10, 분산 : 4.75

해설

어떤 시행에서 사건 A가 일어날 확률을 p, 사건 A가 일어나지 않을 확률을 $q(=1-p)$라 하고 이 시행을 독립적으로 n회 되풀이 할 때, 그중에서 r회만 A가 일어날 확률은 $_nC_r p^r q^{n-r}$이다. 이 확률분포를 이항분포라 하고 $B(n, p)$로 나타낸다.
$X \sim B(100, 0.05)$일 때,
이항분포에서 기댓값 $= E(X) = np = 100 \times 0.05 = 5$이고,
분산 $= Var(X) = npq = np(1-p) = 100 \times 0.05 \times 0.95$
  $= 4.75$이다.

64 다음 자료는 A병원과 B병원에서 각각 6명의 환자를 상대로 하여 한자가 병원에 두착하여 진료서비스를 받기까지의 대기시간(단위 : 분)을 조사한 것이다.

A병원	5	9	17	19	20	32
B병원	10	15	17	17	23	20

두 병원의 진료서비스 대기시간에 대한 비교로 옳은 것은?

① A병원 평균 $= B$병원 평균
  A병원 분산 $> B$병원 분산
② A병원 평균 $= B$병원 평균
  A병원 분산 $< B$병원 분산
③ A병원 평균 $> B$병원 평균
  A병원 분산 $< B$병원 분산
④ A병원 평균 $< B$병원 평균
  A병원 분산 $> B$병원 분산

해설

A	5	9	17	19	20	32
B	10	15	17	17	23	20
A^2	25	81	289	361	400	1024
B^2	100	225	289	289	529	400

A병원 평균 $= (5+9+17+19+20+32)/6 = 17$
B병원 평균 $= (10+15+17+17+23+20)/6 = 17$
A병원 분산 $= E(X^2) - [E(X)]^2$
  $= (25+81+289+361+400+1024)/6 - 17^2$
  $\fallingdotseq 74.33$
B병원 분산 $= E(X^2) - [E(X)]^2$
  $= (100+225+289+289+529+400)/6 - 17^2$
  $\fallingdotseq 16.33$

65 성공의 확률이 p인 베르누이 시행을 n회 반복하여 시행했을 때, 이항분포에 대한 설명으로 틀린 것은?

① n회 베르누이 시행 중 성공의 횟수는 이항분포를 따른다.
② 평균은 np이고, 분산은 $npq(q=1-p)$이다.
③ 베르누이 시행을 n번 반복시행했을 때, 각 시행은 배반이다.
④ n번의 베르누이 시행에서 성공의 확률 p는 모두 같다.

> **해설**
> ③ 베르누이 시행을 n번 반복시행했을 때, 각 시행은 독립이다.

66 어떤 공장에서 생산된 전자제품 중 5개의 표본에서 1개 이상의 부적합품이 발견되면, 그날의 생산된 전 제품을 불합격으로 처리하고 그렇지 않으면 합격으로 처리한다. 이 공장의 생산공정의 모부적합품률이 0.1일 때, 어느 날 생산된 전제품이 불합격 처리될 확률은?
(단, $9^5=59049$이다)

① 0.10745
② 0.28672
③ 0.40951
④ 0.42114

> **해설**
> 생산된 전 제품이 불합격 처리될 확률은 전체 확률 1에서 부적합품이 한 개도 발견되지 않을 확률과 같다. 부적합품이 생산될 확률은 0.1이고, 각 제품 생산은 독립이다.
> 확률변수 X를 부적합품의 개수라고 하면 5개의 표본 중 X개만 불합격일 확률은 $_5C_X(0.1)^X(1-0.1)^{5-X}$이고,
> $X=0$일 때 $_5C_0(0.1)^0(1-0.1)^{5-0}=0.59049$이다.
> 따라서 생산된 전 제품이 불합격 처리될 확률은
> $1-0.59049=0.40951$이다.

67 평균이 μ이고 표준편차가 $\sigma(>0)$인 정규분포 $N(\mu,\sigma^2)$에 대한 설명으로 틀린 것은?

① 정규분포 $N(\mu,\sigma^2)$은 평균 μ에 대하여 좌우대칭인 종 모양의 분포이다.
② 평균 μ의 변화는 단지 분포의 중심위치만 이동시킬 뿐 분포의 형태에는 변화를 주지 않는다.
③ 표준편차 σ의 변화는 σ값이 커질수록 μ 근처의 확률은 커지고 꼬리부분의 확률은 작아지는 모양으로 분포의 형태에 영향을 미친다.
④ 확률변수 X가 정규분포 $N(\mu,\sigma^2)$을 따르면, 표준화된 확률변수 $Z=(X-\mu)/\sigma$는 $N(0,1)$을 따른다.

> **해설**
> σ값이 커진다는 것은 분산이 커지는 것을 의미하므로 평균 근처의 확률은 작아지고 꼬리부분의 확률은 커지는 모양으로 분포의 형태가 변한다.

68 어떤 자격시험의 성적은 평균 70, 표준편차 10인 정규분포를 따른다고 한다. 상위 5%까지를 1등급으로 분류한다면, 1등급이 되기 위해서는 최소한 몇 점을 받아야 하는가? (단, $P(Z\le 1.645)=0.95$, $Z\sim N(0,1)$이다)

① 86.45
② 89.60
③ 90.60
④ 95.0

> **해설**
> 최소 점수를 x라고 하면 다음과 같이 식을 세울 수 있다.
> $P(X>x)=0.05$일 때, $\mu=70$, $\sigma=10$이므로 표준화 공식에 의해 $P\left(\dfrac{X-\mu}{\sigma}>\dfrac{x-70}{10}\right)=P\left(Z>\dfrac{x-70}{10}\right)=0.05$
> 주어진 조건에서 $P(Z\le 1.645)=0.95$이므로
> $P(Z>1.645)=0.05$이다.
> 따라서 $\dfrac{x-70}{10}=1.645$이므로 $x=86.45$
> 즉, 최소 86.45점 이상 되어야 한다.

69 두 확률변수 X, Y는 서로 독립이며 표준정규분포를 따른다. 이때 $U = X + Y$, $V = X - Y$로 정의하면 두 확률변수 U, V는 각각 어떤 분포를 따르는가?

① U, V 두 변수 모두 $N(0, 2)$를 따른다.

② $U \sim N(0, 2)$를 $V \sim N(0, 1)$를 따른다.

③ $U \sim N(0, 1)$를 $V \sim N(0, 2)$를 따른다.

④ U, V 두 변수 모두 $N(0, 1)$를 따른다.

해설

두 확률변수 X, Y는 표준정규분포를 따르므로
$X \sim N(0, 1)$, $Y \sim N(0, 1)$이다.
$E(X \pm Y) = E(X) \pm E(Y)$이므로
$E(U) = E(X + Y) = E(X) + E(Y) = 0 + 0 = 0$,
$E(V) = E(X - Y) = E(X) - E(Y) = 0 - 0 = 0$
$Var(X \pm Y) = Var(X) + Var(Y) \pm 2Cov(X, Y)$인데
X와 Y는 독립이므로 $Cov(X, Y) = 0$이다.
$Var(U) = Var(X + Y) = Var(X) + Var(Y) = 1 + 1 = 2$,
$Var(V) = Var(X - Y) = Var(X) + Var(Y) = 1 + 1 = 2$
따라서 U, V 두 변수 모두 $N(0, 2)$를 따른다.

70 다음 중 표본평균($\overline{X} = \dfrac{1}{n} \displaystyle\sum_{i=1}^{n} x_i$)의 분포에 관한 설명으로 틀린 것은?

① 표본평균의 분포 평균은 모집단의 평균과 동일하다.

② 표본의 크기가 어느 정도 크면 표본평균의 분포는 근사적 정규분포를 따른다.

③ 표본평균이 분포는 모집단의 분포와 동일하다.

④ 표본평균의 분포 분산은 표본의 크기에 따라 달라진다.

해설

표본평균의 분포는 모집단이 정규모집단이냐 아니냐에 따라서 그 분포가 다르게 나타난다. 모집단분포가 정규분포를 따를 때, 표본평균의 분포도 정규분포를 따르지만 모집단이 정규분포가 아닐 경우 표본평균이 정규분포를 따른다고 할 수 없다. 그러나 표본의 크기가 충분히 클 때는 표본평균의 분포는 정규분포로 볼 수 있다. 이것은 중심극한정리에 근거를 두고 있다.

71 국내 어느 항공회사에서는 A노선의 항공편을 예약한 사람 중 20%기 예정시간에 공항에 도착하지 못하여 탑승하지 못하거나 사전에 예약을 취소 또는 변경한다는 사실을 알고, 잔여석 발생으로 인한 손실을 줄이기 위해 300석의 좌석이 마련되어 있는 이 노선의 특정항공편에 360건의 예약을 접수받았다. 이 항공편을 예약하고 예정 시간에 공항에 나온 사람들 모두가 탑승하여 좌석에 앉을 수 있을 확률을 아래 확률분포표를 이용하여 구한 값은? (단, 연속성 수정을 이용하고, 소수의 계산은 소수점 이하 셋째 자리에서 반올림한다)

〈표준정규분포표〉
$P[Z \le z]$, $Z \sim N(0, 1)$

z	$\cdots$	0.05	0.06	0.07	0.08
$\vdots$		$\vdots$	$\vdots$	$\vdots$	$\vdots$
1.4	$\cdots$	0.9279	0.9292	0.9306	0.9319
1.5	$\cdots$	0.9406	0.9418	0.9429	0.9441
1.6	$\cdots$	0.9515	0.9525	0.9535	0.9545
$\vdots$	$\vdots$	$\vdots$	$\vdots$	$\vdots$	$\vdots$

① 0.9515
② 0.9406
③ 0.9418
④ 0.9429

해설

예약을 한 사람 중 공항에 도착하여 탑승할 확률은 $1 - 0.2 = 0.8$이고 승객이 탑승하는 시행은 각 독립이다.
360건의 예약을 접수받았고 탑승하는 사람의 수를 X라고 하면 확률변수 X는 이항분포 $B(360, 0.8)$을 따른다.
기댓값 $360 \times 0.8 = 288$, 분산은 $360 \times 0.8 \times (1 - 0.8) = 57.6$이고 정규근사를 이용할 수 있다. 연속성 수정을 고려하므로 X가 300 이하일 확률이 아니라 $300 + 0.5$ 이하일 확률을 구한다.
$P(X \le 300) \approx P(X \le 300 + 0.5)$
$\qquad = P\left(Z \le \dfrac{(300 + 0.5) - (360 \times 0.8)}{\sqrt{360 \times 0.8 \times (1 - 0.8)}} \approx 1.65\right)$
주어진 표에서 $P(Z \le 1.65) = 0.9515$이다.

72 $N(\mu, \sigma^2)$인 모집단에서 표본을 임의추출할 때 표본평균이 모평균으로부터 0.5σ 이상 떨어져 있을 확률이 0.3174이다. 표본의 크기를 4배로 할 때, 표본평균이 모평균으로부터 0.5σ 이상 떨어져 있을 확률은? (단, Z가 표준정규분포를 따르는 확률변수일 때, 확률 $P(Z > z)$은 다음과 같다)

z	$P(Z>z)$
0.5	0.3085
1.0	0.1587
1.5	0.0668
2.0	0.0228

① 0.0456
② 0.1336
③ 0.6170
④ 0.6348

해설

$N(\mu, \sigma^2)$인 모집단에서 표본 n을 임의추출했을 때 표본평균이 모평균으로부터 0.5σ 이상 떨어져 있을 확률이 0.3174이므로

$$P(\overline{X} > \mu + 0.5\sigma) + P(\overline{X} < \mu - 0.5\sigma) = 2 \times P(\overline{X} > \mu + 0.5\sigma)$$
$$= 0.3174$$

이다.

$$2 \times P(\overline{X} > \mu + 0.5\sigma) = 2 \times P\left(\frac{\overline{X} - \mu}{\sigma / \sqrt{n}} > \frac{\mu + 0.5\sigma - \mu}{\sigma / \sqrt{n}}\right)$$
$$= 2 \times P\left(Z > \frac{\sqrt{n}}{2}\right) = 0.3174$$

이므로

$$P\left(Z > \frac{\sqrt{n}}{2}\right) = \frac{1}{2} \times 0.3174 = 0.1587, \ \frac{\sqrt{n}}{2} = 1, \ n = 4$$이다.

표본의 크기를 4배로 하면 표본의 크기는 16이고, 이때 표본평균이 모평균으로부터 0.5σ 이상 떨어져 있을 확률은

$$2 \times P\left(Z > \frac{\mu + 0.5\sigma - \mu}{\sigma / \sqrt{16}} = \frac{0.5\sigma}{\sigma / \sqrt{16}} = \frac{0.5\sigma}{\sigma / 4} = 2\right) = 2 \times 0.0228$$
$$= 0.0456$$이다.

73 어느 기업의 신입직원 월급여가 평균이 2백만 원, 표준편차는 40만 원인 정규분포를 따른다고 하자. 신입직원들 중 100명의 표본을 추출할 때, 표본평균의 분포는?

① N(2백만, 16)
② N(2백만, 160)
③ N(2백만, 400)
④ N(2백만, 1600)

해설

100명의 표본을 추출하므로 N(2백만, $40^2/100$), 즉 N(2백만, 16)이다.

74 정규모집단으로부터 뽑은 확률표본 X_1, X_2, X_3가 주어졌을 때, 모집단의 평균에 대한 추정량으로 다음을 고려할 때 옳은 설명은? (단, X_1, X_2, X_3의 관측값은 2, 3, 4이다)

$$A = \frac{(X_1 + X_2 + X_3)}{3}$$
$$B = \frac{(X_1 + 2X_2 + X_3)}{4}$$
$$C = \frac{(2X_1 + X_2 + 2X_3)}{4}$$

① A, B, C 중에 유일한 불편추정량은 A이다.
② A, B, C 중에 분산이 가장 작은 추정량은 A이다.
③ B는 편향(Bias)이 존재하는 추정량이다.
④ 불편성과 최소분산성의 관점에서 가장 선호되는 추정량은 B이다.

해설

추정량의 기대치가 추정할 모수의 실제값과 같을 때, 그 추정량은 불편추정량이다.

$$E(\widehat{\theta}_A) = E\left(\frac{(X_1 + X_2 + X_3)}{3}\right) = \frac{1}{3}E(X_1 + X_2 + X_3)$$
$$= \frac{1}{3}(\mu + \mu + \mu) = \mu$$
$$E(\widehat{\theta}_B) = E\left(\frac{(X_1 + 2X_2 + X_3)}{4}\right) = \frac{1}{4}E(X_1 + 2X_2 + X_3)$$
$$= \frac{1}{4}(\mu + 2\mu + \mu) = \mu$$

$$E(\widehat{\theta_C}) = E\left(\frac{(2X_1 + X_2 + 2X_3)}{4}\right) = \frac{1}{4}E(2X_1 + X_2 + 2X_3)$$
$$= \frac{1}{4}(2\mu + 1\mu + 2\mu) = \frac{5}{4}\mu$$

A와 B가 불편추정량이며(①) 또한 불편추정량은 편향이 없는 것을 뜻하므로 B는 편향이 존재하는 추정량이 아니다(③).
또한 유효추정량은 분산도가 더욱 작은 추정량이다.

$$V(\widehat{\theta_A}) = V\left(\frac{(X_1 + X_2 + X_3)}{3}\right) = \left(\frac{1}{3}\right)^2 V(X_1 + X_2 + X_3)$$
$$= \frac{1}{9}(\sigma^2 + \sigma^2 + \sigma^2) = \frac{\sigma^2}{3}$$

$$V(\widehat{\theta_B}) = V\left(\frac{(X_1 + 2X_2 + X_3)}{4}\right) = \left(\frac{1}{4}\right)^2 V(X_1 + 2X_2 + X_3)$$
$$= \frac{1}{16}(\sigma^2 + 4\sigma^2 + \sigma^2) = \frac{6\sigma^2}{16}$$

$$V(\widehat{\theta_C}) = V\left(\frac{(2X_1 + X_2 + 2X_3)}{4}\right) = \left(\frac{1}{4}\right)^2 V(2X_1 + X_2 + 2X_3)$$
$$= \frac{1}{16}(4\sigma^2 + \sigma^2 + 4\sigma^2) = \frac{9\sigma^2}{16}$$

따라서 A가 분산이 가장 작은 추정량을 가지므로 불편성과 최소분산성의 관점에서 가장 선호되는 추정량이다(② · ④).

---

75 형광등을 대량 생산하고 있는 공장이 있다. 제품의 평균 수명시간을 추정하기 위하여 100개의 형광등을 임의로 추출하여 조사한 결과, 표본으로 추출한 형광등 수명의 평균은 500시간, 그리고 표준편차는 40시간이었다. 모집단의 평균수명에 대한 95% 신뢰구간을 추정하면?
(단, $Z_{0.025} = 1.96$, $Z_{0.005} = 2.58$)

① (492.16, 510.32)
② (492.16, 507.84)
③ (489.68, 507.84)
④ (489.68, 510.32)

해설

모분산을 모르는 대표본($n \geq 30$)일 경우 평균의 $100(1-\alpha)$% 신뢰구간을 구하는 공식은 다음과 같다.

$$\overline{X} - Z_{\alpha/2}\frac{S}{\sqrt{n}} \leq \mu \leq \overline{X} + Z_{\alpha/2}\frac{S}{\sqrt{n}}$$

95% 신뢰구간이므로 $\alpha = 0.05$, $Z_{\alpha/2} = Z_{0.025} = 1.96$, $\overline{X} = 500$, $S = 40$, $n = 100$

$$500 - 1.96\frac{40}{\sqrt{100}} \leq \mu \leq 500 + 1.96\frac{40}{\sqrt{100}}$$
$$\therefore 492.16 \leq \mu \leq 507.84$$

---

76 어느 지역의 청년취업률을 알아보기 위해 조사한 500명 중 400명이 취업을 한 것으로 나타났다. 이 지역의 청년취업률에 대한 95%의 신뢰구간은?
(단, Z가 표준정규분포를 따르는 확률변수일 때, $P(Z > 1.96) = 0.025$ 이다)

① $0.8 \pm 1.96 \times \dfrac{0.8}{\sqrt{500}}$

② $0.8 \pm 1.96 \times \dfrac{0.16}{\sqrt{500}}$

③ $0.8 \pm 1.96 \times \sqrt{\dfrac{0.8}{500}}$

④ $0.8 \pm 1.96 \times \sqrt{\dfrac{0.16}{500}}$

해설

모비율의 신뢰구간은 $\hat{p} \pm Z_{\alpha/2}\sqrt{\dfrac{\hat{p}(1-\hat{p})}{n}}$ 이다.

$\hat{p} = 0.8$, $\alpha = 0.025$, $n = 500$이므로

대입하면 $0.8 \pm 1.96 \times \sqrt{\dfrac{0.16}{500}}$ 이다.

---

77 다음 중 가설검정에 관한 설명으로 옳은 것은?

① 제2종의 오류를 유의수준이라고 한다.
② 유의수준이 커질수록 기각역은 넓어진다.
③ 제1종 오류의 확률을 크게 하면 제2종 오류의 확률도 커진다.
④ p값은 귀무가설 또는 대립가설을 입증하는 정도와 상관없는 개념이다.

해설

① 제1종 오류의 확률을 유의수준이라고 한다.
③ 제1종 오류의 확률과 제2종 오류의 확률은 반비례 관계이다.
④ p값이 유의수준 α보다 작을 경우 귀무가설을 기각하고, 클 경우 귀무가설을 채택한다.

78 다음은 보험가입자 30명에 대한 보험가입액을 조사한 자료이다. (단위 : 천만 원)

15.0	10.0	8.0	12.0	10.0
2.5	9.0	7.5	5.5	25.0
10.5	3.5	9.7	12.5	30.0
11.0	8.8	4.5	7.8	6.7
7.0	33.0	15.0	20.0	4.0
5.0	15.0	30.0	5.0	10.0

보험 가입액의 모평균이 1억 원이라고 볼 수 있는가를 검정하고자 한다. 이에 대한 t-검정통계량이 1.201이고, 유의확률이 0.239이었다. 유의수준 5%에서 올바르게 검정한 결과는?

① 유의확률 > 유의수준이므로 모평균이 1억 원이라는 가설을 기각하지 못한다.

② 유의확률 > 유의수준이므로 모평균이 1억 원이라는 가설을 기각한다.

③ 검정통계량 1.201 > 유의수준이므로 모평균이 1억 원이라는 가설을 기각하지 못한다.

④ 검정통계량 1.201 < 유의수준이므로 모평균이 1억 원이라는 가설을 기각한다.

해설

귀무가설(H_0) : μ=1억 원, 대립가설(H_1) : $\mu \neq$1억 원
유의수준 α < 유의확률 $p-Value$이면 귀무가설을 기각하지 못한다. 유의수준이 0.05이고 유의확률이 0.239이므로 유의확률이 유의수준보다 크다. 따라서 모평균이 1억 원이라는 가설을 기각하지 못한다.

79 A약국의 드링크제 판매량에 대한 표준편차(σ)는 10으로 정규분포를 이루는 것으로 알려져 있다. 이 약국의 드링크제 판매량에 대한 95% 신뢰구간을 오차한계 0.5보다 작게 하기 위해서는 표본의 크기를 최소한 얼마로 하여야 하는가? (단, 95% 신뢰구간의 $Z_{0.025} = 1.96$)

① 77   ② 768
③ 784   ④ 1537

해설

모평균 추정 시 표본의 크기는 $n \geq \dfrac{Z_{\alpha/2}^2 \times \sigma^2}{D^2}$ 이다.

$\sigma = 10$, 0.5보다 작은 오차한계이므로 $D = 0.5$, 95% 신뢰수준이므로 $\alpha = 0.05$, $Z_{\alpha/2} = Z_{0.025} = 1.96$이다.

$n \geq \dfrac{1.96^2 \times 10^2}{0.5^2} = 1536.64$

따라서 표본의 최소 크기는 1537이다.

80 A신문사에서 성인 1,000명을 대상으로 현직 대통령에 대한 지지도를 조사한 결과 60%의 지지율을 얻었다. 95%의 신뢰수준에서 이번 조사의 오차한계는 얼마인가? (단, 95% 신뢰수준의 Z값은 ±1.96으로 한다)

① ±2.8%

② ±2.9%

③ ±3.0%

④ ±3.1%

해설

오차한계를 구하는 식은 다음과 같다.

$D = z \times \dfrac{\sigma}{\sqrt{n}}$

$= \pm 1.96 \times \dfrac{0.6}{\sqrt{1000}}$

$\fallingdotseq \pm 0.03$

81 동물학자인 K박사는 개들이 어두운 곳에서 냄새를 더 잘 맡을 것이라는 생각을 하였고, 이를 입증하기 위해 다음과 같은 실험을 하였다. 같은 품종의 비슷한 나이의 개 20마리를 임의로 10마리씩 두 그룹으로 나눈 뒤 한 그룹은 밝은 곳에서, 다른 그룹은 어두운 곳에서 숨겨진 음식을 찾도록 하고, 그때 걸린 시간을 초단위로 측정하였다. 음식을 찾는 데 걸리는 시간은 정규분포를 따르고 두 그룹의 분산은 모르지만 같다고 가정한다. μ_X = 밝은 곳에서 걸리는 평균 시간, μ_Y = 어두운 곳에서 걸리는 평균 시간이라 하자. K박사의 생각이 옳은지를 유의수준 1%로 검정할 때, 다음 중 필요하지 않은 것은? (단, $t_{(0.01,18)} = 2.552$)

① 공통분산(S_p^2)

② $t_{(0.01,18)}$

③ $H_0 : \mu_X = \mu_Y$ vs $H_1 : \mu_X > \mu_Y$

④ 제2종 오류

해설

④ 제2종 오류는 귀무가설이 거짓임에도 귀무가설을 채택하는 오류로 이 검정에서 필요하지 않다.

① 평균차이에 대한 검정에서 모분산을 모르지만 같다는 것을 알고 있을 경우 자유도가 $n_1 + n_2 - 2$인 t–분포를 이용하며 검정통계량은 $t = \dfrac{(\overline{X_1} - \overline{X_2})}{S_p \sqrt{\dfrac{1}{n_1} + \dfrac{1}{n_2}}}$ 이다.

② $n_1 = 10$, $n_2 = 10$이므로 $n_1 + n_2 - 2 = 18$이고 유의수준 1%에서 $\alpha = 0.01$이므로 통계치가 임계치 $t_{(0.01,18)}$보다 크면 기각이다.

③ 어두운 곳에서 냄새를 더 잘 맡을 것이라는 것을 입증하는 것이므로 대립가설은 $H_1 : \mu_X > \mu_Y$이고 귀무가설은 차이가 없을 것이라는 $H_0 : \mu_X = \mu_Y$이다.

82 어떤 철물점에서 10가지 길이의 못을 팔고 있다. 단, 못 길이(단위 : cm)는 각각 2.5, 3.0, 3.5, 4 0, 4.5, 5.0, 5.5, 6.0, 6.5, 7.00이다. 만약, 현재 남아 있는 못 가운데 10%는 4.0cm인 못이고, 15%는 5.0cm인 못이며, 53%는 5.5cm인 못이라면 못 길이의 최빈수는?

① 4.5cm ② 5.0cm
③ 5.5cm ④ 6.0cm

해설

전체 못의 53%가 5.5cm인 못이므로 길이가 5.5cm인 못이 가장 많다. 따라서 최빈수는 5.5cm이다.

83 남, 여 두 집단의 연간 상여금의 평균과 표준편차가 각각 (200만 원, 30만 원), (130만 원, 20만 원)이었다. 변동(변이)계수를 이용해 두 집단의 산포를 비교한 것으로 옳은 것은?

① 남자의 상여금 산포가 더 크다.
② 여자의 상여금 산포가 더 크다.
③ 남녀의 상여금 산포가 같다.
④ 비교할 수 없다.

해설

변동(변이)계수는 평균의 차이가 큰 집단의 산포를 비교할 때 이용할 수 있다. 변이계수는 표준편차를 산술평균으로 나눈 값이다.
남자집단의 변동계수 : $30/200 = 0.15$
여자집단의 변동계수 : $20/130 ≒ 0.154$
따라서 여자의 상여금 산포가 더 크다.

84 산포의 측도가 아닌 것은?

① 표준편차 ② 분 산
③ 제3사분위수 ④ 사분위수 범위

해설

산포도란 자료의 분산 상황을 나타내는 수치이다. 산포도를 측정하기 위하여 널리 쓰이는 통계방법으로 범위, 사분위편차, 평균편차, 표준편차 등이 있다. 제3사분위수는 대푯값이다.

85 자료들의 분포형태와 대푯값에 관한 설명으로 옳은 것은?

① 오른쪽 꼬리가 긴 분포에서는 중앙값이 평균보다 크다.
② 왼쪽 꼬리가 긴 분포에서는 최빈값<평균<중앙값 순이다.
③ 중앙값은 분포와 무관하게 최빈값보다 작다.
④ 비대칭의 정도가 강한 경우에는 대푯값으로 평균보다 중앙값을 사용하는 것이 더 바람직하다고 할 수 있다.

해설
① 오른쪽 꼬리가 긴 분포, 즉 좌측 비대칭 분포에서는 $\overline{X} > M_e > M_o$이다. 따라서 중앙값이 평균보다 작다.
② 왼쪽 꼬리가 긴 분포, 즉 우측 비대칭 분포에서는 $\overline{X} < M_e < M_o$이다. 따라서 평균<중앙값<최빈값이다.
③ 좌우대칭에서 중앙값은 최빈값과 동일하며 좌측 비대칭 분포에서는 중앙값이 최빈값보다 크다.

86 k개 처리에서 n회씩 실험을 반복하는 일원배치 모형 $x_{ij} = \mu + a_i + \epsilon_{ij}$에 관한 설명으로 틀린 것은?
(단, $i = 1, 2, \cdots, k$이고 $j = 1, 2, \cdots, n$이며 $\epsilon_{ij} \sim N(0, \sigma^2)$이다)

① 오차항 ϵ_{ij}들의 분산은 같다.
② 총 실험횟수는 $k \times n$이다.
③ 총 평균 μ와 i번째 처리효과 a_i는 서로 독립이다.
④ x_{ij}는 i번째 처리의 j번째 관측값이다.

해설
일원배치모형에서 $\sigma_i = \mu_i - \mu$이다. 따라서 서로 독립이 아니다.

87 I개 그룹의 평균을 비교하고자 한다. 다음 일원분산분석 모형에 대한 가설 $H_0 : \alpha_1 = \alpha_2 = \cdots = \alpha_I = 0$을 유의수준 0.05에서 F-검정 결과 p-값이 0.07이었을 때의 추론 결과로 옳은 것은?

$$X_{ij} = \mu + \alpha_i + \epsilon_{ij}, \ i = 1, 2, \cdots, I, \ j = 1, 2, \cdots, J$$

① I개 그룹의 평균은 모두 같다.
② I개 그룹의 평균은 모두 다르다.
③ I개 그룹의 평균 중 적어도 하나는 다르다.
④ I개 그룹의 평균은 증가하는 관계가 성립한다.

해설
일원분산분석에서 귀무가설과 대립가설은 다음과 같다.
귀무가설(H_0) : $\mu_1 = \mu_2 = \cdots = \mu_I$
대립가설(H_1) : 모든 μ_i가 같은 것은 아니다($i = 1, 2, \cdots, I$).
유의수준 0.05에서 p-값이 유의수준보다 크므로 귀무가설을 기각할 수 없다. 따라서 I개 그룹의 평균은 모두 같다.

88 행변수가 M개의 범주를 갖고 열변수가 N개의 범주를 갖는 분할표에서 행변수와 열변수가 서로 독립인지를 검정하고자 한다. (i, j)셀의 관측도수를 O_{ij}, 귀무가설하에서의 기대도수의 추정치를 $\widehat{E}_{ij}$라 할 때, 이 검정을 위한 검정통계량은?

① $\displaystyle\sum_{i=1}^{M}\sum_{j=1}^{N} \frac{(O_{ij} - \widehat{E}_{ij})^2}{O_{ij}}$

② $\displaystyle\sum_{i=1}^{M}\sum_{j=1}^{N} \frac{(O_{ij} - \widehat{E}_{ij})^2}{\widehat{E}_{ij}}$

③ $\displaystyle\sum_{i=1}^{M}\sum_{j=1}^{N} \frac{(O_{ij} - \widehat{E}_{ij})}{\widehat{E}_{ij}}$

④ $\displaystyle\sum_{i=1}^{M}\sum_{j=1}^{N} \left(\frac{(O_{ij} - \widehat{E}_{ij})}{\sqrt{n\widehat{E}_{ij}O_{ij}}} \right)$

모집단에서 추출한 자료들이 두 가지 변수로 A, B에 의해서 범주화되어 있을 때 이들 두 가지 변수 A, B 사이에 연관성이 있는지를 검정하는 것을 카이제곱 독립성 검정이라 한다.

O_{ij}를 관측도수, $\widehat{E}_{ij}$를 기대도수라 할 때, 검정통계량은

$$\chi^2 = \sum_{i=1}^{M} \sum_{j=1}^{N} \frac{(O_{ij} - \widehat{E}_{ij})^2}{\widehat{E}_{ij}} \text{ 이다.}$$

89 화장터 건립의 후보지로 거론되는 세 지역의 여론을 비교하기 위해 각 지역에서 500명, 450명, 400명을 임의 추출하여 건립에 대한 찬성여부를 조사하고 분할표를 작성하여 계산한 결과 검정통계량의 값이 7.55이었다. 유의수준 5%에서 임계값과 검정결과가 알맞게 짝지어진 것은? (단, $\chi^2_{0.025}(2) = 7.38$, $\chi^2_{0.05}(2) = 5.99$, $\chi^2_{0.025}(3) = 9.35$, $\chi^2_{0.05}(3) = 7.81$ 이다)

① 7.38, 지역에 따라 건립에 대한 찬성률에 차이가 있다.

② 5.99, 지역에 따라 건립에 대한 찬성률에 차이가 있다.

③ 9.35, 지역에 따라 건립에 대한 찬성률에 차이가 없다.

④ 7.81, 지역에 따라 건립에 대한 찬성률에 차이가 없다.

교차분석은 범주형인 두 변수에 대한 교차표를 작성, 교차표의 각 셀의 관찰도수와 기대도수 간의 차이를 검정하기 위하여 카이제곱(χ^2) 검정통계량을 사용한다.

귀무가설(H_0) : 두 변수는 서로 연관성이 없다(지역에 따라 건립에 대한 찬성률에 차이가 없다).

대립가설(H_1) : 두 변수는 서로 연관성이 있다(지역에 따라 건립에 대한 찬성률에 차이가 있다).

r행 c열 분할표에서 카이제곱 통계량의 자유도는 $(r-1) \times (c-1)$이고 주어진 문제는 세 지역에서 찬성/반대를 조사하는 것이므로 자유도는 $(3-1) \times (2-1) = 2$이다.

유의수준 5%에서 $\alpha = 0.05$이므로 임계값은 $\chi^2_{0.05}(2) = 5.99$이고 검정통계량이 7.55로 더 크므로 귀무가설을 기각한다.

따라서 지역에 따라 건립에 대한 찬성률에 차이가 있다.

90 다음은 성별과 안경 착용 여부를 조사하여 요약한 자료이다. 두 변수의 독립성을 검정하기 위한 카이제곱 통계량의 값은?

구 분	안경 착용	안경 미착용
남 자	10	30
여 자	30	10

① 40

② 30

③ 20

④ 10

관찰도수는 다음과 같다.

구 분	안경 착용	안경 미착용	합 계
남 자	10	30	40
여 자	30	10	40
합 계	40	40	80

기대도수는 다음과 같다.

구 분	안경 착용	안경 미착용
남 자	$\frac{40 \times 40}{80} = 20$	$\frac{40 \times 40}{80} = 20$
여 자	$\frac{40 \times 40}{80} = 20$	$\frac{40 \times 40}{80} = 20$

검정통계량은 $\chi^2 = \sum_{i=1}^{r} \sum_{j=1}^{c} \frac{(O_{ij} - \widehat{E}_{ij})^2}{\widehat{E}_{ij}}$ 이므로

$$\frac{(10-20)^2}{20} + \frac{(30-20)^2}{20} + \frac{(30-20)^2}{20} + \frac{(10-20)^2}{20} = 20$$

이다.

91 단순회귀모형 $Y_i = \beta_0 + \beta_1 x_i + \epsilon_i, \epsilon_i \sim N(0, \sigma^2)$ 에 관한 설명으로 틀린 것은?

① ϵ_i들은 서로 독립인 확률변수이다.

② Y는 독립변수이고 x는 종속변수이다.

③ β_0, β_1, σ^2은 회귀모형에 대한 모수이다.

④ 독립변수가 종속변수의 기댓값과 직선 관계인 모형이다.

해설

x_i의 값에 대해 Y_i의 값이 변하므로 Y는 종속변수이고 x는 독립변수이다.

92 단순회귀분석에서 회귀직선의 추정식이 $\hat{y} = 0.5 - 2x$ 와 같이 주어졌을 때 다음 설명 중 틀린 것은?

① 반응변수는 $\hat{y}$이고 설명변수는 x이다.

② 반응변수와 설명변수의 상관계수는 0.5이다.

③ 설명변수가 0일 때 반응변수가 기본적으로 갖는 값은 0.5이다.

④ 설명변수가 한 단위 증가할 때 반응변수는 평균적으로 2단위 감소한다.

해설

② 상관계수를 구하는 공식은

$$r = \frac{\sum (X_i - \overline{X})(Y_i - \overline{Y})}{\sqrt{\sum (X_i - \overline{X})^2} \sqrt{\sum (Y_i - \overline{Y})^2}} = \frac{S_{XY}}{S_X S_Y}$$ 이다.

주어진 조건만으로는 구할 수 없으므로 상관계수 값은 알 수 없다.

① $\hat{y}$는 반응변수(종속변수), x는 설명변수(독립변수)이다.

③ $\hat{y} = 0.5 - 2x$에서 $x = 0$을 대입하면 반응변수 $\hat{y}$는 0.5이다.

④ $\hat{y} = 0.5 - 2x$에서 기울기가 -2이므로 설명변수 x가 한 단위 증가할 때(1만큼 변할 때) 반응변수 $\hat{y}$는 2만큼 감소한다.

93 n개의 관측치 (x_i, y_i)에 대하여 단순회귀모형 $y_i = \beta_0 + \beta_1 x_i + \epsilon_i$을 이용하여 분석하려 한다. 회귀계수의 추정치 $\hat{\beta_1}$의 값은?

$$\sum_{i=1}^{n} (x_i - \overline{x})^2 = 20,$$
$$\sum_{i=1}^{n} (y_i - \overline{y})^2 = 30,$$
$$\sum_{i=1}^{n} (x_i - \overline{x})(y_i - \overline{y}) = -10$$

① $-\dfrac{1}{3}$ ② $-\dfrac{1}{2}$

③ $\dfrac{2}{3}$ ④ $\dfrac{3}{2}$

해설

회귀직선 $y_i = \beta_0 + \beta_1 x_i + \epsilon_i$에서

$$\beta_1 = \frac{\sum (x_i - \overline{x})(y_i - \overline{y})}{\sum (x_i - \overline{x})^2} = \frac{-10}{20} = -\frac{1}{2}$$

94 X와 Y의 평균과 분산은 각각 $E(X) = 4$, $V(X) = 8$, $E(Y) = 10$, $V(Y) = 32$이고, $E(XY) = 28$이다. $2X + 1$과 $-3Y + 5$의 상관계수는?

① 0.75

② -0.75

③ 0.67

④ -0.67

해설

$ac < 0$인 경우 $Corr(X, Y) = -Corr(aX+b, cY+d)$이다.

따라서 $Corr(2X+1, -3Y+5) = -Corr(X, Y)$이다.

$$Corr(X, Y) = \frac{Cov(X, Y)}{\sigma_X \sigma_Y} = \frac{E(XY) - E(X)E(Y)}{\sigma_X \sigma_Y}$$

$$= \frac{28 - 4 \times 10}{\sqrt{8} \sqrt{32}} = -0.75$$

$$Corr(2X+1, -3Y+5) = 0.75$$

95 크기가 10인 표본으로부터 얻은 회귀방정식은 $y = 2 + 0.3x$이고, x의 표본평균이 20이고, 표본분산은 4, y의 표본평균은 2.6이고 표본분산은 9이다. 이 요약치로부터 x와 y의 상관계수는?

① 0.1   ② 0.2

③ 0.3   ④ 0.4

> **해설**
>
> $r = \dfrac{S_{xy}}{S_x S_y}$ 를 이용한다.
>
> 회귀방정식 $y = a + bx$에서 $b = \dfrac{S_{xy}}{S_{xx}}$ 이므로 $\dfrac{S_{xy}}{S_{xx}} = 0.3$이고 표본분산 $S_{xx} = 4$이므로 $S_{xy} = 0.3 \times 4 = 1.2$이다.
>
> $S_{xx} = 4$, $S_{yy} = 9$에서 $S_x = \sqrt{4} = 2$, $S_y = \sqrt{9} = 3$이므로
>
> $r = \dfrac{S_{xy}}{S_x S_y} = \dfrac{1.2}{2 \times 3} = 0.2$

96 두 변수 X, Y의 상관계수에 대한 유의성 검정 ($H_0 : \rho_{XY} = 0$)을 t-검정으로 할 때 검정통계량은? (단, r_{XY}는 표본상관계수이다)

① $r_{XY}\sqrt{\dfrac{n-2}{1-r_{XY}^2}}$ ② $r_{XY}\sqrt{\dfrac{n+2}{1-r_{XY}^2}}$

③ $r_{XY}\sqrt{\dfrac{n-2}{1+r_{XY}^2}}$ ④ $r_{XY}\sqrt{\dfrac{n+2}{1+r_{XY}^2}}$

> **해설**
>
> 상관계수의 유의성 검정에서 검정통계량의 공식은
>
> $t = r\dfrac{\sqrt{n-2}}{\sqrt{1-r^2}} \sim t_{(n-2)}$ 이다.

97 검정통계량의 분포가 나머지 셋과 다른 것은?

① 모분산이 미지인 정규모집단 모평균에 대한 검정
② 독립인 두 정규모집단의 모분산의 비에 대한 검정
③ 모분산이 미지이고 동일한 두 정규모집단의 모평균의 차에 대한 검정
④ 단순회귀모형 $y = \beta_0 + \beta_1 x + \varepsilon$에서 모회귀직선 $E(y) = \beta_0 + \beta_1 x$의 기울기 β_1에 관한 검정

> **해설**
>
> ①·③·④는 t-분포, ②는 정규분포를 따르는 검정통계량을 이용해 검정한다.

98 관측값 12개를 갖고 수행한 단순회귀분석에서 회귀직선의 유의성 검정을 위해 작성된 분산분석표가 다음과 같다. ㉠~㉢에 해당하는 값은?

요 인	제곱합	자유도	평균제곱	F-통계량
회 귀	66	1	66	㉢
오 차	220	㉠	㉡	

① ㉠ : 10, ㉡ : 22, ㉢ : 3
② ㉠ : 10, ㉡ : 220, ㉢ : 3.67
③ ㉠ : 11, ㉡ : 22, ㉢ : 3.3
④ ㉠ : 11, ㉡ : 220, ㉢ : 0.3

> **해설**
>
> ㉠ : $n - k - 1 = 12 - 1 - 1 = 10$
>
> ㉡ : $220/10 = 22$
>
> ㉢ : $66/22 = 3$

99 통계학 강의를 수강한 학생들을 대상으로 결석시간 x와 학기말성적 y의 관계를 회귀모형 『$y_i = \beta_0 + \beta_1 x_i + \epsilon_i$, $\epsilon_i \sim N(0, \sigma^2)$이고 서로 독립』의 가정하에 분석하기로 하고 수강생 10명을 임의로 추출하여 얻은 자료를 정리하여 다음의 결과를 얻었다.

추정회귀직선 : $\hat{y} = 85.93 - 10.62x$

$$\sum_{i=1}^{10} (y_i - \bar{y})^2 = 2514.50, \quad \sum_{i=1}^{10} (y_i - \hat{y})^2 = 246.72$$

결석시간 x와 학기말성적 y 간의 상관계수를 구하면?

① 0.95   ② −0.95

③ 0.90   ④ −0.90

해설

단순선형회귀에서는 상관계수(r)의 제곱이 결정계수(R^2)가 된다.

$R^2 = 1 - \dfrac{SSE}{SST}$이고 $\displaystyle\sum_{i=1}^{10} (y_i - \bar{y})^2 = SST$,

$\displaystyle\sum_{i=1}^{10} (y_i - \hat{y})^2 = SSE$이므로 $R^2 = 1 - \dfrac{246.72}{2514.50} \fallingdotseq 0.9019$

따라서 상관계수 $r = \pm \sqrt{0.9019} \fallingdotseq \pm 0.95$

$b = r \dfrac{S_y}{S_x}$에서 S_y와 S_x는 항상 양수이므로 상관계수와 회귀직선의 기울기 b의 부호는 같다.

주어진 회귀직선 $\hat{y} = 85.93 - 10.62x$에서 $b = -10.62$이므로 상관계수는 음수이다.

$\therefore$ −0.95

100 중회귀모형 $y_i = \beta_0 + \beta_1 x_{1i} + \beta_2 x_{2i} + \epsilon_i$에 대한 분산분석표가 다음과 같다.

요 인	제곱합	자유도	평균제곱	F	유의확률
회 귀	66.12	2	33.06	33.69	0.000258
잔 차	6.87	7	0.98		

위의 분산분석표를 이용하여 유의수준 0.05에서 모형에 대한 유의성 검정을 할 때, 추론 결과로 가장 적합한 것은?

① 두 설명변수 x_1과 x_2 모두 반응변수에 영향을 주지 않는다.

② 두 설명변수 x_1과 x_2 모두 반응변수에 영향을 준다.

③ 두 설명변수 x_1과 x_2 중 적어도 하나는 반응변수에 영향을 준다.

④ 두 설명변수 x_1과 x_2 중 하나만 반응변수에 영향을 준다.

해설

귀무가설(H_0) : 회귀모형은 유의하지 않다

($\beta_1 = \beta_2 = \cdots = \beta_k = 0$).

대립가설(H_1) : 회귀모형은 유의하다(적어도 하나의 $\beta_i \neq 0$이다

($i = 1, 2, \cdots, k$)).

유의확률 0.0002580이 유의수준 0.05보다 작으므로 귀무가설을 기각한다.

따라서 β_1, β_2 중 적어도 하나는 0이 아니므로 두 설명변수 x_1과 x_2 중 적어도 하나는 반응변수에 영향을 준다.

2025 시대에듀 Win-Q 사회조사분석사 2급 필기 단기합격

개정6판1쇄 발행	2024년 10월 15일 (인쇄 2024년 08월 13일)
초 판 발 행	2019년 01월 03일 (인쇄 2018년 09월 07일)
발 행 인	박영일
책 임 편 집	이해욱
편 저	사회조사분석사 수험연구소
편 집 진 행	노윤재 · 호은지
표지디자인	조혜령
편집디자인	장하늬 · 고현준
발 행 처	(주)시대고시기획
출 판 등 록	제10-1521호
주 소	서울시 마포구 큰우물로 75 [도화동 538 성지 B/D] 9F
전 화	1600-3600
팩 스	02-701-8823
홈 페 이 지	www.sdedu.co.kr

I S B N	979-11-383-7620-4 (13330)
정 가	23,000원